Franz Wilhelm Kampschulte, Walter Goetz

Johann Calvin - seine Kirche und sein Staat in Genf

Band 2

Franz Wilhelm Kampschulte, Walter Goetz

Johann Calvin - seine Kirche und sein Staat in Genf
Band 2

ISBN/EAN: 9783744657006

Hergestellt in Europa, USA, Kanada, Australien, Japan

Cover: Foto ©ninafisch / pixelio.de

Weitere Bücher finden Sie auf **www.hansebooks.com**

JOHANN CALVIN

SEINE

KIRCHE UND SEIN STAAT

IN GENF

VON

F. W. KAMPSCHULTE

O. Ö. PROF. D. GESCH. A. D. UNIVERSITÄT BONN.

ZWEITER BAND.

NACH DEM TODE DES VERFASSERS HERAUSGEGEBEN

VON

WALTER GOETZ,

PRIVATDOZENTEN DER GESCHICHTE AN DER UNIVERSITÄT LEIPZIG.

LEIPZIG

VERLAG VON DUNCKER & HUMBLOT

1899.

VORWORT.

Nahe an 30 Jahre sind verflossen, seit dieses Buch geschrieben
wurde. Eine fremde Hand legt es jetzt der Öffentlichkeit vor.
Über die Schicksale des Manuskripts, das Kampschulte 1872 bei
seinem Tode in der vorliegenden Form hinterliefs, giebt das Vor-
wort Auskunft, das C. A. Cornelius seinen gleichzeitig und im
gleichen Verlage erscheinenden »Historischen Arbeiten« voraus-
geschickt hat.

Als ich vor einem Jahre das Manuskript zur Herausgabe anvertraut erhielt, konnte ich die Aufgabe nur unter einer Bedingung
übernehmen, die nach meiner Meinung ebenso sehr im Interesse
des Buches lag als sie durch die Richtung meiner eigenen Arbeiten
bedingt war. Eine nochmalige Überarbeitung des Textes, wie
Kampschulte sie wohl beabsichtigt, hätte, wenn ein Fremder sie
unternommen, den Charakter des Werkes zerstört. In der vornehmen Auffassung des Gegenstandes, in der Feinheit der Schilderung, in der Bestimmtheit und Sachlichkeit des historischen Urteils
liegt der dauernde aufserordentliche Wert des ersten wie des zweiten
Bandes dieser Calvinbiographie; eine Überarbeitung hätte im kleinen
vielleicht gebessert, im grofsen sicherlich zerstört. Auch hätte eine
solche Neubearbeitung, wie sie mit Heranziehung neuen archivalischen
Materials wohl denkbar gewesen wäre, jahrelange Arbeit erfordert:
mit einem anderen Gegenstande aus innerster Neigung beschäftigt,
hätte ich sie nicht zu unternehmen vermocht. Nun zeigte sich aber
glücklicherweise, dafs die Forschungsergebnisse dieses vor drei
Jahrzehnten geschriebenen Bandes die Kritik der heutigen Calvinforschung keineswegs zu scheuen brauchen: es besteht vielmehr

mit den besten der neuesten Arbeiten eine weitgehende Übereinstimmung in der Gesamtauffassung und an vielen Stellen findet
sich eine Vorausnahme von Ergebnissen, die erst in jüngster Zeit gewonnen sind oder auch den neuesten Forschern noch verborgen
geblieben waren. So bestimmte sich die Aufgabe, die ich als
Herausgeber zu lösen hatte, von selbst: es galt, den Wert dieser
Darstellung durch keine Änderung zu beeinträchtigen, wohl aber
die Brauchbarkeit des Buches dadurch vielleicht um ein weniges
zu erhöhen, dafs in Zusätzen zu den Anmerkungen nachgetragen
werde, was die neuere Calvinforschung im Gegensatz oder als
Erweiterung zu Kampschultes Anschauungen zu Tage gefördert.
Durch eckige Klammern sind diese von mir beigefügten Zusätze
gekennzeichnet; im übrigen ist alles, Text und Anmerkungen,
fast unverändert so geblieben, wie Kampschulte es hinterlassen.
Nur in zweierlei Hinsicht habe ich geringfügige Eingriffe unternommen, ohne dafs sie besonders gekennzeichnet werden konnten.
Das Manuskript enthielt sehr häufig nebeneinander doppelte
Fassungen des Ausdrucks: die Entscheidung über diese lediglich
formellen Zweifel — Zeichen des Suchens nach der treffendsten
Form — hatte sich Kampschulte wohl für die letzte Durchsicht
vorbehalten; hier mufste ich nach meinem Empfinden die Aus-
wahl treffen. Und ferner sind die in den Anmerkungen von
Kampschulte zitierten älteren Ausgaben der Werke und Briefe
Calvins regelmäfsig durch die Strafsburger Ausgabe ersetzt; auch
Bezas und Colladons Lebensbeschreibungen sind nach Band XXI
dieser Ausgabe angeführt worden. Das Zitat ›Annales‹ bezieht sich
auf die Genfer Rats- und Consistorialprotokolle, die in dem
gleichen Bande der Werke veröffentlicht worden sind. Bei den
Genfer Geschichtsschreibern des 16. Jahrhunderts wurden jedoch
die von Kampschulte im 1. Bande benutzten Ausgaben bei-
behalten.

Die in den Zusätzen angeführte Litteratur soll nicht ein voll-
ständiges Bild von der neueren Calvinforschung bilden; sie wurde
zitiert, soweit sie für die von Kampschulte geäufserten Anschauungen in Betracht kam oder sobald —was selten der Fall war —
zur Darstellung Kampschultes eine Ergänzung erwünscht schien.
Sonst aber ist es schon des Raumes halber vermieden worden,
blofse Zitate aus der neueren Litteratur zu häufen. — Ein Register ist für beide Bände beigegeben worden.

Unvollendet ist das Werk nun leider noch immer! Es fehlt der dritte Band, der die Weltstellung Genfs in den letzten Lebensjahren Calvins (1559—1564) uns schildern sollte. Ein Glück, dafs wenigstens dieser zweite, in sich aufs kunstvollste gegliederte Band die Genfer Thätigkeit Calvins, die Schilderung seiner Persönlichkeit zu einem gewissen Abschlufs bringt.

Leipzig, im September 1899.

Walter Goetz.

INHALT.

FÜNFTES BUCH.

CALVIN IM KAMPFE MIT DER OPPOSITIONSPARTEI 1546—1553.

Seite

Kapitel   I. Elemente der Oppositionspartei 3

-    II. Eröffnung des Kampfes 20

-    III. Der Gegensatz der alten und der neuen Genfer 37

-    IV. Prozeß und Hinrichtung Jacques Gruets 57

-    V. Angriff auf Ami Perrin 70

-    VI. Übergewicht der Gegner Calvins 100

-    VII. Calvin und Hieronymus Bolsec 125

-    VIII. Verfall der Calvinischen Ordnung. Abnehmender Einfluß
des Reformators 150

SECHSTES BUCH.

UNTERLIEGEN DER GEGNER 1553—1555.

Kapitel   I. Michel Servet 167

-    II. Der Kampf um das Exkommunikationsrecht des Consistoriums 203

-    III. Anfeindungen von außen 223

-    IV. Zunahme und steigende Bedeutung der Refugiés . . . 244

-    V. Vernichtung der Oppositionspartei 258

SIEBENTES BUCH.

GENF UNTER CALVINS HERRSCHAFT.

Kapitel · I. Befestigung und Vervollständigung des Reformations-
werkes 282

-    II. Neue Irrungen mit Bern. Der ewige Friede 294

Seite

Kapitel ⁄ III. Die Gründung der Akademie 310

- IV. Abschlufs der kirchlichen Gesetzgebung 342

- V. Gestaltung des öffentlichen Lebens nach dem vollständigen
Siege Calvins 354

- VI. Calvins persönliche Stellung. 375

Register zu Band I und II 388

DRUCKFEHLER UND NACHTRÄGE.

Seite 26 Anm. 4 lies *Cornelius*, Hist. Arbeiten S. 469 (anstatt Die ersten
    Jahre S. 469).
Seite 33 Anm. 2 lies Ruchat-Vulliemin (anstatt Ruchat-Vuillemin).
Seite 43 lies Troillet (anstatt Trolliet).
Seite 296 Anm. 1 ist in der eckigen Klammer noch hinzuzufügen: Vgl.
    auch *Dunant*, Les relations politiques S. 160 ff.

FÜNFTES BUCH.

CALVIN IM KAMPFE MIT DER OPPOSITIONSPARTEI.
1546—1553.

I.

ELEMENTE DER OPPOSITIONSPARTEI.

Die wiederholten Angriffe, welche seit der Mitte der vierziger Jahre gegen die von Calvin in Genf hergestellte Ordnung unternommen wurden, gingen nicht aus einer augenblicklichen Erregtheit oder vorübergehenden Mifsstimmung hervor, noch auch kehrten sie sich lediglich gegen die Träger des herrschenden Systems. Der Geist, der sich in ihnen offenbarte, kündigte deutlich eine systematische Opposition gegen den neugeschaffenen Zustand selbst an, und es waren nicht etwa einzelne Mifsvergnügte, sondern eine zahlreiche, noch in stetem Wachstum begriffene Partei, die zum Kampfe sich entschlossen zeigte. Es wird nötig sein, ehe wir weiter gehen, diese Partei, die Elemente, aus denen sie sich zusammensetzte, ihre Ansichten und Absichten etwas näher ins Auge zu fassen.

Blicken wir auf den Gang der Ereignisse in Genf zurück, so läfst sich nicht verkennen, dafs das Reformationswerk Calvins in merkwürdiger Weise durch eine Reihe von Begebenheiten und glücklichen Zufällen vorbereitet und begünstigt worden war, die dasselbe gleichsam als den naturgemäfsen Abschlufs der vorausgegangenen Entwickelung erscheinen liefsen. Durch den Unabhängigkeitskampf gegen das Haus Savoyen und den Bruch mit der politischen Vergangenheit der Stadt war zuerst der Boden vorbereitet und der Keim zu weiteren Neuerungen in die Gemüter gesenkt worden. Dafs Savoyen bei dem fortgesetzten Kampfe gegen Genf mehr und mehr den Schein eines Vorkämpfers der katholischen Interessen annahm, das verbündete Bern hingegen

1 *

der Sache der Reformation das Wort redete, lenkte dann sofort
die Aufmerksamkeit auf den grofsen Kirchenstreit und rief für
denselben, wenn auch zunächst nur in beschränkten Kreisen,
naturgemäfs Sympathien hervor, denen bald aus dem weitern
Laufe der Ereignisse eine überlegene Kraft erwuchs. Genf schien
zur Behauptung seiner Selbständigkeit auf Bern und den Protestantismus hingewiesen. Berns kräftiger Arm brachte nach
einigen Jahren des Kampfes den von einem unfähigen Bischofe
geleiteten Katholicismus zum Fall und die gleichzeitige Verfolgung
der Evangelischen in Frankreich führte Genf die neuen Glaubensboten zu, welche der deutsche Kanton nicht geben konnte. Die
Notwendigkeit endlich, welche nach dem Sturze aller alten Gewalten in Genf eintrat, das gesamte öffentliche Leben neu zu
ordnen, überall neue Normen und Gesetze zu schaffen, verlieh
Calvin einen Einflufs auch auf die staatliche Gesetzgebung,
auf die ganze Ordnung in Staat und Kirche, der die Verwirklichung seines kirchenpolitischen Ideals nicht blofs möglich
machte, sondern fast dazu aufforderte. So hat es geschehen
können, dafs eine Stadt, die aus sich selbst der evangelischen
Bewegung kaum irgend welche Empfänglichkeit entgegenbrachte,
innerhalb weniger Jahre ein Hauptsitz derselben wurde und die
neuen religiösen Ideen in Kirche und Staat hier in einem Grade
zur Geltung gelangten, der Freund und Feind zur Bewunderung
nötigte.

Aber auf der anderen Seite lag gerade in diesem Entwicke-
lungsgange wieder etwas Bedenkliches, und je vollständiger der
Sieg des Reformators dem Anscheine nach war, um so ernstere
Gefahren barg er in sich.

Die calvinische Reform hatte gesiegt, weniger durch die
Macht einer innern Überzeugung, als durch die Macht der äufseren
Verhältnisse. Gründe der Politik, Rücksichten auf das äufsere
Wohl, die Selbständigkeit und die notwendige äufsere Ordnung
des Staates hatten in den Hauptmomenten für sie den Ausschlag
gegeben. Es wäre ganz gegen den natürlichen Lauf der Dinge
gewesen, wenn der politische Gedanke, der bei der Einführung
der Reformation in so hervorragender Weise sich bethätigt hatte,
nicht später sein Recht geltend zu machen versucht hätte, wenn
die Staatsmänner dem Theologen, als dem allein berechtigten
Erben der kirchlich-politischen Revolution, widerspruchslos das

Feld überlassen und seiner Allgewalt sich dauernd unterworfen hätten. Es ließ sich dies um so weniger erwarten, als eben in den vorausgegangenen Kämpfen der Sinn für bürgerliche und staatliche Selbständigkeit wesentlich erstarkt war und man in den evangelischen Orten der benachbarten Schweiz, insbesondere in dem verbündeten Bern, das verlockende Beispiel einer gerade umgekehrten Ordnung vor Augen hatte, einer Ordnung, die den Staat nicht nur im vollen Besitz seiner Rechte beließ, sondern — und zwar unter Hinweis auf Moses und David [1] — die Kirche ihm geradezu unterwarf.

Wir deuteten mit dieser Bemerkung das Hauptziel an, welches die anticalvinische Opposition verfolgte.

Schon unmittelbar nach dem Siege der Reformation, als noch Farel ihr Wortführer war, sehen wir Tendenzen der bezeichneten Art auftauchen, die indes durch Calvins Dazwischenkunft bald zurückgedrängt wurden. Noch entschiedener machte sich die gleiche Richtung bei jener Partei geltend, die nach der Katastrophe von 1538 ans Ruder gelangte, aber die moralische Niederlage, welche die »Artichauts« in der Berner Frage erlitten, traf auch das von ihnen vertretene Princip, und Calvins neue Gesetzgebung besiegelte, trotz kleinerer Zugeständnisse, die dem Magistrat gemacht wurden, die Herrschaft des kirchlichen Gedankens, den theokratischen Charakter des Staates. Nichtsdestoweniger begegnen wir schon bald wieder Spuren einer neuen Opposition. Die alten Bedenken und Überzeugungen lebten, wenn auch durch das Gesetz verurteilt, in zahlreichen Gemütern fort und gewannen um so mehr an Stärke, je schroffer und unduldsamer das geistliche System sich entwickelte. Jener bereits im Frühjahr 1543 im Rate der Sechzig gemachte Versuch, das Exkommunikationsrecht von dem Consistorium auf die bürgerliche Obrigkeit zu übertragen, offenbarte zum ersten Male die eigentlichen Ziele der Opposition und zugleich die bedeutende Macht, über die sie schon gebot. Sie zählte unter ihren Mitgliedern sehr einflußreiche und bedeutende Männer, die noch übrigen Staatsmänner der alten Schule, die alten Führer der Nationalpartei, meist jüngere Bürger, Söhne der Väter, die an der Seite Bezansons und Bertheliers für

---

[1] Vgl. die Klagen von Myconius und Calvin selbst. Opera Calvini (Straßburger Ausgabe) XI S. 368 u. 379.

Genfs Unabhängigkeit gefochten. Selbst eifrige Guillermins, zu-
rückgestoßen durch die Konsequenzen des calvinischen Systems,
schlossen sich ihr an und reichten ihren ehemaligen Gegnern, des
alten Haders vergessend, die Hand zum gemeinschaftlichen Kampf
gegen den neuen Feind. Es galt, gegen die geistliche Macht, die
alles zu verschlingen drohte, kräftige Schranken aufzurichten, die
bürgerliche Gewalt wieder in ihre Rechte einzusetzen, das theokratische System zu stürzen.

Denn das war das Ziel, welches die Partei der Opposition
mit klarem Bewußtsein verfolgte. Es handelte sich auch hier im
Grunde um die beinahe überall in den reformierten Ländern
wiederkehrende große Streitfrage über das Verhältnis der beiden
Gewalten: die Ordnung dieses Verhältnisses im Sinne des höhern
Rechtes der Staatsgewalt. Die Zurückweisung aller theokratischen
Ansprüche bildet gleichsam den Fundamentalartikel in dem Genfer
Oppositionsprogramm [1].

In Genf aber erhielt dieser Kampf sofort dadurch einen eigentümlichen Charakter, daß die Opposition auch andere, ihr ursprünglich fremde Elemente in sich aufnahm. Es verbanden sich
mit der staatsmännischen Opposition Richtungen und Bestrebungen,
die zum Teil weit über jene hinausgingen, sie im weitern Verlauf
des Streites zeitweilig ganz zurückdrängten, so daß das ursprüngliche Ziel völlig vergessen schien, und die nicht bloß auf die
Führung, sondern auch auf den Ausgang des Kampfes von vor-
waltendem Einflusse gewesen sind.

Das Nächste war, daß der durch Calvin mehrfach verletzte
altgenferische Patriotismus mit der Opposition gemeinsame Sache
machte.

Calvin war in Genf ein Fremdling und ist es in gewissem
Sinne bis an sein Ende geblieben. Sein Herz schlug für Genf
nicht höher wie für jeden andern Ort der Christenheit. Wie er
auf seinen Wanderungen als Flüchtling nach Genf verschlagen
und wider seinen Willen durch Farel hier festgehalten worden
war, so behielt auch später die Stadt im Grunde nur Wert für
ihn als Sammelplatz für die zerstreute Herde Christi in Westeuropa, als Bollwerk gegen das Papsttum, als Stütze und Mittel

---

[1] Vgl. *A. Roget.* Les Suisses et Genève II, 278, der diesen Charakter
des Kampfes schon im ganzen richtig erkannt hat.

punkt für die evangelische Propaganda in den romanischen Landen.
Nur der Befehl des Herrn, hat er selbst mehr als einmal versichert, und die Erwägung der hohen Wichtigkeit, »welche dieser
. kleine Winkel für die Verbreitung des Reiches Christi habe«, halte
ihn in Genf fest. Nach einer darüber hinausgehenden Äuserung
einer wirklichen Anhänglichkeit an seine neue Heimat sucht man
bei ihm vergebens: öffnet er den Mund über seine Mitbürger, so
geschieht es fast nur, um Klage zu führen. Seine vertrautesten
Freunde, seine Gehilfen im Dienste des göttlichen Wortes waren
— mit einer einzigen Ausnahme — nicht Genfer, sondern, wie er
selber, geborene Franzosen. Was er als Gesetzgeber und Her-
steller einer durchgreifenden Ordnung für Genf that, geschah ohne
jedes lokalpatriotische Interesse: für ihn handelte es sich lediglich
darum, dafs jener Ort, den ihm Gott angewiesen, seiner Bestimmung, der geistlichen Welt ein Vorbild zu sein, in Wahrheit ent-
spreche. Genf war ihm Mittel zum Zweck. Patriotismus und
Nationalgefühl waren seinem Geist zu untergeordneten Begriffen
herabgesunken, und was er davon noch besafs, galt nicht Genf,
sondern seiner ersten Heimat, Frankreich [1].

Das war aber mit nichten die Anschauung der Mehrzahl der
Genfer selbst. Waren sie auch nicht unempfänglich für die ehrenvolle kirchliche Stellung und universelle Bedeutung, zu der Calvin
ihre Vaterstadt erhob, so blieb für sie doch der nationalpatrio-
tische Gesichtspunkt vorwaltend. Genf gehörte in ihren Augen
zunächst nicht der evangelischen Christenheit überhaupt, sondern
den Genfern, welche es während eines langandauernden Krieges mit
schweren Opfern und unter tausend Gefahren als selbständigen
Staat gerettet hatten, ehe man noch von Calvin wufste. Schon
vor dem Jahre 1538 war die Unzufriedenheit über die Zurücksetzung einheimischer Geistlicher und die Unterordnung des national-
patriotischen Gesichtspunktes unter den allgemein evangelischen
hin und wieder zum Ausdruck gekommen. In viel höherem
Grade war dies nach Calvins Rückkehr der Fall, seit sich jene
universelle Grundanschauung, welche die Stätte seines Wirkens
nur als Mittel und Ausgangspunkt betrachtete, mit einer nicht

---

[1] Vgl. darüber die treffenden Bemerkungen von *Hundeshagen*, Beitr. zur
Kirchenverfassungsgesch. und Kirchenpolitik I, S. 290 und: Konflikte des
Zwinglianismus, Luthertums u. Calvinismus S. 33.

mehr mifszudeutenden Offenheit enthüllte. Die alten Patrioten
fühlten sich tief gekränkt, dafs ihre Verdienste um die Rettung
Genfs verkannt, ihre heiligsten Gefühle gleichsam als Beschränkt-
heit angesehen würden, und es steigerte diese Mifsstimmung noch,
dafs die fremden, in einem streng monarchischen Lande auf-
gewachsenen Mitarbeiter Calvins sich in die freien, republikanischen
Sitten ihrer neuen Heimat schwer fanden und durch taktloses herri-
sches Auftreten die Gefühle des auf seine Vaterstadt stolzen
Bürgers oft auch unnötigerweise verletzten. Was war da natürlicher, als dafs das schwer beleidigte Nationalgefühl sich mit der
schon vorhandenen Opposition der Staatsmänner verbündete? Indem diese aber so das patriotisch-nationale Element in sich aufnahm, empfing sie eine Kraft und Popularität, die sie aus sich
selbst nicht besafs: sie fing damit an, eine volkstümliche zu
werden.

Zu dem patriotisch-nationalen Elemente gesellte sich dann,
merkwürdig genug, das bernerische.

Man erinnert sich, dafs die Vorgänge des Jahres 1539 den
bisherigen Einflufs Berns in Genf für längere Zeit beseitigt hatten.
An die Stelle der alten Freundschaft war ein Verhältnis feindseliger Spannung getreten, das mehrere Jahre dauerte und das in
allerlei Nergeleien und Chikanen seinen Ausdruck erhielt. Indes
fiel die Erkenntnis nicht schwer, dafs das schwächere Genf dem
mächtigen Nachbar gegenüber sich dabei im Nachteil befand.
Auch machte sich in Genf das Gefühl geltend, dafs man bei den
fortdauernden Kriegsgefahren wegen der ausgesetzten Lage der
Stadt eines äufsern Rückhalts bedürfe. Das eine wie das andere
stimmte die Genfer allmählich wieder friedlicher. Auch Calvin,
der natürlich um Rat gefragt wurde [1], war, im Gegensatz zu
mehreren seiner eifrigsten Freunde, für die Wiederherstellung des
Friedens und wirkte für denselben sogar mit lebhaftem Eifer [2].
Die nationale Empfindlichkeit über Berns Ansprüche teilte er
nicht in dem Grade wie seine Mitbürger: ihm schienen die Opfer,
mit denen der Friede für Genf notwendig verknüpft war, reichlich
durch die Vorteile aufgewogen, welche daraus der evangelischen
Sache erwuchsen, eine Auffassung, in der er durch den Zuspruch

---

[1] Vgl. Genf. Ratsprot. 19. Jan. 1542.
[2] Vgl. Calvin an Viret Sept. 1543, Opp. XI S. 615. Calvin an
Bullinger 17. Febr. 1544, ebd. S. 677.

seiner theologischen Freunde bestärkt wurde[1]. So kam es nach langen mühsamen Verhandlungen unter der Vermittelung von Basel endlich zu einem neuen Vertrage über die streitigen Fragen, der zwar weder Bern, das gröfsere Zugeständnisse erwartet hatte, noch auch Genf, das schon die vereinbarten für zu grofs hielt, völlig zufriedenstellte[2], aber schliefslich dennoch von beiden Teilen angenommen wurde (Februar 1544) und den äufsern Frieden zwischen den beiden Städten wiederherstellte[3].

Nicht manche Handlung seines Lebens mag Calvin mehr bereut haben als seine Teilnahme an diesem Frieden. Es zeigte sich sehr bald, dafs seine Freunde Maigret und Ami Perrin, die ihren ganzen Einflufs gegen das Zustandekommen desselben aufgeboten[4], vom Standpunkte der Partei die Lage der Dinge richtiger beurteilt hatten als Calvin. Bern hatte seiner alten Abneigung gegen den wälschen Theokraten und seine Kirchenordnung nicht entsagt und konnte diese nach Abschlufs des Friedens in ganz anderer Weise bethätigen als bisher. Zwar durfte es wegen des in vielen Kreisen gegen die habsüchtigen Deutschen noch fortbestehenden Mifstrauens sich nicht zu sehr hervordrängen; allein die infolge des Friedens aus der Verbannung zurückkehrenden „Artichauts", etwa dreifsig an der Zahl[5], Männer, die den

---

[1] Vgl. das Schreiben Bullingers an Calvin vom 14. Okt. 1543: *Tuum sicut Bernatium ministrorum fuerit vestros hortari, ne ob fluxas istas instabilesque possessiones aut titulos dissideant* etc. Opp. XI S. 627.

[2] *So haben wir Im namen Gottes* schreiben die Berner am 3. Sept. verdriefslich an Basel: *Euch zu Eeren vnd gevallen den betrag gutlich inhalts angenommen doch vff difs mal nüt lenger vnns darunder begeben noch verpflichten denn vnnts (bis) zu vfsgang des Jenffischen burgrechtens*. Bern. Staatsarch. Teutsch Missivenb. V p. 392. In Genf kam es bei der Vorlage des Vertrags im Generalrat im September 1543 zu einem Tumult: *Roset*, Chroniques Liv. IV cap. 66.

[3] Vgl. Calvin an Viret im März 1544, Opp. XI S. 686. *Roset*, l. IV, c. 65, wo die Bedingungen des Vertrags mitgeteilt werden; *Spon-Gautier* I, 282. [Über diese Angelegenheit vgl. jetzt *Cornelius*, Historische Arbeiten S. 398 ff. u. *Dunant*, Les relations politiques de Genève avec Berne et les Suisses S. 65 ff.].

[4] Vgl. Calvin an Viret Sept. 1542, Opp. XI S. 448. — Calvin klagt, er sei wegen seines Eifers für den Frieden verspottet worden (vgl. Calvin an Farel 31. Mai 1544, Opp. XI S. 720 f.); es geschah dies von seinen eigenen Freunden, die seine Handlungsweise in diesem Falle unerklärlich fanden. [Über Calvins Stellung zu Maigret vgl. *Cornelius* a. a. O. S. 511.]

[5] Vgl. *Roset* l. IV c. 67.

angesehensten Genfer Familien angehörten, bildeten sofort den
Kern einer bernischen Partei, die rasch an Bedeutung gewann.
Sie teilte mit den Patrioten die Abneigung gegen Calvin und
befand sich mit den Staatsmännern in der grofsen kirchenpolitischen Streitfrage völlig in Übereinstimmung, nur dafs sie jene
nach der gewöhnlichen Art rehabilitierter Emigrantenparteien an
Eifer noch übertraf. Ihr Beitritt zur Opposition verstand sich
von selbst. Hatte diese durch die Patrioten einen volkstümlichen
Charakter erhalten, so empfing sie durch das neue Element auch
einen äufsern Rückhalt, der unter Umständen von Wichtigkeit
werden konnte und es in der That geworden ist.

Indes viel wichtiger und zugleich verhängnisvoll für die Opposition
ist die Hilfe geworden, die sie von den kirchlichen Gegnern des
Reformators empfingen. Ihre Anzahl war bedeutend. Ein System
der christlichen Glaubenslehre, wie das in der »Institution« nieder-
gelegte und in dem Genfer Katechismus in mehr populärer
Fassung wiederholte, mufste notwendig eine Opposition hervor-
rufen. Nicht jedermann war es gegeben, in der Prädestinationslehre den Trost und die Beruhigung zu finden, die Calvin selbst
darin fand, und sich zu einem so streng abgeschlossenen, in allen
Teilen fertigen System der Glaubenslehre durchzuarbeiten, wie dies
seinem dogmatischen Geiste möglich gewesen. Und dennoch verlangte er dies. Es war ihm undenkbar, dafs jemand, der an das
Evangelium glaube, aus anderen Gründen als wegen Verderbtheit
des Herzens oder infolge direkter Einwirkungen Satans sich der
Wahrheit seines Systems verschliefsen könne. Genfs Reformator
verlangte unbedingte rückhaltlose Unterwerfung unter die von ihm
aufgestellte Glaubensnorm, Unterdrückung jedes Zweifels und
Grübelns als vorwitziger, strafbarer Neugier, eine dogmatische
Gleichförmigkeit, wie sie nach seinem eigenen Zeugnis selbst in
der katholischen Kirche nicht zu finden war[1]. Statt der anfäng-
lich verkündeten Gewissensfreiheit sah man, wie schon der ehrliche Balard geklagt, nur den Geist einer unduldsamen Inquisition
in Genf seine Herrschaft begründen. Dergleichen ist nie ungestraft geschehen. Die Strenge, mit der jede Abweichung von
dem calvinischen System verfolgt und geahndet wurde, rief auch

---

[1] Calvin macht selbst der katholischen Kirche zum Vorwurfe, dafs sie
»diversas sectas« d. i. theologische Schulen gestatte. De Scandalis, Opp. VIII 57.

da eine Opposition hervor, wo ursprünglich keine war, und steigerte die vorhandene bei einzelnen vorgeschrittenen Geistern zu ingrimmigem Haſs, zu einer vollständigen Verwerfung nicht bloſs des Calvinismus, sondern von wesentlichen christlichen Lehren. Je ärger der religiöse Druck, um so kühner, um so verwegener die Negation. Dieser in der Geschichte der religiösen Unduldsamkeit stets bewährte Satz hat sich in der Stadt Calvins bewahrheitet. Durch die vorausgegangenen Ereignisse war hier überdies jener verneinenden Richtung vorgearbeitet. Man hatte äuſserlich das neue Bekenntnis eingeführt, aber durch das summarische Verfahren in manchen Gemütern Glauben und Sinn für Wahrheit überhaupt erschüttert. Während die Einen trotz äuſserer Unterwerfung im Innern an ihren alten katholischen Überzeugungen festhielten [1], bekannten sich zahlreiche Andere unter der calvinischen Hülle zu mehr oder minder radikalen Ansichten. Den Einen wie den Andern war jeder Angriff gegen Calvin, von welcher Seite er auch kommen mochte, willkommen: unbedenklich und freudigen Herzens schlossen sie sich der groſsen Opposition an.

Und dazu kam dann endlich die in den weitesten Kreisen herrschende Unzufriedenheit über das calvinische System der Sittenzucht. Auf der fast allgemeinen Abneigung gegen das neue Zuchtsystem beruhte vornehmlich die Stärke der Opposition.

Calvin selbst war mit der Ahnung, ja mit dem sichern Gefühl, daſs es darüber zwischen ihm und seinen neuen Mitbürgern noch zu schweren Kämpfen kommen werde [2], nach Genf zurückgekehrt. Der Unterschied zwischen dem, was er aus Genf machen wollte, und dem, was es bisher gewesen, war zu groſs! Heiter und lebenslustig, von leichtem, beweglichen Sinn, an freie Sitten gewöhnt und gegen jede Beschränkung seiner Freiheit empfindlich,

---

[1] Wie sehr katholische Ansichten und Überzeugungen noch in den vierziger und fünfziger Jahren in Genf verbreitet waren, ergiebt sich aus zahlreichen Stellen der Rats- und Consistorialprotokolle und wird auch von anderer Seite als eine Merkwürdigkeit hervorgehoben: der h. Franz von Sales meinte, daſs selbst noch zu seiner Zeit bloſse Erweiterung der Gewissensfreiheit Genf wieder katholisch machen werde! Vgl. Lettres de S. François de Sales I, 68. — Indes war der Verlauf des Kampfes den katholisch Gesinnten wenig günstig und eine irgend bedeutende Rolle haben sie in demselben nicht gespielt.

[2] Vgl. Calvin an Farel 21. Okt. 1540, Opp. XI S. 90 ff.

sollte der Genfer sich unter ein System beugen, das sein ganzes
bisheriges Sinnen und Trachten für sündhaft erklärte und das
Joch einer eisernen Zucht auf ihn legte. Die strenge Kontrolle
der Ältesten, die demütigenden Zurechtweisungen vor dem Consistorium, die Beschränkung der Vergnügungen und Volksfeste,
das Verbot selbst harmloser Spiele, die Ausrottung alter lieb-
gewonnener Sitten und Gewohnheiten, dazu auf den Kanzeln eine
Sprache, gegen die der zürnende Bufspredigerton alttestamentlicher
Propheten milde erschien — das waren zu starke Zumutungen
für eine Bevölkerung, in der Bertheliers Geist noch nicht erloschen
war. Nicht blofs der zuchtlose Haufen, der seinem ausgelassenen
Treiben überhaupt ungern Zügel angelegt hat, auch Männer von
ernstem Charakter und Wandel, auf die Calvin selbst unbedingtes
Vertrauen gesetzt, die für seine Rückberufung thätig gewesen,
fanden seine Forderungen zu hart und traten zu ihm in Opposition, um die alte Freiheit, die von den Vätern überkommenen
Sitten und Gewohnheiten zu verteidigen. Hatte man darum
dreifsig Jahre lang gegen Savoyen, Bern und Frankreich für die
Freiheit gekämpft, um sie schliefslich dem gebieterischen Fremden
zu Füfsen zu legen?

So vereinigten sich also die verschiedenartigsten Richtungen
und Interessen, politische und kirchliche, dogmatische und patriotische, altgenferische und bernerische zum gemeinsamen Kampf
gegen Calvin und die bestehende Ordnung. Hätte ein bedeutender, dem Reformator ebenbürtiger Geist sie unter seine Leitung
genommen, ihnen ein festes Ziel und im Kampfe ein Banner gegeben, der Ausgang würde wohl ein anderer gewesen sein. Ein
solcher aber fehlte der Oppositionspartei. Ihre besten Kräfte
waren in den früheren Kämpfen verbraucht. Es war nach dem
langjährigen Ringen eine gewisse Ermüdung und Erschlaffung der
Geister eingetreten. Diejenigen, welche die Führung übernahmen,
erschienen klein und unbedeutend gegenüber den alten Führern
der Nationalpartei, obgleich sie zum Teil ihre Namen tragen. Das
Schlimmste aber war, dafs die Opposition in ihrer bunten Zu-
sammensetzung auch bedenkliche, ja geradezu gefährliche und un-
lautere Elemente in sich barg. In solchem Lichte zeigt sich zum
grofsen Teil der Zuwachs, den sie aus dem Lager der eigentlich
kirchlichen Opposition erhalten. Unter denen, welche die Behauptung der »alten Freiheit« gegen den geistlichen Druck zu

ihrer Losung machten, befanden sich nicht wenige, die überhaupt jeder Zucht und Ordnung widerstrebten. Gerade diese unlauteren Elemente waren es, die sich während der ersten Zeit des Kampfes als die kampflustigsten in den Vordergrund drängten und dadurch über die gesamte Opposition ein ungünstiges Licht verbreiteten: mit einem Schein von Recht konnte von Calvins Anhängern verbreitet werden, dieselbe sei überhaupt gegen jede sittliche und kirchliche Schranke gerichtet [1].

Mehr noch als bei der Mitwelt hat der Ruf der Genfer Opposition dadurch bei der Nachwelt gelitten. Eben jene dunkele Seite derselben hat die geschichtliche Überlieferung vorzugsweise festgehalten und mit noch dunkleren Farben ausgemalt. Man ist noch weitergegangen. Anknüpfend an einzelne Erscheinungen des genfer Lebens hat man in der anticalvinischen Opposition einen nicht blofs thatsächlichen, sondern geradezu principiellen Kampf für völlige sittliche Ungebundenheit erblickt und sie mit einer damals in den Ländern französischer Zunge vielfach verbreiteten pantheistisch-antinomistischen Sekte in Verbindung gebracht, die in Genf ihren Hauptsitz gehabt und den Gegnern Calvins für den Kampf das Programm geliefert haben soll. Noch heute beherrscht diese Ansicht die calvinische Geschichtschreibung [2]. Noch heute führen die Gegner Calvins in der Litteratur von jener Sekte den Namen »Libertiner«.

Was dieser Ansicht einen Schein von Berechtigung giebt, ist der Umstand, dafs Calvin selbst in mehreren sehr leidenschaftlich gehaltenen Schriften sich mit der »schwärmerischen und rasenden Sekte der Libertiner« beschäftigt, ja dafs eben diese Schriften unsere Hauptquelle für die Erkenntnis des libertinischen Systems bilden [3]. Und nicht blofs dies: es liegt auch in dem libertinischen

---

[1] So namentlich *Rosel*, *Bonivard* und *Beza*. Ihre Ansicht wiederholt *Gaberel*, Hist. de l'église de Genève I, 402, während *Galiffe* (Nouv. pag. S. 88 ff., Quelq. pag. S. 74) die Opposition von aller Schuld frei spricht und bei ihr das höhere Mafs von Sittlichkeit findet.

[2] Vgl. *Henry* II, 398, 412; *Trechsel*, Die protest. Antitrinitarier I, 176 ff.; *Baum*, Theodor Beza I, 110; *Gaberel* I, 370; *Stähelin*, Leben Calvins I, 383 ff. und besonders *Bungener*, Leben Calvins S. 249 ff. [Vgl. u. S. 19 A. 3.]

[3] Vgl. Contre la secte phantastique et furieuse des Libertins qui se nomment Spirituelz par J. Calvin (1545) abgedr. Op. VII S. 145—252 (lateinisch in Opp. ed. Amst. T. VIII, 374—403); ferner Epistre contre un certain Cordelier suppost de la secte des Libertins (1547), abgedr. Opp. VII, 341—364 (lat. Opp. ed. A. T. VIII); auch gehört noch die spätere Response à un

System selbst etwas, was uns eine gröfsere Verbreitung desselben in Genf sehr natürlich erscheinen lassen würde. Wir sind deshalb genötigt, einen Augenblick bei dem Gegenstande stehen zu bleiben und zunächst die libertinischen Lehren selbst, die angebliche Quelle der Genfer Oppositionsbestrebungen etwas näher ins Auge zu fassen.

Man darf vielleicht sagen, dafs die Libertiner oder, wie sie sich selbst nannten ‚Spiritualen‘, für die Länder französischer Zunge eine ähnliche Bedeutung hatten, wie die Anabaptisten für die Deutschen, wie denn auch, merkwürdig genug, beide ihre ersten und tüchtigsten Vertreter zum guten Teil aus denselben Gegenden, den sprachlich gemischten Niederlanden, empfingen. Was sie vornehmlich unterschied war, dafs die Libertiner ihre Ansichten mehr in einer philosophischen Form entwickelten, daher sie auch mehr in den höheren Kreisen der Gesellschaft Anklang fanden, dann aber, dafs die sittengefährlichen Konsequenzen ihres Systems viel näher liegen. Ist auch Calvin, wie schon seine äufserst heftige Sprache und die mannigfaltigen Widersprüche, in die er sich verwickelt, zeigen, kein unverdächtiger Zeuge — der mystisch religiöse Hintergrund, der auch dieser Sekte nicht fehlt, bleibt von ihm völlig unbegriffen und die beiden bedeutendsten Wortführer derselben, Pocquet und Quintin, werden von ihm mit offenbarer Ungerechtigkeit behandelt [1] — mag er auch Konsequenzen ziehen, an welche die Gegner selbst nicht gedacht haben, so bleibt doch des Bedenklichen genug übrig, um uns die von ihm bekämpfte

---

certain Hollandois, Opp. IX. 581—628 (lateinisch Opp. ed. A. T. VIII, 485 bis 99) hierher. Auch Farel verfaſste eine übrigens ziemlich unbedeutende Schrift gegen die Libertiner: Le glaive de la parolle veritable, tiré contre le bouglier de defense, duquel un Cordelier Libertin s'est voulu servir pour approuver ses fausses et damnables opinions (Genève 1550), welche er erst Calvin und Viret vorlegte. Vgl. Viret an Calvin 20. Juli 1549 (Opp. XIII S. 335). [Vgl. ebd. S. 346 f., 363, 374, 388, 393, 397, 398, 408, 410, 481, 520]. Übrigens irrt *Polenz*, Gesch. des franz. Calv. I, 239, wenn er meint, Calvin habe den Namen Libertiner als Bezeichnung der Sekte aufgebracht: der Name ist älter als Calvins Schrift, wie ein Schreiben Virets an Walter (d. d. 5. Sept. 1544, Opp. XI S. 747) über das »novum genus Catabaptistarum, quos Libertinos vocant« zeigt.

[1] Vgl. *Schmidt*, Über den mystischen Quietismus zur Zeit Franz' I., Zeitschr. für Hist. Theol. Jahrg. 1850 S. 24, *Polenz* I, 237 ff. [Vgl. Opp. VII S. 159 ff. u. XII S. 65 ff.].

Richtung als eine für die Grundlagen der sittlichen, kirchlichen und staatlichen Ordnung in hohem Grade gefährliche erkennen zu lassen.

Es giebt nur einen Geist, den Geist Gottes, der in allen Kreaturen lebt und wirkt — das ist nach Calvin der Ausgangspunkt des Systems [1]. Die Geschöpfe sind an und für sich nichts, sie haben keine wirkliche Existenz aufser Gott. Gott ist alles, der Baumeister und das Werk. Die Begriffe Welt, Teufel, Mensch, Engel zerfallen in Nichts und sind leere Einbildungen. Ebensowenig ist ein Unterschied zwischen Gut und Böse vorhanden, da Gott in Allem ist und Alles wirkt: die Sünde ist ein eiteler Wahn, der wie Rauch vergeht, wenn man ihn verachtet [2]. Das Wähnen, die Vorstellung des Bösen, die Unterscheidung desselben vom Guten ist die einzige Sünde. Und darin eben bestand Adams Sündenfall, dafs er sich in der Vorstellung von Gott trennte, von dem Baume der Erkenntnis des Guten und Bösen afs, d. i. zwischen Gutem und Bösem unterschied. So lange der Mensch noch in dieser Vorstellung befangen bleibt, Reue und Gewissensbisse empfindet, gehört er der Welt und dem Teufel an, ist er selbst nur ein Wahn, der vorübergeht. Wie Adam die Sünde in die Welt gebracht hat, so Christus die Erlösung von dem Wahne derselben [3]. In Christo sind wir alle, da wir mit ihm im Geiste eins sind, der Sünde gestorben und wiedergeboren. Diese Wiedergeburt und die Ertötung des alten Menschen besteht darin, dafs wir zur ursprünglichen Unschuld Adams, zur kindlichen Einfalt und Einheit mit Gott zurückkehren, dafs wir nach dem Worte der Bibel: »dem Reinen ist alles rein«, die Sünde nicht mehr sehen, Gewissensbisse nicht mehr fühlen, sondern mit kindlichem Gemüte dem Geiste Gottes in unsern natürlichen Neigungen und Trieben folgen und in der Freiheit des Geistes dem Gesetze absterben; der, dem solches gelungen, ist der wahrhaft »geistliche« Christ [4].

---

[1] Contre la secte des Libertins l. c. Chap. 11.

[2] L. c. Chap. 12 u. Chap. 13.

[3] »Voila où ils constituent tout le benefice de la redemption faicte par Jesus Christ: c'est qu'il a destruict ce cuider (opinatio) qui estoit entré au monae par la coulpe d'Adam«. l. c. ch. 18.

[4] Vgl. l. c. ch. 18 ff. Epitre contre un Cordelier l. c. VII, 356.

So das libertinische System, wie es sich unter den Händen Calvins gestaltet. Seine sittengefährlichen Konsequenzen liegen zu Tage, Calvin zeigt sie rücksichtslos: sie sind nach ihm das wahre und eigentliche Ziel der Sektierer [1].

Es hätte an sich nichts auffälliges, wenn bei der allgemeinen Aufregung der Geister diese Lehren, wie in zahlreichen gröfseren französischen Städten, so auch in Genf Anklang und Beifall gefunden hätten. Die geheimen Glaubensboten, welche für ihre Verbreitung thätig waren, gewöhnlich ehemalige Geistliche oder erleuchtete Handwerker, scheinen in merkwürdigem Grade die Gabe besessen zu haben, die Gemüter für sich einzunehmen und sich in den verschiedensten Kreisen Eingang zu verschaffen, und einer der bedeutendsten unter ihnen, Antoine Pocquet, hielt sich, wie wir durch Calvin erfahren, 1543 einige Zeit in Genf auf [2].

Dazu aber kommt noch ein anderers: die unverkennbare Verwandtschaft zwischen den libertinischen und Calvins eigenen Ansichten. Es bedurfte auf der mit der Prädestinationslehre eingeschlagenen Bahn nur weniger Schritte weiter, um zu Sätzen zu gelangen, die von den libertinischen nicht so gar verschieden waren. Ist der Mensch von Ewigkeit her prädestiniert, so folgt, dafs alle seine Handlungen im Grunde gleichgültig sind; geschieht das Böse, weil Gott es will und anordnet, so kann nach menschlicher Vorstellungsweise weder von einer Schuld des Menschen, noch überhaupt von guten und schlechten Handlungen die Rede sein [3]. Dafs das calvinische Lieblingsdogma in der That auf die Libertiner von Einflufs gewesen, dafs jene Schlufsfolgerung wirklich von ihnen gezogen worden ist, ersehen wir namentlich aus Calvins zweiter Schrift gegen die Sekte, in welcher er mit bitteren Worten darüber klagt, dafs man »unter dem Vorwande der Prädestination den Menschen vollständig zu Nichts zu machen suche, so dafs auch der Reprobierte nichts zu seinem Verderben beitrage. Das heifse die Prädestinationslehre, welche er, wie alle Welt

---

[1] Vgl. namentlich Comment. in sec. ep. Petri, Opp. LV S. 469: »*Scopus est ut sublato boni et mali delectu quidvis liceat: ab omni legum subjectione soluti homines suae libidini obsequantur*«.

[2] Contre la secte des Lib. l. c. ch. 4.

[3] In der berühmten von Calvin präsidierten Kongregation über die Gnadenwahl im J. 1551 stellte auch einer der Prediger geradezu den Satz auf: »*Une mesme chose sera bonne et mauvaise: bonne en Dieu, mauvaise en l'homme*«. Opp. VIII, 134.

wisse, mit so vieler Mühe klar und verständlich gemacht habe, nach Weise der Sophisten verdunkeln«[1]. Selbst einem Manne wie Farel blieb jener Zusammenhang nicht verborgen und schwerer noch als der Meister selbst empfand er die dem Manne Gottes angethane Schmach. Unter Ausbrüchen des Zorns über die menschliche Bosheit und Gottlosigkeit klagt er, wie jene Schwarmgeister Lehren und Glaubenssätze, die bei Calvin ganz richtig, christlich und wahr seien, in ihrem Sinne verdrehten und verkehrten, auf solche Weise die ganze tröstliche Prädestinationslehre »in Verwirrung brächten« und sie auf Satans Eingebung zu einem Fallstrick für die Gläubigen machten[2]. Daran, dafs die Libertiner wirklich aus Calvins Schriften geschöpft, zweifelt er so wenig, dafs er ihnen vielmehr, naiv genug, Unredlichkeit und Lügenhaftigkeit vorwirft, wenn sie behaupteten, von keinem Meister gelernt zu haben: fremde Federn seien es, mit denen sie sich schmückten. Die eigenen Worte Calvins findet er bei ihnen wieder[3].

Da würde es denn nicht nur nicht auffallend sein, sondern es läge eine gewisse Konsequenz darin, wenn die Stadt Calvins, von dem der libertinische Irrtum einen so sichtbaren Impuls empfangen, auch ein Hauptsitz der neuen Doktrin geworden wäre. Und dennoch ist dies nicht der Fall gewesen. Eben die gegen die Sekte gerichteten Schriften liefern dafür einen unwidersprechlichen Beweis. Weder Calvin noch Farel deuten auch nur mit einem Worte an, dafs die von ihnen bekämpften Lehren besonders in Genf verbreitet gewesen wären, während mehrere französische Städte als namhafte Sitze der Irrlehre aufgeführt werden. Es handelt sich für sie nur um die Bekämpfung einer in der ganzen französischen Kirche verbreiteten, im Geheimen schlei-

---

[1] Epistre contre un Cordelier, Opp. VII, 347 (ed. A. T. VIII, 403 b bis 404 a).

[2] *Farel*, Le glaive de la parolle p. 30, 185, 186. An den Teufel, in dem er den Urheber des ganzen gottlosen Beginnens erblickt, hält er eine zehn Seiten lange (p. 191—201) heftige Strafpredigt.

[3] »*Ainsi ce Cordelier amenant les propres mots de Calvin qu'il a mis de la predestination où ils conviennent tres bien et les transferant à la creation et autres lieux, en confondant tout, dit n'avoir rien prins de luy, mais se nomme disciple de Dieu sous aucun moyen .... Touteffois gens de sain jugement voyent facilement où et de qui telles corneilles ont prins leurs plumes.*« l. c. p. 30, vgl. p. 34.

chenden ketzerischen Richtung, die der Ausbreitung des reinen Evangeliums grofsen Abbruch thut, nicht um einen einheimischen Gegner. Calvin schrieb sein Hauptwerk gegen die Libertiner auf den ihm wiederholt ausgedrückten Wunsch seiner theologischen Freunde und weil er in der ihm von Gott angewiesenen universellen Stellung eine Aufforderung erblickte, die Welt vor dem neuen Gifte zu warnen [1]. Eine besondere Rücksicht auf die Genfer Verhäftnisse leitete ihn so wenig, dafs die Königin Margareta von Navarra, welche die neue Lehre in Schutz nahm, die Schrift vielmehr als gegen sich und ihren Hof gerichtet ansah [2].

Zu dem gleichen Resultate gelangen wir, wenn wir auf die einheimischen Quellen einen Blick werfen. Nirgendwo begegnen wir Spuren einer gröfsern Verbreitung libertinischer Ansichten. Den Ratsprotokollen jener Zeit ist der Ausdruck Libertiner völlig fremd. Die Mehrzahl der Genfer hafste Calvin mit gründlichem Hafs; aber Mysticismus und philosophische Spekulation waren ihre Sache nicht: Ideen wie die von den Libertinern entwickelten gingen über ihr Fassungsvermögen hinaus. Kein Zeitgenosse hat die Gegner Calvins als Libertiner bezeichnet. Weder Roset, der offizielle Chronist des calvinischen Staates, noch der erfindungsreiche Bonivard, der uns alle die alten Parteinamen aufbewahrt hat [3], weifs von einer Partei der Libertiner in Genf. Wann der

---

[1] »*Puis que nostre Seigneur*« schreibt er an die Königin von Navarra, »*ma appelle a cest office, ma conscience me contrainct dy resister tant quil mest possible. Il y a plus, quavec grandes obtestations et vehementes, ie suis sollicite des pauvres fidelles qui en veoient le pays bas de l'empereur tout corrompre, que bien tost et sans plus dylayer ie mette la main a læuvre*«. Opp. XII S. 66. So fafst auch der Übersetzer der Schrift, Des Gallars, dieselbe auf, indem er an Falais schreibt: »*Quoniam malum hoc longius serpebat in Gallia ac multa jam hominum millia corrupta erant, ideo Gallice scripsit Calvinus*« etc., Opp. VII. Proleg. p. XXVII.

[2] Opp. XII S. 65; *Beza*, Vita Calvini, ebd. XXI S. 136; Hist. eccl. des égl. réf. I, 14, 31. Pocquet u. Quintin fanden an ihrem Hofe wohlwollende Aufnahme und aus dem Schreiben eines gewissen Michaux vom 10. Aug. 1548 (Opp. XIII S. 27) ersehen wir, dafs Pocquet noch um diese Zeit sich bei der Königin aufhielt und in Gunst stand.

[3] *Bonivard*, Anc. et nouv. pol. p. 35 ff. Dafs Calvin selbst die Opposition als eine libertinische bezeichnet habe, ist eine der vielen unerwiesenen Behauptungen *Audins* (Vie de Calvin II, 96) und ebenso falsch, als wenn *Brunnemann* (M. Servetus S. 12) meint, die Gegner hätten ihn sich selbst beigelegt.

Name zuerst aufgekommen, ist schwer zu ermitteln — jedenfalls nicht vor Ende des sechzehnten Jahrhunderts, als die Erinnerung an den ursprünglichen Charakter des Kampfes sich bereits völlig verloren hatte [1].

Doch wollen wir nicht zu weit gehen. Vereinzelte Anhänger mögen die libertinischen Ideen immerhin auch in Genf gefunden haben. Es wäre sogar ein halbes Wunder, wenn die Stadt des grofsen Weltverkehrs von dem neuen Geiste gänzlich unberührt geblieben wäre, wenn innerhalb einer Bevölkerung, welche die verschiedenartigsten Elemente enthielt und sich schon in Opposition gegen das herrschende Kirchensystem befand, der radikale Mysticismus Pocquets nicht wenigstens auf einzelne Vorgeschrittenere einen Reiz ausgeübt hätte. In der That führt uns die Geschichte der Genfer Parteikämpfe mehr als eine Erscheinung vor, die eine gewisse Einwirkung libertinischer Ansichten erkennen läfst. Wir begegnen in den Rats- und Consistorialprotokollen einigemal Äufserungen, in denen man Anklänge an das von Calvin bekämpfte System erkennt [2]. Allein bei solchen vereinzelten Erscheinungen ist es allen Anzeichen nach geblieben und auf den Charakter und Fortgang des Kampfes der Oppositionspartei haben dieselben keinen Einflufs ausgeübt. Die hergebrachte Ansicht von dem Kampfe der ›Libertiner‹ gegen Calvin ist historisch unhaltbar und entbehrt trotz alles äufsern Scheins jeder wirklichen Berechtigung [3].

---

[1] Die erste Spur finde ich bei *Bolsec*, der p. 50 sagt, Calvin habe seine Gegner in Genf *»tamquam qui Libertini vel athei fuissent«* vertrieben, was jedenfalls zeigt, wenn Calvin auch den Ausdruck nicht gebraucht, dafs das Wort Libertiner zur Zeit, als Bolsec schrieb, schon in einzelnen Kreisen von den Genfer Gegnern Calvins gebraucht wurde. Zu seiner Verbreitung mag es beigetragen haben, dafs, wie man namentlich aus Virets spätern Schriften sieht, das Wort nach und nach eine sehr weite Bedeutung erhielt. Der von *Galiffe* (Quelques pag. p. 40—41, p. 75, Nouv. pag. p. 84) vermutete italienische Ursprung des Namens ist mir mindestens sehr zweifelhaft.

[2] Vgl. z. B. das Verhör der Benoite Ameaux bei *Galiffe*, Nouv. pag. p. 14 ff.

[3] [Ein stärkerer Einflufs der libertinischen Ideen ist auch in der neueren Calvinlitteratur noch mehrfach angenommen worden, so noch zuletzt von *R. Stähelin* in dem Aufsatze der Prot. Realencyklopädie III S. 669 über Calvin.]

II.

ERÖFFNUNG DES KAMPFES.

Nicht die Opposition war es, welche die neuen Feindselig-keiten eröffnete: der erste Angriff ging von dem Reformator selbst aus.

Calvin handelte wie ein erfahrener Feldherr, der, wenn er die Unvermeidlichkeit eines Kampfes erkannt hat, es vorzieht, dem Feinde zuvorzukommen, und geschickt die erste günstige Ge-legenheit zum Angriffe benutzt. »Da Satan«, sagt er später von dieser Zeit, »so mancherlei in Bewegung setzte, um diese Kirche zu zerstören, so beschloß ich endlich notgedrungen, obschon un-kriegerisch und furchtsam, mich mit meinem eigenen Leibe den mörderischen Anschlägen entgegenzustellen und sie zu vernichten«[1]. Eine ruhige Prüfung der Lage mußte ihn überzeugen, daß die Aussichten für ihn nicht so ungünstig waren, als es auf den ersten Blick schien, daß er sich vielmehr noch entschieden im Vorteil befand. Die gegnerischen Elemente hatten sich noch nicht zu einer festen Partei verbunden, die Opposition war noch in der Bildung begriffen und ungeübt, zum großen Teil über das eigent-liche Ziel im unklaren und führerlos; es waren nicht ihre besten Kräfte, die sich im Anfang hervordrängten. Die Träger der ge-setzlichen Gewalt, der kleine und selbst noch der große Rat standen, wenn auch durch die Kundgebungen der letzten Zeit etwas eingeschüchtert, überwiegend auf Calvins Seite. Es ließ sich voraussehen, daß ein kühnes entschlossenes Vorgehen ihres geistlichen Führers auch ihren Mut erhöhen und manchen Schwanken-den wieder unter die alte Fahne zurückführen werde.

In den ersten Wochen des Jahres 1546 faßte Calvin jenen kühnen Entschluß. Ein nicht gerade hervorragendes Mitglied der Opposition, Pierre Ameaux, wurde für den ersten Angriff aus-ersehen[2]. Nicht ohne Geschick und Berechnung war der Gegner

---

[1] Vgl. Praep. in Psalm., Opp. XXXI S. 27.

[2] [Für die ganze Angelegenheit Pierre Ameaux vgl. jetzt die eingehen-deren, im wesentlichen aber mit Kampschulte übereinstimmenden Ausführungen von *Cornelius*, Hist. Arb. S. 462 ff. Daß der Kampf gegen Ameaux und alle weiteren Kämpfe allein der Durchführung des theokratischen Systems und nicht etwa persönlichen Herrschergelüsten galten, betont nachdrücklichst *Choisy*, La Théocratie à Genève au temps de Calvin S. 91.]

ausgewählt: ohne den altangesehenen und beliebten Familien der
Stadt anzugehören, deren Einfluſs noch zu fürchten war, nahm
derselbe doch eine Stellung ein, bedeutend genug, um seine
Niederlage zu einem glänzenden Siege Calvins und warnenden
Exempel für die ganze Gegenpartei zu machen.

Pierre Ameaux gehörte zu jenen Emporkömmlingen, die unter
den früheren Wirren durch die wiederholten Proscriptionen und
Auswanderungen der nach einander überwundenen kirchlichen und
politischen Parteien in Genf ihr Glück gemacht hatten. Sohn
eines Kartenfabrikanten[1] und selbst mit dem Gewerbe des Vaters
eine Buchdruckerei verbindend, war er nach und nach zu den
angesehensten bürgerlichen Ehren und Ämtern gelangt. Seit dem
Jahre 1530, in welchem er zuerst einen Sitz im groſsen Rat erhielt, finden wir ihn in rascher Folge als Mitglied der verschiedenen städtischen Ratskollegien. Im Jahre 1545 wurde er zum
zweiten Mal in den kleinen Rat gewählt und mit dem wichtigen
Amte eines Aufsehers des städtischen Geschützwesens betraut.
Ameaux hatte sich seit dem Jahre 1540 zu den Guillermins gehalten, die in der Rückberufung Calvins ihren Triumph feierten,
und war, wie es scheint, in der ersten Zeit ein eifriges Mitglied
der Partei gewesen. Indes wie so mancher andere, erkaltete auch
er bald in seinem Eifer für den Reformator, der seitdem gegen
diesen Emporkömmling eine besondere Abneigung faſste. Deut-
liche Spuren derselben zeigen sich in dem einige Zeit später von
Ameaux gegen seine Frau, ein Weib von losen Sitten und frivolen Grundsätzen, anhängig gemachten Ehescheidungsprozesse, in
dem Calvin nicht die gewohnte Strenge gegen den schuldigen
Teil an den Tag legte und der Kläger erst nach langen Verhandlungen und wiederholten Verzögerungen zu seinem Rechte
gelangen konnte[2]. Natürlich, daſs solche Erfahrungen das Gemüt
des Mannes noch mehr verbitterten und aus dem ehemaligen be-
geisterten Verehrer mehr und mehr einen entschiedenen Gegner
des Reformators und des neuen geistlichen Regiments machten.

Diesen seinen Gefühlen hatte Ameaux zu Anfang des Jahres
1546, als er, von längerer Krankheit genesen, eines Abends

---

[1] Vgl. *Galiffe*, Not. généalog. IV, 239 ff.
[2] Vgl. *Galiffe*, Nouvelles pages d'hist. exacte; le procès de P. Ameaux
etc. p. 14 ff. Die hier gegebene aktenmäſsige Darstellung zeigt, daſs Ameaux
in dieser Angelegenheit kein Vorwurf trifft.

(26. Januar) einige Freunde um sich versammelte, offen Ausdruck
gegeben. In der Lebhaftigkeit der Unterhaltung schüttete er vor
den Anwesenden den ganzen Unmut seiner Seele aus. »Calvin,
äufserte er vom Weine erhitzt, sei ein schlechter Mensch und
nichts als ein Pikarde, er predige eine falsche Lehre, er richte
die Schule zu Grunde und gestatte nicht, die Kinder im Lateinischen und in der Grammatik zu unterrichten, sein und seiner
Gehilfen Gehalt sei viel zu hoch, der Magistrat befinde sich in
völliger Abhängigkeit von ihm, in kurzem würden die Fremden
vollständig Herren der Stadt sein« [1]!

Was Ameaux vor seinen Freunden geäufsert, war im Grunde
nichts anderes als was die ganze Partei der Unzufriedenen dachte
und auch oft genug ausgesprochen hatte. Aber für ihn wurden
die gesprochenen Worte verhängnisvoll. Es sollte an seinem Beispiele gezeigt werden, dafs die Zeit der Nachsicht vorüber sei,
dafs fortan die dem Reformator gebührende Ehrfurcht in Genf
nicht mehr ungestraft verletzt werde.

Der Fall lag für Calvin aufserordentlich günstig. Da mit
ihm zugleich der Magistrat selbst angegriffen war, bedurfte es von
seiner Seite nicht einmal eines Klageantrages. Gleich am andern
Tage verfügte die calvinische Behörde — es ist auffallend, wié
rasch das Geschehene zu ihrer Kunde gelangte — Ameaux' Fest-
nehmung. Der an sich unerhebliche Vorfall, der nach den Edikten
in drei Tagen hätte erledigt sein sollen, wurde wie ein schweres
Verbrechen behandelt. Die Wohnung des Angeklagten wurde durch-
sucht und versiegelt, eine Masse von Zeugen, darunter seine Diener
verhört, seinen ursprünglichen Äufserungen eine immer weitere Ausdehnung gegeben und die Haft ins Unbestimmte verlängert. Vergebens kamen seine Verwandten und Freunde um seine Freilassung ein, vergebens wandten sie sich an Calvin selbst [2]. Ebensowenig machte es Eindruck, dafs bei den in diese Zeit fallenden
öffentlichen Wahlen der Angeklagte in seinen öffentlichen Ämtern
aufs neue bestätigt wurde — eine Demonstration, deren Bedeutung

---

[1] Ratsprot. 27. Jan. 1546; Nouv. pag. p. 21, 22. *Roset* l. V, c. 4.

[2] Vgl. Calvin an Farel 13. Febr. 1546, Opp. XII S. 284. — Das von
Bolsec citierte Schreiben Calvins an Viret ist offenbar mit diesem identisch.
[Vgl. Opp. XII S. 284 n. 9, wo dieser Punkt im gleichen Sinne eingehend
erörtert wird.]

nicht mifszuverstehen war[1]. Der Angeklagte blieb nichtsdestoweniger in strenger Haft. Erst dann, hiefs es, könne von Freilassung die Rede sein, wenn er die ihm zur Last gelegten Äufserungen unumwunden eingestehe und um Gnade bitte. Wirklich
liefs sich der durch die erfahrene Behandlung gebeugte Mann
endlich zu einem solchen Schritte bewegen. Am 26. Februar
reichte Ameaux den »Herren« eine Bittschrift ein, die demütiger
kaum gehalten sein konnte: unter Hinweisung auf die eben über-
standene schwere Krankheit, die auf seinen Gemütszustand einen
nachteiligen Einflufs ausgeübt habe, bekennt er, Gott selbst, den
Herrn Calvin, die Prediger und den Rat beleidigt zu haben, und
bittet in unterwürfigen Ausdrücken, ihm in Anbetracht seiner traurigen Lage Gnade zu gewähren[2]. Eine Genugthuung wie diese
war den Verteidigern des geistlichen Regiments kaum je zuteil
geworden.

Was er beabsichtigt, erreichte freilich der Angeklagte auch
durch diesen demütigenden Schritt nicht; aber es nahm der
Prozefs seitdem doch einen raschern Fortgang. Im kleinen Rate
standen sich zwei Ansichten gegenüber: eine mildere, welche für
bedingte Begnadigung war, und eine strenge, welche Verurteilung
in der schroffsten Form verlangte. Man kam überein, beide Ansichten dem grofsen Rate zur Entscheidung vorzulegen. Hier
trug endlich die mildere Auffassung den Sieg davon. Die Zweihundert beschlossen (2. März) den Angeklagten zu »begnadigen«,
unter der Bedingung, dafs er vor versammeltem grofsen Rate
kniefällig »die Gnade Gottes, der Gerechtigkeit und des Herrn
Calvin anrufe«[3].

Es war eine Begnadigung, die auf diesen Namen kaum noch
Anspruch hatte. Allein anderer Ansicht war Calvin. Ihm schien
die erlassene Sentenz von dem Geiste einer strafbaren Milde eingegeben. Nicht so leichten Kaufs wollte er sich sein Opfer entgehen lassen. Er bebte vor dem Gedanken nicht zurück, auch
einen Beschlufs des grofsen Rates umzustofsen.

Als der Spruch am Nachmittag des 4. März[4] vor den ver-

---

[1] Vgl. Nouv. pag. p. 24.
[2] Ratsprot. 23., 26. Febr. 1546; Nouv. pag. p. 26, 27.
[3] Ratsprot. 1. u. 2. März 1546; Nouv. pag. p. 27 ff.
[4] [Es wurde vielmehr am 4. März beschlossen, dafs dies am folgenden
Tage geschehen solle; *Cornelius* a. a. O. S. 465.]

sammelten Zweihundert und im Beisein Calvins vollzogen werden
sollte, lehnte dieser jede Teilnahme ab. »Er werde nicht erscheinen« liefs er dem Rate melden, »noch jemals die Kanzel
wieder besteigen, wenn nicht eine Ehrenerklärung und öffentliche
Genugthuung für die dem göttlichen Namen zugefügte Schmach
erfolge; eine einfache Zurücknahme der gethanen schändlichen und
gotteslästerlichen Aufserungen genüge nicht«. Eine solche Sprache
war lange nicht mehr in Genf gehört worden, aber sie brachte
die beabsichtigte Wirkung hervor. Der kleine Rat, zum Teil eingeschüchtert, zum Teil auch mit Calvin einverstanden, beschlofs,
die Ausführung des Beschlusses der Zweihundert auszusetzen und
neue Verhandlungen über den Fall zu eröffnen[1].

Calvin verbarg sich die Tragweite und Bedeutung seines Beginnens nicht. Handelte es sich doch um nichts Geringeres, als
ein in feierlicher Sitzung von der zuständigen Behörde gefälltes
rechtsgültiges Urteil mit Verletzung aller Gesetze umzustofsen und
damit die Grundlagen der öffentlichen Rechtspflege selbst zu erschüttern. Er suchte deshalb nach einem Bundesgenossen und
fand ihn in dem allzeit willfährigen Consistorium. Schon am
4. März vermochte er dasselbe zu dem Beschlusse, Ameaux'
Äufserungen auch als gegen sich gerichtet anzusehen und die
Klage Calvins zugleich zu der seinigen zu machen[2]. So begab
er sich an der Spitze der ihm ergebenen Geistlichen und Laien-
ältesten am folgenden Tage vor den kleinen Rat, um in aller
Form gegen die glimpfliche Behandlung des Angeklagten Protest
zu erheben. Die Geistlichkeit, erklärte er, dürfe, »um die Ehre
des göttlichen Wortes zu wahren«, zu dem Vorwurfe, dafs sie
Falsches lehre, nicht schweigen, sondern müsse auf strenger Untersuchung bestehen. Habe er selbst oder einer der Prediger Irrtümer vorgetragen, so möge der Rat gegen sie einschreiten; wo
nicht, so müsse der Verleumder auf das strengste bestraft werden
und öffentlich vor ganz Genf Sühne leisten.

Der kleine Rat machte, wie sich voraussehen liefs, nicht
viele Schwierigkeiten und ging auf den geistlichen Antrag ein.
Auch im Rate der Sechzig drang derselbe durch, obschon hier

---

[1] Ratsprot. 4. März 1546; Nouv. pag. p. 31, 32.
[2] »Que tout le Consistoire veut participer en ses doleances«. Vgl. Consistorialprot. 4. März 1546, Annales Calv., Opp. XXI S. 371.

doch das Wort fiel: man dürfe gefaſste Beschlüsse nicht umstofsen. Da blieb am Ende auch den Zweihundert nichts übrig, als nachzugeben. Aufgefordert, zwischen Calvin und Ameaux, zwischen dem fremden und dem einheimischen Emporkömmling zu wählen, entschieden sie sich für jenen und nahmen am 6. März die beschlossene »Begnadigung« zurück, »damit die Ehre Gottes und der Stadt Genf bewahrt bleibe«. Man überliefs es dem kleinen Rate, »Gerechtigkeit zu üben, wie es ihr Gewissen den Herren eingebe« [1].

Damit war Calvins vollständiger Sieg entschieden. Wohl wurde zum Schein wegen der gegen ihn erhobenen Beschuldigungen eine Untersuchung angeordnet, aber man betrieb dieselbe nur lässig. Erst am 17. März wurden die Mitglieder der ehrwürdigen Genossenschaft und des Consistoriums aufgefordert, sich über Calvins Leben und Lehren zu äufsern, und wenn er Irrtümer vorgetragen habe, dieselben »Punkt für Punkt und Artikel für Artikel« anzugeben. Natürlich, daſs Männer, die schon vorher Calvins Sache zu der ihrigen gemacht hatten, ihrem Meister das günstigste Zeugnis ausstellten und sowohl seine Lehren, als seinen Lebenswandel durchaus dem göttlichen Worte gemäſs und christlich fanden [2]. Zu sehr lag das Illusorische einer solchen Untersuchung, die in Wahrheit nur dazu diente, die Haft des Angeklagten zu verlängern, vor jedermanns Augen, als daſs eine Täuschung darüber möglich gewesen wäre.

In der That begann es jetzt in der Bürgerschaft unruhig zu werden. Gehörte Ameaux auch nicht zu den populären Persönlichkeiten der Stadt, war er auch ein Emporkömmling und als solcher, wie es scheint, bei dem Volke wenig gelitten — ein Umstand, der Calvin bisher sehr zu statten gekommen — die unerhörte Behandlung, welche er erfuhr, rief doch in den weitesten Kreisen Teilnahme für ihn hervor. Und erst jetzt schien auch der Masse das Verständnis aufzugehen, daſs es sich in dem Prozesse noch um etwas mehr als die Person des Angeklagten handele. Die antiklerikalen Leidenschaften erwachten. Grofs war die Auf-

---

[1] Ratsprot. 5., 6. März 1546, Ann., Opp. XXI S. 372 f.

[2] Ratsprot. 16., 17. März 1546, [Ann., Opp. XXI S. 374: 15. und 17. März] *Roset* l. V, c. 4. Die wenigen Calvin abgeneigten Prediger wurden von der Vernehmung ausgeschlossen oder schlossen sich selbst aus. Vgl. Nouv. pag. p. 50 ff.

regung namentlich in S. Gervais, dem Hauptquartier der Opposition, das dieses Mal um so nachdrücklicher für den Angeklagten
Partei nahm, als derelbe eben dieser Pfarrei angehörte: die Stimmung
nahm hier bald einen für Calvin gefährlichen Charakter an.

Allein der Kampf war begonnen und mußte nun zu Ende
geführt werden. Weder Calvin noch der Rat, dessen Entschlossenheit mit der Kühnheit seines geistlichen Führers wuchs, ließen
sich wankend machen. Eine willkommene Hilfe brachten die
beiden alten Genfer Prediger Farel und Viret, die, offenbar infolge einer geheimen Weisung Calvins [1], eben in diesen Tagen in
Genf anlangten und mit ihrem ganzen Ansehen, welches noch
immer sehr groß war, für die Sache des Freundes eintraten. Ihre
Predigten und »schönen Ermahnungen« machten Eindruck und
beruhigten viele [2]. In S. Gervais bestieg Calvin selbst wiederholt die Kanzel, um die unruhige Bevölkerung zur Ordnung zurückzuführen. Er that seinen Gefühlen keinen Zwang an, sprach
von unnützem Gesindel und müßigen Pflastertretern, von Bestien
und reißenden Wölfen. Ein Zuhörer, der ihn bei diesen Worten
unterbrach, wurde sofort eingesperrt [3]. Als die Unruhen trotzdem
fortdauerten und ein Tumult drohte, wurde zu weitern Verhaftungen geschritten, hierauf, am 30. März in Gegenwart des Rates
und bewaffneter Offiziere, wie Calvin einst gedroht hatte, mitten
auf dem Hauptplatze von S. Gervais ein Galgen aufgerichtet, um
Schrecken einzuflößen, und einer der rücksichtslosesten Anhänger
Calvins, der Syndik Lambert, mit Hintansetzung aller Privilegien
als »Kapitän« in der trotzigen Vorstadt eingesetzt [4].

Diese Strenge wirkte. Am 8. April durfte der Rat es endlich
wagen, das neue Strafurteil gegen Ameaux zu verkünden. Es
verurteilte den Angeklagten, aus dessen eigenen Geständnissen er-
helle, daß er von Gott, der Obrigkeit und dem Herrn Calvin
schlecht geredet habe, »im Hemde, barhäuptig, eine brennende

---

[1] Ratsprot. 1. u. 2. April 1546 [Ann., Opp. XXI S. 376]. Calvin an
den Herrn von Falais 16. April 1546, Opp. XII S. 332 f.

[2] Ratsprot. 29. März, 2. April 1546 [Ann. S. 375, 376]. Nouv. pag.
p. 56.

[3] [Daß Calvin ihr Kommen veranlaßt hatte, zeigen seine Schreiben an
Viret vom 8. und 26. März, sowie ein zwischen beide fallendes undatiertes,
Opp. XII S. 305, 318, 323.]

[4] Ratsprot. 30. März, 1., 2., 6. April 1546, Nouv. pag. p. 57, 58; vgl.
Galiffe, Genève hist. et archéol. p. 90. [*Cornelius*, die ersten Jahre S. 469.]

Fackel in der Hand durch die Straſsen der Stadt geführt zu werden und sodann vor den Richtern, auf dem Boden knieend, die Gnade Gottes und der Gerechtigkeit anzurufen und zu bekennen, daſs er gottlos und böswillig jene schändlichen Worte ausgestoſsen habe und sie bereue«. Ohne Störung wie die Verkündigung erfolgte die Vollstreckung der Sentenz: auf den drei belebtesten Plätzen der Stadt muſste der Ratsherr Pierre Ameaux im Büſserhemd und kniefällig die ihm vorgeschriebene Buſsformel vor der versammelten Menge hersagen und in demütigen Ausdrücken Besserung geloben [1]. Daſs eine solche Verurteilung den Getroffenen auch in seiner bürgerlichen Stellung vernichtete und ihn zur Bekleidung eines öffentlichen Amtes für immer unfähig machte, ist nicht nötig, ausdrücklich noch zu erwähnen.

Der erste Angriff war also völlig gelungen. Ameaux' Fall zeigte, was sich auch jetzt noch bei rechter Energie in Genf durchsetzen lieſs. Die Haltung der bürgerlichen Behörde hatte das in sie gesetzte Vertrauen vollkommen gerechtfertigt und den Beweis geliefert, daſs Calvins Autorität noch fest stand, wenn er nur die notwendige Entschlossenheit an den Tag legte. Die Opposition hatte sich als ohnmächtig erwiesen; sie war offenbar überrascht und über ihre Haltung noch nicht im klaren. Calvin wuſste nun, welche Macht er noch besaſs und trug kein Bedenken, auf der betretenen Bahn jetzt weiter zu gehen.

Das erste war, daſs er die ehrwürdige Genossenschaft selbst von den unzuverlässigen Elementen reinigte. Es hatte sich im Verlaufe des Prozesses gezeigt, daſs nicht auf alle Mitglieder derselben zu zählen war.

Noch bevor der Prozeſs Ameaux' völlig entschieden war, wurde der Prediger von Moyn, Aimé Megret aus seinem Amte entfernt. Megret hatte schon früher sowohl durch Insubordination als auch durch ungeistliche Sitten Anstoſs gegeben, so daſs seine Beseitigung leicht zu bewerkstelligen war. Die verdächtige Haltung, welche er jetzt aufs neue in dem Ameauxschen Prozesse beobachtete, insbesondere der Umstand, daſs er sich jener feierlichen Kundgebung zu Gunsten Calvins am 17. März nicht anschloſs, hatte denn auch seine rasche Absetzung zur Folge. Schon am 25 März erhielt er wegen »mancherlei Insolenzen« seine Ent-

_____ . .

[1] Vgl. Ratsprot. 8. April 1546 [Ann. S. 377]. Nouv. pag. p. 60, 61.

lassung. Der Franzose Saint-André, ein eifriger Jünger Calvins, trat an seine Stelle [1].

Viel wichtiger war das zweite Mitglied der ehrwürdigen Genossenschaft, gegen das Calvin sich wandte, der Prediger Henri de la Mare.

De la Mare war, wie wir uns erinnern, einer von jenen vier Geistlichen, die nach Calvins und Farels Verbannung im Jahre 1538 zum grofsen Verdrufs der Exilierten den geistlichen Dienst in Genf übernommen hatten. Er war auch nach Calvins Rückkehr mit Einwilligung desselben in seinem Amte geblieben, aber natürlich, dafs der Reformator gegen einen Mann, der den geistlichen Ansprüchen so viel vergeben und der weltlichen Macht so bedeutende Zugeständnisse gemacht hatte, eine bleibende Abneigung empfand. Die Stellung, welche de la Mare zu der neuen Ordnung einnahm, liefs diese denn auch bald als gerechtfertigt erscheinen. Ohne gerade ein Mann von scharfem Geist oder starkem Charakter zu sein, besafs de la Mare doch eine gewisse Geradheit der Gesinnung, die ihn hinderte, nach Art mancher Anderer auch da Zustimmung zu heucheln, wo er innerlich nicht einverstanden war: er verleugnete die früher bekannten Grundsätze nicht und machte auch kein Hehl daraus, dafs der Rigorismus des calvinischen Systems seinen Beifall nicht habe [2]. Um ihn unschädlich zu machen, wurde er zunächst aus der Stadt auf eine Landpfarrei, nach Jussy entfernt. Aber auch in dieser neuen Stellung blieb er ein unbequemer Gegner. Der Landprediger von Jussy war unter den Geistlichen der einzige noch übrige Repräsentant jener bernerisch-deutschen Richtung, die, wie Calvin wufste, noch in vielen Gemütern fortlebte, und auf ihn richteten sich die Blicke aller derjenigen, die sich nach den früheren Zuständen zurücksehnten. Seine völlige Beseitigung schien deshalb im Interesse der neuen Ordnung dringend geboten.

Ameaux' Prozefs bot dazu die erwünschte Gelegenheit. De la Mare hatte in der Unterhaltung mit einem französischen Emigranten, der ihn scheinbar ganz harmlos um seine Ansicht über

---

[1] Ratsprot. 23. [Ann. S. 375] und 25. März 1546; Nouv. pag. p. 52 ff. Calvin an Falais 16. April 1546, Opp. XII S. 333. [*Cornelius* a. a. O. S. 454, 471].

[2] Calvin nennt ihn deshalb einmal »*Strenuum saltationum patronum*«. Opp. XII S. 335.

den Prozefs befragt, mit seinen Gedanken nicht zurückgehalten und ziemlich unumwunden für den Angeklagten Partei genommen. Ameaux, meinte er, sei kein so übler Mensch, er habe ihn vielmehr stets als einen Mann von ehrenhaftem Charakter und grofsen Fähigkeiten kennen gelernt; habe er gefehlt, so sei es wohl in einem Zustande nicht völliger Zurechnungsfähigkeit geschehen. Calvin sei etwas zu heftig und leidenschaftlich; er ertrage und vergesse nie eine ihm angethane Beleidigung, sondern ruhe nicht, bis er sich gerächt; schon in Strafsburg habe man · diese Erfahrung gemacht und von seinen Freunden sei er deshalb nach seiner Rückkehr nach Genf dringend gebeten worden, seine Heftigkeit zu mäfsigen [1].

Das genügte, um den Mann zum Falle zu bringen. Obgleich de la Mare sich von dem Franzosen Verschwiegenheit namentlich Calvin gegenüber hatte geloben lassen, brachte dieser doch — schon hatte das Denunziationswesen sich bis zu einem bedenklichen Grade ausgebildet — das Gehörte sofort »im Interesse des öffentlichen Wohles« zur Anzeige [2]. Am 16. März wurde gegen den Prediger von Jussy der Haftbefehl erlassen und das gerichtliche Verfahren eingeleitet. Man machte mit dem Geistlichen nicht so viel Umstände wie mit dem Staatsrat und kümmerte sich wenig um seine Gegenvorstellungen. Am 15. April wurde das Urteil verkündet: es lautete auf Amtsentsetzung. Vergeblich, dafs der Verurteilte, der auch während der Verhöre nicht gerade durch Festigkeit sich hervorgethan zu haben scheint, jetzt durch Hinweisung auf seine hilflose Lage und die langjährigen Dienste, die er Genf geleistet, das Mitleid der »Herren« zu erwecken suchte. Nicht einmal ein amtliches Zeugnis über die Gründe seiner Verurteilung, um welches er bat, »damit ihm nicht mehr zur Last gelegt werde, als er gethan und er anderwärts Aufnahme fände«, konnte er von seinen Richtern erlangen. Auch an seine Stelle trat ein Franzose, Jean Balduin, den Calvin selbst vorgeschlagen hatte [3].

---

[1] Ratsprot. 11. [Ann. S. 373; das in der letzten Zeile dieser Seite fehlende Wort mufs heifsen: inquiete], 16. März 1546; Nouv. pag. p. 41, 42.

[2] Nouv. pag. p. 42, 65.

[3] Ratsprot. 13., 15. April [Ann. S. 377 f.], 11., 27., 28. Mai 1546; Nouv. pag. 68, 69, 70. In wie weit die später noch nachträglich gegen de la Mare erhobenen Anklagen, z. B. dafs er zwei unreife Kinder getraut habe, auf

So räumte Calvin mit Glück einen Gegner nach dem andern aus dem Wege — einen dieser widerspänstigen Geistlichen, Champereau, hatte er schon kurz vorher beseitigt[1] — ohne dafs auch nur ein ernstlicher Widerstand versucht worden wäre. Nachdem dies geschehen, nachdem durch Ameaux' Verurteilung der Person des Reformators das ihr gebührende Ansehen zurückgegeben, die ehrwürdige Genossenschaft von den unzuverlässigen Mitgliedern gereinigt war, konnte er an die Hauptaufgabe gehen. Nicht eigentlich um die Sicherung seiner persönlichen Herrschaft und Machtstellung handelte es sich für ihn: diese selbst sollte nur ein Mittel sein, den Willen Gottes, wie er ihn erkannt und wie er der Hauptsache nach in der kirchlichen Gesetzgebung Genfs niedergelegt war, nachdrücklicher als es bisher geschehen zur Geltung zu bringen[2]. Es scheint, dafs in den ersten Jahren trotz aller Strenge und Unparteilichkeit doch in der Handhabung der »Edikte« vielfach eine gewisse Milde und Nachsicht, namentlich den Vornehmen gegenüber, obgewaltet hatte. Fortan sollte es anders werden.

Gegen dreifsig Personen, Männer und Frauen aus den angesehensten Familien der Stadt wurden im April 1546 plötzlich wegen Übertretung der kirchlichen Verordnungen zur Verantwortung vorgeladen. Das Vergehen, dessen sie sich schuldig gemacht, bestand darin, dafs sie einige Wochen vorher bei Gelegenheit einer Hochzeit sich eine kleine Tanzbelustigung erlaubt

---

Wahrheit beruhen, läfst sich schwer entscheiden, jedenfalls haben sie seine Verurteilung nicht herbeigeführt, wie *Gaberel* I, 360 anzudeuten scheint. In der kurzen Darstellung des Prozesses, die Calvin selbst (Opp. XII S. 335) gibt — die sich übrigens schwer mit den Ratsprotokollen in Einklang bringen läfst — wird jenes Vorfalls ebenfalls nicht gedacht. [Vgl. *Cornelius* a. a. O. S. 88.]

[1] Vgl. Ratsprot. 20. Juli 1545 [Ann. S. 357]. Calvin an Viret 26. Okt. 1545, Opp. XII S. 195; die Genfer Geistlichen an die von Bern, 27. Okt., ebd. S. 195 ff. — Nouv. pag. p. 53. [*Cornelius* a. a. O. S. 446 ff.]

[2] Es lag deshalb auch vom Standpunkte Calvins aus eine Wahrheit darin, wenn er Ameaux der Beleidigung Gottes anklagte. Wie er überhaupt ihm zugefügte Beleidigungen auffafste, darüber spricht er sich am klarsten in einem Schreiben an die Königin von Navarra aus dem J. 1545 aus: »*Puis qu'il a pleu à Dieu d'user de moy comme d'un de ses instrumens à l'édification de son église, je voy quelle conséquence tireroyt un tel blasme, s'il estoyt en ma personne pour diffamer l'Evangile*«. Opp. XII S. 68.

hatten oder doch Zeugen einer solchen gewesen waren. Die Kühnheit dieses Angriffes setzte in Erstaunen: ähnliches war bisher noch nicht vorgekommen. Die 'Vorgeladenen erhoben Widerspruch; mehrere weigerten sich zu erscheinen; vor dem Konsistorium kam es zu heftigen Scenen. Eine der Angeklagten, die Frau des Generalkapitäns Perrin, erging sich in hitzigen Reden gegen Calvin: sie warf ihm Herrschsucht und Tyrannei, Haſs und Rachsucht gegen die Familie ihres Vaters und alle besseren Bürger vor. Calvin erwiderte der Erzürnten kalt, ihre Familie habe sich wie jede andere dem Gesetze zu unterwerfen. Wolle sie sich dem Joche Christi nicht beugen, so möge sie eine neue Stadt bauen: so lange sie in Genf sei, habe sie zu gehorchen [1]. Das Urteil lautete gegen die Meisten auf drei Tage Gefängnis und öffentliche Zurechtweisung, gegen einige wurde auf noch strengere Strafen erkannt. Es schmerzte Calvin selbst, unter den Missethätern Männer zu finden, die zu seinen ältesten und verdientesten Freunden zählten, wie der Syndik Amblard Corn und der Generalkapitän Perrin, aber der Strafe sollten auch sie sich unterwerfen wie die übrigen. »Doppeltes Maſs und Gewicht«, schrieb er an Perrin, der sich am längsten weigerte, vor dem Consistorium zu erscheinen, »dürfen wir doch nicht anwenden, am wenigsten in der Kirche Gottes. Von mir darf ich behaupten, daſs ich in dieser Angelegenheit nur das Wohl der Kirche und Dein eigenes im Auge habe. Drohungen werden mich nicht schrecken: nicht um Ehre und Gewinnes willen bin ich nach Genf zurückgekehrt und ich werde mich nicht sehr grämen, wenn ich es wieder verlassen muſs. Wisse, daſs mich in der Erfüllung meiner Pflicht nichts irre machen wird« [2]. Ein so ernstes, festes Auftreten verfehlte seine Wirkung nicht. Mehrere der Verurteilten legten sogar eine groſse Reue über das Geschehene an den Tag, und auch der stolze Generalkapitän verstand sich endlich, wenn auch mit widerstrebendem Herzen, zur Unterwerfung [3].

---

[1] Vgl. Calvin an Farel u. Viret, April 1546, Opp. XII S. 334.

[2] Calvin an A. Perrin, Opp. XII S. 338.

[3] Consistorialprot. 8., 15., 23. April, 13. Mai 1546, Ratsprot. 12., 15., 16., 22. April, 16., 18. Mai 1546; Calvin an Farel u. Viret 1546, April, Opp. XII S. 334 f.; *Roset* l. V, c. 6; Nouv. pag. p. 61. [Diese Angelegenheit jetzt ausführlicher bei *Roget* II S. 225 ff. und *Cornelius* a. a. O. S. 473 f.]

Und mit dieser unnachsichtigen Strenge wurden nun überhaupt die Ordonnanzen gehandhabt. Es sollte nachgeholt werden,
was früher versäumt worden. Sogar gegen Vergehen, die noch
vor Erlaß der neuen Sittengesetze begangen waren, kamen dieselben jetzt zur Anwendung. Da wurde der alte François Favre,
einer der reichsten Bürger und freilich auch einer der Hauptgegner des Reformators, im Frühjahr 1546 wegen einiger vor
vielen Jahren begangenen unsittlichen Handlungen auf Grund der
kurz vorher erlassenen Strafgesetze zur Rechenschaft gezogen.
Umsonst legte der Vorgeladene Verwahrung ein, die heftigen
Äußerungen, zu denen er in der Aufregung sich fortreißen ließ,
verschlimmerten nur noch seine Lage. Es wurde ein Haftbefehl
erlassen, dem der stolze Patrizier nur durch schleunige Flucht aus
der Stadt entging. Erst als er schwer erkrankte, wurde ihm auf
die Fürsprache seiner Verwandten die Rückkehr nach Genf gestattet, aber nur unter der Bedingung, daß er sich sofort nach
seiner Genesung der gegen ihn erkannten Strafe unterziehe. Und
diese hat er dann auch über sich ergehen lassen müssen trotz
aller Proteste, trotz aller Berufungen auf alte Rechte und Freiheiten [1]. Unerbittlich bestand Calvin darauf, hier wie in andern
Fällen, daß der Vornehme wie der Geringe ohne Ansehen der
Person die ganze Strenge der kirchlichen Gesetzgebung empfinde,
wenn er gegen sie gefehlt. »Schon spricht man es öffentlich
aus«, schrieb er sichtlich befriedigt einem seiner Freunde, »daß
hier niemand mehr hoffen darf, der Strafe zu entrinnen, da auch
die Ersten der Stadt nicht verschont werden und ich meine
Freunde nicht milder behandele als meine Gegner.« [2].

Im Sommer 1546 schien Calvins Herrschaft in Genf fester
zu stehen als je zuvor. Damals war es, daß er, unterstützt von
eifrigen Amtsbrüdern, jene merkwürdigen Verordnungen durchsetzte, die das alte Genfer Volksleben von Grund aus neugestalten
sollten. Im April und Mai erfolgte das Verbot des Besuches der
Wirtshäuser und die Einführung der fünf »Abteien«, zwei Monate
später die Aufhebung der herkömmlichen öffentlichen theatralischen
Aufführungen [3]. Es folgten weitere Anordnungen zur »größern

---

[1] Vgl. die ausführlichen Mitteilungen und das Ratsprot. bei *Galiffe*,
Nouv. pag. p. 93 ff. [*Cornelius* a. a. O. S. 481 f.].

[2] Calvin Farel 1546, Opp. XII S. 335/36.

[3] Vgl. Band I, 445, 446,

Ehre Gottes‹, eine Verschärfung der Gesetze gegen Hurerei und Unzucht, ein neuer Erlaſs gegen das Spiel, das Edikt über die verbotenen Taufnamen, Beschlüsse gegen die schlechte Presse, neue Verordnungen zu einer strengen Handhabung der Kontrolle; ging man doch so weit, in der Kirche von S. Gervais während des Gottesdienstes einen Syndik und zwei Offiziere als Wache aufzustellen, damit kein Andächtiger das Gotteshaus vor der bestimmten Zeit verlasse[1]!

So drang Calvin auf allen Punkten siegreich vor. Wie so ganz grundlos schienen da seine früheren Besorgnisse gewesen zu sein! Der Rat hätte eine gröſsere Willfährigkeit und Ergebenheit kaum an den Tag legen können. Beunruhigende Gerüchte von neuen groſsen Kriegsgefahren und geheimen Umtrieben des Papstes zum Verderben Genfs, welche durch ungewöhnliche Naturerscheinungen eine Bestätigung zu erhalten schienen, versetzten zum Teil auch das Volk, wenigstens vorübergehend in eine ernste, energisch evangelische, den Bestrebungen Calvins förderliche Stimmung[2]. Die Geistlichen glaubten bereits, völlig die Herren der Lage zu sein, und die eifrigsten unter ihnen, die Abel Poupin, Michel Cop, Raymund Chauvet führten auf der Kanzel eine Sprache, als gebe es für den Diener des Worts keine Schranke mehr. Cop erging sich gegen diejenigen, welche bei der letzten öffentlichen theatralischen Aufführung in Genf mitgewirkt hatten, Söhne und Töchter der ehrbarsten Familien, in den gemeinsten Schmähungen, obschon das aufgeführte Stück ein geistliches gewesen war[3]. Chauvet verstieg sich am Schluſs einer Predigt, nachdem seine leidenschaftliche Sprache schon viele aus der Kirche vertrieben hatte, sogar zu dem unchristlichen Ausrufe: ›Möge denn

---

[1] *Roset* l. V. c. 8 ; Ratsprot. 2 Aug., 11. Okt. — Ratsprot. 8. April. — Ratsprot. 27., 31. Aug. 9., 15., 22. Nov. (Arch. de Genève, Pièces hist. 1384) — Ratsprot. 14. Dez. 1546. — Nouv. pag. p. 65. [*Cornelius*, Histor. Arbeiten S. 481.]

[2] Vgl. Ratsprot. 9., 12., 17., 22., 26. Juli, 24. Aug., 14. Sept. 1546; *Roset* l. V. c. 8; *Ruchat-Vuillemin* V, 314.

[3] Vgl. Ratsprot. 28. Juni 1546 [Ann. S. 384]; Calvin an Farel 6. Juli 1546, Opp. XII S. 355 f. Interessant ist, wie Calvin vor dem Freunde die Maſslosigkeit Cops zugiebt, vor dem Rate aber (›qui noster erat‹) den Satz aufstellt, daſs eine Äuſserung auf der Kanzel sich der gewöhnlichen Beurteilung entziehe! [*Cornelius* a. a. O. S. 476.]

Kampschulte, J. Calvin II. 3

Pest, Krieg und Hunger über Euch kommen!'« Eine noch
derbere Sprache wurde auf dem Lande geführt. Der Prediger
von Céligny, Louis Treppereaux, redete eines Tages seine Zuhörer als Teufel an und machte ihnen die weitere Eröffnung, daſs
ihr Land nicht ihnen, sondern den Geistlichen gehöre, welche
fortan auch das Regiment über sie führen würden, trotz ihres
Zähneknirschens ² I Und die gleiche heftige, herausfordernde Sprache
kam mehr und mehr auch bei den Consistorialverhandlungen auf.
Der geistliche Eifer kannte kein Maſs mehr. »Ihr seid un-
verschämter wie ein Hund«, wurde selbst der alte Favre einmal
von einem Geistlichen angefahren, als er gegen eine Behauptung
der Anklage Einsprache erhob ³.

Wer indes die Lage der Dinge mit aufmerksamem Blick beobachtete, muſste zu einer andern Auffassung derselben kommen
als der kurzsichtige Eifer der Geistlichen und vielmehr mit bangen
Besorgnissen für die Zukunft erfüllt werden. Der Sieg Calvins
war zu leicht und rasch erfochten worden, als daſs er hätte von
Bestand sein können; die Opposition war offenbar viel stärker
und mächtiger, als sie bis jetzt hatte zeigen können oder wollen.
Calvin selbst verbarg sich die Schwierigkeiten seiner Stellung
nicht. Er wuſste, daſs er in der Frage der öffentlichen Spiele
bis an die Grenze dessen, was er sich gestatten durfte, gegangen
war ⁴, daſs er in der Maſsregel gegen die Wirtshäuser schon
darüber hinausgegangen war: er willigte darein, daſs sie zurückgenommen wurde ⁵. Er kannte die wahre Stimmung. Trotz der

---

¹ Ratsprot. 31. Mai, 1. Juni 1546.

² »*Vous n' êtes tous que des diables! Pensez vous que ce pays soit
vôtre? Il est à moi et à mes compagnons: et vous serez gouvernés par nous
qui sommes étrangers, et dussiez-vous bien grincer les dents*«. Man möchte
diese ungeheuerliche Äuſserung für unecht halten, wenn sie nicht der Staatssekretär Ruffi selbst überliefert hätte. Vgl. übrigens Nouv. pag. p. 64.
[Ratsprot. 15. April 1546, Ann. S. 378.]

³ Vgl. *Bonivard*, Anc. et nouv. police p. 54. [*Cornelius* a. a. O. S. 493.
Diese heftige Äuſserung A b e l s wird bis zu gewissem Grade durch das Be-
tragen Favres gerechtfertigt, der doch nicht nur gegen eine Behauptung der
Anklage Einspruch erhoben hatte, sondern ausfällig genug gewesen war.]

⁴ »*Periculum erat*«, schrieb er darüber am 3. Juni 1546 an Farel, »*ne
elevaremus nostram autoritatem, si pertinaciter repugnando tandem vinceremur.
Video non posse negari omnia oblectamenta*«. Opp. XII S. 347/48.

⁵ Vgl. Ratsprot. 22. Juni 1546 (Ann. S. 384); *Roset* l. V. c. 5; Nouv.
pag. p. 63, 64. [*Cornelius* a. a. O. S. 474, 480.]

Ruhe, welche scheinbar an der Oberfläche herrschte, gärte es in der ganzen Bürgerschaft gewaltig und mehr als einmal machte sich der verhaltene Unwille Luft. Für den Geist in S. Gervais war es bezeichnend, daſs der dortige Prediger schon wenige Tage nach der Verurteilung Ameaux' bei dem Rate um die Erlaubnis einkam, in der Altstadt wohnen zu dürfen, da er sich in der antiklerikalen Vorstadt nicht mehr sicher fühlte[1]. Und wenig beruhigender war die Stimmung in der Altstadt selbst. Der Generalkapitän Perrin, der einfluſsreichste Mann in Genf, der dem Reformator einst so groſse Dienste geleistet und noch in der Ameauxschen Angelegenheit auf seiner Seite gestanden, konnte die erlittene Demütigung nicht vergessen und brach das alte Freundschaftsverhältnis ab: vergebens suchte Calvin den langjährigen Freund wieder an sich zu ziehen[2]. Die ganze Familie Favre, die ausgebreitetste der Stadt, zürnte und verlangte nach Rache. Es kamen dem Rat im Laufe des Sommers Äuſserungen aus dem Schoſse der Bürgerschaft zur Kenntnis, die von einem ingrimmigen Haſs gegen Calvin und das geistliche Regiment zeugten: selbst die Drohung, daſs man ihn nochmals vor die Thore schicken werde, fehlte nicht[3]. Vor dem Consistorium erfolgten einzelne Auftritte, die auf die Lage ein fast unheimliches Licht warfen. Gaspard Favre, ein Sohn des alten Patrioten, verweigerte, als er wegen loser Sitten und Reden vor das Consistorium geladen wurde, den Mitgliedern des geistlichen Gerichtshofs jede Auskunft: nur den Syndiken und gesetzlichen Vertretern der Bürgerschaft sei er Rede und Antwort schuldig. »Aber an dieser Stelle« entgegnete ihm Calvin heftig, »stehe ich über Euch!« »Jawohl, ich weiſs es«, lautete die höhnische Antwort, »über mir und — über Allen«. »Das ist Rebellion« rief der Reformator aus und verlieſs in gröſster Aufregung den Sitzungssaal[4]. Einige

---

[1] Ratsprot. 13. April 1546; Nouv. pag. p. 58.

[2] [Aus persönlichen Freundschaftsempfindungen entsprangen diese Versuche doch wohl nicht; vgl. *Cornelius* a. a. O. S. 490 f.].

[3] Ratsprot. 3., 14., 16. Mai, 30. Juli 1546; vgl. das Schreiben Calvins an Farel 1. Sept. 1546. Opp. XII S. 377 f. [Ausführlicheres bei *Cornelius* a. a. O. S. 488 ff.]

[4] Vgl. Consistorialprot. 4. März, 17. Juni 1546; Ratsprot. 18. Juni 1546 [Ann. S. 371, 382 f.; *Cornelius* a. a. O. S. 484].

Monate später wurde der Buchdrucker[1] Dubois wegen angeblich ehrenkränkender Äußerungen über Calvin vor das Sittengericht geladen. Calvin empfing den Eintretenden in gewohnter Weise mit Vorwürfen und nannte ihn einen Heuchler und hartnäckigen Sünder. Der Mann glaubte eine solche Behandlung nicht verdient zu haben und verwahrte sich gegen die Ausdrücke des Zürnenden in scharfen Worten. Es folgte eine bewegte Scene, ein heftiger Wortwechsel zwischen beiden, in dem zum Entsetzen des Kollegiums die Anschuldigungen der Heuchelei, der Rachsucht, ja selbst der Raserei hinüber und herüber flogen[2].

Indes wie bedenklich solche Vorgänge auch waren, sie brachten, so lange der Rat zuverlässig blieb, keine ernste Gefahr. Gaspard Favre und Dubois büßten für ihre Vermessenheit hinter Schloß und Riegel. Calvin ging, statt eingeschüchtert zu sein, nach solchen Kampfesscenen mit frischem Mut ans Werk. Er hatte das Bewußtsein, für eine große sittliche Idee zu kämpfen, was sich von den Gegnern, die ihm in dieser ernsten Zeit entgegentraten, nicht sagen ließ. So lange die Opposition keine andern Streiter gegen ihn ins Feld zu stellen hatte, als Männer von so zweifelhaftem sittlichen Werte wie Gaspard Favre[3], durfte Calvin getrosten Muts der Zukunft entgegenblicken. Solchen Widersachern gegenüber hatte er, trotz aller Härten und Willkürlichkeiten, nicht bloß den Rat, sondern auch den ernstern und bessern Teil der Zeitgenossen auf seiner Seite.

Aber schon im Laufe dieses Jahres begann die Opposition sich von einer ernstern Seite zu zeigen.

---

[1] [Der Genfer Buchdrucker Guillaume Dubois kann nicht wohl gemeint sein, da er in den Prozessakten als »habitant« und als aus Beauvais stammend bezeichnet wird; Ann. S. 392. *Roget* II S. 263 und *Cornelius* a. a. O. (S. 486) nennen Dubois einen Lichterzieher.]

[2] Consistorialprot. 21. Dez. 1546; Ratsprot. 25. Dez. 1546, 3., 6., 20., 27., 28. Jan. 1547; vgl. Nouv. pag. p. 79—81, wo eine ziemlich ausführliche Darstellung dieses Prozesses. [Vgl. *Cornelius* a. a. O. S. 486.]

[3] Er hat indes gegen die Hauptbeschuldigung, die von *Roset* l. V. 6 und dem Ratsprot. 18. Juni 1546 erwähnte Äußerung, daß er, wenn er Syndik würde »remettroit les Bordeaux aux quatre coins de la ville« stets entschieden protestiert und die Äußerung in Abrede gestellt.

III.

DER GEGENSATZ DER ALTEN UND DER NEUEN GENFER.

Bei allem Geschick und strategischem Talent, welches Calvin in dem glücklich beendigten ersten Feldzuge bewiesen hatte, mußte es dennoch auffallend erscheinen, daß ein Kampf, an den er selbst vorher nur mit Bangigkeit gedacht hatte, alsbald eine so entschieden günstige Wendung für ihn nahm. Richtig ist allerdings, daß seine Umsicht und Entschlossenheit an dem Erfolge einen wesentlichen Anteil hatte, daß die Raschheit des Angriffes den noch nicht vorbereiteten und gerüsteten Gegner für den Augenblick gleichsam aus der Fassung brachte; aber schwerlich würde doch der Erfolg ein so bedeutender gewesen sein und schwerlich Calvin selbst sich zu einem so kühnen Vorgehen ins feindliche Heerlager entschlossen haben, wenn ihm nicht eine Macht zur Seite gestanden hätte, über die er unbedingt gebot.

Eine solche bildeten für ihn die französischen Refugiés.

Einst hatten die Turiner Herzöge durch die Begünstigung savoyisch-italienischer Ansiedelungen in Genf die Stadt der savoyischen Herrschaft zu unterwerfen gesucht, im Reformationszeitalter ist durch das gleiche Mittel hauptsächlich die Herrschaft des französischen Reformators begründet worden. Nicht als ob die französischen Einwanderungen lediglich Calvins Werk gewesen wären: wir haben gesehen, daß sie bereits vor seiner Ankunft begannen und in demselben Grade zunahmen, als die Verfolgungen der Neugläubigen in dem Nachbarlande heftiger wurden. Aber nicht zu leugnen ist, daß Calvin, namentlich seit dem Jahre 1541, für dieselben eine bedeutende und erfolgreiche Thätigkeit entfaltet hat, daß durch ihn in das Einwanderungswesen ein neuer Schwung kam. Erst mit ihm und durch ihn sind die »Fremden« in Genf zu einer wirklichen Macht geworden.

Es war nichts natürlicher, als daß Calvin, nachdem er in Genf einen geeigneten Mittelpunkt für das große evangelische Missionswerk gefunden zu haben glaubte, von allen Seiten tüchtige evangelische Männer zur Stütze und als Gehülfen in seine Nähe zu ziehen suchte, und dabei, weil ihm die Bekehrung seines eigenen Vaterlandes persönlich wie örtlich am nächsten lag, zu-

nächst und vorzugsweise seine Aufmerksamkeit auf die französische
Nation richtete. Schon die erste Schrift, die er nach der »Institution« veröffentlichte, jenes für Duchemin bestimmte Sendschreiben »über die Notwendigkeit, die unerlaubten Opfer der
Gottlosen zu vermeiden« [1], läßt hier und da eine solche Tendenz
erkennen und legt es dem in der Heimat zurückgebliebenen
Jugendfreunde nahe, dem Verfasser zu folgen und das Vaterland
zu verlassen. Aber erst seitdem seine Herrschaft entschieden war
und Genf ein sicheres Asyl eröffnete, seit seiner Rückberufung
im Jahre 1541 nahm er diesen Gedanken mit Nachdruck auf.
Wieder und wieder wird von da an von ihm in Flugschriften,
Predigten, Briefen die Pflicht der Auswanderung verkündet. Jeder
Gläubige, der die Mittel besitzt, soll das Vaterland verlassen,
wenn es für ihn ein »Ägypten oder Babylon« ist, wenn es die
Ausübung der wahren Religion nicht gestattet [2]. Noch heute
gelte, schreibt er einem französischen Edelmanne, was einst der
Herr dem Abraham gesagt: Ziehe hinaus aus Deinem Vaterlande,
aus Deiner Verwandtschaft in ein Land, das ich Dir zeigen
werde [3].

Das von Gott gezeigte Land aber ist ihm regelmäßig Genf.
Seine französische Korrespondenz zeigt uns in recht anschaulicher
Weise, mit welchem Eifer er überall bemüht ist, Glaubensgenossen
aus Frankreich, Männer und Frauen, einzelne und ganze Familien
zur Übersiedelung nach Genf zu bewegen, wie er namentlich,
wenn es sich um Personen handelt, die durch Adel, Ansehen,
Bildung und Geist hervorragen, seine ganze Überredungsgabe auf-
bietet, um sie zu gewinnen und die Schwankenden zu raschem
Entschlusse zu drängen. Seine Ermahnungen werden da zuweilen
fast zudringlich; er schreibt wiederholt, wenn die erste Mahnung
fruchtlos geblieben ist, und benutzt geschickt jede Gelegenheit,
um auf seinen Vorschlag zurückzukommen [4]. Fünf Jahre lang

---

[1] Opp. V, 239 ff.

[2] Opp. VI, 576; ferner VI, 629 wo er sich ähnlich ausdrückt und die
vierte der Homiliae quatuor, l. c. VIII S. 425 ff.

[3] Opp. XIII S. 63; auch noch sonst z. B. Opp. VI S. 629 findet sich
dieser Hinweis auf Abraham.

[4] So schreibt er z. B. dreimal an die Familie Budé (Opp. XII S. 452,
541 f., 644 f.), die sich endlich im Juni 1549 in Genf niederließ. Vgl. Not.
général. III, 83. [Vgl. Opp. XIII S. 298. François B. kam erst 1554 nach
Genf: Opp. XV S. 298.]

hat er sich bemüht, den Herrn von Falais und Breda, einen natürlichen Spröfsling der alten burgundischen Herzöge, der am Hofe
Karls V. seine Erziehung erhalten und die neue Lehre kennen
gelernt hatte, zur Niederlassung in Genf zu bewegen, und nichts
hat er unterlassen, sich dem hohen Herrn zu diesem Zwecke ge-
fällig zu erzeigen. Er widmet ihm eine seiner gelehrten Arbeiten,
er fafst eine Apologie seines Religionswechsels für ihn ab; er
unterzieht sich dann selbst der Mühe, ein passendes Haus nebst
Garten für ihn in Genf ausfindig zu machen, er beschreibt mehrere
Wohnungen und teilt ihm zugleich den Preis mit; er zerstreut die
Bedenken, die der sehnlichst Erwartete noch im letzten Augenblicke gegen die Übersiedelung zur Sprache bringt. Wie ein
Haushofmeister hatte er alles für die Bequemlichkeit des hohen
Gastes vorbereitet, als dieser endlich eintraf: selbst ein Fafs des
»besten« Weines fehlte nicht [1].

Wenn Calvin den auswärtigen Glaubensgenossen die Lemanstadt als einen vorzugsweise geeigneten Zufluchtsort empfahl, so
war dies keine leere Vorspiegelung. Sie empfingen hier nicht
nur das reine Gotteswort aus dem Munde des Verfassers der Institution, auch die Stadt bot ihnen mancherlei Vorteile. Genf
war infolge der inneren Kämpfe, namentlich der vielen er-
zwungenen Auswanderungen herabgekommen und entvölkert. Die
gefeierten alten Namen der Versonais, d'Orsières, Bezanson u. a.
waren aus den Bürgerlisten verschwunden. Viele Häuser standen
leer, waren baufällig geworden und drohten Einsturz. Es sei
sogar schwer gewesen, meldet Bonivard, für die leer stehenden
Häuser auch ohne Miete Einwohner zu erhalten [2]. Da kamen

---

[1] Vgl. Opp. XI, 628, 631, 664; XII, 96, 128, 137, 330, 489. 494,
497, 523, 529, 551, 574, 586, 621, 681. Im ganzen enthalten die Opp.
1543—1548, in welchem Jahre Falais nach Genf kam, ungefähr 50 Briefe Calvins an die Familie Falais. Den Eifer, den Calvin für Falais' Übersiedelung an
den Tag legte, macht das spätere Gerücht (vgl. Ad Cl. de Saintes Apol. alt.,
Beza Tract. theol. II, 352) erklärlich, dafs er das Verhältnis zu Falais in
eigennütziger Weise ausgebeutet habe!

[2] Anc. et nouv. pol. p. 72. Diese Angabe scheint doch eine der gewohnten Bonivardschen Übertreibungen, aber dafs die Stadt noch um die
Mitte der vierziger Jahre, zur Zeit als Balduin ankam, die Folgen des Bürger-
kriegs bei weitem nicht überwunden hatte, zeigt der Ausdruck »prope deserta«,
den Fabricius von dem damaligen Genf gebraucht. Vgl. *Fr. Balduini* Biga
responsionum ad Calvinum et Bezam p. 157. Eingefallene Häuser werden in
den Ratsprot. häufig erwähnt.

die französischen Refugiés aber recht. Jedermann sah diese fremden, zum Teil sehr wohlhabenden Ankömmlinge zu Anfang gern: sie brachten neues Leben in die Gesellschaft und füllten allmählich die Lücken aus, die der Bürgerkrieg zurückgelassen. Auch die neue Kirchenordnung zeigte für die Fremden ein unverkennbares Wohlwollen, indem sie in jenem Abschnitte, der über das Hospitalwesen handelt, dieselben in der fürsorglichsten Weise berücksichtigt [1]. Wurde doch sogar auch bei der Festsetzung des jährlichen Gehaltes Calvins insbesondere auf die grofsen Ausgaben Rücksicht genommen, die er für die Fremden zu machen haben werde [2].

So sehen wir denn sofort mit dem Jahre 1542 die evangelische Einwanderung einen gewaltigen Aufschwung nehmen. Nicht blofs Franzosen, auch evangelisch Gesinnte aus andern Ländern, namentlich aus Italien, Geistliche und Laien, Männer und Frauen, einzelne und ganze Familien, machen sich auf den Weg nach Genf, um der hohen Gnaden, die Gott dieser Stadt erwiesen, teilhaftig zu werden [3]. Die einen liefsen sich nur für kurze Zeit nieder, um sich durch Calvins Rat und Predigten in ihrem Glauben zu stärken; die andern nahmen einen dauernden Aufenthalt, indem sie entweder Bürgerrecht erwarben oder sich mit der Stellung eines einfachen Einwohners (Habitant) begnügten [4]. Schon im Jahre 1545 war die evangelische Emigrantengemeinde in Genf so grofs, dafs zu einer selbständigen Organisation derselben geschritten werden mufste und besondere Diakonen aus den verschiedenen Ländern für sie ernannt wurden [5]. Zwar brachte der Schrecken, welchen seit 1543 die »Pest« in und um Genf verbreitete, auch die Einwanderungen etwas ins Stocken. In der

---

[1] Ord. eccles. von 1541 (Opp. X, 1 S. 24), von 1561 (ebd. S. 102).

[2] Ratsprot. 4. Okt. 1541 (Ann. S. 284).

[3] »Cette année« erzählt der Chronist *Roset* l. IV c. 59 zum J. 1542 »commençarent les estrangers se retirer à Genève; ceux, disje, qui laissoient France et Italie pour jouir des biens spirituels que le Seigneur deployoit journellement en ceste église.* Vgl. Ratsprot. 19. Mai, 23. Okt., 13. Nov. 1542, 16. Jan., 9., 19. Febr. 1543 u. s. w. Dem italienischen Geistlichen Bernadino (Ochino) wurde ein Haus eingeräumt und eine Kapelle angewiesen.

[4] Vgl. *Colladon*, Vie de J. Calvin, Opp. XXI S. 70. — Die neuen Bürger hiefsen Bourgeois im Gegensatz zu den alten Citoyens, den geborenen Genfern. Vgl. Anc. et nouv. pol. p. 20.

[5] *Roset* l. IV, c. 74; *Colladon* S. 70.

leichtgläubigen Menge war hie und da sogar der Verdacht auf-
gestiegen, die schreckliche Krankheit könnte ein Werk der Fremden sein. Der Rat selbst hielt eine weitere Ansammlung derselben in Genf für bedenklich und erliefs mehrere Verordnungen
zur Fernhaltung wenigstens der mittellosen Einwanderer, ja im
Übereifer sogar ein Verbot, noch ferner Wohnungen an Fremde
zu vermieten[1]. Ebenso wirkten die äufsern Gefahren, welche
Genf bedrohten, zeitweilig ungünstig auf die Lage der Fremden[2].
Aber der Strom der Einwanderung liefs sich, nachdem er einmal
den Weg nach Genf gefunden, dadurch nicht mehr aufhalten. In
Calvin besafsen die Neuangekommenen jederzeit einen mächtigen
Fürsprecher. Jene drückenden Verordnungen des Magistrats
scheinen nicht lange in Kraft geblieben zu sein. Seit dem Ende
des Jahres 1546 wurde der Fremdenandrang stärker als je. Nicht
weniger als 130 Refugiés haben im Laufes des nächsten Jahres das
Genfer Bürgerrecht erlangt[3].

Mit diesen religiösen Flüchtlingen nahm aber Genf ein neues
Element ganz eigentümlicher Art in sich auf. Die Einwanderer
der früheren Zeit hatten sich in Genf niedergelassen, um die Vorteile, welche die Stadt als Industrie- und Handelsort bot, sich anzueignen und sich mit der alten Bürgerschaft zu verschmelzen,
was regelmäfsig sehr rasch geschah. Diese neuen Einwanderer
suchten Genf nicht auf, um Genfer zu werden, sondern um ihren
Glauben zu bekennen und die evangelische Lehre aus der reinsten
Quelle zu schöpfen, um an der Ausbreitung des Reiches Gottes
Teil zu nehmen. Es war die Person Calvins, die sie hergeführt,
wie sie denn auch am liebsten in der Nähe der Calvinschen
Wohnung ihr Quartier nahmen, — nichts anderes knüpfte sie an
ihren neuen Aufenthaltsort. Eifrige, zum Teil selbst exaltierte
Jünger der neuen Lehre, betrachteten sie den Verfasser der christ-
lichen Institution mit ganz andern Augen als der alte Genfer.
Ihnen kam es vor, als werde der Mann, durch den Gott bereits

---

[1] Vgl. Ratsprot. 2. April 1543, 23. Juni 1544, 28. März 1545; Nouv.
pag. S. 100.

[2] Vgl. Ratsprot. 22. Juli 1546.

[3] Das amtliche Verzeichnis der aufgenommenen Bourgeois ist in den
Stürmen der französischen Revolution untergegangen; obige Angabe, wie
manche spätere entnehme ich einer Abschrift aus dem J. 1768, welche ich der
freundlichen Mitteilung Galiffes verdanke.

so Grofses gewirkt hatte und von dem noch Gröfseres erwartet
wurde, in Genf selbst von seinen Anhängern noch nicht genug-
sam gewürdigt. Sie vermifsten bei den Eingeborenen den rechten
Eifer und fanden den Widerspruch, der sich zuweilen gegen
Calvins Reformationsdekrete erhob, sündhaft und unverantwortlich. Auf der anderen Seite behandelte auch Calvin diese Fremdenkolonie in richtiger Würdigung der Wichtigkeit, die sie für seine
Sache hatte, von Anfang an mit sichtlicher Vorliebe. Er zog die
Emigranten vorzugsweise in seine Nähe, aus ihnen ausschliefslich
wählte er seine Prediger. Sie waren auch die besonderen Schützlinge des Consistoriums, dem sie das erfahrene Wohlwollen dadurch vergalten, dafs sie dasselbe in der Ausübung der Sittenkontrolle unterstützten und ihm alle ihre Wahrnehmungen und
Beobachtungen zur Kenntnis brachten[1]. Schon in dem Ameauxschen Prozesse hatten sie solche Dienste geleistet. Ein französischer Emigrant war der Angeber des unvorsichtigen Pfarrers
von Jussy. In den aufgenommenen Flüchtlingen besafs Calvin
seine diensteifrigsten und zuverlässigsten Anhänger, gleichsam
seine stehende Macht; mit jedem Emigrantenzuge, der in Genf
ankam, empfing seine Stellung eine neue Stütze.

Aber den Gewinn begleitete ein Verlust, der ebenfalls nicht
gering anzuschlagen war. Es war die notwendige Folge, dafs in
demselben Grade, als Calvins Sache vorzugsweise in den Fremden
ihre Stütze fand und die Fremdenkolonie zunahm, sein Verhältnis
zu den eingeborenen Genfern an Innigkeit verlor und sich trübte.
Wenn schon während seiner ersten Wirksamkeit in Genf in den
altgenferisch - patriotischen Kreisen über die Begünstigung der
Fremden Klage geführt worden war, welche Stimmung mufste da
in jenen Kreisen jetzt aufkommen? An und für sich hatte die
Anwesenheit so vieler Fremden, die von dem Willen eines Mannes
abhängen, für den Bürger etwas Beunruhigendes und Beengendes.
Und dieses Gefühl wurde durch ihre äufsere Haltung eher gesteigert als vermindert. Nicht nur, dafs sie als die eigentlichen
Träger des calvinischen Reformgedankens angesehen sein wollten,
auch gesellschaftlich setzten sie sich zu dem alten Bürgertum in

---

[1] *Après qu'ils ont mangé leur Dieu* drückt sich ein alter Genfer einmal darüber ziemlich frivol aus, *ils nous viennent ici controler* Not. généal.
III, 527; vgl. Quelq. pag. p. 86, 87.

Gegensatz. Sie bildeten gewissermafsen einen Staat im Staate, eine Gemeinde in der Gemeinde, die in vornehmer Abgeschlossenheit den bürgerlichen Kreisen sich fern hielt, die ihre eigenen Ansichten und Ziele, und was das wichtigste war, infolge ihres nahen Verhältnisses zum Reformator wenigstens in kirchlichen Dingen auch wichtigen Einflufs hatte.

Schon im Laufe des Jahres 1545 begegnen wir in den Kreisen des alten Bürgertums einzelnen Äufserungen der Unzufriedenheit über dieses widernatürliche Verhältnis. Es war ein bedeutsames Zeichen, dafs, als im Februar dieses Jahres im grofsen Rat die Ansicht aufgestellt wurde, es seien die »neuen Bürger« den »alten« rechtlich gleich zu stellen — es wurde namentlich bei den Wahlen ein Unterschied zwischen beiden gemacht — dieselbe keinen Anklang fand und vielmehr an die verdächtige Rolle erinnert wurde, welche die neuen Bürger in der savoyischen Zeit gespielt hätten [1]. Nicht viel später machte der Rat, der bisher bei geistlichen Ernennungen stets die Vorschläge Calvins sich bereitwillig angeeignet hatte, einen ersten Versuch, auch einmal einen Einheimischen zu einem geistlichen Amt zu befördern, indem er für eine eben erledigte Predigerstelle einen gewissen Trolliet, einen geborenen Genfer, der früher als Mönch in Burgund gelebt und vor einiger Zeit als eifriger Anhänger der Reformation in seine Vaterstadt zurückgekehrt war, in Vorschlag brachte. Calvin widersprach, er erklärte den Mann für untauglich; in einem gleichzeitigen vertraulichen Schreiben an Viret sprach er spöttisch von der Liebe der Affen zu ihren Jungen [2]. Der Rat mufste nachgeben, da Calvin den Buchstaben der kirchlichen Ordonnanzen für sich hatte [3]. Aber dieser konnte doch aus dem Vorfall entnehmen, dafs das Urteil über die Eingewanderten ein anderes geworden war, dafs selbst seine Getreuen in dieser Frage anders dachten als er und sich der öffentlichen Meinung anschlossen. In der Menge sprach man es schon oft aus, dafs man der neuen Invasion Schranken entgegensetzen müsse, wenn man es nicht erleben wolle, dafs die Fremden in kurzem

---

[1] Ratsprot. 16. Febr. 1545, vgl. *Grenus* p. 11.
[2] Calvin an Viret, 2. Juni 1545, Opp. XII S. 88.
[3] Ratsprot. 20. März, 14., 31. Aug., 1. Okt. 1545; *Roset* l. V, c. 2; *Beza*, Vita Calvini, Opp. XXI S. 137. [*Cornelius*, Hist. Arb. S. 445.]

die Herrn der Stadt seien. Es war nicht Pierre Ameaux allein, der so redete. Vor dem Consistorium häuften sich die Fälle wegen feindseliger und gehässiger Äufserungen gegen die fremden Prediger und Franzosen seit 1546 in bedenklichem Grade [1]. Zurechtweisungen und Strafen brachten, wie schon die äufsere Haltung der Vorgeladenen erkennen liefs, wenig Wirkung hervor. Und warum sollte auch der einzelne Bürger mit seinen Gefühlen zurückhalten, wenn selbst die gesetzlichen Behörden es für nötig hielten, öffentlich zum Schutz der alten Bürger aufzutreten?

Was aber die Kluft zwischen den alten und den neuen Bürgern insbesondere noch erweiterte und der Abneigung jener einen bedenklichen Charakter verlieh, war, dafs man in dem steigenden Einflufs der Emigranten auch eine Gefahr für die äufsere Selbständigkeit der Stadt erblickte, dafs man geheime Beziehungen zwischen ihnen und der Krone Frankreich vermutete!

Nicht zum ersten Mal tauchte dieser Verdacht damals auf. Man erinnert sich, dafs bereits zu Anfang des Jahres 1538, als Montchenu jene verdächtigen Anerbietungen machte, die gleiche Beschuldigung gegen die calvinische Partei und die Fremden erhoben worden und dafs sie auf die bald folgende Katastrophe nicht ohne Einflufs war [2]. Die massenhaften neuen Einwanderungen riefen den alten Argwohn wieder wach. Es gab Bürger, und ihre Anzahl war nicht gering, die fest überzeugt waren, es sei nicht blofs der Eifer für das Evangelium, der diese zahlreichen Refugiés alljährlich nach Genf führe, man habe es vielmehr mit einer neuen Intrigue des französischen Hofes zu thun. Der öffentliche Hafs richtete sich deshalb auch vornehmlich gegen die französischen Einwanderer, die freilich neun Zehntel der Gesamtzahl ausmachten [3], weniger gegen die übrigen Nationen.

Keine Frage, dafs der aufsteigende Verdacht in diesem Umfange unbegründet war. Die schweizerischen Orte scheinen viel-

---

[1] Interessant sind zuweilen die Äufserungen, wegen welcher die Anklage erhoben wird. Da hat einer (Consistorialpr. 4. Okt. 1546) gesagt: »*Verter Dieu, estes vous icis venu pour nous gouverner?*« ein anderer (Consistorialpr. 3. März 1547, Ann. S. 399) soll gesagt haben: »*quil frapperoit plustost sur les Francoys que sur les ennemis, et que M. Calvin a tous les revenus de ceste ville et est estrangier*«.

[2] [Vgl. Band I S. 308 f.]

[3] So nach der Aufstellung *Galiffes*, vgl. Quelq. pag. p. 82.

mehr eine Zeitlang von der Wirksamkeit Calvins in Genf und der
freundlichen Aufnahme der französischen Emigranten Verwicklungen mit Frankreich gefürchtet zu haben[1] und fast undenkbar
scheint es, dafs Männer, die wegen ihrer religiösen Überzeugungen
das Vaterland zu verlassen gezwungen wurden, für eben dieses in
der Ferne und zwar gegen ihren gröfsten Wohlthäter sollten intriguiert haben. Dennoch war jener Argwohn nicht so ganz ohne
Grund.

Ist auch gewifs nicht anzunehmen, dafs die Masse der französischen Gläubigen gegen die Stadt, deren Gastfreundschaft sie
genossen, wirklich feindselige Gesinnungen gehabt habe, so waren
doch, wie ja auch ihre äufsere Haltung deutlich genug erkennen
liefs, ihr politischer Standpunkt und ihre Interessen sehr verschieden von denen des Genfers. Es gab unter ihnen viele
— Calvin selbst gehörte zu diesen — die ihre Heimat in der zu-
versichtlichen Hoffnung verlassen hatten, in nicht zu ferner Zukunft ganz Frankreich für das Evangelium gewonnen zu sehen und
mit Sehnsucht des Tages harrten, der ihnen die Thore des Vaterlandes erschliefsen werde. Sie waren und blieben Franzosen mit
ganzer Seele, verfolgten die französischen Angelegenheiten mit
der lebhaftesten Teilnahme: ihre Sympathien und Segenswünsche
galten nicht Genf, das sie zeitweilig beherbergte, sondern dem
Vaterlande, dessen Bekehrung sie zuversichtlich erwarteten.

Aber nicht alle scheinen sich auf blofse Sympathien und stille
Wünsche beschränkt zu haben.

Eine hervorragende Stellung nahm unter den Emigranten
jener »prächtige« Laurent Maigret ein, den wir bereits 1535 und
1538 in einer mehr als verdächtigen Verbindung mit den Agenten
der französischen Krone fanden. Einer der ältesten Refugiés in
Genf, über reiche Mittel verfügend, gewandt und welterfahren,
hatte er sich in ein gewisses Ansehen zu setzen gewufst und war
sogar für seine angeblichen Verdienste um Genf mit einer jährlichen Pension bedacht worden, bis mit dem Emporkommen der
bernerisch gesinnten Artichauts nach der Katastrophe von 1538
seine Stellung erschüttert wurde[2]. Mit der Rückkehr Calvins

---

[1] Vgl. Calvin an Viret, Sept. 1545, Opp. XII S. 161.
[2] Der Rat beschlofs im Mai 1539 *»de refuser au Magnifique Maigret la
permission de recevoir des etrangers chez lui«* und drohte ihm, als er sich auf

gewann auch er seinen frühern Einflufs wieder. Maigrets Haus
bildete gleichsam den Mittel- und Vereinigungspunkt für die Refugiés,
die er mit Rat und That unterstützte, und Calvin wandte dem
Manne, der sich so grofse Verdienste um die Kirche erwarb, in
steigendem Mafse seine Gunst zu. Aber war denn wirklich blofs
Eifer für die »Kirche« die Triebfeder seiner Handlungen? Der
Genfer vom alten Schlage liefs es sich nicht ausreden, dafs dies
nicht der Fall sei; er hatte die früheren Vorgänge noch nicht
vergessen, und manches andere, was er erfuhr, bestärkte ihn in
seinem Verdacht.   Der grofse Aufwand, den der »Prächtige«
machte, der ungewöhnliche Eifer, womit er 1543 der selbst von
den evangelischen Theologen betriebenen Aussöhnung zwischen
Genf und Bern entgegenarbeitete, »damit die beiden Städte in
beständiger Fehde blieben¹, die genaue Kenntnis, die er zuweilen in Beziehung auf französische Verhältnisse und selbst die
Intentionen des französischen Hofes verriet, der geschäftige Eifer,
mit dem er bei jeder Gelegenheit dem Genfer Rat von geheimen
Anschlägen des deutschen Kaisers gegen die Stadt Mitteilung
machte, die ausgedehnten Verbindungen, die er insgeheim unterhielt — alles dies verbreitete um den Mann ein verdächtiges
Dunkel und machte nicht den Eindruck, dafs ihm blofs die kirchlichen Angelegenheiten am Herzen lagen. Auch Bern, das auf
die Vorgänge in Genf stets ein wachsames Auge hatte, war überzeugt, dafs Laurent Maigret nicht ein gewöhnlicher Flüchtling
sei, dafs er insgeheim im Solde Frankreichs stehe und Gefährliches
im Schilde führe².

Mufste nicht die hervorragende Stellung, die ein solcher
Mann unter den Emigranten einnahm, auf diese selbst ein ungünstiges Licht werfen, und war es dem Genfer zu verargen,

---

sein Bürgerrecht berief, »qu'il serait renvoyé lui même s'il n'obéissait pas«.
Quelq. pag. p. 14, 15.

¹ Vgl. Calvin an Viret (Sept. 1542): »Hoc vero totum (d. i. die Auflehnung gegen den Frieden mit Bern), ut scias, ex Macrini prodiit officina,
qui videtur mihi destinato consilio hoc captare, ut duae civitates perpetuo inter
se dissideant.« Opp. XI S. 448.

² Vgl. Quelq. pag. p. 13 ff. Die hier über Maigret gegebenen akten-
mäfsigen Mitteilungen lassen sich noch durch manche Notizen aus den Ratsprotokollen und der calvinischen Korrespondenz vervollständigen. [Vgl. Cornelius a. a. O. S. 510 ff.]

wenn er die fremde Kolonie mit steigendem Mifstrauen beobachtete?

Genug, der Rifs zwischen den alten und den neuen Genfern
war da und wurde mit jedem Tage tiefer. Die Fremdenfrage
drängte mehr und mehr jede andere in den Hintergrund. Mit
dem gröfsten Eifer bemächtigten sich ihrer alle diejenigen, welche
mit Calvin bereits in offenem Kampfe lagen. Die Opposition liefs
ihre übrigen Forderungen für den Augenblick fallen oder legte
doch weniger Gewicht auf sie, um sich zunächst hauptsächlich der
neuen Angriffswaffe zu bedienen. Befreiung Genfs von der geistlichen Fremdherrschaft, Abwehr der von den Emigranten und
Frankreich drohenden äufsern Gefahr wurde die Losung. Statt
des kirchlichen Gesichtspunktes wurde der genferisch nationale
hervorgekehrt.

Als der eigentliche Mittelpunkt dieser national genferischen
Bestrebungen erscheint uns in der ersten Zeit jener François Favre,
den wir früher bereits mit der Consistorialgewalt im Konflikt
fanden. François Favre war, obschon er einer verhältnismäfsig
jungen Familie angehörte [1], im guten wie im schlimmen Sinne der
ächte Repräsentant des Genfer Bürgertums in der vorcalvinischen
Zeit. In ungebrochener Kraft lebte in ihm noch der alte Frei-
heitssinn, das stolze Selbstgefühl des Bürgers, die Liebe zum
Vaterlande; als entschlossener, uneigennütziger Patriot hatte er in
dem grofsen Unabhängigkeitskampf eine ehrenvolle Rolle gespielt,
er hatte persönliche Opfer gebracht, und auch jetzt noch schien
ihm zur Behauptung der Ehre und Freiheit seiner Vaterstadt
kein Opfer zu grofs. Aber es fehlte ihm, wie seinem Vorbilde
Berthelier, jener Ernst des Charakters, der diesen Vorzügen ihren
höhern Wert verleiht. Leichten Sinnes, wie ein echtes Genfer
Kind, und genufssüchtig, liebte Favre freie, ungezwungene Sitten
und die Freuden des Lebens selbst bis in sein hohes Alter. Trotz
seiner grauen Haare besafs er noch die ganze Lebenslust, den
Leichtsinn, das freie, fröhliche, ja ausgelassene Wesen eines
Jüngers Bertheliers. Zum Führer einer Partei besafs Favre nicht
die nötigen Eigenschaften, aber er war ganz der Mann, die noch
zerstreuten Kräfte einer in Bildung begriffenen Partei zu sammeln
und ihnen einen vorläufigen Mittelpunkt zu geben. Als einer der

---

[1] Vgl. *Galiffe*, Notices généal. I, 115.

Mitbegründer der Genfer Unabhängigkeit, Oberhaupt einer zahlreichen Familie — er war Vater von 12 Kindern, die in die
ersten Familien der Stadt verheiratet waren — dazu reich mit
Glücksgütern gesegnet, mit denen er nach keiner Seite hin geizte,
besaſs er mächtigen Anhang und Einfluſs. Er hatte nie mit seinen
Ansichten zurückgehalten, sondern stets offen und vor jedermann
bekannt, daſs er sich der geistlichen Fremdherrschaft nie unterwerfen, sondern lieber auswandern würde. Um ihn sammelte
sich von selbst alles, was noch an den alten Traditionen und an
den glorreichen Erinnerungen der Kriegsperiode festhielt, was in
den Ordonnanzen eine Verletzung der alten Freiheiten erblickte
und vor allem die Stadt nicht unter die Herrschaft der Fremden
kommen lassen wollte. Wie Maigret für die Emigranten, so bildete
in kurzem Favre den Mittelpunkt für die Eingeborenen, die fröh-
lichen Kinder des alten Genf, die bei ihm stets ein offenes Haus
fanden, bei ihm ihrem Unmut über die neuen Zustände Luft
machten und von ihm in ihren Gesinnungen bestärkt wurden.
Da herrschte noch ganz der alte, freie Genfer Ton: als ob eine
Kirchenordnung nicht existierte. Man gedachte in Ehren der alten
Helden, die Genfs Unabhängigkeit gerettet und erging sich in
heftigen Reden gegen das nicht länger mehr zu ertragende Regiment der Geistlichen und Fremden. Unumwunden sprach der
alte Patriot selbst hier im Kreise seiner jungen Freunde seine
Ansichten aus. Calvin war ihm als geistlicher Despot und Fremder
gleich verhaſst. Er nannte ihn gewöhnlich den Bischof von Genf
und behauptete, dieser Franzose habe in der kurzen Zeit seiner
Herrschaft die Stadt schon mehr tyrannisiert, als die vier letzten
katholischen Bischöfe — die er noch persönlich kannte — zu-
sammengenommen. Von den französischen Mitarbeitern Calvins
im geistlichen Amt sprach er, namentlich seit jener schmählichen
Behandlung, die er im Consistorium erfahren, nur in Ausdrücken
der Verachtung: geradezu forderte er zum Ungehorsam gegen sie
auf. Vor allem aber flöſste er seinen Freunden einen glühenden
Haſs gegen die Refugiés ein. Sie erklärte er für die wahre Ursache alles Ungemachs, das schon über die Stadt gekommen sei
und das noch kommen werde. Diese Franzosen, diese Hunde
(mâtins), äuſserte er einmal in leidenschaftlicher Aufregung, sind
die Ursache, daſs wir als Sklaven dienen müssen; sie sind das
Mittel, dessen sich Calvin bedient, um uns als Sünder und Unter-

worfene zu behandeln. Noch Schlimmeres sah er für die Zukunft voraus. Mit Ostentation wich er jeder persönlichen Begegnung mit den Fremden aus. Als er einst von seinen Anhängern zum Hauptmann einer Schützengesellschaft gewählt wurde,
lehnte er die ihm angetragene Würde für den — übrigens wenig
wahrscheinlichen — Fall ab, dafs Franzosen in den Compagnien
seien: er verkehre nur mit guten Genfern [1].

Man darf den Kreis, der sich um Favre sammelte, vielleicht
mit jener Schar vergleichen, die dreifsig Jahre früher in Berthelier
ihr Oberhaupt fand. Eine gewisse Ähnlichkeit ist unverkennbar.
In beiden Fällen entbehrte der Führer des rechten sittlichen Haltes,
der Favre vielleicht noch in höherem Grade abging als seinem
Vorgänger, aber in beider Bestrebungen lag etwas, was ihnen
Berechtigung gab. Beide sprachen, wenn auch in schroffer und
vielleicht zuweilen unpassender Form, aus, was Hunderte von ihren
Mitbürgern längst gefühlt und gedacht und nur nicht den Mut
hatten, offen und entschlossen auszusprechen. Darum wuchs auch
der Anhang Favres wie einst Bertheliers ›Kinder von Genf‹,
trotz mancher Blöfsen, die sich der Führer gab, und die ›Fabristen‹
bildeten in kurzem eine wirkliche Macht in Genf. Die böse
Jugend, klagt der Chronist, habe ganz auf der Seite des Alten
gestanden und zu allem was er vorgeschlagen ›Amen‹ gesagt [2].
Aber auch gereiftere und sittlich ernste Männer traten dem Kreise
Favres näher und schlossen sich ihm geradezu an oder be-
günstigten doch seine Bestrebungen. Von entscheidender Wichtigkeit aber war es, dafs auch der Generalkapitän Ami Perrin,
Favres Schwiegersohn, nach längerm Zaudern endlich vollständig
auf die Ideen des Familienhauptes einging. Der höchste mili-

---

[1] Vgl. die gegen ihn aufgestellten Klageartikel bei *Galiffe*, Not. généal.
III, 536—38, einzelne Geständnisse in den Prozefsakten Gruets [vgl. u. S. 56 A. 2].
Bonivard, Anc. et nouv. pol. S. 54 ff.; Quelq. pag. S. 5, 6. Nouv. pag.
S. 92. Bonivards Darstellung ist durchaus parteilich, sie entstellt und über-
treibt; gleichwohl läfst sich aus ihr in Verbindung mit den anderen Quellen ein
richtiges Bild der Stellung Favres gewinnen. *Audin* II, 135 behandelt in
seinem Eifer gegen Calvin Favre mit einer Gunst, die mir doch unverdient
scheint.

[2] *Bonivard*, Anc. et nouv. pol. S. 55; auch Calvin klagt besonders über
die Jugend. Opp. XII S. 561.

Kampschulte, J. Calvin II.   4

tärische Beamte der Republik ging damit öffentlich zur Opposition über und übernahm bald geradezu ihre Leitung [1].

Es fehlte nur noch, dafs auch das alte Bundesverhältnis der
Opposition zu Bern wieder hergestellt wurde.   Und auch dies
geschah.

Bei der ausgesprochen feindseligen Richtung der Oppositionspartei gegen Frankreich und ihrer Furcht vor einer von dort
drohenden Gefahr ergab sich eine Annäherung an Bern, das vor
zehn Jahren die französischen Pläne so glücklich durchkreuzt
hatte und fortwährend einen grofsen Eifer für Genfs Unabhängigkeit an den Tag legte [2], fast von selbst.   Allerdings war Bern ein
eigennütziger Verbündeter, der bei aller scheinbaren Fürsorge für
die Nachbarstadt doch den eigenen Vorteil nie aus den Augen
verlor.   Man hatte das erst eben wieder erfahren, als Bern zu
Anfang des Jahres 1546 sich erbot, Genf gegen jeden Angriff mit
Nachdruck zu verteidigen und zu diesem Zwecke eine Besatzung
von 2000 Mann in der Stadt zu unterhalten, aber unter der Bedingung, dafs die Genfer Mannschaften und Führer dem Berner
Oberbefehlshaber den Eid leisteten und die gesamte Militärgerichts-
barkeit durch Berner Beamten ausgeübt werde — eine Zumutung,
in welcher der Genfer Rat nicht mit Unrecht einen Angriff auf
seine Souveränetät erblickte [3].   Natürlich, dafs durch solche Vorgänge das alte Mifstrauen gegen den deutschen »Mitbürger« immer
wieder wachgerufen wurde: die durch den Bundesbrief vorgeschriebene fünfjährige Erneuerung der Combourgeoisie, die in
den März 1546 fiel, ging sogar mit ungewöhnlicher Kälte vor
sich [4].   Aber es war doch Bern weniger gefährlich als das mächtige Frankreich, und überdies wufste man sich mit ihm völlig
einig in dem Urteil über Calvin und das herrschende geistliche

---

[1] Ganz irrig macht *Beza* (Opp. XXI S. 138) den Generalkapitän schon
seit dem Anfang des J. 1546 zum Führer der Opposition.

[2] Es ist interessant, aus den Ratsprotokollen zu ersehen, dafs während
Maigret auf Gefahren aufmerksam macht, die angeblich von seiten des Kaisers
drohen, Bern eben so oft vor Frankreich warnt.

[3] Ratsprot. 12. Jan. 1546. *Roset* l. V, c. 3.

[4] Vgl. Nouv. pag. S. 43; in Bern fürchtete man im Herbst 1546 allen
Ernstes, dafs Genf, wo damals noch die calvinische Partei im Rate herrschte,
sich zu Frankreich schlagen werde, wogegen der Rat sich durch ein von
Calvin aufgesetztes Schreiben verteidigte. Ratsprot. 20. Sept. 1546. (Ann.
S. 388). [Vgl. *Dunant*, Les relations politiques S. 94 ff.]

System. Aus seiner Abneigung gegen das calvinische Wesen hatte Bern nie Hehl gemacht. Es nahm jederzeit für die von dem Genfer Reformator Verfolgten offen Partei und gewährte den vertriebenen Predigern, den Megret, Champereau, De la Mare eine wohlwollende Aufnahme. Da setzte sich denn die Opposition endlich auch über die politischen Bedenken hinweg und nahm die dargebotene Hand an. Wenn Calvin sich auf die Franzosen stützte, warum sollte sie sich nicht auf die Deutschen stützen? Sympathien mit Bern wurden in kurzem das charakteristische Merkmal aller Gegner Calvins, und was man fühlte, trug man auch offen zur Schau. Man liebte es, sich nach schweizerischer Art zu kleiden, nahm Berner Moden an und trug den Franzosen zum Ärger das schweizerische Kreuz als äuſseres Abzeichen[1]. Es war nicht bloſs Eifer für die Einfachheit der Sitten, wenn die calvinische Gesetzgebung seit der Mitte der vierziger Jahre sich gegen gewisse auffallende Kleidertrachten mit besonderer Strenge richtete: jene Trachten waren schweizerischen Ursprungs und mit ihnen sollte zugleich die dadurch bekundete politisch·kirchliche Gesinnung unterdrückt werden[2].

Indem aber die Opposition in solcher Weise ihre Forderungen von dem kirchlichen auf das national-politische Gebiet ausdehnte, die Emigrantenfrage zu der ihrigen machte und alle Hebel in Bewegung setzte, nahm der Kampf überhaupt einen andern Charakter an. Ist auch nicht in Abrede zu stellen, daſs sittlicher Ernst und Sittenstrenge auch jetzt noch in weit höherem Grade auf Calvins Seite vertreten waren, daſs in Favres fröhlicher Gesellschaft sich viele fanden, die auch mit einer andern als calvinischen Kirchenordnung notwendig hätten in Konflikt kommen müssen, so konnte

---

[1] Daher Calvin wohl seine Gegner als Cruciati bezeichnet; vgl. Opp. XIII S. 50 [wo aber darauf hingewiesen wird, daſs dieses Wort schon früher als Parteibezeichnung gebraucht wurde].

[2] Vgl. Ratsprot. 27. Juli 1545, 29. März 1546; Calvin an Viret 28. Mai 1547, Opp. XII S. 531. Es handelte sich namentlich um die Chausses chapelées, eine Art von luxuriösen Pludderhosen; vgl. Genève hist. et archéol. S. 283. Unter den Äuſserungen, wegen welcher sich J. Gruet zu verantworten hatte, befand sich auch die »qu'il vaut mieux être ami des Mess. de Berne avec chausses chapelées qu' ennemi mortel avec chausses entières«. Prozeſsakten, Verhör vom 4. Juli 1547, Artikel 37. [Vgl. hierzu *Cornelius* a. a. O. S. 498.]

4 *

doch nicht mehr gesagt werden, dafs der Kampf blofs für kirch-
lich-sittliche Interessen geführt werde, dafs es sich um Durchführung der Sittenzucht, um Bestrafung von »Insolenzen« handele.
Der Mann, welcher seit dem Anfang des Jahres 1547 mehr und
mehr als das eigentliche Haupt der Opposition hervortrat, hatte
sich bis vor kurzem auch bei Calvin des besten Rufes erfreut;
kein Tadel war gegen seinen Lebenswandel laut geworden. Freilich im Grunde handelte es sich auch jetzt noch um kirchliche
Fragen, aber mit ihnen hatten sich in notwendiger Konsequenz
andere verbunden, Fragen, welche die staatsbürgerliche Stellung
des alten Genfers und die staatliche Zukunft Genfs betrafen,
welche nach einem andern Mafsstab als dem des Consistoriums
beurteilt sein wollten.

Calvin wurde den Wechsel bald genug inne. Die geistlichen
Erfolge gerieten in Stillstand. Männer, die noch in dem Streite
Ameaux' getreu auf des Reformators Seite gestanden, zogen sich
von ihm zurück. Das Wichtigste war, dafs infolge der Neuwahlen
von 1547 sogar der Kleine Rat eine andere Stellung zu ihm einnahm: er wurde kühler und zurückhaltend. »Kein Mitglied des
Rates« meldet Calvin schon im Frühjahr 1547 klagend seinem
Freunde Viret, »verkehrt mit mir noch in vertraulicher Weise,
den einzigen Michael ausgenommen, der aber weder die nötige
Einsicht besitzt noch auch zu den geheimen Beratungen hinzu-
gezogen wird« [1]. Die Folgen dieses Ereignisses, des Weichens
der bisher wichtigsten Stütze Calvins, machten sich sofort in dem
gesamten öffentlichen Leben fühlbar. Konnte die neue Behörde
auch, schon aus Gründen der äufsern Politik, dem ungestümen
Drängen der Opposition zu sofortigem Einschreiten gegen die
Emigranten nicht nachgeben — mit einem Schlage und sofort
war hier nicht zu helfen — so liefs sie doch in allem deutlich
durchblicken, dafs die Tendenzen der Opposition im Grunde auch
die ihrigen seien. Die Fünfundzwanzig fingen an, Calvin die bisherigen Dienste zu versagen und in der Erfüllung der Wünsche
und Beschlüsse der geistlichen Censoren lässiger zu werden; sie
fanden François Favre, der sich infolge seines ersten Prozesses in

---

[1] Calvin an Viret 27. März 1547. Opp. XII S. 505 f. [Kampschulte
hatte den Namen Michael auf M. Roset gedeutet, doch wird dem von den
Herausgebern der Opera widersprochen.] Dafs Calvin den neuen Rat im Anfang doch etwas zu scharf beurteilte, hat sich später gezeigt.

zahlreiche neue Händel mit dem Consistorium verwickelt hatte
und es beharrlich ablehnte, »Franzosen, die er nicht kenne« [1]
Rede zu stehen, bei weitem nicht so schuldig, wie die Ältesten,
welche ihn vor die »Herren« verwiesen. »Man zog die Sachen
von Tag zu Tag hin,« klagt Bonivard,« vom Rat gingen sie ans
Consistorium, von dem Consistorium wieder an den Rat. — Die
Syndike und Räte waren fast alle Perrinisten« [2]. Klagen und Beschwerden der Ältesten über die Lauheit und Lässigkeit des Rats
hatten keinen Erfolg. Vielmehr faßte der Rat im Laufe der
Monate März eine Reihe von Beschlüssen, die sich umgekehrt
gegen das Verfahren des Consistoriums richteten. Er unterzog
die kirchlichen Edikte einer nähern Prüfung und fand, daß die
Sittenbehörde mehrfach über den Inhalt derselben hinausgegangen
war, daß sie z. B. nicht das bisher geübte Recht besaß, Personen, die von den bürgerlichen Richtern abgeurteilt waren, nochmals vor ihr Tribunal zu laden. Es wurde demgemäß den
Ältesten bedeutet, sich fortan mit solchen Personen nicht mehr
zu befassen, außer in dem Falle, daß es halsstarrige Sünder
seien, die Reuigen aber »in Frieden zu lassen«. Sie empfingen
ferner die Weisung, in Zukunft nur auf klare und wichtige Gründe
hin Vorladungen vorzunehmen. Auch wurden sie aufgefordert,
die Vorgeladenen mit mehr Liebe und Sanftmut (gracieusement)
zu ermahnen. Gleichzeitig wurde dem Prediger Abel Poupin,
einem der maßlosesten Eiferer im Consistorium wie auf der Kanzel,
ein scharfer Verweis erteilt, weil er in einer Predigt ungebührlich
von der Obrigkeit gesprochen. Selbst der von Perrin und seinen
Freunden gemachte Vorschlag, die bürgerliche Obrigkeit möge die
Angelegenheit Favres selbständig und ohne Mitwirkung des Consistoriums entscheiden und wie es sich gebühre und ihr zukomme,
die ganze Disciplinargewalt kühn selbst in die Hand nehmen, fand
im Rate vielfach Anklang und Zustimmung [3].

Man sieht: schon traten die Führer der Bewegung, ermutigt

---

[1] Vgl. Consistorialprot. 3. Febr. 1547 (Ann. S. 395 f.) [*Cornelius* a. a. O. S. 492 f.].

[2] Anc. et nouv. pol. S. 55, 56. Vgl. Consistorialprot. 17. März 1547.

[3] Vgl. Ratsprot. 7., 10., 21., 25., 29. März 1547, *Beza*, Opp. XXI S. 139; *Roset*, l. V, c. 10. »*La plus grande voie*«, meldet Roset, »*tendoit deja de retenir la cognoissance supreme touchant la discipline*«. [Vgl. *Cornelius* a. a. O. S. 495 f.].

durch die neue Wendung der Dinge, auch mit ihren wahren und eigentlichen Absichten mehr und mehr offen hervor.

Doch drang die Ansicht des Generalkapitäns nicht durch. Calvin erschien selbst im Rat und bot seine ganze Beredtsamkeit dagegen auf; er beteuerte, dafs das Consistorium nie daran gedacht habe, den Rechten der bürgerlichen Obrigkeit Abbruch zu thun [1]: er wies auf die fortdauernde Halsstarrigkeit Favres hin, der nicht einmal die Diener des göttlichen Wortes als solche anerkenne; es gelang ihm wirklich, da auch der Wortlaut der Edikte ihm günstig war, den Rat von dem beabsichtigten Schritte zurückzuhalten [2], Indes war der Sieg ein unvollständiger und durch mancherlei Zugeständnisse erkauft. Calvin mufste sich mit einer Art von Kompromifs begnügen, das die principielle Berechtigung der beiderseitigen Forderungen unberührt liefs und lediglich den thatsächlich vorliegenden Streitfall ins Auge fafste. Es wurde vom Rate »beschlossen«, dafs der Hafs und Streit zwischen den Geistlichen und dem Generalkapitän, seinen Anhängern und Verwandten friedlich beigelegt und die Eintracht zwischen ihnen wiederhergestellt werde [3]. Hinsichtlich Favres wurde die Erwartung ausgesprochen, dafs er in Zukunft Gott in der Gerechtigkeit wie jeder andere Bürger gehorchen und bestrebt sein werde, seinen Wandel zu bessern. Die Aussöhnung Favres mit allen seinen Gegnern fand, da der Rat sich mit Nachdruck der Sache annahm, wirklich statt — vor versammeltem Consistorium, nachdem die Geistlichen nicht »harte, sondern gute und freundliche Worte« an ihn gerichtet [4].

Es mochte Calvin einige Überwindung kosten, eine Entscheidung anzunehmen, welche mit seinen Grundsätzen so wenig in Einklang stand und überdies der bürgerlichen Gewalt eine Rolle

---

[1] »Que jamex le consistoyre ne pensa ny veult penser fere chose que soyt au detriment de la soveraiennete de Geneve, mes se offrent destre obayssans a la justice ainsin que le moiendre de Geneve et que lon il aye advis pour eviter tous scandalles en leglise«. Ratsprot. 29. März 1547 (Ann. S. 401).

[2] »Ego« schreibt Calvin selbst über sein Auftreten, gravitate qua decuit, retudi impetus illos, a quibus tantopere metuebat Rosetus«. Calvin an Viret 6. April 1547, Opp. XII S. 508.

[3] »Que tant ledit different .... soyt paciffie amyablement et soyent reconsilies par ensemble« (Ann. S. 401/402).

[4] Vgl. Ratsprot. 29., 31. März 1547 (Ann. S. 401 f.), Roset l. V. c. 1 :; Beza, Opp. XXI S. 139; Gaberel l. 387. [Cornelius a. a. O. S. 496.]

zuwies, die er auf das entschiedenste mifsbilligen mufste. Dennoch
fügte er sich ihr, da der thatsächliche Gewinn auf seiner Seite
war. Die Gefahr, die er selbst für so bedeutend gehalten, dafs
er bereits Viret um seine Herüberkunft und Hilfe gebeten hatte [1],
war abgewendet: die Autorität seines Lieblingsinstituts war gerettet und, was kaum zu erwarten gewesen, Favre hatte sich,
wenn auch nur äufserlich und in einer Form, die vom streng
kirchlichen Standpunkt aus nicht zu billigen war, unterworfen [2].
Der Lausanner Freund, welcher der erhaltenen Einladung erst
einige Wochen später Folge leisten konnte, fand, dafs seine Hilfe
nicht mehr nötig und Calvins Lage nicht so ungünstig sei.
Dieser selbst glaubte aus mancherlei Zeichen entnehmen zu dürfen,
dafs trotz aller Abneigung, welche ihm die reichen und vornehmen
Familien bewiesen, doch die Mehrheit des Volkes noch auf seiner
Seite stehe, und schöpfte neuen Mut [3]. Und da gleichzeitig die
beiden Hauptgegner, Perrin und Favre, sich für längere Zeit aus
Genf entfernten — dieser um sich auf das Land zurückzuziehen,
jener um eine Gesandtschaftsreise nach Frankreich anzutreten [4] —
so schien die Ruhe für die nächsten Monate verbürgt.

Allein, es war Täuschung. Gerade die Abwesenheit der
beiden gefürchteten Führer, namentlich des Generalkapitäns, der
es verstanden hatte, die Opposition mit ihren verschiedenartigen
Elementen im Zaume zu halten und vor Ausschreitungen zu bewahren, erwies sich als verderblich, indem sie den Heifsspornen
der Partei das Feld überliefs. Die Folge waren neue »Auftritte

---

[1] Vgl. Calvin an Viret 27. März 1547, Opp. XII S. 505.

[2] Aus den bei Gruet nach seiner Verhaftung vorgefundenen Papieren
ersieht man, dafs Favres Unterwerfung auf die Partei wirklich Eindruck machte
und von den Entschiedenen durchaus mifsbilligt wurde.

[3] Vgl. Calvin an Viret 28. Mai 1547. Opp. XII S. 531 f. Es scheint,
dafs das Volk vielfach an den mit Ostentation zur Schau getragenen Berner
Sympathien der Opposition Anstofs nahm. Vgl. Opp. XII S. 561 f. Viret
war nach den Ratsprot. etwa vom 21. bis 25. April in Genf. [Vgl. Ann.
S. 403. Viret schrieb am 4. Mai an Farel: nunquam hactenus animos magis
alienatos a Calvino compereram, neque senatores pertinacius et diutius ab
ipsius abstinere consortio et consuetudine, aliis odio distractis, aliis metu ne in
delatorum venirent suspicionem. Opp. XII. S. 517].

[4] Nach dem angeführten Schreiben Calvins an Viret und dem Schreiben
an Falais (Opp. XII S. 529 f.) mufs Perrin am 26. Mai seine Reise angetreten haben.

und Angriffe gegen Geistliche und Franzosen«. Die Leidenschaften stiegen, da es keinen gab, der sie zügelte, und die Prediger durch ihre maßlose, zuweilen rohe Sprache sie vielmehr
reizten. Es kam zu Scenen, in denen der Haß und die Erbitterung der Gemüter in fast erschreckender Weise zu Tage trat.
Perrins eigene Gattin, die wegen neuer Übertretung der kirchlichen Gesetze vor das Consistorium geladen wurde, erging sich
hier in so trotzigen und herausfordernden Reden, daß der Rat es
für geboten erachtete, ihre Verhaftung anzuordnen. Aus dem
Kerker wieder entlassen, verließ sie aufgebracht die Stadt, um
ihrem Vater auf das Berner Gebiet zu folgen. Als sie vor den
Thoren selbst stolz zu Roß dem Prediger Poupin begegnete,
demselben, der sie durch seine maßlos heftige Sprache in jener
Sitzung des Consistoriums am meisten gereizt hatte, geriet sie in
eine leidenschaftliche Aufregung: sie überschüttete den Verhaßten
mit Schmähungen und Drohungen. Kaum, daß das wutentbrannte
Weib sich thätlicher Mißhandlungen enthielt[1].

In diesem Augenblicke trat ein Ereignis ein, das unerwartet
dem Kampfe eine neue, Calvin günstige Wendung schien geben
zu sollen.

IV.

PROZESS UND HINRICHTUNG JACQUES GRUETS[2].

Es ist wahr: die Geschichte des Kampfes der anticalvinischen
Opposition entrollt vor uns manch dunkles Blatt und eröffnet
hier und da den Blick in ein Treiben, gegen das wohl auch ein
weniger strenger Censor als Calvin sich erhoben haben würde.
Sogar an widerwärtigen und abstoßenden Erscheinungen fehlt es
nicht. Aber darum, wie dies geschehen, über die gesamte Partei
den Stab zu brechen, wäre eine Ungerechtigkeit. Ausschreitungen
dieser Art liegen, darf man vielleicht sagen, in der Natur und dem
Wesen solcher, nie ohne leidenschaftliche Erregtheit geführter

------

[1] Vgl. Consistorialprot. 23. Juni 1547 (Ann. S. 407); Calvin an Viret
2. Juli 1547, Opp. XII S. 545. Anc. et nouv. pol. S. 56; *Roset* l. V, c. 11;
Quelq. pag. S. 57. [*Cornelius* a. a. O. S. 501.]

[2] [Vgl. über den Fall Gruet jetzt die von *Fasy*, Procès de Jacques Gruet
(Mém. de l'Inst. Genevois XVI p. 1—149) herausgegebenen Akten; ferner
Cornelius a. a. O. S. 501 ff.].

Parteikämpfe und wurden in Genf überdies durch die besonderen
Verhältnisse, unter denen, und die Elemente, aus denen die Oppositionspartei sich bildete, in bedauerlicher Weise begünstigt. Niemand nahm vielleicht mehr Anstofs daran als die besonnenen
und ernsten Mitglieder der Partei selbst, die wohl erkannten, dafs
Unbesonnenheiten und Mafslosigkeiten ihrer Sache nur zum Schaden,
nimmer aber zum Vorteil gereichen könnten. Der Gesamtheit
aufzubürden, was einzelne gesündigt, und die Partei als solche
nach den Ausschreitungen einiger Exaltierten zu beurteilen, würde
in jedem Falle unstatthaft sein und auf den Kampf selbst ein
durchaus falsches Licht werfen.

Dies gilt namentlich von jener merkwürdigen, in den Sommer
1547 fallenden Episode des Kampfes, die sich an den Namen
Jacques Gruets knüpft und der Opposition in der öffentlichen
Meinung vielleicht mehr als irgend ein anderes Ereignis geschadet hat.

Jacques Gruet stammte aus einer alten und angesehenen
Genfer Familie, die in früherer Zeit in einem nähern Verhältnisse
zu dem Hause Savoyen gestanden und demselben mehr als einen
tüchtigen Beamten geliefert hatte [1]. Von ihm selbst wissen wir
bis zu seinem Auftreten gegen Calvin wenig mehr, als dafs er
sich unter den ersten befand, die nach Farels Ankunft in Genf
die neue Lehre annahmen. In den folgenden Kämpfen wird sein
Name nicht genannt. Das öffentliche Handeln entsprach offenbar
nicht seinen Neigungen. Eine skeptische, grübelnde Natur, scheint
er vielmehr durch die gewaltigen kirchlichen Ereignisse den Anstofs zu einer eingehendern Beschäftigung mit den grofsen sittlich-
religiösen Problemen der Zeit empfangen zu haben. Er las und
studierte allerlei, was darauf Bezug hatte, machte sich Excerpte
und stand bei seinen Mitbürgern in dem Rufe eines viel wissenden
Mannes, der um den Lärm des Tages sich wenig kümmere. Nebenbei beschäftigte er sich auch mit Dichtungen und Erzählungen in
der Mundart des Volkes, die er indes so wenig wie irgend ein
anderes Erzeugnis seiner Feder veröffentlichte. Von einer besonderen Abneigung gegen Calvins Lehren und Einrichtungen
war äufserlich wenig bei ihm zu bemerken, obschon er sich zur

---

[1] Notices généal. III, 262.

Opposition hielt und unter jenen dreifsig war, die im Frühjahr 1546 in auffälliger Weise wegen Übertretung der Ordonnanzen zur Strafe gezogen wurden. Er kannte Favre und seinen Kreis und blieb ihm auch nicht fern, aber gleichzeitig stand er in nahem Verkehr mit dem eifrigsten Calvinisten, dem Emigrantenhäuptling Maigret. Nichtsdestoweniger empfand Calvin gegen diesen Mann einen besonders tiefen und lebhaften Widerwillen, und die heftigen persönlichen Ausfälle, die er selbst auf der Kanzel sich gegen ihn gestattete — er benannte ihn öffentlich mit den wegwerfendsten Ausdrücken — verrieten, dafs er ihm die schlimmsten Dinge zutraute. Der scharfblickende Reformator vermutete, vielleicht unterstützt durch die stillen Beobachtungen seiner Freunde, in dem scheinbar harmlosen Stubengelehrten schon längst einen von jenen »unreinen Lucianischen Geistern«, die ihm unter allen Gegnern des Evangeliums am meisten zuwider waren, einen überaus gefährlichen Menschen, der durch das Gift seiner Grundsätze der ganzen Gemeinde Ansteckung und Verderben drohe. Im Sommer 1547 empfing er für das, was bisher blofs Vermutung gewesen, offene Beweise [1].

Am 27. Juni 1547, einen Tag nach jener ärgerlichen Scene zwischen dem Prediger Abel Poupin und der Frau des Generalkapitäns, fand man an der Kanzel in St. Peter ein in der Mundart des Volkes abgefafstes Plakat, welches unter groben Schmähungen den Geistlichen den baldigen Untergang und die Rache des Volkes ankündigte. Die Geistlichkeit, hiefs es, möge sich wohl vorsehen und zeitig ihre Thätigkeit einstellen; geschehe dies nicht, so werde sie die Stunde zu bereuen haben, in der sie das Mönchsgewand abgeworfen habe. Genf sei der vielen Herren und der Herrschaft der Pfaffen, die der Teufel hergeführt, um alles zu verwirren, endlich müde. Nachdem lange genug Geduld geübt worden, nahe der Tag der Rache. Man möge des Schicksals

---

[1] Mir stand für die Angelegenheit Gruets eine von dem ältern *Galiffe* herrührende Abschrift der Akten (Belegstücke, Klageartikel, Verhörsprotokolle etc.) seines Prozesses zu Gebote, die ich der Freundlichkeit des jüngern *Galiffe* verdanke. Die Akten verbreiten natürlich hin und wieder auch über G.'s früheres Leben einiges Licht. Ein teilweiser Auszug aus den Klageartikeln findet sich bei *Galiffe*, Not. génécal. III, 260 ff. [Vgl. o. S. 56 A. 2.]

Werlys von Freiburg eingedenk sein und sich diese Warnung zu Herzen nehmen [1].

Alles geriet in Aufregung über diese unerhörte Kühnheit. Der Verdacht der That fiel bald auf Gruet, obgleich die Schrift nicht von seiner Hand zu sein schien. Der Rat ordnete unverzüglich im Sinne Calvins [2] eine strenge Untersuchung und die Verhaftung des Verdächtigen an. Sein Eifer war so grofs, dafs er sich sogar über die gesetzlichen Formen, welche die Stellung eines Bürgers verlangt hätte [3], hinwegsetzte. Mochte auch das Verhältnis zwischen dem Magistrat und dem Reformator in den letzten Monaten eine Trübung erfahren haben, diesem verwegenen Angriff gegenüber fanden sich die alten Bundesgenossen wieder zusammen. Man liefs die Wohnung des Verhafteten durchsuchen und nahm seine Papiere in Beschlag. Diese aber eröffneten bei näherer Einsicht den Blick in eine Thätigkeit, gegen die der nächste Gegenstand der Klage für den Augenblick ganz in den Hintergrund trat. Vollkommen erwies sich Calvins Argwohn als gerechtfertigt.

Es waren merkwürdige, zum Teil von ernstem Nachdenken und hellem Geiste, zum Teil von einer durchaus frivolen Gesinnung zeugende, stets aber gegen Calvin und seine Wirksamkeit gerichtete Schriftstücke, welche man in der Wohnung des Angeklagten entdeckte. Da fand sich der Entwurf zu einer Bittschrift, die im Generalrat dem Volke von Genf vorgelegt werden sollte, ein Entwurf, der unter Hinweisung auf das Beispiel Venedigs den in der Stadt Calvins, und nicht blofs hier, damals unerhörten Grundsatz aufstellte, es dürfe der Staat nur bürgerliche Vergehen bestrafen,

---

[1] Im Original lautet das Plakat nach *Galiffe*, Not. général. III, 259 [wieder abgedruckt (mit mancherlei Abweichungen) bei *Roget* II S. 323, *Fasy* S. 5; in der Fassung Calvins: Opp. XII S. 546]: »*Gro panfar te et to compagnon gagneria miot de vo queysi. Se vo no fatte enfuma, i n' y a personna que vo garde qu'on ne vo mette en tas. Lua que pey, vo manderi l'oura que jamet vos salistes de votra moinnery. Et me suit prou blama quin Diablo et tot su fottus prêtres renia no vegnon ici mettre en ruyna. Apres qu'on a prou endura on se revenge. Garda vo qu'i ne vo n'en pregne comme i fit à Mosieur Verle de Fribor. No ne vollin pas tant avey de metre. Nota bin mon dire*«. Der Gros panfar war nach Gruets späterem Geständnis nicht Calvin, sondern Abel Poupin, vgl. Verhörsprotokoll zum 10. Juli 1547.

[2] Ratsprot. 30. Juni 1547, Ann. S. 408.

[3] Vgl. Mém. de l'Institut genevois X, p. 19.

darum den Sturz der Consistorialgewalt verlangte und den gegenwärtigen Zustand, nach welchem die Stadt dem Gehirn eines
melancholischen Menschen unterworfen sei, als gefahrvoll darstellte.
Man entdeckte Bruchstücke einer Korrespondenz, die den vollendetsten sittlichen Libertinismus bekundeten, lose Blätter und Briefe
an seine auswärtigen Freunde, voll von gehässigen Anspielungen
oder offenen Invektiven gegen den Reformator, den er bald
spöttisch als »galanten Mann« behandelt, bald als einen heuchlerischen, stolzen, jähzornigen und herrschsüchtigen Despoten
schildert, der sich rühme, dafs er Könige und Kaiser zittern
machen könne. Den ungünstigsten Eindruck machten aber einige
von Gruets Hand zusammengestellte lateinische Excerpte religiösen
Inhalts, die sich in frivoler Weise gegen die Grundlagen der christlichen Religion richteten, die h. Schrift und die Person Christi
verspotteten, die Welt für ewig, die Unsterblichkeit der Seele,
Himmel und Hölle für leere Traumgebilde, alle göttlichen und
menschlichen Gesetze für willkürliche Erfindungen der Menschen
erklärten.   Einem Exemplar der Schrift Calvins gegen die Anabaptisten war an einer Stelle von Gruets Hand die Randbemerkung:
»Alles Possen« beigefügt! Manches in den aufgefundenen Papieren
scheint einen libertinischen Ursprung zu verraten und auf eine
Bekanntschaft des Angeklagten mit jenem System hinzudeuten,
aber selbst Pocquet und Quintin sind, auch die Schilderung des
Reformators als richtig zugegeben, nicht so weit gegangen, als
dieser mifsratene Sohn der Stadt Calvins [1]!

---

[1] Vgl. Prozefsakten im Eingang [jetzt bei *Fazy* S. 39—45]: das die
religiöse Frage insbesondere behandelnde Excerpt fehlt unter meinen Ab-
schriften [fehlt auch bei *Fazy*; vgl. Opp. XII S. 547 n. 1] den Inhalt desselben
giebt Calvin in dem Schreiben an Viret vom 2. Juli 1547, Opp. XII S. 547.
Nach dem Verhörsprotokolle vom 7. Juli scheinen überhaupt nicht alle Schriftstücke Gruets erhalten zu sein. Einen Auszug aus denselben giebt auch *Spon-
Gautier* I, 288. — Natürlich sehen wir hier von dem erst drei Jahre später
aufgefundenen und allerdings viel ärgere Dinge enthaltenden Libell Gruets ab,
da es auf seine Verurteilung keinen Einfluss gehabt. Dafs das Libell so lange
unentdeckt blieb, zeigt übrigens wie vorsichtig Gruet gewesen! — Wenn die
vielgenannte Schrift De tribus impostoribus mit dem Namen Gruets in Verbindung gebracht worden ist, so würde allerdings die z. B. von Geuthe (De
impostura religionum breve compendium p. 24) versuchte Charakteristik des
Autors jener anonymen Schrift auf Gruet passen und könnte der Umstand,
dafs in derselben die Verdammung eines grofsen Teils der Menschen nach gött-
lichem Ratschlufs und Vorherbestimmung als Hauptargument gegen das Christen-

Ein günstigeres Ereignis hätte für Calvin in diesem Augenblick kaum eintreten können. Wie glänzend stand er jetzt gerechtfertigt da, wenn er früher seine Feinde als die Feinde Gottes und aller christlichen Zucht und Ordnung dargestellt hatte? Die Opposition war für den Augenblick völlig niedergeschmettert. Hatte Gruet vielleicht auch aus eigenem Antriebe gehandelt, konnte auch nicht wohl angenommen werden, dafs viele um seine geheime Thätigkeit wufsten: er gehörte doch zur Opposition, und diese trafen deshalb auch die Folgen. Nicht wenige, die in der letzten Zeit sich von Calvin zurückgezogen, kehrten angesichts des Abgrundes, der sich vor ihren Augen eröffnete, unter die verlassene Fahne zurück. Die entschlossensten Oppositionsmänner waren bestürzt [1], da sie die öffentliche Meinung plötzlich so überwiegend gegen sich gerichtet sahen. Die Entrüstung war eine fast allgemeine. Niemand hätte es wagen dürfen, den Angeklagten in Schutz zu nehmen.

Einen noch tiefern Eindruck machte der Vorfall auswärts. Das Gerücht von dem Attentat und der Gottlosigkeit Gruets verbreitete sich, von Genf aus künstlich genährt, wie ein Lauffeuer und rief nah und fern in den evangelischen Gemeinden die gröfste Teilnahme und Bestürzung hervor. Farel in Neuenburg erbot sich, sofort dem bedrängten Freund zu Hilfe zu kommen [2]. Je weiter das Gerücht in die Ferne drang, desto mehr wurde das Vorgefallene übertrieben. Tagtäglich liefen in Genf, wie Calvin selbst erzählt, Briefe ein, Zeichen der allgemeinen Teilnahme und der übertriebensten Sorge; in Lyon erzählte man sich bereits, er sei von den Gegnern umgebracht worden [3]. Anderswo wollte man über die Pläne der Gottlosen besser unterrichtet sein als in Genf selbst und liefs den Behörden Mahnungen zur Wachsamkeit und genaue Mitteilungen über angebliche Mordanschläge zukommen.

---

tum geltend gemacht wird, auf Genf hinweisen. Doch fehlt es an jedem festen Anhalt und überdies herrscht in jener kleinen Schrift doch ein ganz anderer, viel ernsterer Geist als in den uns erhaltenen Produktionen Gruets.

[1] »Les aultres«, meint Calvin, »haissent bien la teste, au lieu de lever les cornes«. An Falais 14. Juli 1547, Opp. XII S. 552.

[2] Opp. XII S. 571, 580.

[3] »Quotidie literae adferebantur, praesertim Lugduno, ex quibus intelligebam, me plus decim fuisse occisum«. An Farel, Opp. XII S. 580. Vgl. auch die beiden Schreiben an die Gläubigen in Frankreich (24. Juli) und an Falais (16. Aug.), ebd. S. 560 ff., 576.

Bald wurde gemeldet, es bestehe eine Verschwörung, Calvin mit den sämtlichen Predigern in die Rhone zu stürzen, bald hiefs es, die Gegner hätten auf seine Ermordung einen Preis ausgesetzt[1]. Seit den Tagen seiner Rückkehr nach Genf hatte Calvin nicht mehr solche Beweise von Teilnahme und Hingebung, Liebe und Eifer erhalten.

Inzwischen war der Prozefs gegen Gruet in aller Form eröffnet worden. Nachdem der Angeklagte in den ersten Verhören sich als Verfasser der ihm vorgelegten Schriftstücke, mit alleiniger Ausnahme des Plakats, bekannt hatte, legte der Lieutenant am 2. Juli 25 Klageartikel vor, deren Einleitung schon die geistliche Mitwirkung erkennen liefs[2]. Dieselben enthielten teils allgemeine Rechtsgrundsätze, die bei den Verhandlungen als Norm dienen sollten, teils Anschuldigungen gegen den Angeklagten. Erst in dem zweiundzwanzigsten Artikel war von dem Plakate die Rede. Noch ehe indes hierüber eine gründliche Verhandlung hatte stattfinden können, empfing der Lieutenant 47 weitere Klageartikel[3], die unzweifelhaft Calvin selbst zum Verfasser hatten[4]. Diese gingen mehr ins Detail, rückten dem Angeklagten schärfer zu Leibe und waren viel verfänglicher gestellt. Sie enthielten Fragen, deren Verneinung ebenso bedenklich war wie ihre Bejahung. In beiden Vorlagen war der Anklage die weiteste Ausdehnung gegeben. Nicht blofs Gotteslästerung, Religionsverachtung, Schmähung und Bedrohung der Geistlichen, auch Auflehnung gegen die Staatsordnung, Komplott und Hochverrat und viele andere Verbrechen wurden dem Angeklagten zur Last gelegt.

---

[1] Vgl. Ratsprot. 29. Juli; Consistorialprot. 1. Sept. 1547 (Ann. S. 411). Solche Nachrichten kamen — natürlich sehr verspätet — aus Nyon, Lyon, Burgund; *Beza*, Opp. XXI S. 140 verwechselt diese von aufsen importierten Gerüchte mit dem Inhalt des Plakats.

[2] »*Afin que la gloire de N[r] Seigneur avec sa sainte parole soit toujours maintenue et preferés à toutes choses mondaines et que toutes choses sinistres et repugnantes à icelle soyent repellées et de tout pouvoir abattues votre Lieutenant*« etc. Prozefsakten, Verhörsprot. 2. Juli 1547. [*Fazy* S. 49.]

[3] Vgl. Verhörsprot. zum 4. Juli 1547. [*Fazy* S. 64.]

[4] Nach *Galiffe* (Quelq. pag. p. 24) hätte Calvin sie in eigener Person dem Justizbeamten überreicht; mir ist die Quelle dieser Angabe unbekannt; an der Autorschaft Calvins läfst sich freilich nicht zweifeln. Dafs ihm sofort das ganze Klagematerial zur Verfügung gestellt worden war, zeigt der oben angeführte Brief an Viret, Opp. XII S. 546.

Daſs der Prozeſs mit der Verurteilung Gruets enden werde,
war von vornherein klar. Schon die Geständnisse, welche er
in den ersten Verhören gemacht, reichten dazu hin, ohne daſs es
auch nur nötig gewesen wäre, die strengen Grundsätze, welche
die Anklageartikel aufstellten, gegen ihn zur Anwendung zu
bringen [1]. Hätte es sich lediglich um die Person des Angeklagten
gehandelt, der Prozeſs würde wohl einen rascheren Verlauf genommen haben. Doch nicht dieser allein kam in Betracht. Calvin
hatte für seine Person die feste Überzeugung, daſs Gruet innerhalb der Oppositionspartei — er dachte zunächst an die Familie
Favre — geheime Verbindungen und Mitwisser habe. Es galt
jetzt, diese durch die Untersuchung ans Licht zu bringen, den
Angeklagten zu Geständnissen zu nötigen und wo möglich die
gesamte Partei in die Katastrophe des einzelnen Mitgliedes zu
verwickeln. »Der Angeklagte« erklärte einfach einer der Klageartikel, »muſs Anhänger und Mitschuldige haben, und er soll sie
nennen!« Deutlicher lieſs sich die Aufgabe des eingeleiteten Verfahrens nicht ausdrücken.

In der ersten Zeit des Prozesses behauptete Gruet eine feste,
zusammengenommene Haltung. Seine Antworten, die stets den
gebildeten Mann verrieten, waren klar und bestimmt, bald aus-
weichend [2], bald schlagend, zuweilen auch sarkastisch. Als ein
Zeuge, es war Treppereau, jener allgewaltige Prediger von Celigny,
gegen ihn aussagte, er habe in seiner Gegenwart gegen die kirchlichen Disciplinargesetze gesprochen und auch gesagt, Moses sei
bei der Erschaffung der Welt nicht anwesend gewesen, entgegnete
er mit einer Ironie, über solche Dinge spreche er scherzend mit
den Heiteren und weise mit den Weisen [3].

Doch diese Haltung war nicht von langer Dauer.

Am 9. Juli bestand der Angeklagte zum ersten Mal die Folter
in der gewohnten Form der Estrapade. Er bekannte jetzt aus

---

[1] So lautete der dritte unter den 25 Artikeln: *Tous contrevenans a icelle
(la Riformation) tan par parole que vouloir sont trouvés apparens rebelles à
Dieu, à la Seigneurie et communauté de Genève.*

[2] So z. B. beantwortete er die Frage, ob Blasphemie und Idolatrie etc.
strafbar seien, mit einem Ja, »insofern sie die Obrigkeit verboten habe«. Verhörsprot. 4. Juli: später, ermüdet, antwortete er allerdings mit einem unbedingten »Ja«.

[3] Vgl. Verhörsprot. 8. Juli 1547. [*Fazy* S. 75.]

freien Stücken« (spontanément), wie das amtliche Protokoll beteuert, was er bisher noch geleugnet, dafs das Plakat in S. Peter
von ihm verfafst und angeheftet sei. Er blieb bei diesem Geständnisse auch am folgenden Tage, wie in allen späteren Verhören und verbreitete sich sogar in gewünschter Weise über die
Einzelheiten der That. Er bekannte, gefehlt und gesündigt zu
haben und verschwieg nichts, was seine Person blofs stellte.
Aber darüber hinaus gingen seine Aussagen nicht. Ganz entschieden stellte er das Vorhandensein von Mitwissern und Mitschuldigen in Abrede [1].

Mit diesen Geständnissen war der Anklage wenig gedient.
Die Gerichtsbehörde liefs sich indes durch den mifslungenen ersten
Versuch in keiner Weise irre machen. Der Prozefs wurde mit
erhöhtem Eifer fortgesetzt und entfaltete von nun an mehr und
mehr die ganze grausame Härte und Willkürlichkeit des damaligen
peinlichen Verfahrens. Man quälte den Unglücklichen Tage lang
vom Morgen bis zum Abend in der unbarmherzigsten Weise,
damit, wie es hiefs, »die Wahrheit aus seinem Munde hervorgehe«.

Schon am 12. Juli, an welchem Tage der Angeklagte drei
Verhöre zu bestehen hatte, wurde wieder die Folter zur Anwendung gebracht [2]. Man hatte dieses Mal die Frage nach Mitwissern und Mitschuldigen auch auf die übrigen Teile der Anklage ausgedehnt. Allein der Erfolg war derselbe. Die wenigen
Aussagen, welche der Gefolterte gegen einige gegenwärtige oder
frühere Führer der anticalvinischen Partei machte, waren unerheblich und wurden später, als er von der Tortur frei war,
von ihm selbst zurückgenommen. Er wiederholte am andern Tage
nochmals alle seine früheren Geständnisse, aber neue waren nicht
von ihm zu erlangen [3].

Am 15. Juli wurden von der Anklage neun neue »Artikel«
vorgelegt. Zugleich erging an den Angeklagten die nochmalige
ernste Aufforderung, seine Mitschuldigen zu nennen. Als dieser
wiederholte, dafs er solche nicht kenne, wurde beschlossen, ihn

---

[1] Verhörsprot. 9. und 10. Juli 1547. [*Fazy* S. 76 ff.]

[2] »*Ordonné qu'il soit attaché à la corde et torturé jusques la vérité soit issue de sa bouche.*« Verhörsprot. 12. Juli. [*Fazy* S. 85.]

[3] Verhörsprot. 12. und 13. Juli 1547. [*Fazy* S. 88.]

in die Folterkammer bringen zu lassen[1], um zu einer stärkern Anwendung der Folter zu schreiten. Umsonst warf sich Gruet vor den Richtern auf die Knie, um ihre Gnade anzuflehen. Dreimal wurde er an dem Stricke aufgezogen, dreimal versprach er, vom Schmerz überwältigt, die »Wahrheit« zu bekennen, aber jedesmal wurden seine Aussagen ungenügend befunden. Er gestand, daß er ein schlechter Mensch sei, der längst den Tod verdient habe, und ihn gern über sich ergehen lassen wolle, er gestand alles, nur nicht das, was man wollte — das Vorhandensein von Mitschuldigen. Ganz besonders stellte er dies noch in Abrede in Beziehung auf den Anschlag in St. Peter: er habe durchaus nach eigener Eingebung gehandelt, es gebe keinen Mitwisser und Mitschuldigen. Er bat endlich um den Tod, denn lieber sei es ihm zu sterben, als noch länger zu leben und solche Qualen zu erdulden[2].

Ganz dasselbe Ergebnis hatte ein nochmaliges Verhör am 18. Juli. Gruet wiederholte hier die oft abgegebene Erklärung, daß er keinen Mitschuldigen habe, mit einer Entschiedenheit, die durchaus den Eindruck der Wahrhaftigkeit macht, er nahm noch einige auf der Folter gethane Äußerungen zurück und bat schließlich seine Richter nochmals, durch einen baldigen Tod seinen Leiden ein Ende zu machen[3].

Seit dem 18. Juli fand keine weitere Vernehmung mehr statt. Während mehrerer Tage ruhte der Prozeß. Es scheint, daß die grausame Behandlung des Angeklagten doch nicht überall Beifall fand. Zu offen trat doch die Absicht der calvinischen Partei, den Prozeß zur Befestigung ihrer Herrschaft und zur vollständigen Niederwerfung der Gegner auszubeuten, zu Tage. Zwar hatte Gruet durch sein gottloses Treiben zu Anfang den allgemeinen Unwillen gegen sich hervorgerufen. Dennoch erwachte jetzt, nachdem er so Hartes erduldet und seine eigene Schuld offen eingestanden, in manchen Kreisen wieder ein natürliches Mitgefühl für ihn. Selbst der Rat, namentlich die Syndike zeigten nicht mehr den anfänglichen Eifer. Calvin begann schon ungeduldig

---

[1] »Le dit Jacques inquis devoir être remis et mené au propre lieu de l'inquisition et torture.« [Fazy S. 88.]

[2] Verhörsprot. 15. Juli 1547: »Desirant plutot la mort que la vie et que d'endurer tant de tourmens qu'il endure, comme il dit.« [Fazy S. 96.]

[3] Verhörsprot. 18. Juli 1547. [Fazy S. 97 f.]

zu werden und zu fürchten, der Angeklagte könne ganz der verdienten Strafe entrinnen. Er beklagte sich bei einem seiner auswärtigen Freunde über die Verschleppung der Angelegenheit durch
die Syndike, über Mangel an Mut bei den Ratsherrn. Er meinte,
es gebe in Genf nicht genug beherzte Männer [1]

Doch seine Besorgnis war dieses Mal grundlos. Am 26. Juli
vernahm Gruet aus dem Munde des Syndiks Beguin sein Urteil.
Wegen neunfacher Vergehen, schuldig der Gotteslästerung und
Religionsverachtung, des Versuches, die in Genf durch göttliche
Eingebung eingeführte Ordnung zu stürzen, der Behörde mit Hilfe
auswärtiger Freunde Verlegenheiten zu bereiten, das Volk durch
eine abscheuliche Supplikation aufzuwiegeln, schuldig der An-
heftung eines gottlosen Plakats, der Auflehnung gegen die Gerechtigkeit, der Verbreitung der Unsittlichkeit und abscheulicher
Reden, wurde der Angeklagte zum Tode verurteilt. Noch an
demselben Tage endete Jacques Gruet auf der gewöhnlichen Richtstätte unter dem Beile des Henkers, nachdem er zuvor, wie Farel
meldet, Gott wieder als seinen Herrn anerkannt hatte [2]. Sein
Leib wurde an den Galgen geschlagen, wie die Strafsentenz verkündete: »allen anderen, die je etwas Ähnliches wieder beginnen
sollten, zum warnenden Beispiel« [3].

In der Gruetschen Angelegenheit feierte die calvinische Partei,
wenn sie auch ihre eigentliche Absicht nicht erreichte, auf jeden
Fall einen Triumph von entscheidender Bedeutung. Ihre bereits
erschütterte Herrschaft wurde aufs neue befestigt. Nicht hoch
genug war es anzuschlagen, daß der Rat wieder auf Seite Calvins

---

[1] Calvin an Viret 24. Juli 1547: »*Grueti negotium Syndici protrahunt,
Senatu invito, nec tamen, ut decebat, reclamante. Scis enim paucos esse cor-
datos.*« Opp. XII S. 559. — Die verschiedene Haltung der Syndike und der
übrigen Mitglieder des Kleinen Rates, die sich auch bei andern Gelegenheiten
wahrnehmen läßt, erklärt sich dadurch, daß nur jene, nicht aber diese aus
unmittelbarer Volkswahl hervorgingen, überdies oft in dem Rat die alten Mitglieder einfach wieder bestätigt wurden. (Anc. et nouv. pol. S. 21). Ein
Umschwung in der Volksstimmung kam deshalb viel eher in den Syndiken,
als in dem Rate zum Ausdruck.

[2] »*Sub finem Deum agnovit.*« Farel an Calvin 22. Juni 1558, Opp.
XVII S. 222. Die Notiz ist nicht unwahrscheinlich, da es schon in dem Verhörsprotokoll zum 15. Juli bei der wiederholten Anwendung der Folter heißt:
»*il s'est recommandé à Dieu le priant lui vouloir assister et autres prières*«.

[3] Vgl. Prozeßakten [*Fasy* S 111; auch Opp. XII 567.]

Stellung genommen. Die Opposition war verlassen und gelähmt.
Hatten die gerichtlichen Verhandlungen auch nichts ergeben, was
sie als Mitschuldige des Verurteilten erscheinen liefs: die ersten
Eindrücke blieben doch, wie so oft, haften und die Sieger, insbesondere Calvin selbst, hörten nicht auf öffentlich zu behaupten,
dafs in Gruet nur einer der vielen Schuldigen der verdienten Strafe
anheimgefallen sei. Unter diesen Umständen war von der Opposition in der nächsten Zeit wenig zu fürchten. Ohnmächtige
Kundgebungen, die regelmäfsig vor Rat oder Consistorium ihre
rasche Erledigung fanden [1], waren das einzige Lebenszeichen, das
sie von sich gab. ›Wahr ist‹, schreibt Calvin selbst um diese
Zeit an den Herrn von Falais, ›Satan hat hier wohl noch seine
Brandgesellen, aber die Flamme verfliegt wie die des Werges.
Die Todesstrafe, die man an einem ihrer Genossen hat vollstrecken
lassen, hat ihnen die Hörner gründlich abgeschlagen‹ [2].

Was allein den Sieg der calvinischen Partei einigermafsen trübte,
waren jene von ihr selbst beim Beginn des Gruetschen Handels auswärts in Umlauf gesetzten übertriebenen Gerüchte. Man hatte im
ersten Eifer des Guten zu viel gethan und erntete jetzt die Früchte.
Man hatte über Gruets Attentat, seine angebliche Konspiration und
die Pläne seiner Anhänger Nachrichten verbreitet, die allerdings die
allgemeine Teilnahme hervorriefen, aber zugleich, was man nicht
bedacht, Genfs Ruf und Ansehen im Auslande notwendig schädigen
mufsten. Calvin suchte jetzt nach Kräften durch berichtigende
Mitteilungen den angerichteten Schaden wieder gut zu machen.
Man erzähle sich, beruhigt er einen Freund, allenthalben Wunder-
dinge über Genf, während man in der Stadt selbst nichts davon
wisse. Nicht der hundertste Teil von dem, was man über Genf
verbreite, versichert er in mehreren Briefen, sei wahr [3]. Insbesondere liefs er es sich natürlich angelegen sein, dem nachteiligen Einflusse, den solche Gerüchte notwendig auch auf die
französischen Einwanderungen ausüben mufsten, bei Zeiten vor-

[1] Vgl. z. B. Ratsprot. 15. Aug. 1547, Consistorialprot. 6., 25. [Ann.
S. 410], 30. [ebd. S. 411] Aug., 8. Sept. [ebd. S. 412] 1547. Vgl. auch den
von *Galiffe*, Not. généal. III, 531 ff. mitgeteilten Fall, der wohl das stärkste
enthält, was die Opposition leistete.

[2] Calvin an Falais, 16. Aug. 1547, Opp. XII S. 576.

[3] Vgl. z. B. Calvin an Viret 3. Aug. 1547, Opp. XII S. 568; Calvin
an Falais 14. Juli u. 16. August 1547, ebd. S. 552, 576.

zubeugen. Schon zwei Tage vor der Verurteilung Gruets richtete er ein Sendschreiben an »die Gläubigen Frankreichs«, um auf die vielen an ihn ergangenen Anfragen zu antworten und alle Besorgnisse zu zerstreuen. Die Gerüchte über die Unruhen in Genf, meldet er den Glaubensgenossen, seien zum gröfsten Teil erfunden. Richtig sei allerdings, dafs es in der Stadt unter Alt und Jung, namentlich aber in der Jugend noch manche Starrköpfe und Widerspenstige gebe, welche die kirchliche Ordnung durch Tumulte zu zerstören trachteten. Jüngst sei das Gift, das »Einige« in ihrem Herzen trügen, sogar offen hervorgetreten. »Aber alles dies« verkündet er zuversichtlich »ist nichts als eitel Rauch, ihre Drohungen sind wie Schaum und der machtlose Zorn der Stolzen Moabs. Auf keinen Fall dürft Ihr Euch darüber wundern. Gröfsere Empörungen sind gegen Moses und die Propheten angestiftet worden, obgleich sie doch über das Volk Gottes regierten. Bittet nur den Herrn, dafs er uns die Gnade gebe, nicht zu wanken; . . . . den Willen, den Bösen mutig entgegenzutreten, hat mir Gott gnädig verliehen, und auch alle meine Brüder sind in gleicher Weise entschlossen, in der Erfüllung ihrer Pflicht auszuharren, so dafs wir alle von demselben Geiste der Standhaftigkeit beseelt sind. Es fehlt nichts, als dafs Gott uns auch zur Ausführung des begonnenen Werkes seinen Beistand leihe« [1].

In so zuversichtlichem Tone sprach Calvin zu einer Zeit, als sein Sieg noch nicht einmal völlig entschieden war. Man ersieht aus den letzten Worten deutlich, dafs sein Entschlufs feststand, das »Werk des Herrn« nunmehr zu vollenden, den Feldzug gegen die Gottlosen, dessen Erfolge zu Anfang des Jahres ins Stocken geraten waren, mit erneutem Eifer wieder aufzunehmen und die »rebellischen Nacken« unter das Joch des Herrn zu beugen. Nachdem sein Sieg entschieden war, fiel vollends jedes Bedenken hinweg. Weshalb sollte er auch zögern? Die Lage konnte kaum je günstiger für ihn werden. Der Rat war ihm gewogen [2]: Alles versprach Erfolg. Er lud Farel, dessen Anerbieten er früher abgelehnt hatte, jetzt zu sich nach Genf ein, um mit dem alten Freunde Rats zu pflegen und wohl auch, um ihn in

---

[1] An die Gläubigen Frankreichs 24. Juli 1547, Opp. XII S. 560 ff. Bezeichnend ist, dafs der Name Gruets gar nicht genannt wird.

[2] »*Nunc pacatus est status. Senatum habemus bonae causae faventem.*« Calvin an Farel 21. Aug. 1547, Opp. XII S. 580.

manches einzuweihen, was sich brieflichen Mitteilungen nicht füglich anvertrauen liefs [1].

Calvins Operationsplan war wohl überlegt. Die Opposition sollte dieses Mal an der Wurzel angegriffen und darum vor allem jene Familie unterworfen und unschädlich gemacht werden, die er als den Sitz und Ausgangspunkt aller feindlichen Bestrebungen betrachtete. Es war nicht gelungen, Favre und seine Angehörigen in den Fall Gruets zu verwickeln. Nichts spricht in der That dafür, dafs zwischen dem alten Patrioten und seinem Anhang und dem radikalen Autodidakten jene innige Verbindung und jene Gemeinsamkeit der Denkart bestand, die Calvin voraussetzte: es fehlt sogar nicht an Andeutungen des Gegenteils [2]. Aber darin irrte der Reformator sicher nicht, dafs, so lange jene mächtige und einflufsreiche Familie mit ihren lockeren Grundsätzen ihre bisherige hervorragende Stellung behauptete und nicht gründlicher gedemütigt wurde, alles, was er erreichte, alle seine mühsam errungenen Erfolge von unsicherm Bestande waren. Und sollte hier wirklich eingeschritten werden, so mufste es bald geschehen. Eben im Herbst 1547 kehrte der alte Gegner mit seiner hochfahrenden Tochter nach längerem Landaufenthalt in die Stadt zurück, trotzig und stolz, erfüllt von Groll gegen die Tyrannen im geistlichen Gewand, die es gewagt, seine Tochter öffentlich zu beschimpfen, weniger als je zur Nachgiebigkeit geneigt. Schon vor ihm war sein Schwiegersohn Perrin, der Generalkapitän, von seiner Gesandtschaftsreise an den Pariser Hof, wo er den Festlichkeiten zu Ehren der Thronbesteigung Heinrichs II. beigewohnt, heimgekehrt. Es liefs sich nicht annehmen, dafs der diplomatische Vertreter der Republik unter dem Rausche der glänzenden französischen Hoffeste in jenen Gesinnungen bestärkt worden war, welche Calvins Ordonnanzen dem Genfer Bürger zur Pflicht machten. Auf jeden

---

[1] *Audires omnia, quae literis committi nequeunt . . . . De occultis morbis sanandis inter nos consultaremus.* A. a. O. S. 581. Übrigens hatte Farel schon kurz vorher in einem Schreiben vom 12. August (ebd. S. 570 f.) seine Ansicht ausgesprochen, indem er einfach alle Gegner Calvins, möchten sie nun auch Freiheit oder Republik vorschützen, für Werkzeuge des Teufels erklärte.

[2] So tadelte Gruet sehr scharf, dafs Favre sich dem Consistorium unterwarf. Vgl. Prozefsakten, loses Blatt mit der Überschrift: Ami lecteur. [*Fazy* S. 45.] Dafs übrigens Gruet zu keiner Zeit in den Oppositionskreisen eine wirkliche Rolle gespielt, dafür ist der schlagendste Beweis — das Schweigen Bonivards.

Fall mußte verhütet werden, daß die beiden alten Parteiführer ihre frühere Rolle wieder aufnahmen.

Am 20. September erließ der Kleine Rat einen Haftbefehl gegen den Bürger Favre und seine Tocher, Perrins Gattin, »wegen fortdauernder Widersetzlichkeit gegen Gott und die Gerechtigkeit«. Der Generalkapitän war außer sich, als er diesen Beschluß erfuhr. In größter Aufregung trat er in den Rat, dem auch er infolge seiner amtlichen Stellung angehörte, wies auf die Verdienste hin, die sein Schwiegervater und er selber um das Gemeinwesen sich erworben, und bat in lebhaften und eindringlichen Worten, den erlassenen Befehl zurückzunehmen: er werde dafür sorgen, daß dem Gesetze, wenn es verletzt sei, in gebührender Weise genug geschehe. Bestehe man aber auf der Ausführung, fügte er drohend hinzu, so werde er eine solche Schmach nicht zu ertragen wissen und Gott werde ihm eines Tages beistehen, sich zu rächen[1].

Da beschlossen die Fünfundzwanzig, auch den Generalkapitän in Haft nehmen zu lassen — auf ihn, den Gefährlichsten, war es eigentlich abgesehen gewesen.

V.

ANGRIFF AUF AMI PERRIN[2].

Es gab in Genf keinen Mann, der sich rühmen durfte, für die Einführung der Reformation und den Sieg Calvins thätiger gewesen zu sein als Ami Perrin. Seinen Namen finden wir an der Spitze jener ersten evangelisch gesinnten Bürger, die schon im Jahre 1532 Farel mit offenen Armen aufnahmen, und unwandelbar hatte er seitdem selbst unter persönlichen Gefahren — in einem der zahlreichen Tumulte wurde er verwundet — als treuer Helfer dem stürmischen Apostel der neuen Lehre zur Seite gestanden. Neben Baudichon und Vandel erscheint Perrin als einer der Hauptanführer in dem allgemeinen Bildersturme, der im

---

[1] Vgl. die Mitteilungen in den Quelq. pag. S. 7; Anc. et nouv. pol. S. 56, 57. [Ausführlich jetzt bei *Cornelius* a. a. O. S. 507 f.].

[2] [Für den Prozeß Perrin vgl. *Cornelius* a. a. O. S. 505 ff.].

Herbst 1535 nach dreijährigem Kampf den Sturz des alten
Glaubens entschied[1]. In ihm fand auch der Organisator der
neuen Kirche sofort einen eifrigen und ergebenen Anhänger, der
auch dann noch treu blieb, als alles denselben verliefs, der fast
allein den Mut hatte, in jenen stürmisch bewegten Volksversammlungen im April und Mai 1538 für den verhafsten Reformator
seine Stimme zu erheben[2]. Einer der unversöhnlichsten Gegner
der anticalvinischen Partei, welche während der beiden folgenden
Jahre in Genf am Ruder safs, empfing Perrin nach dem Sturze
derselben im Herbst 1540 von den neuen Gewalthabern vor allem
den ehrenvollen Auftrag, Calvin zur Rückkehr nach Genf einzuladen[3]. In Calvins Rückkehr feierte Perrin gleichsam einen
persönlichen Triumph, der ihn für die mehrjährige Zurücksetzung
entschädigte. Er war seit dem Herbst 1541 eine der einflufs-
reichsten Persönlichkeiten in Genf, eine der Hauptstützen der
neuen Ordnung. Er wurde von den calvinischen Behörden mit
wichtigen Gesandtschaften betraut, wurde Generalkapitän, im Jahre
1545 sogar erster Syndik und leistete in allen diesen Stellungen
den geistlichen Tendenzen nicht unwesentliche Dienste. Calvinischer als der Reformator selbst, hatte er 1543 sich sogar der
Aussöhnung mit Bern entgegengesetzt. In den geistlichen Kreisen
war niemand lieber gesehen als Perrin; er war der Liebling
Calvins, der ihn wohl »unsern Perrin« nannte, und den er selbst
nach dem Ausdrucke des Chronisten »nicht blofs verehrte, sondern
vergötterte«[4]. Bis zum Jahre 1545 schien Perrin von den neuen
Zuständen völlig entzückt, und noch zu Anfang des nächsten
Jahres, während des Ameauxschen Prozesses finden wir ihn auf
Seiten des Reformators: er gab den beiden zu Hilfe gerufenen
geistlichen Freunden Viret und Farel bei ihrer Abreise das Ehren-
geleit[5].

Dennoch war der Abfall dieses Mannes, nur wenige Wochen

---

[1] *Fromment*, Actes et gestes S. 4, 145. Verwundet wurde er in dem
Tumult vom 4. Mai 1533, vgl. *Herminjard*, Correspondence III, 49. Bonivards unwahre Angabe (Anc. et nouv. pol. S. 45) wird dadurch widerlegt.

[2] Ratsprot. 20. April, 26. Mai 1538 [Ann. S. 224 f., 230 f.].

[3] Ratsprot. 21. Sept. 1540 [Ann. S. 265]. Er war auch während des
Zwischenreiches mit den Predigern in Verbindung geblieben. Vgl. namentlich Farel an Calvin 8. Aug. 1538, Opp. X, 2 S. 232 f.

[4] Anc. et nouv. pol. S. 71.

[5] Ratsprot. 2. April 1546, Ann. S. 376.

später, kein so plötzlicher und unvermittelter, als es auf den ersten
Blick scheint, sondern längst angebahnt und vorbereitet. Wer
Personen und Verhältnisse näher kannte, wurde durch das, was
im Sommer 1546 eintrat, nicht überrascht.

Ami Perrin gehörte jener jüngern Generation des Unabhängigkeitskampfes an, die seit dem Jahre 1530 nach der Verdrängung
Bezansons zur Herrschaft gelangte und in der Einführung der
Reformation das Mittel erblickte, das Werk der Väter zu vollenden, die Errungenschaften der ersten Generation in Sicherheit zu
bringen. Jung, ehrgeizig, voll Feuer, hatte er sich in den Kampf
gestürzt und mit der ganzen Energie seines lebhaften Geistes die
Sache des neuen Glaubens verfochten, ohne den neuen Lehren selbst
eine mehr als oberflächliche Aufmerksamkeit zugewandt zu haben.
Was von den meisten Genfern galt, war vielleicht bei keinem
mehr der Fall als bei ihm: nicht eine evangelische Überzeugung,
sondern der politische Gedanke war die Triebfeder seines reformatorischen Eifers. Einmal in dem kirchlichen Kampfe begriffen,
trug er auch — und das unterscheidet ihn von der Mehrzahl
seiner alten Parteigenossen — kein Bedenken, sich sofort Calvin
anzuschliefsen, der den Bruch mit dem alten Kirchentum am
gründlichsten vollzog, dessen Wirksamkeit die sicherste Bürgschaft
gegen die Rückkehr der früheren Zustände zu geben schien. Es
mochte überdies seinem Ehrgeize schmeicheln, die Rolle eines Be-
schützers des grofsen Theologen zu spielen und gleichsam als
der Schirmherr der neuen Kirche zu erscheinen. Von einer wirklich religiösen Begeisterung, von dem sittlichen Ernste eines Ami
Porral zeigt sich dagegen bei ihm keine Spur. Er liebte und verehrte Calvin und redete seinen Ordonnanzen das Wort, aber er
dachte nicht daran, sich dadurch selbst Schranken setzen zu
lassen[1]. Ohne gerade ein anstöfsiges Leben zu führen, war
Perrin doch weit entfernt, in seinem persönlichen Wandel das
Bild eines evangelischen Christen nach den Forderungen des calvinischen Systems darzustellen. Er machte ein grofses Haus, er
liebte, sagt Bonivard, obgleich nur von bürgerlicher und nicht

---

[1] »Comme d'autres«, meint *Rilliet*, dem ich in seinem Urteil über die
damalige Stellung Perrins im wesentlichen nur beipflichten kann, »il appuyait
les rigeurs de Calvin parce qu'il s'en croyait personnellement à l'abri«. Mém.
et Docum. III, 15.

einmal vornehmer Herkunft, den hohen Herrn zu spielen, und entwickelte einen Aufwand, der weit über seine Mittel hinausging und sein Vermögen zerrüttete[1]. Calvin schwieg zu manchem, was er mifsbilligte. Er mufste in den ersten Jahren überhaupt es sich oft versagen, die kirchlichen Ordonnanzen schon in ihrem ganzen Umfange und in ihrer vollen Strenge zur Geltung zu bringen, und übte um so mehr Nachsicht gegen einen Mann, dem er so viel verdankte, der ihm noch fast täglich Dienste erwies. Aber ohne Sehergabe liefs sich doch voraussagen, dafs es früh oder spät zwischen dem ernsten, sittenstrengen Reformator und seinem eiteln, weltlich gesinnten Freunde werde zum Bruch kommen müssen.

Äufsere Umstände kamen hinzu, ihn zu befördern.

Zunächst wirkte es störend auf das alte Freundschaftsverhältnis, dafs Perrin zum Generalkapitän gewählt wurde. Diese Würde, deren Träger neben dem Oberbefehl über die städtischen Truppen zugleich die Leitung der öffentlichen Festlichkeiten besorgte, hatte seit den Tagen Bezansons eine steigende Bedeutung erlangt und war Calvin von Anfang an ein Dorn im Auge. Schon im Jahre 1537 einmal aufgehoben, wurde sie bald wiederhergestellt, weil das Volk nicht von ihr lassen wollte. Sie erhielt mitten in dem calvinischen Staate gleichsam noch die Traditionen der alten »Kinder von Genf« aufrecht und gewährte überdies dem weltlichen Elemente eine Vertretung, die mit den Tendenzen des calvinischen Gottesstaates nicht wohl vereinbar war. Perrin, auch äufserlich ein überaus stattlicher Mann, mit ungewöhnlicher Körperkraft, umgab sie jetzt mit neuem Glanze. Für ihn war das Generalkapitanat, welches zwar wenig Einkünfte, aber reichliche Volksgunst eintrug und ein glänzendes äufseres Auftreten nicht blofs gestattete, sondern erforderte[2], ein erwünschtes Amt — aber zugleich ein gefährliches. Der eitele Mann merkte nicht, dafs in demselben Grade, als er in der Volksgunst stieg, er in der Gunst

---

[1] Vgl. Anc. et nouv. pol. S. 43, 44. Dafs es um seine Vermögensverhältnisse nicht glänzend stand, ersieht man auch aus dem Briefe Calvins an Falais vom 26. Mai 1547, Opp. XII S. 529. Aus dem Ratsprot. 9. Nov. 1546 erhellt, dafs er sich sogar gegen den Vorwurf der unrechtmäfsigen Aneignung von Kirchengut zu verwahren hatte.

[2] *Bonivard* meint, es habe seinem Inhaber jährlich »cent escus de perte« eingetragen, Anc. et nouv. pol. S. 35. Vgl. im übrigen Genève hist. et archéol. S. 330 ff. Mém. et Doc. IV, 1 ff.

der geistlichen Kreise sank. Noch mehr aber wurde die alte
Freundschaft durch das verwandtschaftliche Verhältnis gelockert,
in welches er zu François Favre getreten war. Durch seine
zweite Ehe Schwiegersohn dieses abgesagten Feindes alles geistlichen Wesens, Gemahl eines Weibes, das mit den Sittenbehörden
fast in beständigem Streite lag und in den geistlichen Kreisen den
Namen der Genfer Penthesilea führte, mußte er selbst notwendig zu
dem Reformator mehr und mehr in eine schiefe Stellung geraten.
Schon zu Anfang 1546 sprach dieser in vertraulichen Briefen über
den Generalkapitän in Ausdrücken, die zeigen, daß zwischen den
beiden langjährigen Freunden bereits eine bedenkliche Entfrem-
dung eingetreten war [1].

Die Vorgänge des Jahres 1546 machten den innerlich schon
längst vollzogenen Bruch zu einem offenkundigen, und charakteristisch genug war es der erste Versuch, die unter Perrins thätiger
Mitwirkung eingeführte strenge Sittenzucht gegen ihn selbst zur
Anwendung zu bringen, der ihn zur offenen Opposition trieb.
Wie lange Calvin diesen Ausgang auch vorausgesehen haben
mochte: Perrins wirklicher Abfall machte ihn dennoch betroffen,
und das ernste Mahnschreiben, welches er damals an ihn richtete,
läßt deutlich durchblicken, wie schwer ihm der Gedanke wurde,
den langjährigen Verbündeten fortan als Gegner behandeln zu
müssen. Ähnliche Gefühle scheinen sich auch in Perrins Brust
geregt und ihn längere Zeit von entschiedenem Auftreten zurückgehalten zu haben. Man hoffte in den geistlichen Kreisen eine
Zeit lang auf seine völlige Rückkehr. Wirklich hatte er noch im
Herbst 1547 mit den alten Freunden, mit Viret und Calvin selbst
einige Zusammenkünfte und eine Aussöhnung schien nicht unmöglich [2]. Allein die Macht der Ereignisse war stärker als persönliche Gefühle und Stimmungen. Der Riß war da und erweiterte sich unter Einwirkung der Favreschen Streitigkeiten immer
mehr. Der Generalkapitän wurde in kurzem der eigentliche Führer
aller Gegner des geistlichen Regiments, die von ihm sogar den
Namen empfingen, und erfuhr nun den ganzen Haß derselben

---

[1] Vgl. Calvin an Viret, Januar 1546, Opp. XII S. 251 f.

[2] Vgl. Viret an Calvin 29. Sept. 1546, Calvin an Farel 2. Okt. und
12. Okt. 1546, Opp. XII S. 387, 391, 395 f. Es scheint, daß schließlich
Farels Derbheit den vollständigen Bruch beschleunigte. [Vgl. *Cornelius*
a. a. O. S. 490 f.].

Männer, deren Hauptstütze er Jahre lang gewesen. Man empfand
gegen diesen Apostaten einen tiefern Grimm als selbst gegen die
ältesten und unversöhnlichsten Gegner. Calvin suchte anfangs
seinen Ärger äufserlich zu verbergen, indem er von dem »verzweifelten Menschen« nur in spöttischen und verächtlichen Ausdrücken sprach, die ihm freilich am allerwenigsten anstanden und
seinen ohnmächtigen Zorn nur zu schlecht verdeckten[1]. In der
That hatte die calvinische Sache kaum je einen so harten Schlag
erlitten und keiner fühlte dies mehr als der Reformator selbst.
Perrin war es, der mit seinen reifen Erfahrungen und dem Einflusse, den ihm seine öffentliche Stellung verlieh, zuerst der Opposition eine feste Haltung gab und die Folgen seines Eingreifens
wurden, wie wir sahen, sofort empfunden. Wenig fehlte daran,
so hätte Calvin schon im Frühjahr 1547 in der Frage über die
Consistorialgewalt durch ihn eine vollständige Niederlage erlitten.
Es geschah daher ganz im Sinne und vielleicht sogar nicht ohne
Zuthun der Geistlichkeit[2], dafs Perrin bald darauf jene Gesandtschaft an den französischen Hof aufgetragen wurde, um bei Gelegenheit der Thronbesteigung Heinrichs II. einige alte Anliegen
Genfs in Erinnerung zu bringen. Man wurde dadurch des ge-
hafsten Gegners nicht blofs für längere Zeit ledig, sondern gewann auch Zeit, in seiner Abwesenheit die Gemüter ihm abwendig
zu machen, die mancherlei Schwächen seines Charakters auszubeuten, Mifstrauen gegen ihn auszustreuen und einen ernsten Angriff vorzubereiten[3].

[1] Er nannte Perrin regelmäfsig »Comicus Caesar« (vgl. z. B. die Briefe
an Viret vom 27. März, 6. April 1547, Opp. XII S. 505, 508), wohl mit
Anspielung auf das von P. so gern hervorgekehrte Generalkapitanat, und diese
Bezeichnung wurde dann natürlich von den Farel, Beza angenommen; selbst
Viret, der sich gegen den alten Freund am anständigsten benahm, bedient
sich wenigstens einmal des Ausdruckes.

[2] Dies ist die Ansicht des Verfassers der Notices généal. III, 379;
Bolsec c. XVI, S. 82, 83 läfst den Reformator selbst durch gefälschte Briefe
die Gesandtschaft veranlassen, um Perrin zu verderben; *Bonivard* l. c. S. 52
meint, Perrin selbst habe sich aus Eitelkeit und Habsucht dazu gedrängt.
Merkwürdig übrigens, dafs Perrin vor seiner Abreise von Calvin noch Aufträge
empfing, einen Brief an den Herrn von Falais, für den Calvin das Haus des
geldbedürftigen Kapitäns gemietet hatte! Man schied also keineswegs in
offenem Unfrieden. Vgl. Calvin an Falais 26. Mai 1547, Opp. XII S. 529.

[3] Dafs Calvin schon während Perrins Abwesenheit zu entschiedenem Einschreiten gegen ihn entschlossen war, zeigt ein späterer Brief an Falais vom

Wir haben gesehen, wie Perrin nur wenige Tage nach seiner
Rückkehr unbesonnen den Gegnern selbst die Waffen gegen sich
in die Hände gab. Sein Auftreten vor dem Rate am 20. September, die drohende Sprache, die er führte, war eine Herausforderung, die keine Obrigkeit dulden durfte. Noch an demselben
Tage überbrachte ihm der Grofswaibel unter Entschuldigungen
den Befehl der »Herren«, sich zur Haft zu stellen.

Perrin sah ein, dafs er einen Fehler begangen und suchte
einzulenken. Er gab dem Rat eine begütigende Erklärung der in
der ersten Hitze hingeworfenen Äufserung, wies auf seine militärische Stellung hin und bat um Einberufung der Zweihundert.
Er zweifelte nicht, verwöhnt durch sein früheres Glück, dafs seine
Erklärungen genügen würden. Zum ersten Mal täuschte er sich.
Ungeachtet aller Gegenvorstellungen mufste der stolze Kapitän
zugleich mit Gattin und Schwiegervater ins Gefängnis wandern [1].
Es war nicht möglich, sich über den Ernst der Lage noch länger
Täuschungen hinzugeben. Die drei Gefangenen wurden in strenger
Einzelhaft gehalten, von allem Verkehr mit der Aufsenwelt abgeschlossen und insbesondere Perrin mit ungewohnter Härte behandelt. Zugleich wurden mehrere seiner Anhänger und Verwandten aus ihren Ämtern entfernt und durch gesinnungstüchtige
Calvinisten ersetzt. Zum Generalprocureur bestellte man einen
Mann, der mit Perrin in bitterster Feindschaft lebte, jenen Calvin
mit Leidenschaft ergebenen Jean Lambert [2]. Auch das gleichzeitige Eintreffen Farels und Virets, die in jedem kritischen

---

16. August (Opp. XII S. 576), in welchem Perrin, ganz anders als in dem
erwähnten Begleitschreiben, unmittelbar nach den Brandgesellen Gruets erwähnt wird mit den Worten: »Il faudra, qu'il fille doux à son retour«.

[1] Galiffe, Quelques pages d'histoire exacte S. 7. Diese Abhandlung
giebt eine aktenmäfsige Darstellung des Prozesses gegen Perrin aus den Ratsprotokollen, die gröfstenteils im Wortlaute mitgeteilt werden, so dafs ich mich
darauf beziehen darf, ohne mich freilich überall den Schlufsfolgerungen des
Verfassers anschliefsen zu können. Es ist zu bedauern, dafs Galiffe die calvinische Korrespondenz unbeachtet gelassen. Auch die parteiische Darstellung
Bonivards (Anc. et nouv. pol. p. 56 ff.) ist trotz aller lügenhaften Übertreibungen und Entstellungen wohl nicht so ganz wertlos als Galiffe anzunehmen
geneigt ist. [Vgl. Cornelius a. a. O. S. 507].

[2] Quelq. pag. S. 8 ff. Die persönliche Feindschaft zwischen dem Angeklagten und dem neu ernannten Generalprocureur bestätigt auch Bonivard
l. c. V 59.

Momente zur Unterstützung ihres Freundes in Genf erschienen, deutete nichts Gutes an[1]. Es war klar, daſs von den Gegnern ein Hauptschlag beabsichtigt wurde[2].

Was inzwischen über die anscheinend mit groſsem Eifer betriebene Untersuchung in die Öffentlichkeit drang, lieſs vollends keinen Zweifel daran übrig. Perrins Vergehen schienen mit jedem Tage zahlreicher, seine Schuld mit jedem Verhör schwerer zu werden. Der Vorfall vom 20. September trat in den Hintergrund. Man sprach von gefährlichen Umtrieben gegen die Sicherheit des Staates, von einem Plane, die Tyrannis in Genf einzuführen. Es wurden Zeugen vernommen über staatsgefährliche Äuſserungen, die Perrin schon in früheren Jahren gethan haben sollte. Man wollte endlich — und dies wurde am meisten betont — durch Ehrenmänner sichere Kunde erhalten haben von hochverräterischen Verabredungen, die Perrin jüngst am französischen Hofe getroffen: er sollte Heinrich II. den Eid geleistet und seine Einwilligung dazu gegeben haben, daſs Genf eine französische Besatzung erhalte, die unter seinem Oberbefehl stehe[3]!

Aus diesem Halbdunkel unerwiesener und die ganze Stadt beunruhigender Anschuldigungen muſsten die Urheber der Anklage heraustreten, als Bern, dessen Aufmerksamkeit, wohl auch von Genf aus, sofort auf diese Vorgänge gelenkt worden war und das, wenn auch nicht an Perrins, doch an Favres Schicksalen einen

---

[1] Sie kamen nach Quelq. pag. S. 10 am 26. Sept., womit zu vergleichen das Schreiben Calvins an Falais, Opp. XII S. 594 [wonach der 23. Sept. als Tag der Ankunft anzunehmen wäre]. Daſs Calvin hier über die Ursache des Kommens kein Wort verliert, erklärt sich aus der Natur der Korrespondenz.

[2] Der persönliche Anteil Calvins an diesen Dingen läſst sich der Natur der Sache nach im einzelnen nicht nachweisen. Daſs er aber ein bedeutender war, zeigen schon die Namen der handelnden Hauptpersonen und auſserdem das ausdrückliche Zeugnis Balduins, der damals mehrere Monate als Vertrauter und Sekretär Calvins in dessen Hause lebte — er übersetzte damals auch (Opp. XII S. 573, 575) Calvins Apologie für Falais — und im Herbst 1547 nach Lyon zog. *Nescio an memineris*, schreibt derselbe in der Responsio altera ad Calvinum, *sed profecto memini, quaenam pridie quam abs te discederem, domi tuae noctu agitarentur consilia de nece cujusdam tui (ut vocabatur) Capitanei. Ego mysteria retegere non audeo sed Bernenses qui te represserunt testimonium dicent*. Vgl. *Fr. Balduini* responsio altera ad J. Calvinum (Köln. Ausg. 1567) S. 98, Biga responsionum Balduini S. 321. Vgl. *Heveling*, De Francisco Balduino S. 4, 5.

[3] Vgl. Anc. et nouv. pol. S. 57 ff. Quelq. pag. S. 9 ff.

lebhaften Anteil nahm, zu Anfang Oktober einen Gesandten nach
Genf abordnete — es war der gefeierte Krieger von 1536, Hans
Franz Naegeli — und seine »Mitbürger« auffordern liefs, den neuen
Handel, der nur von den Feinden der Stadt genährt und ausgebeutet werde, rasch beizulegen und die Gefangenen in Freiheit
zu setzen[1]. Auch Bern glaubte an französische Umtriebe, aber
es vermutete sie an einer andern Stelle als die Anklage.

Da endlich trat die Partei mit ihrer Anklage offen hervor.
Als Hauptkläger erschien jetzt, seltsam genug, ein Mann auf der
Bühne, der in Bern seit Jahren als geheimer Spion Frankreichs
angesehen wurde, jener Laurent Maigret, der Emigrantenhäuptling
und Erzcalvinist, auf dessen verdächtige und ausgedehnte heimliche Korrespondenz der Landvogt von Ternier erst vor kurzem
noch die Genfer Behörden aufmerksam gemacht hatte[2]. Maigret
behauptete, Schriftstücke zu besitzen, die Perrins Schuld aufser
Zweifel stellten. Zum Beweise legte er das Bruchstück eines an
ihn gerichteten Schreibens des französischen Präsidenten Pellisson
von Chambéry vor, welches in der That die Mitteilung enthielt,
der Generalkapitän habe jüngst in Frankreich mit dem Kardinal
Du Bellay über ein nach Genf zu legendes französisches Reitercorps
verhandelt, sowie über die Bedingungen, unter denen er bereit
sei, den Oberbefehl zu übernehmen und dem Könige den Eid
zu leisten[3]!

Der erste Eindruck dieser Enthüllung war ein gewaltiger.
Das beigebrachte Beweisstück schien unanfechtbar. Zwar nicht in
ihrem ganzen Umfange, aber in dem wesentlichsten Punkte war
damit Perrins Schuld erwiesen. Aber eins hatte der Kläger
nicht bedacht. Was hatte den Präsidenten von Chambéry, von
dem man wufste, dafs er in alle Geheimnisse der französischen

---

[1] Quelq. pag. S. 12, 13. Dafs Bern von der Partei Perrins aufgemuntert
ist nicht zu bezweifeln. Vielleicht bezieht sich darauf der »von den Gegnern
erdachte Plan«, dessen Balduin in einem Schreiben an Calvin (Diebus Odi-
loniis d. i. wohl 1. Januar 1548) gedenkt, da er unmittelbar darauf fragt
»Quid Arctoi Dictatores« (d. i. Bern)? vgl. Opp. XII S. 649. [Cornelius
a. a. O. S. 514 scheint nicht anzunehmen, dafs vor November 1547 eine Ver-
ständigung zwischen Bern und der Genfer Opposition stattgefunden habe.]

[2] Quelq. pag. S. 21, vgl. S. 38.

[3] Das Schreiben Pellissons vom 24. Aug. 1547 ist vollständig abgedr.
Quelq. pag. S. 21—22. [Vgl. Cornelius S. 509.]

Politik eingeweiht und einer ihrer thätigsten Beförderer war, bewogen, an Maigret zu schreiben und ihm eine solche Mitteilung zu machen? Diese Frage ward sofort aufgeworfen. Berns Gesandter drang mit aller Entschiedenheit darauf, dafs darüber Aufklärung gegeben und darum vor allen Dingen jenes Schreiben Pellissons vollständig vorgelegt werde. Diese Forderung konnte, obwohl der Rat nicht gerade grofse Neigung verriet, nicht wohl abgeschlagen werden, und der vorgelegte vollständige Wortlaut des Schreibens rechtfertigte den Argwohn Berns in vollem Mafse. In viel bedenklicherem Grade als Perrin, der selbst nach den Mitteilungen Pellissons seine Zusagen von der Einwilligung der Eidgenossenschaft abhängig gemacht hatte, was indes der Denunciant verschwiegen [1], erschien da Maigret in die Intriguen der französischen Politik verwickelt. Es war in dem Schreiben, das sich sofort als eine Antwort charakterisierte, die Rede von Verdiensten, die Maigret sich früher um die französische Sache erworben habe und sich noch jetzt erwerbe, von dem Plane eines Verteidigungsbündnisses zu Gunsten Frankreichs, um das der Adressat wisse. Die Indizien, die sich aus dem Schriftstück gegen Maigret ergaben, waren so schwer, dafs Bern auf Grund des Burgrechts sofort seine Verhaftung verlangte und sich auch durch die von dem Rate damals, offenbar in der Absicht, den Eifer des Fordernden zu mäfsigen, angeordnete Freilassung der Verwandten Perrins, in dieser Forderung nicht beirren liefs. Der »Prächtige« mufste ins Gefängnis wandern wie der Generalkapitän, um gleicherweise unter die Anklage des Hochverrats gestellt zu werden [2].

So war der Angriffsplan, eben als er dem Gelingen nahe schien, in der unliebsamsten Weise durchkreuzt worden; aber die, welche ihn entworfen, gaben den Feldzug noch keineswegs verloren. Sie waren im Besitze der öffentlichen Gewalt, herrschten im Senat, in welchem allein Peter Vandel für Perrin seine Stimme zu erheben wagte, sie hatten aus allen Ämtern von Bedeutung die offenen Gegner und Unzuverlässigen entfernt und hatten also, zumal nach dem Abgang des gestrengen Gesandten, alles weitere in

---

[1] Er hatte die Worte »du consentement des Seigneurs des Ligues«, die Perrin seinen eventuellen Zusagen beigefügt, ausgelassen.

[2] Quelq. pag. S. 26 ff. Die Freilassung Favres und seiner Tochter war indes keine unbedingte, wie schon das Consistorialprotokoll vom 6. Oktober zeigt.

ihrer Hand. Der neue Gefangene wurde mit gröfster Schonung
behandelt, die Untersuchung lässig und fast nur zum Schein betrieben, die Prüfung der in seiner Wohnung konfiszierten Papiere
seinen persönlichen Freunden übertragen und selbst den Richtern
gestattet, ihn zu besuchen [1]: es kam Maigret in der öffentlichen
Meinung, die allerdings nicht ganz stumm blieb, einigermafsen zu
statten, dafs gerade Bern, gegen welches nicht blofs unter den
Franzosen, sondern auch bei einem Teile der einheimischen Bevölkerung ein fortdauerndes Mifstrauen bestand, sich so entschieden
gegen ihn wandte. Dagegen wurde der Prozefs gegen Perrin
gleichzeitig mit dem gröfsten Eifer geführt. Man hatte ihn früher
schon des Generalkapitanats entsetzt; jetzt wurde diese Würde
vollständig aufgehoben [2]. Man drohte ihm während der Verhöre
mit der Folter. Es ist gewifs nicht daran zu zweifeln, dafs Perrin,
abgesehen von der französischen Gesandtschaft, auch sonst
manches gesagt und gethan hatte, was der in Genf eingeführten
Ordnung zuwiderlief und Strafe verdiente, aber das gegen ihn
eingeschlagene Verfahren offenbarte den leidenschaftlichsten Partei-
geist, und die vorgelegten Klageartikel, siebenzig an der Zahl,
unter denen manche von Calvin selbst herrührten [3], zeigen, dafs
er auf jeden Fall schuldig erfunden werden sollte [4]. Dafs unter
diesen Umständen auch ein neues, entlastendes Schreiben des
Präsidenten von Chambéry, der den gemachten Fehler zu spät
einsah — er hatte offenbar Perrin und Maigret noch für Freunde
und Parteigenossen gehalten — auf die Richter keinen Eindruck
machte, läfst sich denken [5]. Perrin blieb in strenger Haft,
während Maigret schon nach wenigen Wochen (18. Oktober) wieder
in Freiheit gesetzt wurde, weil, wie die richterliche Behörde erklärte, »weitere Schuldbeweise gegen ihn nicht beizubringen
seien [6]«

---

[1] Vgl. Quelq. pag. S. 29, wo alles dies belegt wird.

[2] Die Bestätigung dieses Beschlusses (9. Okt.) durch die Zweihundert
erfolgte erst am 19. November mit schwacher Majorität. Quelq. pag. S. 26.

[3] Quelq. pag. S. 45.

[4] Die 17 ersten Anklageartikel sind mitgeteilt in den Not. général. III,
386 ff. Vgl. Anc. et nouv. pol. S. 59 ff. Selbst der Bonivardsche Bericht
über die angestellten Verhöre macht einen für Perrin günstigen Eindruck.

[5] Das Schreiben ist mitgeteilt: Anc. et nouv. pol. S. 65 ff.

[6] Quelq. pag. S. 30.

Allein Bern, das von allen dem durch Perrins Freunde[1] rasche und genaue Kunde erhielt, war nicht gewohnt, sich auf solche Weise abfinden zu lassen. Nicht länger durfte es schweigen: schon hatten die seltsamen Vorgänge in Genf auch in weiteren Kreisen Aufmerksamkeit erregt[2]. Sechs Tage nach der Entlassung Maigrets, am 24. Oktober, traf eine neue, dieses Mal aus mehreren Personen bestehende Gesandtschaft Berns — an ihrer Spitze abermals Hans Franz Naegeli — in Genf ein, um dem leichtfertigen Spiel mit gerichtlichen Formen ein Ziel zu setzen. In sehr ernstem Tone erklärten die Gesandten nacheinander vor dem Kleinen und dem Grofsen Rat, es sei durch das vorgelegte Schreiben erwiesen, dafs Laurent Maigret im Widerspruch mit dem Burgrecht mit Frankreich über ein geheimes Bündnis unterhandelt habe; man verlange zu wissen, ob er solches eigenmächtig oder mit Einwilligung des Rates unternommen, dieser also selbst den beschworenen Vertrag verletzt habe; es setze überhaupt die Herren von Bern höchlich in Erstaunen, dafs ein Mann Bürger von Genf, ja sogar Mitglied des Rates der Sechzig und der Zweihundert sei, der von dem Könige von Frankreich einen Jahrgehalt beziehe; man verlange endlich volle Aufklärung über das Treiben dieses Fremden, über seine der Krone Frankreich erwiesenen Dienste und das von ihm betriebene heimliche Bündnis. Als der Rat hierauf durch den ersten Syndik entgegnen liefs, dafs Maigret keinerlei Vollmacht erhalten habe und der Magistrat von dem beabsichtigten Bündnis nichts wisse, stellten die Boten die Forderung, dafs in diesem Falle Maigret wieder unverzüglich in Untersuchung genommen und mit der ganzen Strenge des Gesetzes bestraft werde. Seit dieser

---

[1] Es scheint, dafs Bern sogar auch aus dem gegnerischen Kreise durch Verräter mit Nachrichten versehen wurde. Wenigstens meldet Balduin in dem angeführten Schreiben an Calvin: *»Scripsit ad te noster Claudius de quodam, qui isthic Corycæus agere videtur, ut hostibus consilia prodat. Interesset talem nebulonem coerceri. Sed vereor ne patefacta ejus proditio magis augeat suspicionem et invidiam, qua isthic laborant novi homines* (d. i. die Emigranten). Opp. XII S. 649.

[2] So in Lyon, wo man besonders für Calvin besorgt war. Vgl. Balduin (Rochius) an Calvin, Lyon (ex insula Corinth.) Martinalibus [11. Nov.] 1547, Opp. XII S. 613. So in Basel, dem Aufenthaltsorte Falais', den Calvin in seiner Weise zu beruhigen sucht, indem er alle jene Gerüchte für Erfindungen erklärt. Vgl. Calvin an Falais 26. Okt. 1547, ebd. S. 603.

Mensch, fügten sie bei, sich in Genf aufhalte, habe er nur Zwie-
tracht gestiftet; aus den aufgefundenen Papieren gehe klar hervor, dafs er sich in weitreichende Intriguen eingelassen; er unter-
halte gefährliche Verbindungen mit den französischen Spionen und
den benachbarten Edelleuten und habe erst vor kurzem noch von
dem Gesandten Frankreichs eine ansehnliche Geldsumme erhalten;
darum müsse ihm ohne Verzug der Prozefs gemacht werden; aber
Bern verlange unparteiische Richter, nicht jene »Syndike und
Ratsherrn, die ihn früher im Gefängnis besucht und auf seine
Kosten gezecht hätten;« man wolle wissen, ob Genf einen fremden
Intriguanten höher schätze als die Freundschaft Berns[1]!

Es war eine Sprache, ganz ähnlich der, welche dreizehn Jahre
früher eine andere Berner Gesandtschaft geführt hatte, als sie von
den Genfer Behörden die Bestrafung des fremden Mönches Furbity
verlangte, und manche, die damals für eine solche Forderung nur
Lob hatten, mögen jetzt nachdenklich geworden sein. Übrigens
setzten die Boten ihren Willen durch. Maigret wurde schon am
ersten Tage nach ihrer Ankunft aufs neue verhaftet. Zwar nahm
der Magistrat die angegriffene Ehre seiner Mitglieder nicht ohne
sittliche Entrüstung in Schutz, beschlofs auch gegen die geheimen
Zwischenträger mit Strenge einzuschreiten und protestierte gegen
die fernere Einmischung Berns in Genfer Angelegenheiten — aber
die Untersuchung gegen Maigret wurde wieder aufgenommen, wie
Bern es verlangte. Ernste Aufforderungen dazu empfing der Rat
freilich auch noch von anderer Seite: innerhalb der Bürgerschaft
selbst nahmen die Anhänger des Generalkapitäns mehr und mehr
eine drohende Haltung an. Schon seit einiger Zeit hatten gegen
den Generalprokurator Lambert nicht unbedenkliche Demonstrationen
stattgefunden. Man fand es unerhört und unerträglich, »dafs die
Kinder von Genf auf blofsen Verdacht hin mifshandelt wurden,
Fremde aber, die von dem Könige Pensionen empfingen und ihm die
Geheimnisse der Stadt verrieten, völlig straflos ausgingen[2].« Die
Oppositionspartei hatte sich allmählich von dem Schlage des Sommers
erholt und fing jetzt an, durch die fortdauernde Anwesenheit
der Berner Gesandten ermutigt, das Haupt wieder höher zu tragen.
Alles dies machte auf die calvinischen Behörden Eindruck und

---

[1] Ratsprot. 24., 25., 26. Okt. 1547; Quelq. pag. S. 31 ff.
[2] Anc. et nouv. pol. S. 62; Quelq. pag. S. 31.

nahm ihnen mehr und mehr die bisherige Sicherheit. Die vier Syndike, denen Calvin schon in dem Gruetschen Prozesse Mangel an Entschlossenheit vorgeworfen, waren die ersten, die sich überzeugten, dafs es unvermeidlich sei, sich den Verhältnissen zu fügen und dieses Mal die gestellte Forderung ohne Hinterhalt zur Ausführung zu bringen. Sie erklärten sich entschieden dagegen, als Lambert, der das frühere Spiel auch jetzt noch meinte fortsetzen und Maigret durch eine »Erklärung auf sein Gewissen« retten zu können, nach einiger Zeit einen neuen Antrag auf Freisprechung stellte, und verlangten eine ehrliche, wirkliche Untersuchung unter Vorlegung bestimmter Fragen. Auch in dem »gutgesinnten« Rate begann bald der Abfall, indem sich um Peter Vandel eine nicht unansehnliche andersdenkende Minorität bildete. Damit war die erste Vorbedingung für eine offenere und gerechtere Behandlung der beiden Prozesse gewonnen. Zwar wurden nicht alle Forderungen Berns bewilligt und namentlich mufste die von den Gesandten beantragte Einberufung des Generalrats als verfassungswidrig abgelehnt werden[1], aber es konnte doch jedermann fortan dem Ausgang der schwebenden Verhandlungen mit mehr Vertrauen entgegensehen[2].

Calvin nahm diese neue Wendung der Dinge mit tiefem Unmut wahr. Er konnte dem Magistrat die bewiesene Nachgiebigkeit nicht verzeihen. »Maigret ist,« schreibt er ärgerlich an Viret »nachdem er bereits einmal von aller Schuld freigesprochen war, abermals in den Kerker geworfen worden. Wenn nicht der Herr dem Meere und dem Winde Halt gebietet, werden schwere Stürme über uns kommen und zwar durch jene, die sie hätten beilegen sollen.« Er wage nicht, ihn zu sich zu bitten, fügt er bei, da in Genf doch alles verloren sei[3]. Allein das hielt ihn nicht ab, sich selbst dem Dienste seiner Partei mit allem Eifer zu widmen. Bei den in den November fallenden städtischen Justizwahlen hielt er vor den versammelten Wählern eine ernste und

---

[1] Vgl. *Roset* l. V, c. 14.

[2] Quelq. pag. B. 34; Anc. et nouv. pol. S. 62.

[3] Calvin an Viret (26. Okt. 1547) Opp. XII S. 609. Interessant ist zu vergleichen, wie er gleichzeitig Falais, dem er die Übersiedelung nicht verleiden durfte, die Genfer Zustände schildert. Am 19. Nov. giebt es »un peu de fascheries«, am 28. Nov. ist der Zustand doch schon schlimm, am 23. Dez. spricht er wieder von »assez de fascheries«. Vgl. ebd. S. 618, 623, 637.

heftige Rede und hatte wirklich die Genugthuung, dafs die Wahlen
im Sinne seiner Partei ausfielen [1]. Indes der Gang der Ereignisse
liefs sich dadurch nicht mehr aufhalten.

Denn seitdem die oberste Behörde den ernsten Willen kund
gegeben, streng den gesetzlichen Weg einzuhalten, führten die
wieder aufgenommenen Untersuchungen zu anderen Resultaten.
Nicht zwar in Beziehung auf Perrin, dessen Schuld, soweit es sich
um den äufsern Thatbestand handelte, hinlänglich festgestellt war.
Er hatte offenbar seine Vollmacht überschritten, er hatte sich,
vielleicht in guter Absicht, auf ein Projekt eingelassen, das für
die Ehre und Selbständigkeit seiner Vaterstadt mindestens sehr
bedenklich war, und auch der gemachte Vorbehalt schützte ihn
zwar gegen den Vorwurf des Hochverrats, rechtfertigte ihn aber
nicht. Mag sein, dafs er selbst, von jeher an eigenmächtiges
Handeln gewöhnt, die getroffenen Verabredungen nicht für unerlaubt hielt, dafs er die Absicht hatte, dem Rate alsbald davon
Mitteilung zu machen, und nur durch die argwöhnische Aufnahme,
die er fand, daran gehindert wurde [2], er hatte sich auf jeden Fall
einer Pflichtverletzung schuldig gemacht, und sein Schweigen
nötigte eine gewissenhafte Obrigkeit, ihn zur Verantwortung zu
ziehen, auch wenn nicht sein offenbar gesetzwidriges Auftreten
vom 20. September hinzugekommen wäre.

Aber viel schwerer erschien daneben die Schuld Maigrets.
Die fortgesetzte Untersuchung lüftete endlich den Schleier, der so
lange über dem rätselhaften Treiben dieses Mannes geruht hatte.
Aus den von den Bernern beigebrachten neuen Beweisstücken ergab
sich, dafs Maigret zu verschiedenen Zeiten von den Agenten
des französischen Hofes beträchtliche Summen empfangen und
sich noch jüngst selbst an Heinrich II. um eine Unterstützung
gewandt hatte, dafs er seit Jahren mit einflufsreichen französischen
Staatsmännern und Persönlichkeiten aus der Umgebung des Königs
in brieflichem Verkehr gestanden und ihnen als Spion diente, um
dem kaiserlichen Einflufs in der Schweiz im Interesse Frankreichs
entgegenzuwirken und insbesondere auch das Verhältnis zwischen
Genf und Bern zu überwachen. Man fand, dafs Maigret mit den
französisch gesinnten Edelleuten der Umgegend einen lebhaften

---

[1] Quelq. pag. S. 35.
[2] Quelq. pag. S. 46; Anc. et nouv. pol. S. 67.

Verkehr unterhalten, dafs er sogar Genfer Kaufleute, die Geld-
geschäfte für den Kaiser abgeschlossen, den französischen Behörden heimlich angezeigt und in schweren Schaden gebracht
hatte. Endlich wurde es zweifellos, dafs er in Genf selbst Mitwisser hatte und zwar nicht blofs im Kreise der Emigranten. Es
fiel im Verlaufe des Prozesses selbst auf Mitglieder des Rates ein
schwerer Verdacht. Jenes verhängnisvolle Schreiben des Präsidenten von Chambéry war manchen derselben und auch Calvin
Wochen lang bekannt gewesen, ohne, wie es doch die Pflicht
gebot, zur Anzeige gebracht worden zu sein. Maigret selbst erklärte, dafs seine Verhandlungen mit Pellisson über ein Bündnis
mit Frankreich in Genf keineswegs Geheimnis gewesen seien, dafs
vielmehr mehrere Mitglieder des Rates wie auch Calvin selber
von seinen geheimen Korrespondenzen Kenntnis gehabt und dafs
er nichts gethan ohne ihr Vorwissen[1].

Aber wie war es möglich, dafs eine Partei öffentlich hatte
als Klägerin auftreten können, die sich selbst so schwerer Schuld
bewufst war? Wie hatten die Vertreter des Gesetzes einen Mann
so lange in Schutz nehmen können, dessen Schuld zweifellos und
manchem von ihnen von Anfang an bekannt gewesen war,
während gegen den viel weniger belasteten Mitschuldigen mit rücksichtsloser Strenge verfahren wurde?

Die Geschichte Genfs mag nicht manchen Moment aufweisen,
der auf den ersten Blick des Rätselhaften mehr bietet, aber, näher
betrachtet, war, was im Herbst 1547 geschah, nur das natürliche
Ergebnis der eigentümlichen Lage, in welcher Genf sich infolge
seiner kirchlich-politischen Entwickelung befand.

Allerdings war Genf durch das Burgrecht fest an Bern geknüpft und die alte Bürgerschaft war auch in ganz überwiegender
Mehrzahl, trotz einiger übler Erfahrungen, gewillt, bei dem beschworenen Vertrage ehrlich auszuharren. Aber schon von Anfang
an gab es unter ihr eine französisch gesinnte Partei, die mehr zu
dem stammverwandten, als zu dem deutschen Nachbar sich hin-
gezogen fühlte. Einen Zuwachs und eine wirkliche Macht erlangte sie seit dem Beginn der Wirksamkeit Calvins. Calvin war
nie in seinem Leben ein Freund der Berner. Ihre ganze derbe
Weise behagte ihm nicht. Ihre Ansichten über Staat und Kirche

---

[1] Quelq. pag. S. 37—43.

liefen den seinigen schnurstracks entgegen. Die strengen, eifrigen
Calvinisten konnten deshalb keine Freunde Berns sein; sie hafsten
es aus religiösen Gründen, nicht blofs weil sie in seine Uneigen-
nützigkeit kein Vertrauen hatten. Und dazu kann dann seit dem
Beginn der vierziger Jahre die unmittelbare Verstärkung des französischen Elements durch jene massenhaften Einwanderungen französischer Emigranten. Dafs diese eingewanderten Franzosen sich
nicht für das Burgrecht des deutschen Kantons erwärmen, sondern
ihre Blicke vielmehr auf das Vaterland richten würden, war natürlich und liefs sich voraussehen, und wir haben schon angedeutet,
bis zu welchem Grade es der Fall gewesen.

So finden wir bereits um die Mitte der vierziger Jahre die
Bevölkerung Genfs trotz Burgrecht und Eid in zwei Hälften gespalten, für die das »Hie Bern, hie Frankreich«, die richtige
Losung gewesen wäre, in zwei Hälften gespalten, die auch nume-
risch einander nicht so fern standen, dafs nicht ein Wechsel der
Herrschaft zwischen ihnen möglich gewesen[1]. Und etwas der-
artiges trat im Jahre 1547 wirklich ein. Die anticalvinische Opposition, der Kern der bundestreuen Bürgerschaft, war damals infolge der Gruetschen Angelegenheit gelähmt. Von Norden her
trafen die ersten Nachrichten über die Fortschritte der kaiserlichen
Waffen gegen die protestantischen Fürsten und Städte Deutsch-
lands ein[2], welche tiefen Eindruck machten und den Gedanken
einer Allianz mit Frankreich mehr als je nahe legten. Ein Angriff auf Genf gehörte bei dem Verhältnisse Karls V. zu dem vertriebenen Herzoge von Savoyen nicht zu den Unmöglichkeiten
und wurde von manchen allen Ernstes — von der burgundischen
Seite her — gefürchtet. Da erlangte denn endlich auch im Rate, der
unter seinen Mitgliedern längst schon mehrere französisch gesinnte
zählte, die französische Partei völlig das Übergewicht. Es ist nicht
unwahrscheinlich, dafs Perrin gerade im Hinblick auf diese fran-
zosenfreundliche Strömung in Genf sich auf die Verhandlung mit
dem französischen Kardinal glaubte einlassen zu dürfen: bildete
doch auch bei diesen die von den Kaiserlichen drohende Gefahr

---

[1] Bezeichnend ist, dafs in Bern schon 1546 das Gerücht Glauben finden
konnte, Genf habe sich zu Frankreich geschlagen. Ratspr. 20. Sept. 1546.
[Ann. S. 388].

[2] Vgl. z. B. Ratsprot. 23. [Ann. S. 395], 24. Jan., 5. März, 2., 8.,
[Ann. S. 402], 28. April, 24. Juni 1547.

den Ausgangspunkt. Heinrich II., eben zur Regierung gekommen, verstand es, die Lage der Dinge geschickt zu benutzen. Eine französische Gesandtschaft, welche im Juli 1547 in Genf eintraf[1], bewilligte zuvorkommend ein altes Marktanliegen der Stadt und sprach viel von der Notwendigkeit, alle benachbarten Mächte, die gesamte Schweiz, auch Genf, dem der König seinen besonderen Schutz versprach, und natürlich auch Frankreich zu einem gemeinsamen Bündnis gegen den Kaiser zu vereinigen, ein Gedanke, der allerdings der in diesem Augenblicke in Genf herrschenden Stimmung völlig entsprach. Ganz für ihn eingenommen war auch Calvin, welcher meinte, jetzt oder nie sei für die Eidgenossenschaft und Genf die Zeit gekommen, sich mit Frankreich gegen den Kaiser zu verbünden[2]. Da war es natürlich, dafs nun endlich auch Laurent Maigret seine Stunde für gekommen erachtete, und nachdem er sich mit seinen Freunden und Gönnern verständigt, mit dem ihm wohlbekannten Agenten des französischen Hofes in Verbindung trat und den Vorrat seiner diplomatischen Künste für die neue Allianz, wie es scheint schon lange ein Ziel seines Strebens, in Bewegung setzte. Dafs angesehene Männer, Geistliche wie Calvin, Mitglieder des Rates, wenn auch nicht der Rat als solcher[3], sein Unternehmen gekannt und gut geheifsen, ist nach seinen eigenen Aussagen und den Umständen nicht zu bezweifeln.

So wird es denn vollkommen erklärlich, wenn der Rat, oder vielmehr die jetzt herrschende calvinisch-französische Partei den Forderungen Berns gegenüber, die plötzlich alle ihre Pläne durchkreuzten, alles versuchten, um den Mann zu retten, der eigentlich nur ausgeführt, was die gesamte Partei dachte, wünschte und ein Teil sogar wufste. Ich möchte ihr daraus, wie verwerflich auch die angewandten Mittel waren, keinen so schweren Vorwurf

---

[1] *Roset* l. V, c. 12. [Vgl. *Roget* II S. 318 f.]. Er scheint freilich auch noch andere Mittel angewandt zu haben. War doch sogar gegen P. Vandel das Gerücht verbreitet, dafs er eine Pension vom König habe. Ratspr. 11. Nov. 1547. Möglich, dafs dies eine Erfindung seiner Gegner war, aber man sieht doch, dafs französische Pensionen damals in Genf nichts ungewöhnliches waren.

[2] So schreibt er noch im Dezember an Falais, Opp. XII S. 627.

[3] Dies behauptet die France protestante [1. Aufl.] VII, 362. Doch steht dem schon die feierliche Erklärung des ersten Syndiks entgegen.

machen: andere Parteien haben in ähnlicher Lage ähnlich gehandelt. Mit unauslöschlichem Makel aber behaftet sie das gleichzeitige Verfahren gegen Perrin. Dafs sie im vermessenen Vertrauen auf ihr augenblickliches Übergewicht dieselbe Handlung,
die sie bei dem Parteimitgliede in Schutz nahm, bei dem Gegner
zum Hochverrat stempelte — im Grunde hatte der Generalkapitän ganz in ihrem Sinne gehandelt — um den gefürchteten
Parteiführer, der ihr gezeigt, was sich bei geschickter Leitung mit
den Kräften der Opposition leisten liefs[1], aus dem Wege zu
räumen — das war die grofse Schuld der calvinisch-franzö-
sischen Partei und Calvins selber, für welche die Strafe nicht ausgeblieben ist[2].

Man glaubt es kaum, und dennoch ist es Thatsache: auch
nach solchen Enthüllungen meinte die Partei, die in dieser Angelegenheit eine, man darf sagen, verwegene Beharrlichkeit zeigte,
den Kampf noch eine Weile mit Erfolg fortsetzen zu können.
Sie besafs trotz des mehr oder minder offenkundigen Abfalls der
Syndike noch die Oberhand im Rat und hatte diesen auf ihrer
verhängnisvollen Bahn so weit mit sich fortgerissen, dafs er kaum
noch zurück konnte. Man suchte sehr geschickt die Person Perrins
wieder in den Vordergrund zu rücken, um die öffentliche Aufmerksamkeit von Maigret abzulenken. Zwar an eine Verurteilung
des Kapitäns, wie sie beabsichtigt worden, war jetzt nicht mehr
zu denken, aber immer noch schien es möglich, ihn wenigstens

---

[1] Das war wohl auch die eigentliche Ursache, wesbalb Bern, das für
Perrin persönlich keine Sympathien haben konnte, so entschieden für ihn
eintrat.

[2] Es ist interessant, zu vergleichen, wie die zeitgenössischen Berichte
den Perrinschen Prozefs auffassen. *Bolsec* c. XVII, S. 84 ff. weifs nur von
der Anklage wegen Hochverrats wegen der Verhandlungen mit dem Kardinal
und stellt Calvin als den eigentlichen Anstifter dar, der sich Maigrets nur als
seines Mittels bedient habe — eine Ansicht, der auch *Galiffe* (Quelq. pag.
S. 45, 49) ziemlich nahe kommt. *Bonivard* (Anc. et nouv. pol. S. 51 ff.)
betont daneben das angebliche Streben Perrins nach der Tyrannis, sowie den
Schutz, den er den Gegnern der Kirchenzucht gewährt habe. *Beza* [Opp. XXI
S. 139] kennt Perrin nur als Führer der Opposition gegen die Kirchenzucht,
weifs nichts von Hochverrat u. dgl., Maigrets Name verschwindet. Endlich
Colladon [Opp. XXI S. 69] nennt nicht einmal Perrins Namen: es handelt
sich bei jenen Vorgängen lediglich um die Durchführung der calvinischen
Kirchenzucht! Man sieht: die calvinischen Theologen selbst fanden nach einiger
Zeit gut, der weltlichen Händel und Intriguen nicht mehr zu gedenken.

unschädlich zu machen. Die Klage auf Hochverrat wurde, wie sich denken läfst, jetzt mit Rücksicht auf Maigret nicht weiter verfolgt, dafür aber wurden um so mehr die übrigen Klagepunkte, namentlich die Scene vom 20. September, betont. Es schien wirklich einen Augenblick, als sollte es diesen Bemühungen nicht an Erfolg fehlen [1].

Allein auch nur einen Augenblick schien es so. Zu offen lag doch das ganze Intriguenspiel von jedermanns Augen, als dafs nicht das verletzte öffentliche Rechtsbewufstsein sich hätte dagegen auflehnen sollen. In der That nahmen die Kundgebungen des allgemeinen Unwillens bald eine drohende Gestalt an. Aus dem Volke wurde die Äufserung vernommen, es säfsen im Rate Männer, die den Galgen verdienten. Der Generalprokurator und Justizlieutenant, die sich bis zuletzt durch ihren Eifer für Maigret und gegen Perrin hervorgethan, durften bald nicht mehr wagen, sich öffentlich zu zeigen. Alles was zu Anfang unter dem ersten Eindruck der gegen Perrin erhobenen Beschuldigungen sich von ihm abgewandt, kehrte jetzt unter seine Fahne zurück und war entrüstet über die schmähliche Intrige, deren Opfer er gewesen. Die bei Beginn des Prozesses als Perrinisten ausgeschlossenen Mitglieder des Grofsen Rates — selbst auf dieses Kollegium war das Läuterungsverfahren ausgedehnt worden — erschienen wieder in den Sitzungen mit der herausfordernden Erklärung, »sie möchten doch wohl eben so viel Recht haben, hier zu erscheinen, als diejenigen, die mit Maigret während seiner Haft getafelt hätten [2]. Niemand wagte es, sie zurückzuweisen. In dem Kleinen Rat selbst führte die Minderheit unter Vandel eine gehobene und kühne Sprache.

Wichtiger aber als alle diese Kundgebungen innerhalb der Bürgerschaft selbst war die Festigkeit der Berner Gesandtschaft, die ihren Aufenthalt in Genf bis Ende November verlängerte [3] und,

---

[1] Vgl. Anc. et nouv. pol. S. 67, 68. Nach *Galiffe* l. c. S. 47 hätte der Rat dagegen seinen Schützling Maigret Mitte November sogar noch einmal in Freiheit gesetzt — natürlich dafs ihn Bern bald eines andern belehrte. [Von dieser zweiten Freilassung Maigrets wissen die Ratsprotokolle nichts; vgl. *Cornelius* S. 515, 516.]

[2] Quelq. pag. S. 47.

[3] [Es ist Kampschulte entgangen, dafs die erste Berner Gesandtschaft Anfang November unverrichteter Dinge Genf verlassen hatte und dafs am 18. November eine zweite Gesandtschaft eingetroffen war, die Ende November

ohne sich auf Einwendungen und Ausreden einzulassen, mit gröfster Beharrlichkeit auf ihrer Forderung bestand. Sie beantragte nochmals die Einberufung des Generalrats, da es sich in der Maigretschen Sache nicht um einen einfachen Kriminalfall, sondern um eine Verletzung des Burgrechts handele, und hielt in ungeschminkten Worten dem Rate sein ganzes Sündenregister vor; sie drohte, wenn nicht bald ein Ende gemacht und ein unparteiisches Urteil gefällt werde, die Sache vor ein Schiedsgericht oder vor die eidgenössische Tagsatzung zu bringen [1].

Da endlich wurde zum Rückzug eingelenkt. Am 28. November nahmen die Berner von Genf Abschied. Der Rat hatte ihnen bis zuletzt widerstanden. Aber gerade nachdem die derben Mahner, man kann denken, mit welchen Abschiedsgrüfsen, abgezogen, scheint ihm die ganze Schwere der Verantwortung, mit der er sich belud, auf die Seele gefallen zu sein. Gleich am andern Tage, am 29. November, wurde Genf durch die Nachricht überrascht, dafs der Generalkapitän durch Ratsbeschlufs endlich seine Freiheit wieder erhalten. Zwar war die Freilassung keine Freisprechung. Perrin mufste nicht nur die üblichen »guten Ermahnungen« hinnehmen, sondern auch der Kirche und dem Staate für seine früheren Vergehen Sühne und Abbitte leisten, das Versprechen ablegen, sich jederzeit dem Gericht zu stellen, wenn Rechenschaft wegen der französischen Unterhandlung von ihm verlangt würde, und endlich blieb »er für jetzt« auch noch von dem Rate ausgeschlossen [2]. Aber war es auch keine volle Freisprechung, so blieb Perrins Freilassung dennoch ein bedeutungsvolles Ereignis. Der Rat hatte offen das bisherige System aufgegeben, er hatte den Rückzug angetreten.

Dank erntete er indes für diesen ersten Akt der Nachgiebigkeit wenig. Er hatte gehofft, durch Perrins Freilassung die Gegner versöhnlicher zu stimmen; aber der Erfolg war gerade der entgegengesetzte. Freigelassen, aber nicht freigesprochen, vielmehr durch die ihm aufgelegte demütigende Abbitte aufs neue gereizt, kehrte der Kapitän mit tiefem Groll im Herzen unter seine Mit-

---

noch in Genf weilte. Vgl. hierzu *Cornelius* a. a. O. S. 515, wo überhaupt über Berns Anteil an dieser Angelegenheit genauere Mitteilungen zu finden sind.]

[1] Quelq. pag. S. 48, 49, 50. *Roset* l. V. c. 14.

[2] Das Urteil: Quelq. pag. S. 52; vgl. *Roset* l. V c. 16.

bürger zurück[1]. Sein öffentliches Erscheinen wirkte aufregend
auf die Menge. Die mancherlei Einzelheiten, welche erst jetzt
über seine Haft, die harte Behandlung und das ganze Intriguenspiel bekannt wurden, steigerten ihre Erbitterung. Die alten treuen
Anhänger, insbesondere Peter Vandel, dann auch die beiden
jüngeren Berthelier, Söhne des grofsen Berthelier, wirkten durch
leidenschaftliche Reden an das Volk in gleichem Sinne. Ganz
besonders richtete sich der Unwille, wie nicht ausbleiben konnte,
gegen Calvin. Man betrachtete ihn als den eigentlichen, ja einzigen
Anstifter des ganzen Prozesses, Maigret nur als ein von ihm ge-
brauchtes Werkzeug. Es folgten lärmende Tumulte und drohende
Kundgebungen gegen ihn. Mehr als je war Perrins Name die
Losung geworden, die alle Gegner des Reformators vereinigte.

Hatte der Rat auf der einen Seite seine Absicht, die Gegner
zu versöhnen, nicht erreicht, sondern sie nur noch kriegslustiger
gemacht, so hatte er auf der andern Seite durch die geübte Nachgiebigkeit sich mit einem nicht unbedeutenden Teil der eigenen
Partei vollständig überworfen. Die unversöhnlichen Gegner Perrins
sahen sich in ihren Hoffnungen schmählich getäuscht und zürnten
gewaltig über eine so schwächliche Nachgiebigkeit. Die Heifssporne der Partei, die Männer, welche sich, wie der bei den
letzten Novemberwahlen von Calvin auf den Schild gehobene
Justizlieutenant Amblard Corne[2], öffentlich gerühmt hatten, sie
würden den Kapitän noch zur Richtstätte begleiten, knirschten
mit den Zähnen, dafs der gehafste Gegner frei ausgehe, ihr
Schützling aber hinter Schlofs und Riegel bleibe. Die Geistlichkeit machte ihrem Unwillen in scharfen Ausdrücken Luft. Es
wurde von der Kanzel sogar das frivole Wort vernommen: »Den
Barnabas habe man in Freiheit gesetzt, Jesus aber bleibe im Kerker
zurück«[3]. Das Bedenkliche lag darin, dafs diese Stimmung bis

---

[1] »*Belua quae nuper ex cavea custodum fraude emersit*« schreibt Calvin
am 14. Dezember 1547 an Farel, »*nihil spirat, nisi minas. Ejecto Macrino,
quod jam in manu sua positum esse confidunt, sibi nihil non pollicentur. Sic
enim statuunt: hoc fore pignus oppressae libertatis*«! Opp. XII S. 629. Man
sieht übrigens, dafs Calvin in den Berichten an seine Freunde mit der Wahrheit es nicht immer genau nimmt.

[2] Vgl. Ratsprot. 10. Okt. 1547. Quelq. pag. S. 35.

[3] Quelq. pag. S. 52; auch *Bonivard* (Anc. et nouv. pol. S. 69) bedient
sich dieses Vergleiches.

in den Rat selbst reichte und sogar hier noch ihre Vertreter
hatte. Das Urteil zu Gunsten Perrins war offenbar in der Weise
zustande gekommen, daſs der gemäſsigte Teil der calvinischen
Partei sich der Minorität anschloſs; aber es blieb eine kleine
Minderzahl übrig, die, wenn sie sich auch in diesem Augenblicke
ruhig verhielt, doch für die Zukunft sich volle Freiheit der Ent-
schlieſsungen vorbehielt und, zumal nach Perrins Befreiung, auch
Maigret auf keinen Fall preiszugeben entschlossen war [1]. Sie
legte der auf wiederholtes schriftliches Mahnen Berns beschlossenen Fortsetzung des Prozesses gegen denselben alle Hindernisse in den Weg, konnte aber nicht hindern, daſs seine Schuld
jetzt immer allgemeiner anerkannt wurde und selbst die dem Her-
kommen gemäſs um ihr Gutachten angegangenen Rechtskundigen
ihn für schuldig und für einen Spion erklärten [2]. Je mehr aber
ihre Ohnmacht zu Tage trat, um so mehr steigerte sich ihr Ingrimm. Als der Rat am 16. Dezember Maigrets Angelegenheit
vor den Zweihundert zur Verhandlung bringen wollte, führte die
Erbitterung der Freunde desselben gegen die abgefallenen Mitglieder der eigenen Partei einen förmlichen Tumult herbei. Der
Ratsherr Pierre Bonna rief mit lauter Stimme, man müsse einige
Mitglieder des Rates von ihren Sitzen entfernen. Einer der Syndike empfing von einem Emigranten einen Faustschlag. Wilder
Lärm erfüllte den Versammlungssaal; wutentbrannt erhoben sich
die Parteien gegen einander; ein Blutbad schien bevorzustehen.

---

[1] Vgl. Anc. et nouv. pol. S. 69, wo die Existenz dieser kleinen (*com-
bien quils fussent en petit nombre*) maigretistischen Partei und zwar bis zum
Ausgang des Prozesses bestätigt wird. Natürlich schlossen sich ihr die Lambert,
Amblard Corne etc. an.

[2] Bei einer Abstimmung im Rat (Mitte Dezember) über Maigret erklärten
sich neun Mitglieder für Entziehung des Bürgerrechtes, acht für Verbannung.
Galiffe nimmt ohne weiteres an, daſs unter den neun, welche die mildere Ansicht vertraten, auch die bisherigen Freunde Maigrets sich befanden, aber es
scheint mir doch nicht annehmbar, daſs z. B. ein Mann wie Pierre Bonna auch
nur einer solchen Ansicht — die auch Calvin noch hart fand — zugestimmt
habe. Sollten nicht vielmehr die eigentlichen Maigretisten sich der Abstimmung
ganz enthalten haben und ihnen die acht fehlenden Stimmen angehören? Die
unmittelbar folgenden Ereignisse scheinen eine Bestätigung zu enthalten. Wohl
war der Rat bei Beginn des Prozesses »gereinigt« und nicht vollzählig, aber
so gut wie die Mitglieder des Groſsen Rates, dürften auch die des kleinen ihre
Plätze wieder eingenommen haben. Quelq. pag. S. 53, 63; vgl. Calvin an
Viret 19. Jan. 1548, Opp. XII S. 653. [Vgl. Cornelius S. 519.]

Da kam Calvin mit der ehrwürdigen Genossenschaft vor dem Stadthause an. Er mochte die Schmach fühlen, womit sich seine Partei an diesem Tage bedeckte, und stürzte sich sofort mit einem persönlichen Mut, wie er ihn sonst vielleicht nie in seinem Leben bewiesen hat[1], mitten unter die Tobenden. Man rief ihm zu, sich zurückzuziehen: nicht gegen ihn sei der Auflauf gerichtet, nicht ihm zürne man. Er hielt nichtsdestoweniger unter der rasenden Menge Stand, und drang so lange mit Bitten, Vorstellungen und Beschwörungen in sie, bis es ihm, zugleich unterstützt von den Syndiken und den Geistlichen, endlich gelang, die Streitenden zu trennen und die aufgeregten Gemüter zu beschwichtigen[2].

Allein das waren die letzten verzweifelten Anstrengungen einer rettungslos im Sinken begriffenen Partei — von ihr war seit jenem Tage weniger als je zu fürchten. Die Zukunft gehörte den »Perrinisten«, die unter ihrem alten Führer rasch einen gewaltigen Aufschwung nahmen und schon in diesem Augenblicke den regelmäfsigen Gewalten in Kirche und Staat über den Kopf zu wachsen drohten. Es fehlte beiden das rechte Vertrauen zu sich selbst. Und wie hätte es anders sein können? Auf beiden lastete ihre jüngste Vergangenheit. Beide waren in dem grofsen Prozefs in einer Weise blofsgestellt worden, die es ihnen unmöglich machte,

---

[1] [Man vergleiche damit Calvins eigene Versicherung, »que de ma nature ie suis timide et craintif«. Opp. XXI S. 102.]

[2] Vgl. darüber den eigenen Bericht Calvins an Viret vom 17. Dezember (Opp. XII S. 632), seine Abschiedsrede an die Prediger (ebd. IX S. 892) und die recht anschauliche Darstellung in den Aufzeichnungen der Vénérable Compagnie A p. 36 [Ann. S. 418]. Quelq. pag. S. 53 ff. Der Versuch *Galiffes*, (l. c. S. 55) auf Grund der dürftigen Angaben der Ratsprotokolle den Anteil Calvins und der Geistlichen als wenig bedeutend hinzustellen, ist angesichts der bestimmten Erklärung, die Calvin selbst noch auf dem Totenbette über diese Scene gab, nicht haltbar. Richtig indes ist, dafs der ganze Vorfall vielfach übertrieben und romanhaft ausgeschmückt (vgl. *Gaberel* I, 395; *Stachelin* I, 403) und schon von *Beza* in einem völlig verkehrten Lichte dargestellt worden ist: es handelte sich nicht um eine Auflehnung gegen die Sittenzucht, sondern um Maigret, und nicht die Gegner Calvins waren die Anstifter des Tumults, es war vielmehr ein Streit innerhalb der ursprünglichen calvinischen Partei: ein Angriff der entschlossenen Verteidiger Maigrets gegen jene, die, wie die Syndike, den alten Standpunkt aufgegeben. [Vgl. die Darstellung bei *Cornelius* a. a. O. S. 518, bes. die Beilagen!]

gegen das überhandnehmende Parteigetriebe mit der erforderlichen
Energie einzuschreiten.

Am traurigsten stand es um die kirchliche Autorität. Calvin
hatte den Generalkapitän verderben wollen, er hatte einen Mann
in Schutz genommen, der als Spion entlarvt worden und ihn
selbst als seinen Mitschuldigen angegeben, er hatte jedenfalls zu
dem gesamten Intriguenspiel in einem Verhältnisse gestanden,
welches, wenn er auch persönlich, woran wohl nicht zu zweifeln,
von seinem theologischen und kosmopolitischen Standpunkte aus
alles für erlaubt hielt, dennoch in keiner Weise zu rechtfertigen
oder auch nur zu entschuldigen war. Konnte er, nachdem alles
dies vorhergegangen und offenkundig geworden, noch Vertrauen
und Gehorsam beanspruchen?[1] Aber nicht blofs sein geistliches
Ansehen, das gesamte kirchliche Leben hatte durch die traurige
Angelegenheit einen gewaltigen Stofs erlitten. Die Kirchengesetze
wurden ungescheut, und fast wie zum Hohne, übertreten. Schon
am 12. Dezember führte Calvin im Namen der gesamten Geistlichkeit vor dem Rate Klage über die »vielen Insolenzen, Ausschweifungen, Streitigkeiten, die zum Ruin von Kirche und Staat
führen mufsten[2].« Der von ihm mit so schwerer Mühe aufgeführte
Bau der Genfer Kirche drohte aus seinen Fugen zu gehen. Es
ist dies die Zeit, deren er selbst noch auf seinem letzten Kranken-
lager in der Abschiedsrede an seine Kollegen als der schwersten
während seiner Laufbahn gedenkt. Man habe die Hunde auf ihn
gehetzt, klagt er da, und »Fafs, fafs!« gerufen, und sie hätten ihn
gefafst bei Kleid und Bein![3] Man machte seinen Namen zum
Schimpfnamen, nannte ihn Kain, verhöhnte ihn öffentlich: wiederholt kamen dem Rate sogar Gerüchte von thätlichen Mifshandlungen
des Reformators zu[3]. »Die Gottlosigkeit,« schreibt dieser seinem
Freunde Viret, »hat einen solchen Grad erreicht, dafs ich nicht
mehr hoffen darf, die Kirche durch meinen Dienst noch länger

---

[1] »Le lundi 12 e jour de decembre 1547 fut delibere par les freres daller
devant Messieurs pour remonstrer beaucoup d'insolences, debauchemens, disso-
lutions, inimities qui tourneroient a la ruine de leglise et de la ville. Ce qui
fut faict led. jour. M. Calvin porta la parolle«. Ann. S. 418.

[2] Opp. IX S. 892.

[3] Quelq. pag. S. 56.

aufrecht erhalten zu können. Ich bin gebrochen, wenn nicht Gott mir seine Hand darreicht [1].«

Und in nicht viel besserer Lage befanden sich die Träger der Staatsgewalt. Auch auf ihnen haftete ein dunkeler Flecken. Hatten sie auch, dem Drängen Berns und der wachsenden Aufregung des Volkes nachgebend, endlich eingelenkt, so wurde dadurch doch ihr Ansehen und das erschütterte öffentliche Vertrauen nicht wieder hergestellt. Die halbe Mafsregel, zu der man sich in Beziehung auf Perrin entschlofs, hatte vielmehr die Lage nur noch verschlimmert. Es war mit einem Worte ein Zustand eingetreten, dessen längere Fortdauer die ernstesten Gefahren in sich barg: eine vollständige Anarchie stand in drohender Nähe. Es war die höchste Zeit, dafs Hilfe kam.

In richtiger Würdigung dieser ernsten Lage entschlossen sich die Staatslenker zu dem einzigen Mittel, welches helfen konnte, zu einer völligen Aussöhnung mit dem Generalkapitän. Schon am 16. Dezember empfingen Mitglieder des Rates, der Geistlichkeit, Verwandte Perrins und andere gutgesinnte Männer den Auftrag, auf eine Versöhnung der Parteien hinzuarbeiten. Niemand war darüber mehr erfreut als Calvin, für den in seiner peinlichen Lage diese Nachricht ein erster Hoffnungsstrahl war. Er bot dem Rate seine volle Unterstützung an; vielleicht nie in seinem Leben hat er einen gröfseren Friedenseifer gezeigt. Am nächsten Tage trat unter dem Vorsitz Calvins eine Friedenskommission zusammen, bestehend aus Syndiken, Räten, Geistlichen u. a., »um auf Mittel und Wege zu sinnen, wie man die in Rat und Bürgerschaft zwischen Perrin und anderen herrschenden Zwistigkeiten und Feindseligkeiten beilegen und in Frieden leben könne.« Um den Friedensbemühungen von vornherein einen gewissen Nachdruck zu geben, verkündete man eine Art Gottesfrieden, indem die alten Verordnungen gegen Zusammenrottungen und nächtliche Ruhestörungen erneuert und die Einwohner Genfs durch öffentliches Ausrufen zum Besuche der Predigt aufgefordert wurden [2]. Dann wurde Perrin eingeladen und zunächst gebeten, sich darüber zu erklären, ob er gegen Calvin

---

[1] Calvin an Viret 17. Dez. 1547, Opp. XII S. 632; ähnlich schreibt er am 14. Dez. an Farel: »*Ea certe est rerum confusio ut diutius retinere posse hanc ecclesiam saltem mea opera desperem*«. Ebd. S. 629.

[2] Quelq. pag. S. 56, 57. Calvin an Farel 28. Dez. 1547, Opp. XII S. 642. Es macht keinen für Calvin günstigen Eindruck, dafs er in dem-

selbst, oder den Prediger Poupin oder sonst ein Mitglied der ehrwürdigen Genossenschaft oder den Justizleutnant Corne noch einen
Groll im Herzen trage. Man erkennt aus der Frage sofort das
Bestreben Calvins, der schon wieder Mut hatte, den eigentlichen
Stand der Sache zu verrücken und die ganze Angelegenheit auf
das geistliche Gebiet hinüberzuspielen. Allein dazu war die Lage
der Dinge doch allzu wenig angethan. Perrin selbst scheint andere
Eröffnungen erwartet zu haben. Er antwortete würdig, aber kühl
und zurückhaltend : ›er beklage sich über keinen; über seine Thaten
möge das bürgerliche Gericht urteilen ; über seine Gesinnung stehe
allein Gott ein Urteil zu ; er glaube keinen verletzt zu haben und
wolle seinerseits seinen Gegnern verzeihen [1]. Das Ergebnis dieser
ersten Unterredung erweckte wenig Hoffnung. Calvin, der bei derselben viel gesprochen, ohne irgend etwas auszurichten, that un-
tröstlich darüber. Er wisse, schrieb er seinen beiden vertrautesten
Freunden, keinen Rat mehr, seine Ermahnungen seien nutzlos, er
predige tauben Ohren, nur das Eine wisse er, dafs er diese
Genfer Art nicht länger mehr ertrage [2]. Aber hatte er denn wirklich Grund, sich zu beklagen?

Wahrlich nicht um kirchliche Fragen, auch nicht um Fragen der
Sittenzucht handelte es sich hier an erster Stelle, sondern darum, einen
bis dahin unbescholtenen Bürger, der Jahre lang die höchste militärische
Würde bekleidet, für das ihm zugefügte Unrecht in irgend einer
Weise Genugthuung zu gewähren. Es gehörte die ganze theologische
Voreingenommenheit Calvins dazu, um über diesen einfachen Sach-
verhalt hinwegzusehen. Der Rat überzeugte sich denn auch bald,
dafs der erste Schritt ein verkehrter gewesen, dafs man ein anderes
Verfahren einschlagen müsse, und auch die Geistlichkeit scheint
sich dieser Einsicht nicht verschlossen zu haben. Die weiteren Verhandlungen, die meistens im Rat selbst geführt wurden, trugen
einen anderen Charakter. Perrin wurde, mochten sich auch seine
alten Gegner anfangs dagegen sträuben, mit gröfster Aufmerksamkeit
und Zuvorkommenheit behandelt. Man erstattete ihm sogar, ohne

---

selben Briefe, in welchem er von seinen Bemühungen für das Versöhnungs-
werk erzählt, den zu Versöhnenden mit seinem Spottnamen (Caesar) bezeichnet !

[1] Quelq. pag. S. 57, 58. [*Cornelius* S. 519.]
[2] Calvin an Viret 26. Dez. 1547, Opp. XII S. 638 f. ; Calvin an Farel
28. Dez. 1547; ebd. S. 642 f.

dafs er darum eingekommen, die für jene verhängnisvolle Gesandtschaftsreise nach Frankreich gemachten Auslagen. Es wurde anerkannt, dafs die vollständige Restitution »des Herrn Perrin« nötig
sei, um »den alten Hafs und Streit zu begraben ¹.« Calvin
hatte an diesen Verhandlungen keinen Teil, weil er fühlen
mochte, dafs es im Interesse des Friedenswerkes liege, augenblicklich
mit seiner Person so wenig wie möglich hervorzutreten. Doch lud
er, gleichsam zu seiner Vertretung, seine beiden alten Freunde,
Viret und Farel, nach Genf ein ². Beide erschienen zu Anfang des
neuen Jahres 1548 mit gewohnter Bereitwilligkeit und machten
auch dieses Mal durch »schöne und gute Ermahnungen« vor Rat
und Bürgerschaft ihrem alten Rufe als Friedensstifter alle Ehre.
Besonders wirkte das Auftreten Virets, der auch noch das Vertrauen der Opposition genofs und keineswegs alle Schritte Calvins
billigte, vorteilhaft und trug viel dazu bei, die Gemüter versöhn-
lich zu stimmen ³.

So machte das Friedenswerk rasche Fortschritte. Alle zeigten
den besten Willen. Nur ein Hindernis stand noch im Wege: die
Person Maigrets. Ihn fallen zu lassen, sträubte sich das kleine
Häuflein seiner Anhänger im Rat auch jetzt noch; aber auch
unter den übrigen Mitgliedern, die früher für seine Verurteilung
gestimmt, zeigten jetzt, merkwürdig genug, manche Bedenken.
Ohne eine Verurteilung Maigrets schien aber eine vollständige
Versöhnung Perrins und seiner Partei unmöglich.

Dafs es bei dieser scheinbaren Unvereinbarkeit der Gegensätze dennoch zu einer Einigung kam, ist ohne Frage hauptsächlich
der Einwirkung der auswärtigen Verhältnisse zuzuschreiben ⁴.
Abermals warf in diesen Tagen das Schreckbild der kaiserlichen
Übermacht seine Schatten bis nach Genf. Man empfing beunruhigende Nachrichten, die den Gedanken an die französische
Allianz wieder wachriefen, und damals fand derselbe auch in der

---

¹ Quelq. pag. S. 59, 61, 63.
² Die Einladung Virets ist vom 26. Dez., die Farels vom 28. Dez. 1547,
Opp. XII S. 638 f., 642 f. Sie trafen gegen den 8. Jan. 1548 ein.
³ Quelq. pag. 62, 63. Das freundlichere Verhältnis Virets zur Opposition, auf das schon aufmerksam gemacht wurde, dauerte noch mehrere Jahre:
noch 1551 finden wir Viret mit Perrin in nahem persönlichen Verkehr, vgl.
Viret an Farel Juni 1551, Opp. XIV S. 131.
⁴ [So urteilt auch *Roget* III S. 38 f.]

Schweiz mehrfachen Anklang. Von Heinrich II. traf in der ersten
Hälfte des Januar 1548 ein Gesandter mit einem vertraulichen
Schreiben in Genf ein, welches das gröfste Wohlwollen für die
Stadt bekundete, sie aber zugleich, unter Hinweisung auf die
aufserordentlichen Kriegsrüstungen des Kaisers, zur Wachsamkeit
und Einigkeit im Innern aufforderte[1]. Offenbar hätte für die
Partei Maigrets nichts günstigeres eintreten können! Durfte man
in einem solchen Augenblicke einen Mann verurteilen, dessen
Hauptverbrechen darin bestand, dem Interesse des Fürsten ge-
dient zu haben, der sich jetzt Genf so wohlwollend näherte?

So kam am 15. Januar 1548 ein Kompromifs zu Stande, der
zwar Perrin und seine Anhänger als Sieger, die Partei Maigrets
als die unterlegene erscheinen liefs, aber den besiegten Teil
mit einer Nachsicht behandelte, wie sie selbst Calvin nach dem,
was vorausgegangen war, nicht erwartet hatte[2]. Maigret erhielt
mit der Freiheit zugleich alle seine Rechte und Einkünfte zurück:
nur von den beiden Ratskollegien, deren Mitglied er gewesen,
blieb er ausgeschlossen, und aufserdem wurde ihm die Verpflichtung aufgelegt, jederzeit, wenn es verlangt werde, sich dem
Gerichte zu stellen. Perrin wurde nicht blofs freigesprochen,
sondern in alle seine Ehren wieder eingesetzt. Vor den Zweihundert hielt er eine Rede, die den Geist weiser Mäfsigung
atmete und den besten Eindruck machte. Er verteidigte nochmals
seine Haltung während der Gesandtschaftsreise, erklärte sich
bereit, auf jeden Verdacht, der gegen ihn erhoben werden könne,
zu antworten, da er ein guter Genfer sein und bleiben wolle, und
bat um Verzeihung, wenn er sich in leidenschaftlicher Aufregung
zu heftigen Reden habe hinreifsen lassen[3].

Am 16. Januar, an welchem Tage Maigret aus dem Kerker
entlassen wurde, nahm Perrin seinen Sitz im Rate wieder ein. Bald

---

[1] Über den Inhalt der Botschaft schreibt Calvin am 15. Jan. an Viret,
Opp. XII S. 651. Vielleicht hängt mit diesen auswärtigen Verhältnissen das
plötzliche Wanken (Quelq. pag. S. 104) einiger Ratsherren zusammen.

[2] Vgl. Calvin an Viret 19. Jan. 1548 (Opp. XII S. 653): *Derepente
protulit Deus novam et minime exspectatam sententiam*. Noch am 15. anuar
während der Sitzung des grofsen Rates hatte er nicht viel Hoffnung; vgl.
Calvin an Viret 15. Jan. 1548 (ebd. S. 652).

[3] Quelq. pag. S. 64, 65; vgl. Anc. et nouv. pol. S. 69; *Roset* l. V
c. 18. [*Cornelius* S. 520.]

darauf übernahm er auch von neuem die Funktionen des Generalkapitäns[1].

Der Rehabilitation Perrins folgten auf Anordnung des Rates
zur Beruhigung der Menge, die allerdings mehr erwartet zu haben
scheint, einige öffentliche Versöhnungsakte, die den Sieg der
perrinistischen Partei gewissermafsen vervollständigten. Vandel,
des Kapitäns treuester Bundesgenosse, empfing von seinen beiden
Hauptgegnern eine förmliche Ehrenerklärung. Eine solche wurde
in anderer Weise auch den beiden Bertheliers zu Teil, indem sie
mit der Leitung des städtischen Münzwesens betraut wurden.
Die glänzendste erhielt aber einige Wochen später der Generalkapitän selbst, indem am 3. Februar 1548 sein unversöhnlichster
Gegner, der Generalprokurator Lambert, der die Anklage gegen
ihn bis zum letzten Augenblick verfochten, vor dem Rate nicht
blofs mündlich, sondern zugleich mit Brief und Siegel die feierliche Erklärung abgeben mufste, dafs er ihn für einen Ehrenmann
halte und ihn um Verzeihung bitte, und dafs er das Un-
angenehme, das ihm widerfahren, von Herzen bedaure[2].«

So endete dieser merkwürdige und dunkele Prozefs, der
monatelang die Gemüter in Spannung und Aufregung erhalten
hatte, mit dem vollständigen Triumphe des Mannes, auf dessen
Verderben es abgesehen war. Und die Partei, die ihn begonnen,
durfte sich zu diesem Ausgange noch Glück wünschen. Hatte
doch Calvin selbst nach allem, was die Verhandlungen zu Tage
gefördert, ein schlimmeres Ende gefürchtet. Allein war auch das
Schlimmste abgewendet worden, so war doch für ihn nach diesem
Vorfall die Lage mifslich genug. Der frühere Zustand kehrte
nicht wieder. Auf Calvins Wirksamkeit war ein dunkeler Schatten
gefallen, seine Autorität erschüttert. Das Volk vergafs es ihm
nicht, dafs er seine Hand dazu geboten, einen Mann zu vernichten, den zuletzt sein grimmigster Gegner für einen «Ehrenmann» hatte erklären müssen. Man betrachtete ihn wegen seines
Verhältnisses zu Maigret selbst als einen französischen Agenten
und verbreitete sogar bis nach Bern, »er habe Geld von dem

---

[1] [Im Nov. 1548 wurde das abgeschaffte Amt wieder hergestellt; *Roget* III
S. 76.]

[2] Quelq. pag. S. 67, 68.

französischen Könige'.« Wohl stand der Rat, wie schwankend
sich derselbe auch sonst bewiesen hatte, ihm auch jetzt noch in überwiegender Mehrzahl treu zur Seite. Aber die Amtsgewalt der alten
Behörden näherte sich ihrem Ende, und nicht ohne Bangigkeit
sah Calvin den Neuwahlen entgegen. »Ich wage kaum auf einen
günstigen Ausfall zu hoffen,« schrieb er einem Freunde ² und seine
Besorgnis erwies sich als nicht grundlos. Zwei entschiedene
»Perrinisten«, unter ihnen Vandel, und zwei gemäfsigte Calvinisten
wurden am Entscheidungstage zu Syndiken gewählt. Ein Verwandter Perrins wurde erster Syndik ³.

VI.

ÜBERGEWICHT DER GEGNER CALVINS.

Der Prozefs gegen Ami Perrin bezeichnet in dem Kampfe
um die Herrschaft in Genf einen bedeutsamen Wendepunkt. Bis
dahin fanden wir den Reformator fast unaufgehalten in siegreichem
Vordringen begriffen: ein Erfolg ward nach dem andern erkämpft,
ein Gegner nach dem andern aus dem Wege geräumt. Schon
hatte er geglaubt, zu dem Angriffe gegen den letzten und gefährlichsten Gegner schreiten zu dürfen, dessen Niederwerfung
dem Siege die Krone aufsetzen sollte. Dieser Angriff aber war
mifslungen und diese eine Niederlage wog alle früheren Siege
wieder auf: mit einem Schlage vernichtete sie die ganze Frucht
fast zweijähriger Anstrengungen. Moralisch und physisch geschwächt,
mit geschmälertem Ansehen und Verlust eines Teiles seiner Anhänger schied Calvin aus diesem unglücklichen Kampfe, der in
jeder Hinsicht eines der dunkelsten Blätter in seiner Geschichte

---

¹ Quelq. pag. S. 65.

² Calvin an Viret 19. Jan 1548, Opp. XII S. 653. »*Omnes in gratiam
redierunt et tamen fervent non minus quam antehac factiones. Quis futurus
sit anni proximi status nondum licet colligere, donec 4 novæ aves prodierint.
Vix lætum augurium exspecto. Ut tamen maxime satagant improbi [sic], dimi-
dium tamen numerum obtinebimus*«.

³ Quelq. pag. S. 68. Der Ausfall der Wahlen zeigt, wie klar Calvin die
Verhältnisse übersah.

bildet. Wie vollständig war die Lage der Dinge innerhalb jener wenigen Monate umgewandelt worden!

Calvin verbarg sich die Schwere der erlittenen Niederlage keinen Augenblick und erkannte die Notwendigkeit, in andere Bahnen einzulenken. Nicht als hätte er dem Kampfe und seinem Ideal entsagt oder auch nur zu wirklichen Zugeständnissen sich entschlossen. Der Genfer Reformator verband wie der grofse kirchliche Reformator des 11. Jahrhunderts mit der Überzeugungs-festigkeit eines Glaubensboten den Scharfblick und den Instinkt des Staatsmannes, der, wenn die Umstände es als ratsam erscheinen lassen, eine Weile von der Strenge seiner Forderungen abläfst, um sie zu gelegener Zeit wieder aufzunehmen. So fafste er jetzt den Entschlufs, den Kampf, wie er ihn bisher geführt, bis auf bessere Zeiten einzustellen und sich einstweilen streng innerhalb der Grenzen seines geistlichen Amtes und auf dem Boden der kirchlichen Ordonnanzen zu halten. Unmittelbar nach Beendigung der Perrinschen Wirren hatte er die Stadt auf mehrere Wochen verlassen und seinen Freund Falais in Basel besucht, bis die erste Aufregung in Genf sich gelegt haben würde. Ende Februar kehrte er wieder heim, um von neuem seine Thätigkeit zu beginnen[1].

Aber wie hätte in dieser Lage auch eine in bescheidenen Formen auftretende Wirksamkeit Calvins ohne Widerspruch und Anfechtung bleiben können! Es war nicht mehr dieselbe Stadt, die er nach seiner Rückkehr vorfand. Die Umtriebe und Gefahren der letzten Jahre liefsen eine energische Reaktion als notwendig erscheinen: der neue Magistrat war entschlossen, eine solche eintreten zu lassen. Hatte die vorigjährige Behörde durch ihre Willfährigkeit, Unsicherheit und Schwäche zu den entstandenen Wirren nicht wenig beigetragen, so trat darin jetzt eine gründliche Änderung ein. Die neuen Syndike und Ratsherrn führten gegen Calvin und die Diener des Worts eine andere Sprache. Die Zeit des unsichern Schwankens und Nachgebens war vorüber. Mit Festigkeit wurde das Staatsruder geführt; auch den geistlichen Würdenträgern gegenüber sollte das Recht der Staatsgewalt unerbittlich gewahrt, keinerlei Übergriff geduldet werden. Wie Bern auf das Emporkommen der neuen

---

[1] Ratsprot. 2. Febr. 1548, Ann. S. 421. Vgl. Opp. XII S. 655, 656.

Machthaber von ersichtlichem Einfluſs gewesen, so war es auch die Berner Kirchenpolitik, die sie sich zum Muster nahmen.

Calvin wurde dies sofort inne. Erst jetzt, als er zu einer ruhigen und geordneten Thätigkeit zurückkehren wollte, erkannte er den angerichteten Schaden in vollem Umfange. Wohl nahmen Predigt, Kongregation, Consistorialverhandlungen den geordneten Fortgang, aber eine bedeutende Einschränkung der »Freiheit des geistlichen Amtes« muſsten die Diener des Wortes dabei sich jetzt gefallen lassen! Der Rat lud sie vor sein Tribunal zur Verantwortung und erteilte ihnen Rügen und Vorwürfe, so oft sie ihm die Grenze ihrer Befugnisse zu überschreiten schienen. Und sehr oft war dies nach seiner Ansicht der Fall. Am 19. März untersagte er der Geistlichkeit in sehr ungnädigen Ausdrücken, in Zukunft von der Kanzel gegen Vergehen zu predigen, ohne sie vorher der Obrigkeit zur Anzeige gebracht zu haben. Im Mai wurde Calvin in derben Worten wegen »zorniger und ungebührlicher Äuſserungen über den Magistrat, dem er Lauheit und Pflichtvergessenheit vorgeworfen, öffentlich zurechtgewiesen. Einen noch schärferen Verweis empfing er mit den übrigen Geistlichen einige Wochen später, weil er sich abermals tadelnde Bemerkungen über die öffentlichen Zustände erlaubt hatte. Man ermahnte die Vorgeladenen, »nicht mehr in solcher Weise (auf der Kanzel) zu schreien«; es sei ihre Pflicht, wenn sie sich über Unordnungen zu beklagen hätten, sich vor allen Dingen an den Rat um Abhilfe zu wenden. Vergeblich berief sich Calvin auf sein Gewissen und die Freiheit des geistlichen Amtes. Die Tage waren vorüber, wo die Träger der bürgerlichen Gewalt sich eine Kritik ihrer Regierungsweise auf der Kanzel hatten gefallen lassen [1].«

Während der Magistrat der Geistlichkeit in solcher Weise die alte Freundschaft vollständig aufkündigte, herrschte in der Menge ein Geist, der ihr noch viel feindseliger war. Gerade auf die niederen Klassen hatten die Vorgänge der letzten Jahre den allerungünstigsten Eindruck gemacht, und die Parteigänger Perrins, die Vandel und Berthelier, sorgten dafür, daſs das Geschehene nicht so bald in Vergessenheit geriet. Die »Kinder

---

[1] Ratsprot. 19. März [Ann. S. 422], 18., 21. Mai [ebd. S. 426]; 9. [ebd. S. 429] u. 12. Juli 1548. *Roset* V c. 19. [*Roget* III S. 46, 58 f.]

von Genf«, die während des Perrinschen Prozesses wieder öffent-
lich als Partei aufgetreten waren und sich zu einer förmlichen
Macht entwickelt hatten, blieben auch nach Beendigung des
Kampfes zusammen, nahmen den jungen Berthelier zu ihrem
Führer und erklärten dem geistlichen Regiment unversöhnlichen
Krieg. Ihr Einfluſs im Volke war im Wachsen und wurde ins-
besondere dadurch gesteigert, daſs sie, als die entschlossensten
Widersacher des Emigrantentums, sich insgeheim zugleich des
Schutzes der Berner erfreuten, deren Abzeichen sie öffentlich
trugen[1]. Eine wirkliche seelsorgliche Leitung war unter solchen
Umständen kaum mehr möglich. Über einige besonders drückende
Bestimmungen der kirchlichen Ordonnanzen glaubte man sich sofort mit offenem Trotz hinwegsetzen zu können. Bei einer Tauf-
feierlichkeit in S. Peter kam es schon im Mai 1548 zu einem
ärgerlichen Tumult, da der Geistliche sich weigerte, dem Kinde
nach dem Willen des Vaters den durch die Gesetze verpönten
Namen Balthasar zu geben. In wildem Lärm, in Schmähungen
und Drohungen machte sich der Unwille der Anwesenden Luft.
»Lange genug,« erscholl es aus den Reihen der Taufzeugen, »habe
man das Joch der Prediger getragen, man sei es müde, sich noch
länger von ihnen am Gängelbande führen zu lassen; Blut müsse
flieſsen, dann werde es wohl anders werden![2]«
    Gegen solche Vorgänge lieſs der Rat zwar nach der Strenge des
Gesetzes einschreiten, aber indem er dies that, machte er aus seinen
Gesinnungen kein Hehl und lieſs die, welche er beschützte, selbst
die Schwere seiner Macht empfinden. Calvin fühlte sich vereinsamt
und hilflos. Es gereichte ihm einigermaſsen zum Troste, daſs
gerade in jenen Tagen ein langersehnter Freund, der Herr von

---

[1] Ratsprot. 9. und 16. Juli 1548 [Ann. S. 429]. *Roset* V c. 19. —
Schon im März wird ein Plakat gegen die Geistlichkeit erwähnt. Ratsprot.
5. März 1548. Anc. et nouv. pol. S. 79 ff., wo dies Treiben Bertheliers und
der Seinigen mit den grellsten Farben und offenbaren Übertreibungen ge-
schildert wird. Über Berns Verhältnis zu ihnen vgl. *Roset* V c. 33. Die wichtigste Persönlichkeit neben Perrin ist Vandel, sein Connetable, wie Bonivard
ihn nennt, ungestüm, entschlossen, gewaltthätig, nicht wählerisch in den
Mitteln, der volkstümlichen Rede mächtig, ein ehrlicher und uneigennütziger
Charakter, aber ein abgesagter Feind aller Pfaffen; vgl. *Bonivard* S. 45 ff., 76.
Er ist kühner als der oft vorsichtig berechnende Perrin.
    [2] Consistorialprot. 31. Mai 1548. [Ann. S. 426.]

Falais, in Genf eintraf und sich an seiner Seite niederliefs[1]. Aber wie demütigend wieder für ihn, dafs der Mann, dem er die Vorzüge Genfs so oft gepriesen, ihn jetzt in solcher Lage finden mufste. Er wandte seinen Blick nach aufsen und versprach sich viel von einer Zusammenkunft mit Farel und Viret, die ihm schon so oft in Verlegenheiten geholfen[2]. Aber Viret lehnte die vorgeschlagene Zusammenkunft ab, da sie bei dem ungünstigen Rufe, in dem das »Triumvirat« schon stehe, nur zu neuem Argwohn Anlafs gebe und nichts nützen werde[3]. In bitteren Worten schilderte er im Juli dem teilnehmenden Freunde in Neuenburg seine traurige Lage, die Gottlosigkeit und Unverschämtheit der Gegner, die Mattigkeit und Trägheit der Bessergesinnten, die doch noch die Mehrzahl bildeten; niemand rege sich für die gute Sache, gerade ihre Feigheit, meinte er, mache den Gottlosen Mut und stärke sie in ihrer Bosheit[4].

Ein geringfügiger Umstand diente dazu, die Lage in der nächsten Zeit noch mifslicher zu machen. Im Sommer 1548 fiel den Gegnern ein vertrauliches Schreiben Calvins an Viret aus dem Jahre 1545 in die Hände, in welchem er sich in beleidigender Weise über den Genfer Magistrat aussprach und demselben Heuchelei und Unredlichkeit zum Vorwurfe machte. Das Schreiben stammte aus einer Zeit, wo Rat und Geistlichkeit äufserlich noch in dem besten Einvernehmen standen und machte daher einen um so ungünstigeren Eindruck. Nichts hätte in diesem Augenblicke den Antiklerikalen erwünschter kommen können: das verhängnisvolle Schriftstück wurde ins Französische übersetzt, in zahlreichen Exemplaren verbreitet und machte auf Männer, die dem Reformator freundlich gesinnt waren, einen peinlichen Ein-

---

[1] Opp. XIII S. 8.

[2] Calvin an Viret 14. Mai 1548, Opp. XII S. 703 f.

[3] »Scis enim quam male iam pridem audiat triumviratus«. Viret an Calvin 15. Mai 1548, Opp. XII S. 704. In Genf nannte man die drei Reformatoren le Trepied; vgl. *Colladon*, Opp. XXI S. 65.

[4] Calvin an Farel 10. Juli 1548. »*Video adhuc pugnandum esse nec finis apparet, donec prorsus fracti hostes fuerint, quorum incredibilis est tum improbitas tum impudentia. Animos facit eorum socordia aut certe ignavia, qui boni censeri volunt. Nihil enim fere in omnibus est cordis. Itaque nondum tentatis remediis desperant.*« Opp. XIII S. 3.

druck. Der Rat lud den Verfasser vor, sich zu verantworten[1]. Calvin bekannte sich zu dem Inhalte und suchte ihn zu rechtfertigen; entschlossen, der Gefahr Trotz zu bieten und nicht durch furchtsames Zurückweichen den Gegnern Mut zu machen[2]. Aber die öffentliche Meinung war durch den Vorfall so sehr aufgeregt und gegen ihn eingenommen dafs er es bald doch geraten fand, sich abermals an seine beiden Freunde in Neuenburg und Lausanne um Hilfe zu wenden und sie nach Genf einzuladen[3]. Sie leisteten dieses Mal dem Rufe Folge und ihr Erscheinen hatte den gewünschten Erfolg. Mit warmem Eifer nahm sich Farel vor versammeltem Rate des angegriffenen Freundes an. Man müsse, erklärte er, Rücksicht nehmen auf die hohen Verdienste und Geistesgaben desselben; keiner komme Meister Calvin an Gelehrsamkeit gleich, keiner habe den Antichrist so nachdrücklich bekämpft als er: wenn er selbst Männer wie Luther und Melanchthon freimütig getadelt habe, so dürfe wohl auch der Genfer Rat von dem hochbegnadigten Manne solches hinnehmen. Die nachdrücklichen Worte des alten Eroberers verfehlten ihre Wirkung nicht und da Calvin in Gegenwart seiner Freunde eine beruhigende Erklärung abgab, die eine Art Abbitte enthielt, gab sich der Rat endlich zufrieden und erklärte den ganzen Vorfall für begraben, jedoch nicht ohne hinzuzufügen, »ein ander Mal müsse Calvin besser seine Pflicht thun[4]«.

So ging dieser Sturm vorüber. Aber Calvins Ansehen hatte einen neuen Stofs erlitten, und dafs gleichzeitig über den sittlichen

---

[1] Calvin an Farel 10. Aug.; an Viret 20. Sept. 1548, Opp. XIII S. 26 u. 54; *Hundeshagen*, Conflikte S. 236 f.; *Roset* l. V c. 20.

[2] »*Ego partim dissimulo*« schreibt er in dem angeführten Schreiben an Viret »*partim libere profiteor, onmes eorum conatus mihi esse ludibrio. Vicisse enim se putarent, si quod in me animadverterent signum formidinis; nec sane quidquam est quod magis frangat eorum impetus et bonos animet ad causam sustinendum quam mea fiducia.*«

[3] Calvin an Farel 8. Sept. 1548 (Opp. XIII S. 50); an Viret 20. Sept. (ebd. S. 54); Ratsprot. 24. Sept. [Ann. S. 435; lies jedoch Zeile 3 devenue anst. demeure, Zeile 15 mea que cest une callonye anstatt mes come cest une calomye].

[4] Ratsprot. 15. u. 18. Okt. 1548 [Ann. S. 437 u. 439 ff.]. *Roset* V c. 20; Not. général. III, 528. Calvin erklärt unter anderm, dafs er nicht in der Absicht geschrieben habe »*de les blapsmer, ny jamais ny pensaa pour les diffamez, ainsi que lon le prentz et seroit bien marry de lavoir faicts, et en vouldroit bien respondre et souffrir pugnytion requerant prendre la choses a la bonne parta*« [Ann. S. 441; vgl. auch *Roget* III S. 63 ff.]

Wandel seiner nächsten Verwandten die schlimmsten Gerüchte in die Öffentlichkeit drangen — die Frau seines Bruders wurde des Ehebruchs angeklagt — war nicht geeignet, denselben abzuschwächen [1]. In dem benachbarten Waadtlande erzählte man bereits, Calvin sei aus seinem Amte entlassen worden oder werde doch in kurzem gestürzt werden, wenn er sich nicht vollständig unterwerfe [2]. Und so schien es in der That. Noch waren bis zum Herbst 1548 wenigstens der Justizlieutenant und seine Assessoren von der Partei Calvins gewesen: die Novemberwahlen nahmen ihm auch diese Stütze und beriefen entschiedene ›Perrinisten‹ zur Verwaltung der Rechtspflege. ›Von der Strenge der Richter,‹ schreibt er bitter an Farel, ›werden die Bösen in diesem Jahre nichts zu fürchten haben [3].‹ Die Wirkung der Novemberwahlen wurden sofort sichtbar. Die Gegner des geistlichen Regiments, die jungen Genossen Bertheliers trugen das Haupt höher als je. Man begegnete den Predigern mit offenbarer Verachtung und ließ sie bei jeder Gelegenheit empfinden, wie wenig sie noch in Genf bedeuteten. Calvins Name wurde kaum ohne ein schmähendes Beiwort genannt, man benannte die Hunde mit seinem Namen, aber ihn selbst Kain und weigerte sich, aus seinen Händen noch ferner das Abendmahl zu empfangen. Gegen Ende des Jahres nahm dieses Treiben einen bedrohlichen Charakter an. Fast keine Woche verging ohne ernsten Konflikt. In bewegten Worten schilderte Calvin am 14. Dezember vor versammeltem Rate die traurige Lage der Stadt und bat dringend um Hilfe [4].

Fast noch schmerzlicher als Calvin selbst wurde Farel von diesen Vorgängen berührt. Es erfüllte ihn mit Schmerz und

---

[1] Consistorialprot. 27. Sept., 18. Okt. 1548 [Ann. S. 435, 441].

[2] Viret an Calvin 24. Okt. 1548; Opp. XIII S. 90.

[3] Calvin an Viret 18. Nov. 1548; an Farel 27. Nov., Opp. XIII S. 103, 109. Geradezu als Galgenvögel bezeichnet *Bonivard* die Justizbeamten sowohl dieses als des nächsten Jahres: Anc. et nouv. pol. S. 74; darunter der Polizeilieutenant Jean de la Maison neuve, der doch Bolsec wegen der Prädestination verhaften ließ! Vgl. Mém. de l'Inst. Gen. X S. 6.

[4] Ratsprot. 14. Dez. 1548 [Ann. S. 442]. Calvin an Farel 12. Dez. 1548, Opp. XIII S. 125 f. Er erklärt in diesem Schreiben selbst, daß er nicht geschwiegen habe, und seine Äußerungen mögen die Aufregung begünstigt haben. *Roset* V c. 21.

Zorn, dafs der Mann Gottes von denen, welche ihm alles verdankten, unaufhörlich so Unwürdiges erdulden müsse. Er fand
diese neuen Gegner schlimmer und verabscheuungswürdiger als
alle früheren: in den jetzt am Ruder befindlichen Anhängern
Perrins erblickte er geradezu Werkzeuge des Antichrists zu völligem
Umsturz des Christentums. Gottes Langmut sei zu bewundern.
Aber, tröstet er den Freund, sie werden bald ihr Ende erreichen.
Mit dem Ernste eines alttestamentlichen Propheten verkündete er
der undankbaren Stadt das göttliche Strafgericht an, wenn sie
nicht bald in sich gehe und Bufse thue. Genf werde andern zum
warnenden Beispiel werden und die gottlose epikuräische Rotte
erfahren, dafs es noch einen Gott gebe, der die Laster bestrafe,
die sie ungeahndet lasse [1].

Aber der eifrige Seelenhirt von Neuenburg sah auch dieses
Mal zu düster. Dem Evangelium drohte in Genf keine ernste Gefahr.
Die Männer, die gegenwärtig am Ruder safsen, bekannten sich
ebenso entschieden zu der »Reformation und den hl. Evangelien«
als ihre politischen Freunde und Gesinnungsgenossen in Bern.
Was aber aufhören sollte, war die hervorragende Stellung, die
Calvin für die Träger des geistlichen Amtes in Staat und Kirche
in Anspruch nahm und thatsächlich schon zur Geltung gebracht
hatte. Diese zu beseitigen, hatte sich die neue Behörde von Anfang als Aufgabe gesetzt; sie hatte keine Gelegenheit vorübergehen
lassen, die Diener des Worts in die ihr angemessen scheinenden
Schranken zurückzuweisen, sie hatte in der letzten Zeit sogar in
bedenklichem Grade — man kann dies nicht leugnen — den
Leidenschaften der Menge die Zügel schiefsen lassen [2], offenbar
in der Absicht, den Bedrohten ihre Ohnmacht und Hilfsbedürftig-
keit in fühlbarer Weise zum Bewufstsein zu bringen. Als dies
gelungen, nahm sie sofort eine andere Haltung an.

Am 18. Dezember 1548 entbot der Rat die Geistlichen auf
das Stadthaus. Hier vereinigte beide ein öffentliches Friedens-
und Versöhnungsmahl. Eine allgemeine Amnestie wurde verkündet: alles was bisher gesündigt, soll vergeben und vergessen
sein, aber in Zukunft soll Ruhe und Eintracht herrschen und mit

---

[1] Farel an Calvin 7. Dez. 1548; Farel an Viret 2. Jan. 1549; Opp. XIII
S. 118 ff., 139 ff.

[2] »Haec ratio est, ut uno verbo poenam effugiant, qui nobis maledicunt«
schreibt Calvin noch am 18. Dez. an Viret; Opp. XIII S. 131.

kräftiger Hand von der Obrigkeit beschützt werden[1]. Wenige Wochen später that diese Obrigkeit einen weiteren Schritt, der ihre Absichten deutlich offenbarte und Farels Anklagen völlig widerlegte.

In einer feierlichen Proklamation, die in sämtlichen Kirchen nach der Predigt und Katechese verlesen werden mußte, wandten sich Syndike und Rat am 18. Januar 1549 an die Bürger und Einwohner der Stadt Genf, um sie zu einem wahrhaft christlich-evangelischen Leben zu ermahnen. Die Obrigkeit, heißt es, sei dem höchsten Richter Rechenschaft schuldig über die Unterthanen, die durch die göttliche Barmherzigkeit ihrer Obhut an. vertraut seien. Es sei aber von ihnen leider die Wahrnehmung gemacht worden, daß die Verordnungen und Gesetze, die sie gemäß der evangelischen Reformation erlassen, nicht, wie sie es gewünscht und gehofft, beobachtet, sondern vielmehr verachtet würden. Sie würden undankbar sein für die empfangenen göttlichen Wohlthaten, und Gott würde das Blut ihrer Untergebenen aus ihren Händen zurückfordern, wenn sie durch ihre Schuld und Saumseligkeit Gott und seine heiligen Gebote mit Füßen treten ließen. Eingedenk des Beispiels der frommen Könige der alten Kirche und der christlichen Obrigkeiten, die sich das Wort Gottes zur Richtschnur gewählt, wolle daher auch der Genfer Magistrat nach der ihm verliehenen Kraft und Gnade dem Übel steuern und erkläre somit allen Untergebenen sein höchstes Mißfallen darüber, daß die evangelische Predigt, die man täglich gehört, nicht besser befolgt, die Verordnungen, die der Rat erlassen, nicht nach Gebühr befolgt worden seien. Und dabei sei auch von den Dienern des göttlichen Wortes gesündigt worden, indem dieselben weder durch Ermahnungen noch durch das Beispiel eines guten Wandels der Pflicht ihres Amtes Genüge geleistet[2]. Angesichts dieser fast allgemeinen Pflichtvergessenheit und Übertretung der göttlichen Gebote und obrigkeitlichen Verordnungen gegen papistische Cere-

---

[1] Ratsprot. 18. Dez. 1548 [Ann. S. 442 f.]; *Roset* l. V c. 21; *Beza*, Opp. XXI S. 140 f. [*Roget* III S. 79 bringt diese Versöhnung mit den gefahrdrohenden auswärtigen Verhältnissen in Zusammenhang.]

[2] »*En quoy les ministres de la parolle de Dieu ont este negligents et nont pas faict leur debvoir dexercer leur office en admonestant et reprenant les vices et monstrant bonne exemple, comme ils y sont tenus et que leur vocation le porte*«.

monien, Aberglaube, Lästerung, Trunkenheit, Zauberei, Üppigkeit,
Spiel, Unzucht, ausgelassenes Wesen, Wucher und andere Laster,
die gegenwärtig in Genf im Schwange gingen und Gottes Zorn
herausforderten, thue man einem jeden kund, dafs die Obrigkeit
eine bessere Ordnung herstellen wolle.   »Darum erklären wir,«
schliefst das merkwürdige Schriftstück, »dafs es unser fester Entschlufs ist, allen Fleifs und Ernst daran zu wenden, alle unsere
Untergebenen ohne Unterschied zu einem christlichen Lebenswandel zurückzuführen, und befehlen wir hiermit einem jeden, wer es
auch sei, nach Stand und Gelegenheit hierzu seine Hand zu bieten;
die Familienväter sollen ihre Angehörigen belehren und Kinder
und Gesinde zum Besuche der Predigt und Katechese anhalten;
unsere Offiziere sollen darüber eifrig wachen, dafs die erlassenen
Gesetze und Verordnungen befolgt werden und ihnen überall ohne
Furcht vor Empörung und Unruhe Achtung verschaffen; diejenigen,
welche ein öffentliches Amt bekleiden, sollen den übrigen mit
einem guten Beispiel vorangehen; ebenso sollen auch die Geistlichen fleifsig die Pflichten ihres Amtes erfüllen und im Belehren,
Ermahnen, Verhüten der Laster sorgsamer und eifriger sich zeigen,
als sie es bisher gewesen sind — so dafs Ihr, alle und einzeln, die
Ehre Gottes befördert und ihn zu beleidigen fürchtet, unsern Zorn
aber und schwere Bestrafung zu vermeiden trachtet[1].«

Man hat diese merkwürdige Proklamation als einen Triumph
Calvins ansehen wollen, der damals lediglich durch den Ernst
seiner Ermahnungen Syndike und Rat genötigt habe, einen Erlafs
zu unterzeichnen, der mit ihrer eigenen Überzeugung im grellsten
Widerspruch gestanden und ihr eigenes Thun verdammt habe[2].

---

[1] Abgedruckt Opp. XIII S. 158; auch bei *Gaberel* I Pieces just. S. 133 ff.

[2] So namentlich *Stachelin* I, 408, der jedoch die Worte über den Klerus
gemildert wiedergiebt und den Rat sich selbst anklagen läfst, wovon in dem
Erlafs keine Spur vorhanden ist. *Roset* erwähnt den Erlafs gar nicht, was er
gewifs gethan hätte, wenn er als ein Sieg Calvins anzusehen war. Auch die
Geistlichkeit sieht ihn nicht so an: »*Le dimanche 18. Janvier 1549*«, heifst es
in den Aufzeichnungen der Vén. Comp. A. p. 60, »*un mandement de syn-
diques et conseil de Geneve fut lu aux sermons et catechismes par le comman-
dement de Mess. touchant la reformation*«. Dafs die Vorstellungen Calvins den
Anlafs gaben, ist möglich, sogar wahrscheinlich. [Über den richtigen Ursprung
der Proklamation, die sich an eine kurz vorher erlassene Kundgebung der
Berner anlehnte, vgl. *Roget* III S. 82.   Die Bemerkung der Reg. du Conseil
über den Anteil Calvins (Opp. XIII S. 158 n. 1) scheint sich doch nur auf
die Veröffentlichung der Proklamation zu beziehen.]

Seltsamer Sieg, wo der Sieger von dem Überwundenen sich zurechtweisen läfst! In Wahrheit enthielt der geistlich - weltliche Hirtenbrief vom 18. Januar die eigensten Gedanken der weltlichen Behörde selbst, den vollendetsten Ausdruck des Programms, der ihr von Anfang an vorgeschwebt hatte. Dieser Erlafs verkündete es jedermann, dafs die weltliche Obrigkeit — wie es Calvin selbst theoretisch stets, nie aber praktisch zugegeben — über Staat und Kirche zu regieren habe, und dafs sie entschlossen sei, in Zukunft ihr Recht in vollem Umfange auszuüben.

Und demgemäfs wurde fortan wirklich in Genf regiert. Zum ersten Syndik wurde trotz aller Erinnerungen Calvins bei der nächsten Wahl im Februar kein anderer gewählt als sein verhafstester Gegner Ami Perrin, der Generalkapitän. Diese Wahl brachte völlige Klarheit in die Lage der Dinge und öffnete dem Reformator über das was ihm bevorstand, vollends die Augen. Zwar grundlos ist die Angabe eines Chronisten, der mit der Erhebung des Generalkapitäns ein Regiment blinder Leidenschaft, Parteilichkeit und Rachsucht in Genf beginnen läfst [1], aber es war doch von einem Manne, der so herbe Erfahrungen gemacht hatte, nicht wohl zu erwarten, dafs er jetzt, wo er die Gegner zu seinen Füfsen und von sich in Abhängigkeit sah, seine persönlichen Ansichten vollständig unterdrücken werde. Doch benahm sich Perrin im Ganzen würdig und mafsvoll. Äufserlich herrschte unter seinem Syndikat eine gröfsere Ordnung und Ruhe in Genf als seit vielen Jahren, so dafs Calvins Biograph das Jahr 1549 als eins der ruhigsten und glücklichsten bezeichnet [2]. Die Predigten wurden nach dem eigenen Geständnis Calvins fleifsig besucht. Das Consistorium erliefs in gewohnter Weise und ohne gröfsere Störungen

---

[1] Vgl. Anc. et nouv. pol. S. 70: *Le royaume de Perrin fut plus dangereux que devant a cause que par avant en son cueur nhavoit que ambition et a ce vice se joignit convoitise de vengeance. Celluy qui faisoit quelque outrage a un predicant ou pour amour de luy a quelque Francois ou autre etranger (car ils comprenoient tous etrangers soubs le nom de Francois) nen demeuroit seulement impuni, mais estoit le bien venu, partie par despit du Magnifique, partie par despit de Calvin* etc. Es charakterisiert Bonivards Glaubwürdigkeit, dafs er Perrin schon das Jahr zuvor das Syndikat erlangen läfst (S. 69) — Angaben, die *Stachelin* und andere wiederholen.

[2] *Ut etsi non extincta prorsus, attamen ad tempus sopita furiosorum improbitas videtur . . . . . Annus ille felix nobis exactus est, si cum caeteris conferatur*. Beza, Opp. XXI, S. 141, 142. Und die Angabe *Bonivards!*

Vorladungen und Sentenzen. Der Rat selbst trug für würdige und regelmäfsige Abhaltung des Gottesdienstes Sorge. Am 24. Oktober empfingen die Geistlichen sogar den Befehl, jeden Morgen zu predigen [1]; die alten Disciplinargesetze, die Verordnungen gegen das Spiel wurden erneuert [2], gegen Unordnungen mit aller Strenge eingeschritten und gegen Berthelier, als er es zu arg trieb, ein Haftbefehl erlassen [3]. Sogar der Satz Calvins, dafs jede offenbare Auflehnung gegen die göttliche Majestät als Hochverrat mit dem Tode zu bestrafen sei, blieb in seiner vollen Strenge und Geltung. Ganz im Geiste der calvinischen Gesetzgebung erlitt im Herbst 1549 Raoul Monet, ein sittlich verkommener Mensch, der eine Reihe von unzüchtigen Handlungen verübt und eine Sammlung obscöner Bilder als sein Neues Testament bezeichnet hatte, den Tod durch Henkers Hand. Dafs der Missethäter früher zu den eifrigsten Anhängern Calvins gehört hatte, scheint von den Richtern allerdings nicht als Milderungsgrund angesehen worden zu sein [4].

Man sieht: sehr entschieden nahm die perrinistische Behörde in Befolgung des Edikts vom 18. Januar die religiösen Interessen in Schutz und völlig ungerechtfertigt war es, wenn Farel der Partei des Generalkapitäns sogar unchristliche Tendenzen zuschrieb. Aber nicht minder entschieden behauptete sie zu gleicher Zeit und in gleicher Übereinstimmung mit der Proklamation ihr höheres Recht über Kirche und Geistlichkeit. Das staatliche Aufsichtsrecht, welches ja der Wortlaut der kirchlichen Ordonnanzen selbst anerkannte, würde von ihr in der vollen Bedeutung des Wortes durchgeführt, nicht mehr in der Weise, wie Calvin es ausgeübt wissen wollte, nicht mehr unter thatsächlicher Leitung der Geist-

---

[1] Ratsprot. 24. Okt. 1549, Ann. S. 457. [Über den Widerstand der Geistlichen vgl. *Roget* III S. 110 f.]

[2] Ratsprot. 17. Dez. 1549.

[3] Ratsprot. 9. Aug. 1549. Calvin an Viret 21. Aug. 1549; Opp. XIII S. 366. [Vgl. *Roget* III S. 107 f.] Schon das Jahr zuvor war gegen Berthelier eingeschritten worden: Consistorialprot. 23. Aug.; Ratsprot. 30. Aug. 1548.

[4] *Roset* V, 26. Anc. et nouv. pol. S. 78 ff.; Quelq. pag. S. 10; Nouv. pag. S. 73, 75. [Vgl. Opp. XX S. 407 und *Roget* III S. 112 ff.] Dafs die Katastrophe Monets ein Werk der perrinistischen Partei war, zeigt die Art und Weise, wie derselben in der Schrift Contra libellum Calvini gedacht wird. [Vgl. *Roget* III S. 115.]

lichkeit selbst, sondern wirklich und wahrhaft nach dem Vorbilde
Berns. Die Form, in der es geschah, war oft geradezu verletzend.
Man kontrollierte das auf der Kanzel gesprochene Wort und liefs
keine geistliche Ungebührlichkeit oder was dafür galt ungerügt[1].
Kirchliche Reformvorschläge von seiten Calvins und der ehrwürdigen Genossenschaft, deren Annahme sich früher fast von
selbst verstand, wurden jetzt mit umständlichem Ernst geprüft und
mehr als einmal zurückgewiesen[2]. Man befahl den Dienern des
Worts, nicht zu lange zu predigen und häufiger als bisher das
Gebet des Herrn und die zehn Gebote herzusagen[3]. Die Censur,
deren Handhabung der Rat früher thatsächlich Calvin überlassen
hatte, wurde schon seit dem Herbst des Jahres 1548 auch gegen
ihn selbst angewandt: man liefs ihn längere Zeit — und sehr bitter
empfand er namentlich dies — warten, bis ihm der Druck einer
Schrift gegen das Interim gestattet wurde. Dem Verfasser einer
Schrift gegen Cochläus wurde aufgegeben, vor dem Drucke die
Schimpfworte aus dem Werke zu entfernen[4]. Es fehlte nicht an
Stimmen, welche meinten, es würden überhaupt schon zu viel
Bücher gedruckt.

Am 22. Oktober 1549 verkündete eine Verordnung des
Rates, dafs fortan »stets einige Herrn aus dem Rate der Kongregation der Geistlichen beiwohnen, um zu hören, was da vor-
gehe«[5]. Schon seit dem vorigen Jahre hatte der Rat die höchste
Entscheidung in Ehesachen für sich in Anspruch genommen, und
eine Ehe, die Calvin erlaubte, für unstatthaft erklärt: es blieb
dem Zurechtgewiesenen nichts übrig, als sich dem Machtspruch
der weltlichen Gewalt auch in dieser Frage zu unterwerfen[6].

Was Calvins Stellung dem Rate gegenüber noch mifslicher
machte, war, dafs er in seinen Amtsbrüdern keineswegs die nötige

---

[1] Vgl. z. B. Ratsprot. 12. u. 25. März 1549. Vgl. *Roget* III S. 89 ff.

[2] Ratsprot. 1. Juli, 13. Sept. 1549.

[3] Ratsprot. 24., 28. Okt. 1549 [Ann. S. 457]. Vgl. *Roget* III S. 110 ff.

[4] Ratsprot. 29. Nov. 1548 [Ann. S. 442], 21. Febr. 1549. — Calvin an
Farel 27. Nov., 12. Dez. 1548; Opp. XIII S. 110, 126. Vgl. *Roget* III S. 78,
84, 88.

[5] Ratsprot. 22. Okt. 1549; *Roget*, L'Église et l'État S. 50.

[6] Ratsprot. 30. Aug. 1548 [Ann. S. 433]. Calvin an Farel 8. Sept.
1548, Opp. XIII S. 51. Not. général. III, 530 ff. Eine noch weiter gehende
Verordnung des Rates s. Ratsprot. 5. Nov. 1548. Vgl. *Roget*, L'Église
S. 45 f.

allgemeine Unterstützung fand. Statt Hilfe wurden ihm vielmehr von denselben oft genug Schwierigkeiten bereitet. Es gab unter ihnen trotz der wiederholten Reinigung der ehrwürdigen Genossenschaft immer noch Unsichere und Zweifelhafte, Männer, die ohne gerade den Standpunkt des Rates zu teilen, doch Calvin gram waren, sein Joch wider Willen ertrugen und die gegenwärtige Lage der Dinge, die Erschütterung der Autorität ihres Meisters sich zu Nutze machten. In der geistlichen Kongregation fielen Scenen vor, die nichts weniger als erbaulich waren. Als im Frühjahr 1542 der Prediger von Vandoeuvres, Philipp de Ecclesia, »weil er einige Sätze aufgestellt, die nicht zur Erbauung dienten, und unnütze Fragen angeregt habe«, aus seinem Amte entfernt werden sollte, lehnte sich der Verurteilte gegen den Spruch seiner Kollegen auf, verlästerte sie und fand einen Rückhalt in dem Rat, welcher die Geistlichen ersuchte, ihrem Mitbruder zu verzeihen. Jene bestanden indes auf der Absetzung, der Rat auf der Verzeihung, und die Bitte der weltlichen Herren war schliefslich wirksamer als der Beschlufs der geistlichen. Das Ende war, dafs Philipp, von dem Rate geschützt, in seinem Amte blieb, die Kongregation aber, obschon sie ihn für einen Schismatiker und Unwürdigen erklärte, ihn doch zu »dulden« sich entschlofs, »weil die Herren es wollen«, und auf diese alle »Verantwortlichkeit« wälzte[1]. Noch unangenehmer für Calvin wurden die Verhandlungen gegen ein anderes Mitglied der Genossenschaft, den Prediger Ferron, der früher zu seinen bevorzugten Günstlingen gehört hatte. Derselbe sollte wegen unsittlicher Handlungen aus der Stadt auf eine Landpfarre entfernt werden, trat aber dieser Anordnung des geistlichen Kollegiums mit frechem Trotz entgegen, indem er insbesondere gegen Calvin die ärgsten Beschuldigungen erhob, ihn einen hochmütigen, rachsüchtigen, ränkevollen Menschen nannte, der nur Schmeichler um sich dulde und schon längst auf eine Gelegenheit gesonnen, ihn zu beseitigen[2]. Dieses Mal trat die weltliche Behörde, nachdem die Kongregation ihrem Oberhaupte eine Ehrenerklärung ausgestellt hatte, auf Calvins Seite und der Angeklagte wurde aus seinem Amte entfernt.

---

[1] Vgl. die Aufzeichnungen der Vénerable Compagnie zum 15. Febr., 6. u. 12. April 1549, Ann. S. 446, 431. *Roset* V c. 25 [*Roget* III S. 91 ff.]

[2] Vgl. Véner. Comp. 12. April 1549, Ann. S. 451. [*Roget* III S. 93 ff.]

Kampschulte, J. Calvin II. 8

Dann aber brach sofort ein neuer Streit aus über die Wieder-
besetzung der erledigten Stelle, für welche Calvin, als verstehe
sich dies von selbst, auf der Stelle einen Refugié aus Lyon,
Fabri, in Vorschlag brachte. Der Rat erhob Widerspruch. Eines
Nachfolgers Ferrons, erklärte er, bedürfe es nicht, die vorhandenen sechs Prediger seien völlig ausreichend, die Stadt habe
ohnehin schon zu viel Ausgaben zu machen. Es folgten längere,
für die Diener des Worts recht demütigende Verhandlungen, bei
denen sie nach ihrem eigenen Ausdrucke nicht dem Ansehen ihres
Standes gemäfs, sondern wie ›Stallknechte‹ behandelt wurden.
Erst nach wiederholten dringlichen Vorstellungen willigte der Rat
am 14. Oktober in die Einsetzung eines neuen Predigers[1].

Es waren trübe, sorgenvolle Tage, die Calvin damals durch-
lebte und wehmütig gedachte er oft der früheren besseren Zeiten.
Neben den fortwährenden Anfeindungen und Demütigungen, die
er durch den Rat erfuhr, trafen ihn damals noch Schläge anderer
Art. Im Frühjahr 1549 verlor er nach einer neunjährigen Ehe
seine Gattin, ›die treue Gehilfin im Dienste des Worts‹, die in
Freud und Leid ihm treulich zur Seite gestanden und, wie er ihr
nachrühmt, selbst in den Tod mit ihm gegangen sein würde[2].
Seine eigene schwächliche Gesundheit hatte unter den Anstrengungen und Aufregungen der letzten Jahre bedenklich gelitten. In seiner damaligen Korrespondenz begegnen wir wiederholt Klagen über schmerzhafte Krankheitsanfälle. Ein nervöses
Kopfleiden, mit dem er schon seit jungen Jahren behaftet war,
machte ihn oft Tage lang zu jeder Arbeit unfähig. Dazu kamen
die unaufhörlichen Reibungen mit Bern, wo Theologen und Staats-

---

[1] Aufzeichnungen der Véner. Comp. A. p. 75, 76, 78, 79, 80. [Vgl.
Ann. S. 451 ff.]. *Roset* V c. 25; vgl. *Roget* III S. 109 f. Es ist bemerkenswert, dafs nach dem Beschlufs der Compagnie die Heterodoxie Ecclesias
strenger bestraft werden sollte als die Unsittlichkeit Ferrons, während der Rat
die entgegengesetzte Auffassung vertrat und durchsetzte. Über weitere Vorladungen von Predigern (Durand und Nynault) vgl. Opp. XIII S. 646 f.

[2] ›*Privatus sum optima socia vitae*‹, schreibt er am 7. April an Viret,
›*quae, si quid accidisset durius, non exsilii tantum ac inopiae voluntaria comes,
sed mortis quoque futura erat. Quoad vixit, fida quidem ministerii mei adiutrix
fuit*‹. [Opp. XIII S. 230]. Viret rühmt indes die Standhaftigkeit, mit der er
den Verlust ertrage [an Calvin 10. April; ebd. S. 233 f.]. Vgl. *Colladon*,
Opp. XXI S. 71.

männer fortfuhren, ihm heimlich und öffentlich Verlegenheiten zu
bereiten, unerfreuliche Nachrichten aus Frankreich und insbesondere die traurige Lage der evangelischen Partei in Deutschland
nach dem Unterliegen des schmalkaldischen Bundes, worüber er
durch seine Freunde, die Bucer, Farel, Brenz, Bullinger die be-
unruhigendsten Mitteilungen empfing [1]. Mit einer fast fieberhaften
Aufregung verfolgte er die Fortschritte der kaiserlichen Waffen;
er fand das Zurückweichen und die Nachgiebigkeit der Deutschen
unentschuldbar: Gottes Strafgericht, meinte er, werde einer solchen
Feigheit und Treulosigkeit nicht ausbleiben. Das Interim, dieses
»Idol, das nicht blofs das Äufsere des Tempels Gottes entstelle,
sondern die ganze Heiligkeit der Kirche besudele und vernichte,
das die gesamte Gottesverehrung (cultus Dei) überhaupt er-
schüttere und nichts in unserer Religion unbesudelt lasse« [2], erfüllte ihn mit Zorn und Ingrimm: in einer eigenen Streitschrift
gegen dasselbe machte er der Bitternis seines Herzens Luft. So
sehr nahm er sich den Gang der Dinge in Deutschland zu Herzen,
dafs er zu Zeiten den Kummer im eigenen Haus darüber vollständig vergafs. »Fast wie ein Kinderspiel im Schatten« schreibt
er einmal an Farel, »kommen mir meine Kämpfe vor, wenn ich
bedenke, welche Anfechtungen unsere Brüder zu bestehen haben« [3].

Indes die auswärtigen Verhältnisse gestalteten sich nach
einiger Zeit wieder günstiger und auch die Nachrichten, welche
Calvin aus Deutschland empfing, wurden beruhigender, dagegen
dauerten die Bedrängnisse seiner Lage fort. In die Fufsstapfen
der perrinistischen Syndike und Räte des Jahres 1549 traten ihre
Nachfolger ein. Der Zustand blieb derselbe. Das Recht der
Staatsgewalt auf dem geistlichen Gebiete wird mit Eifersucht gewahrt, der Klerus streng innerhalb der Grenzen gehalten, die man
ihm angewiesen, keine Überschreitung der geistlichen Befugnisse

---

[1] Brenz an Calvin 6. Okt. 1548 (Opp. XIII S. 58 f.); Bullinger an
Calvin 15. Okt. (ebd. S. 60 f.); Calvin an Brenz 5. Nov. 1548 (ebd. S. 97 f.);
Calvin an einen Unbekannten 5. Nov. 1548 (ebd. S. 99 f.); Farel an Calvin
19. Nov. (ebd. S. 104 f.); Bucer an Calvin 9. Jan., 7. Febr., 20. Febr. 1549
(Opp. XIII S. 147 ff., 181, 198 f.); ein Unbekannter an Calvin 11. Febr.
(ebd. S. 182); Hoperus an Calvin 12. Febr. (ebd. S. 185); Calvin an Viret
19. Febr. (ebd. S. 197).

[2] Vgl. Interim adultero-germanum (1549); Opp. VII, 673.

[3] Opp. XIII S. 126.

geduldet. Für Hebung des kirchlichen Lebens zeigte sich der neue Magistrat dabei nicht minder eifrig als der vorjährige: man vermied jeden Schein eines unkirchlichen Regiments und nannte sich gern eine christliche Obrigkeit. Billige Anträge des geist‑ lichen Kollegiums, die in angemessener Form vorgebracht wurden, wurden jederzeit in Erwägung gezogen und, wenn sie den »Herren« zweckmäfsig schienen, zur Ausführung gebracht. Mehr als eine wich tige kirchliche Einrichtung ist gerade um diese Zeit unter der antiklerikalen Behörde ins Leben getreten. Im Jahre 1550 war es, dafs der Rat auf den Antrag der Geistlichkeit die Einführung der regelmäfsigen Hausvisitationen beschlofs, »zum grofsen Nutzen der Gläubigen«, wie die Chronisten rühmen [1]. Ebenso bereitwillig wurde dem Antrage auf endgültige Abschaffung der vielbestrittenen Berner Feiertage nachgegeben [2]. Als man im Frühjahr 1550 bei einer Haussuchung ein von der Hand des vor drei Jahren hingerich teten Jacques Gruet geschriebenes Buch fand, in welchem derselbe sein System im Zusammenhange entwickelt hatte [3], wurde dasselbe Calvin zur Prüfung übergeben und auf seinen Antrag öffentlich durch Henkershand dem Scheiterhaufen überantwortet, »damit der göttliche Zorn nicht über Genf komme, weil man eine so entsetz liche Gottlosigkeit geduldet«. Die Auffindung dieses Buches, welches die früher gegen Gruet erhobene Anklage wegen Religions verspottung in vollem Mafse rechtfertigte und mit erschreckender Offenheit und frechem Spott über Bibel und Christentum ein System des vollendetsten Unglaubens predigte, war gewissermafsen ein Triumph für Calvin, der jene Anklage betrieben, und erweckte bei Rat und Geistlichkeit wieder das Bewufstsein der Gemeinsam keit ihrer Interessen gegenüber den Radikalen. Im nächsten Jahre wagte die Geistlichkeit dem Rate einen Entwurf zu einem neuen Staatsgesetze [4] gegen leichtsinniges Schwören, Fluchen und

---

[1] *Roset* V 27; *Beza*, Opp. XXI S. 142. Vgl. Bd. I S. 436 f. [*Roget* III S. 119/120].

[2] *Roset* V c. 30. *Beza*, Opp. XXI S. 142. Aufzeichnungen der Vén. Comp. zum 16. Nov. 1550 [Ann. S. 471]. Calvin an den Pfarrer von Büren, Jan. 1551; Calvin an Haller 2. Jan. 1551, Opp. XIV S. 1 ff., 4 f. [*Roget* III S. 122 f.]

[3] Die betreffenden Dokumente sind mitgeteilt Opp. XIII S. 566 ff. Vgl. ferner Mém. de l'Inst. Gen. XVI S. 116 ff.

[4] Die drei Redaktionen des Gesetzes sind abgedr. Opp. X, 1 S. 59 ff. Das endgültige Gesetz vom 25. Dez. 1551: S. 63. Diese drei Redaktionen

Gotteslästern vorzulegen, der an Strenge sogar alle früheren Verordnungen überbot und gegen den Gotteslästerer nicht blofs die gewöhnliche Strafe, Geldbufse, Gefängnis »bei Wasser und Brot« und öffentliche Abbitte, sondern im Wiederholungsfalle Stellung an den Pranger, Brandmarkung und Verbannung angewendet wissen wollte. Der Rat fand den Entwurf »etwas zu streng«, verwarf ihn aber nicht, sondern eignete sich seine Tendenz vollständig an. Es wurde während mehrerer Monate darüber verhandelt und am 25. Dezember das neue Gesetz schliefslich in einer Fassung angenommen, welche zwar die härtesten Bestimmungen des ursprünglichen Entwurfes milderte, aber mit Hinweisung auf den Propheten Isaias es für die Pflicht der christlichen Obrigkeit erklärte, leichtsinniges Schwören, Fluchen, Lästerung des göttlichen Namens mit allem Ernst zu unterdrücken und demgemäfs nicht blofs die Lästerer selbst mit strengen bürgerlichen Strafen, Geld- und Gefängnisstrafen, öffentlicher kniefälliger Abbitte belegte, sondern zugleich jeden Staatsbürger, der einen andern fluchen, schwören oder lästern hörte, bei Strafe von 10 Sols verpflichtete, denselben freundlich zum Gehorsam gegen die göttlichen Gebote und obrigkeitlichen Verordnungen zu ermahnen und sogar dem Magistrat Anzeige zu machen.

Es entsprach der Tendenz der gegenwärtigen Staatslenker, dafs dem Diener des Wortes überhaupt eine gröfsere Freiheit und gröfserer Einflufs gestattet wurde, so oft es sich um einen Angriff auf den Glauben handelte. Denn rechtgläubig wollten auch sie vor allen Dingen sein. Darum blieben die alten Strafsgesetze gegen Ketzer und Papisten in Kraft: auch unter dem antiklerikalen Rate wurden Anabaptisten eingekerkert, Katholiken oder des Katholizismus Verdächtige verfolgt, papistische Bücher ver-

---

vom 18. Aug., 23. Nov. u. 25. Dez. 1551 verhalten sich so zu einander, dafs die zweite die Härten der ersten, die dritte die der zweiten mildert. In dem ursprünglichen Entwurf heifst es: »*Que nul nayt a despiter le nom de Dieu sur poine destre mis au colier par lespace de trois heures et de la en prison au pain et a leau jusques a dimanche prochain et que lors il soit amene a la porte de leglise pour demander a Dieu la torche au poing. Quiconque y retournera pour la seconde fois, quil soit fletry et banny de la ville*«. Der zweite Entwurf läfst die Brandmarkung und Geifselung fallen, behält aber den Pranger und die zeitweilige Verbannung bei, das Gesetz streicht beides.

brannt[1]. Gegen Ketzer und Götzendiener hatte der Prediger auch
auf der Kanzel volle Redefreiheit. Durfte es Calvin doch sogar
wagen, einen angesehenen Bürger, der nur im Verdachte katholischer Sympathien stand, als derselbe als Taufzeuge auftreten
wollte, von der Kanzel und vor versammelten Gläubigen aus dem
Tempel auszuweisen[2]. Nimmer hätte ein Prädikant in der benachbarten Schweiz sich solches herausnehmen dürfen. Sogar bei
rein politischen Fragen zog die Behörde wohl noch den Reformator, wenn sie ihm eine besondere Kenntnis der Sachlage zutraute, zu Rate[3].

Indes bei alledem vergaß sie doch keinen Augenblick ihren
Standpunkt und fast in jeder ihrer Handlungen verkündete sie,
daß das wirkliche und wahre Regiment in der Kirche wie im
Staate ihr zustehe. Die Mitglieder der ehrwürdigen Genossenschaft bekamen bei jeder Gelegenheit ihre Abhängigkeit zu fühlen.
Der Verkehr zwischen ihnen und dem Rate bewegte sich in streng
abgemessenen Formen: von vertraulichen Beratungen mit ihnen,
wie der häufigen Konsultation des »Herrn Calvin« durch die
Syndike war nicht mehr die Rede. Man nahm die geistlichen
Anträge an wie andere Eingaben, prüfte sie, genehmigte oder verwarf sie, je nachdem der hochweise Rat das Vorgeschlagene im
göttlichen Worte begründet fand oder nicht: den mancherlei Bewilligungen standen ebenso viele Ablehnungen gegenüber. Versuche der Geistlichkeit, eigenmächtig zu handeln oder die erlangten
Befugnisse zu erweitern, wurden schon im Keime erstickt, über
die Amtsführung der einzelnen Prediger und den gesamten kirchlichen Kultus eine strenge Kontrole geübt. Man erließ ein-

_____

[1] Consistorialprot. 15. u. 22. Mai 1550 [Ann. S. 464, 465); Ratsprot.
19. Mai 1551 [ebd. S. 482], 5. Aug. 1552 [ebd. S. 515].

[2] Vgl. Haller an Bullinger 22. Okt. 1550 (Opp. XIII S. 646). *De
Calvino audi factum mirabile. Die Martis cum multum de idololatria dixisset,
noluit de suggestu descendere, nisi idololatra quidam dives, qui venit de
S. Claudio, deposito puero quem ad baptismum attulisset, templum exiisset et
munus alii commendasset. Magna id contentione est effectum, quia ex optimis
Genevensium civibus erat, ut hodie nominantur boni viri. Hoc factum tanquam
Ambrosiana celebratur constantia.* — Man sieht, der Berner kann sein Er-
staunen nicht verbergen.

[3] Calvin an Farel 19. Aug. 1550, (Opp. XIII S. 623 ff.). *Roset* V
c. 29. Ob man dabei etwa die Absicht hatte, ihn um so mehr mit Bern zu
verwickeln?

schränkende Verordnungen über das Verhör der Dienstboten bei
Gelegenheit der Hausvisitation, da die Erfahrung zeigte, daſs des
Guten hier zu viel geschah; man nahm Kenntnis von der Vor-
tragsweise der Diener des Wortes und ordnete zuweilen einen
Wechsel derselben; als 1551 in der italienischen Gemeinde ein
neuer Prediger angestellt werden sollte, mufste sich derselbe einer
Prüfung in Gegenwart des Rates unterziehen; eine ungefährliche,
aber ohne Erlaubnis des weisen Rates vorgenommene Änderung
des kirchlichen Gesangbuches hatte Rügen und ernste Strafen zur
Folge[1]. Selbst an kleinlichen Chikanen und Gehässigkeiten
fehlte es nicht. Da wird z. B. dem gegen einen Falschmünzer
gefällten Urteil von dem Sekretär die Bemerkung beigefügt, der
Missethäter sei ein frommer Mann, der »des Evangeliums wegen
nach Genf gekommen, er besuche alle Tage die Predigt.« Calvin
beschwerte sich darüber und erhielt auch bei dem Rate Recht,
aber das »Ärgernis« war geschehen[2].

Hand in Hand mit diesem Verfahren gegen die Geistlichkeit
gingen offene Feindseligkeiten gegen ihre Freunde und Parteigänger in der Laienschaft. Am meisten litten darunter die
Fremden, die »Franzosen«. Auf die ungerechteste Weise, klagt
Bonivard[3], seien damals die glaubenstreuen Flüchtlinge in Genf
von Rat und Volk behandelt worden und beredter noch als die
Deklamationen eines wenig glaubwürdigen Chronisten sprechen für
die herrschende franzosenfeindliche Richtung die gewaltigen
Lücken, welche die Verzeichnisse der neu aufgenommenen Bürger
in jenen Jahren zeigen[4]. Man hatte die Fremden während der
Jahre 1546 und 1547 als die entschlossensten Parteigänger Calvins,
als die stärksten Stützen des geistlichen Regiments kennen gelernt;
kein Wunder, wenn das neue Regiment sich vorzugsweise gegen
sie kehrte und jetzt mit ihnen Abrechnung hielt. Es hatten sich
nach Beendigung des Perrinschen Prozesses Stimmen erhoben,

---

[1] Vgl. die Mitteilungen aus den Ratsprotokollen bei *Roget*, L'église
et l'état S. 51, 52.

[2] Ratsprot. 3. Nov. 1550. *Roget* a. a. O. S. 50.

[3] Vgl. die o. S. 110 A. 1 wiedergegebene Stelle. [Vgl. für das folgende
Roget, Hist. du peuple de Genève III S. 132 ff.].

[4] Von 130 im Jahre 1547 sank die Zahl der aufgenommenen Bürger
1548 auf 21, 1549 auf 9, 1550 gar auf 5, und stieg 1551 wieder auf 15.
[Vgl. jedoch die etwas abweichenden Zahlen und noch stärker abweichenden
Schlufsfolgerungen bei *Roget* III S. 133 n. 1].

welche einfach die Ausweisung sämtlicher Fremden verlangten[1].
Konnte die Behörde auch darauf nicht eingehen, so nahm sie
doch sofort eine sehr energische Haltung gegen das Emigrantentum an und zügelte dasselbe durch eine Reihe von neuen Mafsregeln, die seinen bisherigen Einflufs völlig brachen. Man suchte
den Fremden auf jede Weise den Eintritt in den Generalrat zu erschweren, liefs sie bei ihrer Ankunft mit beleidigendem Mifstrauen
über die Ursache ihrer Auswanderung, ihren früheren Lebenswandel und ihren Glauben verhören, und legte auch den schon
längst Angesiedelten einen neuen Eid auf, durch den sie sich zur
Treue gegen die Stadt, zum Gehorsam und zur Folgsamkeit gegen
den Magistrat, seine Anordnungen und die Gebote des heiligen
Evangeliums verpflichten mufsten[2]. Und schwerer noch als das
ungnädige Regiment des Rates lastete der unverhohlen zur Schau
getragene Unwille des Volks auf ihnen, welchem die Mafsregeln
der Vorgesetzten keineswegs genügten. Die erbitterte Menge trug
insbesondere Maigret einen unversöhnlichen Hafs nach und fand
es unverantwortlich, dafs diesem Verräter aus städtischen Mitteln
noch fortwährend ein Jahrgehalt ausgezahlt werde. Sie hafste die
Fremden nicht blofs wegen ihrer Anhänglichkeit an Calvin, als
blinde Werkzeuge der französischen Prädikanten, als Heuchler und
Denunzianten, sondern fand überhaupt, dafs die Anwesenheit so
vieler Emigranten an sich ein Schaden für die Stadt sei, dafs sie
den Eingeborenen das Leben verteuere und schliefslich ganz
Genf in fremden Besitz bringen werde. Mehr als einmal machte
sich diese Stimmung in drohenden Kundgebungen Luft. Thät-
liche Mifshandlungen der verhafsten Franzosen waren keine
Seltenheit: wer einen Franzosen mifshandelte, sagt der Chronist[3],
war einem jeden willkommen. Der Rat schritt gegen die
Übelthäter mit Vorladung und Verurteilungen ein. Aber der

---

[1] Consistorialprot. 26. Jan., [Ann. S. 420], 3. Febr. 1548.
[2] Ratsprot. 19. Jan., 6. Febr. 1551 [Ann. S. 472, 473]. *Roset* V c. 31
u. 36. Vgl. *Gaberel* I, 427, 428; *Staehelin* I, 464.
[3] »*Ils cherchoyent*«, sagt *Bonivard* l. c. S. 73, »*touttes occasions de desbat
contre les estrangers; de jour et de nuict et sans occasion les battoient*«. Und
dann macht *Bonivard* geradezu Perrin und Vandel als die eigentlichen Anstifter für dieses Treiben verantwortlich. Die zuverlässigen Quellen zeigen uns
doch ein etwas anderes Bild! Vgl. freilich *Staehelin* I, 410: »von den libertinischen Syndiks fast offen ermuntert . . . . versuchten die Gegner« u. s. w.!

Erfolg war nur ein unvollkommener. Die Obrigkeit selbst liefs hier — darf man sich darüber wundern? — zuweilen die nötige Entschiedenheit und Energie vermissen[1].

Und wie in dem Verhältnisse zu den Emigranten, so erwies sich auch sonst noch der Wille und die Autorität des Rates nicht stark genug, das aufgestellte Programm vollständig durchzuführen und alle Unordnungen zu verhindern. Ist auch die ungünstige Schilderung, welche der schmähsüchtige Verfasser der »alten und neuen Politik« von dem damaligen Leben in Genf giebt, übertrieben und unwahr, so läfst sich doch nicht verkennen, dafs der öffentliche Zustand dem strengen Geiste, welchen die Gesetzgebung jener Jahre ankündigt, keineswegs völlig entsprach. Es ist dies nicht zu verwundern. Ami Perrin, von dem die jetzt herrschende Partei den Namen trug, der sich als ihr Führer ansah, war nicht der Mann für die schwierige Aufgabe, die ihm zugefallen war. Überdies wurde die herrschende Partei durch die Art und Weise, wie sie emporgekommen war, gelähmt. In den Kämpfen des Jahres 1547 hatte sie sich mit Elementen von sehr zweifelhaftem Wert verbündet, deren sie sich nach gewonnenem Siege vergebens wieder zu entledigen trachtete. Männer, wie der gewaltthätige Vandel, Perrins »Connestabel«, wie ihn Bonivard nennt[2], Berthelier, Gentilis behielten grofsen Einflufs und manche gesetzwidrige Handlung mufste man ihnen hingehen lassen. Insbesondere aber wurde die Aufrechterhaltung strenger Ordnung durch die wiedererstandenen »Kinder von Genf« erschwert, die unter Bertheliers Führung sich zu einem förmlichem Bunde mit der alten Losung »Einer für Alle« vereinigten. Stolz auf ihre Verdienste traten sie mit keckem Übermut auf, setzten sich ohne Scheu über die Ordonnanzen hinweg, zogen wieder, wie in der guten alten Zeit, in lärmenden Haufen durch die Stadt, verspotteten das reformatorische »Triumvirat« und die übrigen Geistlichen und suchten Händel mit den Franzosen. Trotz einzelner Versuche, gegen den verwegenen Führer der Schar einzuschreiten[3], gelang es doch

[1] Consistorialprot. 20. März, 24. April [Ann. S. 462, 463], 13. Nov. 1550; 24. März [Ann. S. 475 ff.], 22. [Ann. S. 489], 29. Okt. 1551. Not. général. III, 527; *Rosel* V c. 37; Anc. et nouv. pol. S. 70, 72, 73.

[2] l. c. S. 438.

[3] Ratsprot. 30. Aug. 1548, 8. u. 15. Aug. 1549 [Ann. S. 433, 454 f.; vgl. *Roget* III S. 107 f.].

nicht, dem zügellosen Treiben Einhalt zu thun. Perrin scheint
nicht gerade eifrig gewesen zu sein, Männer zu verfolgen, die ihm
in den Tagen schwerer Gefahr gute Dienste geleistet hatten und
ihm solche vielleicht noch einmal leisten konnten [1].

Überhaupt mußte der fortdauernde Gegensatz zwischen geistlicher und weltlicher Gewalt und die unaufhörlichen Reibungen störend
auf das gesamte kirchliche Leben wirken. Die strenge kirchliche
Ordnung hörte mehr und mehr auf. Die vorgeschriebenen Visitationen der Landgemeinden unterblieben sowohl 1549 als 1551 [2].
Die Disciplin geriet in Verfall. Enthaltungen von dem Abendmahl kamen häufiger vor. Der Gottesdienst wurde säumiger besucht: der gemeine Mann klagte über die zu lange Dauer desselben und meinte wohl, er thue besser, seinen Geschäften nach-
zugehen und für seine Familie zu sorgen, als den ganzen
Vormittag in der Predigt zu sitzen. Die Ehrfurcht vor dem
geistlichen Stande verschwand; man nahm es den Dienern des
Wortes übel, wenn sie sich »Herren« nennen ließen [3]. Alte
Gewohnheiten und Sitten, die der Reformator längst abgethan
glaubte, tauchten wieder auf. Man fing wieder an, bei Trauungen
das junge Paar mit Musik zur Kirche zu begleiten und bei dem
Hochzeitsmahl sogar heimlich zu tanzen [4]. Bei Tauffeierlichkeiten

---

[1] Vgl. Anc. et nouv. pol. S. 72, 73, 74, 75, 76, 77. Bonivard kennt
von der Geschichte Genfs während dieses Jahres nur das Treiben der Kinder
von Genf, für das er den verhaßten Generalkapitän, den Genfer Catilina, wie
er ihn nennt, verantwortlich macht. Daß dieser in der Verfolgung derselben
lau gewesen und sich gescheut hat, mit seinen alten Freunden vollständig zu
brechen, scheint auch aus einigen Äußerungen Calvins hervorzugehen; doch
wurde gerade unter Perrins Syndikat gegen Berthelier eingeschritten (Ratsprot.
8. u. 15. Aug. 1549, Ann. S. 454 f). Der von Colladon wiedergegebene Name
le Trepied für Calvin, Farel und Viret wurde oben bereits erwähnt (S. 104);
damals nannte man sie auch die drei Patriarchen oder das Triumvirat.

[2] Wenigstens werden sie in den Aufzeichnungen der Vén. Comp. nicht
erwähnt, während die von 1550 erwähnt sind. [Vgl. jedoch hierzu die Bemerkung zum 20. Febr. 1550 in den Ann. S. 461].

[3] Ratsprot. 15. April 1549; 25. Mai 1551; Consistorialprot. 16. und
19. Aug. 1548; 27. Febr., 22. Mai 1550.

[4] So erzählt wenigstens der pseudonyme Verfasser der Streitschrift:
Passevent Parisien respondant a Pasquin Romain. De la vie de ceux qui
sont allez demourer a Geneve. Paris 1556, der sich zu Anfang der 50 er Jahre
zu Genf aufhielt. »Ceux qui ne ce soucient pas beaucoup de Calvin ny de ses
compaignons: . . . . vont et retournent a leglise avecques un tambourin de

kam es wiederholt in der Kirche zu ärgerlichen Scenen, indem die Verwandten und Taufzeugen im Widerspruch mit dem Geistlichen auf der Beibehaltung der altgenferischen von den Vätern geführten Namen bestanden[1]. Das geistliche Gericht hatte, nachdem es den früheren Rückhalt in der weltlichen Macht verloren, auch seine Furchtbarkeit eingebüfst. Man erschien vor dem Consistorium nicht mehr mit der devoten Miene der früheren Zeit, sondern oft genug mit herausforderndem Trotz, stellte die vorgebrachten Thatsachen (wie das Protokoll wohl bemerkt, »nach der Mode«) in Abrede und erklärte nur den Syndiken, nicht aber den Ältesten Rechenschaft schuldig zu sein[2]. Selbst das schwächere Geschlecht erscheint schon früh von dem neuen Geiste des Widerspruchs angesteckt. Da erklärte eine Frau, die man wegen abergläubischer Handlungen vorgeladen, den ehrwürdigen Herren, ihr Gemahl sei weise genug, um, wenn sie gefehlt habe, sie selbst zu ermahnen[3]. Man verachtete, klagt ein Chronist, die Ermahnungen und Verbote des Consistoriums. Von dem Magistrat wurde wenig Hilfe geleistet[4].

In diesem Zustande trat auch mit dem Jahre 1551 keine Änderung ein[5]. Die Unordnungen dauerten fort und steigerten

---

Suysse ou bien autre instrument, et apres disner dancent ou jouent en chambre et bien secretement. [Über diese Schrift und Calvins Entgegnung vgl. Opp. IX S. XXIV f. und 125 ff.]. *Roset* V c. 48.

[1] So im Febr., März, Dez. 1550. Im Jahre 1551 kam es wegen des Namens Balthasar in der Kirche zu S. Gervais zu einem förmlichen Tumult. Vgl. *Roset* V c. 40. *Beza*, Opp. XXI S. 143; Nouv. pag. S. 78. Der Streit hatte allerdings auch eine politische Bedeutung. Vgl. Calvin an Farel, 2. Dez. 1552, Opp. XIV S. 421 f.

[2] Consistorialprot. 14. April, 13. Nov. 1550.

[3] Consistorialprot. 14. Juni 1548; 1. u. 8. Okt. 1551 [Ann. S. 487, 488]. Eine Frau, über ihre Tracht verhört, erklärt, wem dieselbe nicht gefalle, der möge die Augen schliefsen.

[4] *Roset* V c. 33: »On mesprisoit les admonitions et deffences du Consistoire et si n'y avoit grand refuge au magistrat«.

[5] [Kampschulte hatte an dieser Stelle wohl noch eine Änderung oder Erweiterung beabsichtigt. Er hatte folgendes an den Rand des Manuskripts geschrieben: »Eine Besserung schien in diesem Zustand mit dem Jahre 1551 eintreten zu wollen. Der für dieses Jahr gewählte neue Magistrat war Calvin gewogener als der vorjährige: in dem Rate safsen einige sichere Anhänger des Reformators (*Roset* V c. 33: »meslé de deux parties«; Mém. de l'Institut Gen. X S. 10). Auch die Einwanderung der Fremden begann wieder zuzunehmen und nament-

sich im März dieses Jahres sogar zu ernstlichen Ruhestörungen. Als Calvin eines Tages nach einer Predigt in S. Gervais zu seiner Wohnung zurückkehren wollte, traten ihm auf der Rhonebrücke einige von der Schar Bertheliers mutwillig in den Weg; es entstand ein Auflauf; ein Refugié in der Nähe, der für Calvin Partei nahm, wurde unter dem Rufe »Tod den Fremden« mifshandelt und von den losen Gesellen bis in seine Wohnung verfolgt. Ein ähnlicher Auftritt wiederholte sich, als Calvin einige Tage später sich zur Vorlesung nach S. Peter begeben wollte. Man vergriff sich an Calvins Diener auf offener Strafse. Dem verhafsten Prediger Raymond Chauvet wurden nächtlicherweile Nachstellungen bereitet[1]. Zu wiederholten Malen wandte sich Calvin an den Rat um Hilfe. In sehr ernster Rede wies er einige Tage nach dem Tumulte auf der Rhonebrücke die Staatslenker auf das Gefährliche eines solchen Zustandes hin und bat im Namen seiner Amtsbrüder um strenge Gerechtigkeit[2]. Der Rat liefs die Schuldigen einige Tage einsperren. Aber der Zustand wurde nicht besser. Im Gegenteil führte die nächste Zeit unerwartet den Gegnern Calvins einen neuen Bundesgenossen zu, dessen Angriff, anfangs wenig beachtet, ja sogar verachtet, seinem Ansehen mehr schadete, seine Stellung mehr erschütterte als alle Unbesonnenheiten und losen Streiche der »Kinder von Genf«.

---

lich erfüllte es Calvin mit lebhafter Genugthuung, dafs unter den Eingewanderten sich Männer in hervorragender Lebensstellung befanden (an Farel 15. Juni 1551, Opp. XIV S. 134; vgl. Ratsprot. 3. Mai und 27. Juni 1549, Ann. S. 451, 453: Beza und Budé!) Viret, der damals seine Freunde in Genf besuchte, fand den öffentlichen Zustand durchaus befriedigend, besser als er vermutet hatte (an Farel, 15. Juni 1551, Opp. XIV S. 130 f.), und auch Calvin selbst fafste wieder mehr Hoffnung (an Bullinger 12. März 1551, Opp. XIV S. 75). Aber mochte auch die Behörde ihm gewogen sein, so lebte doch in der Masse der Bevölkerung der alte Geist fort. Ruhestörungen blieben auch während des Jahres 1552 an der Tagesordnung«.]

[1] *Roset* V c. 33; *Beza*, Opp. XXI S. 143; Consistorialprot. 24. März 1551 [Ann. S. 476, 477]; Ratsprot. 27. März 1551 [ebd. S. 478]. Aus *Roset* ersieht man, dafs Bern für die Missethäter Fürbitte einlegt! In den Aufzeichnungen der Vén. Comp. zum 7. März ist von einer *esmotion jusques a effusion de sang* die Rede [Ann. S. 475. Für den Vorfall auf der Rhonebrücke vgl. die Zweifel *Rogets* III, 140 n. 2].

[2] Vgl. Consistorialprot. 12. März 1551, Ann. S. 475.

VII.

CALVIN UND HIERONYMUS BOLSEC.

Bei aller Leidenschaftlichkeit, womit der Kampf gegen Calvin geführt und jedes aufgegriffen wurde, was als Waffe gegen ihn dienen konnte, wurde doch das eigentlich theologisch-dogmatische Gebiet während der ersten Jahre von den Streitenden nicht berührt. Man kämpfte gegen die theokratische Unterordnung des Staats unter die Kirche, gegen den Rigorismus der calvinischen Sittenzucht und den geistlichen Druck, man trat überall mit Entschiedenheit den Ideen des Reformators entgegen, wo sie die Selbständigkeit der bürgerlichen Gesellschaft zu gefährden schienen, aber eine Auflehnung gegen das calvinische Glaubenssystem an sich lag nicht in der Tendenz der Oppositionspartei. Der verwegene Angriff eines Jacques Gruet blieb eine vereinzelte Erscheinung und wurde von den Feinden Calvins, wie wir sahen, kaum minder entschieden verurteilt, als von seinen Anhängern. Auch die Gegner wollten evangelisch sein und bleiben und erblickten in Calvin, mochten sie auch mit ihm in Hader liegen, doch den Verkünder der wiederhergestellten evangelischen Wahrheit, ohne über Einzelheiten seiner Lehre viel nachzugrübeln. Wohl wurden hin und wieder dogmatische Zweifel laut; schon Pierre Ameaux hatte von »falschen Lehren« gesprochen, die der herrschsüchtige Picarde vortrage, aber über solche allgemeine Anklagen kam man nicht hinaus, und auf den Kampf selbst hat die dogmatische Opposition, wenn man jene vereinzelten Regungen so bezeichnen darf, nicht im geringsten Einfluß ausgeübt. Calvins Ansehen als Theologe und Gelehrter war zudem zu fest begründet und in der Opposition zu wenig theologische Bildung vorhanden, als daß sie von einer Ausdehnung des Kampfes auf das eigentlich theologische Feld Erfolg hätte hoffen dürfen. Während in der Ferne die Lehre des Genfer Reformators auch in evangelischen Kreisen bereits Anstoß und heftigen Widerspruch erregte, blieb merkwürdig genug von den einheimischen Gegnern seine Rechtgläubigkeit völlig unangefochten [1].

---

[1] Selbst von der Prädestinationslehre durfte er sagen, daß sie bis zum Jahre 1551 »placide a populo recepta fuerat«. Vgl. Vorrede zu der Schrift De aeterna Dei praedestinatione. Opp. VIII, 253.

Das Jahr 1551 brachte in diesem Zustande eine Veränderung hervor. Zum ersten Mal erfolgte in diesem Jahre ein offener und entschlossener Angriff auf das dogmatische Lehrgebäude des Reformators, und zwar gegen jene Lehre, die ihm vor allem die Ehre Gottes und das Heil der Menschheit zu bedingen schien. Der angefochtene Lehrsatz war kein anderer als Calvins Lieblingsdogma von der ewigen Prädestination. Derjenige aber, welcher den Angriff unternahm und der Opposition das neue Schwert der Theologie in die Hand gab, war, bezeichnend genug, kein alter Genfer, sondern ein Fremder, ein Franzose.

Hieronymus Bolsec, aus Paris gebürtig, gehörte erst seit kurzem der Genfer Flüchtlingsgemeinde an. Vor seiner Lossagung von der katholischen Kirche Karmelitermönch, hatte er durch eine freimütige Predigt sich mit seinen Ordensgenossen überworfen, war in Verfolgungen verwickelt und zur Flucht aus seinem Vaterlande genötigt worden[1]. Nach einem kurzen Aufenthalte an dem Hofe der gastfreundlichen Herzogin Renata von Ferrara, die so manchem ihrer mit dem alten Glauben zerfallenen Landsleute Aufnahme und Schutz gewährte, folgte er dem allgemeinen Zuge nach der Stadt Calvins und liefs sich zu Anfang 1551 in dem dicht vor Genf gelegenen, aber bereits zum Berner Gebiet gehörigen kleinen Orte Veigy häuslich nieder. Bolsec war kein gewöhnlicher Mensch: mit unverkennbaren Anlagen verband er einen grofsen Wissenseifer, der sich auf das verschiedenartigste erstreckte. In der Medizin, die er nach Ablegung des Ordensgewandes zu seinem Lebensberuf erwählt, hatte er binnen kurzer Zeit so glückliche Fortschritte gemacht, dafs er einer der angesehensten Ärzte in Genf wurde[2]. Daneben beschäftigte ihn fortwährend die grofse kirchliche Frage. Es scheint, dafs er seinen Übertritt sehr ernst nahm und die wichtigsten Kontroversfragen einer genauen selbstständigen Prüfung unterzog. Bolsec fand in dem calvinistischen System seine volle Befriedigung: nur die Lehre von der göttlichen Vorherbestimmung erregte ihm Bedenken, über die er nicht hinweg kam. Dafs Gott in seinem ewigen Ratschlufs einen Teil der

---

[1] *Haag*, La France protest. II, 360.

[2] Vgl. das Schreiben des Herrn von Falais an den Genfer Rat vom 11. Nov. 1551, Opp. VIII S. 202. Schon dadurch wird das geringschätzige und gehässige Urteil Bezas und Colladons (Opp. XXI S. 72 f., 143) hinlänglich widerlegt.

Menschen zur ewigen Seligkeit, den andern zum ewigen Verderben bestimmt haben sollte, widerstrebte seinem Gefühl. Eine solche Lehre, meinte er, mache den Menschen zu einem beklagenswerten Opfer der grausamen Majestät des höchsten Wesens und Gott eigentlich zum Urheber der Sünde. Calvins Einwendung, daſs der zum Bösen Vorherbestimmte zwar mit Notwendigkeit, aber nicht gezwungen, sondern mit innerer Zustimmung sündige und darum verantwortlich sei, schien ihm den Widerspruch mehr zu verdecken als zu lösen. Endlich glaubte er auch gefunden zu haben, daſs Calvin ganz mit Unrecht für seine Ansicht sich auf Bibel und Kirchenväter berufe.

Bolsec behielt seine Bedenken nicht für sich, sondern sprach sie im Verkehr mit seinen Freunden und selbst den Geistlichen gegenüber offen aus. Nicht lange ging solches in Genf ungestraft hin. Schon bald nach seiner Ankunft lud die ehrwürdige Genossenschaft den verwegenen Fremden vor und verwies ihm nachdrücklich und wiederholt seine Irrtümer. Am 15. Mai 1551 nahm Calvin vor dem versammelten geistlichen Kollegium eine Art Verhör mit ihm vor, bei dem scharfe Worte fielen. Aber Warnungen und Zurechtweisungen blieben fruchtlos. Bolsec fand, daſs man seine Gründe nicht widerlegt habe und hielt an seiner abweichenden Überzeugung fest[1], ohne deshalb weiter behelligt zu werden, da er durch seinen Wohnsitz der Genfer Gerichtsbarkeit entzogen war, bis ihn der Eifer für seine Überzeugung zu einem Schritte verleitete, der verhängnisvoll für ihn werden muſste.

Als am 16. Oktober in der üblichen Kongregation einer der Geistlichen, ausgehend von dem biblischen Spruch: »Wer von Gott ist, der höret Gottes Wort; darum höret ihr nicht, denn ihr seid nicht von Gott[2],« abermals die calvinische Prädestinations-lehre vorgetragen und nach ihm Farel, der damals in Genf an-wesend war, im gleichen Sinne gesprochen, erhob sich allen unerwartet Hieronimus Bolsec, um in längerer Rede seinen Ge-fühlen Luft zu machen. Mit groſser Entschiedenheit erklärte er die vorgetragene Lehre für irrig und falsch. Wer in Gott einen

---

[1] Vgl. die Aufzeichnungen der Vén. Comp. (Ann. S. 481), das Schreiben der Genfer Geistlichen an die schweizerischen Kirchen (Opp. VIII, 206), die eignen Geständnisse Bolsecs während des Prozesses (Opp. VIII, 154, 155, 158, 159) und *Colladon* (Opp. XXI, 73).

[2] Joh. VIII 47.

ewigen Ratschlufs annehme, durch den er die einen zum ewigen Verderben, die andern zur ewigen Seligkeit vorherbestimme, der mache aus dem höchsten Wesen einen Tyrannen, einen despotischen Zeus, wie die Alten. Eine solche Ansicht sei verderblich, Ärgernis erregend, gefährlich, sie sei eine offenbare Häresie. Ganz mit Unrecht suche man sie durch die Bibel und St. Augustin zu stützen: sie sei der alten Kirche völlig fremd und erst in neuerer Zeit durch Laurentius Valla aufgebracht worden. Nachdrücklich ermahnte der Redner zum Schlufs das gläubige Volk gegen Irrlehren dieser Art auf seiner Hut zu sein [1].

Man kann sich denken, mit welchen Gefühlen Calvin solche Worte vernahm. Er war bei der Eröffnung der Versammlung nicht anwesend gewesen — vielleicht hatte gerade dieser Umstand dem Redner Mut gemacht [2] — erst während des Vortrags war er unbemerkt in die Versammlung getreten. Sein ganzer Zorn flammte auf bei diesem freventlichen Angriff auf sein Liebstes und Teuerstes. Bolsec hatte kaum geendet, so erhob er sich unter gespannter Erwartung der Anwesenden. Mit der ganzen Heftigkeit, die seiner Rede in solchen Fällen eigen war, mit der Überlegenheit seines reichen biblischen und patristischen Wissens, das ihm nirgendwo in solcher Fülle zu Gebote stand als in dieser Frage, fiel er über den Armen her. Er sprach eine volle Stunde ohne Unterbrechung und unerschöpflich in immer neuen Beweisen aus Bibel und Kirchenvätern für die Richtigkeit seiner Lehren: der verwegene Eindringling sei, erzählt der Biograph des Reformators, durch die Fülle der beigebrachten Beweisstellen aus der hl. Schrift und den Werken des hl. Augustin, förmlich überschüttet, erdrückt, vernichtet worden. Bolsec war dem gewaltigen Redner, der ihn zum Schlufs als einen unwissenden Menschen bezeichnete, nicht gewachsen. Seine Fassung war hin: nicht einmal ein Versuch zu seiner Rechtfertigung wurde von ihm gewagt.

Aber er sollte für den verwegenen Angriff noch schwerer büfsen. Der in der Versammlung anwesende Polizeibeamte Jean de la Maisonneuve, beherrscht von dem Eindruck der gewaltigen

---

[1] Vgl. Opp. VIII, 145, 147, 149, 153, 188 ff.

[2] Vgl. *Colladon*, Opp. XXI S. 73 und *Beza*, ebd. S. 143. Die Aufzeichnungen der Vén. Comp. erwähnen die anfängliche Abwesenheit Calvins nicht.

Rede, erblickte in dem Beginnen Bolsecs eine Auflehnung gegen die kirchlichen Ordonnanzen, ja ein Attentat auf den hl. Glauben der Stadt Genf. Noch in dem Gotteshause selbst ordnete er seine Verhaftung an, um ihm den Prozefs machen zu lassen [1].

So seltsam es auch klingt, dennoch ist es so: Bolsecs Angriff war das günstigste Ereignis, das für die Geistlichkeit hätte eintreten können und diente zunächst nur dazu, das stark erschütterte Ansehen derselben für den Augenblick wiederherzustellen. Dafs ein öffentlicher Angriff auf den Glauben nicht geduldet werden dürfe, verstand sich damals noch bei allen Parteien in Genf von selbst. Der Rat, der bei jeder Gelegenheit den gröfsten Eifer für die Aufrechthaltung der Rechtgläubigkeit gezeigt hatte, war mit der Handlungsweise des Polizeibeamten völlig einverstanden; nicht einmal die Stellung eines Bürgen für die Rechtmäfsigkeit der Anklage, wie die Ordonnanzen vorschrieben, wurde für nötig gehalten. Die grofse Menge dachte ebenso oder verhielt sich überhaupt gleichgültig. Ein Glück noch dazu, dafs der Gegner ein Fremder, ein Franzose war und ihm bei dem Volke auch das nationale Vorurteil, der allgemeine Hafs gegen die Refugiés entgegenstand [2]. So wurde, was Calvins Stellung hatte erschüttern sollen, ein Mittel sie zu befestigen, und er säumte nicht diese Lage zu benutzen. Die Gelegenheit schien ihm günstig, das geistliche Ansehen wieder

---

[1] Aufzeichnungen der Vén. Comp., Opp. VIII S. 146. Die Akten dieses merkwürdigen Prozesses sind zuerst von *H. Fasy* herausgegeben worden in den Mémoires de l'Institut Genevois tom. X S. 1—74 (Genève 1865) und nach ihm, noch um einige Aktenstücke vermehrt, in Opp. VIII, 145—248. Nach diesen Akten stellt sich uns Bolsecs Bild doch wesentlich anders dar, als es manche Geschichtsschreiber gezeichnet haben, die in ihm »ein Bild der gemeinen Natur« (*Henry* III, 48) oder einen »durch und durch unwürdigen Mann« (*Stähelin* I, 413) sehen wollten, von *Beza* und *Colladon,* deren Darstellung die gehässigsten Beschuldigungen enthält, gar nicht zu reden. [*Roget* urteilt viel zurückhaltender als die eben genannten; er spricht allerdings (III, 158) die Vermutung aus, dafs Bolsec von einem der politischen Gegner Calvins zum Kampfe gegen den Reformator angetrieben worden sei. *Choisy*, La Théocratie à Genève S. 113 ff. nimmt die Vermutung *Rogets* auf und giebt ebensowenig wie dieser ein bestimmtes Urteil über Bolsec ab.]

[2] Ganz grundlos ist die Verdächtigung *Colladons*, Opp. XXI S. 73, als habe Bolsec auf Anstiften der Opposition den Angriff unternommen. Der Gang des Prozesses zeigt das Gegenteil, und nicht einmal *Bonivard*, Anc. et nouv. pol. S. 82, wagt jene Behauptung auszusprechen. [Vgl. dazu die in der vorhergehenden Anmerkung wiedergegebene Meinung *Rogets* und *Choisys*.]

Kampschulte, J. Calvin II.   9

fester zu begründen und das alte Band zwischen Staat und
Kirche wieder herzustellen. Ohne Verzug, unmittelbar nach Beendigung der Kongregation vereinigte er die Mitglieder der ehrwürdigen Genossenschaft zu einer Sitzung, um die anstöfsigen,
gotteslästerlichen und häretischen Behauptungen Bolsecs zu einem
förmlichen Anklageakt zum Gebrauche der weltlichen Behörde
zusammenzustellen [1].

Noch an demselben Tage hatte Bolsec vor dem Polizeibeamten, der seine Verhaftung veranlafst, das erste Verhör zu
bestehen. Der Angeklagte, der seine Fassung wiedererlangt
hatte, zeigte jetzt eine feste und würdige Haltung. Ruhig und
entschieden beantwortete er die ihm vorgelegten Fragen, räumte
die Thatsachen ein und bekannte sich ohne Umschweif zu den
in der Kongregation von ihm vorgetragenen Ansichten. Er erklärte in allen übrigen Fragen mit dem Glauben der Genfer
Kirche einverstanden zu sein: nur die von Calvin gelehrte
Prädestination finde er im göttlichen Wort nicht gegründet [2].
Auch das zweite Verhör, welches am 20. Oktober, nachdem Tags
vorher Calvin und Farel im Namen der Geistlichen auf strenge
Bestrafung der »Gotteslästerungen und Irrlehren« des Angeklagten
gedrungen, im Beisein der Syndike und einer Anzahl von Ratsherren stattfand, ergab kein anderes Resultat. Mit leidenschafts-
loser Ruhe und der Festigkeit eines innerlich Überzeugten blieb
er im wesentlichen bei seinen früheren Erklärungen und gab
überall klar und bestimmt die gewünschte Auskunft. Er leugnete
nicht, was ihm zur Last gelegt wurde, behauptete aber nur, dem
göttlichen Worte gemäfs gehandelt und gesprochen zu haben.
Was in den Schriften und Lehren der Genfer Reformatoren auf
das Wort Gottes sich gründe — und er räumte bereitwillig ein,
in ihren Predigten und Kongregationen auch wahrhaft evangelische
Lehren vernommen zu haben — das verehre er und nehme es
gerne an; was aber falsch sei, daran könne er nimmer glauben [3].

---

[1] Vgl. Opp. VIII S. 147. Diese erste Eingabe enthält 13 Artikel.

[2] *Fasy* l. c. S. 6 ff.; Opp. VIII S. 152 ff. (n. 4). Wie fest diese Überzeugung bei Bolsec stand, ergiebt sich auch daraus, dafs er noch in der Vita
Calvini (c. 23) ausführlich über die Frage handelt, während er dort den Prozefs
selbst, wohl um dem katholischen Leser seinen früheren Abfall nicht mitteilen
zu müssen, vollständig übergeht.

[3] *Fasy* S. 9, 10 ff.; Opp. VIII S. 155, 156 ff. (n. 5, 6).

Diese feste und mafsvolle Haltung des Angeklagten scheint den Rat einen Augenblick verlegen gemacht zu haben. Nach den Darstellungen der Geistlichen mufste man sich den Angeklagten als einen Menschen von der Geistesrichtung eines Gruet denken, statt dessen fand man einen gläubigen Christen, der mit Ausnahme einer einzigen schwer zu fassenden Lehre von der Genfer Reformation sogar mit grofser Ehrfurcht sprach. Allein jetzt kam Calvin der Unentschlossenheit der Behörde zu Hilfe. Schon am Tage der verhängnisvollen Kongregation hatte er neben jener ersten eine zweite Denkschrift von 17 Artikeln entworfen und von sämtlichen anwesenden 13 Geistlichen unterzeichnen lassen, die er jetzt dem Rate überreichte, um sie bei dem nächsten Verhör zu Grunde zu legen[1]. Die neuen Artikel verbreiteten sich in teilweise sehr verfänglicher Fassung über die Einzelheiten der angefochtenen Lehre: man merkt dem Aktenstück auf den ersten Blick die Absicht an, den Angeklagten zu einer genauen Darlegung seines Standpunktes zu nötigen, ihn in Widerspruch mit sich selbst zu bringen und den günstigen Eindruck, den sein erstes Auftreten doch gemacht hatte, zu zerstören[2].

Der Magistrat ging auf den Antrag der Geistlichkeit ein und an zwei aufeinander folgenden Tagen (21. und 22. Oktober) wurde Bolsec vor dem Rat über die 17 Artikel vernommen. Der beabsichtigte Erfolg wurde wenigstens teilweise erreicht. Bolsecs Antworten, die er selbst niederschrieb, zeugten zwar von ernstem Nachdenken und festem Glauben, liefsen aber, wie es bei der Schwierigkeit der behandelten Materie kaum fehlen konnte, an Klarheit und Konsequenz doch manches vermissen. Auch Bolsec erklärte, das Menschengeschlecht sei in Adam so tief gesunken, dafs der Mensch aus sich selbst nichts Gutes vermöge, aber er habe doch die Freiheit nicht vollständig verloren und mit Hilfe der göttlichen Gnade sei es ihm möglich, zu glauben. Diese

---

[1] [Auch die Herausgeber der Opp. Calvini nehmen als »sehr wahrscheinlich« an, dafs Calvin der Verfasser dieser Artikel war oder sie doch veranlafst hatte (Opp. VIII S. 149 n. 1)].

[2] *Fasy* S. 13 ff.; Opp. VIII S. 149 ff. (n. 3). Auch *Staehelin* II, 288 will die Fassung der Artikel nicht billigen. [*Roget* III, 162 meint, die Debatte zwischen Calvin und Bolsec hätte keine weitern Folgen zu haben gebraucht. »Mais les ministres ne l'entendaient pas ainsi, et ils jugèrent a propos de faire appel à l'autorité civile pour réprimer l'audace dont venait de faire preuve Bolsec«.]

göttliche Gnade sei aber allen in Christo zu Teil geworden und kein besonderes Geschenk an einzelne. Einen ewigen, verborgenen Ratschluſs, durch den Gott einen Teil der Menschheit zum Ungehorsam und Verderben vorherbestimmt habe, gebe es nicht. Allerdings habe Gott unter den Menschen diejenigen, die er wolle, in Christo erwählt, aus bloſser Gnade, aber darum hänge doch der Glaube nicht von der Erwählung ab, beide seien vielmehr zusammen zu betrachten, denn in Gott gebe es kein vorher und nachher. In das Geheimnis der wunderbaren göttlichen Ratschlüsse einzudringen maſse er sich nicht an, vielmehr beruhige er sich bei dem Worte der Schrift, daſs alle, die an den Sohn Gottes glauben, würden gerettet und die Ungläubigen verdammt werden und daſs Gott seinen Sohn in die Welt gesendet habe, auf daſs alle an ihn glauben. Im übrigen berief er sich auf die berühmtesten Lehrer, wie Melanchthon, Bullinger, Brenz als seine Gesinnungsgenossen und wiederholte am zweiten Tage, daſs er nur nach bestem Wissen und Gewissen und auf Grund der heil. Schrift seine Ansicht entwickelt habe und daſs er sich unterwerfen werde, wenn man aus dem göttlichen Wort den Irrtum überführe und widerlege [1].

Die Widerlegung lieſs nicht lange auf sich warten. Der, wie es schien, ganz calvinisch gewordene Rat lieſs der Geistlichkeit Bolsecs Antwort mitteilen und in kurzer Zeit war die Gegenschrift fertig. Sie war ziemlich ausführlich, von Calvin selbst und zehn anderen Geistlichen unterzeichnet und in scharfem schneidendem Tone gehalten [2]. Daſs die Ansichten des Angeklagten als offenbar längst widerlegte und mit der Schrift in Widerspruch stehende Ketzerei behandelt und seine Schwächen geschickt ausgebeutet werden würden, war nicht anders zu erwarten: aber nicht einmal die Persönlichkeit des Irrenden, dessen äuſsere Lage und Hilflosigkeit doch eine gewisse Rücksicht gebot, wurde geschont. Während Bolsec in dem vorausgegangenem Verhör auf den Geist der christlichen Liebe als besonders bei solchen Verhandlungen nötig hingewiesen hatte [3], ergeht Calvin sich in leidenschaftlichen Schmähungen, wirft dem Gegner bald knabenhafte Unwissenheit,

---

[1] *Fazy* S. 13, 14 ff.; Opp. VIII S. 158, 159 ff. (n. 7, 8, 9); *Trechsel*, Die protest. Antitrinitarier I, 186.

[2] *Fazy* S. 67 ff.; Opp. VIII 163 ff.

[3] Opp. VIII, 159.

bald frivole Sophisterei vor, nennt ihn einen schamlosen, un-
ehrlichen Menschen, einen Verleumder. Es ist wahr, Bolsec hat
später eine unedle Rache genommen und durch seine Schmäh-
schrift über das Leben Calvins einen Teil jener Vorwürfe wirklich
verdient, aber dies darf uns nicht abhalten anzuerkennen, dafs in
diesem Kampfe er und nicht Calvin die edlere, würdigere und
christlichere Rolle gespielt hat.

Nichtsdestoweniger war der Rat weit entfernt für Bolsec
Partei zu nehmen. Diese Haltung der Behörde, die in der Mehrzahl ihrer Mitglieder keineswegs aus unbedingten Anhängern
Calvins bestand, hat auf den ersten Blick etwas Befremdendes;
allein es zeigte sich damals nur aufs neue, wie wenig die angeblich antiklerikalen Magistrate dieser Jahre jenen destruktiven
Tendenzen gehuldigt haben, die man ihnen hat zuschreiben
wollen, und dafs Rat und Geistlichkeit sich trotz aller Reibungen
und Feindseligkeiten doch immer wieder zusammenfanden, wenn
es sich um einen Angriff auf den Glauben handelte[1]. Vergeblich
dafs Bolsec jetzt in einem ernstem Schreiben an den Rat gegen
seine Gefangenhaltung unter Berufung auf seine Eigenschaft als
Unterthan Berns protestierte, die städtischen Rechte und Freiheiten und die gewöhnlichen Formen der Rechtsverhandlungen
auch für seine Person in Anspruch nahm und eine kurze, unparteiische und die Ehre Gottes berücksichtigende Justiz verlangte[2]. Mochten die Väter der Stadt auch selbst den Gegenstand
des Streitens nicht recht begreifen — die Thatsache, dafs Calvin und
die ehrwürdige Genossenschaft Bolsec für einen Ketzer erklärten,
reichte für sie hin, den Angeklagten noch in Haft zu behalten, bis
die Angelegenheit ins klare gebracht sein würde. Dies zu bewerkstelligen wurde nunmehr eine mündliche Disputation zwischen
beiden Parteien vor versammeltem Rate angeordnet. Am 26. Oktober liefs man Bibeln, Werke der Kirchenväter, theologische
Kontroversschriften u. s. w. auf das Stadthaus bringen, und an
zwei aufeinanderfolgenden Tagen wurde über das Geheimnis der
göttlichen Gnadenwahl disputiert. Allein ein Resultat wurde nicht

---

[1] *Bonivard*, Anc. et nouv. pol. S. 82, erzählt, die gutgesinnte Minderheit des Rats habe die Mehrheit für ihre Ansicht gewonnen, namentlich bei
dem Vorschlag, das Gutachten der Schweizer einzuholen; aber die Quellen
wissen davon nichts, in der Hauptsache herrschte Übereinstimmung.
[2] *Fasy* S. 18; Opp. VIII, 173 (n. 12).

erzielt. Waren sie doch nicht einmal, meinte der Ratssekretär, der das Protokoll zu führen hatte, bis zu dem »Hauptpunkte« gelangt. Der arme Mann war dieses Mal seiner Aufgabe nicht gewachsen und nicht imstande, den Verhandlungen über so ungewohnte, subtile Fragen zu folgen, und nicht besser erging es den Mitgliedern des weisen Rates selber. Unter diesen Umständen gingen sie gern darauf ein, als Bolsec den Vorschlag machte, ein Gutachten der angesehensten schweizerischen Kirchen über die Streitfrage einzuholen, und beschlossen, nachdem auch die Geistlichkeit sich einverstanden erklärt hatte, beide Teile ihre Behauptungen, Widerlegungen und Gegenbemerkungen schriftlich in lateinischer Sprache aufsetzen zu lassen und dieselben den Kirchen von Basel, Zürich und Bern zur Entscheidung vorzulegen[1]. Der Angeklagte blieb trotzdem nach wie vor in Haft. Wohl erklärte der Rat sich jetzt bereit, ihm vorläufig eine beschränkte Freiheit zu gewähren unter der Bedingung, daß er eine sichere Bürgschaft leiste. Allein niemand war zu finden, der die verlangte Bürgschaft übernahm, ein Beweis, wie wenig Teilnahme der fremde Mönch damals noch in Genf fand. Umsonst stellte der Arme in einem neuen Schreiben der Behörde in beweglichen Worten seine Hilflosigkeit und Verlassenheit vor und bat, ihm auch ohne Erfüllung jener Bedingung die Freiheit zu gewähren, weil er zur Begründung seiner Ansichten noch mehrere Bücher zu studieren habe, die ihm im Kerker nicht wohl zugänglich seien[2]. Die Herren blieben unerbittlich.

Indes lag in dem Beschlusse des Rates, das Gutachten der schweizerischen Kirchen einzuholen, doch auch eine kleine Demütigung für Calvin und die Geistlichkeit, und man begreift es, wenn dieselben ihrerseits nicht gerade Eifer zeigten, die Ausführung des Beschlossenen zu beschleunigen. Ihr Benehmen während der nächsten Tage macht unverkennbar den Eindruck, daß sie im stillen noch den Wunsch und die Hoffnung hegten, an dem schiedsrichterlichen Spruch der fremden Kirchen vorbei-

---

[1] *Fasy* S. 19 ff.; Opp. VIII, 172, 174 ff. (n. 11, 13, 14, 15). [Vgl. *Roget* III S. 173 ff.].

[2] »*Afin quil puisse visiter certains livres desquels il na la commodité en prison, et pourtant quil na possibilité de trouver fiance estant estrange loin de son pais parentz et amys*«. *Fasy* S. 21; Opp. VIII, 176. Damit stimmt *Colladons* Angabe, daß ihn die Opposition angestiftet habe, schlecht.

zukommen. Statt die sehr einfachen Vorbereitungen für die Einsendung der Akten zu treffen, sehen wir sie allerhand neue Verzögerungen herbeiführen und Versuche machen, den Rat zu einem
energischen Verfahren zu bewegen. Sie bitten um »Gerechtigkeit«,
erheben neue Anschuldigungen und scheinen jetzt sogar den durch
die Edikte zur Erhärtung der Anklage geforderten Bürgen aufgebracht zu haben[1]. Eine neue Eingabe Bolsecs, die in Form
von Fragen die schwachen Punkte der Genfer Prädestinationslehre
sehr geschickt hervorhob, beantwortete Calvin mit gesteigerter
Heftigkeit und neuen Schmähungen. Dann überreichte er dem
Rate aufs neue zwölf Artikel, über die der Angeklagte zu vernehmen sei[2]. Die Behörde war in der That schwach genug,
darauf einzugehen und bewilligte ein Verhör nach dem andern.
Es wurde jetzt nachträglich noch ein weitläufiges, mehrtägiges
Zeugenverhör über die Scene des 16. Oktober angeordnet. Gegen
dreifsig von den Predigern vorgeschlagene Männer, fast ohne Ausnahme Refugiés — nur drei oder vier altgenferischen Namen
begegnen wir unter ihnen — wurden nach den von Calvin gestellten Fragen über Bolsecs Auftreten und Äufserungen in der
Kongregation vernommen, um Zeugnis gegen ihn abzulegen[3]. Die
Absicht war offenbar, durch Häufung der belastenden Zeugnisse
den Rat noch zu einem selbständigen Urteil zu bewegen oder,
wenn dies nicht gelang, doch den Schiedsrichtern die Freisprechung
des Angeklagten unmöglich zu machen.

Bolsec, der bisher an eine ernste Gefahr nicht geglaubt
hatte, begann angesichts dieser aufserordentlichen Anstrengungen
der Gegner schlimmes zu fürchten. Seine frühere Zuversicht
verliefs ihn, die offenbare Parteinahme der Behörde für
seine Ankläger erfüllte ihn mit wachsender Besorgnis. Nochmals machte er den Versuch, den Rat milder zu stimmen. Am
2. und 6. November richtete er zwei Gesuche an denselben,
worin er in flehentlichen Worten bat, »seiner Trübsal ein Ende
zu machen« und ihn aus dem Kerker zu entlassen. Drei Wochen
befand er sich nun schon in harter Haft, blofs aus dem Grunde,

---

[1] *Fazy* S. 24; Opp. VIII S. 184 (n. 21).
[2] *Fazy* S. 22 ff., 25 ff.; Opp. VIII, 178, 181, 186 (n. 17, 18, 19, 23).
[3] Ihre Namen und Aussagen, die grofsenteils nach Wunsch ausfielen, bei
Fazy S. 28 ff.; Opp. VIII, 183, 185, 188 ff. (n. 20, 22, 24).

weil er einer von dem Prediger aufgestellten Meinung widersprochen habe, »wofür man doch keinen Menschen so lange gefangen halten dürfe«. Er erbiete sich den Herren zu jedem schuldigen Dienst und werde gerne Widerruf leisten, wenn er auch nur durch den geringsten Diener des Wortes eines Irrtums überführt werde. Er fügte zugleich in dem zweiten Schreiben die dringende Bitte hinzu, die Übersetzung der von ihm abgegebenen und den Schiedsrichtern vorzulegenden Erklärungen keinem andern als ihm selbst zu übertragen. Nur in diesem letzten Punkte wurde seinem Wunsche entsprochen. Im übrigen hatten die neuen Gesuche ebensowenig Erfolg als die früheren; neue Verhöre waren das Einzige, was sie ihm eintrugen [1].

Der ungewöhnliche Eifer, welchen die Geistlichkeit in der Angelegenheit Bolsecs an den Tag legte und der geringe Widerstand, den ihr der Rat entgegensetzte, begannen aber jetzt nach und nach die öffentliche Aufmerksamkeit zu erregen. Man hatte während der ersten Woche dem Handel des fremden Mönches innerhalb der Bürgerschaft kaum irgend welche Beachtung geschenkt und insbesondere hatte sich die altgenferische Opposition völlig gleichgültig verhalten. War doch der Angeklagte einer der verhaßten Franzosen und seine Lehre, wie auch von den Predigern geltend gemacht wurde, im Grunde doch papistisch! Nach den letzten Vorgängen aber fing man an, Bolsec mit andern Augen anzusehen. Es wurde den meisten klar, daß es sich nicht nur um einen bloßen Gelehrtenstreit handelte; je größere Anstrengungen die Geistlichkeit auf der Kanzel und im Gerichtssaal machte, um Bolsecs Verurteilung herbeizuführen, umsomehr wandte die öffentliche Meinung ihm ihre Teilnahme zu. Die Schwäche und Nachgiebigkeit des Rates erfuhr in immer größeren Kreisen Mißbilligung. Calvins Gegner erkannten in dem schriftgelehrten und überzeugungsfesten Karmeliten einen willkommenen Bundesgenossen. Mehrere Bürger setzten sich insgeheim mit dem Verhafteten in Verbindung, klärten ihn über die herrschende Stimmung auf, gaben ihm mancherlei Winke und wiesen ihn auf

---

[1] *Fazy* S. 27, 35, 36, 40; Opp. VIII S. 193 ff., 204 ff. (n. 25—32, 37). Daß das Mißtrauen, welches sich in dem Wunsche Bolsecs aussprach, selbst seine Auslassungen zu übersetzen, nicht ganz grundlos war, zeigen die abweichenden Übersetzungen seiner Antworten in den an die drei Kirchen gesandten Berichten. Vgl. Opp. VIII S. 208 ff. (n. 39).

den Rat der Zweihundert hin. Calvin und den Predigern kamen
über den Verkehr Bolsecs mit den Antiklerikalen und die wachsende Teilnahme des Volks für den Verhafteten beunruhigende
Gerüchte zu Ohren. Sogar in öffentlichen Schmähungen gegen
die Geistlichkeit machte sich die Unzufriedenheit über den Gang
des Prozesses bald Luft[1].

Und nicht blofs in den Reihen der Opposition, selbst unter
den eigenen Anhängern Calvins wurden Stimmen des Tadels laut.
Einer der angesehensten und vertrautesten Freunde des Reformators, jener viel umworbene Herr von Falais und Breda, den
für Genf zu gewinnen Calvin sich jahrelange Bemühungen nicht
hatte verdriefsen lassen, sagte sich zu seinem gröfsten Schmerz
in dieser Angelegenheit von ihm los. Falais hatte durch näheren
Umgang mit dem Angeklagten, der sein Hausarzt gewesen, die
Überzeugung gewonnen, dafs derselbe es redlich meine und nur
der Stimme seines Gewissens folge. Am 11. November richtete
er für ihn sogar ein förmliches Gesuch an den Rat, worin er in
schonenden Worten unter Beteuerung seines unbedingten Ver-
trauens in die Gerechtigkeit der Behörde, doch sein Befremden
darüber nicht verbarg, dafs der Prozefs nicht von der Stelle rücke,
und dringend bat, dem Meister Hieronymus, der nun schon so
lange in Haft sich befände, rasche und unparteiische Gerechtigkeit
zu gewähren, zumal da derselbe sich nichts habe zu schulden
kommen lassen, als dafs er »in der Kongregation über einen
Lehrsatz freimütig seine Meinung geäufsert, was doch jedem
Christen gestattet sein müsse, ohne dafür eingekerkert zu werden.«
Der Rat nahm das Gesuch mit jener achtungsvollen Rücksicht
auf, welche der hohe Rang des Fürsprechers forderte, gewährte es
aber nicht, sondern lieh den Gegenvorstellungen der Geistlichkeit
mehr Gehör. Auch eine zweite Eingabe, wo Falais die Freilassung seines Arztes, »dem er nächst Gott das Leben verdanke,«
sich gleichsam als eine persönliche Gunst ausbat, hatte nicht die
gewünschte Wirkung[2].

Aber es konnte doch nicht fehlen, dafs Kundgebungen dieser
Art auf den Magistrat einen gewissen Eindruck machten. Offenbar

---

[1] *Fazy*, S. 24, 40; Opp. VIII, 184, 196, 205 (n. 21, 27, 37); Consistorialprot. 11. u. 26. Nov. 1551.

[2] *Fazy* S. 37 ff.; Opp. VIII, 200 ff. (n. 33, 34, 35, 36).

geschah es infolge der sich mehrenden Zeichen der Unzufriedenheit,
dafs nun endlich die Einholung des schiedsrichterlichen Spruches
mit Ernst und Eifer betrieben wurde. Umsonst stellte Calvin im
letzten Augenblicke die Forderung, dafs die Ausführung des früher
gefafsten Beschlusses ihm und der Geistlichkeit überlassen werde:
er mochte in diesem Falle mit gröfserer Sicherheit auf ein
günstiges Resultat hoffen. Der Rat konnte nicht darauf eingehen,
ohne seine eigenen Grundsätze, wie er sie seit drei Jahren offen
bekannt, zu verleugnen: er leistete hier zum erstenmale dem
Reformator entschlossenen Widerstand. Er war keineswegs gesonnen, die Angelegenheit aus seiner Hand zu geben: er wollte
selbst den auswärtigen Kirchen den Streitfall vortragen und nach
dem Ausfall ihrer Antwort seine Entscheidung treffen. Von
beiden Teilen liefs er sich die betreffenden Aktenstücke vorlegen,
durch besondere Sachverständige die Richtigkeit der Übersetzung
prüfen und noch einige Abkürzungen vornehmen, um den Schiedsrichtern ihre Aufgabe zu vereinfachen. Am 21. November gingen
endlich die Akten an die drei Städte Zürich, Bern und Basel ab
mit einem offiziellen Begleitschreiben, welches den Fall kurz vortrug, im übrigen aber dem christlichen Eifer der einheimischen
Geistlichkeit Gerechtigkeit widerfahren liefs, der er keineswegs
mifstraue, und nichts weniger als Sympathie für Bolsec bekundete[1].

Calvin hätte mit der Handlungsweise des Rates zufrieden sein
dürfen, aber die Zurückweisung seines Antrages hatte ihn gekränkt und mifstrauisch gemacht. Während der Magistrat noch
mit den Vorbereitungen und Formalitäten beschäftigt war, hatte
er deshalb den Entschlufs gefafst, ihm zuvorzukommen und denselben mit gewohnter Raschheit ausgeführt. Bereits eine volle
Woche vor dem Abgange des amtlichen Berichtes, am 14. November liefs er die sämtlichen Mitglieder der ehrwürdigen Genossenschaft ein Schreiben an die drei Kirchen unterzeichnen,
welches ihnen den Stand der Dinge in Genf nach der Auffassung
der Geistlichkeit schilderte und sie von vornherein gegen den Angeklagten einnehmen sollte. Recht deutlich zeigt dieses Schreiben,
wie viel Calvin daran lag, dafs er aus diesem Kampfe als Sieger

---

[1] *Fasy* S. 40, 41. Vollständiger sind hierüber die Opp. VIII S. 204, 222 ff.
(n. 36, 40, 41, 42). Irrtümlich nennt *Roset* V c. 41 neben Zürich, Bern und
Basel auch Schaffhausen.

hervorging, und wie er auch kleinliche, seines grofsen Charakters
unwürdige, ja selbst niedrige Mittel nicht verschmähte, um zu seinem
Ziele zu gelangen. Nicht nur, dafs Bolsec als ein verworfener
Mensch und nichtswürdiger Schwätzer dargestellt und dem Verfasser der Institution, dessen Name dort unter den Unterschriften
an erster Stelle stand, das gröfste Lob gespendet wird: selbst an
thatsächlichen Irrtümern und Entstellungen fehlt es nicht. Der
Beschlufs, das Gutachten der drei Nachbarkirchen einzuholen, wird
auf die Forderung der Geistlichen zurückgeführt, während doch
der Angeklagte dazu die erste Anregung gegeben. Einen geradezu
widerwärtigen Eindruck macht es, wenn das Schreiben, um die
Schweizer gegen Bolsec einzunehmen, mit besonderm Nachdruck
darauf hinweist, dafs derselbe »vor allen andern« auch Zwingli
verdammt habe, über den der Genfer Reformator selbst mehr als
einmal im Verkehr mit seinen Freunden das wegwerfendste Urteil
gefällt hatte. Calvin zweifelte nicht, dafs die Antwort nach seinem
Wunsche ausfallen werde[1].

In ganz anderer Stimmung befand sich in diesen Tagen
Calvins Gegner, Hieronymus Bolsec. Die lange Haft und die
endlosen Verhöre hatten den Mann gebeugt, die Erfolglosigkeit
aller seiner Vorstellungen und flehentlichen Gesuche ihm fast alle
Hoffnung auf einen günstigen Ausgang benommen. Er erkannte
den Hafs seiner Gegner und ihre Anstrengungen, ihn zu verderben. Er hörte von seinen Freunden, dafs die Prediger auf
der Kanzel das Volk gegen ihn aufwiegelten, ihn mit den rohesten
Schimpfworten und als einen totwürdigen Verbrecher bezeichneten,
dafs Calvin ihn für schlimmer als den Teufel erklärt, dafs er mit
nackten Worten seinen Tod verlangt habe[2]. Er begann sich auf
das Schlimmste gefafst zu machen: einzig auf Gott setzte er noch
seine Hoffnung. Zeuge seiner Stimmung ist ein damals im Kerker
von ihm niedergeschriebenes rührendes Klagegedicht — es ist
Zeuge von der echt christlichen Ergebenheit und Glaubenstreue
eines Mannes, dessen Verdammung herbeizuführen das Haupt der

---

[1] Opp. VIII, 205 ff., wo auch die 16 Unterschriften mitgeteilt sind. Die
S. 209 mitgeteilten Artikel sind wohl die von der Geistlichkeit eingesandten.
Bereits am 20. Nov. war das Schreiben in den Händen der Berner Theologen;
Haller an Bullinger 20. Nov. 1551, Opp. XIV S. 203. Ein ablehnendes
Urteil über Zwingli schreibt Calvin selber dann im Jan. 1552 an Bullinger:
ebd. S. 253.

[2] *Fazy* S. 41, 44; Opp. VIII S. 205, 228 (n. 37, 46).

Genfer Kirche mit so beharrlichem Eifer alles in Bewegung setzte.
O Gott, ruft der Hartgeprüfte aus,

> O Gott, mein König, meine Kraft, mein Schützer
> O Du, mein einz'ger Hort, Du meine einz'ge Hoffnung,
> Ach wende Deinem Diener, der Dich um Gnade anfleht,
> Dein mildes Auge zu und zeige ihm Dein Antlitz.
> Die Liebe schlummert, Grausamkeit hält mich umfangen,
> Um mich in ihren Netzen zu verderben.

> Gleich einem Mörder sitz' ich hier in Banden,
> Gleich einem Bösewicht, der keine Unthat scheuet,
> Beraubt des Guten, getrennt von meinen Freunden,
> Der Ruf ertönt: hinweg, hinweg, er sterbe,
> Und doch ist es allein die reine Wahrheit,
> Für die ich ihren rauhen Zorn ertrage.

> Man tobt und ruft: er ist ein Volksverführer,
> Der unsre heil'ge Lehre zu vernichten trachtet,
> In Aufruhr setzen will er unsre Stadt,
> Berauben will er uns des evangel'schen Friedens
> Hinweg, hinweg, ins Strafgericht mit ihm,
> Hinweg ans Kreuz, als Opfer muß er fallen.

> Sind Christen denn Tyrannen jetzt geworden?
> Hat Pharisäerhaß sich ihrer jetzt bemächtigt?
> Sind heute abgethan die guten, alten Sitten
> Und Christi Schaaf Verfolger nur geworden?
> O harter Angriff, wutentbrannntes Lärmen
> Mein Herz, in Thränen möchte es zerfließen! etc.[1].

Nicht einmal dieser Erguß eines bekümmerten Herzens war
dem Armen gestattet. Am 30. November wurde er vor seine
Richter geladen, um sich wegen dieser neuen Missethat zu verantworten. Es macht einen eigentümlichen Eindruck, wenn man
in dem Protokoll liest, wie die gestrengen Herren Strophe für
Strophe mit dem armen Dichter durchgingen, welcher hoch beteuerte, ohne böse Absicht bloß den Eingebungen seines Herzens

---

[1] Abgedruckt bei *Fazy* S. 42; Opp. VIII S. 226 ff. Auch bei *Henry* III
Beil. S. 15 ff. und Bulletin XV, 372. [*Roget* III, 184 ff.].

gefolgt zu sein, »wie solches oft von Gefangenen geschehe«, und die einzelnen Strophen seines Gedichtes durch seine Lage zu entschuldigen sucht[1].

Bolsecs Gottvertrauen sollte indes nicht unbelohnt bleiben.

Calvin hatte sich über die Stimmung der schweizerischen Kirchen sehr im Irrtum befunden. Von keiner derselben wurden seine schroffen Ansichten über Prädestination und Reprobation geteilt. Die Antworten, die seit Anfang Dezember einliefen, trafen ihn wie ein Donnerschlag.

Am frühesten langte das Gutachten von Basel an: es war an die Geistlichkeit gerichtet; ein kurzes Begleitschreiben an den Rat war beigefügt. Die Baseler Theologen lehnten zwar mit Entschiedenheit jede Gemeinschaft mit dem Angeklagten ab und bezeichneten seine Angabe, daß sie mit ihm einverstanden seien, sogar in etwas gereiztem Tone als unwahr; aber die dann folgende kurze Darlegung ihres eigenen Standpunktes kam denn doch im Grunde auf die Bolsecsche Auffassung hinaus. Nicht minder scharf als Bolsec betonten auch sie das Wort der Schrift, daß Christus in die Welt gekommen, Alle selig zu machen und zur Erkenntnis der Wahrheit zu führen, und daß diejenigen, die verloren gehen, dies ihrer eigenen Schuld zuzuschreiben haben. Über das Geheimnis der Gnadenwahl wollen sie nicht nachgrübeln, sondern in »Einfalt« bei Gottes Wort verharren und Gott bitten, daß er sie bei dieser »Einfalt« belasse[2]. Schon über diese Antwort war Calvin in hohem Grade erbittert. Man sehe jetzt, schrieb er einem Freunde, daß von den Baselern nichts zu erwarten sei. Er fand das Schreiben unentschieden, nichtssagend, frostig; doch hoffte er noch, daß alles gut gehen werde, wenn Zürich und Bern »sich beherzt zeigen würden«[3].

Bald trafen auch ihre Gutachten ein. Zürichs Antwort bestand aus zwei verschiedenen Schreiben der Theologen an Rat und Geistlichkeit, welche von einem amtlichen Schreiben des Züricher Magistrates an den zu Genf begleitet waren. Schon dies

[1] *Fasy* S. 44; Opp. VIII S. 228 (n. 46).
[2] *Fasy* S. 45, 73; Opp. VIII S. 235 ff. (n. 50, 51).
[3] Calvin an die Neuenburger Geistlichen, Anf. Dez. 1551, Opp. XIV S. 213. Schonender antwortet er einige Wochen später den Baselern selbst: ebd. S. 267. Vgl. Calvin an Farel 27. Jan. 1552, ebd. S. 272.

empfand Calvin als eine Zurücksetzung[1], noch mehr aber mußte ihn der Inhalt der neuen Schriftstücke verletzen. Die Züricher sind voll des Lobes für den Ruhm und die Verdienste der Genfer und beklagen sehr den ausgebrochenen Zwiespalt; sie bedauern sehr, daß Meister Hieronymus es an der nötigen Bescheidenheit habe fehlen lassen, erklären aber mit nackten Worten, daß man diese auch bei der Geistlichkeit vermisse und mahnen zur Mäßigung.   In dem an den Rat gerichteten Schreiben wird insbesondere Zwingli gegen den Vorwurf in Schutz genommen, als mache er Gott zur Ursache der Sünde.   Der eigentliche Gegenstand des Streites aber wurde in dem einen wie in dem andern Schreiben nur mit großer Zurückhaltung berührt und was darüber gesagt wurde, war nichts weniger als eine Zustimmung, wie Calvin sie verlangte. Am ungünstigsten lautete, wie zu erwarten war, das zuletzt eintreffende, an Rat und Geistlichkeit gerichtete Schreiben der Theologen Berns[2].   An höflichen Redensarten und Ausdrücken wohlwollender Teilnahme ließen es auch sie nicht fehlen, aber in nachdrücklichen Worten wurden damit Mahnungen zur Pflicht der christlichen Milde verknüpft.   Genfs Eifer für die Reinheit der Lehre, hieß es, verdiene alles Lob, aber man dürfe gegen Irrende nicht zu strenge sein, sondern müsse stets bedenken, wie sehr der Mensch dem Irrtume ausgesetzt sei.   Christus wolle zwar die Wahrheit, aber auch das Heil der Seelen.   Die angeregte Streitfrage sei eine der schwierigsten der christlichen Religion. Die heilige Schrift enthalte manche Aussprüche — und mit Geschick werden diese in dem Schreiben zusammengestellt — welche der Annahme einer besondern Gnadenwahl entgegenzustehen schienen

---

[1] *Nec dignatus est senatus ad pastores ipsos scribere, sed maioris contumeliae causa praefectis coercendos tradidit.*   Calvin an Farel 8. Dez. 1551, Opp. XIV, 219. Die drei Schreiben finden sich in den Prozeßakten Opp. VIII S. 229 ff. (n. 47, 48, 49). Vgl. *Fazy* S. 47, 74.   Das Schreiben an die Geistlichen ist vom 27. Nov. datiert, während die beiden andern das Datum des 1. Dez. zeigen: wahrscheinlich ist es die Antwort auf den Bericht der Genfer Theologen, dem dann die beiden andern als die eigentlich offiziellen folgten.

[2] *Fazy* S. 48 ff.; Opp. VIII, 238 (n. 52). Aus dem Schreiben Hallers an Bullinger vom 5. Dez. 1551, Opp. XIV S. 216, sieht man, daß die beiden Theologen sich das Gutachten erst in Abschrift gaben. Dieses Schreiben zeigt überhaupt, wie verhaßt Calvin in Bern war; die Theologen wollen nur im Einverständnis mit dem Rate handeln.

und schwächere Naturen, wie Bolsec, irre führen könnten. Auf jeden Fall sei eine Versöhnung anzustreben. Man kenne Bolsec nicht persönlich, höre aber, daſs er kein so übler Mann sei, und die Zugeständnisse, die er mache, seien der Art, daſs, wenn man Streitsucht fern halte, eine Einigung wohl möglich sei! Diesen scharfen und Calvins Ohren ungewohnten Vorstellungen der Theologen fügte der Berner Rat, dem der Herr von Falais in einem besonderen Schreiben die Sache des Angeklagten ans Herz gelegt hatte, noch die seinigen hinzu. Er riet den Genfern dringend, in diesem Falle ein milderes Verfahren einzuschlagen und nicht durch Strenge in dieser schweren Zeit aufs neue Ärgernis und Zwiespalt anzurichten [1].

Das war der schiedsrichterliche Spruch, den Calvin mit so vieler Zuversicht erwartet hatte, der seine Sache in Genf stützen sollte! Je weniger er darauf vorbereitet war, desto härter traf ihn der Schlag. Ärger und Zorn bemächtigte sich seiner über die unbrüderliche Handlungsweise seiner deutschen Amtsbrüder und in den stärksten Ausdrücken machte er seinen Gefühlen in dem Verkehr mit seinen Freunden Luft. Er fand das Benehmen der schweizerischen Geistlichen, die ihn auf so unedle Weise im Stiche gelassen, »barbarisch«, und meinte, unter den wilden Tieren sei mehr Humanität zu finden als unter ihnen [2]. Ein schwacher Trost

---

[1] Das Schreiben des Rats von gleichem Datum wie das der Theologen (7. Dez.) s. *Fazy* S. 74; Opp. VIII S. 241 (n. 53). Das Schreiben des Herrn von Falais: Opp. VIII S. 224 (n. 43). Merkwürdig, wie trotzdem die alten und, wenn auch etwas vorsichtiger, die neuen Biographen Calvins Bolsec durch die drei Kirchen verdammt werden lassen. *»Ils condamnerent Hieronime tout a plat«*, sagt *Bonivard* (Anc. et nouv. pol. S. 83). Ähnlich *Colladon* (Opp. XXI S. 74): *»tellement que rien ne demeura à cest adversaire de verité«. Gaberel* II, 219 läſst wenigstens Zürich Bolsec verdammen. *Staehelin* I, 413 und *Trechsel* I, 187 finden die Gutachten wenigstens »im allgemeinen« oder »im ganzen« günstig für Calvin. [*Roget* III S. 188 ff. äuſsert sich ähnlich wie Kampschulte und polemisiert ebenso gegen die Auffassung *Gaberels*. *Choisy* S. 118: »elles ne condamnaient que faiblement la rébellion de Bolsec« . . . »En somme, la consultation n'était pas très défavorable à Bolsec«].

[2] Calvin an Farel 8. Dez. 1551 (Opp. XIV S. 218): *»Mi Farelle, dici non potest, quantopere me ista barbaries excruciet minusque esse inter nos humanitatis quam inter sylvestres feras«.* Er sagt dies besonders im Hinblick auf das Züricher Schreiben, das ihn besonders empfindlich berührt zu haben scheint und fast die Baseler (*»qui prae Tigurinis maxima laude digni sunt«*) wieder zu Ehren brachte.

war es, dafs Farel, wie immer, auf der Seite des bewunderten
Freundes stand und im Namen der Neuenburger Kirche ein Zu-
stimmungsschreiben an ihn richtete[1]. Es war unleugbar: Calvin
hatte in den Augen seiner Mitbürger eine Niederlage erlitten, wie
sie empfindlicher kaum gedacht werden konnte.

Die Lage war durch die Entscheidung der Schweizer völlig
zu Gunsten Bolsecs verändert. Hatte auch keine der drei Kirchen
in der eigentlichen Streitfrage offen für ihn Partei zu nehmen
gewagt, so mufste doch eine Verurteilung, wie Calvin sie gewünscht,
unmöglich erscheinen. Namentlich das Schreiben Berns machte
auf den Rat einen tiefen Eindruck. Am 11. Dezember kamen
die drei Gutachten im Rat zur Verlesung. Man beschlofs, wie
billig, sie beiden Parteien mitzuteilen. Vergebens suchte Calvin
die Ausführung dieses Beschlusses zu hintertreiben und die Mitteilung der Aktenstücke auch an den Angeklagten zu verhindern[2].
Seine »Ermahnungen« blieben fruchtlos: auch Bolsec erfuhr, was
die Schweizer geantwortet. Was Calvin gefürchtet und hatte verhindern wollen, trat ein. Hoffnung und Mut kehrten dem Angeklagten zurück, als er gewahr wurde, dafs er nicht ohne Beschützer war. Er habe, klagt das Protokoll, nicht nur keine Reue,
sondern sogar eine hartnäckige Verstocktheit an den Tag gelegt.
Ja er wagte jetzt sogar wieder ein neues Schreiben an den Rat
zu richten, worin er in entschiedenem Tone und unter besonderer
Hinweisung auf das Unterthanenverhältnis, in dem er zu Bern
stehe, um »gute und kurze Justiz« bat, da nunmehr die Entscheidung der Kirchen, denen man den Streit vorgelegt habe, angelangt sei. Durften die Richter noch länger zögern, die oft verlangte Gerechtigkeit zu gewähren[3]?

---

[1] Vgl. die Aufzeichnungen der Vén. Comp. A. S. 173. Farel genügte
die einfache Thatsache, dafs Bolsec sich gegen Calvin erhoben, ihn zu verdammen. Bezeichnend für Farels Haltung in diesem Streite und seine
Motive ist eine Äufserung, die er schon am 29. Juni 1551 in einem Schreiben
an Calvin that (Opp. XIV, 143): *vir plene improbus, quod mox ita esse iu-
dicavi, ubi illum quae scripseras tam sancte audere tam improbe impugnare
accepi*. Auch Viret richtete am 24. Dez. 1551 ein Trostschreiben an Calvin
(ebd. S. 225).

[2] Ratsprot. 14. Dez. 1551: *les ministres par lorgane de M. Calvin hont
faict plusieurs remonstrances, quelles ne doibvent estre communicquees aud.
Bolsec, pour ne deplaire aux ministres quhont donne leurs responses et plusieurs
raisons quilz hont dicte*. Fazy S. 51; Opp. VIII S. 242.

[3] Fazy S. 51, 52; Opp. VIII S. 242. 243 (n. 54—58).

Calvin, der den Rat wankend sah, versuchte jetzt das letzte Mittel, das ihm zu Gebote stand, um denselben bei seiner Sache festzuhalten.

In der auf den 18. Dezember fallenden Kongregation nahm Calvin nach Eröffnung der Sitzung das Wort zu einer feierlichen Ansprache an die versammelten Brüder und Gläubigen, deren Gegenstand das von Bolsec angegriffene Dogma bildete. In langer ernster Rede entwickelte der Reformator hier noch einmal seine Lehre, führte noch einmal die ganze Reihe von Bibelstellen aus dem Alten und Neuen Testament und insbesondere aus den paulinischen Briefen vor, die von ihm für seine Auffassung geltend gemacht wurden, suchte die Einwendungen des Gegners als frivole Eingebungen menschlichen Vorwitzes oder Äußerungen eines bösen Willens darzustellen, und forderte am Schlusse diejenigen unter seinen Mitbrüdern, denen Gott die Gnade verliehen, auf, auch ihrerseits von der heiligen Lehre Zeugnis zu geben. Es waren zwölf Mitglieder der ehrwürdigen Genossenschaft anwesend. Gehorsam der Aufforderung des Meisters erhoben sie sich, einer nach dem andern, um ihre Zustimmung zu der vorgetragenen Lehre zu erklären und sie, so viel es ihnen gegeben, durch weitere Beweise zu stützen. Man sprach mit vielem Eifer und je länger man sprach, desto größer wurde der Eifer. Selbst der zweifelhafte, vor kurzem noch verfolgte Philippus de Ecclesia blieb nicht zurück und erklärte die Lehre von der Gnadenwahl und Reprobation für eine durchaus wahrhafte, an der man vor allem festhalten müsse. Nachdem alle gesprochen, ergriff Calvin selbst noch einmal das Wort, und schloß die Sitzung mit einem feierlichen Dankgebet, Gott den Herrn lobend und preisend, daß er sie alle, noch ehe sie ihn kannten, auserwählt und ihnen in seinem ewigen Ratschluß einen sichern Grund ihres Heils gegeben habe [1].

---

[1] Die Verhandlungen dieser Kongregation, die wie es scheint, 1562 gedruckt wurden, sind später in Vergessenheit geraten, bis sie jüngst in der neuen Ausgabe der Opp. VIII S. 85—140 wieder gedruckt worden sind: Congregation faicte en l'eglise de Genève par J. Calvin, en laquelle la matiere de l'election eternelle de Dieu fut sommairement et clairement par luy deduite et ratifiée d'un commun accord par ses freres ministres. Vgl. ebd. Prolegomena S. 17 ff. Ferner *Colladon* Opp. XXI, 75. Irregeführt durch *Roset* V 41 verwechselt *Ruchat-Vulliemin*, Hist. de la ref. de la Suisse V, 467 diese Schrift mit der dem Rat

4) Dieses auf so feierliche Weise in Scene gesetzte öffentliche Bekenntnis blieb nicht ohne Wirkung. So viel war durch die Kongregation des 18. Dezember auf jeden Fall erreicht, daß der Rat nicht daran denken konnte, den Angeklagten straflos ausgehen zu lassen. Ein vollständiger Bruch mit der Geistlichkeit und der vor zehn Jahren gesetzlich eingeführten Kirche würde, nachdem die gesamte ehrwürdige Genossenschaft mit ihrer Autorität für die von Bolsec angegriffene Lehre eingetreten war, die unabwendbare Folge gewesen sein. Davor bebte die furchtsame Behörde zurück. Aber sollte sie den Willen der Geistlichkeit vollständig erfüllen, gegen den Angeklagten nach der Strenge der von Calvin verkündeten Grundsätze einschreiten? Nach der Anschauungsweise des Reformators hatte Bolsec als Ketzer den Tod verdient, und hatte er auch keinen förmlichen Antrag in dem Sinne gestellt[1], so kann es doch kaum zweifelhaft sein, daß, wenn der Prozeß einen ungestörten Verlauf genommen hätte, Bolsec wie Gruet und Servet durch das Beil oder auf dem Scheiterhaufen geendet haben würde: nicht bloß der Angeklagte selbst hatte diese Überzeugung, auch unbefangene Beobachter, wie der Herr von Falais, empfingen den Eindruck, daß es auf seinen Untergang abgesehen sei[2]. Soweit konnte der Rat doch unmöglich

---

dedicierten: De aeterna Dei praedestinatione, ein Irrtum, der in die Werke von *Henry* III, 59; *Stachelin* I, 415; *Trechsel* I, 188; *Hundeshagen* S. 277 übergegangen ist. Das hier von Calvin gegen Bolsec angewandte Mittel war dasselbe, das er früher schon gegen P. Ameaux mit Erfolg angewandt hatte.

[1] Im Widerspruch mit den Bolsec zugetragenen Gerüchten (*Fazy* S. 44; Opp. VIII S. 228 n. 46) behauptet dies Calvin selbst nach Beendigung des Prozesses ganz entschieden, nicht bloß in einem Schreiben an Bullinger, sondern auch in der Zuschrift an den Rat selbst: »*Quam maligne finxerint virulenti quidam homines, ad capitis supplicium a nobis tum exposci, vos optimi estis estes*«. Opp. VIII S. 253/54. [Roget III S. 198 meint, daß Calvin wohl eine strengere Strafe gewünscht habe.]

[2] Falais findet in dem Schreiben an den Berner Rat Bolsecs Lage dermaßen bedenklich, »*das der gutt man in grosser gefar sins läbens stat*«. Opp. VIII S. 225 (n. 43). Die Klagen, welche Calvins Anhänger nach der Verbannung Bolsecs über die allzu milde Bestrafung desselben erheben (*Colladon*, Opp. XXI S. 74: »*car ce malheureux, qui avoit merite punition pour un acte seditieux, estant traitte par le magistrat en toute douceur*«. Farel an Calvin 8. Sept. 1553, Opp. XIV, 613, wo über die Nachsicht der Richter geklagt wird. *Bonivard* l. c. S. 83, wo die gelinde Strafe auf die Bemühungen der Gegner zurückgeführt wird) zeigen, daß sie den Tod für keine zu strenge

gehen. Dem standen nicht bloſs die aus der Schweiz ein-
gegangenen Gutachten und insbesondere die energische Sprache
Berns entgegen, sondern eben so sehr die drohende Haltung der
öffentlichen Meinung in Genf selbst. Die Zahl der entschiedenen
Anhänger Bolsecs innerhalb der Bürgerschaft vermehrte sich trotz
des geistlichen Anathemas[1] mit jedem Tage. Auch Bolsec selbst
war sich nunmehr der Gunst seiner Lage vollkommen klar be-
wuſst und führte eine ganz andere Sprache als vordem. Er
stützte sich auf das Gutachten der Schiedsrichter und lieſs Äuſserungen fallen, die wie Drohungen klangen. Er sehe voraus und
bedauere es, hörte man ihn sagen, daſs seine Verurteilung schwere
Unzuträglichkeiten herbeiführen werde; er habe mehr Freunde,
als man denke, das gemeine Volk werde sich für ihn erheben und
der Handel nicht ohne Unruhe und öffentliches Ärgernis ver-
laufen[2].

Der Rat entschied sich in dieser miſslichen Lage für den ihm
allein noch übrigen Ausweg: er schlug den Mittelweg ein. Nachdem am 21. Dezember noch ein letztes Verhör stattgefunden,
wurde am 22. das Urteil gefällt und am nächsten Tage dem Angeklagten mitgeteilt. Dasselbe erklärte Bolsec schuldig, in der
Kongregation des 16. Oktober auf ärgerliche und verwegene Weise
den Predigern widersprochen und falsche, in der heil. Schrift nicht
begründete Lehren vorgetragen zu haben; es verurteilte ihn »mit
Rücksicht auf die Forderung der Herrn von Bern, unserer Mitbürger«, zu der »gnädigen« Strafe ewiger Verbannung und Tragung
der Kosten. Für den Fall der Rückkehr wurde er mit dem
Staupbesen bedroht[3].

Strafe hielten. Calvin selbst spricht einige Zeit später, in einem Schreiben an
die Dame de Cany (Opp. XIV S. 450) von einem Gegner, dessen Entrinnen
er bedauert: »*Jamais je ne leusse cuyde ung monstre si exsecrable en toute im-
piete et mespris de Dieu, comme il sest icy declaire. Et vous assure, madame,
sil ne fut si tost eschappe, que pour macquicter de mon debvoir, il neust pas
tenu a moy quil ne fust passe par le feu*«. Ob diese Äuſserung sich auf
Bolsec bezieht, läſst sich mit Bestimmtheit nicht feststellen, aber ich wüſste
nicht, auf wen sonst sie bezogen werden könnte. Vgl. dazu die Anmerkung
der Herausgeber Opp. XIV S. 450.

[1] Die ehrwürdige Genossenschaft beschloſs, die Anhänger Bolsecs vom
Abendmahl auszuschlieſsen (Aufz. der Vén. Comp. zum 11. und 18. Dez.).

[2] *Fazy* S. 52. Opp. VIII S. 244 (n. 59, 60).

[3] Opp. VIII S. 245 ff. (n. 61—64).

Nach allem was vorausgegangen war, hatte Calvin Grund mit dem gesprochenen Urteil zufrieden zu sein. Der Angriff auf den Glauben war zurückgewiesen, die Ehre des geistlichen Amtes gewahrt, der Angeklagte, wenn auch nicht der Strenge des geistlichen Systems, doch hart genug bestraft: er war unschädlich gemacht und öffentlich gebrandmarkt. Hätte die traurige Angelegenheit durch das richterliche Urteil ihren Abschlufs erhalten, Calvin hätte sich als Sieger ansehen dürfen. Aber der Sieg war um einen Preis erkauft, der ihn zu einer schweren Niederlage machte. Die Opposition war nicht beseitigt. Bolsecs Angelegenheit sollte neuen Zündstoff für dieselbe geben. Calvin hatte sich in diesem Kampfe Blöfsen gegeben wie noch in keinem früheren. Man hatte seine Anfechtbarkeit auf dem dogmatischen Gebiete kennen gelernt und hielt Bolsec wohl gar für den Sieger!

Von der Masse des Volkes in Genf wurde der gefällte Spruch mit lautem Unwillen aufgenommen. Wenig fehlte daran, so wäre es bei der Vollstreckung zu einem Aufruhr gekommen. Als der Angeklagte vor das Rathaus geführt wurde, um von hier »in gewohnter Weise unter Trompetenschall« feierlich ausgewiesen zu werden, herrschte in der Stadt eine grofse Aufregung. Aus der Menge, die sich vor dem Rathause versammelt hatte, ertönten die Rufe, der Verurteilte sei ein Ehrenmann und seine Lehre im göttlichen Wort gegründet, Calvin aber trage gottlose Lehren vor. Man konnte in diesen Tagen Bolsecs Klagelied oft auf öffentlicher Strafse singen hören: der fremde Karmeliter war die populärste Persönlichkeit in Genf geworden. Zwar schritt der Rat mit Strenge ein und es gelang ihm für den Augenblick, ernstliche Ruhestörungen zu verhindern. Aber welche Aussichten eröffneten sich für die Zukunft[1]?

Und nicht blofs in Genf selbst, auch in der Ferne hatte Bolsecs Angelegenheit die übelsten Folgen. Sie brachte zum ersten Male den übrigen Reformatoren den Gegensatz, der zwischen ihrer und der Genfer Lehre bestand, in aller Schärfe zum Bewufstsein[2]. Die schweizerischen Kirchen legten ihre Unzufriedenheit über das ergangene Urteil offen an den Tag. Von Basel protestierte

---

[1] Consistorialprot. 25. Dez. 1551; Ratsprot. 28. Dez. 1551, 4. u. 5. Jan. 1552; *Fazy* S. 55, 56.

[2] Vgl. u. S. 224

Myconius geradezu gegen die seinem Schreiben von Calvin gegebene Deutung[1]: eine tiefe Verstimmung blieb seit diesem Vorfall
in den theologischen Kreisen Basels zurück. Noch mehr grollte
Bern, das dem Verurteilten alsbald Aufnahme auf seinem Gebiete
gewährte und sogar durch ein besonderes Edikt allen das Reden
über die Prädestinationslehre streng untersagte[2]. Sogar bis nach
Wittenberg drang die Kunde von Bolsecs Prozeß, und auch hier
war der Eindruck ein ungünstiger. In Genf, schrieb Melanchthon
in jenen Tagen seinen Freunden, wolle man den stoischen Irrtum
wieder einführen; man sperre Menschen ein, die mit Zeno nicht
übereinstimmen[3].

Calvins Lage gewährte in diesem Augenblick ein merkwürdiges Schauspiel. Während er fast überall, wohin er seine
Blicke richtete, nichts als Tadel und Mißbilligung erfuhr, während
ihn auswärts die Theologen, daheim die Bürger verurteilten und
ihm selbst aus den Kreisen der Refugiés offener Widerspruch
entgegentrat, fand er seine einzige Stütze dort, wo er seit Jahren
seine Hauptgegner zu sehen gewohnt war — in dem Genfer Rat.
Ihm für die der guten Sache geleisteten Dienste den gebührenden
Dank abzutragen und zugleich ihn in der angenommenen Haltung
zu befestigen, trug ihm der Reformator wenige Wochen nach Beendigung des Prozesses im Namen der gesamten Geistlichkeit die
Widmung eines neuen Werkes an, welches die vielbestrittene Lehre
noch einmal gründlich darlegen und gegen alle Einwendungen
sicherstellen sollte. Es war ein bedenkliches Zeichen für die Zu-
verlässigkeit der ihm allein gebliebenen Stütze, daß die »tapferen
und mutigen« Herren sich über die ihnen zugedachte Ehre keineswegs erfreut zeigten, sondern das Buch, wie jedes andere, erst
einzusehen verlangten, und geradezu verletzend war es für Calvin,
daß die Durchsicht desselben zwei Männern übertragen wurde,
von denen der eine, Troillet, zu seinen persönlichen Gegnern
zählte! Erst nach längeren, für Calvin peinlichen Verhandlungen

---

[1] Myconius an Calvin 9. Jan. 1552; Opp. XIV S. 239 f.; Vén. Comp.
A. S. 179.

[2] *Roset* V 41; Vgl. Calvin an Farel 27. Jan. 1552; Opp. XIV S. 272.

[3] Melanchthon an Camerarius 1. Febr. 1552: *»Vide saeculi furores, certamina Allobrogica de stoica necessitate tanta sunt, ut carceri inclusus sit quidam
qui a Zeno dissentit«.* Corpus Ref. VII, 930. Ähnlich an Peucer, ebd. 932.
[Vgl. *Roget* III S. 307 ff.].

und nachdem die »Schmähungen«, welche die Schrift nach dem
Urteil beider Sachverständigen enthielt, ausgemerzt worden, wurde
der Druck gestattet und die Dedikation angenommen [1]. So schien
nun allerdings — worauf es abgesehen gewesen — dem calvinischen Lieblingsdogma wenigstens in Genf selbst fortan die
Herrschaft gesichert und die Lehre von der ewigen Prädestination
unter den besonderen Schutz der höchsten Staatsgewalt gestellt;
aber niemand täuschte sich über die Unsicherheit dieses Schutzes
weniger als Calvin selbst, trotz des glänzenden Lobes, welches
das Widmungsschreiben in beredten Worten »den mutigen und
entschlossenen Verteidigern der frommen Sache« spendete [2].

VIII.

VERFALL DER CALVINISCHEN ORDNUNG. ABNEHMENDER EINFLUSS DES REFORMATORS.

Die Aufgabe und Stellung der Oppositionspartei, die seit dem
Jahre 1548 in Genf sich am Ruder befand, war vornehmlich
darum eine schwierige, weil sie gleichzeitig einen Kampf nach
zwei Seiten erheischte. Auf der einen waren die Ansprüche und
Übergriffe der Geistlichkeit zurückzuweisen und die Rechte der
bürgerlichen Gewalt gegenüber der seit Jahren stillschweigend als
gültig angenommenen Theorie Calvins wieder mit Entschiedenheit
zur Anerkennung zu bringen; auf der andern galt es, die radikalen
und zügellosen Elemente, welche die Opposition in ihrem Schofse

---

[1] Ratsprot. 21., 25., 28. Jan. 1552 [Ann. S. 500 f.]. *Fasy* S. 59, 60.
Was Calvin mit der Schrift beabsichtigte, spricht deutlich der Satz der
Vorrede aus: »*Magnopere refert, quasi publicis tabulis consignatam sub oculis
et inter manus hominum exstare rei summam, quae falsas aut stultorum aut
levium aut improborum voces coarguat et simul compescat frivolos vulgi su-
surros.*« [Vgl. *Roget* III S. 221 f.]

[2] Vgl. De aeterna Dei praedestinatione; Opp. VIII, 249 ff. Die Widmung trägt das Datum des 1. Jan. 1552, obgleich die Schrift mehrere Monate
später erschienen ist. Über die Entstehung der Schrift, die ursprünglich nichts
als eine Privatabhandlung Calvins gegen Pighius war, nun aber den Predigern
als eine communis fidei declaratio gleichsam aufgedrängt wurde und bei den
Geschichtsschreibern als Consensus Genevensis ein unverdientes Ansehen erlangt hat, vgl. die Prolegomena S. 23, 24.

barg, im Zaume zu halten und jeder Störung der öffentlichen
Ordnung mit Nachdruck entgegenzutreten. Es läfst sich nicht
leugnen, dafs die Männer, welche in jenem Jahre die Leitung des
Staates hatten, trotz einzelner Mifsgriffe und Schwächen doch im
allgemeinen den Ernst und die Schwierigkeit der Lage zu würdigen
wufsten und mit Umsicht und nicht ohne Geschick nach rechts
und links ihre Stellung nahmen. Dennoch war es ihnen schwer
geworden, der doppelten Aufgabe gerecht zu werden und nicht
immer war es ihnen gelungen, die notwendige Autorität zu behaupten. Mehr als der Widerstand der Geistlichen machte ihnen
das Ungestüm der eigenen Parteigenossen zu schaffen. Schwer
verstanden sich die Heifssporne aus dem Kreise Bertheliers zu
jener Mafshaltung, welche die Vertreter der öffentlichen Ordnung
ihnen aufzulegen für gut fanden. Mancher übermütige Streich
mufste ihnen doch nachgesehen werden Nur die Rücksicht auf
das allgemeine Interesse der Partei und die Erwägung, dafs der
ihnen auferlegte Zwang in noch höherem Grade den Gegner traf,
hielt sie von gröberen Auschweifungen und offener Widersetzlichkeit ab.

Bei dieser Lage der Dinge mufste Bolsecs Prozefs verhängnisvoll werden. Während einerseits die Hartnäckigkeit, womit Calvin einen unbescholtenen Gelehrten, über den keine der an-
gerufenen Kirchen das erwartete Schuldig auszusprechen wagte,
bis aufs äufserste verfolgte, allen alten Hafs wieder gegen ihn
wach rief, überschritt der Rat durch die Nachgiebigkeit, die er in
dieser Angelegenheit dem Reformator bewiesen, die Linie, innerhalb deren er allein auf den Gehorsam der eigenen Partei rechnen
durfte. So erfolgte, was vorauszusehen war. Von Calvin gereizt
und herausgefordert, von einer weiteren Rücksichtnahme auf den
schüchternen Rat sich entbunden erachtend, beschlofs die entschieden antiklerikale Opposition nunmehr offenen und rückhalt-
losen Kampf gegen beide. Man war es müde, sich von der
unzuverlässigen, unselbständigen Behörde noch länger am Gängelbande führen zu lassen. Und es war nicht blofs die engere
Partei Bertheliers, die so dachte. Auch Männer von einer leiden-
schaftsloseren Auffassung nahmen an der Haltung des Rates in
dem Bolsecschen Prozesse Anstofs und hielten gröfsere Strenge
den steigenden Ansprüchen des Reformators gegenüber für notwendig. Es war erklärlich, dafs die von allen Seiten einlaufenden

Nachrichten von dem höchst ungünstigen Eindruck, den die Bolsecsche Angelegenheit auswärts überall hervorgerufen, dieser Stimmung in den weitesten Kreisen Vorschub leisteten. Die Ansichten, welche die Gesinnungsgenossen Bertheliers längst offen verkündet hatten, fanden mehr und mehr auch bei dem ruhigeren Teile der Bürgerschaft Anklang: durch nichts hätte den Absichten jener streitlustigen Schar wirksamer vorgearbeitet werden können, als es durch Bolsecs Prozefs geschah.

Schon bei den nächsten allgemeinen Wahlversammlungen im Februar 1552 machte sich diese Stimmung in stürmischen Auftritten Luft. Von allen Seiten ertönte der Ruf der Unzufriedenheit über die Haltung des Rates und seine Abhängigkeit von den Geistlichen. Man lehnte sich offen gegen die in der letzten Zeit erlassenen »Edikte« auf. Die von den Fünfundzwanzig vor einigen Wochen angenommenen Verordnungen gegen das Schwören und Fluchen erregten, als sie jetzt dem Grofsen Rate vorgelegt wurden, einen wahren Sturm des Unwillens. Man sehe klar, hiefs es, dafs der Rat ganz unter der Herrschaft Calvins und der Franzosen stehe; das müsse aufhören. Die gewünschte Genehmigung wurde versagt. Von einigen wurde die Zurücknahme des Edikts über die Taufnamen verlangt. Nur mit Mühe gelang es den Machthabern, durch kluges Nachgeben und begütigende Zureden den aufsteigenden Sturm für den Augenblick zu beschwichtigen [1].

Indes abgedrungene Konzessionen stellen selten die Ruhe dauernd wieder her und niemals, wenn sie als Auskunftsmittel der Schwäche und Verlegenheit erkannt werden. Die Strenge des Gehorsams war einmal unterbrochen; das Zurückweichen der Behörde vor ihrem ersten entschlossenen Angriffe gab der Opposition erhöhten Mut; fast jeder Tag brachte ihr neue Verbündete. Getragen von der öffentlichen Meinung, wurden die »Kinder von Genf« mit jedem Tage kühner und übermütiger; ihre »Insolenzen«, klagt der Chronist [2], steigerten sich, wie unaufhörlich die Geistlichkeit auch dagegen eiferte; eine geradezu herausfordernde Haltung nahmen sie mehr und mehr gegen Calvin selbst an. Man hatte durch den fremden Arzt seine schwache Seite kennen gelernt und säumte nicht, sie auszubeuten. Ein neuer Triumph

---

[1] Ratsprot. 4., 6., 8. Febr. 1552; *Roset* V c. 42. [*Roget* III S. 225 f.]
[2] *Roset* V c. 44.

war es für sie, dafs sogar einer der ehrwürdigen Brüder, die in der Kongregation vom 18. Dezember 1551 feierlich Zeugnis für Calvin abgelegt hatten, der Pfarrer von Vandoeuvres, Philippe de Ecclesia, sich wieder von ihm zurückzog und mit dem Verurteilten ein freundschaftliches Verhältnis anknüpfte [1]. Dafs Calvin eine falsche, ketzerische und gottlose Lehre vortrage, die Gott selbst zum Urheber der Sünde mache, war fortan unter allen Beschuldigungen, die gegen ihn erhoben wurden, die erste und am nachdrücklichsten betonte. Je unantastbarer sein Ruf als Theologe und Gelehrter vordem geschienen, umsomehr Genugthuung gewährte es jetzt der Opposition, diesen Ruhm zu zerstören, umsomehr Reiz hatte es für sie, sich im Gebrauch der ihr von Bolsec in die Hand gegebenen scharfen Waffe zu versuchen. In Schenken und auf öffentlichen Plätzen war bald von nichts häufiger die Rede, als von der verwerflichen Lehre der göttlichen Vorherbestimmung und den schweren Irrtümern, die der Verfasser der christlichen Institution in seinem Buche vorgetragen. Die Bösen freuten sich, klagt der Biograph, diesen Vorwand gefunden zu haben, aber auch manche Einfältige seien von ihnen verführt worden [2]. Es zeigte sich, wie wenig trotz aller äufseren Erfolge das eigentliche Lehrsystem Calvins noch in die Massen gedrungen war. Einfache Handwerker traten als Ankläger gegen den Reformator auf und verlangten von dem Rate, dafs er kraft seiner Gewalt gegen die Ketzerei der Prediger, die Gott zum Mitschuldigen des Sünders machten, einschreite [3].

Calvin verhehlte sich die Gröfse der Gefahr, die er durch die Anregung der Prädestinationsfrage selbst heraufbeschworen hatte, keinen Augenblick, aber er war weit davon entfernt, den gethanen Schritt zu bereuen. Im Gegenteil: je mehr sich herausstellte, dafs seine Lieblingslehre bei der Menge der Gläubigen noch nicht durchgedrungen war, um so notwendiger war in seinen Augen das Einschreiten gegen Bolsec gewesen, um dem bisherigen Zu-

---

[1] Ratsprot. 7. April 1552 (Ann. S. 505). Mém. de l'Inst. Gen. X S. 58. Vgl. Ratsprot. 6., 7., 9. Juni 1552 (Ann. S. 509 f.). [Vgl. *Roget* III S. 233 f.]

[2] *C'estoit un commencement de grande dissipation: car aucuns des simples y estoyent abusés, et les malins estoyent bien aises d'avoir quelque occasion de s'escarmoucher.* Colladon, Opp. XXI S. 74. Vgl. *Roset* V c. 45.

[3] Vgl. z. B. *Roget,* L'église et l'état S. 53; Hist. du peuple de Genève III S. 202.

stande der Halbheit und Unsicherheit in Beziehung auf die wichtigste Frage des Glaubens ein Ende zu machen [1]. Und demgemäfs handelte er. Unbekümmert um die Vorstellungen des furchtsamen Rates, der ihn wiederholt vorladen und zur Mäfsigung ermahnen liefs [2], ungeschreckt durch die drohende Haltung der »Kinder von Genf«, bestand er fest und unerschütterlich auf der ganzen Strenge seiner Ansichten und Forderungen, ohne eine Milderung zuzulassen. Er verlangte von dem Rate sogar die Bestrafung des Predigers von Vandoeuvres, weil derselbe mit Bolsec sich wieder in Verkehr eingelassen [3]. Es machte keinen Eindruck auf ihn, dafs Männer, die ihm einst lieb und teuer gewesen, deren evangelische Gesinnung er gepriesen, sich von ihm abwandten, weil sie seine Lehre zu hart fanden. Er brach vollständig mit dem edlen Herrn von Falais, an dessen Übersiedelung nach Genf er so grofse Hoffnungen geknüpft, den er auf jede Weise ausgezeichnet hatte, »damit sein Beispiel leuchte,« und kündigte ihm in aller Form in einem Schreiben voll bitterer Vorwürfe und herber Zurechtweisungen die Freundschaft auf [4]. Auf der Kanzel führte er eine Sprache, wie sie seit dem Jahre 1538 in Genf kaum mehr gehört worden war, er erging sich gegen die Widersacher der Prädestinationslehre in den heftigsten Ausdrücken, erklärte die Widerspenstigen für exkommuniziert [5]: er sprach und handelte, als befinde er sich im Vollgenufs seiner Macht. Feigheit und schmählicher Verrat am göttlichen Wort würde es in seinen Augen

---

[1] *Roset* V c. 41 hebt mit besonderem Wohlgefallen diesen Nutzen des Bolsecschen Streites hervor. *»Icy est à noter ung conseil et bonté singulière de Dieu, qui par ce moyen rendit ceste matière de la prédestination (auparavant obscure et comme inaccessible à la pluspart) fort familière en ceste église à la consolation et asseurance de ses enfants.«*

[2] Ratsprot. 29. Febr., 31. März 1552 (Ann. S. 503, 505); *Roset* V c. 44.

[3] Vgl. o. S. 153 A. 1.

[4] Calvin an M. de Falais (1552) Opp. XIV S. 448. Einige Jahre später nahm er auch die an ihn gerichtete Dedikation des Kommentars zum ersten Korintherbrief zurück, »wie ein König einem pflichtvergessenen Diener das früher verliehene Ordensband abnimmt«. *Henry* III S. 67. [Vgl. *Roget* III S. 203 n. 1.]

[5] Troillet beklagt sich bei dem Rate, Calvin habe am 12. Juni in S. Peter gepredigt: *»que telz mesdisans de sa doctrine par les tavernes nestoient que canailles, et quil ne les reputoit pour enfans de Dieu, ains les rejectoit en les excommuniant en tant que luy touchoit«*. Vgl. Plaintifs de J. Troillet contre M. Calvin, Opp. XIV S. 383.

gewesen sein, auch nur in einem Punkte von der Strenge seiner Forderungen abzulassen.

Gebessert wurde freilich seine Lage dadurch am allerwenigsten. Je schroffer Calvin auftrat, um so rücksichtsloser und leidenschaftlicher wurde die Opposition. Als ihr eigentlicher Wortführer trat jener Troillet auf, den wir schon seit dem Jahre 1545 bei verschiedenen Gelegenheiten mit dem Reformator in Konflikt fanden. Erfüllt von persönlichem Hafs gegen den Reformator, im Besitz einer in Genf nicht gewöhnlichen theologischen Bildung, gewandt und in Ränken erfahren, dazu als ein alter Genfer bei dem Volke gelitten und auch bei dem Rate nicht unangesehen, war Troillet ganz der Mann für die gegenwärtige Lage. Troillet erklärte den Reformator öffentlich für einen Häretiker, sein Buch über den christlichen Unterricht für ein ketzerisches, da es Gott zum Urheber der Sünde mache, und erklärte sich gegen jedermann bereit, den Beweis für seine Behauptungen zu liefern[1]. Dabei unterliefs er nicht, auch dem alten Hafs gegen das Emigrantentum neue Nahrung zuzuführen. Die Menge schenkte seinen aufregenden Reden um so williger Gehör, als der Rat selbst ihn noch vor kurzem zum Zensor über Calvins letzte Schrift bestellt, also gleichsam seine Überlegenheit öffentlich anerkannt hatte. Umsonst rief Calvin die Hilfe des Rates gegen das Treiben dieses neuen verwegenen Parteiführers an und verlangte Bestrafung seiner Gegner. Vergeblich erinnerte er die Behörde an die vielen Dienste, die er der Stadt leiste und wie alle seine Schriften nur die größte Ehre Gottes bezweckten. Der Rat schwankte ratlos zwischen den Parteien. Wohl liefs er Troillet einigemal zugleich mit Calvin vorladen, aber angesichts der sich kundgebenden Stimmung des Volkes hatte er nicht den Mut, eine Entscheidung zu treffen. Die antiklerikalen Demonstrationen, Umtriebe und Unordnungen dauerten fort. Selbst dafs Farel im Juli von Neuenburg herüberkam und die Vorstellungen seines Freundes mit kräftigen Worten, wie er sie liebte, unterstützte, brachte dieses Mal keine Wirkung hervor[2].

Calvin beschlofs endlich zu dem äufsersten Mittel zu greifen. Am 29. August erschien er abermals an der Spitze der ehr-

---

[1] *Roset* V c. 45.

[2] Ratsprot. 13., 14., 20. Juni, 29. Juli 1552 (Ann. S. 510 ff., 514 f.). *Roset* V c. 45; [Opp. XIV S. 334 ff. *Rogct* III S. 235 ff., 311 f.]

würdigen Genossenschaft, um in bündigen Worten die Entscheidung der von Troillet gegen ihn erhobenen Anklagen und Abstellung der bisherigen Unordnung zu verlangen. Es müsse ihm, erklärte er, Genugthuung gewährt werden, er könne in Genf das Abendmahl nicht länger mehr austeilen und werde lieber sein Amt niederlegen, als sich noch länger eine solche Behandlung gefallen lassen [1].

Diese Drohung wirkte. Der Rat liefs jetzt ein regelmäfsiges Verfahren eintreten. Die beiden Gegner wurden wiederholt vorgeladen und vernommen. Aber Calvins Absicht wurde nicht erreicht. Troillet hielt am 1. September in Gegenwart des Rates einen längeren Vortrag, in welchem er unter Berufung auf mehrere Stellen der Institution seine Anklage begründete und sich auf Melanchthon als seinen Gesinnungsgenossen bezog. Seine Ausführungen müssen auf die Anwesenden einen ihm günstigen Eindruck gemacht haben: denn noch an demselben Tage erging der Befehl an Calvin, sich in seinen Predigten so einzurichten, dafs niemand daran Anstofs nehme, bis der Prozefs entschieden sei [2]. Das war das erste und vorläufig das einzige Ergebnis der neuen Verhandlungen: die in Aussicht gestellte Entscheidung scheint der Rat, obgleich Calvin zur Beschleunigung derselben die Herüberkunft Virets veranlafst hatte, für nicht so dringlich gehalten zu haben. Er bewilligte, als Troillet wegen einer Erkrankung darauf antrug, eine neue Vertagung der Angelegenheit [3].

So wurde Calvins Lage jetzt mifslicher als vordem. Während er selbst auf der Kanzel über den Gegenstand des Streites nicht reden durfte, fuhren die Gegner fort, ungehindert die öffentliche Meinung gegen ihn aufzuregen. Bei der urteilslosen Menge benutzte man das dem Reformator auferlegte Schweigen, um ihn als einen bereits überführten Ketzer, Troillet als Sieger darzustellen. Calvins und der Geistlichen Ansehen kam mit jedem Tage mehr in Abnahme. Die Fortsetzung des Prozesses beschränkte sich inzwischen auf den Austausch von Schriften und Gegen-

---

[1] Ratsprot. 29. Aug. 1552. [Ann. S. 516].

[2] Ratsprot. 29. u. 31. Aug., 1. Sept. 1552 [Ann. S. 516 f.]. Dispute que Jehan Troillet citoien de Geneve a heu contre M. Calvin par devant noz tres redoubtez seigneurs et superieurs en leur conseil ordinaire le jeudi 1. Sept. 1552; Opp. XIV S. 371.

[3] Vgl. Viret an Farel 28. Sept. 1552; Opp. XIV S. 365.

schriften zwischen den beiden Parteien, die, in Abschriften unter
das Volk verbreitet, die Aufregung und Erbitterung gegen Calvin
nur noch steigerten [1]. Selbst die Frauen, sonst eine Hauptstütze
der Geistlichkeit, mischten sich in den Streit und erklärten sich
laut gegen die neue Irrlehre, die Gott zur Ursache der Sünde
mache [2]. Und mit dem Lehr- wurde nun auch das Sittensystem
Calvins in erhöhtem Maße angefochten. Eine geordnete Seelsorge
war nicht mehr möglich, wo die Grundlage des kirchlichen Systems
selbst erschüttert war und jeder sich zum Richter über die Verkünder des Heils aufwarf. Man setzte sich ohne Scheu über die
kirchlichen Ordonnanzen hinweg, verspottete nicht selten die
Geistlichen, sondern den Gottesdienst selbst, sang unanständige
Lieder nach der Melodie der Psalmen und trug den Ladungen
und Ermahnungen des Consistoriums offenen Trotz entgegen. Keine
Woche verging, ohne daß Geistliche und Älteste vor dem Rate
erschienen und dringend um Schutz und Abhilfe baten [3].

Die Unordnungen erreichten allmählich einen Grad, daß der
Rat nicht länger in seiner bisherigen Unthätigkeit verharren durfte.
Als in den letzten Tagen des Oktober eine energische Kundgebung
von Seite der Anhänger Calvins gegen das Treiben der Gegenpartei erfolgte, ermannte er sich endlich und beschloß, durch
kräftiges Einschreiten dem Gesetze wieder die gebührende Achtung
zu verschaffen. Die Hauptanstifter der Unruhen, unter ihnen auch
Berthelier, wurden am 1. November in Haft genommen [4]. Schon
vorher hatten, wie es Calvin gewünscht, Viret und Farel Ein-
ladungen nach Genf empfangen, um mit ihrer Autorität zur
endlichen Beilegung der gegenwärtigen Wirren beizutragen: es
sollte durch eine endgültige Entscheidung des Streites zwischen
Calvin und Troillet die Hauptquelle der Unruhen ein für allemal

---

[1] Vgl. Plaintifs de J. Troillet contre M. Calvin (Genfer Bibl. Cod. 145 f.
51); Response de Calvin aux plaintifs de Troillet (eb. f. 53); Plainte de
Calvin contre Troillet (ebd. f. 54), und Troillets Entgegnung (ebd. f. 55).
[Vgl. jetzt Opp. XIV S. 378 ff.]. *Roset* V c. 45; Ratsprot. 3. u. 6. Okt. 1552
[Ann. S. 519 f.].

[2] Ratsprot. 21., 31. Okt. 1552 [Ann. S. 522, 523 (anstatt 30 lies 31. Okt.)].

[3] Ratsprot. 19. Sept., 7., 10., 21., 31. Okt. 1552 [Ann. S. 518, 520,
521, 522, 523]. Consistorialprot. 6. Okt., 3., 6. Nov. 1552 [Ann. S. 520,
523]. *Roset* V c. 45.

[4] Ratsprot. 1. Nov. 1552; *Roset* l. c.

verstopft werden [1]. Beide leisteten in Anbetracht »der Bedrängnis, in der sich Calvin befand«, bereitwillig dem an sie ergangenen Rufe Folge und rechtfertigten dieses Mal vollkommen das von dem Meister in sie gesetzte Vertrauen. Die eindringlichen Reden, die sie am 7. November vor dem versammelten Rate hielten, die Entschiedenheit, mit der sie in den aufgeworfenen Streitfragen sich auf die Seite ihres alten Freundes stellten, befestigten die Behörde in der angenommenen Haltung und gaben ihr den Mut, endlich ein entscheidendes Wort zu sprechen. Am 9. November wurde in einer aufserordentlichen Ratssitzung, nachdem am Tage zuvor die Parteien noch einmal vernommen worden, die lange erwartete Sentenz gefällt. Sie fiel jetzt völlig zu Gunsten Calvins aus. Die christliche Institution, verkündet der Spruch des Rates, sei ein gutes und heiliges Buch, die darin enthaltene Lehre die Lehre Gottes, den Verfasser halte man für einen guten und treuen Diener dieser Stadt und niemand solle sich in Zukunft noch unterstehen, gegen sein Buch und seine Lehre zu sprechen [2]. Viret und Farel glaubten mit dem Erfolge zufrieden sein zu dürfen und kehrten nach zehntägigem Aufenthalt in Genf zu ihren Gemeinden zurück.

Aber nur zu bald zeigte sich, wie wenig damit gewonnen war. Hätte auch der Rat den ernsten Willen gehabt, mit seiner Autorität für die erlassenen Sentenzen einzutreten, sie würden der aufgeregten öffentlichen Meinung gegenüber unausführbar gewesen sein. Aber selbst an jenem Willen fehlte es. Nach dem kühnen Anlauf, den die Behörde in einem gehobenen Momente genommen, sank sie sofort wieder in ihre frühere Halbheit und Zaghaftigkeit zurück. Statt, wie sie anfangs die Miene angenommen, kräftig gegen die Ruhestörer einzuschreiten und mit starkem Arme dem Gesetze Achtung zu verschaffen, glaubte sie vielmehr den Zorn der Opposition durch neue Konzessionen entwaffnen zu können.

---

[1] Virets Einladung war schon bei dessen jüngster Anwesenheit mit dem Rat verabredet worden; Farels Anwesenheit hielt insbesondere Calvin selbst für wünschenswert: »*Calvinus in hac est sententia, ut tu mecum venias. Sperat enim utriusque praesentiam aliquid momenti habituram*«. Viret an Farel 28. Sept. 1552 [Opp. XIV S. 366]. Vgl. auch das Schreiben Virets an Farel vom 28. Okt. 1552 [ebd. S. 401]: »*Video in quibus versetur molestiis Calvinus*«. *Roset* V c. 45.

[2] Ratsprot. 7., 9. Nov. 1552 [Ann. S. 524, 525]. Vén. Comp. zum 7. u. 8. Nov. [ebd. S. 524 f.]; Opp XIV S. 448.

Am 11. November wurde das von den Gegnern Calvins so lange und hartnäckig bekämpfte Gesetz über die Taufnamen in aller Form aufgehoben und die Wahl der Namen freigestellt. Sechs Tage nach jener ehrenvollen Freisprechung Calvins wurde auch seinem Gegner Troillet eine ähnliche Ehrenerklärung ausgestellt[1]. Was blieb da von der Sentenz des 9. November noch übrig? Nicht einmal in der Angelegenheit gegen den Prediger von Vandoeuvres, dessen Absetzung nicht blofs Calvin, sondern auch Farel und Viret für notwendig erklärten, zeigte sich der Rat dem Reformator willfährig: er begnügte sich damit, dem Angeklagten für die Zukunft den Verkehr mit Bolsec zu untersagen, gewährte ihm aber wegen des Vorgefallenen Straflosigkeit und Verzeihung[2].

So befand sich also wenige Wochen nach Calvins Siege über Troillet alles wieder in dem alten Zustande. Nur das eine war durch die Verurteilung des Gegners erreicht, dafs die Ohnmacht und Schwäche des Rates jedermann fortan klar vor Augen lag: indem derselbe einen Beschlufs fafste, von dessen Unausführbarkeit er selbst überzeugt war, hatte er seiner Autorität selbst einen neuen Schlag versetzt. Die Führer der Opposition, die Troillet, Berthelier, Sept, Bonna, Vandel trugen seitdem das Haupt höher als je. Die Angriffe auf das Consistorium mehrten sich und schon begann man, dasselbe an der Wurzel anzutasten. Die Hilfe der weltlichen Behörde wurde von Geistlichen und Ältesten vergeblich angerufen: die Richter wagten keinen Spruch mehr, der einen Teil verletzen konnte[3]. Wie ungern Calvin auch sonst in dem brieflichen Verkehr mit seinen auswärtigen Freunden von seinen häuslichen Verlegenheiten sprach, um nicht dem Ansehen seiner Kirche auswärts zu schaden — nur vor Farel und Viret machte er stets seinen Gefühlen rückhaltlos Luft — damals hat er selbst gegen Fernstehende mit dem Geständnis nicht zurückgehalten, dafs seine Lage eine bedrängte, dafs der Zustand der Genfer Kirche ein trauriger sei[4].

---

[1] Ratsprot. 11., 15. Nov. 1552 (Ann. S. 526, 527); *Roset* V c. 45. Vgl. Calvin an Farel 2. Dez. 1552 (Opp. XIV S. 421 f.). [*Choisy* S. 125 f.].

[2] Ratsprot. 14. Nov. 1552 (Ann. S. 526). Mém. de l'Inst. Gen. X S. 58.

[3] »*Nihil statuere audebant, quod non utrique parti scirent gratum fore*«. Calvin an Farel 2. Dez. 1552, Opp. XIV S. 421.

[4] Vgl. das Schreiben an Ambrosius Blaurer vom 19. Nov. 1552 (Opp. XIV S. 412) und an Dryander vom Dez. 1552 (ebd. S. 434): »*Fuerunt hic*

Und noch mifslicher gestaltete sich die Lage mit dem Beginn
des nächsten Jahres. Wie schwach und unzuverlässig sich auch
der vorigjährige Magistrat bewiesen, wie wenig Schutz er auch
der Geistlichkeit gewährt hatte, er hatte doch auch den Gegnern
keinen Vorschub geleistet, sondern vielmehr den Versuch gemacht,
sie in die Schranken der Ordnung zurückzuweisen. Eben dies
war es, was bei der nächsten Wahl seinen Sturz herbeiführte: die
Opposition war über die unzuverlässige Haltung des Magistrats
erbittert und wollte den Fehler, den sie bei den letzten Wahlen
gemacht, jetzt wieder gut machen. Vier erklärte Antiklerikale, an
ihrer Spitze Calvins verhafstester Gegner, der Generalkapitän
Perrin, wurden am 5. Februar 1553 zu Syndiks gewählt. Zugleich
aber wurde jetzt auch unter den übrigen Mitgliedern des Rates
gründlicher aufgeräumt, als es sonst herkömmlich war. Denn
obschon die Edikte alljährlich eine teilweise Erneuerung des Rates
voraussetzten, machten sie dieselbe doch nicht zur Pflicht, sondern
gestatteten vielmehr die Wiederwahl der alten Mitglieder und
bisher war die Wiederwahl fast Regel gewesen, sodafs die Rats-
stellen thatsächlich in dem dauernden Besitz einiger wenigen Familien sich befanden. Dem wurde jetzt ein Ende gemacht. Auf
den Antrag Bertheliers wurde trotz aller Gegenbemühungen der
Anhänger Calvins der Beschlufs gefafst, dafs fortan alljährlich acht
neue Kandidaten von den Zweihundert zur Wahl vorzuschlagen
und von diesen wenigstens vier wirklich zu wählen seien. Die
Folge dieser Neuerung war, dafs vier entschiedene Gegner des
Reformators, unter ihnen drei nahe Anverwandte des Generalkapitäns, für das Jahr 1553 in den Rat gewählt wurden. Damit
erhielt die Partei der vorgeschrittenen Opposition auch in dem
höchsten städtischen Kollegium entschieden die Majorität[1].

---

*Farellus et Viretus decem integros dies, quos nostrae patientiae luculentos testes
confido.   Viderunt enim quam multa tragica, quae tantum ad nos spectant,
silentio premamus, quas voremus contumelias, quam multis peccatis veniam
demus* etc. [Vgl. auch an Melanchthon 2. Dez. 1552, ebd. S. 415 u. 418].

[1] Ratsprot. 6. Febr. 1553; *Roset* V, 47; *Beza*, Opp. XXI S. 145 f.;
Bonivard, Anc. et nouv. pol. S. 88 ff. schildert den Vorgang in folgender
Weise: »*Ce venerable Berthelier alla mectre en avant, comme les places des
conseilliers du conseil estroict devenvient presque touttes hereditaires, pour ce que
lon nen ostoit point, ce que sentoit la tyrannie, et pour tant servit bon de faire
un edict, que touttes les annees au temps des elections les C C dussent nommer
huit conseilliers du conseil estroict pour estre deposes et autres huit du leur*

Calvins Stellung schien seitdem kaum noch zu halten; der Ton der grofsen Glocke, welche den Magistratswechsel verkündete, klang wie das Grabgeläute der calvinischen Herrschaft. Es begann ein offenes Parteiregiment, in dem der Hafs, der seit Jahren in diesem Volke gewühlt, mit der öffentlichen Gewalt umkleidet erschien. Ausgesprochene Gegner Calvins erhielten die erledigten öffentlichen Ämter. Ami Perrin, der erste Syndik und Generalkapitän, der nach dem Ausdruck des Chronisten fast wie ein König über die Stadt herrschte[1], kannte jetzt die Rücksichten nicht mehr, die er noch vor vier Jahren sich aufgelegt hatte. Und noch leidenschaftlicher, noch erbitterter zeigten sich die anderen Führer der Partei, die Vandel, Berthelier und Troillet, die neben dem Generalkapitän den meisten Einflufs ausübten[2]. Eine Demütigung nach der andern mufste die Geistlichkeit von den neuen Machthabern hinnehmen. Eine der ersten war, dafs die Prediger von der Teilnahme an dem Generalrat ausgeschlossen wurden, da auch die katholischen Geistlichen sich nicht in die Volksversammlungen gemischt hätten. Umsonst stellte Calvin vor, dafs die katholische Geistlichkeit überhaupt sich der weltlichen Gewalt entzogen habe[3]. Das kirchliche Aufsichtsrecht des Magistrats wurde mit gröfserer Strenge geltend gemacht als je zuvor. Wer sich um ein kirchliches Amt bewarb, hatte vor Be-

---

pour leur succeder, et que de ces huit quattre pour le moins du conseil estroict jussent deposes selon les voix des CC et du general et autres quattre des CC mis en leur place. Les gens de bien ne vouloient consenter a cela, cognoissants quils ne pretendoient fors a avancer les parens et amys de Perrin et Wandel.. Mais le conseil des meschants, qui estoit en plus gros nombre, consentoit a leur demande, si que une grande partie du conseil estroict, questoit des gens de bien, en fut demise, et mis en leur place des jouvenceaux parens ou alliez de Perrin ou Wandel. In der That entsprach die eingeführte Neuerung völlig dem Geist der Verfassung. Die Zahl der Anhänger Perrins im Rat betrug nach *Bonivard* (S. 80) vierzehn. [Vgl. *Roget* III S. 277].

[1] *Bonivard*, Anc. et nouv. pol. S. 90.

[2] Anc. et nouv. pol. S. 90 ff. Calvin an Bullinger 15. Juli 1555; Opp. XV S. 676 ff. Calvin klagt namentlich über Perrin und Vandel. *Bonivard* fügt als »dritten Heiligen« noch Berthelier und als ihren Helfer Troillet hinzu. Dafs beide indes übertreiben, der äufsere Anstand nicht verletzt wurde, zeigt z. B. Ratsprot. 3. Juni 1553, wo sogar noch von einem Geldgeschenk die Rede ist, das Calvin gemacht wurde. [Vgl. *Roget* III S. 277 ff.]

[3] Ratsprot. 27. Febr., 16. März 1553; *Roset* V c. 47; *Roget*, l'église et l'état S. 55.

vollmächtigten des Rates seine Befähigung nachzuweisen: die blofse
Empfehlung der ehrwürdigen Genossenschaft, bei der man sich
sonst beruhigt hatte, wurde nicht mehr genügend befunden[1].
Schon ging man ernstlich mit dem Plane um, auch das Einkommen
der Geistlichen zu beschränken. Man müsse, hiefs es, eine
gröfsere Sparsamkeit in dem Staatshaushalte einführen und unnötige Ausgaben vermeiden, um die Mittel zur Abtragung der
früher von den calvinischen Behörden gemachten Schulden zu gewinnen und endlich die Stadt aus der Abhängigkeit von Basel zu
befreien. Nur durch einen klugen Einfall, erzählt der Chronist,
gelang es den Guten diesen neuen Schlag von der Geistlichkeit
abzuwenden, indem sie statt der beabsichtigten eine bessere Mafsregel vorschlugen, das mangelnde Geld aufzubringen. Das von
ihnen empfohlene Auskunftsmittel — sie schlugen vor die Käuf-
lichkeit der Ämter in Genf einzuführen — fand in der That,
merkwürdig genug, obschon Perrin und Vandel widersprachen,
die Zustimmung der Mehrzahl des grofsen Rates und die drohende
Gefahr ward, wie der Berichterstatter mit Genugthuung meldet,
von der Geistlichkeit abgewendet[2].

Fast noch schwerer als auf der Geistlichkeit lastete der Druck
des neuen Regimentes auf ihren Parteigängern, den Fremden,
die in der letzten Zeit sich wieder zahlreicher eingefunden hatten.
Nicht nur, dafs die alten Vexationen und Chikanen, denen die
Franzosen ausgesetzt waren, fortdauerten[3] und die Gerichte jetzt
den Mifshandelten noch weniger Schutz gewährten als früher, auch
direkt wandte sich die neue Obrigkeit gegen dieselben. Die gegen
sie geübte Kontrolle wurde verschärft und bei der Aufnahme von
Neuankommenden mit gröfserer Strenge verfahren. Kein Bürger
durfte einen Auswärtigen drei Tage bei sich beherbergen, ohne
dem Quartiervorsteher Anzeige gemacht zu haben. Es wurde im
Rate sogar die Frage aufgeworfen, ob überhaupt noch Fremden
die Ansiedelung in Genf zu gestatten sei. Über Bern empfing
man Nachrichten von neuen französischen Anschlägen gegen die
Freiheit der Stadt, welche den alten Argwohn in erhöhtem Grade
wieder wach riefen und in der That Vorsicht als gerechtfertigt er-

[1] Vgl. den von *Roget* a. a. O. S. 56 mitgeteilten Fall.
[2] *Bonivard*, Anc. et nouv. pol. S. 94, 95.
[3] Vgl. o. S. 119.

scheinen liefsen. Ging man auch nicht so weit, die Einwanderungen geradezu zu verbieten, so beschlofs man doch eine Mafsregel, welche die Emigration auf das empfindlichste traf. Am
11. April erging der Befehl an alle Fremden, die nicht das Bürgerrecht hatten, ihre Waffen mit Ausnahme des Degens, der aber
ebenfalls fortan nicht mehr auf der Strafse getragen werden sollte,
der Obrigkeit abzuliefern. Zugleich wurde beschlossen, dafs in
Zukunft keinerlei öffentliche Wache einem Fremden mehr anvertraut werden dürfe. Die alten Genfer wollten wieder selbst
Herren in ihrer Stadt sein, die Fremden sollten wissen, dafs sie
in Genf nur geduldet seien[1]!

Wie es unter solchen Umständen um Calvins kirchliche und
seelsorgliche Wirksamkeit bestellt war, braucht nicht erst gesagt
zu werden. Es drohte völlig unterzugehen, was noch von kirchlicher Ordnung und Zucht übrig war[2]. Das geistliche Amt verlor
alles Ansehen. Die Vorladungen und Sentenzen des Consistoriums
fanden keinen Gehorsam mehr. Da empfängt Philibert Bonna
trotz des Verbotes das Abendmahl und erklärt dann vor dem
Consistorium, er werde in Zukunft den geistlichen Herren gar
nicht mehr Rede stehen, der Rat allein habe in der Stadt zu befehlen, nicht die Geistlichkeit[3]. Statt ihm, wie Calvin verlangte,
mit seiner Autorität zu Hilfe zu kommen, bereitete ihm vielmehr
der Rat selbst oft genug Schwierigkeiten, indem er es aufforderte,
schonender zu verfahren und sich mehr an die alten Ordnungen

---

[1] Ratsprot. 6. u. 11. April 1553 [Ann. S. 538, 539]; *Roset* V c. 49;
Bonivard, Anc. et nouv. pol. S. 85, 86, 87. Vgl. *Gaberel* I S. 427 ff. — Con-
sistorialprot. 10. Aug. 1553. Nachrichten über französische Summen, die zum
Verrat der Stadt bei den Emigranten deponiert seien: *Bretschneider* S. 34 ff.
Man sagte, Calvin lasse sich von den Refugiés einen Eid schwören: Ratsprot.
31. Okt. 1552, Ann. S. 523 (wo 31. Okt. anstatt 30. zu lesen ist). [Vgl.
Berns Schreiben an Genf 6. April 1553, Opp. XIV S. 513; Calvins Klagen
an die Züricher Geistlichen 26. Nov. 1553, Opp. XIV S. 676. Ferner *Roget* III
S. 284 ff.]

[2] Vgl. o. S. 122 f.

[3] Consistorialprot. 15. Juni 1553 [Ann. S. 543; vgl. *Roget* III S. 281,291].
Einige Prediger, die besonders verhafst waren, durften sich kaum mehr öffentlich
sehen lassen, so besonders Raimond Chauvet. Vgl. Consistorialprot. 6. Okt.,
10. Nov., 1. u. 24. Dez. 1552; 12. Jan. 1553. Unter denen, die dem Consistorium Widerstand leisteten, befand sich auch der alte Bonivard: Consistorialprot. 30. März 1553 [Ann. S. 538].

11 *

und Gewohnheiten zu halten[1]. Die Bösen jubelten, klagen die
calvinischen Chronisten in dieser Zeit, und gingen stets straflos
aus, die Guten aber waren mutlos und wagten nicht den Mund
zu öffnen. Die Dinge in Genf seien der Art, schrieb Calvin
selbst im Frühjahr 1553 einem evangelisch gesinnten französischen
Edelmanne, der sich mit Auswanderungsgedanken trug, daſs er
sich schäme davon zu sprechen. Er wagte nicht mehr, demselben
zur Übersiedelung nach Genf zu raten[2]. Und nirgendwo eröffnete
sich ihm eine Aussicht auf eine Änderung dieses Zustandes. Vielmehr mit jedem Tage schien die Abneigung gegen seine Person
in der Menge zu steigen. Seine Predigten brachten keinen Eindruck mehr hervor. Die Prozesse gegen Perrin, gegen Bolsec,
gegen Troillet hatten das Vertrauen in ihn vollständig untergraben.
Man nahm mit Miſstrauen auf, was aus seinem Munde kam.
»Dahin ist es gekommen«, schreibt er im Herbst 1553 einem
Freunde, »daſs hier Verdacht einflöſst, was ich auch immer sagen
möge. Wenn ich behauptete, daſs es am Mittage hell sei, man
würde sofort anfangen, daran zu zweifeln[3]«.

In schlimmerer Lage hatte sich Calvin nie zuvor befunden.
Nie war sein Ansehen so tief gesunken gewesen, nie schien seine
Sache so hoffnungslos. Und dennoch stand er damals am Vor-
abend seiner Siege.

---

[1] Ratsprot. 27. Febr., 10. April 1553 [Ann. S. 536, 539]. *Roset* V c. 48.
[2] Calvin an den Herrn v. Marolles 12. April 1553, Opp. XIV S. 517.
[Vgl. aber Calvins Schreiben an einen Unbekannten, 25. Juli 1553, ebd.
S. 579; es kann sich doch nur um augenblickliche Verstimmungen Calvins
gehandelt haben, wenn er von einer Übersiedelung abriet. Vgl. u. Buch IV
Kap. IV.
[3] Calvin an Bullinger 7. Sept. 1553, Opp. XIV S. 611.

SECHSTES BUCH.

UNTERLIEGEN DER GEGNER 1553—1555.

MICHEL SERVET.

Es wäre gegen den natürlichen Lauf der Dinge gewesen, wenn die Geister, die in der grofsen kirchlichen Revolution sich zum gemeinsamen Kampfe gegen die alte Kirche verbanden, nach Niederreifsung der alten Schranken sich wieder zu demselben positiven System vereinigt hätten. Der einmal erwachte Geist der Verneinung und Zerstörung gelangte hier früher dort später zum Stillstand. Deutschland, das am frühesten die Nötigung zum Innehalten empfand, begnügte sich mit dem noch durch starke Bande mit dem früheren kirchlichen Denken zusammenhängenden Luthertum. Die stammverwandte Schweiz führte die Bewegung weiter bis zu dem radikaleren Zwinglianismus. Über diesen noch hinaus ging Frankreichs Reformator, erbarmungslos über eine mehr als tausendjährige kirchliche Entwickelung den Stab brechend, um ausschliefslich aus den ältesten Urkunden des christlichen Glaubens die wahre Kirche wiederherzustellen!

Und mit diesen drei Hauptformen, in denen der reformatorische Geist alsbald auftrat, war der Reichtum und die Mannigfaltigkeit der Richtungen und Bestrebungen, die sich in jenem grofsen Kampfe die Hand geboten oder durch ihn angeregt wurden, noch bei weitem nicht erschöpft. Neben den Kirchen Luthers, Zwinglis, Calvins sehen wir sofort in den Ländern deutscher wie romanischer Zunge zahlreiche kleinere Sekten auftauchen, die, nicht befriedigt durch das System der grofsen kirchlichen Wortführer, mehr oder weniger kühn auf der mit dem Sturze der altkirchlichen Autorität sich öffnenden abschüssigen Bahn weiter

gingen, bald an dieser bald an jener von den Reformatoren noch
festgehaltenen Lehre und Einrichtung Anstofs nahmen, mit den
kirchlichen hie und da auch politisch-sociale Forderungen verbanden und in ihren äufsersten Ausläufern zu einem Radikalismus
gelangten, der mit den Grundlehren des Christentums die Grundlage der bürgerlichen Gesellschaft erschütterte, Staat wie Kirche
mit völligem Umsturz bedrohte.

Lag in dieser Zersplitterung und Verfeindung der reformatorischen Kräfte auf der einen Seite unverkennbar ein Hemmnis für
den Fortgang und Erfolg der Bewegung, so wirkte sie auf der
andern Seite auch wieder vorteilhaft, insofern sie den Wortführern
der Hauptrichtungen die Notwendigkeit nahe legte, auf den Zu-
sammenhalt ihrer Anhänger mit äufsern Mitteln durch rasche
Herstellung einer kirchlichen Organisation bei Zeiten Bedacht zu
nehmen. Gerade das Auftreten jener radikalen und excentrischen
Sekten hat wesentlich dazu beigetragen, den Bildungsprozefs der
drei neuen Hauptkirchen, die sich auf den Trümmern der alten
erhoben, zu beschleunigen und jene Einrichtungen ins Leben zu
rufen, die, indem sie den ausschweifenden Richtungen eine Schranke
setzten, zugleich dem Abfall von der alten Kirche Dauer und
Bestand für die Zukunft verliehen. Es kam hinzu, dafs der Blick
in den Abgrund, in den der Radikalismus der Schwärmer, der
Wiedertäufer, Chiliasten, Antitrinitarier führte, alle ruhigen und besonnenen Geister um so mehr unter den Gehorsam der wortgewaltigen Männer, die das erste Signal gegeben, zurücktrieb und
sie vermochte, sich Anordnungen und Einrichtungen zu fügen, die
sie in der ersten Zeit als schnöden Freiheitsbruch würden zurückgewiesen haben.

In Deutschland knüpft sich recht eigentlich an den Kampf
gegen die ›Schwarmgeister‹ die Grundlegung der neuen lutherischen
Kirche; die politisch-kirchliche Schilderhebung der radikalen
Bauern führte dann jenen innigen Bund zwischen dem Wittenberger
Reformator und den deutschen Fürsten herbei, welcher die Macht
der lutherischen Kirche hier dauernd und fest begründete.
Zwinglis Kirche in der Schweiz verdankte ebenfalls zum guten
Teil dem Kampfe gegen den sich allwärts erhebenden Anabaptismus
ihre festere Organisation.

Ganz dieselbe Erscheinung nehmen wir in der Geschichte des
Calvinismus wahr. Wie der Verfasser der christlichen Institution

sein neues Glaubenssystem im beabsichtigten Gegensatz gegen die schwärmerischen und excentrischen Sekten seines Heimatslandes niedergeschrieben hat[1], so hat das Auftreten des theologischen Radikalismus in Genf selbst hier schliefslich für ihn den Ausschlag gegeben und den langjährigen, mühevollen, schon fast verloren gehaltenen Kampf um die Herrschaft endlich zu Gunsten Calvins entschieden. Es ist eine von den vielen merkwürdigen Fügungen in dem Leben des Genfer Reformators, dafs in demselben Augenblicke, als seine Bedrängnis den höchsten Grad erreicht hatte und er selbst bereits an der «Erhaltung der Kirche» verzweifelte, ihm gerade das Übermafs des Angriffes Hilfe brachte und das Erscheinen des verwegenen spanischen Antitrinitariers seine erschütterte Stellung aufs neue befestigte. Zwar war der Kampf gegen Servet heifs und schwer, sein Ausgang lange Zeit ungewifs, es mufsten die äufsersten Anstrengungen gemacht werden, aber um so vollständiger und wirkungsvoller war dann auch der Sieg. Der Scheiterhaufen auf Champel, der ihn verkündete, bezeichnet in der Geschichte der Calvinischen Kämpfe den entscheidenden Wendepunkt; er ist der erste in der Reihe jener Siege, welche die Gegenpartei allmählich vernichteten und den Urheber der Ordonnanzen dauernd und endgültig zum Herrn und Gebieter von Genf machten.

Michel Servet — Serveto ist die ursprüngliche Form des Namens — wurde um das Jahr 1509 zu Villa nueva im Königreich Arragonien geboren[2]. Von seinem Vater, einem angesehenen Rechtsgelehrten, für den gleichen Stand bestimmt, bezog er noch jung an Jahren die Universität Toulouse, um den vorgeschriebenen juristischen Studien obzuliegen. Schon hier nahm sein Geist die vorwaltend theologische Richtung. Es war die Zeit, wo die gewaltigen kirchlichen Ereignisse allwärts die Gemüter erregten, und gerade in Toulouse war dies in mehr als gewöhnlichem Grade der Fall[3]. Der junge feurige Spanier ergriff die grofse Frage des Tages mit der ganzen Lebhaftigkeit seiner südländischen Natur.

---

[1] Praef. in Psalm.

[2] [Das hat Servet im Verhör zu Genf angegeben. Im Verhör zu Vienne giebt er Zeit und Ort seiner Geburt abweichend. Vgl. *Tollin*, Servets Kindheit und Jugend, Zeitschr. f. hist. Theol. 1875. *Willis*, Servetus and Calvin, London 1877, S. 3.]

[3] Hist. eccl. d. France I, 6.

Mit Begier griff auch er zur Bibel, welche von allen als einziger
Zeuge und Richter der Wahrheit angerufen wurde, und empfing
aus ihr eine Fülle von neuen Ideen und Anregungen, die ihn
fortan ausschliefslich beschäftigten und die Richtung seines Lebens
entschieden.   Getrieben von dem unwiderstehlichen Verlangen,
dem Schauplatze des grofsen weltgeschichtlichen Kampfes näher
zu sein, folgte er, nachdem er die Universität Toulouse verlassen,
dem spanischen Theologen Quintana, dem Beichtvater Karls V.,
zu dem er in einem näheren Verhältnis gestanden zu haben
scheint, nach Italien und war im Jahre 1530 Zeuge der feierlichen Kaiserkrönung in Bologna [1].   Von hier wandte er sich nach
Deutschland: er wollte die Urheber und wortgewaltigen Führer
der grofsen Bewegung in eigener Person kennen lernen.

Er kam aber nicht mehr als Schüler, um von ihnen zu lernen,
sondern um zu lehren und schöpferisch in die grofse Bewegung
der Geister einzugreifen.   Schon um diese Zeit hatte er seine neu-
gewonnenen religiösen Ideen zu einem System verarbeitet, welches,
wenn auch in einzelnen Teilen noch unklar und nicht vollständig
durchgebildet, doch von ernstem Studium der religiösen Fragen zeugte
und durch Neuheit, Originalität und Kühnheit selbst in jener an
das Ungewohnte gewöhnten Zeit Aufsehen zu erregen geeignet
war.   Eine feurige, reichbegabte, überschwängliche Natur, von
scharfem Verstand und mächtiger Phantasie, ehrgeizig und ver-
wegen und voll Kampfeslust blieb er nicht wie die andern Neuerer
bei den praktischen Fragen des Christentums stehen, sondern
dehnte den Angriff bis auf die Grundlehre des Christentums aus.
Ihm schien vor allem die kirchliche Trinitätslehre einer Reformation
bedürftig und in ihrer gegenwärtigen Gestalt eine Entstellung des
wahren Christentums.   Schon vor ihm hatten in Deutschland
einzelne verwegene Geister sich an das Geheimnis der Dreieinigkeit gewagt, auch Calvin hatte zu Zeiten hinsichtlich dieser

---

[1] Vgl. über seine Jugendgeschichte seine Aussagen vor Gericht zu Genf
und Vienne, in den Actes du procès de Michel Servet, Opp. VIII S. 767, 780,
846.   Keine der beiden Aussagen enthält die volle Wahrheit, aber jede einen
Teil derselben.   Dafs Quintana ihn persönlich kannte, ergiebt sich auch aus
Cochlaeus, Comment. de actis et scriptis M. Lutheri S. 234, 235.   Auf die
Kaiserkrönung bezieht sich wohl auch die Stelle in der Restitutio Christianismi
S. 462.   Vgl. auch *Trechsel*, Die prot. Antitrinitarier I, 63, 64. [*Roget* IV
S. 4 ff.].

christlichen Fundamentallehre Anfechtungen gehabt und in dem Streite mit Caroli sich über das athanasianische Symbolum in sehr bedenklichem Maße ausgelassen [1]. Aber der zwanzigjährige Arragonese ging über die schwachen Versuche seiner Vorgänger weit hinaus [2]. Die hergebrachte kirchliche Lehre von drei ewigen Hypostasen in der Gottheit ist nach ihm mit der Einheit des göttlichen Wesens durchaus unvereinbar; sie führe zur Vielgötterei, zum Atheismus: er nennt diese Lehre geradezu ein teuflisches Blendwerk, eine Erfindung des Satans selbst. Doch verwirft er mit der Wesenstrinität nicht die Trinität überhaupt, aber sie ist ihm nur eine »ökonomische«, eine Offenbarungstrinität. An die Stelle der drei Personen setzt er drei oder eigentlich nur zwei »wunderbare Dispositionen Gottes«, in denen das höchste Wesen, das, wie er sich später ausdrückte, nicht eine abstrakte Einheit, sondern »ein unendliches Meer von Substanz« sei, der Menschheit sich offenbare, aber erst im Laufe der Zeit und völlig frei, nicht infolge einer innern Notwendigkeit. Der Vater ist die ganze Substanz und der alleinige Gott. Der Sohn und der hl. Geist sind die Teilhaber und Werkzeuge der Substanz des Vaters. Jener ist des ewigen Vaters Sohn, aber nicht selbst ewig, nicht Gott wie dieser, sondern nur eine Erscheinungsform der göttlichen Substanz im Laufe der Zeit.

Es waren Gedanken, die in ähnlicher Gestalt schon in den ersten christlichen Jahrhunderten aufgetaucht, aber noch nie in solcher Schärfe und Keckheit ausgesprochen waren. Servet war überzeugt, mit jenen Sätzen nur die alte unverfälschte biblische Kirchenlehre wiederhergestellt zu haben, wie sie sich insbesondere bei Tertullian, Ignatius und Irenäus finden. Bis um die Zeit des Konzils von Nicäa hatte nach seiner Ansicht die alte wahre Lehre geherrscht, dann aber war sie entstellt worden; als Strafe und als Zeichen des göttlichen Zorns habe um dieselbe Zeit die weltliche Herrschaft des Papsttums

---

[1] Nicht ohne Grund wird ihm dies von seinem späteren Gegner vorgerückt: »Calvin faict rage et use de mesme brocars que les trinitaires contre le symbole d'Athanase et le concile de Nice, quand il est question de discuter son opinion touchant la Trinité«. Vgl. *F. Claude de Saintes*, Declaration d'aucuns atheismes de la doctrine de Calvin. Paris 1568 S. 108.

[2] Vgl. *Trechsel*, Antitrinitarier I, 64 ff.; *Servet*, De trinitatis erroribus (1551) bes. S. 28, 29, 109.

ihren Anfang genommen. Der trinitarische Irrtum habe es ver-
hindert, daſs das Christentum seine Aufgabe erfüllte und der
Bekehrung der Juden und Muhamedaner im Wege gestanden.
Mit der Wiederherstellung der altkirchlichen Trinitätslehre müsse
deshalb ein Reformator der Kirche beginnen: was bisher von
den Reformatoren geleistet, sei unzulänglich. Den lutherischen
Glauben insbesondere findet er eitel und leer und nur dazu geeignet, die Menschen träge und schläfrig zu machen. Von den
gegenwärtig streitenden Parteien werde nur um die Ehre gestritten.
Unbekümmert um der Parteien Hader will er nur die Wahrheit,
wie sie in den göttlichen Offenbarungen enthalten ist und uns
not thut, der Welt verkündigen!

Man kann sich denken, welche Aufnahme Servet mit solchen
Ideen in Deutschland fand. Die oberdeutschen Theologen, die
Reformatoren von Basel und Straſsburg, mit denen er sich sofort
in Verbindung setzte, nahmen den reformeifrigen jungen Mann
anfangs zwar mit Wohlwollen auf, machten ihn aber auf das
Bedenkliche und Gefahrvolle seiner Ansichten aufmerksam und
suchten ihn auf andere Wege zu bringen[1]. Man begriff es dies-
seits der Alpen nicht, wie ein junger Mann aus sich selbst zu so
verwegenen Ansichten gelangen konnte, und hat sogar gemeint, er
habe sie aus dem Verkehr mit Ungläubigen auf einer Reise nach
Afrika geschöpft. Zwingli ermahnte seinen Freund Oecolampad
in Basel, mit dem Servet am meisten verkehrte, nachdrücklich,
gegen den »bösen, frevlen Hispanier« auf seiner Hut zu sein;
denn solche »falsche, böse Lehre« äuſserte er, »würde unsere
ganze christenliche Religion abthun[2].« Vollends wandte man sich
von dem unheimlichen Fremden ab, als derselbe ungeachtet der
empfangenen Abmahnungen es wagte, mit seinen Ideen öffentlich
hervorzutreten und im Jahre 1531 in Hagenau »sieben Bücher von
den Irrtümern der Trinität« im Druck ausgehen lieſs[3]. Das Erscheinen dieser Schrift, deren verwegener Inhalt durch die Keck-

---

[1] Vgl. seine Korrespondenz mit Oecolampad, und die Briefe Bucers,
Blaurers und Grynaeus' über ihn, Opp. VIII, 857 ff.

[2] Vgl. *Mosheim*, Anderweitiger Versuch einer vollständigen und unpar-
teiischen Ketzergeschichte S. 17.

[3] De Trinitatis erroribus libri septem. Per Michaelem Serveto alias Reves
ab Aragonia Hispanum. Anno MDXXXI. s. l. 8o. Über den Namen Reves
vgl. *Mosheim* S. 109.

heit und Maßlosigkeit der Sprache fast noch überboten wurde, erregte unter den Theologen einen wahren Sturm des Unwillens. Alles war entrüstet über die Vermessenheit dieses fahrenden Spaniers, der offen die Fundamentallehren der Religion anzutasten sich erdreistete. Selbst ein Mann wie Bucer ging in seinem Zorn so weit, von der Kanzel zu erklären, der Frevler verdiene, daß ihm die Eingeweide aus dem Leibe gerissen würden [1].

Es war vergebens, daß er im nächsten Jahre seine Ansichten in einer neuen Schrift, ¡in deren Eingange er sogar die früheren scheinbar — freilich auch nur zum Scheine — zurücknahm, in einer andern und, wie er glaubte, reicheren und vollendeteren Form entwickelte [2]. In Deutschland war seines Bleibens nicht länger mehr.

Servets Hoffnung, auf den Gang der Reformation in Deutschland bestimmend einzuwirken, war vollständig fehlgeschlagen! Der üble Erfolg seines ersten öffentlichen Auftretens wirkte für den Augenblick entmutigend auf ihn. Er entsagte für einige Zeit seinen theologischen Studien, nahm sogar einen andern Namen an und begab sich als Michel de Villeneuve nach Frankreich, um sich in Paris medizinischen, mathematischen und astronomischen Studien zu widmen. Damals war es, daß er den ersten Versuch einer Annäherung an den jungen Calvin machte, welcher um diese Zeit sich ebenfalls in der französischen Hauptstadt aufhielt [3]. Sein unruhiger Geist duldete ihn indes nicht lange an einem Orte. Von Paris wandte er sich nach Orleans, von hier nach kurzem Aufenthalt nach Lyon, dann kehrte er nochmals nach Paris zurück. In Lyon war er als Korrektor in einer Buchdruckerei beschäftigt und zugleich selbst schriftstellerisch thätig: er veröffentlichte hier 1535 eine neue verdienstliche Ausgabe des Ptolemäus, die großen Bei-

---

[1] So wenigstens Calvin an Sultzer 5. id. Sept. 1553, Opp. XIV S. 614.
[2] Dialogorum de Trinitate libri duo. De iustitia regni Christi capitula quatuor. Per Michaelem Serveto alias Reves a Aragonia Hispanum. A. MDXXXII. s. l. 8°. Auf der Rückseite des Titelblattes heißt es: »Quae nuper contra receptam de Trinitate sententiam septem libris scripsi, omnia nunc, candide lector, retracto. Non quia falsa sint, sed quia imperfecta et tantum a parvulo parvulis scripta. Precor tamen, ut ex illis ea teneas, quae ad dicendorum intelligentiam te potuerunt iuvare«. Vgl. *Mosheim* S. 44; *Trechsel* I, 103.
[3] *Besa*, Vita Calvini, Opp. XXI S. 123. [Vgl. *Willis* S. 82.]

fall fand[1]. In Paris ergab er sich wieder ganz den mathematischen, medizinischen und naturphilosophischen Studien: er erwarb sich die akademischen Grade, hielt mit vielem Beifall Vorlesungen über Mathematik und Astronomie und griff im Jahre 1537 mit einer neuen gelehrten medizinischen Abhandlung »über die Syrupe« in den damals heftig entbrannten Streit zwischen den Galenisten und Averroisten ein[2]. Was er angriff, gelang ihm. Auch in der Medizin bewährte er den scharfen Blick und die Genialität, die ihn auszeichnete: lange vor Harwey hat er bereits den Umlauf des Blutes beobachtet und mitten in seinen theologischen Untersuchungen beschrieben[3]. Doch überwarf er sich in kurzem ebensosehr mit den Medizinern wie vordem mit den Theologen. Unbesonnene verletzende Äußerungen, die er sich in Vorlesungen und Schriften gegen die Ärzte seiner Zeit erlaubte — er warf ihnen Unwissenheit vor und nannte sie eine Pest der Welt — brachten Fakultät und Universität gegen ihn auf. Bei dem geistlichen Gerichte wie bei dem Parlament wurde eine Klage gegen ihn anhängig gemacht, die mit seiner Verurteilung durch das Parlament endete. Er mußte Paris abermals verlassen und begab sich von neuem auf Wanderungen, die ihn nach längeren unstäten Irrfahrten und kurzen Aufenthalten in Avignon, Lyon, Charlieu um das Jahr 1540 endlich nach Vienne führten[4].

Hier schien er Ruhe finden zu sollen. Der Erzbischof Palmier, ein Freund gelehrter Bestrebungen, der Servets Vorträgen in Paris beigewohnt und den geistvollen originellen Mann liebgewonnen hatte, nahm sich seiner wohlwollend an. Servet ließ sich in Vienne dauernd als praktischer Arzt nieder, erlangte rasch eine ausgedehnte Praxis, bedeutenden Ruf und ein reichliches Einkommen, so daß er sich behaglich einrichten konnte. Seine äußere religiöse Haltung bot während der ersten Jahre nichts Auffälliges. Er kam den Gebräuchen der Kirche nach und verkehrte, wie es scheint, vornehmlich in geistlichen Kreisen. Dem Erzbischof selbst war die zweite Auflage seines Ptolemäus gewidmet,

---

[1] Vgl. *Mosheim* S. 61. [*Willis* S. 87.]
[2] [Vgl. *Willis* S. 104, 114.]
[3] Die Stelle findet sich: Christianismi restitutio S. 169 und ist abgedr. bei *Mosheim* S. 499 und *Henry* III Beil. S. 58 ff. [Vgl. *Willis* S. 206—213.]
[4] Opp. VIII, 846 u. 767. *Mosheim* S. 82 ff.

die im Jahre 1541 nötig wurde[1]. Auch eine neue Ausgabe der
lateinischen Bibel des Santes Pagninus, die er das Jahr darauf
veranstaltete, erregte, obschon Vorrede und Anmerkungen manches
Ungewöhnliche enthielten, vorerst noch keinen Anstofs[2].

Indes unter allen Wanderungen und Wandlungen hatte Servet
seine alten Gedanken nicht aufgegeben. Vielmehr hatte ihn die
Ausbildung und weitere Durchführung seines Systems, von dem
er das Heil der Kirche erwartete, alle die Jahre daher beschäftigt,
und je länger je mehr war er in seinen Überzeugungen befestigt
worden. Er hatte seinen Ideen mehr Klarheit und Zusammenhang
gegeben, sie durch fortgesetzte biblisch-patristische und philosophische Studien vertieft, und unwiderleglicher zu begründen
gesucht, auch manches Neue aufgenommen. Eine zunehmende
Bedeutung gewann für ihn die Lehre vom Logos und vom Sohne
Gottes, die jetzt vollständiger von ihm entwickelt wurde. Durch
seine naturphilosophischen Studien hatte das pantheistische Element,
das von Anfang an in seinem Systeme lag, eine mächtige Verstärkung erhalten. Daneben begann er, vielleicht durch die Berührung mit einzelnen Vertretern der widertäuferischen Sekte angeregt, auch der praktischen Seite des Christentums jetzt eine
gröfsere Bedeutung beizulegen. In dem Papste erblickte er den
wirklichen Antichrist, in Rom das apokalyptische Babel, aber auch
über Luthers Kirche wurde sein Urteil immer ungünstiger. In
Vienne begann er jetzt seine Ideen aufs neue durchzuarbeiten und
in einem gröfseren Werke niederzulegen. Es sollte das Heilmittel
für alle Schäden der Kirche enthalten, der irregeleiteten Welt den
Weg zeigen, den sie zu wandeln habe, das seit dem Konzil
von Nicäa verdunkelte und entstellte Christentum in seiner ursprünglichen Reinheit wiederherstellen.

Und mit diesen Ideen trat er jetzt vor Calvin. Sei es, dafs
er immer noch in evangelischen Kreisen eine gröfsere Empfänglichkeit für seine Reformideen voraussetzte, sei es, dafs Calvins persönlicher Ruf ihn anzog: genug, ohne dafs seine Umgebung in
Vienne eine Ahnung davon hatte, setzte er sich von Vienne
aus — dieses Mal unter seinem wahren Namen — mit dem Genfer
Reformator in Verbindung[3]. Durch wiederholte Schreiben, durch

---

[1] [Vgl. *Willis* S. 131 ff.].
[2] Vgl. *Mosheim* S. 85 ff., 404 ff. [*Willis* S. 139—156.]
[3] Die in die Restitutio Christianismi aufgenommenen Epistolae triginta

Vorlegung von Fragen, durch Einsendung des Manuskripts seines
neuen Werkes suchte er ihn für seine Auffassung zu gewinnen: ja
er wollte sogar, wenn es Calvin gefalle, selbst nach Genf kommen!
Es läfst sich denken, wie der stolze Reformator diesen seltsamen
Bekehrungsversuch aufnahm.   Schwerlich hat er die ihm zu-
gesandten Schriftstücke vollständig durchgelesen.   Es war ihm
sofort klar, dafs der Verfasser zu jenen zügellosen, lucianischen
Geistern gehöre, gegen die er von jeher die gröfste Abneigung
empfunden hatte. Seine kecke anmafsende Sprache empörte ihn.
Der Mann habe, schrieb er an einen Freund desselben, vor allen
Dingen offenbar eine Demütigung vonnöten[1].   Doch liefs er sich
herbei, ihm auf einzelne Fragen zu antworten.   Als aber Servet
sich damit nicht zufrieden gab und die Verweisung auf die betreffenden Abschnitte der Institution sogar mit bitteren Randglossen
zu dem Hauptwerke des Reformators erwiderte, brach er jeden
weiteren Verkehr mit dem unverbesserlichen Irrlehrer ab[2].   Der
Genfer Reformator war schon in dieser Zeit überzeugt, dafs dieser
Mensch ohne Gefahr für die ganze Kirche nicht am Leben bleiben
dürfe. »Sollte er selbst nach Genf kommen,« schrieb er bereits
im Februar 1546 — vor dem letzten Brief — an seinen Freund
Farel, »so werde ich nicht dulden, wenn mein Ansehen noch
etwas gilt, dafs er lebendig von dannen zieht[3].« Servet gab
nichtsdestoweniger seine Verbindung mit Genf noch nicht auf.
Von Calvin selbst zurückgewiesen, wandte er sich an dessen
Freunde. Er schrieb an Viret in Lausanne[4]. Drei Briefe richtete
er an den Prediger Abel Pouppin. »Euer Evangelium,« rief er
diesem in seinem letzten Schreiben zu, »ist ohne Gott, ohne den
wahren Glauben, ohne gute Werke. Statt des einen Gottes habt
ihr einen dreiköpfigen Cerberus, statt des wahren Glaubens eine

---

(Opp. VIII, 649 ff.) sind übrigens in ihrer gegenwärtigen Gestalt wohl nicht
als eigentliche, einzeln an den Reformator abgegangene Briefe anzusehen, vgl.
Opp. VIII Prol. S. XXXIII.   Calvin selbst deutet das an in der Defensio
orthodoxae fidei Opp. VIII 462: *quas velut ad me scriptas in publicum edidit*.
[Vgl. *Willis* S. 158—190; *Roget* IV, S. 12.]

[1] Calvin an Frellon 13. Febr. 1546, Opp. XII S. 281.

[2] Vgl. Defensio orthodoxae fidei, Opp. VIII, 481 ff. *Trechsel* S. 117 ff.

[3] *Si venerit, modo valeat mea autoritas, vivum exire nunquam patiar*.
Calvin an Farel 13. Febr. 1546, Opp. XII S. 283.

[4] Viret an Calvin 25. Aug. 1548; die Antwort Calvins vom 1. Sept.,
Opp. XIII S. 33, 42. Procès de Servet, Verhör vom 28. Aug., Frage 14,
Opp. VIII, 780.

unselige Träumerei, gute Werke nennt ihr leere Trugbilder. Wehe, wehe, wehe über euch!« Aber taub wie der Meister waren auch die Schüler und Freunde für seine Vorstellungen. Nicht einmal das Manuskript seines Werkes konnte er von Genf zurückerhalten[1].

Weit entfernt, durch das Scheitern seiner auf Genf gesetzten Hoffnungen abgeschreckt zu sein, fühlte sich Servet durch seinen Mifserfolg bei dem stolzen Reformator nur noch mehr zur Veröffentlichung seiner Ideen und zu kühnem, selbständigem Vorgehen angespornt. Eine exaltierte Stimmung hatte sich um diese Zeit seiner bemächtigt. Nach apokalyptischen Berechnungen schien ihm der Zeitpunkt nahe zu sein, wo der Kampf Michaels wider den Drachen beginne und das Reich des Antichrists gestürzt werden mufste[2]. Eine wahrhaft abergläubische Vorstellung hatte er von den Wirkungen seines neuen Buches, an dessen Vollendung er fortwährend arbeitete. Ohne einem seiner Freunde seinen Plan zu verraten, traf er jetzt die Vorkehrungen zum Druck desselben: plötzlich, von keinem erwartet, sollte es erscheinen, als das gewaltige Kriegsmanifest gegen das Antichristentum in dem Beginn der neuen christlichen Ära. Nach langem Suchen und mit Darbringung nicht unbedeutender Opfer gelang es ihm, in Vienne einen Verleger zu gewinnen. In einer heimlichen Presse gedruckt, trat das lange vorbereitete Werk zu Anfang des Jahres 1553 wirklich ans Licht, ohne Angabe von Druckort und Verfasser. Es führte den stolzen Titel: Des Christentums Wiederherstellung[3].

»Wir werden aufdecken,« verkündet die schwungvolle Vorrede, »die göttliche Offenbarung von den frühesten Jahrhunderten

---

[1] Servet an Abel Pouppin, abgedr. bei *Mosheim* S. 414 f.

[2] Vgl. Signa sexaginta regni Antichristi, Sign. XVII, Opp. VIII S. 716; Rest. Christ. S. 666 Sign. 17; vgl. auch S. 396.

[3] Christianismi Restitutio. Totius ecclesiae apostolicae est ad sua limina vocatio, in integrum restituta cognitione Dei, fidei Christi iustificationis nostrae, regenerationis baptismi et coenae Domini manducationis. Restituto denique nobis regno coelesti, Babylonis impiae captivitate soluta et Antichristo cum suis penitus destructo. MDLIII. Nur am Schlusse wird des Verfassers Name durch die Buchstaben M. S. V. angedeutet. Verraten wird dieser auch dadurch, dafs S. 199 ff. Servet selbst in den Dialogen über die Trinität als Collocutor auftritt. Die Originalausgabe ist bis auf wenige Exemplare namentlich auch durch Calvins Bemühungen (vgl. Opp. XIV S. 599) vernichtet worden. Ein 1791 in Nürnberg erschienener, bis auf die Seitenzahl getreuer Abdruck hat indes diesem Mangel abgeholfen.

an, das grofse Geheimnis des Glaubens, das über allem Streit
erhaben ist, den Gott, der früher nicht gesehen worden, den
werden wir nun sehen, da die Decke von seinem Antlitz hinweg-
genommen; wir werden ihn schauen in uns selbst leuchtend. —
O Christe Jesus, Sohn Gottes, der Du uns vom Himmel gegeben
bist, offenbare Dich selbst Deinem Diener, damit eine so grofse
Offenbarung uns in Wahrheit klar werde. Es ist Deine Sache, die
ich, einem inneren göttlichen Drange nachgebend, zu verteidigen
aufgenommen habe, da ich für Deine Wahrheit besorgt war.
Schon früher habe ich einen ersten Versuch gemacht,; nun werde
ich aufs neue dazu gezwungen, da die Zeit in Wahrheit erfüllt ist.
Du hast uns gelehrt, unser Licht nicht zu verbergen; wehe mir
deshalb, wenn ich die Wahrheit nicht verkündete[1].« Das Werk
selbst besteht aus einer Reihe von Abhandlungen, in denen der
Verfasser zunächst seine bereits früher vorgetragenen Ansichten
über die göttliche Trinität in neuer Bearbeitung, reicherer und
konsequenterer Durchführung und mit gröfserer Gelehrsamkeit
entwickelt, dann aber auch seine Reformvorschläge auf dem Gebiete des praktischen kirchlichen Lebens darlegt. Servet bekämpft
hier nachdrücklich die lutherische Ansicht von dem rechtfertigenden
Glauben; am entschiedensten aber wendet er sich gegen die
Kindertaufe, die nach ihm der zweite faule Fleck des bisherigen Christentums ist, wie die Trinitätslehre den ersten bildet[2].
Die Form, in welcher er seine Ideen vorbringt, ist noch schroffer,
noch verletzender, noch herausfordernder, noch excentrischer, als
in seinen früheren Schriften und verschont die Reformatoren so
wenig als die Papisten[3]. Beigefügt ist eine Beschreibung der
»Sechzig Zeichen des Reiches des Antichrists und seine Enthüllung
in der Gegenwart.« »Schon bewegen sich,« ruft er aus, »Himmel
und Erde gegen den Drachen und Antichrist, schon wird die
Menschheit, die vordem im Staube dieser Erde schlummerte, zum
ewigen Leben aufgeweckt, und das hingeschlachtete Lamm beginnt bereits das mit so vielen Siegeln verschlossene Buch zu
öffnen[4].«

---

[1] Christ. restit. S. 3, 4.
[2] *Trechsel* l. c. S. 121 ff.
[3] Christ. rest. S. 15, 43, 393 ff., 455 ff. Der Ton wird zuweilen geradezu frivol.
[4] Christ. rest. S. 668, 670, Sign. 29, 40, 59.

Aber die gewaltige Wirkung, welche sich der Verfasser von seinem Werke versprach, trat nicht ein. Was das Signal zum Sturze des Antichristentums werden sollte, wurde das Signal zur Verfolgung seines alsbald entdeckten schwärmerischen Urhebers, und dieser selbst zeigte jetzt, in der Stunde ernster Gefahr, nicht die todesmutige Entschlossenheit, deren er sich früher wohl selbst gerühmt hatte!

In Genf wurde Servet sofort als der Verfasser des verwegenen Buches erkannt. Man hatte hier den zudringlichen Fremden nicht aus dem Auge verloren und ihm weiter nachgeforscht; man war hinter das Geheimnis gekommen, dafs Servet und der Vienner Arzt Villeneuve dieselbe Person seien und hatte sich sogar über die Umstände, unter denen der Druck des Werks erfolgt war, nähere Nachrichten zu verschaffen gewufst. Rasch drang die Kunde von Genf nach Frankreich. Ein Calvin nahestehender französischer Emigrant, ein gewisser Wilhelm Trie, meldete die Sache sofort (26. Februar) einem Anverwandten in Lyon, einem eifrigen Katholiken, der ihn wiederholt zur Rückkehr in die katholische Kirche ermahnt hatte. Man möge aufhören, meinte er, die Zucht und gute Ordnung der katholischen Kirche noch länger zu preisen, da sie einen solchen gottlosen Menschen seine Bücher drucken und seine Gotteslästerungen verbreiten lasse. In dem geschmähten Genf wisse man, gottlob, Laster und Gotteslästerungen besser zu strafen! Er deckte dann das Spiel auf, welches Servet mit dem doppelten Namen getrieben, machte die Druckerei namhaft, aus der das Servetsche Buch hervorgegangen, und legte endlich, um keinen Zweifel an seinen Mitteilungen übrig zu lassen, den ersten Bogen des verhängnisvollen Werkes selbst bei[1].

Das Schreiben Tries, das alsbald zur Kenntnis der kirchlichen Behörden in Lyon und Vienne kam, erregte in den katholischen Kreisen Aufsehen und Bestürzung. Man war nicht unempfänglich gegen den Vorwurf des abtrünnigen Emigranten. Ohne Verzug wurde eine strenge Untersuchung eingeleitet. Man liefs Servet selbst, Verleger und Drucker vorladen und verhören, Haussuchungen vornehmen, doch ohne Erfolg. Servet spielte den

---

[1] Das Schreiben des Guillaume Trie an Antoine Arneys, Genf 26. Febr. 1553, Opp. VIII, 835 ff.

völlig Unwissenden: er blieb dabei, Villeneuve zu heifsen und von
dem fraglichen Buche nichts zu wissen. Nichts Verdächtiges wurde
in seiner Wohnung vorgefunden.

Indes Genf kam der katholischen Behörde bald aufs
neue zu Hilfe. Auf die Bitte um weitere Beweismittel übersandte
Trie einundzwanzig eigenhändige Briefe Servets an Calvin, sowie
einige Blätter der calvinischen Institution mit Randglossen von
Servets Hand, die er indes nur mit Mühe von dem Herrn Calvin
erhalten zu haben versicherte. In einem dritten Schreiben gab
er noch nähere Auskunft über Servets Vergangenheit, über seine
Begegnung mit den deutschen Theologen vor 24 Jahren und über
den Druck seines neuesten Werkes [1]. Diese neuen Mitteilungen
schienen den Vienner Richtern zur Einleitung eines strengen Verfahrens hinreichend. Servet wurde in Haft genommen und einem
wiederholten Verhör unterzogen [2]. Den beigebrachten Über-
führungsstücken gegenüber konnte er sein früheres Leugnungs-
system nicht mehr aufrecht erhalten; er verwickelte sich in
Widersprüche und sah sich zu bedenklichen Zugeständnissen genötigt. Die Untersuchung nahm einen für ihn immer ungünstigeren
Verlauf. Da gelang es ihm mit Hilfe seiner Freunde am 7. April
aus dem Kerker zu entkommen [3]. Wäre er geblieben, so würden
einige weitere Verhöre genügt haben, ihn in Vienne dem Scheiterhaufen zu überliefern, wie dann einige Monate später weltliche und

---

[1] Trie an Antoine Arneys, 26. und 31. März 1553, Opp. VIII, 840 ff.
Der Schreiber dieser Briefe ist sichtlich bemüht, Calvin von jedem Verdacht
der Teilnahme an seiner Denunziation zu reinigen, ja er selbst will nicht eine
Anklage Servets beabsichtigt haben, wie er zu Anfang seines Schreibens vom
26. März erklärt, was ihn indes nicht abhält, dem Vienner Richter ein neues
Beweismittel mit grofser Eile an die Hand zu geben. Ich will nicht verhehlen,
dafs die Schreiben Tries auf mich durchaus den Eindruck machen, als seien
sie allerdings, wenn auch nicht gerade auf Anstiften, doch jedenfalls in vollem
Einverständnis mit Calvin geschrieben. Bolsec (l. c. S. 26) und Servet selbst
(Opp. VIII, 789, 805) betrachten Calvin als den eigentlichen Urheber der Anklage. Dafs Calvin seit längerer Zeit nach den Einzelheiten des Lebens
Servets geforscht haben mufs, ergiebt sich auch aus den vielen detaillierten Beschuldigungen, die er gegen ihn erhebt; vgl. z. B. Defensio fidei orthodoxae,
Opp. VIII S. 497. [Vgl. *Willis* S. 231—251. *Roget* IV, 21, 25 ff. sieht
Calvin durchaus für den Urheber der Denunziation an. *Choisy* S. 131 will
davon nichts wissen.]

[2] Opp. VIII, 844 ff.

[3] [Vgl. *Willis* S. 252—268. *Roget* IV S. 32.]

geistliche Richter die Strafe des Feuers über den Abwesenden und seine Bücher ausgesprochen haben[1]. Aber das Amt des Henkers war dem evangelischen Genf beschieden, das zu dem traurigen Prozesse die erste Anregung gegeben hatte.

Denn dahin lenkte der Geflüchtete, nachdem er einige Zeit im südlichen Frankreich umhergeirrt, in unbegreiflicher Verblendung[2] seine Schritte. Seine Absicht war, sich über die Schweiz nach Neapel zu begeben, wo er als geborener Spanier bald eine neue Lebensstellung zu erlangen hoffte, und in Genf nur einen vorübergehenden kurzen Aufenthalt zu nehmen. Es mochte einen besonderen Reiz für ihn haben, das vielgepriesene Genfer Kirchenwesen aus unmittelbarer Nähe einmal kennen zu lernen. Um die Mitte Juli langte er an, stieg in dem Gasthof zur Rose ab und lebte hier mehrere Wochen in stiller Zurückgezogenheit unerkannt und unbeachtet. Er hatte bereits die Vorkehrungen zur Abreise getroffen und eine Barke zur Überfahrt über den See gemietet, als er am letzten Tage der Versuchung nicht widerstehen konnte, eine Predigt Calvins zu besuchen. In der Kirche wurde er erkannt. Am 13. August kündigte ihm ein Gerichtsdiener seine Verhaftung an[3].

Calvin selbst gesteht mit der gröfsten Offenheit, ja mit einer gewissen Befriedigung, dafs er es gewesen, der Servets Verhaftung veranlafst habe[4]. Ohne Zaudern und sofort entschlossen, ergriff er die Gelegenheit, zur Ausführung zu bringen, was er bereits vor

---

[1] Opp. VIII, 784 ff., 851 ff. [*Willis* S. 269—277. *Roget* IV S. 33.]

[2] »*Mira est Dei dispensatio in Serveto, quod istuc venerit,*« schreibt Farel an Calvin 8. Sept. 1533, Opp. XIV S. 612. Dagegen richtiger Calvin: »*Nescio quid dicam, nisi fatali vesania fuisse correptum ut se praecipitem iaceret.*« Defensio, Opp. VIII, 480.

[3] Opp. VIII, 770 (n. 28), 782 (n. 38), 725. *Beza*, Vita Calv., Opp. XXI S. 146. In Genf durfte nach dem Gesetze niemand am Sonntag verhaftet werden, »*nisi ob capitale facinus*«; bezeichnend ist also Servets Verhaftung an einem Sonntag. [Vgl. *Willis* 281—286. *Roget* IV S. 41 f. und S. 60 A. 1 nimmt gleich den Herausgebern der Werke Calvins an, dafs Servet nur wenige Tage in Genf gewesen sein kann.]

[4] Calvin an Sultzer 9. Sept. 1553, Opp. XIV S. 615. Vgl. Opp. VIII S. 461. Calvin an Farel 20. Aug. 1553, Opp. XIV S. 589 und öfter. Um so mehr mufs es befremden, dafs Sleidan, der über alles von Calvin unterrichtet wurde, lediglich den Rat als Urheber hinstellt; vgl. Commentarii, ed. *am Ende* III, 446. [*Roget* IV S. 44.]

Jahren den Freunden angekündigt hatte. Nach seiner Uber-
zeugung hatte Servet als offenbarer Gotteslästerer und Ketzer der
schlimmsten Art längst schon den Tod verdient: er hielt sich im
Gewissen für verpflichtet, nach Kräften dafür zu wirken, dafs die
Welt von diesem gefährlichen Menschen befreit werde, und machte
von Anfang an kein Hehl daraus, dafs er es auf den Tod des
Unglücklichen abgesehen habe [1]. Auf der andern Seite durfte er
mit Grund hoffen, in dem Kampfe gegen Servet nicht allein zu
stehen. Ansichten, wie sie der verwegene spanische Abenteurer
vortrug, waren in Genf selbst in den Kreisen der entschiedensten
Opposition unerhört. Indem Calvin entschlossen ihre Bekämpfung
übernahm, durfte er hoffen, die Sympathien eines bedeutenden
Teiles der Bevölkerung wiederzufinden und sein infolge der letzten
Niederlagen tief gesunkenes Ansehen aufs neue wieder zu befestigen. Man kann sich des Eindrucks nicht erwehren, dafs
Erwägungen dieser Art auf ihn nicht ohne Einflufs gewesen sind.
So trieben ihn innere und äufsere Gründe, Überzeugung und Be-
rechnung in einen Kampf, der, wie die Dinge lagen, zu einem
entscheidenden werden mufste [2].

Unverzüglich, wie es die Edikte vorschrieben, wurde der
Prozefs eröffnet. Da nach den gesetzlichen Bestimmungen auch

---

[1] »*Spero capitale saltem fore iudicium; poenae vero atrocitatem remitti
cupio.*« Calvin an Farel 29. Aug. 1553. Eine Ansicht, die Farel noch zu
milde fand. Dieser Äufserung Calvins scheint die vielbesprochene Stelle, Defensio, Opp. VIII S. 480, entgegenzustehen: »*Hoc tantum in praesentia testatum
volo, me non ita capitaliter fuisse infestum, quin licitum fuerit vel sola modestia,
nisi mente privatus foret, vitam redimere. Sed nescio quid dicam, nisi fatali
vesania fecisse correptum ut se praecipitem iaceret.*« Noch deutlicher lautet der
Text bei *Mosheim* S. 302. Diese Stelle ist sehr gegen Calvin ausgebeutet
worden, als habe nur Mangel an Bescheidenheit gegenüber Calvin den Tod
Servets herbeigeführt (*Mosh.im* S. 302 ff.); doch war sie wohl nur eine un-
bedachte Übereilung von seiten Calvins.

[2] *Rilliet*, Relation du procès criminel intenté à Genève en 1553 contre
Michel Servet. Mém. et doc. III, 22. *Brunnemann*, Michel Servetus, Berlin
1853, S. 7: »Calvin dachte aus Servets Verurteilung politisches Kapital zu
machen«. Der weiteren Reflexion Rilliets, als habe Calvin nur die Wahl
gehabt, Servet anzuklagen oder sich selbst zu exilieren, kann ich nicht bei-
stimmen: sie würde nur in dem Fall zutreffend sein, wenn Servet in der Absicht, sich dort niederzulassen, nach Genf gekommen wäre und ihm dadurch
gleichsam selbst den Fehdehandschuh hingeworfen hätte. Dies hat nicht einmal Calvin behauptet.

der Ankläger bis zum Erweis seiner Angaben sich zur Haft stellen mußte, so veranlaßte Calvin, um freie Hand zu haben, seinen Famulus Nicolaus de la Fontaine die Rolle des Klägers zu übernehmen. Fontaine reichte eine von seinem Meister aufgesetzte weitläufige Anklageschrift ein, über die der Angeklagte gleich am Tage nach seiner Verhaftung (14. August) durch den Lieutenant vernommen wurde [1]. Dieselbe verbreitete sich in 38 Artikeln über Servets Vergangenheit, seine falschen Meinungen und Lästerungen gegen die Trinität, die Gottheit Christi, die Kindertaufe, insbesondere gegen die Person des Genfer Reformators selbst und nahm nicht bloß auf das letzte Buch, sondern auch auf die früheren Schriften Servets, sowie die Ausgabe des Ptolemäus Bezug. Die Fassung der einzelnen Artikel ließ seine Irrtümer im schlimmsten Lichte erscheinen: in einem derselben wurde ihm sogar Leugnung der Unsterblichkeit der Seele vorgeworfen. Der Angeklagte antwortete nicht würdevoll, aber klug; er gab einiges zu und stellte anderes in Abrede, suchte einige der ihm zugeschriebenen Ansichten zu erläutern und ging in Bezug auf andere einer bestimmten Erklärung aus dem Wege; dem Genfer Reformator endlich, erklärte er, nur gleiches mit gleichem vergolten zu haben: derselbe habe ihn zuerst beleidigt und irre offenbar in vielen Punkten [2].

Nach den Ordonnanzen gelangte nunmehr die Angelegenheit, da der Lieutenant auf Grund des stattgehabten Verhörs die Einleitung des förmlichen Klageverfahrens beantragte, an den Rat. Fontaine reichte am andern Tage einen allem Anscheine nach abermals von Calvin ausgearbeiteten Strafantrag ein und bat, ihn, nachdem er seine Anklage bewiesen haben werde, aus der Haft zu entlassen [3]. Das neue Verhör vor Syndiks und Rat begann noch am Nachmittag des 15. August im Beisein Fontaines im großen Saale des bischöflichen Palastes, der seit dem Sturze des Bischofs als Gefängnis diente. Der Angeklagte blieb in den rein theologischen Fragen wesentlich bei seinen früheren Aussagen, wandte sich aber jetzt, vielleicht durch die Wahrnehmung ermutigt, daß sich auch unter den Richtern manche Gegner des

---

[1] Opp. VIII, 726 ff. (n. 2, 3) und Calvins eigne Äußerungen in der Defensio l. c. S. 479.

[2] Opp. VIII, 731 ff. (n. 4). [Vgl. *Willis* S. 304—311.]

[3] Opp. VIII, 735 (n. 5).

Reformators befanden, entschieden feindlich gegen Calvin selbst, den er als seinen beständigen Verfolger bezeichnete: »nicht an Calvin habe es gelegen, daſs er nicht schon lebendig verbrannt worden sei.« Zugleich erklärte er sich bereit, seine Ansichten gegen Calvin in öffentlicher Versammlung zu verteidigen und aus der Schrift zu beweisen. Auf diesen Vorschlag ging indes der auf seine Prärogative eifersüchtige Magistrat nicht ein. Überhaupt war der Eindruck, den das Verhör auf die Mehrzahl der Richter machte, kein für den Angeklagten günstiger: namentlich scheinen seine Auslassungen über die Kindertaufe verletzt zu haben. Man beschloſs einfach die Fortsetzung der Untersuchung und lieſs dagegen den Ankläger Fontaine gegen Leistung einer Bürgschaft, welche der Bruder Calvins übernahm, in Freiheit setzen [1].

Der Anfang lieſs sich für Calvin günstig an. Die Verurteilung des Angeklagten war bei gleichem Fortgang nur zu sicher. Aber schon zeigte sich die erste Spur einer Opposition. Nahm auch die groſse Mehrzahl in der Bürgerschaft wie im Rate an der unerhörten Lehre Servets gerechten Anstoſs, fanden auch manche alten Gegner Calvins sein Auftreten gegen diesen übermütigen Ketzer vollkommen gerechtfertigt, so fehlte es doch auch nicht an solchen, welche den neuen Kampf mit andern Augen ansahen. Es war dies die Partei der Unversöhnlichen. Sie erkannten sofort, daſs Servets Verurteilung ein neuer Triumph Calvins sein und sein gesunkenes Ansehen wieder befestigen werde; sie erblickten in dem verwegenen spanischen Arzte, ohne sich für seine theologischen Ansichten besonders zu interessieren, in jedem Fall einen Bundesgenossen gegen Calvin und beschlossen, ihm ihre Unterstützung angedeihen zu lassen. Calvins Sieg sollte vereitelt werden [2].

Schon bei der Fortsetzung des Verhörs am folgenden Tage wurde dies offenkundig. An der Stelle des Lieutenants Tissot fand sich Philibert Berthelier in der Sitzung ein, der verwegene

---

[1] Opp. VIII, 737 ff. (n. 7). *Rilliet* l. c. S. 36, 37. *Brunnemann* S. 10.

[2] [*Kampschulte* nimmt also nicht an, daſs schon frühere Beziehungen zwischen Servet und der Opposition bestanden hätten. Vgl. dazu *Roget* IV S. 41, 337.]

Führer der Kinder von Genf[1]. Was sein Erscheinen zu bedeuten hatte, war klar. Aber auch die Partei Calvins, die von den Absichten der Gegner offenbar Kunde erhalten, hatte sich vorgesehen und dem unfähigen Fontaine, der seiner Aufgabe nicht gewachsen war, in dem jungen französischen Rechtsgelehrten Germain Colladon, einem Calvin unbedingt ergebenen Refugié, einen tüchtigen Anwalt zur Seite gegeben. Es kam zwischen Colladon und Berthelier zu einem heftigen Wortwechsel. Der alte Genfer nahm sich des Angeklagten in warmen Worten an. Die Sitzung mußte aufgehoben werden[2].

Unter diesen Umständen entschloß sich Calvin, seine bisherige Zurückhaltung aufzugeben und sich nicht länger hinter Fontaine und Colladon zu verbergen. Am 17. August erschien er in eigener Person vor dem Rate, bekannte sich unumwunden als der eigentliche Ankläger Servets und führte Beschwerde über Bertheliers Einmischung. Seine Vorstellungen fanden Gehör: es wurde ihm gestattet, nicht bloß selbst zu dem nächsten Verhör zu erscheinen, sondern auch andere ihm geeignet scheinende Personen mitzubringen, »damit dem Angeklagten seine Irrtümer besser gezeigt werden könnten[3].«

Das noch an demselben Tage im Beisein Calvins und Colladons vorgenommene neue Verhör verbreitete sich abermals über die von Fontaine eingereichten Klageartikel und nahm einen äußerst stürmischen Verlauf. Heftiger als je platzten die Geister aufeinander. Durch das Auftreten Bertheliers am vorigen Tage ermutigt und wohl auch insgeheim von der Partei desselben aufgemuntert[4], überdies durch Calvins Anwesenheit gereizt, entwickelte der Angeklagte seine Ansichten mit der größten Schärfe. Er behauptete, daß der Ausdruck Trinität vor dem Konzil von Nicäa nicht vorkomme, daß die alten Kirchenväter die von ihm vorgetragene Ansicht teilten, und gab im weiteren

---

[1] Berthelier bekleidete das Amt eines Assistenten des Lieutenants; *Bonivard*, Anc. et nouv. pol. S. 95.

[2] Opp. VIII, 741, 742 (n. 8, 9). Vgl. *Rilliet* l. c. 40, 41. [*Willis* S. 314—321.]

[3] Opp. VIII, 742, 743 (n. 9). [*Roget* IV S. 49.]

[4] Nach *Bonivard*, Anc. et nouv. pol. S. 83 hätte der Kerkermeister, nach *Beza*, Opp. XXI S. 146, Berthelier selbst dem Gefangenen insgeheim Mitteilungen gemacht. Vgl. u. S. 192 A. 2.

Verlaufe der Debatte seiner pantheistischen Grundanschauung in
einer Weise Ausdruck, die Calvins höchsten Zorn erregte[1]. Auch
auf die grofse Mehrzahl der Anwesenden machte Servets Auftreten
einen überaus ungünstigen Eindruck. Es safsen in dem Magistrat
aufser einigen unbedingten Anhängern Calvins und den entschlossenen
Gegnern desselben, deren Führer der erste Syndik selbst war,
nicht wenige Mitglieder, die eine Art vermittelnder Stellung einnahmen, Männer, die zwar früher zu der Opposition gezählt hatten,
in dem gegenwärtigen Streite aber ihre Sympathien Calvin zu-
wandten, ohne jedoch wieder ihre Bedenken vollständig über-
winden zu können. Die verwegene Sprache, welche der Angeklagte
nunmehr führte, machte ihrer vermittelnden Stellung ein Ende
und trieb alle Schwankenden auf die Seite Calvins: man erschrak
vor dem theologischen Radikalismus, den der Fremde mit nackten
Worten lehrte. Mit überwiegender Majorität erklärte der Rat die
Anklage für vollkommen gerechtfertigt, setzte den Ankläger Fontaine ganz aufser Verfolgung und entband auch Calvins Bruder von
der geleisteten Bürgschaft. Zugleich wurde beschlossen, sich nach
Vienne um Mitteilung der Akten des dort geführten Prozesses zu
wenden und den angesehensten schweizerischen Kirchen (Bern,
Basel, Zürich, Schaffhausen) Mitteilung zu machen[2]. Ein nochmaliges Verhör, welches wenige Tage später in Calvins Gegenwart vorgenommen wurde und bei dem es wieder zu heftigen
Erörterungen zwischen den beiden Gegnern kam, machte einen
noch schlimmeren Eindruck und befestigte den Magistrat in der
angenommenen Haltung[3]. Calvin durfte mit dem Erfolg seines
Auftretens zufrieden sein: er zweifelte nach solchen Beschlüssen
nicht mehr daran, dafs die verdiente Strafe den Missethäter bald
erreichen werde[4].

So diente, was dem Angeklagten hatte Hilfe bringen sollen,
nur dazu, seine Lage zu verschlimmern. Die Zuversicht, die er
aus der Haltung Bertheliers geschöpft, war sein Verderben geworden.

---

[1] Vgl. Defensio, Opp. VIII, 496. *Rilliet* l. c. S. 42 ff. Calvin an Farel
20. Aug. 1553, Opp. XIV S. 589.

[2] Opp. VIII, 743 ff., 751 ff., 761 (n. 10, 12, 15). [Vgl. *Roget* IV S. 54.]

[3] Opp. VIII, 758 ff. Vgl. Defensio, ebd. 498 (bezieht sich offenbar auf
dieses Verhör).

[4] »*Propediem, ut spero, daturus est poenas*«. Calvin an die Prediger in
Frankfurt 27. Aug. 1553, Opp. XIV S. 599. [Vgl. *Willis* S. 317—332.]

Sogar seine eigenen Anhänger verzichteten unter dem Eindruck, den die letzten Verhöre gemacht hatten, für den Augenblick darauf, den gefährlichen Irrlehrer in Schutz zu nehmen.

Die weitere Führung des Prozesses ging nunmehr in die Hände des Generalprokurators über, dem es zunächst oblag, die eigentliche Anklage zu formulieren[1]. Calvins Glück wollte es, daß Claude Rigot, der damals das Amt des öffentlichen Anklägers bekleidete, zu der klerikalen Partei gehörte. Schon am 23. August legte derselbe die aus 30 Artikeln bestehende Anklageakte vor. Sie verrät deutlich die Spuren der Mitwirkung Calvins, trägt aber einen von der früheren Eingabe Fontaines verschiedenen Charakter. Statt wie diese auf die einzelnen theologischen Streitfragen sich einzulassen, beschäftigt sich die offizielle Vorlage mehr mit dem gefährlichen und unchristlichen Leben und Treiben des Angeklagten im allgemeinen: sie sucht denselben als einen unsittlichen, der christlichen Religion feindseligen, vielleicht gar von jüdischen Eltern abstammenden Menschen darzustellen, der von dem Reformator oftmals vergebens gewarnt sei, hebt hierauf insbesondere die verwerfliche Tendenz seines letzten Buches hervor, das alle alten Ketzereien erneuere, Juden und Türken begünstige und das Christentum vernichte, und deutet schließlich an, daß er nicht zufällig, sondern im geheimen Einverständnis mit seinen Freunden nach Genf gekommen sei, um das Gift seiner Lehre auszubreiten und die Kirche zu beunruhigen. Dagegen war von den Angriffen Servets auf die Person Calvins nicht mehr die Rede: die Lage der Dinge richtiger würdigend, als der übereifrige erste Ankläger, erkannte der Staatsbeamte, daß die Beleidigung des Reformators für die Mehrzahl der Richter nichts weniger als ein Motiv zur Verurteilung des Angeklagten bilden würde, und ließ deshalb diesen Teil der Anklage wohlweislich fallen[2].

---

[1] Vgl. *Rilliet* l. c. S. 48.

[2] Opp. VIII, 763—66 (n. 17). Der Unterschied zwischen dem vorläufigen und dem offiziellen Klageantrag ist bereits von *Rilliet* S. 52 ff. hervorgehoben worden; aber Rilliet geht offenbar viel zu weit, wenn er behauptet, durch das Eingreifen des Generalprokurators habe der Prozeß seinen theologischen Charakter verloren und sei zu einem politischen geworden, Servet sei verurteilt worden »nullement comme adversaire de Calvin, à peine comme hérétique, mais essentiellement comme séditieux. La politique joua, dans la terminaison de son procès une beaucoup plus grande rôle que la théologie. Elle y intervint avec le procureur général«. Diese Ansicht wird durch die

Die eigentlichen Gerichtsverhandlungen begannen am 23. August. Servet hatte mittlerweile sich überzeugt, dafs er in dem früheren Verhör sich von der Leidenschaft zu sehr hatte hinreifsen lassen, dafs er zu weit gegangen; er lenkte in die Bahn des Gegners ein und trat jetzt in dem neuen Verhör selbst ganz verändert auf. Er antwortete auf die an ihn gerichteten Fragen mit grofser Ruhe, anscheinend offen und unumwunden, ohne sich durch die Heftigkeit des Prokurators aus seiner Fassung bringen zu lassen. Er suchte sich von dem Verdachte zu reinigen, als klebe seinem Leben irgend ein Makel an, und machte Mitteilungen über sein Verhältnis zu den deutschen Theologen; er bekannte sich zu dem Inhalte seines Hauptwerkes, sprach aber von der Bedeutung desselben in sehr bescheidenem Tone: er habe durch dasselbe die Christenheit nicht verunreinigen, sondern ihr nur nützen wollen und geglaubt, in die Fufsstapfen der alten Kirchenlehrer einzutreten. Habe er zuweilen heftig gesprochen, so sei es geschehen, um seine Gegner um so leichter zu überzeugen; er habe nicht Türken und Juden begünstigen wollen, und wenn er den Koran gelesen, so werde dies wohl erlaubt sein. Er beteuert endlich unter Berufung auf glaubwürdige Zeugen, nur auf der Durchreise nach Italien und ohne irgend eine geheime Absicht nach Genf gekommen zu sein [1].

Es konnte nicht fehlen, dafs das mafsvolle und klug berechnete Auftreten des Angeklagten wieder einen für ihn günstigen

---

Akten widerlegt, wie schon *Henry* III Beil. S. 52 bemerkt. Der Prozefs bleibt durchaus ein Ketzerprozefs, nur dafs der Staatsbeamte dem Klageantrag eine für die Richter verständliche Fassung gab und die theologischen Einzelheiten nicht weiter betonte; das Schlufsurteil spricht nur von einer theologischen, nirgends von einer politischen Schuld. Roset (V c. 50), Calvin selbst betrachten den Prozefs einfach als einen Ketzerprozefs und wissen nichts von politischen Motiven. Auch die andere Ansicht, welche zwar den theologischen Charakter des Prozesses festhält, aber ihn nur deshalb ein so trauriges Ende nehmen läfst, weil die Opposition sich des Angeklagten angenommen, ist durchaus unhistorisch. Servet würde auch ohne die Teilnahme der Opposition und wahrscheinlich in diesem Fall noch rascher verurteilt worden sein. Vgl. *Henry* III. Beil. S. 54. Servet war ein theologischer Schwärmer, kein politischer Parteimann. [Auch *Roget* IV S. 58 hält an dem theologischen Charakter des Prozesses fest. *Choisy* S. 148 ff. sieht in der Verurteilung Servets die notwendige Folge des theokratischen Prinzips.]

[1] Opp. VIII, 766 ff. (n. 18).

Eindruck machte, und dieser wurde noch erhöht durch ein an den Rat gerichtetes Bittgesuch desselben, welches am nächsten Tage zur Verlesung kam. Der Bittsteller führte aus, dafs die gegen ihn erhobene peinliche Anklage mit den Gewohnheiten der alten Kirche und der ersten christlichen Kirche in Widerspruch stehe und umsoweniger zu rechtfertigen sei, als er niemals Unruhe angestiftet, sondern nur über einzelne schwierige theologische Fragen mit einigen gelehrten Männern in gelehrter Weise verhandelt habe. Er bat deshalb, entweder die gegen ihn erhobene Anklage fallen zu lassen oder ihm, dem Fremden, einen Verteidiger zu gestatten, der die Gesetze und Gewohnheiten des Landes kenne[1]. Der Rat konnte, nachdem der Prozefs einmal beschlossen und dem Generalprokurator übertragen war, auf das Gesuch nicht eingehen, aber er beschlofs doch, dasselbe den Prozefsakten beizulegen und zur Kenntnis des öffentlichen Anklägers zu bringen[2].

Calvin begann zu fürchten, der gefährliche Ketzer könne dennoch bei diesen Schwankungen der öffentlichen Meinung am Ende der verdienten Strafe entrinnen, und bot alles auf, um dies zu verhindern. Am nächsten Sonntage brachte er Servet auf die Kanzel und schilderte in grellen Farben die gottlosen Irrtümer des eingekerkerten Ketzers, um das Volk mit Abscheu gegen ihn zu erfüllen[3]. Um auf die Richter einzuwirken, mufste sein Freund Rigot gleichzeitig eine Beantwortung der letzten Servetschen Eingabe abfassen, welche das Gesuch des Angeklagten in leidenschaftlichem Tone zurückwies und die Behauptung desselben, es sei in der ersten christlichen Zeit gegen Ketzer nicht peinlich verfahren worden, als eine »der ganzen christlichen Kirche und Constantin dem Grofsen zugefügte unerträgliche Schmach«, als eine wissentliche Verleumdung, als eine Untergrabung des Ansehens der Obrigkeit bezeichnete. Namentlich gegen solche, die verkehrt über die Trinität dachten, hiefs es, sei die Todesstrafe angewandt worden. Die Bitte um einen Verteidiger erklärte der Prokurator oder vielmehr der seine Feder führende Reformator für unzulässig, da niemand einem offenbaren Lügner und Gotteslästerer seinen

---

[1] Opp. VIII, 762 ff. (n. 16).
[2] Opp. VIII, 771 (n. 19).
[3] *Killiet* l. c. S. 61. Contra libellum Calvini A. 76: »*Suos collegas in eum incendit; ipse eum in carcere absentem quotidianis concionibus ad populum invidiosissime traduxit.*«

Beistand leihen könne und dürfe. Zum Schlufs waren 38 neue
Fragen beigefügt, über die noch nachträglich Servets Vernehmung
beantragt wurde [1].

Dem Antrage des Staatsanwaltes mufste entsprochen werden
und am 28. August wurde der Angeklagte von neuem — es war
das letzte Mal — einem mehrstündigen scharfen Verhör durch den
Lieutenant unterzogen. Servet blieb der Haltung getreu, die er
in den letzten Tagen angenommen. Er antwortete auf die neuen
Artikel ruhig und mit Würde und wich den verfänglich gestellten
Fragen mit vielem Geschick aus. Er hielt seine Ansicht von der
Unzulässigkeit des peinlichen Verfahrens gegen Ketzer aufrecht
und erklärte, als der Gegner sich auf Justinian berief, dieser
Kaiser gehöre nicht mehr zur alten Kirche; er verteidigte die
Reinheit seiner Lehre und seiner Absichten und beteuerte, niemals
im geheimen intriguiert zu haben; er erklärte, dafs er den Re-
formatoren ihre Verdienste nicht absprechen wolle, aber noch sei
es nicht vollständig Licht geworden. Er wisse nicht, ob seine Lehre
Eingang und Aufnahme finden werde, er halte sie aber für wahr,
bis man ihn vom Gegenteil überführe. Oft werde eine Lehre im
Anfang verworfen und später dennoch angenommen. Er wiederholte endlich das Anerbieten, seine Ansichten vor gelehrten
Männern weiter zu erläutern und durch Aussprüche des Heilandes,
der hl. Schrift und der alten Kirchenlehrer zu belegen [2].

Eine öffentliche Disputation war längst auch schon von Calvin,
wie wir durch diesen selbst erfahren [1], herbeigewünscht worden:
der Reformator hoffte nicht ohne Grund in einem regelrechten
Wortgefecht über den ungeschulten phantastischen Gegner mit
leichter Mühe Herr zu werden und auf solche Weise den Verhandlungen ein rasches Ende zu machen. Auch der Rat, der
lang dauernden theologischen Verhandlungen müde, zeigte sich
jetzt endlich geneigt, auf den von beiden Seiten geäufserten
Wunsch einzugehen, um ein Ende zu machen. Die Vorkehrungen
zu dem theologischen Zweikampf wurden getroffen und der An-

---

[1] Opp. VIII, 771 ff. (n. 20). Dafs das Schriftstück von Calvin herrührt,
wie auch Servet sofort erkannte und offen aussprach (vgl. a. a. O. S. 797),
zeigt ein nur oberflächlicher Blick auf den Inhalt.

[2] Opp. VIII, 778 ff. (n. 21). *Trechsel* a. a. O. S. 238 ff.

[3] *Rilliet* S. 36.

geklagte von Calvin selbst mit den notwendigen Büchern versehen [1].
Einen Aufschub von einigen Tagen führte die in diese Zeit fallende
Ankunft eines königlichen Beamten aus Vienne herbei, welcher
die Antwort des Vienner Gerichtshofes auf das Schreiben des
Genfer Magistrates nebst einer Abschrift des bereits am 17. Juni
gegen Servet in Vienne gefällten Todesurteils überbrachte. Der
Abgeordnete verlangte die Auslieferung des Geflüchteten, damit
das schon gesprochene Urteil in Vienne vollstreckt werde. Das
Gesuch wurde, wie vorauszusehen, abgelehnt. Servet bat flehentlich, ihn nicht nach Vienne zurückzuschicken. Der Rat wachte
mit einer gewissen Eifersucht über seinen Fang: er betrachtete es
als eine Ehrensache in diesem Falle zu zeigen, daſs das
protestantische Genf gegen Ketzer ebensogut Justiz zu üben
wisse, wie das katholische Vienne [2].

Am 1. September nahm endlich das verabredete Gespräch
zwischen Calvin und Servet seinen Anfang. Allein kaum eröffnet,
wurde es wieder abgebrochen. Der Angeklagte legte ganz unerwartet gegen die Disputation die gröſste Unlust an den Tag: er
befände sich, erklärte er, in einer zu traurigen Gemütsverfassung,
überdies scheine ihm der Kerker nicht der passende Ort für eine
Disputation. Wider Erwarten trat der Rat auf seine Seite: auch
er fand es zweckmäſsig, von der beabsichtigten Disputation Ab-
stand zu nehmen, da sie »zu langwierig und dunkel« sein werde, und
beschloſs, an die Stelle des mündlichen einen schriftlichen Austausch
treten zu lassen. Calvin wurde aufgegeben, die in den Schriften Servets
enthaltenen Irrtümer in lateinischer Sprache zusammenzustellen.
Servet sollte darauf ebenfalls schriftlich antworten und seine Entgegnung dann nochmals dem Reformator vorgelegt werden [3].

Diese plötzliche Änderung in der Haltung des Rates wie des Angeklagten, die Calvins Plan vollständig durchkreuzte, war das Werk
der Partei Perrins und Bertheliers. Hatte diese seit dem Verhör
vom 17. August sich auch entschieden von dem Angeklagten zurück-

---

[1] Defensio a. a. O. S. 480.

[2] Opp. VIII, 783—90 (n. 22—26). *Rilliet* S. 68, 69. Die Freunde
Calvins äuſsern noch später ihren Stolz über die Exekution Servets und machen
den Katholiken einen Vorwurf daraus, daſs sie Servet so lange straflos geduldet hatten; vgl. Apol. ad Cl. de Saintes, *Bezae* Opp. theol. II, 344, 353.
[*Willis* S. 333—385.]

[3] Opp. VIII, 792, 793 (n. 28); vgl. Defensio l. c. 480, 500.

gezogen und ihn nicht mehr offen in Schutz zu nehmen gewagt, so hatte sie doch ihre geheimen Bemühungen für ihn nicht aufgegeben. Ein neuer Streit, in den sich Calvin gerade in diesen Tagen mit dem Magistrat über das fortwährend von ihm beanspruchte Exkommunikationsrecht verwickelte, kam ihnen in willkommener Weise zu Hilfe. Die grofse Mehrzahl des Rates trat für Philibert Berthelier — eben dieser war es, gegen den Calvin das Recht des Bannes geltend machen wollte — in die Schranken, indem sie dem Reformator das beanspruchte Recht absprach[1]. Offenbar unter dem Einflufs der durch diesen neuen Streit erzeugten bittern Stimmung geschah es, dafs die Partei Perrins im Rat die Beseitigung des bereits zugestandenen Colloquiums durchsetzte. Perrin und seine Freunde sahen ein, dafs der unerfahrene excentrische Autodidakt in einem regelrechten Colloquium der strengen Dialektik des Reformators nicht gewachsen sein werde. Servet selbst, der von seinen Gönnern offenbar einen Wink empfangen[2], ging auf den veränderten Plan ein und stellte den weiteren Antrag, die zwischen ihm und Calvin gewechselten Schriften den schweizerischen Kirchen zur Entscheidung vorzulegen. Auch dies wurde, obgleich sich Calvin dagegen sträubte, angenommen[3]. Von den Theologen, die in dem Prozefs Bolsecs in so warmen Worten ein milderes Verfahren empfohlen, schien zu erwarten, dafs sie auch jetzt den früher verkündeten Grundsätzen gemäfs antworten würden!

Die Angelegenheit hatte für den Augenblick eine für den Angeklagten höchst günstige Wendung genommen und Servets beweglicher Geist erhob sich rasch wieder zu den überschwänglichsten Hoffnungen. Schon glaubte er alle Gefahr beseitigt und nahm nun eine völlig veränderte Haltung an. In dem alsbald

---

[1] *Rilliet* S. 71 ff.

[2] *»Probabilis suspicio est, alicunde vana fiducia inflatum fuisse«*, drückt sich Calvin selbst darüber bescheiden genug aus. Defensio l. c. 480. Vgl. o. S. 185 A. 4. *Trechsel* S. 245.

[3] Calvin an Bullinger 7. Sept. 1553, Opp. XIV S. 611: *»Nobis quidem reclamantibus vobis facessunt hanc molestiam«*. Dafs der Antrag von Servet ausgegangen ist, sagt nicht blofs *Roset* V c. 50, sondern auch Calvin selbst, Defensio l. c. S. 500. Nur *Bonivard*, Anc. et nouv. pol. S. 83 behauptet, die »Guten« hätten den Vorschlag gemacht. Die Prozefsakten selbst enthalten an der betreffenden Stelle (S. 793) den Beschlufs nicht ausdrücklich, doch liegt er indirekt in der Vorschrift, die Vorlage in l a t e i n i s c h e r Sprache zu machen.

beginnenden Schriftenwechsel mit dem Reformator führte er eine Sprache, als sei Calvin der Angeklagte. Auf die neuen Artikel, in denen Calvin der empfangenen Weisung gemäſs seine Irrtümer zusammengestellt, antwortete er mit leidenschaftlicher Heftigkeit; er stellte den Reformator gleich im Eingang den verdammungssüchtigen Theologen der Sorbonne an die Seite, nannte ihn einen Elenden, einen Schüler Simons des Magiers, einen unverschämten Menschen, der nicht wisse, was er sage, einen verbrecherischen Denunzianten und Meuchelmörder. Kein Wunder, wenn die von allen Predigern unterzeichnete Entgegnung Calvins nun auch den gleichen Ton anschlug, die erhobene Anklage im vollsten Umfange aufrecht erhielt und den Gegner als einen Menschen darstellte, der alle Religion und das gesamte Christentum vernichten wolle![1]

Am 5. September wurden die gewechselten Schriftstücke dem Rate vorgelegt[2]. Calvin beeilte sich, die schweizerischen Theologen, wie vor zwei Jahren, von der bevorstehenden Einsendung der Akten in Kenntnis zu setzen. Er schrieb an seinen alten Freund Bullinger in Zürich, an Sulzer in Basel, um dem Vorwurfe der Verfolgungssucht zu begegnen und insbesondere den letzteren, dem er am wenigsten traute, von der Notwendigkeit zu überzeugen, gegen das gottlose Treiben eines so verstockten und verworfenen Menschen mit aller Strenge einzuschreiten[3].

Indes zur Einsendung der Akten selbst kam es sobald noch nicht. Der noch fortdauernde Streit über das Recht der Exkommunikation schien der Behörde wichtiger als die Servetsche Angelegenheit und drängte diese für die nächste Zeit wieder vollständig in den Hintergrund[4]. Servet selbst ertrug diese neue Verzögerung mit um so gröſserer Ungeduld, je sicherer er seine baldige Befreiung erwartet hatte. Am 15. September richtete er aus dem Kerker ein neues Schreiben an den Rat, worin er die Leiden seiner Haft und seine Entbehrungen mit grellen Farben schildert und um ein rasches Verfahren bittet. Es sei Calvin, der ihn im Kerker verfaulen lassen wolle, gelungen, seine früher über-

---

[1] Die gewechselten Schriften sind zusammengestellt in der Defensio S. 501 ff.

[2] Opp. VIII, 796 (n. 33).

[3] Calvin an Bullinger 7. Sept.; an Sulzer 9. Sept. 1553, Opp. XIV S. 611, 614.

[4] *Rilliet* S. 88 ff.

gebene Beschwerde durch Hinweisung auf Gesetze, an deren
Gültigkeit er selber nicht glaube, zu entkräften; man habe ihm,
dem Fremden und Unerfahrenen, den gerichtlichen Beistand versagt und doch dem Ankläger, den man in Freiheit gesetzt, einen
solchen bewilligt: er verlange nunmehr, dafs seine Angelegenheit,
wenn es geschehen könne, den Zweihundert zur Entscheidung
vorgelegt werde, indem er sich alle seine Rechte vorbehalte [1].

Es unterliegt kaum einem Zweifel, dafs Servet diesen kühnen
Schritt auf geheime Zuflüsterungen seiner Gönner gethan hat.
Allein dieses Mal war ihr Rat ein verkehrter. Stets eifersüchtig
auf ihre Macht hörten die Fünfundzwanzig den Namen der Zweihundert äufserst ungern, und es konnte deshalb in ihren Augen
nicht zur Empfehlung des Angeklagten gereichen, dafs er geradezu
an den Grofsen Rat appellierte. Die Berufung selbst blieb vollständig erfolglos. Nur soviel erreichte der Antragsteller, dafs nun
endlich doch mit der längst beschlossenen Einholung der
schweizerischen Gutachten Ernst gemacht wurde [2]. Am 21. September gingen die gewechselten Schriften, nachdem sie noch einmal beiden Parteien vorgelegt worden und von Servet noch
mit einigen Randglossen versehen worden waren, nebst den
nötigen Beweisstücken an die vier Städte Zürich, Bern, Basel und
Schaffhausen ab. Es war immerhin ein Erfolg, aber wieder ver-
darb ihn Servet selbst in thörichter Verblendung, indem die von
ihm der letzten Entgegnung beigefügten Randglossen an Mafslosigkeit alles übertrafen, was er bisher geschrieben, und ohne eine
Berichtigung zu bringen nur sinnlose Schmähungen und Zorn-
ausbrüche gegen den Gegner enthielten, die auf jeden den ungünstigsten Eindruck machen mufsten [3]. Kein Wunder, wenn das
zugleich mit den gewechselten Schriften an Rat und Geistlichkeit
gerichtete Begleitschreiben des Genfer Rates in einem kühlen und
nichts weniger als dem Angeklagten günstigen Geiste abgefafst
war. Er nahm geradezu gegen ihn Partei und verbarg nicht, dafs
man in Genf Servets Ansichten für »unannehmbar« halte [4].

---

[1] Opp. VIII, 797 (n. 34).
[2] Opp. VIII, 798 (n. 35).
[3] Opp. VIII, 799 ff. (n. 37, 38, 39).
[4] Die beiden Begleitschreiben: Opp. VIII, 802 ff. (n. 40, 41). Die angeführte Wendung ist in dem Schreiben an die Geistlichkeit enthalten.

Servet war trotzdem nach dem Abgang der Schreiben voll zuversichtlicher Hoffnung. Der Arme befand sich während dieser ganzen Zeit in einem Zustande fieberhafter Aufregung. Sein Haſs gegen Calvin wuchs mit jedem Tage und steigerte sich ins krankhafte. Die vornehme Kälte, mit welcher Calvin ihn abfertigte, die Art und Weise, wie derselbe seine Äuſerungen zuweilen entstellte und ihn als einen Feind aller Religion darstellte, brachte den heiſsblütigen Südländer fast auſser sich und trieb ihn zu den unsinnigsten Ausfällen. Der überreizte Haſs gegen seinen Verfolger machte ihn völlig blind für die Erkenntnis seiner wirklichen Lage. Die mancherlei Beweise von Sympathien, die er in der letzten Zeit empfangen, die ihm zugetragenen Nachrichten von der in der Bürgerschaft verbreiteten tiefen Abneigung gegen das herrschende geistliche Regiment lieſsen seiner lebhaften Phantasie seinen Sieg als unzweifelhaft erscheinen. Schon sah er im Geiste den Reformator gedemütigt zu seinen Füſsen. Am 22. September wagte er es sogar, einen förmlichen Antrag auf Calvins Verhaftung und Versetzung in den Anklagezustand bei dem Rate einzureichen. Er machte die Artikel namhaft, über die er verhört werden sollte, und zählte die Gründe auf, aus denen er notwendig verurteilt werden müsse. »Darum soll er, Magier, der er ist,« schloſs das hochtrabende Schriftstück, »nicht nur schuldig befunden, sondern auch aus dieser Stadt verjagt und vertrieben werden. Und sein Vermögen soll mir zugesprochen werden als Ersatz für das meinige, das ich durch ihn verloren habe. Das ist mein Antrag[1].«

Die bittere Enttäuschung lieſs nicht lange auf sich warten. Die Hoffnungen, welche Servet auf die in Genf vorhandene Abneigung gegen Calvin setzte, erwiesen sich als nichtig. Wohl wagten es einzelne für den Eingekerkerten ihre Stimmen zu erheben, aber es waren fast nur Italiener und auch diese verstummten bald. Die eigentliche Bürgerschaft verhielt sich kühl, ganz anders wie bei dem Prozesse Bolsecs, und legte keinerlei Teilnahme für den Angeklagten an den Tag. Servets Angelegenheit war in Genf nicht populär[2]. Selbst seine Gönner Perrin und Berthelier

---

[1] Opp. VIII, 804—806 (n. 43). Die Annahme *Henrys* III S. 181, daſs Calvins Feinde ihn zu diesem »sonderbaren« Schritt verleitet hätten, entbehrt jedes Grundes.

[2] *Rilliet* S. 104, 105. Dieses von Rilliet selbst gemachte Zugeſtändnis

schienen sich für den Augenblick von ihrem Schützling zurückgezogen zu haben, dessen Unbesonnenheit sie kompromittierte.
Der Klageantrag gegen Calvin wurde von dem Rate nicht einmal
einer Antwort gewürdigt. Servet sah ein, dafs er sich zu weit
vorgewagt, und wandte sich am 10. Oktober in einem neuen, ganz
demütig gehaltenen Schreiben an den Rat, worin er in flehentlichem
Tone »bei der Liebe zu Jesus Christus« um Linderung seiner
schweren Haft und um ein neues Verhör bat. Nur die gewünschten Erleichterungen wurden ihm bewilligt: die Verhandlungen selbst blieben ruhen bis zur Ankunft der aus der Schweiz
erwarteten gutachtlichen Äufserungen[1].

Wie diese ausfallen würden, war aber um diese Zeit nicht
mehr zweifelhaft. Schon seit mehreren Wochen hatte Calvin von
der Gesinnung seiner schweizerischen Freunde sichere Beweise in
Händen. Servets Fall war ein anderer als der ihnen vor zwei
Jahren vorgelegte. Nicht blofs der allzeit hilfreiche Farel, der die
göttliche Vorsehung pries, die den gottlosen Ketzer zu seiner Bestrafung nach Genf geführt und Calvin sogar wegen seiner übergrofsen Milde tadelte, weil er sich mit der einfachen Todesstrafe
begnügen wolle[2], sondern auch Bullinger in Zürich hatte ihm
seine volle Zustimmung und die Hoffnung ausgesprochen, die
Genfer Obrigkeit werde den hartnäckigen Häretiker und Gotteslästerer mit dem Schwerte der Gerechtigkeit zu strafen wissen[3].
Sogar der bedächtige und sonst gegen Genf äufserst mifstrauische
Haller in Bern hatte sich in mehreren Schreiben in den stärksten
Ausdrücken über die neue Häresie des verwegenen Spaniers, »von
dem die Kirche befreit werden müsse«, ausgesprochen und wie
auch Bullinger sein Befremden darüber ausgedrückt, dafs ein solcher
Mensch in Genf noch Verteidiger finde[4].

---

spricht gegen seinen Versuch, den Prozefs zu einem politischen zu machen;
eine Gefahr war bei dieser Stimmung des Volkes nicht vorhanden. Vgl.
Henry III Beil. S. 53.
    [1] Opp. VIII, 806, 807 (n. 44. 45). Dafs Servet in sehr harter Haft
gehalten wurde, ersieht man nicht blofs aus seinen wiederholten Klagen über
den Mangel an den nötigsten Kleidungsstücken, sondern auch aus der Historia
de morte Serveti, abgedr. bei *Mosheim* S. 448 ff. Vgl. *Trechsel* S. 227 n. 2.
    [2] Farel an Calvin 8. Sept. 1553, Opp. XIV S. 612 ff.
    [3] Bullinger an Calvin 14. Sept. 1553, Opp. XIV S. 621.
    [4] Vgl. die beiden Schreiben Hallers an Bullinger vom 18. u. 26. Sept.
und das Schreiben Bullingers an Haller vom 18. Sept. 1553, Opp. XIV

Und in diesem Sinne fielen auch die offiziellen Antworten aus. Sie trafen am 18. Oktober in Genf ein und machten allen Hoffnungen und Illusionen des Angeklagten ein Ende. Die vier Kirchen waren einstimmig in der Verurteilung der Servetschen Lehre wie in dem Lobe der Haltung, welche die Genfer Geistlichen und insbesondere Calvin ihr gegenüber eingenommen. Das Gutachten der Züricher, welches wegen des Ansehens ihrer Kirche als das wichtigste angesehen wurde und auch der Abfassungszeit nach das erste war, erklärte sich durchaus für die altkirchliche symbolische Lehre von der Trinität und verwarf Servets Ansichten in den stärksten Ausdrücken als schriftwidrige Irrtümer und offenbare Lästerungen. »Welche Strafe,« fährt es fort, »über diesen Menschen, der längst verurteilte Häresien erneuert und die Grundlehre unseres Glaubens angreift, zu verhängen ist, überlassen wir euerer Weisheit.« Doch gaben Bullinger und seine Amtsbrüder mehrmals der Hoffnung Ausdruck, Genf werde diese ihm von Gott gebotene Gelegenheit benutzen, die schweizerische und genferische Kirche von dem üblen Rufe der Ketzerei zu reinigen, und die weitere Verbreitung des häretischen Giftes unmöglich machen. Dazu soll Gott Weisheit und Stärke verleihen! Schaffhausen pflichtete in einem kurzen Bedenken den Zürichern völlig bei. Selbst die Baseler zeigten sich dieses Mal »beherzt« und gaben den Rat, den gefangenen Ketzer entweder zu bekehren oder ihm die fernere Beunruhigung der Kirche unmöglich zu machen. Noch entschiedener antwortete endlich Bern, das vor zwei Jahren so energisch zu einem milden Verfahren geraten hatte. Rat und Geistlichkeit, jener fast noch eifriger als diese, drangen mit Nachdruck auf die Bestrafung dieses unbescheidenen, anmafsenden Menschen, der die wichtigsten Lehren der Religion in Frage stelle und alles mit seinen neuen Erklärungen über den Haufen zu stürzen trachte. »Wir flehen zu dem Herrn,« heifst es in dem Schreiben der Geistlichkeit, »er wolle euch den Geist der Weisheit, des Rates und der Stärke verleihen, damit ihr eure und andre Kirchen von dieser Pest befreit!¹«

S. 624, 625, 627. »Audio« schreibt Bullinger »illos nebuloni profanissimo patrocinari vel odio Calvini«. Ähnlich auch Musculus an Bullinger 28. Sept. 1553, ebd. S. 628. Selbst Vergerius erklärt sich in einem Schreiben an Bullinger vom 8. Okt. 1553 (ebd. S. 635) für die Todesstrafe gegen Servet.
¹ Diese Schreiben sind abgedr. Opp. VIII, 808—823 und 555—58. Unter

Damit war der Ausgang des Prozesses entschieden. Die einstimmige Verurteilung des Angeklagten durch Männer, deren Milde man vor zwei Jahren erprobt, brachte die noch vorhandenen Skrupel der Mittelpartei im Ratskollegium zum Schweigen. Calvin verbarg nicht die Freude, die ihm diese »rechtschaffene und heilige Antwort« machte[1]. Er durfte dem weitern Verlauf der Verhandlungen ruhig entgegensehen: das Opfer konnte nicht mehr entrinnen. Zwar verlangte keins der schweizerischen Gutachten mit nackten Worten die Todesstrafe, aber sie legten dieselbe doch nahe; die Gesetze des calvinischen Staates machten sie, nachdem die Schuld festgestellt war, zur Pflicht. Das katholische Vienne hatte dem gefährlichen Ketzer das Recht zum Leben bereits abgesprochen, sollte das evangelische, auf die Strenge seiner Disciplin stolze Genf nachstehen?

Am 20. Oktober wurden die Verhandlungen vor dem Rate wieder aufgenommen. Perrin und seine Freunde suchten ihren Schützling auch jetzt noch zu retten. Mehrere Tage hielten sie sich den Sitzungen fern, um das Zustandekommen eines Beschlusses zu verhindern. Eitele Bemühungen! Nach einigen Tagen wurden sämtliche Mitglieder unter Hinweisung auf ihren Eid zu einer neuen Sitzung auf den 26. Oktober einberufen[2]. Zwanzig von 25 Ratsherrn fanden sich an dem bestimmten Tage ein. Perrin selbst führte als erster Syndik den Vorsitz[3]. Vergeblich bot er im letzten Augenblicke alles auf, die Todesstrafe von dem Unglücklichen abzuwenden, vergeblich machte er den Vorschlag, die Angelegenheit vor die Zweihundert zu bringen. Die Majorität war unerbittlich. Calvin wäre mit der einfachen Hinrichtung durch das Schwert zufrieden gewesen und durch ihn

---

den weltlichen Schreiben ist das des Berner Magistrats das entschiedenste. Das Schreiben der Züricher Theologen, welches offenbar von Bullinger abgefafst ist, lag den Bernern vor; vgl. die beiden Schreiben Hallers an Bullinger vom 26. Sept. u. 19. Okt. 1553, Opp. XIV S. 627, 647.

[1] Calvin an Farel 26. Okt., und an Bullinger 26. Nov. 1553; Opp. XIV S. 656 f., 673 f. [Vgl. *Willis* S. 428—440, 455—461.]

[2] Opp. VIII, 823, 824 (n. 55); Calvin an Farel 26. Okt. 1553, Opp. XIV S. 656 f.

[3] Am Schlufs der Schrift Contra lib. Calvini wird irrtümlich angenommen, dafs Perrin und seine Anhänger auch bei der Schlufssitzung nicht anwesend gewesen.

selbst erfahren wir, dafs er in diesem Sinne zu wirken gesucht hat [1]. Doch von der Schuld des Angeklagten überzeugt, waren jetzt die Richter unnachsichtiger und konsequenter als der Ankläger: ohne Erbarmen verurteilten sie den Angeklagten zu der strengen Strafe der Ketzer: bei lebendigem Leibe solle er verbrannt und das Urteil schon am nächsten Tage auf dem Champelplatz vollstreckt werden [2].

Als der Unglückliche diesen furchtbaren Spruch vernahm, brachen seine Kräfte zusammen. Längere Zeit verharrte er lautlos in einem Zustande starren Entsetzens, dann begann er zu seufzen und zu klagen und mit durchdringender erschütternder Stimme ein über das andere Mal in spanischer Sprache das Wort Barmherzigkeit auszurufen [3]! Farel, der eben an diesem Tage auf Calvins Wunsch in Genf eingetroffen war und es übernommen hatte, den Verurteilten auf seinen letzten Gang vorzubereiten, forderte ihn in seiner derben Weise auf, vielmehr in sich zu gehen und seine Schuld zu bekennen. Doch wie wenig Servet auch von der männlichen Entschlossenheit eines Märtyrers besafs, diese Zumutung wies er mit aller Entschiedenheit zurück. In dem Bewufstsein, eine rechte Sache zu verfechten, fand er seine Kraft wieder. Er verlangte von dem zudringlichen Bekehrer Beweise aus der heiligen Schrift: der Gedanke eines Widerrufes lag ihm ferner als je [4]. Dagegen willigte er auf Zureden Farels ein, noch einmal Calvin zu sehen und sich mit ihm auszusöhnen. In Begleitung von zwei Ratsherrn begab sich Calvin in den Kerker und fragte nach seinem Begehren. Der Gefangene bat um Verzeihung. Calvin entgegnete, er habe ihn nie aus persönlicher Feindschaft verfolgt, hob dann hervor, wie viel Mühe er sich seit

- - - - - - - - -

[1] Calvin an Farel 26. Okt. 1553, Opp. XIV S. 657: »genus mortis conati sumus mutare, sed frustra«. Die späteren Ausgaben der Vita Calvini von *Beza*, nicht die erste, lassen sogar das gesamte geistliche Kollegium an diesem Versuche Teil nehmen. Das Ratsprotokoll meldet nichts davon; sowohl *Galiffe*, Nouv. pages S. 108, als auch die Herausgeber der Opp. Calv. (XIV S. 657 n. 3) ziehen diese Angabe in Zweifel. Die Äufserung Calvins in der Defensio, Opp. VIII S. 461 scheint entgegenzustehen.

[2] Opp. VIII, 825 (n. 57). Calvin an Farel 26. Okt. 1553. *Bonivard*, Anc. et nouv. pol. S. 34. *Rilliet* S. 106, 107. [Über Perrins Haltung vgl. auch *Roget* IV S. 95.]

[3] Defensio, Opp. VIII, 498 ff.

[4] Farel an Ambr. Blaurer 10. Dez. 1553, Opp. XIV S. 692 f.

Jahren gegeben habe, ihn auf den richtigen Weg zu leiten, und
ermahnte ihn, vielmehr Gott und Christus wegen seiner vielen
Lästerungen um Verzeihung zu bitten. Es war nicht die Sprache,
die auf den Verurteilten hätte Eindruck machen können. »Da
ich durch Zureden und Warnungen nichts ausrichtete«, schließt
der Reformator selbst seinen kurzen Bericht über diese merkwürdige Zusammenkunft, »so habe ich nicht weiser sein wollen
als der Meister. Ich zog mich von dem ketzerischen Menschen,
der sich selbst das Urteil sprach, gemäfs der Vorschrift des Apostels
zurück«.   So schieden beide von einander[1].

Wenige Stunden später erschien der Lieutenant im Kerker,
um den Gefangenen vor das Rathaus zu führen, wo ihm nach
altem Brauch von den Stufen herab durch den Syndik das Todesurteil vor versammeltem Volke verkündet wurde[2]. Nachdem dies
geschehen, warf sich der Verurteilte nochmals vor seinen Richtern
auf die Kniee und bat flehentlich um die Gnade, durch das Schwert
gerichtet zu werden, damit die Gröfse des Schmerzes ihn nicht
zur Verzweiflung treibe.   Habe er gesündigt, so sei es in Unwissenheit geschehen, nichts als die Beförderung der göttlichen
Ehre sei seine Absicht gewesen[3]. Umsonst. Schweigend und
ernst setzte sich der Zug nach dem Richtplatze in Bewegung.
Farel wiederholte auf dem Wege seine Bekehrungsversuche: Servet
würdigte ihn zuletzt keiner Antwort mehr. Er schien endlich
gefafst und ergeben, öffnete den Mund nur noch zum Gebete,
bat um Verzeihung für alles, was er aus Unwissenheit gesündigt
habe, und forderte die Anwesenden wiederholt auf, sich mit ihm
im Gebete zu vereinigen[4]. Auf der Richtstätte angelangt warf

---

[1] Defensio, Opp. VIII, 460. Vgl. die Schrift Contra lib. Calv. A. 76 ff.
[2] Opp. VIII, 827—30. Rilliet S. 115 ff. Das Urteil nimmt nur auf die
theologischen Vergehen des Angeklagten Bezug; es findet sich keine Spur von
politischen Klagepunkten darin.
[3] Farel an Blaurer, 10. Dez. 1553, Opp. VIII S. 693 f. Hist. de morte
Serveti bei Mosheim S. 449.
[4] Farel an Blaurer Opp. VIII S. 694. Hist. de morte Serveti a. a. O.
S. 448. Defensio, Opp. VIII, 499. Calvin macht sich hier in unedler Weise
darüber lustig, dafs Servet, der gelehrt habe, dafs es in Genf keine wahre
Kirche, keinen Gott, keine Taufe gebe, nun doch mit dem Volk sich zum
Gebet vereinigt habe: *Quomodo igitur se in precibus socium populo adiunxit,
cuius fugienda erat communio. Annon profanatio est sacrae unitatis communem
Deum et fidem cum impio et profano coetu profiteri?*«

er sich zu einem letzten stillen Gebete auf sein Antlitz nieder. Farel benutzte diesen Augenblick zu einer kurzen Ermahnung an die Anwesenden, indem er auf den Betenden als ein warnendes Beispiel der Macht des Satans hinwies. »Da seht Ihr«, rief er aus, »welche Macht Satan besitzt, wenn er einen Menschen in seiner Gewalt hat. Dieser Mann ist ein Gelehrter von Ruf, und er glaubte vielleicht recht zu handeln. Nun aber besitzt ihn Satan, und Euch könnte dasselbe widerfahren« [1]. Der Henker begann seine Arbeit. »O Gott, O Gott« lispelte mit bebender Stimme der Verurteilte. »Hast Du nichts anders zu sagen?« fuhr ihn Farel an. »Was könnte ich anderes thun, als von Gott sprechen?« lautete Servets Antwort. In dem nächsten Augenblicke wurde er auf den Holzstofs gehoben, sein Leib mit einer eisernen Kette an den Pfahl gebunden, an seiner Seite sein Buch, der Bringer bitterer Schmerzen, befestigt, auf sein Haupt ein Schwefelkranz gelegt. Beim Anblick der mörderischen Fackel entfuhr ihm ein Schrei des Entsetzens Eine halbe Stunde dauerte bei langsam brennendem Feuer der fürchterliche Todeskampf. »Jesus, du Sohn des ewigen Gottes, erbarme Dich meiner« waren die letzten Worte, die man aus den Flammen vernahm. Sie enthielten das unveränderte Bekenntnis des Servetschen Glaubens [1].

Das Opfer war gefallen, der Frevel gesühnt. Die angegriffene Ehre Gottes und seines Dieners gerächt. Es war ein Triumph der calvinischen Theokratie, wie er noch vor wenigen Monaten unmöglich geschienen. Einen solchen Sieg hatte Calvin in Genf noch nicht gefeiert. Und was ihm seine eigentliche Bedeutung verlieh, war die fast ausnahmslose Zustimmung, die er in der evangelischen Kirche fand. War der vor zwei Jahren über Bolsec erfochtene Sieg durch den Widerspruch der öffentlichen Meinung in eine Niederlage umgewandelt worden, so wurde der Sieg über Servet durch den Beitritt derselben gleichsam bestätigt und befestigt. In weiter Ferne, sagt der Chronist, priesen viele Gott und dankten ihm, dafs durch Genfs Schwert die Welt von einem solchen Lästerer befreit sei [3]. Wie die vier um ihr Gutachten an-

---

[1] Hist. de morte Serveti S. 449.
[2] Hist. de morte Serveti S. 450. *Roset* V c. 50; Opp. VIII, 830 (n. 49); Defensio, ebd. S. 499. [Vgl. *Willis* S. 474—487.]
[3] *Roset* V c. 50.

gegangenen schweizerischen Kirchen, urteilten die angesehensten
Theologen der evangelischen Länder. Der erste deutsche Theologe drückte dem Genfer Reformator seinen Dank aus. »Die
Kirche ist Dir«, schrieb Melanchthon 1554 an Calvin [1], »jetzt und
in Zukunft zum Dank verpflichtet. Ganz und gar stimme ich
Deinem Urteile bei. Euer Magistrat hat Recht gethan, indem er
einen Gotteslästerer der Ordnung gemäfs verurteilen und hinrichten
liefs«. Selbst Männer wie Peter Paul Vergerius und Johannes
Sleidan drückten laut ihre Zustimmung aus oder fanden doch an
der Handlungsweise Calvins nichts zu tadeln [2]. Man feierte Servets
Hinrichtung in Versen und hob es als ein bedeutsames Zusammen-
treffen hervor, dafs der spanische Gotteslästerer und der lang-
jährige Verräter des Evangeliums in Deutschland, der Sachse
Moritz, in demselben Jahre gefallen [3].

Aber es war ein Sieg nicht allein über den unglücklichen
Spanier. Der Schlag traf die ganze Oppositionspartei, deren
Führer sich des Angeklagten angenommen. Kläglich waren alle
ihre Bemühungen und Machinationen gescheitert. Die öffentliche
Meinung, welche bei allen früheren Kämpfen überwiegend auf
ihrer Seite gewesen, kehrte sich jetzt auch gegen sie. Man konnte
es ihr in Zürich und Bern nicht verzeihen, dafs sie sich aus Hafs
gegen Calvin so weit vergessen hatte, einen offenbaren Gotteslästerer und Gegner der christlichen Ordnung in Schutz zu
nehmen, und die Bullinger, Haller, Musculus machten ihrer Mifsbilligung in starken Ausdrücken Luft [4], während Calvins erschütterte Autorität durch das beredte Lob, welches die auswärtigen Kirchen seiner Haltung spendeten, nicht blofs für den
Augenblick, sondern auch für die Zukunft eine kräftige Stütze er-

---

[1] Corpus Ref. VIII S. 362; vgl. S. 523. Opp. Calv. XIV S. 268,
488, 734.

[2] Vgl. die beiden Schreiben des Vergerius an Bullinger vom 3. und
8. Okt. 1553, Opp. XIV S. 633, 635. Sleidan an Calvin 2. April 1554,
Opp. XV S. 111. Jener spricht seine Zustimmung aus, dieser hat für das ihm
zugesandte Buch Calvins kein Wort des Tadels.

[3] Vgl. das Gedicht des Musculus (an Blaurer, 22. Dez. 1553),
Opp. XIV S. 709. Vgl. *Mosheim* S. 276 ff. [Über tadelnde Stimmen vgl.
Roget IV S. 115 ff.; *Buisson*, Séb. Castellion I S. 344 ff., 351 f., 354. Vgl.
übrigens auch u. S. 226 ff.]

[4] Bullinger an Haller 18. Sept., Haller an Bullinger 18. Sept., Musculus
an Bullinger 28. Sept. 1553, Opp. XIV S. 624 f., 628.

hielt[1]. Zu spät wurden Perrin und seine Freunde des gethanen Mifsgriffs inne. Servets Prozefs versetzte ihnen einen Schlag, von dem sie sich vollständig nie wieder erholt haben, und der 27. Oktober 1553 bezeichnet in der Geschichte Genfs einen bedeutsamen Wendepunkt. Die Brandstätte auf Champel verkündete, dafs Calvins schon vernichtet geglaubtes Ansehen fortan wieder etwas zu bedeuten habe, und war ein Warnungszeichen! Ein schwärmerischer Italiener, wird erzählt, der am Tage nach Servets Hinrichtung in Genf eintraf, kehrte sofort der Stadt den Rücken, als er vernommen, was geschehen[2].

II.

DER KAMPF UM DAS EXKOMMUNIKATIONSRECHT DES CONSISTORIUMS.

Während noch Servets Prozefs unentschieden vor den Gerichten schwebte, brach zwischen Calvin und seinen Gegnern ein zweiter Kampf aus, der die öffentliche Meinung fast in noch höherem Grade erregte und durch Verlauf und Ausgang für die Befestigung der calvinischen Ordnung von nicht geringerer Bedeutung wurde, als die Katastrophe Servets. Handelte es sich diesem gegenüber um eine Grundlehre des christlichen Glaubens, so betraf der neue Streit die Fundamentaleinrichtung der calvinischen Sittenzucht, und nicht ein unbekannter Fremder, sondern ein alter, ächter Genfer, ein Nachkomme des Mannes, den die Stadt vorzugsweise als ihren Befreier verehrte, war es, der dem Reformator dieses Mal entgegenstand und ihm unterlag.

Unter allen von Calvin geschaffenen Einrichtungen nahm das Sittengericht unstreitig die erste Stelle ein. In ihm erblickte Calvin selbst jederzeit die sicherste Gewähr für seinen endlichen Sieg, das einzige Mittel zur Begründung eines wahrhaft kirchlichen

---

[1] Calvin selbst erkennt dies dankend an. *Praeclara illa commendatio*, schreibt er am 26. Nov. an Bullinger, *qua nos ornastis, apud bonos summum habuit pondus*. Opp. XIV S. 674; vgl. S. 656.

[2] Vgl. *Mosheim* S. 292. In der Schrift Contra lib. Calv. H. 6 a wird Bernardin Ochinus genannt: er sei am Tage nach der Hinrichtung angekommen, habe sein Mifsfallen geäufsert und sich dadurch allgemein verhafst gemacht!

Lebens: die Errichtung des Consistoriums war 1541 die Haupt-
bedingung, von der er seine Rückkehr nach Genf abhängig machte.
Man hatte die Bedingung angenommen, weil der Reformator nur
um diesen Preis zu haben war, aber schon als man an die Einrichtung des neuen Institutes ging, wurden Bedenken laut: man
fürchtete — selbst die alten Geistlichen teilten diese Besorgnis —
von demselben eine Beeinträchtigung der bürgerlichen Gewalt und
setzte bei den Verhandlungen über die Ordonnanzen noch nachträglich einige einschränkende Zusätze durch, um Übergriffen auf
das weltliche Gebiet vorzubeugen und das höhere Recht der
Staatsgewalt zu wahren [1]. Dafs solche Besorgnisse nicht grundlos
waren, zeigte sich sofort, als das neue Gericht seine Wirksamkeit
eröffnete. Die Beschränkung der consistorialen Gerichtsbarkeit
auf die Verhängung rein geistlicher Strafen war mehr eine scheinbare als eine wirkliche. Nicht nur, dafs das Consistorium zahlreiche Vorgeladene den bürgerlichen Gerichten zur Bestrafung
überwies, was die Ordonnanzen zuliefsen, auch die von ihm selbst
erkannten geistlichen Strafen nahmen bei dem innigen Verhältnis
von Staat und Kirche in den meisten Fällen auch einen politischen
Charakter an und insbesondere gestaltete sich das vornehmste
geistliche Zuchtmittel, die Exkommunikation, worin die Jurisdiktion
des Consistoriums gipfelte, in der Wirklichkeit zu einer schweren
bürgerlichen Strafe [2]. Es lag in dem Wesen der neuen Institution,
dafs sie, einmal zugestanden, nach einer Erweiterung des geistlichen Wirkungskreises trachtete und mehr und mehr die gesamte
weltliche Gerichtsbarkeit unter ihren Einflufs zu bringen suchte.

---

[1] *»Ainsi que le dernier jugement de la correction soit tousjours reservé a
la seigneurie«.* Ord. eccl. von 1561, Opp. X, 1 S. 97. Die ursprüngliche
Vorlage der Geistlichkeit enthielt diesen Zusatz nicht und die betr. Artikel
überhaupt in anderer Fassung, ebd. S. 20. Vgl. aufserdem den Schlufsartikel
der Ordonnanzen, s. o. Bd. I S. 432.

[2] Die Ord. eccl. von 1561 setzen dies ausdrücklich fest: *»Que sil* (der
Exkommunizierte) *persiste jusques au bout de lan sans se corriger pour les admonitions a lui faictes, quil soit banni aussi pour un an comme incorrigible,
sinon quil previenne en demandant pardon a Messieurs et recognoissant sa
faulte en consistoire, pour estre admis a la communion«.* Opp. X, 1 S. 119.
Dafs aber auch schon vorher die Exkommunikation bürgerliche Strafe nach
sich zog, ergiebt sich aus der Weisung der ursprünglichen Ordonnanzen: *»quon
le denonce a la seigneurie«,* ebd. S. 20. *Bonivard*, Anc. et nouv. pol. S. 96
bestätigt das ausdrücklich.

Die durch die Ordonnanzen gezogenen Grenzen wurden bald überschritten und Handlungen, die zweifellos vor den weltlichen
Richter gehörten, wie z. B. die häufig wiederkehrenden Anfeindungen der Franzosen, von den Ältesten abgeurteilt. In dem
Consistorium besafs Calvin jederzeit ein wirksames Mittel, nicht
blofs der kirchlichen Disciplin Achtung zu verschaffen, sondern
auch unbequeme Gegner ohne langen Prozefs unschädlich zu
machen. Es geschah nicht mit Unrecht, wenn auswärts der Rat
der Ältesten als die Hauptstütze der calvinischen Herrschaft angesehen wurde.

Es kann uns deshalb nicht Wunder nehmen, wenn die Opposition schon früh ihre Angriffe vornehmlich gegen das Consistorium
und seine Wirksamkeit richtete. Nicht blofs die Unversöhnlichen,
die Perrin, Favre, Vandel, auch Männer der gemäfsigten Richtung,
ja den Magistrat selbst sehen wir dagegen ankämpfen. Bald war
es die Schroftheit des consistorialen Verfahrens, bald waren es
willkürliche Auslegungen der Ordonnanzen, bald endlich wirkliche
Eingriffe in das Recht der bürgerlichen Obrigkeit, worüber Klage
geführt wurde. Man begann mehr und mehr die frühere Nachgiebigkeit zu bereuen und das Institut der Ältesten an seiner
Wurzel anzugreifen. Wenn in andern evangelischen Kirchen die
Handhabung der Kirchenzucht und insbesondere das Recht des
Bannes — wenn derselbe überhaupt noch für nötig gehalten
wurde — dem Magistrat zustand, warum sollte dasselbe nicht
auch in Genf der Fall sein? Wenigstens eine Mitwirkung wurde
für den Rat, als christliche Obrigkeit, bei der Verhängung des
Bannes in Anspruch genommen. Bereits im Frühjahr 1543 machte
der Rat der Sechzig den ernstlichen Versuch, das Exkommunikationsrecht dem Consistorium geradezu zu entreifsen und auf den
Magistrat zu übertragen. Calvin erhob sich sofort mit der gröfsten
Entschiedenheit dagegen und es gelang ihm, den Kleinen Rat
von seinem Rechte zu überzeugen[1]. Einige Jahre später aber
wurde derselbe Versuch von dem Generalkapitän gemacht, welcher
während der Favreschen Streitigkeit mit dem Consistorium sein

---

[1] Vgl. Calvin an Viret 24. März 1543, Opp. XI S. 521. Die Sechzig
hatten beschlossen, »que le consistoire nait ni jurisdiction ni puissance de
defendre la cene sinon seulement dadmonester et puis faire relation en conseil,
afin que la seigneurie avise de juger sur les delinquants suivant leurs demerites«.
Ratsprot. 19. März 1543. Vgl. Roget, L'Église et l'État S. 37.

Bestreben dahin richtete, die bürgerliche Obrigkeit zur höchsten
Instanz in Sachen der Sittenzucht zu machen. Auch dieses Mal
gelang es Calvin durch sein kräftiges Auftreten die drohende
Gefahr von seinem Lieblingsinstitut abzuwenden[1], aber die Abneigung gegen dasselbe blieb, die Feindseligkeiten dauerten fort
und das Übergewicht, welches die antiklerikale Opposition seit
dem Jahre 1548 erlangte, verlieh ihnen einen bedenklichen Charakter. Fälle von offener Widersetzlichkeit, die schon in den
ersten Jahren hin und wieder vorgekommen, wurden häufiger.
Die Vorgeladenen erschienen nicht oder sie widersprachen den
Ältesten mit zunehmender Kühnheit offen ins Angesicht und erklärten, nur Syndiks und Rat hätten ein Recht über sie. Eine
tumultuarische Scene folgte auf die andere. Der Magistrat duldete
dieses Treiben, wie oft er auch um Abhilfe gebeten wurde; er
ermahnte vielmehr das Consistorium zur »Mäfsigung« oder er
ergriff offen für die Widerspenstigen Partei und nahm das Exkommunikationsrecht für sich in Anspruch[2].

Aber es war in allen diesen Angriffen und Widerstands-
versuchen weder Plan noch Konsequenz. Der Magistrat folgte
mehr den Eingebungen und Aufregungen des Augenblicks als
einem festen Plane. Er ermutigte Widerspenstige und fafste kühne
Beschlüsse, aber er wich zurück, sobald der Kampf einen ernsten
Charakter anzunehmen drohte. Die Einzelnen, welche Widerstand
leisteten, blieben schliefslich ohne Unterstützung und mufsten sich,
da das Consistorium fest und unerbittlich auf seinen Forderungen
beharrte, unterwerfen, oder sie wurden von der Kirchengemein-
schaft ausgeschlossen. Selbst ein Mann wie Philibert Bonna, einer
der angesehensten Bürger der Stadt, erklärte, nachdem er Jahre

---

[1] *Roset* V c. 10; *Beza*, Opp. Calv. XXI S. 139. Calvin an Viret
6. April 1547, Opp. XII S. 508. Über den gleichen Versuch des Rates von
1548 vgl. *Roget*, L'Église S. 46.

[2] Vgl. z. B. Ratsprot. 13. April 1551; 31. März, 19. Sept., 7. und
10. Okt., 23. Dez. 1552; 27. Febr. 1553. Consistorialprot. 24. März, 18. Juni,
2. Juli, 25. und 31. Dez. 1551; 30. Juni, 7. u. 14. Juli, 6. Okt., 10. Nov.,
1. und 24. Dez. 1552; 12. Jan., 28. März 1553. Zum mindesten wollte der
Rat eine Art Begnadigungsrecht haben, das Recht nämlich, solche, die das
Consistorium exkommuniziert, wieder zum Abendmahl zuzulassen. Vgl. *Colladon*,
Opp. XXI S. 77; *Roget*, L'Église S. 52.

lang beharrlichen Widerstand geleistet hatte, der unbeugsamen
Behörde zuletzt seine Unterwerfung [1].

Da unternahm es im Sommer 1553 Philibert Berthelier, den
lange geführten Kampf zur Entscheidung und die verhaſste Macht
des Rates der Alten durch Beseitigung seiner Hauptbefugnisse
endlich zu Falle zu bringen.

Schon oft haben wir dieses unversöhnlichen Gegners des
geistlichen Systems gedacht. Unterstützt von seinem gleich-
gesinnten jüngeren Bruder Daniel, hatte Philibert Berthelier in
allen Kämpfen seit dem Jahre 1546 eine hervorragende Rolle
gespielt und namentlich in dem Perrinschen Streite als uner-
schrockener Verteidiger des Generalkapitäns sich hervorgethan.
Mit öffentlichen Ämtern für seine guten Dienste von der siegreichen
Partei belohnt, war er seitdem eine der einfluſsreichsten Persönlichkeiten Genfs. Kein Ereignis von Wichtigkeit, an welchem er nicht
Teil nahm. Stets kämpfte er in der ersten Reihe, wo es die
Sache der Freiheit galt. Philibert besaſs etwas von dem Geiste
seines Vaters. Ein feuriger Patriot und Feind alles Fremden,
glühend für die Freiheit und den Ruhm seiner Vaterstadt, kühn
und entschlossen, dazu von einnehmenden Umgangsformen, offen,
lebenslustig und jedermann zugänglich, war er der geborene Führer
und Liebling der Kinder von Genf wie vor dreiſsig Jahren der
Vater, dessen populärer Name dem Sohne zu gute kam. Mit des
Vaters Vorzügen verband er auch dessen Schwächen: seine Sitten
waren locker, sein Mut ermangelte der Umsicht, ruhiges Überlegen
war seine Sache nicht, er liebte den Kampf und suchte ihn, unbekümmert um die Folgen. Zum Führer einer politischen Partei
war er deshalb nicht geschaffen, noch auch besaſs er den Ehrgeiz, die Rolle eines solchen spielen zu wollen, aber unter der
umsichtigen Leitung geistig überlegener Männer, die es verstanden,
sein Ungestüm innerhalb der nötigen Schranken zu halten, konnte
er der Partei, welcher er diente, wichtige Dienste leisten. Früh
schon hatten Perrin und Vandel, die Häupter der Opposition, den
Wert des Mannes für ihre Sache erkannt und ihn an sich gezogen.
Berthelier war das Werkzeug, dessen sie sich zur Durchführung
ihrer wichtigsten Pläne bedienten, und manchen Erfolg hatten sie
seiner entschlossenen Hingabe zu danken, obwohl ihnen sein Un-

---

[1] Consistorialprot. 18. Juni 1551; 15. Juni, 31. Aug. 1553.

gestüm auch zuweilen unbequem fiel. Offenbar auf Weisung seiner geistigen Führer geschah es auch, daſs er jetzt den Kampf gegen das Consistorium unternahm[1].

Die Wahl Bertheliers zur Ausführung dieses neuen Planes war keine glückliche. Der verwegene, nichts weniger als sittenreine Führer des jungen Genf war nicht der Mann, in einem so ernsten Kampfe die erste Rolle zu spielen. Es war ein entschiedener Vorteil für Calvin, daſs ihm als Hauptgegner ein Mann entgegentrat, dessen persönlicher Wandel die stärksten Blöſsen bot und der, indem er sich gegen die Autorität des Sittengerichts erhob, es nur auf Beseitigung der nötigen sittlichen Schranken überhaupt abgesehen zu haben schien. Bertheliers Name gehört zu denen, welchen wir in den Protokollen des Consistoriums am häufigsten begegnen, und die Handlungen, die ihm zur Last gelegt wurden, waren zum Teil derart, daſs auch der Rat ihn nicht in Schutz nehmen mochte, sondern mehr als einmal sich veranlaſst sah, gegen ihn einzuschreiten. Bereits das Jahr zuvor war er mit dem Kirchenbanne belegt worden, und der von ihm um Hilfe angerufene Magistrat hatte selbst nicht umhin gekonnt, nach Anhörung des Consistoriums, die von demselben über Berthelier verhängte Ausschlieſsung als gerechtfertigt anzuerkennen[2].

Nichtsdestoweniger schien Berthelier seiner Partei am geeignetsten, den längst geplanten Angriff zu eröffnen. Besaſs er doch diejenigen Eigenschaften, auf die es vor allem ankam: Mut und Entschlossenheit; von ihm war nicht zu fürchten, daſs er sich einschüchtern lasse und schlieſslich doch nachgeben werde. In den Kindern von Genf besaſs er eine Macht, die ihm nötigenfalls mit Gewalt zu Hilfe kam[3]. Zur Ausführung des Vorhabens wählte man mit kluger Berechnung den Zeitpunkt, wo Calvin durch Servets Angelegenheit vollauf beschäftigt war. Vielleicht

---

[1] Über Berthelier vgl. *Bonivard*, Anc. et nouv. pol. S. 50 ff., 75, 78. 95. *Rilliet* l. c. S. 38. *Galiffe*, Quelq. pages S. 100 ff. *Bonivards* Charakteristik verbindet Wahres und Falsches; am grundlosesten ist wohl der Vorwurf der Feigheit, den er ihm macht.

[2] Calvin an Viret 4. Sept. 1553, Opp. XIV S. 605 f. Consistorialprot. 19. Febr., 24. März 1551; 30. Juni, 7. Juli, 6. Okt., 10. Nov., 1. u. 24. Dez. 1552; 12. Jan. 1553. Ratsprot. 1. u. 15. Nov., 23. Dez. 1552.

[3] *Ferreum os hominis mihi notum erat et data opera cum improbi mihi opposuerant, ut vel sua protervia me vinceret vel tumultum concitaret*. Calvin an Bullinger 26. Okt. 1553, Opp. XIV S. 654 f. Daſs Berthelier von seiner

gelang es auch damit zugleich, dem bedrängten Spanier Hilfe zu bringen. Die Hoffnung war jedenfalls keine übertriebene, daſs der Reformator, von zwei Seiten angegriffen, nicht gleichzeitig über beide Gegner werde triumphieren können.

Am 1. September 1553, demselben Tage, an welchem die Disputation zwischen Calvin und Servet beginnen sollte, erschien Philibert Berthelier vor den Fünfundzwanzig als Kläger gegen das Consistorium: er verlangte Aufhebung des noch immer auf ihm lastenden Kirchenbannes und Zulassung zu der bevorstehenden Herbstkommunion gegen den Beschluſs der Ältesten. Die Klage wurde angenommen und beschlossen, zunächst Calvin über den Streitfall zu hören. Wie unerwartet der ganze Vorfall Calvin in diesem Augenblicke auch kam, er verlor doch seine Fassung nicht. In langer Rede trat er dem Kläger entgegen, erklärte die Bewilligung seines Gesuches für den Ruin der Kirchenzucht und bestritt dem Rate auf das entschiedenste das Recht zu einem solchen Schritte. Doch dieses Mal predigte er tauben Ohren. Der erste Syndik hatte seine Vorkehrungen zu gut getroffen. Nicht um sich von ihm belehren zu lassen, sondern um dem Vorwurfe, ohne Vorwissen der Geistlichkeit gehandelt zu haben, zu entgehen, hatte man den Reformator kommen lassen: nachdem er sich entfernt, wurde als Recht erkannt, daſs dem Antrage zu entsprechen sei. Die ganze Mittelpartei, die vor kurzem in der Servetschen Angelegenheit für Calvin den Ausschlag gegeben hatte, stand in dieser Frage entschieden zu Perrin. Berthelier wurde ermächtigt, das Abendmahl zu empfangen, wenn er sich für rein und würdig halte, und es ihm selbst überlassen, von dieser Erlaubnis Gebrauch zu machen [1].

Calvin war über dieses unerhört kühne und rasche Vorgehen der Staatsgewalt auf das höchste betroffen. Erst jetzt erkannte er, daſs es sich um einen lange überlegten ernsten Angriff auf sein Lieblingsinstitut handele. Die Servetsche Angelegenheit trat einen Augenblick vor dieser plötzlich auftauchenden neuen Gefahr voll-

---

Partei förmlich aufgestellt ist, sagt Calvin wiederholt, so in dem Schreiben an die Züricher Geistlichen vom 26. Nov. 1553: »ab impiorum factione ad hanc fabulam agendam delectus«. Ebd. S. 675.

[1] Ratsprot. 1. Sept. 1553. *Rilliet* S. 73. Calvin an Viret 4. Sept. 1553; Calvin an Bullinger 26. Okt. 1553; Opp. XIV S. 605 f., 654 f. [Vgl. *Roget* IV S. 64 ff.]

ständig zurück. Bereits auf den 3. September war die allgemeine
Abendmahlsfeier angesetzt: es lag deshalb Gefahr im Verzug. In
grofser Aufregung eilte Calvin sofort auf die Kunde von dem
gefafsten Beschlufs zu den Syndiks, um eine neue Ratssitzung zu
verlangen. Seinem Wunsche gemäfs traten die Fünfundzwanzig
am andern Tage nochmals zusammen. Calvin bot seine ganze
Beredsamkeit auf, um sie zur Zurücknahme dieses verhängnisvollen
Beschlusses zu bewegen. Er bat und beschwor, er ermahnte und
drohte, er berief sich auf dem klaren Wortlaut der Ordonnanzen
und erklärte, es werde die Zerstörung der Kirche zur Folge haben,
wenn ein Gottloser, wie Berthelier, an dem Tisch des Herrn erscheinen dürfe; er rief endlich Gott zu Zeugen, dafs er lieber in
den Tod gehen würde, als das hl. Mahl entweihen. Es waren
fruchtlose Anstrengungen. Perrin hatte seine Vorkehrungen zu gut
getroffen. Die Majorität des Rates blieb fest und erklärte, dafs sie
von dem gefafsten Beschlusse nicht abgehen könne [1].

Aber es war doch den Fünfundzwanzigen bei dem gefafsten
Beschlusse keineswegs ganz wohl. Man wufste, dafs Calvins
Worte keine leere Drohung waren, und fürchtete, dafs wenn
Berthelier sich am nächsten Tage wirklich zum Abendmahl ein-
fände, es in der Kirche zu einem Tumulte kommen werde.
Perrins Entschlossenheit, der einen ernsten Konflikt nicht nur
nicht scheute, sondern ihn sogar wünschte [2], wurde doch nicht von
allen, die mit ihm gestimmt hatten, geteilt. Man kam deshalb
überein, Berthelier vertraulich anzudeuten, es werde gut sein, wenn er
dieses Mal von seinem Rechte noch keinen Gebrauch mache [3]. Ein
schlimmes Zeichen für die Entschlossenheit und die Ausdauer der
Partei, die schon so bald ihrem eigenen Beschlusse selbst die
Spitze abbrach. Aber die Mehrzahl war für den Augenblick zufrieden, das Recht der Staatsgewalt durch einen feierlichen Beschlufs grundsätzlich gewahrt zu haben: es wirklich geltend zu
machen, sollte einer günstigern Gelegenheit vorbehalten werden.

Indes die Herausforderung war ergangen, sie war öffentlich
nicht zurückgenommen, und Calvin nahm sie an. Fest entschlossen,
das Recht der geistlichen Gewalt in seinem vollsten Umfange

---

[1] Ratsprot. 2. Sept. 1553. Ann. S. 551. *Rilliet* S. 76, 77. Vgl. die in
den vorigen Anmerkungen genannten Schreiben Calvins.

[2] *Beza*, Opp. Calv. XXI S. 147. *Colladon* ebd. S. 77 f.

[3] Ratsprot. 2. Sept. 1553. *Rilliet* S. 77.

gegen das neue Attentat zu verteidigen, begab er sich am andern
Morgen zur festgesetzten Stunde nach St. Peter, wo eine dicht
gedrängte Menschenmenge der Dinge harrte, die da kommen
sollten. Die Kunde von dem Ratsbeschlusse des vorigen Tages
und der Drohung Calvins hatte sich wie ein Lauffeuer durch die
Stadt verbreitet. Unter gespannter Erwartung bestieg der Reformator die Kanzel und hielt eine jener tiefernsten und zündenden
Reden, durch die er so oft in schwierigen Momenten die Gemüter
erschütterte und sich dienstbar machte. »Was mich angeht, so
wisset,« rief er am Schlufs der Rede aus, »dafs Gott mir die
Gabe eines standhaften Mutes verliehen hat, um die ich ihn gebeten habe, und so lange ich mich an dieser Stelle befinde, werde
ich mich ihrer bedienen, wie auch immer die Dinge stehen mögen.
Ich werde mich lediglich an die Vorschrift meines Meisters halten;
was dieser aber vorschreibt, ist mir klar und offenkundig. Wir
feiern heute das Abendmahl; sollte jemand sich unterstehen, sich
zum Tische des Herrn zu drängen, dem dies durch das Consistorium untersagt ist, so bezeuge ich hiermit bei meinem Leben,
ich werde mich zeigen, wie es meine Pflicht erfordert[1].« Die
Drohung war, soweit sie Berthelier betraf, unnötig, — der empfangenen Weisung gemäfs hielt dieser sich an jenem Tage
fern[2] — und es ist nicht unwahrscheinlich, dafs Calvin selbst
schon vorher davon Kunde hatte: aber er wollte jetzt einmal in
feierlicher Weise dem Rate und der gesamten Gemeinde verkünden, dafs auf Nachgiebigkeit von seiner Seite überhaupt nie
zu rechnen sei, dafs er ein Recht des Rates hinsichtlich der Zulassung der Gläubigen zum Abendmahl nun und nimmer aner-
kennen werde.

Es schien, als müsse der Magistrat nach diesem Auftritte zur
Wahrung seiner Würde unverzüglich gegen den Reformator einschreiten. Calvin selbst erwartete dies und begann sich auf das
Äufserste gefafst zu machen. Am Nachmittag desselben Tages
bestieg er abermals die Kanzel und hielt eine Art Abschiedsrede.

---

[1] *Rilliet* S. 78.

[2] Die pathetische Schilderung dieser Scene durch *Beza* a. a. O. S. 147,
Colladon S. 78 fällt damit in sich zusammen. Berthelier blieb infolge der er-
haltenen Weisung zurück, nicht weil die Rede Calvins ihn erschüttert hatte.
[Vgl. die der obigen Darstellung entsprechende Schilderung bei *Roget* IV
S. 66 ff.]

Er erinnerte die Anwesenden, wie er seit Jahren Tag und Nacht oft unter Thränen für ihr Seelenheil gearbeitet habe, und ermahnte sie, der Lehre treu zu bleiben, die er ihnen verkündet. Es sei vielleicht das letzte Mal, daſs er zu ihnen spreche. Er sehe, daſs man sich seiner zu entledigen suche. Man wolle ihn zwingen, wider sein Gewissen und das göttliche Gebot zu handeln. Nimmer aber werde er sich solche unerträgliche Bedingungen gefallen lassen, sondern lieber mit dem hl. Ambrosius der Gewalt weichen und seine Stelle niederlegen, als sein Gewissen beflecken. So bleibe ihm nichts übrig, als mit dem Apostel (Acta XX. 32) zu sagen; »Ich empfehle euch Gott und dem Worte seiner Gnade '.« In demselben Sinne schrieb er des andern Tags seinem Freunde Viret: sein Entschluſs sei gefaſst, um die Freiheit des geistlichen Amtes sei es geschehen: lieber werde er hundertmal in den Tod gehen als sich beugen. Man möge für die bedrängte Kirche beten [2].

Indes war seine Lage in Wahrheit keineswegs so gefährdet. Im Rate herrschte nach dem unerwartet kühnen Auftreten Calvins Unentschlossenheit und Zerfahrenheit. Der Sinn für Ehre und Würde schien der ersten städtischen Körperschaft unter dem jahrelangen klerikalen Regiment und den unaufhörlichen Partei-kämpfen abhanden gekommen zu sein. Es war Perrin wohl gelungen, in dem ersten Augenblicke die Mehrzahl seiner Amts-genossen von der Notwendigkeit eines energischen Vorgehens zu überzeugen und sie zu mutigen Beschlüssen zu bestimmen; als es aber galt, für diese einzutreten und die Lage eine ernste wurde, fehlte den meisten der Mut. Calvins klug berechnetes Auftreten hatte überdies seinen Eindruck nicht verfehlt. Man trug Bedenken,

---

[1] *Beza* S. 147; *Colladon* S. 78; *Rilliet* S. 79. Diese Rede, die Calvin selbst für eine seiner gelungensten gehalten zu haben scheint, wurde, wie man aus dem angeführten Schreiben an Bullinger vom 26. Okt. sieht, in Ab-schriften und Übersetzungen auch nach auswärts verbreitet.

[2] »*Nunc igitur habeant improbi et perditi homines quod captarunt. Me, ut par est, angit ecclesiae calamitas. Verum si tantum licentiae Deus Satanae concedit, ut violentis imperiis opprimatur ministerii mei libertas, defunctus sum ... Orate ut Dominus miseram suam ecclesiam respiciat*«. Calvin an Viret 4. Sept. 1553, Opp. XIV S. 606. Während Calvin so klagte, saſs Servet im Kerker! Daſs solche Klagen auswärts Eindruck machten, ersieht man z. B. aus dem Briefe Hallers an Bullinger vom 18. Sept. 1553, ebd. S. 624 f.

die Sache bis auf das äußerste zu treiben und die Scenen von 1538 zu erneuern [1].

So geschah das gerade Gegenteil von dem, was erwartet werden mußte. Statt daß von seiten des Rates zur Aufrechterhaltung eines in ordentlicher Sitzung gefaßten Beschlusses Schritte geschahen, war es vielmehr die Geistlichkeit, die zum Angriffe gegen den Rat schritt. Die unsichere zaghafte Haltung des Rates gab ihr den Mut, aus der Verteidigung zum Angriff überzugehen und um eine gründliche und zweifellose Lösung der aufgeworfenen Streitfrage in ihrem Sinne zu ersuchen. Am 7. September erschien Calvin an der Spitze seiner Amtsbrüder vor dem Rat, um gegen die Lossprechung Bertheliers, als einen ungerechten Eingriff in die verbrieften Rechte der Kirche, feierlichen Protest einzulegen und die Zurücknahme derselben zu verlangen [2].

Diese unerwartete Kühnheit rief in dem Rate doch eine allgemeine Entrüstung hervor und führte selbst die Schwankenden auf Perrins Seite zurück. Es kam zu lebhaften und heftigen Erörterungen. Der Rat verwies den Geistlichen in strengen Worten ihre anmaßende Sprache, indem er behauptete, ihnen keinerlei Grund zu einer Klage gegeben, sondern nur ein ihm unzweifelhaft gebührendes Recht ausgeübt zu haben, und forderte sie auf, ihre Ansprüche aus den Gesetzen der Stadt zu beweisen. Calvin blieb die Antwort nicht lange schuldig. Schon am andern Tage legte er die Stellen der Ordonnanzen vor, die nach ihm das Recht der Exkommunikation ganz ausschließlich dem Consistorium zusprachen. Der Rat bestritt die von ihm gegebene Auslegung, aber es war schwer, etwas Gegründetes dagegen einzuwenden, und das Kollegium selbst fühlte das. Man ließ die Geistlichen längere Zeit ohne Antwort. Diese aber drängten auf eine Entscheidung und ordneten am 15. September eine neue Deputation an den Rat ab, um in bündigen Worten Auskunft darüber zu verlangen, ob das Bannrecht des Consistoriums anerkannt werde oder nicht. Es wurde sogar mit der Einstellung der geistlichen Funktionen gedroht. Endlich am 18. September erfolgte die lang ersehnte

---

[1] [Vgl. *Roget* IV S. 69.]

[2] Ratsprot. 7. Sept. 1553, Ann. S. 552 f. [lies S. 552 vorletzte Zeile v. u. anstatt reciter etc.: reiterez.]

Antwort: der Magistrat erklärte, »man werde sich an die Edikte halten wie bisher[1].«

Diese Antwort entschied eigentlich nichts: eben um die Auslegung der Edikte handelte es sich vor allen Dingen. Doch bezeichnete sie jedenfalls ein Zurückweichen von dem Standpunkt, den die Behörde durch die schroffen Beschlüsse vom 1. und 2. September eingenommen hatte, und Calvin selbst betrachtete sie als einen Sieg der »guten Sache[2]«. Die für Calvin so entschieden günstige Wendung, welche der noch schwebende Servetsche Prozeß aber in diesen Tagen für den Reformator nahm, mag dazu beigetragen haben, die Antiklerikalen für den Augenblick nachgiebiger zu stimmen. Bertheliers Angelegenheit ruhte mehrere Wochen vollständig.

Aber die Ruhe war eine trügerische. Perrin, Vandel, Berthelier ruhten nicht, sondern suchten, während Calvins Aufmerksamkeit der Servetschen Angelegenheit zugewendet war, in der Stille die schwankenden Ratsmitglieder wieder zu gewinnen und in weiten Kreisen die Gemüter in ihrem Sinne zu bearbeiten. Man studierte eifriger in den Ordonnanzen und fand jetzt, daß auch aus diesen die Grundlosigkeit der Ansprüche des Consistoriums unzweifelhaft hervorgehe. Dieselben enthielten nämlich an mehreren Stellen die Bestimmung, daß der Exkommunizierte der weltlichen Obrigkeit anzuzeigen sei[3]: daraus wurde geschlossen, daß auch nach den kirchlichen Edikten der weltlichen Gewalt bei der Ausübung des Bannrechtes das letzte Urteil zustehe[4]. Die Bemühungen blieben nicht ohne Erfolg. Bald waren die schwankenden und abgefallenen Mitglieder des Rates nicht nur wieder zurückgeführt, sondern auch neue hinzugewonnen. Im großen Rate besaß die antiklerikale Partei ohnehin entschieden das Übergewicht. Die herausfordernde Heftigkeit, mit der die Geistlichkeit auf ihren

---

[1] Ratsprot. 7., 8., 12., 15., 18. Sept. 1553, Ann. S. 552 ff. *Rilliet* S. 88, 89. *Roset* V c. 51. [*Roget* IV S. 70 ff.]

[2] »*Res in senatu agitata fuit ubi quum superior esset bona causa, destiterunt paulisper qui res turbatas cupiunt*«. Calvin an Bullinger 26. Okt. 1553, Opp. XIV S. 655.

[3] Vgl. Ord. eccl. von 1561, Opp. X, 1 S. 117: *Qu'on lui interdise la communion de la Cene, le faisant savoir au Magistrat*, und einige Zeilen weiter: »*Qu'on le separe de l'Église et qu'on le denonce à la Seigneurie.*«

[4] Vgl. die Vorstellung der Prediger vom 8. Nov. 1553: *Gaberel* I, Pièces justificatives S. 140 ff. Vgl. Opp. XIV S. 663, 678.

Forderungen bestanden, erregte hier den gröfsten Unwillen. Man
harrte auf eine günstige Gelegenheit, um den Kampf wieder aufzunehmen, und hoffte ihn dieses Mal zu einem glücklichen Ende
zu führen. Bereits um Mitte Oktober vernahm Calvin, dafs in
der ersten Hälfte des November ein Hauptschlag gegen ihn beabsichtigt werde [1].

Der neue Kampf wurde eröffnet mit einem Angriffe auf
Farel. Dieser alte Mitstreiter Calvins, der bei jedem neu aus-
brechendem Streite sofort kampfbereit an des Freundes Seite stand
und in rauhen Worten den unverbesserlichen Genfern ihre Gottlosigkeit und Undankbarkeit vorhielt, war den Perrinisten fast
noch mehr verhafst als Calvin selbst. Erst eben hatte er wieder
in seiner gewohnten derben Weise seinem Zorne auf der Kanzel
Luft gemacht und die Genfer Jugend eine Bande von Räubern,
Mördern, Wüstlingen und Gottesleugnern gescholten. Die Geduld
war erschöpft: man wollte endlich seiner derben Beredsamkeit,
die noch immer auf einen Teil des Volkes von grofsem Einflufs
war, Einhalt thun und damit zugleich Calvin einer wichtigen
Stütze berauben. Gegen dreifsig Bürger reichten am 3. November
wegen Schmähungen und Herabsetzung der Ehre der Stadt eine
Klage gegen Farel ein. Der Rat nahm dieselbe an. Es erging
an den alten Eroberer eine Vorladung, sich in Genf zur Verantwortung zu stellen. Vergebens erklärte Calvin, ein solches Verfahren gegen einen Mann, dem Genf alles verdanke, für eine
Schmach! Farel mufste sich fügen, und noch ehe er in Genf eingetroffen, empfing Calvin die Weisung, den Angeklagten in keinem
Falle zur Kanzel zuzulassen! Wenigstens Farel stand bei dem
neuen Kampfe der Partei des Generalkapitäns nicht mehr im
Wege! [2]

Unmittelbar darauf erfolgte der Angriff auf das Consistorium.
Noch an demselben Tage, an welchem die Dreifsig gegen Farel
klagbar geworden, hatte auch Berthelier im Einverständnis mit

---

[1] Calvin an Farel 14. Okt. 1553, Opp. XIV S. 640: »*Omnino huc
intenti sunt hostes, ut tumultuose aliquid circa idus Novembris in maiore senatu
decernatur*«. Calvin an Bullinger 26. Okt.. ebd. S. 655: »*Instat autem so-
lemnis comitiorum dies, ubi aliquid procul dubio tentabunt*«.

[2] Ratsprot. 3. Nov. 1553, Ann. S. 558 f. *Roset* V c. 52. Calvin an
die Züricher Geistlichen 26. Nov. 1553, Opp. XIV S. 675 ff. [*Roget* IV
S. 133 ff.]

seinen Freunden seine Angelegenheit wieder vor den Rat gebracht und seine Forderung erneuert. Alles war vorbereitet und
rasch folgte die Entscheidung. Die Fünfundzwanzig führten eine
sehr mutige Sprache. In feierlicher Sitzung erklärten sie am
7. November der ehrwürdigen Genossenschaft, der Rat nehme
überall das letzte Urteil für sich in Anspruch, und wenn der Rat
für Recht erkannt habe, irgend einer Person das Abendmahl dar-
zureichen, so sei diesem Beschlufs Folge zu leisten, ohne dafs
sich das Consistorium noch weiter in die Sache zu mischen habe.
Und dieser Beschlufs des Kleinen Rates wurde dann am folgenden
Tage, wie man offenbar vorher übereingekommen, durch den
Grofsen bestätigt. Auch die Zweihundert erklärten sich mit
grofser Einmütigkeit für das höhere Recht der Staatsgewalt und
wiesen die Ansprüche des Consistoriums zurück [1].

In aller Form war damit über das Exkommunikationsrecht
der Ältesten der Stab gebrochen. Calvins Lage schien hoffnungs-
loser als je. Allein das Ratskollegium hatte bereits zu viele Beweise von seiner Schwäche gegeben, als dafs er so bald hätte
verzweifeln sollen. Er kannte seine Gegner, er wufste, dafs die
Zahl der entschlossenen und zuverlässigen Anhänger Perrins nicht
so sehr grofs war und dafs die letzten Beschlüsse doch nur mit
grofser Anstrengung durchgesetzt waren [2]. Mit entschlossenem
Mute erklärte er sofort, dafs er sich der getroffenen Entscheidung
nicht werde unterwerfen können, und reichte im Namen der Geist
lichkeit eine Denkschrift ein, welche die Gründe ihrer Weigerung
ausführlich entwickelte. Das Schriftstück war mit vielem Geschick
abgefafst und namentlich auf die unsichere Mittelpartei berechnet,
die nur durch politische Motive, durch die Sorge für die Aufrechthaltung der Rechte der bürgerlichen Gewalt geleitet wurde und
durch ihren Beitritt den Ausschlag zu Gunsten Perrins gegeben
hatte. Es begann mit der Beteuerung, dafs die Geistlichkeit nicht
in die Rechte der bürgerlichen Gewalt eingreifen, sondern derselben durchaus den gebührenden Gehorsam leisten wolle. In dem
vorliegenden Streite aber handele es sich lediglich um ein geist-

---

[1] Ratsprot. 3., 7., 8. Nov. 1553 [z. T. Ann. S. 558 ff., doch mit vielen
kleinen Lesefehlern]. *Roset* V c. 51. [*Roget* IV S. 142 ff.]

[2] Calvin an die Züricher Geistlichen 26. Nov. 1553: »*Summa contentione
adeoque intemperie ab illis effectum est, ut maior senatus receptum et hactenus
servatum ecclesiae ordinem repente convelleret.* Opp. XIV S. 675.

liches Recht, welches durch den klaren Wortlaut der Ordonnanzen dem Consistorium gewährt werde: die demselben in einzelnen Fällen auferlegte Verpflichtung, dem Rat von der verhängten Exkommunikation Mitteilung zu machen, worauf man sich jetzt berufe, beschränke die Freiheit des Consistoriums in keiner Weise, sondern enthalte nur die Aufforderung an den Magistrat, gegen den Ausgeschlossenen auch mit bürgerlichen Strafen einzuschreiten. Dem Consistorium das Recht der Exkommunikation nehmen, heiße alle kirchliche Ordnung und Zucht untergraben und sei um so weniger gerechtfertigt, als die Ältesten bisher von ihrem Recht den maßvollsten Gebrauch gemacht. Eine schreckliche Verwirrung werde die Folge sein, wenn dieses Recht falle. Der Rat möge deshalb der Geistlichkeit, die stets ihre Gebete für ihn verrichte, vielmehr kräftig unter die Arme greifen, statt ihr Hindernisse zu bereiten. Dies verlange man von ihm. Nichts liege mehr im eigenen Interesse der bürgerlichen Gewalt, als daß der Name Gottes in Ehren stehe[1]. Mündlich aber wandte Calvin noch ein anderes Mittel an: er verlangte, ganz gegen seine sonstige Gewohnheit, auch von dem Volke, im Generalrat gehört zu werden, da es sich um eine offenbare Verletzung der im Generalrat von dem ganzen Volke angenommenen Ordonnanzen handele[2]. Es war nicht unwahrscheinlich, daß in einer allgemeinen Volksversammlung, wo auch die zahlreichen Refugiés ihr Gewicht in die Wagschale warfen, das Resultat der Abstimmung ein anderes sein werde.

Calvin hatte die Lage der Dinge richtig beurteilt. Es zeigte sich bald, daß seinem entschlossenen, unbeugsamen Auftreten gegenüber die Opposition des Rates auch dieses Mal nicht standhalten werde. Schon der Ausgang, welchen der gegen Farel angestrengte Prozeß nahm, ließ dies deutlich erkennen. Wenige Tage nach jenen entscheidenden Sitzungen kam der alte Prediger von Neuenburg in Genf an, um sich zu verantworten. Die Schar Bertheliers begrüßte ihn mit dem Rufe: In die Rhone mit ihm! aber sofort erfolgten auch Kundgebungen zu seinen Gunsten und diese nahmen zu. Es regte sich bei der Mehrzahl wieder ein

---

[1] Vgl. Opp. XIV S. 678 ff.: Summa quaedam capita disciplinae ecclesiasticae Genevensis«.

[2] *Beza* S. 147 f. *Roset* V c. 51.

Mitgefühl für den derben Alten, der in schwerer Zeit treu bei seinen Genfern ausgehalten. Am 13. November kam die Angelegenheit vor dem Rate unter Perrins Vorsitz zur Verhandlung. Mehrere Bürger bezeugten, in der Predigt Farels nichts Anstöfsiges gefunden zu haben. Calvin verteidigte den angegriffenen Freund, der ihn so oft verteidigt, in sehr energischen Worten und nannte die Anklage eine Schmach für die Kirche. Farel selbst beteuerte, dafs er Genf in keiner Weise habe schmähen wollen, sondern der Stadt noch in alter Liebe zugethan sei. Die Mehrzahl des Rates wagte unter diesen Umständen nicht mehr die Anklage aufrecht zu halten, sondern nahm offen für den Angegriffenen Partei. Farel wurde glänzend freigesprochen. Perrin war aufser sich vor Zorn über diese Unbeständigkeit; er habe am ganzen Körper gezittert, berichtet der Chronist, als er das Urteil des Rates verkünden mufste, welches die Predigt Farels für »heilig«, den Widerspruch dagegen für unerlaubt erklärte und beiden Parteien aufgab, sich zu versöhnen und dem göttlichen Worte gemäfs zu leben![1]

Bald machte der erste Syndik dieselbe Erfahrung in dem grofsen Streite mit dem Consistorium. Abermals gewann nach jenem kühnen Anlauf im Rate Unentschlossenheit und Furcht die Oberhand. Calvins entschlossene Weigerung und der Inhalt der Denkschrift machten Eindruck. Nur die engeren Parteigenossen Perrins blieben standhaft. Die Mittelpartei scheute sich, die Verantwortung für einen Schritt zu übernehmen, der eine kirchliche Anarchie herbeizuführen drohte, und suchte einzulenken. Sie richtete ihre Blicke wieder auf die Schweiz. Auf ihren Antrag wurde beschlossen, nochmals das Gutachten der schweizerischen Kirchen über den Gegenstand des Streites einzuholen. Bereits am 30. November ging das Gesuch des Magistrates an die vier Städte ab[2].

Calvin sah diese Wendung der Dinge nicht gerade gern; er empfand dieses fortwährende Anrufen schweizerischer Weisheit als

---

[1] Ratsprot. 13. Nov. 1553, Ann. S. 561 f. *Roset* V c. 52. *Beza* S. 148. *Kirchhofer*, W. Farel II, 119. [*Roget* IV S. 137 ff.]

[2] Der Rat zu Genf an den zu Zürich 30. Nov. 1553, Opp. XIV S. 685. *»Defshalben bittend wir üch nachmals, dafs ir uns ... üweren rat und meinung offnen wellind, namlich welcher gstalt das Consistorium oder Eegricht mit Gott und nach lut der heiligen gschrift und heiliger christenlicher Religion sölle gwalt haben, die, so in offnen Faeleren und Sünden erfunden sind, von der Kilchen uszeschlüfsen und innen das heilig Nachtmal abzeschlahen«. — Vgl.*

eine Demütigung, nahm aber doch das beschlossene Auskunftsmittel an, weil er sich Erfolg davon versprach, und beeilte sich,
noch vor Abgang des offiziellen Schreibens, die schweizerischen
Theologen von dem neuen Streite in Kenntnis zu setzen und
sie für seine Auffassung zu gewinnen. Da sich in dem
Servetschen Streite das Gutachten Zürichs als das entscheidende
erwiesen hatte, so schickte er sofort einen treuen Boten mit vertraulichem Schreiben an Bullinger und die Züricher Geistlichen
dahin ab. Er schämte sich fast, heißt es in dem Briefe an
die Geistlichen, daß er ihnen schon wieder lästig werden müsse,
aber die Lage sei der Art, daß sie ihn entschuldige. Es
handele sich um nichts Geringeres, als um den Bestand der Kirche
selbst, um die gesetzmäßige und heilige Kirchenzucht. Wohl
wisse er, daß in betreff der Exkommunikation in der Kirche nicht
volle Übereinstimmung herrsche. Manche hielten sie für unnötig
unter einer frommen Obrigkeit, nicht überall habe sie durchgesetzt
werden können; wenn sie aber, wie in Genf auf Grund göttlicher
Vorschrift eingeführt sei, würde es eine Schmach, ein Verrat am
göttlichen Wort sein, sie fallen zu lassen. Er werde nimmer
dazu seine Einwilligung geben. Die Partei, die ihm entgegenstehe,
sei dieselbe, die auch Servet beschützt, die ihm seit Jahren nachgestellt habe und, nachdem sie bereits manchen kleinen Vorteil
errungen, nun ihrem gottlosen Treiben die Krone aufsetzen und
die Kirche Gottes zerstören wolle. Die Aufgabe der Züricher
Geistlichkeit sei es deshalb, ihren ganzen Einfluß dafür aufzubieten, daß der Rat zu Gunsten der Consistorialgewalt entscheide [1].
Die gleiche Bitte enthielt das Schreiben an Bullinger, dem er die
Angelegenheit auf das eindringlichste ans Herz legte [2]. Ein Auszug aus den Consistorialsatzungen sowie eine Abschrift der am
8. November dem Genfer Rate eingereichten Denkschrift war den
beiden Schreiben zur weiteren Orientierung beigefügt.

---

damit auch das Schreiben Bullingers an Calvin vom 12. Dez. 1553, ebd.
S. 696 f. Daß der Antrag von der Mittelpartei ausgegangen war, ersieht man
aus dem Schreiben Calvins an die Züricher vom 26. Nov.: »*Qui errore lapsi
fuerant, decernunt petendum esse ab Helveticis ecclesiis consilium*«. Ebd. S. 675

[1] Calvin an die Züricher Geistlichen 26. Nov. 1553, Opp. XIV S. 675 ff.

[2] Calvin an Bullinger 26. Nov. 1553, Opp. XIV S. 674: »*Brevis tamen
summa est, ut senatus vester verbo Dei consentaneum esse respondeat, quam
hactenus sequuti sumus formam, deinde novitatem improbet*«.

Trotzdem fielen die Antworten der vier Städte dieses Mal nicht so günstig aus, wie Calvin erwartet hatte. Zwar in Zürich gelang es den eifrigen Bemühungen der Geistlichkeit, den Rat zu einer den geistlichen Ansprüchen ziemlich günstigen Antwort zu bewegen. Die bisherigen Consistorialgesetze der Genfer, erklärte derselbe unter Ausdrücken des Bedauerns über den neuen Streit, seien gut und näherten sich der Vorschrift des göttlichen Worts; man halte es deshalb für zweckmäfsig, obgleich Zürich selbst ein anderes Verfahren befolge, dieselben beizubehalten und nichts zu ändern, »zumal in diesem Zeitalter, wo die Menschheit sich immer mehr verschlimmere.« Dem Wunsche der Bittsteller gemäfs wurde eine Abschrift der Züricher Sittengesetzgebung beigelegt [1]. Von den übrigen drei Städten dagegen, welchen Bullinger das Züricher Gutachten mitteilte, antwortete nur Schaffhausen den Wünschen Calvins vollkommen entsprechend. Basels Antwort lautete kühl und unbefriedigend, und noch mehr hüteten sich die Berner, eine Billigung des ihnen verhafsten Systems auszusprechen [2]. Sogar Bullinger selbst, dessen Bemühungen die günstige Haltung von Zürich und Schaffhausen hauptsächlich zu danken war, hielt es für notwendig, Calvin zur Mäfsigung zu ermahnen, »damit er nicht durch eine zu harte Strenge diejenigen verliere, welche der Herr gerettet wissen wolle [3].«

Aber war es auch nicht gelungen, die Zustimmung der auswärtigen Kirchen in der gewünschten Weise zu erlangen, so kam der Erfolg doch Calvin zu gute. Nicht nur, dafs wenigstens ein Teil der Schiedsrichter sich für ihn erklärt hatte, schon an sich war die durch die Einholung der Gutachten herbeigeführte Ver-

---

[1] Bullinger an Calvin 12. u. 13. Dez. 1553, Opp. XIV S. 696 ff., 699 ff.

[2] *Hundeshagen*, Conflikte S. 338. Vgl. die Schreiben Calvins an Farel und Bullinger vom 31. Dez., Opp. XIV S. 722, 723. *Hefs*, Leben Bullingers II, 100. Sulzer drückt am 23. Dez. dem Genfer Reformator seine ganze Teilnahme aus, Opp. XIV S. 712: »*Sed quid effecerimus declarat eventus, hoc est quod sola nostra disciplinae forma ad vos mittitur a senatu nostro, quae ea parte vel maxime suffragatura vestris hostibus videtur, quod noster magistratus sibi a tertia monitione voluit refractarios sisti, quo eos vel poenis corporalibus exsilio captivitate facultatumve mulctis coerceat, si videantur ecclesiae disciplinam neglecturi, vel ut ecclesiae remittant excommunicandos*«. Berns Antwort vom 8. Dez.: ebd. S. 691. Über die Antwort Schaffhausens vgl. ebd. S. 709 f. [*Roget* IV S. 148 f.]

[3] Bullinger an Calvin 12. Dez. 1553, Opp. XIV S. 698.

zögerung ein Vorteil für ihn [1]. Perrins Plan war auf einen raschen, kühnen Schlag berechnet gewesen, jeder Aufschub verminderte seine Aussichten. Die bereits begonnene Zersetzung seiner Partei machte Fortschritte. Einer nach dem andern zog sich von dem Kampfplatze zurück, während die Gegenpartei mit jedem Tage — auch im Rate — ihr Haupt kühner erhob. Als Berthelier beim Herannahen des Weihnachtsfestes nochmals um Erledigung seiner Angelegenheit und seine Zulassung zum Abendmahl bat, hatte· der Rat nicht mehr den Mut, einseitig seine Zulassung zu beschliefsen. Man wollte nur im Einklang mit der Geistlichkeit handeln und liefs deshalb das Consistorium zu einer gemeinsamen Sitzung einladen. Dieses aber lehnte ab, und die Folge war, dafs Berthelier trotz aller Bemühungen und Klagen ausgeschlossen blieb. Schon fühlten sich die Herren vom Consistorium wieder so stark, dafs sie sogar Bertheliers Bestrafung wegen seiner unehrerbietigen Äufserungen über das geistliche Gericht von dem Rate verlangten [2].

Der Generalkapitän erkannte mit jedem Tage deutlicher, dafs er gegen einen überlegenen Feind kämpfe. Calvins Ideen hatten trotz der Kämpfe und Anfeindungen der letzten Jahre in den Gemütern der Mehrzahl zu tiefe Wurzeln geschlagen und selbst diejenigen, die ihn bekämpft, waren zum Teil in ihnen befangen [3]. Zudem war Berthelier in keiner Weise ein ebenbürtiger Gegner Calvins. Auch ohne seine Forderung vollkommen zu billigen, nahmen doch viele lieber für ihn Partei, als für den Führer der mutwilligen Kinder von Genf. Im Rate selbst nahm die streng calvinische Minorität, ermutigt durch den unverkennbaren Umschwung der öffentlichen Meinung, mehr und mehr eine drohende Haltung an [4].

---

[1] Noch am 31. Dez. 1553 war die amtliche Publikation der Antworten nicht erfolgt, »quia adhuc litterae sunt penes interpretem«. Calvin an Bullinger 31. Dez. 1553, Opp. XIV S. 722. [Am 1. Jan. 1574 wurden sie im Rate verlesen: Ann. S. 565.]

[2] Ratsprot. 19., 21., 22., 26. Dez. 1553; 2. Jan. 1554. Consistorialprot. 19., 21. Dez. 1553. [Roget IV S. 149 ff.]

[3] [Vgl. dazu o. S. 153, wo allerdings von dem »eigentlichen Lehrsystem« Calvins, das noch nicht in die Massen gedrungen war, die Rede ist.]

[4] Calvin an Bullinger 23. Febr. 1554, Opp. XV S. 39: »*Senatus palam in factiones divisus erat, sicque palam eruperant odia, ut improbi suis cervicibus*

Unter diesen Umständen entschlofs sich Perrin, den Rückzug
anzutreten. Es bestärkte ihn in dem Entschlusse der Umstand,
dafs die Tage seines Syndikats sich dem Ende näherten und die
Fortdauer des Streits auf die bevorstehenden Neuwahlen einen
nachteiligen Einflufs ausüben mufsten. Niemand war froher als
die Mittelpartei, die sofort alles aufbot, um den Frieden zustande
zu bringen, und nicht eher ruhte, als bis es ihr gelungen. Bereits
am 11. Januar wurde eine Kommission ernannt, die Differenzen
zwischen den Streitenden auszugleichen. Am 30. Januar fand die
förmliche Aussöhnung statt. Entgegenkommend reichten Perrin
und Vandel dem lange bekämpften Gegner die Hand zum Frieden,
und Calvin nahm sie an. Man versprach, fortan in Eintracht zu
leben, und schwur, »dafs niemand in Zukunft wieder eine schlechte
Sache in Schutz nehmen werde.« Berthelier wurde preisgegeben.
Ein feierliches Mahl, an dem die sämtlichen Mitglieder des Kleinen
Rates, die Justizbeamten, Calvin und sämtliche hervorragende
Persönlichkeiten der Stadt teilnahmen, besiegelte am folgenden
Tage den geschlossenen Frieden. Zwei Tage später trat auch
der Grofse Rat in feierlicher Versammlung dem abgeschlossenen
Frieden bei. Mit aufgehobener Rechten legten die Zweihundert
am 2. Februar das eidliche Versprechen ab, in Zukunft getreulich
nach der Reformation zu leben, allen Hafs und Streit zu ver-
gessen und gute Eintracht zu halten. Gottes Gericht wurde auf
die Häupter derjenigen herabgerufen, die es wagen würden, diesem
Schwur entgegenzuhandeln. Von Berthelier war nicht mehr die
Rede [1].

So endete auch dieser Kampf trotz aller Anstrengungen der
Gegner mit dem Siege Calvins. Wohl war das Recht des Consistoriums immer noch nicht förmlich und grundsätzlich anerkannt
worden, und Calvin selbst war deshalb mit dem Ausgang noch
keineswegs vollkommen zufrieden. Fast grollte er den friedens-
bedürftigen Vermittlern, durch deren »Kunstgriffe« der Friede zu-

---

sentirent instare Dei ultionem«. Schon seit der Freisprechung Farels, sagt
Roset V c. 52: »*les débordez heurent le peuple plus suspect et disoient, que leurs
adversaires se faisoient forts des estrangiers«.*

[1] Ratsprot. 11., 30., 31. Jan. 1554. [Was in den Ann. S. 567 zum
27. Jan. gesetzt ist, gehört vielmehr zum 30.]. *Roget* IV S. 153 ff. Calvin
an Viret 6. Febr. 1554; an Bullinger 23. Febr. 1554, Opp. XV S. 18, 39;
Roset V c. 53.

stande gekommen; in Briefen an vertrautere Freunde klagte er,
daſs unter dem scheinbaren Vorwande des Friedens die gesetz-
liche Ordnung, der einzige Hüter des Friedens, vernachlässigt
worden, und erklärte den Wiederausbruch des Kampfes für unvermeidlich, da ›in der Sache nichts entschieden sei ¹.‹. Aber er
durfte mit dem Ausgange dennoch zufrieden sein : thatsächlich war
der Kampf entschieden ². Die Ohnmacht und Zerfahrenheit der
Oppositionspartei, welche in dem Verlaufe des Berthelierschen
Prozesses offenbar geworden, war so groſs, daſs Calvin bei einer
Wiedererneuerung des Kampfes um den Sieg unbesorgt sein durfte,
auch wenn die neuen Ratswahlen ein weniger günstiges Resultat
für ihn gehabt hätten, als es der Fall war.

III.

ANFEINDUNGEN VON AUSSEN.

Es konnte nicht fehlen, daſs die ungewöhnlichen Fortschritte,
welche Calvins Herrschaft seit dem Herbst 1553 in Genf machte,
auch auswärts einen bedeutenden Eindruck hervorbrachten. Die
Freunde und Gesinnungsgenossen in der Ferne jubelten und erblickten in den Erfolgen des Genfer Reformators die sichere Bürgschaft eines baldigen vollständigen Sieges. In Frankreich richteten
die evangelisch Gesinnten mit steigender Zuversicht ihre Blicke auf
Genf: die Zeit schien ihnen nahe, wo die Stadt Calvins die seit
1541 auf sie gesetzten Hoffnungen endlich erfüllen würde.

Aber diese Stimmung war doch keineswegs die allgemeine.
Vielmehr hatten die Ereignisse der letzten Jahre den eigenartigen

---

¹ Calvin an Blaurer 11. Febr. 1554, Opp. XV S. 24: »*Quorundam arti-
ficio factum est ut reconciliaremur, de re tamen nihil decretum. Perendie vel
transigetur vel exorietur nova pugna*«. Calvin an Bullinger 23. Febr. 1554.
ebd. S. 40: »*Plausibili pacis colore factum est ut legitimus ordo, unicus pacis
custos, neglectus fuerit vel saltem posthabitus*«. Vgl. u. S. 254.

² Vgl. darüber auch die Äuſserungen Sulzers an Blaurer 9. März 1554,
Opp. XV S. 74: er habe Nachrichten von Viret und anderen erhalten, »*qui
putant Calvinum cum suis rem factam in manibus habere*«. Vgl. Farel an
Calvin 20. Jan. 1554, ebd. S. 12.

Charakter des calvinischen Kirchenwesens und seinen Gegensatz gegen die übrigen evangelischen Kirchen in so greller Weise ans Licht gestellt, dafs in manchen Kreisen, die Calvins Bestrebungen bisher mit Wohlwollen verfolgt hatten, die Sympathien für ihn in bedenklicher Weise erkalteten, während in anderen sogar ein entschieden feindseliger Geist sich kundgab. Zwei Vorgänge insbesondere machten auswärts einen üblen Eindruck und wurden die Quelle von Reibungen und Anfeindungen, die eine Zeit lang Calvins eben befestigte Stellung ernstlich zu gefährden drohten.

Es war zunächst der Prozefs Bolsecs und der durch ihn angeregte Prädestinationsstreit.

Wir haben bereits gesehen[1], wie wenig dem Siege, den Calvin 1551 über seinen Gegner durch richterlichen Spruch davontrug, die öffentliche Meinung zur Seite stand. Während in Genf die Opposition gegen das calvinische Lieblingsdogma noch ungeschwächt fortdauerte und bei jedem neuen Kampfe sich offen wieder Luft machte[2], nahmen auswärts Theologen und Laien fast einstimmig in der offenkundigsten Weise in Wort und Schrift für den Verurteilten Partei! Es sei nicht zu sagen, klagt Beza[3], welche Flamme jener gottlose Mensch angezündet: überall, rechts und links seien Kampf und Streit an der Tagesordnung gewesen, >nicht anders, als habe Satan selbst zum Angriff geblasen.< In der Schweiz war der Abfall von Calvin ein allgemeiner. Von Thonon bis nach Basel erscholl der Ruf: in Genf werde Gott zum Urheber der Sünde gemacht und bis aufs Blut verfolgt, wer dieser Irrlehre sich zu widersetzen wage. Alte treue Freunde des Reformators, wie Christoph Libertet in Neuchatel, wurden irre an ihm und äufserten ihm unverhohlen ihr Mifsfallen[4]. In dem nahen Waadtlande und in Thonon, wo Bolsec nach seiner Verbannung sich gewöhnlich aufhielt und die Gemüter gegen seinen Verfolger bearbeitete, hallten die Kanzeln von den lästigsten Invektiven gegen die abscheuliche neue Lehre wieder, die das Böse selbst für ein Werk Gottes erkläre. Man nannte ihren Urheber einen

---

[1] Vgl. o. S. 148 f.

[2] Auch noch nach dem Troilletschen Streite, vgl. z. B. Ratsprot. 2. Juli 1554; Consistorialprot. 19. Dez. 1553, 15. Febr., 23. u. 28. Juni 1555.

[3] *Beza*, Opp. Calv. XXI S. 144, 145.

[4] Vgl. Calvins Antwort an Christoph Fabri (Libertet), Jan. 1552, Opp. XIV S. 278.

Ketzer, einen Antichrist und sagte, er sei schlimmer als die Papisten [1]. Ernstere Anfeindungen erfuhr Calvin von Basel, wo überhaupt im Gegensatz gegen den Genfer Dogmatismus unter Geistlichen und Laien ein freierer Geist in kirchlichen Dingen herrschte und namentlich durch Lehrer der Universität genährt ward; unter ihnen befand sich auch jener Sebastian Castellio, der im Jahre 1544 Calvin in Genf hatte weichen müssen und seit kurzem die Professur des Griechischen bekleidete. Es war eine nicht mifszuverstehende Antwort auf das neue calvinische Dogma, welches die eine Hälfte der Menschheit durch den ewigen Ratschlufs Gottes verdammt werden liefs, wenn ein Baseler Gelehrter 1554 eine Schrift »über die Gröfse des Reiches Gottes« veröffentlichte, welche vor allem die göttliche Barmherzigkeit betonte und diese für das »festeste und ewige Fundament des Himmelreiches« erklärte [2]. Aber auch direkt wurde der Verfolger Bolsecs von Basel her angegriffen. Es gingen von hier, wie es scheint unter namentlicher Mitwirkung Castellios, mehrere heftige Flugschriften aus, welche nicht nur das calvinische Lieblingsdogma schonungslos verurteilten, sondern auch die Person des Reformators nicht unangetastet liefsen. Eine derselben wurde sogar an den Genfer Rat eingesandt, um auch in Genf die öffentliche Meinung zu erregen [3]. Eine andere, welche die Form eines Sendschreibens an die französischen Protestanten hatte und eine Zusammenstellung der schroffsten Äufserungen Calvins über die Prädestination nebst scharfen Gegenbemerkungen enthielt, war zur Verbreitung in Frankreich bestimmt [4]. »Calvins Name,« schrieb um jene Zeit ein Freund desselben (Hotoman) aus Basel an Bullinger, »steht hier in keinem besseren Rufe als in Paris; will man einen Menschen beschimpfen, so nennt man ihn einen Anhänger Calvins. Mit der gröfsten Leidenschaftlichkeit fällt alles über ihn her.«

Calvin war über diese Angriffe auf seine Rechtgläubigkeit, die sein Stolz, seine Ehre, sein teuerstes Eigentum war, ganz aufser sich. Er klagte den treuen Freunden die unerträgliche Schmach,

---

[1] Vgl. *Trechsel*, Die prot. Antitrinitarier I, 194 ff.

[2] *Trechsel* I, 215, 216.

[3] Ratsprot. 7. u. 14. Juni 1554, Ann. S. 575 f. Calvin an Sulzer 7. Aug. 1554; Viret an Farel 14. Juni 1554, Opp. XV S. 209 u. 164. [Vgl. *Roget* IV S. 167 ff.]

[4] *Beza* S. 150. *Trechsel* I S. 210.

die ihm angethan werde, und bat um Unterstützung, er rief in
Basel die Hilfe der weltlichen Gewalt gegen das gottlose Treiben
der Akademiker an; er richtete gegen Castellio, in dem er den
Hauptschuldigen erblickte, eine Streitschrift, die zu dem Heftigsten
gehört, was je aus seiner Feder geflossen: er nennt ihn einen
Schurken, einen schmutzigen Hund, eine giftige Bestie, seine
Entgegnungen elendes Geschwätz und Hundegebell[1]. Indes alles
Klagen, Drohen, Schmähen brachte die Widersacher nicht zum
Schweigen, steigerte vielmehr ihre Leidenschaft und Erbitterung.

Noch heftigere Anfeindungen als der Bolsecsche Streit hatte
Servets Angelegenheit für ihn zur Folge.

Wohl war das Verfahren gegen Servet von den stimm-
führenden Theologen der verschiedenen Parteien mit seltener Ein-
stimmigkeit gebilligt worden, aber anders als von den Theologen
wurde in dem vorliegenden Fall in den Kreisen der Gebildeten
und von der überwiegenden Masse des Volkes geurteilt. Die
näheren Berichte über die letzten Stunden des unglücklichen
Mannes liefsen die über ihn verfügte Strafe in dem furchtbarsten
Lichte erscheinen und riefen weit und breit eine natürliche Teilnahme wach. »Die Asche des Unglücklichen,« erzählt der Biograph des Reformators, »war kaum kalt geworden, als der Streit
über die Bestrafung der Ketzer begann. Einige meinten, man
dürfe sie wohl unterdrücken, aber nicht mit dem Tode bestrafen;
andere hielten dafür, dafs man sie, da der Wortlaut der hl. Schrift
selbst nicht klar genug sei, ganz dem Gerichte Gottes überlasse.
Selbst manche Guten teilten diese Ansicht[2].« Nicht wenige
fürchteten auch, dafs man durch den Scheiterhaufen an Champel
den Papisten eine neue Waffe zur Verfolgung der Evangelischen
in die Hand gegeben habe[3]. Im Namen der Freiheit war dem
Papsttum der Krieg erklärt worden, Calvin selbst hatte in zornigen
Worten so oft die päpstliche Tyrannei und Grausamkeit gebrand-

---

[1] Brevis responsio ad diluendas nebulonis cuiusdam calumnias, quibus
doctrinam de aeterna Dei praedestinatione foedare conatus est. Opp. IX
S. 253—266. Vgl. *Trechsel* I, 267.

[2] *Beza* S. 149; *Roset* V c. 50.

[3] »*Vos vero, vos quinam estis*«, ruft Balduin den Anhängern Calvins zu,
»*qui in consistoriis iudicia de haereticis orbis arrogatis et de aliorum immani-
tate quiritantes nova interpretatione nostrarum legum vultis augere acerbitatem
suppliciorum?*« Biga resp. 325, 326.

markt: nun, selbst im Besitze der Gewalt, hatte er den päpstlichen Ketzergerichten in nichts nachgestanden. Die Inkonsequenz lag klar vor jedermanns Augen. Nachteilig für Calvin wirkte auch der Umstand, dafs er das Hauptwerks Servets so eifrig hatte vernichten lassen, um das Bekanntwerden seiner Ansichten zu verhindern: die Folge war, dafs manche jetzt für den Verurteilten Partei ergriffen, die, wenn sie seinen theologischen Radikalismus vollständig gekannt, an seinem Schicksal vielleicht weniger Anstofs genommen haben würden! So erhoben sich alsbald von den verschiedensten Seiten Stimmen scharfen Tadels und ernster Mifsbilligung gegen die blutige That des 27. Oktober! Servet wurde als ein Märtyrer gefeiert und sein Tod in rührenden Klageliedern besungen, während Spott- und Schmachgedichte, durch fliegende Blätter verbreitet, den Tyrannen von Genf dem Hafs der Menge preisgaben. Waadtländische Prediger verkündeten laut, das neue gallische Feuer sei schlimmer als das spanische [1]. In Basel empfing der alte Hafs durch Servets Scheiterhaufen neue Nahrung. Die in Genf so verhafsten »Akademiker«, insbesondere Castellio, der an sich selbst die Folge calvinischer Unduldsamkeit erfahren und erst vor kurzem (1551) dem englischen Könige in einem Widmungsschreiben die Einführung der Gewissensfreiheit in beredten Worten empfohlen, war auf das heftigste erregt. »Wer Calvins Freund sei,« heifst es in dem Schreiben eines Baselers an den Züricher Reformator, »der findet hier fast niemanden, mit dem er umgehen könne [2].« Am schmerzlichsten mufste es für Calvin sein, dafs gerade seine eigenen Landsleute und Standesgenossen vielfach für den verurteilten Irrlehrer die lebhaftesten Sympathien an den Tag legten [3]. Namentlich war dies bei den Italienern der Fall. Sie hatten bisher aus der Ferne Genf als ein Asyl und Bollwerk der religiösen Freiheit betrachtet; statt dessen klagten sie jetzt, dort eine neue Inquisition, ein neues Papsttum gefunden zu haben! Es traten Männer auf, welche mit herausforderndem Trotz sich für Schüler und Gesinnungsgenossen Servets

---

[1] *Ignis Gallicus vicit ignem Hispanicum*«. Vgl. Haller an Bullinger 15. April 1555, Opp. XV S. 565.

[2] Vgl. S. 228, Anm. 1 (Hotoman an Bullinger).

[3] Schon in dem Schreiben des Gualtherus an Haller 26. Nov. 1553, Opp. XIV S. 683, wird der Teilnahme der Italiener und Franzosen für Servet gedacht. *Beza* S. 151.

erklärten! Einen Servet habe Calvin ermordet, verkündigten
fliegende Blätter aus Graubünden, einem Hochsitz italienischer
Emigranten, aber unzählige neue seien aus seiner Asche wieder
hervorgegangen![1]

Die Aufregung über Servets Schicksal war so allgemein, daſs
Calvin, der Aufmunterung seines Freundes Bullinger folgend[2],
sich entschloſs, seine Handlungsweise zu rechtfertigen. Er that
dies in einer ziemlich umfangreichen Streitschrift, welche unter dem
Titel »Verteidigung der rechtgläubigen Lehre von der heiligen
Dreieinigkeit, worin zugleich gezeigt wird, daſs die Ketzer mit dem
Schwerte gerichtet werden müssen,« zu Anfang 1554 in lateinischer
und bald darauf auch in französischer Sprache erschien[3]. Calvin
entwickelt in dieser Schrift, die, wie er selbst sagt, »im Sturme«
(tumultuarie) niedergeschrieben wurde[4], seine uns bereits bekannten
Grundsätze in ihrer ganzen Schroffheit. Er erklärt das peinliche
Verfahren gegen hartnäckige Ketzer nach der hl. Schrift und dem
göttlichen Gesetz nicht blofs für erlaubt, sondern für geboten und
pflichtmäfsig und sucht dann den Nachweis zu liefern, daſs in
dem vorliegenden Falle nur jene göttliche Vorschrift streng befolgt
sei. Mit einer Offenheit, die nichts verhüllt und vor keiner Konsequenz zurückbebt, schildert er sein persönliches Verhältnis zu
dem Irrlehrer, legt den Gang des Prozesses dar und schliefst
mit einer scharfen Zurückweisung der eben so gotteslästerlichen

---

[1] *Trechsel* I S. 263, 264; *Henry* III S. 232. Contra lib. Calv. A 6 a:
»*Venerunt a Rhaeticis fratribus quaedam carmina, in quibus dicebatur unum
Servetum a Calvino exstinctum, sed revixisse innumerabiles; corpus eius crema-
tum, sed animam intactam remansisse; si Christus ipse Genevam veniret fore
ut crucifigeretur; non esse iam eundum Genevam ad Christianam libertatem, ibi
enim esse alterum Papam, sed qui vivos torreret, cum Romanus prius suffocaret;
nam fere universi Itali, etiam qui Calvini doctrinam approbabant, tum ea cru-
delitate offensi sunt gravissime, quod et in Gallia magna ex parte accidit.* —
Ein gewisser Gadius meldet am 29. Nov. 1554 aus Teglio im Veltlin an
Calvin, daſs er in Italien viele Servetaner gefunden habe. Opp. XV S. 323 f.
Hotomanus an Bullinger 29. Sept. 1555: »*Castalionis ita sunt studiosi et
amantes plerique, ut hoc quasi atlante coelum fulciri religio et pietas existime-
tur . . . Calvinus autem nihilo melius hic audit quam Lutetiae. Quod si quis
aut deierantem aut lascivientem coarguat, Calvinista contumeliae causa nomi-
natur.*

[2] Opp. XIV S. 621.

[3] Opp. VIII, 453 ff; Ratsprot. 11. Dez. 1553, Ann. S. 563.
   Calvin an Bullinger 22. Febr. 1554, Opp. XV S. 40.

als verderblichen Irrtümer des Verurteilten. Damit die Schrift nicht blofs als der persönliche Meinungsausdruck ihres Verfassers, sondern gleichsam als der feierliche Spruch der gesamten Genfer Kirche angesehen werde, mufsten sämtliche Mitglieder der ehrwürdigen Genossenschaft sie unterzeichnen.

Calvins Lage wurde durch diese Schrift nur noch verschlimmert. Was bisher noch als die Frucht einer vorübergehenden leidenschaftlichen Aufregung angesehen und entschuldigt oder den weltlichen Gerichten Genfs zur Last gelegt werden konnte, erschien nunmehr als eine wohlüberlegte, vorher bedachte That des Reformators selbst. »Ich hätte gewünscht,« schrieb ihm sofort der Berner Stadtschreiber Zurkinden, einer der wenigen wirklichen Freunde, die er in Bern besafs, »der erste Teil des Buches, nach welchem die Obrigkeit das Recht hat, die Ketzer zu strafen, wäre nicht in Deinem, sondern des Rates Namen erschienen, der die Pflicht hatte, für seine That einzustehen. Ich fürchte sehr, dafs Du bei Männern von gemäfsigter Denkart wenig Gunst geerntet hast, indem Du vor allen, als sei es Dein Beruf, einen so gehässigen Gegenstand zu behandeln unternahmst [1].« Entgegnungen liefsen nicht lange auf sich warten. Unter dem erdichteten Namen Martinus Bellius erschien bereits im März 1554 angeblich in Magdeburg, in Wirklichkeit aber in Basel und offenbar unter der Mitwirkung des Castellio, ein Wort zum Schutze der Gewissensfreiheit und gegen die peinliche Verfolgung der Ketzer, welches in den weitesten Kreisen Aufsehen und durch Inhalt wie Ton einen für Calvin höchst ungünstigen Eindruck machte [2]. Ohne sich in eine direkte Polemik gegen Calvin einzulassen, beschränkt sich der Verfasser in dem Hauptteile der Schrift darauf, mit

---

[1] Zurkinden an Calvin 10. Febr. 1554. Opp. XV S. 22. Balduin gab in der Responsio altera ad Calvinum die öffentliche Meinung besser wieder, wenn er behauptete, nicht *de magistratuum in coercendis haereticis officio* handle es sich, *sed potius de tuo*. Vgl. Biga resp. S. 325. Vgl. Zurkinden an Calvin 7. April 1554, Opp. XV S. 115. Dagegen Farel an Calvin 9. Nov. 1554, ebd. S. 302: »*multo enim laetius tibi est et bonis omnibus male audire a malis quam ab eis probari*« etc.

[2] De haereticis an sint persequendi et omnino quomodo sit cum eis agendum, doctorum virorum tum veterum tum recentiorum sententiae. Liber hoc tam turbulento tempore pernecessarius. Magdeb. per G. Rauch 1554 mense Martio. Eine französische Übersetzung erschien noch in demselben Jahr. Vgl. Bulletin XVI, 539. [Vgl. *Buisson*, Séb. Castellion I S. 358 ff., II S. 1 ff.]

ebenso grofser Belesenheit als wohlberechneter Klugheit, aus alten
und neuen kirchlichen Schriftstellern, aus Kirchenvätern und
Reformatoren und selbst aus Calvins eigenen früheren Schriften
Äufserungen zusammenzustellen, welche die Verfolgung Anders-
denkender durch die bürgerliche Obrigkeit verdammten. Beigefügt
sind eine Vor- und Nachrede, welche in warmen, ergreifenden
Worten die Freiheit der Gewissen verteidigen und die aus der
Bibel für den Glaubenszwang angeführten Gründe widerlegten.
Ein gerechter Unwille ergreift den Verfasser, dafs solches noch
nötig ist. Aber, klagt er, man sammle jetzt mit grofser Sorgfalt
alles, was seit der Erschaffung der Welt gesagt und gethan
worden, um zu dem Blutvergiefsen zu berechtigen und zu reizen,
dem man auf jegliche Weise steuern sollte. »O Christus,« ruft
er am Schlufs der dem Herzog Christoph von Württemberg ge-
widmeten Vorrede aus, »Schöpfer und Herr der Welt, siehest und
duldest Du alles, was hier geschieht? Bist Du Dir selber so ganz
unähnlich geworden? Als Du auf Erden wandeltest, warst Du
der Sanfteste, Barmherzigste, Langmütigste, wie ein Lamm, das
vor seinem Scherer verstummt, und als Du voller Striemen warst, ver-
spieen und verspottet, mit Dornen gekrönt und schmählich mitten
zwischen den Räubern gekreuzigt wurdest, da betetest Du für Deine
Henker! Bist Du jetzt wirklich so ganz ein anderer? Ich beschwöre Dich bei dem allerheiligsten Namen Deines Vaters, befiehlst Du, dafs diejenigen, welche Deine Lehren und Gebote nicht
so verstehen, wie unsere Oberen es verlangen, durchs Wasser, durchs
Feuer, durch das Schwert vertilgt und durch alle erdenklichen
Qualen so lange als möglich gemartert werden? O mein Herr
Christus, befiehlst Du, billigst Du das? Sind die, welche solche
Schlachtopfer darbringen, Deine Diener? — O, der entsetzlichen
Gotteslästerung, o, der frechen Bosheit der Menschen, die es
wagen, Christo das zuzuschreiben, was nur auf Befehl und An-
stiften des Satans geschehen kann!«[1]

»Seit dem Beginn des Christentums,« meinte ein Freund
Calvins, »seien solche Lästerungen nicht gehört worden[2].« Und

---

[1] Auszüge bei *Baum*, Th. Beza I, 207 ff. und *Bonnet*, Bulletin XVI.
540 ff.; vgl. Bulletin XVII, 4. [Jetzt eingehendste Behandlung aller ein-
schlägigen Fragen bei *Buisson*, Castellion I S. 360 ff., II S. 1 ff.]

[2] Beza an Bullinger 14. Juni 1554, Opp. XV S. 166; *Baum* l. c. I, 206.

in diesen Ton stimmten bald zahlreiche Gesinnungsgenossen mit ein! Noch in demselben Jahre erschien eine zweite Gegenschrift, welche sich unmittelbar mit den heftigsten Invektiven gegen Calvin richtete. Der Verfasser verwahrt sich gegen die Annahme, als sei er ein Schüler Servets; er will seine Ansichten nicht in Schutz nehmen, obgleich er sie entschuldbar findet, aber nur um so heftiger wendet er sich gegen seinen Verfolger, den er als einen harten und blutdürstigen Menschen, erfüllt von grenzenloser Ehr- und Herrschsucht darstellt und in zürnenden Worten zur Rechen- schaft über sein Thun auffordert [1]. »Siehst Du nicht,« ruft ihm Camillus Renatus, Verfasser eines rührenden Klagegedichtes auf den Scheiterhaufen Servets zu, »siehst Du nicht, Calvin, ein wie schmachvolles Verbrechen Du den kommenden Jahrhunderten hinterlassen, ein wie trauriges Beispiel Du ihnen gegeben hast? Welcher Geist trieb Dich an, einen Verfolgten, der sich zu Dir flüchtete, einen um des Namens Christi willen Vertriebenen und Umherirrenden in Kerker und Banden zu werfen und, ohne Dich durch Klagen und Angstrufe erweichen zu lassen, dem qualvollen Flammentod zu überantworten? O furchtbare, nimmer zu sühnende Missethat! Vergeblich suchst Du gottlose Anschläge durch ge- druckte Bücher zu rechtfertigen! Ja, Du wagst es noch, solche Greuel den Jüngern Christi zu empfehlen, die Gemüter der Frommen dazu aufzustacheln und mit grausamen Worten zum Morde des Bruders anzutreiben! — O, ihr Jünger Christi, ihr himmlischen Seelen, die ihr angehaucht seid von dem hl. Geiste, dem Geiste der Milde, Euch rufe ich an! Wie könnt Ihr ein solches Schauspiel ertragen!²«.

Und nicht blofs erklärte Gegner, auch alte Freunde und Mit- arbeiter des Reformators, auf deren Beifall er sicher gerechnet hatte, legten laut ihre Unzufriedenheit an den Tag. Die Schroff- heit, mit der er seine Theorie entwickelte, die gefühllose Härte, mit der er sich über die letzten Lebensstunden des unglücklichen Opfers verbreitete, wirkten auch in den ihm befreundeten Kreisen abstofsend. Nicht ohne Bitterkeit und fast in vorwurfsvollem

---

[1] Contra libellum Calvini, in quo ostendere conatur haereticos iure gladii coercendos esse. Vgl. darüber *Mosheim* S. 285 ff. [*Buisson* II S. 32 ff.]

² In Jo. Calvinum de iniusto Michaelis Serveti incendio, abgedruckt bei *Trechsel* I, 321 [und Opp. XV S. 239 ff. Über den Verfasser vgl. *Buisson* II S. 296 f.]

Tone klagt er dem Züricher Reformator, der ihn zu der Schrift
aufgemuntert, dafs der Erfolg seines Buches, trotz der Mühen, die
er darauf verwendet, nicht der erwartete sei. Man schmähe und
verfolge ihn, als ob er ein Lehrer der entsetzlichsten Grausamkeit
sei und einen Toten, der durch seine Hand umgekommen, noch
im Grabe zu zerfleischen suche. Andere drückten offen ihr Bedauern darüber aus, dafs er eine solche Schrift veröffentlicht
habe[1]. Von nah und fern, mündlich und schriftlich wurden ihm
Vorhaltungen und Vorwürfe gemacht. Männer, die er zu seinen
zuverlässigsten Verbündeten gezählt hatte, wandten sich von ihm
ab und nahmen für Servet Partei. Ausgewiesene Genfer, mifsvergnügte Emigranten, die in Genf Zurücksetzungen erfahren, wie
der junge Herr de la Vau, benützten hier und da den Vorfall als
ein willkommenes Agitationsmittel und steigerten durch gehässige
Schilderungen von Calvins Herrschsucht, Unduldsamkeit und
Grausamkeit in Genf, den öffentlichen Unwillen[2]. »Kenntest Du
nur zum zehnten Teile die herben Schmähungen und Angriffe,
denen ich ausgesetzt bin,« klagt er einem alten Freunde, der sich
ebenfalls den Verteidigern Servets angeschlossen, »Du würdest,
mild wie Du bist, Mitleid mit meiner traurigen Lage haben. Von
allen Seiten bellen mich die Hunde an. Hier und da werde ich
Ketzer gescholten. Alle erdenklichen Schmähungen werden auf
mich gehäuft. Grimmiger als die offenen Gegner aus dem päpstlichen Heerlager greifen mich jetzt die Neider und Hasser aus
dem eigenen Lager an![3]«

Das Schlimmste aber war, dafs diese Umtriebe und Anfeindungen auch dieses Mal wieder in dem benachbarten Bern
einen Rückhalt und Unterstützung fanden.

Es hatte zwar im Verlauf des Servetschen Streites einen
Augenblick geschienen, als werde die gemeinsame Abneigung gegen
den Radikalismns des spanischen Flüchtlings die beiden alten
Gegner wenigstens auf dem kirchlichen Gebiete einander näher
bringen. Allein die Annäherung war eine vorübergehende. Der
Gegensatz zwischen Bern und Genf lag zu sehr in der ganzen

---

[1] Calvin an Bullinger 29. April 1554, Opp. XV S. 124.
[2] Vgl. Calvins Schreiben an die Kirche von Poitiers 20. Febr. 1555;
Opp. XV S. 436 ff., das ganz der Widerlegung der von de la Vau in Umlauf
gesetzten Gerüchte gewidmet ist.
[3] Calvin an Tossanus 15. Okt. 1554, Opp. XV S. 271.

vorausgegangenen Entwickelung, in der Verschiedenheit der
religiösen Anschauungen, der politischen Interessen und des Volks-
charakters begründet, als daſs eine wirkliche Aussöhnung möglich
gewesen wäre. Bern war und blieb seit dem Jahre 1536 unter
allen Wandelungen seiner Politik der undankbaren Nachbarstadt
abgeneigt und legte seinen Groll bei jeder Gelegenheit an den
Tag. Die Versuche, den ewigen Frieden jener Jahre, welcher den
Vergröſserungsbestrebungen Berns eine Schranke aufrichtete, zu
lockern oder zu durchbrechen, hatten von bernerischer Seite, trotz
aller übeln Erfahrungen, die man machte, alle die Jahre daher
fortgedauert. Bei jeder Erneuerung des Burgrechts wurden von
Bern Schwierigkeiten bereitet. Als Genf die Aufnahme in die Eidgenossenschaft nachsuchte, da waren es die »Mitbürger« von Bern,
welche diesem Verlangen entgegentraten[1]. Grenzstreitigkeiten,
Streitigkeiten über Zehnten, Zölle, Steuern, über die Besetzung
geistlicher Stellen waren zwischen den beiden Städten an der
Tagesordnung und hatten eben zu Anfang der fünfziger Jahre
wieder einen bedenklichen Charakter angenommen[2]. Mit diesen
fortdauernden politischen Reibungen und Vexationen gingen die
kirchlichen Hand in Hand. Bern beobachtete das aufsteigende
Gestirn Genfs mit zunehmender Eifersucht. Es wurde den Genfern
bei jeder Gelegenheit in Erinnerung gebracht, daſs sie zwar vor
allem durch die Gnade Gottes, dann aber durch die Hilfe Berns
zur Erkenntnis des Evangeliums gelangt seien. Man nahm für
Bern als die Mutterkirche immer noch eine Art von Vormund-
schaft in Anspruch und stellte ein über das andere Mal Forderungen, die das Selbstgefühl der Genfer beleidigten. Schon im
Jahre 1548 hatte Calvin von einer »bernischen und römischen
Knechtschaft« gesprochen und unmutig die Worte fallen lassen,
ob es nicht ehrenvoller gewesen wäre, die geistliche Herrschaft
von Rom zu dulden als die von Bern[3].« Und seitdem war die

---

[1] Ratsprot. 7., 9. Mai, 27. Aug. 1549. *Roset* V c. 23. Genſs Absicht
war allerdings, auf diese Weise in das französische Bündnis aufgenommen zu
werden, was Bern um jeden Preis verhindern wollte. [Über Berns Widerstand
vgl. *Dunant*, Les Relations politiques de Genève S. 111 ff.]

[2] Ratsprot. 21., 24. Juni, 5., 29. Aug. 1550. *Roset* V c. 28, 38, 39.
Haller an Bullinger 24. Aug. 1550, Opp. XIII S. 630: »*Dissidium inter
nostros et Genevenses me valde torquet. Audio enim Genevates indignissime
ferre constitutionem et exactionem nostrorum*«. [*Roget* III S. 125 ff.]

[3] *Hundeshagen*, Conflikte S. 242, 228. [Opp. XII S. 727 ff., 735 f.]

Spannung noch gestiegen. Immer schärfer entwickelte sich der Gegensatz zwischen den kirchlichen Anschauungen von Bern und Genf. Blofs aus Abneigung gegen Genf lehnte Bern 1549 den Beitritt zu der von Calvin so eifrig betriebenen Züricher Übereinkunft ab[1]! Mochte auch der jüngere Haller, der seit dem Jahre 1548 an der Spitze der Berner Stadtgeistlichkeit stand, persönlich friedfertig gesinnt sein, er konnte doch den Gang der Entwicklung nicht aufhalten. Die Berner Staatsmänner empfanden gegen den streit- und herrschsüchtigen »wälschen Prädikanten« eine unüberwindliche Abneigung[2] und auch die Theologen, selbst der milde Haller, fühlten sich je länger je mehr durch das Auftreten ihres genferischen Amtsbruders zurückgestofsen und verletzt[3]. Man erblickte in den neugeschaffenen Einrichtungen der calvinischen Kirche eine Wiederherstellung des papistischen Glaubenszwanges[4]. Genfs Abneigung gegen Bern war nicht minder grofs. Calvin fand die Lage der Berner Kirche, ihre Abhängigkeit von der weltlichen Gewalt unwürdig, er nannte die Berner Prediger »mattherzig und feig[5].« Statt entgegenzukommen und die bis zu einem gewissen Grade berechtigte Empfindlichkeit der mächtigen Nachbarstadt zu schonen, verschärfte man vielmehr den kirchlichen Gegensatz unnötiger Weise. Es sah geradezu wie eine beabsichtigte Kränkung und Herausforderung Berns aus und wurde auch so von Bern aufgefafst, als im Jahre 1550, als schon die Spannung eine bedenkliche Höhe erreicht hatte, die vier bis dahin noch geduldeten Berner Feiertage in aller Form abgeschafft wurden[6].

Was diese fortdauernde Feindschaft der beiden Städte ins-

---

[1] *Hundeshagen*, Conflikte S. 251 f.

[2] Die Berner Geistlichen an die Züricher 27. Juni 1549, Opp. XIII S. 312 ff.

[3] Haller an Bullinger 2. Jan., 7. März 1549; Viret an Calvin 11. Dez. 1549; Haller an Bullinger 31. Aug. 1551; Opp. XIII S. 143, 213 f., 493 f.; XIV S. 171.

[4] Haller an Bullinger 24. Aug. 1550, Opp. XIII S. 631: »*Von confessionem modo habebimus iterum privatam sacerdotalem et auricularem, sed et novae haereticae pravitatis inquisitores. Vide quid ab his hominibus exspectandum, nisi coerceantur. Jam Genevae instituta est illa inquisitio*«.

[5] »*Nosti quam timidi sint ac molles*«. Calvin an Farel 27. Jan. 1552. Opp. XIV S. 273.

[6] Calvin an den Pfarrer zu Büren, Opp. XIV S. 1; an Haller 4. Non. Januar. 1551, ebd. S. 4 ff.; an den Rat von Bern, ebd. S. 284 ff.

besondere heftig machte und sie keinen Augenblick ruhen liefs, war der Umstand, dafs die beiden Gegensätze in dem benachbarten Waadtlande und den überseeischen Landvogteien Berns fortwährend miteinander in Berührung kamen. Politisch von Bern, kirchlich und national von Genf abhängig, waren diese ehemals savoyischen Landschaften der regelmäfsige Tummelplatz der beiden feindlichen Mächte. Es war natürlich, dafs Bern hier auf dem eigenen Gebiete auch seine kirchlichen Anschauungen und Gebräuche zur Geltung zu bringen und fremde Einflüsse zurückzuweisen suchte! Es war ebenso natürlich, dafs der Genfer Reformator, dessen Freunde und Gesinnungsgenossen zuerst jenem Lande die evangelische Lehre verkündet hatten, dem die überwiegende Mehrzahl der Geistlichen und insbesondere der erste Geistliche Pierre Viret unbedingt zugethan war, gleichsam als ihren Oberhirten verehrten, die hier herrschenden romanischen Formen der Kirchenverfassung und das innige Verhältnis zu Genf aufrecht zu erhalten und zu stärken suchte. So war hier der Kampf zwischen Staat und Kirche, zwischen Landvögten und Geistlichen, zwischen Freunden Berns und Genfs der regelmäfsige Zustand. Hier auf dem eigenen Gebiete trug der Berner Rat kein Bedenken, auch in kirchlichen Dingen von der Gewalt, die er besafs, Gebrauch zu machen, nicht blofs zu Gunsten der Berner Gebräuche. Den calvinischen Theorien von der Selbständigkeit der geistlichen Gewalt, welche die Geistlichen im Munde führten, setzten die Landvögte die derben Grundsätze des Berner Kirchenregiments entgegen. Viret sah sich bei jedem Schritt und Tritt überwacht, seit man in Erfahrung gebracht, dafs er von Calvin ganz »verdorben« sei [1]: er mufste auf die Durchführung seiner liebsten Entwürfe verzichten — wie manche Demütigung mufste er hinnehmen, wie manches Projekt aufgeben! Jede seiner Zusammenkünfte mit Calvin und Farel erregte Argwohn. Schon im Jahre 1549 wurden die im romanischen Bernerland üblichen wöchentlichen Kolloquien, eine Nachahmung der Genfer Kongregation, in denen Bern nicht mit Unrecht eine Hauptpflanzschule echt calvinischer Gesinnung erblickte, durch Ratsbeschlufs aller Gegenvorstellungen ungeachtet aufgehoben [2].

---

[1] Christoph Fabri (Libertet) an Farel 18. Aug. 1548, Opp. XIII S. 29 f. Vgl. auch Calvin an Haller, 26. Nov. 1549, ebd. S. 459.

[2] *Hundeshagen*, Conflikte S. 257 ff. Viret an Calvin 18. Nov. 1549; Haller an Bullinger 24. Aug. 1550, Opp. XIII S. 451 f., 631.

Man suchte unter der Geistlichkeit eine eigentlich bernische Partei zu begründen und berief, so viel es anging, Männer von der deutschen Richtung zu den geistlichen Ämtern: jede von Genf ausgehende Empfehlung wurde mit Mißtrauen aufgenommen. Um jeder Einwirkung Genfs auf die Unterthanen Berns nachdrücklich zu begegnen, wurde gegen Genf sogar eine Art geistlicher Grenzsperre eingeführt. Mehr als einmal ist es geschehen, daß Genfer Geistliche, die in den benachbarten Berner Grenzgemeinden predigten und sich nicht enthalten konnten, ihren calvinischen Überzeugungen Luft zu machen, von den Landvögten ohne viele Umstände eingesperrt oder des Landes verwiesen wurden [1]. Als Calvin einmal bei einer Dienstreise nach Zürich in Lausanne eine anstößige Predigt gehalten, dachte man sogar daran, dem Reformator selbst das Betreten des Berner Gebietes zu verbieten [2]! Willkommen war dagegen, wer mit Calvin in Streit lag. Die von Genf vertriebenen Widersacher des Reformators, alle die Unzufriedenen, die Genf verließen oder verlassen mußten, fanden in dem nahen Waadtlande jederzeit eine gastliche Aufnahme; gerade sie trugen dann durch die Maßlosigkeit ihres Auftretens nach Art exaltierter Emigranten nicht wenig dazu bei, die Gegensätze zu verschärfen und hüben wie drüben die Gemüter noch mehr zu verbittern!

Der Bolsecsche Streit schleuderte in diesen Zustand neuen Zündstoff. Es entsprach ganz der bisherigen Politik Berns, daß es nach Beendigung des Prozesses für den Verurteilten, den es vorher so nachdrücklich der Milde seiner Richter empfohlen, offen Partei nahm. Calvins schroffe Prädestinationslehre fand in Bern kaum einen Verteidiger und stieß auch solche zurück, die den Genfer Reformator früher in Schutz genommen. Bolsec fand sofort auf dem Berner Gebiete bereitwillige Aufnahme und durfte ungestört, ja unter dem offenen Schutze Berns, das sogar seine Wiederaufnahme in Genf beantragte [3], in Thonon und Vevey, wo er sich meistens aufhielt, seinem Groll gegen Calvin, den großen Ketzer und Wüterich von Genf, Luft machen. Die antiviretische Partei jubelte seinen Ausfällen Beifall zu und machte die Sache

---

[1] *Roset* V c. 42, 56. Vgl. Consistorialprot. 14. Juni 1554.
[2] *Hundeshagen* S. 224.
[3] Ratsprot. 18. Juli 1553, Ann. S. 545. [*Roget* III S. 205.]

des erbitterten Flüchtlings zu der ihrigen. Von Genf fanden sich Mitglieder der unterdrückten Partei ein, um das Feuer zu schüren [1]. Nirgendwo wurde Calvins Name weniger geschont als in diesen oppositionellen waadtländischen Kreisen.

Kundgebungen im entgegengesetzten Sinne, welche die Anhänger Virets dem gegenüber veranlafsten, machten die Stimmung noch gereizter. Endlich erliefs die Berner Regierung selbst, um den Wirren ein Ziel zu setzen, ein Mandat, welches alles Disputieren über »neue Lehren« und insbesondere über die Prädestinationslehre untersagte [2]. Doch wurde der Zustand dadurch wenig gebessert. Die indirekte Mifsbilligung der calvinischen Lehre, welche in jenem Verbote lag, ermutigte vielmehr die Gegner derselben, während nur den Verteidigern Stillschweigen auferlegt wurde. Die Angriffe gegen Calvin dauerten fort und wurden noch heftiger, seit der Scheiterhaufen Servets die Flammen des Hasses aller Orten noch höher auflodern liefs. Dem Vorwurfe der Ketzerei wurde jetzt auch jener des Blutdurstes und der Grausamkeit hinzugefügt. Es nützte nichts, dafs Calvin in Bern vorstellte, durch solche Beschuldigungen werde die Ehre des Berner Magistrats selbst angetastet, da auch dieser zur Verurteilung Servets geraten [3]. Bolsec fuhr fort, seinem Zorn freien Lauf zu lassen und von Calvin in den beleidigendsten Ausdrücken zu reden, und seine waadtländischen Freunde machten es ähnlich. Der Prediger von Bursin, Johann Lange, erging sich in einer geistlichen Versammlung zu Rolle in den heftigsten Ausfällen gegen Calvin, indem er ihn mit den alten Ketzern zusammenstellte, welche die Gottheit Christi geleugnet. Andreas Zebedaeus, Prediger zu Nyon, erklärte in einer Predigt die calvinische Lehre von der direkten Regierung des Bösen durch den göttlichen Willen für einen fluchwürdigen Irrtum, der schlimmer sei als selbst die Messe und alle Abscheulichkeiten des Papsttums, und erhob schwere Anklagen gegen die weltliche Gewalt, die solchen Irrtümern Schutz gewähre. Andere richteten ihre Angriffe geradezu gegen den Genfer Rat. Ein Pierre Desplans erklärte öffentlich, es gebe bei

---

[1] Consistorialprot. 19. Dez. 1553, Ann. S. 563.

[2] Vgl. *Ruchat-Vulliemin* V, 496.

[3] Die Genfer Prediger an die von Bern, 29. Dez. 1554, Opp. XV S. 363: »*Non privatim laesus est Calvinus neque etiam tota haec ecclesia, sed senatus vester aperte perscinditur, cuius hortatu de impio illo sumptum fuit supplicium.*«

der Genfer Behörde nicht Recht, nach Gerechtigkeit mehr, Calvin
lasse sich wie ein Gott verehren. Sebastian Foncelet ein aus-
gewiesener Genfer, nannte in einem Schmähgedicht Genf ein leib-
liches und geistiges Sodom, wo der blutdürstige Ketzer Calvin
die Gesetze der christlichen Liebe mit Füfsen trete[1]. »Auf das
grausamste«, klagt der Angegriffene seinem Freunde Bullinger,
»werde ich von unsern Nachbarn zerfleischt. Ihre Prediger lästern
mich öffentlich als einen Häretiker, der schlimmer sei als alle
Papisten Und je frecher und ausgelassener einer gegen mich
tobt, um so beliebter und angesehener wird er[2]«

Im Herbst 1554 beschlossen Calvin und die Genfer endlich
im Einverständnis mit dem Rat, gegen dieses Treiben die Hilfe
des Berner Magistrates selbst anzurufen. Eine zu Anfang Oktober
nach Bern abgeordnete Gesandtschaft überreichte hier eine von
Calvin und den angesehensten Geistlichen unterzeichnete Klage-
schrift, welche in ernsten Worten Abstellung der nicht länger mehr
zu duldenden Umtriebe und Bestrafung der Verleumder verlangte.
Gleichzeitig wurde auch die Berner Geistlichkeit um ihre Unterstützung angegangen[3].

Das Gesuch fand in Bern eine kühle Aufnahme. Die städtische
Geistlichkeit, obgleich sie die stattgehabten Umtriebe mifsbilligte,
schwieg. Der Rat beschränkte sich darauf, sein Bedauern über
das Vorgefallene auszudrücken und den Predigern im Waadtland
nochmals alles Schmähen und Streiten zu verbieten. Zugleich
aber wurde in dem Antwortschreiben die Hoffnung ausgedrückt,

---

[1] Die Genfer Prediger an den Rat von Bern 4. Okt. 1554; Genfer
Prediger an die von Bern 6. Okt. 1554; Haller an den Berner Rat 24. Jan.
1555; Bern an Genf 26. Jan. 1555; Calvins Klagschrift gegen Zebedaeus und
Genossen; Opp. XV S. 250 ff., 256 ff., 397 ff., 400 f., 530 f.; *Roset* V c. 64.
Trechsel I, 195. Ein Schmähgedicht Foncelets Contre la Sodome abominable
findet sich im Genfer Archiv, Pieces hist. 1503. [Vgl. Opp. XV S. 182.]
Eine Zusammenstellung der von Zebedaeus und Lange gegen Calvin erhobenen
Anklagen nebst beigefügten Belegstellen giebt die Responsio F. Claudii de
Saintes ad apologiam Th. Bezae, Paris 1567 S. 45. [Über Foncelet vgl.
Opp. XV S. 176 ff.]

[2] Calvin an Bullinger 18. Sept. 1554. Opp. XV S. 233.

[3] Die Genfer Prediger an den Rat von Bern 4. Okt. 1554; Haller an
Bullinger 13. Okt. 1554, Opp. XV S. 250 ff. 268; *Trechsel* I, 196.

auch Genf werde fortan in ähnlichem Geiste handeln und keine
Schmähung der bernischen Kirche mehr dulden [1].

So leicht liesen indes die Kläger sich nicht abweisen. Sie
glaubten ein Recht auf eine strenge Untersuchung zu haben und
verlangten diese in einer neuen Eingabe in ernsten Worten. In
der That wurde jetzt ihrem Wunsche nach einigem Zögern insoweit entsprochen, dafs die Hauptangeklagten Bolsec, Zebedäus,
Lange und Foncelet im Januar 1555 zur Verantwortung vorgeladen und einem Verhör unterworfen wurden. Allein der Erfolg
war nicht der beabsichtigte. Die Vorgeladenen stellten teilweise
die ihnen zur Last gelegten Äuserungen in Abrede, teilweise ant-
worteten sie mit einer langen Reihe von Gegenbeschuldigungen,
welche die Genfer als die Schuldigen hinstellten und diese für
alles gegebene Ärgernis verantwortlich machten [2]. Die inzwischen
nochmals um ihre Unterstützung von Genf her gebetene Berner
Geistlichkeit berichtete, als der Rat sie zu einem Gutachten aufforderte, zwar in einem Calvin nicht ungünstigen Sinne, that aber,
vorsichtig und unentschieden, keineswegs den Wünschen desselben
genug. Das Ende war, dafs der Rat über den Friedensstörer
Bolsec weitere Erkundigungen einzuziehen versprach und das
früher wiederholt erlassene Verbot des Schmähens, Scheltens,
unnützen Disputierens über Lehren und kirchliche Ordnungen erneuerte; aber es wurde mit diesem Verbote zugleich ein scharfer
Tadel ausgesprochen gegen die calvinische Prädestinationslehre,
als eine »von den hochfliegenden, feinen Doktrinen, Meinungen
und Menschensatzungen, die mehr dazu dienten, Streit, Hafs, Irrtümer und Sittenlosigkeit zu erzeugen, als die Seelen zu erbauen
und aufzurichten«, und in dem Antwortschreiben an Genf (26. Jan.)
die bestimmte Erwartung ausgedrückt, auch Genf werde seinen
Predigern alles Schmähen und Lästern verbieten und sie bei
strenger Strafe zu Friede und Eintracht mit den Berner Amtsbrüdern anhalten [3]. Wie wenig es von Seiten Berns auf eine Ver-

---

[1] Bern an Genf 17. Nov. 1554, Opp. XV S. 313. *Ruchat-Vulliemin* VI,
121, 122.

[2] *Hundeshagen*, Conflikte S. 284 ff. [Vgl. Opp. XV S. 319, 322, 347,
362, 363.]

[3] *Ruchat-Vulliemin* VI, 123. Gutachten Hallers 24. Jan. 1555. Der
Rat von Bern an den Rat von Genf 26. Jan. 1555, Opp. XV S. 397 ff.,
400 ff. *Trechsel* I, 198.

söhnung und Befriedigung der Genfer abgesehen war, zeigt nicht
nur der Umstand, dafs dem Schreiben des Rates die Gegenbeschuldigungen der Angeklagten beigefügt waren, sondern mehr
noch die Thatsache, dafs an demselben Tage ein Mandat erging,
welches allen italienischen und französischen Refugiés sowie den
eigenen Unterthanen in den Grenzdistrikten bei strengen Strafen
untersagte, noch ferner in Genf das Abendmahl zu empfangen:
ein Mandat, dessen kränkender Inhalt noch überboten wurde durch
die verletzende Art und Weise, wie dasselbe von übereifrigen Landvögten zur öffentlichen Kenntnis und Ausführung gebracht wurde [1].

Man kann sich denken, welchen Eindruck diese wiederholte
Zurücksetzung und offenbare Kränkung auf Calvin machte. »Sage
mir nur nichts von der Rohheit der Sachsen«, schrieb er damals
im höchsten Unmut dem Züricher Reformator [2]. Die ehrwürdige
Genossenschaft antwortete sofort mit einer neuen bittern Be-
schwerdeschrift; ärger als unter den Papisten, klagte dieselbe,
werde Calvins Lehre im Bernerland geschmäht [3]. Aber auch der
Genfer Rat, in welchem die in diese Zeit fallenden Neuwahlen
der calvinischen Partei vollends das Übergewicht verschafften, war
über die Berner Handlungsweise aufgebracht und glaubte, sich
jetzt mit Nachdruck der Ehre seines Reformators und der eigenen
annehmen zu müssen. In den ersten Tagen des März begab sich
eine Gesandtschaft, bestehend aus zwei Mitgliedern des Rates und
zwei Geistlichen, deren einer Calvin selbst war, mit einer sehr
energischen, von dem Reformator selbst diktierten Instruktion nach
Bern, um nochmals strenge Untersuchung und Bestrafung der
Schuldigen zu verlangen, die erhobene Gegenklage zurückzuweisen
und insbesondere über die der Genfer Kirche durch das Abend-
mahlsverbot angethane Schmach Beschwerde zu führen [4].

Dieses energische Auftreten machte in Bern wohl einigen
Eindruck, aber die gehoffte Wirkung brachte es nicht hervor.
Man räumte ein, dafs das Mandat gegen die Genfer Abendmahls-

---

[1] Vgl. Opp. XV S. 406, 434, 459, 470; *Hundeshagen* S. 287.

[2] Calvin an Bullinger 24. Febr. 1555, Opp. XV S. 449.

[3] Die Genfer Geistlichen an den Rat von Bern, 15. Febr. 1555, Opp. XV
S. 430.

[4] Ratsprot. 28. Febr., 1. u. 5. März 1555, Ann. S. 595 ff. Instruktion
der Gesandtschaft nach Bern, 5. März 1555, Opp. XV S. 478 ff. *Hundeshagen* S. 288.

feier von den Landvögten mehrfach falsch aufgefafst und zu rücksichtslos durchgeführt worden sei, und mahnte die einheimische Geistlichkeit aufs neue von allen Zänkereien ab. Die Erörterung der übrigen Streitpunkte wurde vertagt, da auch die Gegenpartei gehört werden müsse. Als endlich nach mehrwöchentlicher Verzögerung am 2. April die Verhandlungen in Gegenwart beider Parteien begannen und die Genfer einen neuen ausführlichen Klagebericht vorlegten[1], machte der Berner Rat aus seiner Abneigung gegen Calvin nicht im geringsten Hehl. Ohne sich auf die theologischen Gründe weiter einzulassen, erklärte er, nachdem die Streitenden sich ausgesprochen, es sei von beiden Teilen gefehlt worden: man möge auf beiden Seiten das Geschehene vergessen und vergeben und in Zukunft dergleichen Hader vermeiden!

Calvin war über diese Entscheidung, die ihn, den grofsen Theologen, auf gleiche Linie mit den waadtländischen Winkelpredigern stellte, im höchsten Grade entrüstet. Er erhob sofort Widerspruch, er verlangte den Ausspruch einer geistlichen Versammlung, da es sich nicht um seine Persönlichkeit, sondern eine Glaubenslehre handle. In höchster Erregung begab er sich am andern Tage nochmals vor den Rat, um in feierlicher Weise Protest zu erheben. Aber seine Heftigkeit und Mafslosigkeit machte die Sache nur noch schlimmer. Es folgten höchst leidenschaftliche Auftritte. Die Gegner, die sich ebenfalls wieder eingefunden, liefsen sich auch ihrerseits zu den heftigsten Angriffen fortreifsen; sie warfen ihm Herrschsucht und Unverträglichkeit vor, sie erinnerten an das verletzende Urteil, das er auch über Zwingli gefällt, und führten Stellen aus der christlichen Institution an, die dem klaren Wortlaut der Bibel widersprächen. Calvin behauptete, dafs an der vorzugsweise angegriffenen Stelle ein Druckfehler vorliege. Es war eine peinliche Scene. Der Rat beharrte bei der früheren Sentenz. Man erklärte nochmals, dafs in dem Streite Calvins mit den beiden Predigern von Bursin und Nyon auf beiden Seiten gefehlt worden, verurteilte aber, um dem Reformator einige Genugthuung zu gewähren, die ärgsten Ruhestörer

---

[1] Die Verhandlungen im März und April 1555: Opp. XV S. 482 ff., 498, 500, 502, 514, 515 ff., 523, 525—532, 537 ff., 542 ff., 547 ff. Die Genfer Gesandten waren in der Zwischenzeit wieder in Genf gewesen: Ratsprot. 18. März 1555, Ann. S. 598.

Foncelet und Pierrechon zur Abbitte, beschloſs auch, daſs der unruhige Bolsec binnen drei Monaten das Berner Gebiet zu verlassen
habe, und empfahl der waadtländischen Geistlichkeit wiederholt
Mäſsigung und Bescheidenheit. Aber diese Zugeständnisse wurden
in einer Weise gemacht, daſs sie vielmehr zu Demütigungen
wurden. Der Mahnung an die einheimische Geistlichkeit ging zur
Seite eine Mahnung an die Genfer Prediger, auch ihrerseits sich
des Friedens mehr zu befleiſsigen und des unerbaulichen Bücher-
schreibens über die hohen Geheimnisse Gottes sich für die Zukunft zu enthalten. Sollten gleichwohl noch, hieſs es, dergleichen
Bücher, die mit der landesüblichen Lehre und Gebrauch in
Widerspruch ständen, auf dem Berner Gebiet gefunden werden,
so werde man sie verbrennen, und sollte sich noch jemand über
solchen Reden betreten lassen, so werde man ihn nach Gebühr
und streng bestrafen! Umsonst erhoben die Genfer gegen diese
Entscheidung lauten Protest. Man wolle sie, lautete die fast
höhnische Antwort, nicht zur Annahme zwingen. In gröſster Erbitterung kehrte die Gesandtschaft nach Genf zurück, wo sie über
das vollständige Scheitern ihrer Mission Bericht erstattete [1].

Eine Demütigung wie diese hatte Calvin seit dem Unglücks-
jahre 1538 nicht mehr erfahren. Schlimmeres, meint ein Augen-
zeuge, sei dem Genfer Reformator noch nie begegnet [2]. Auswärts
wurde die erlittene Niederlage durch das Gerücht noch übertrieben.
Calvin sei, hieſs es allgemein, in Bern öffentlich und durch
richterlichen Spruch verurteilt worden. Als überwiesener Ketzer,
verkündeten waadtländische Geistliche von der Kanzel, habe er
sich aus der Stadt flüchten müssen [3]. Die Schmähungen auf
Calvin wurden im romanischen Bernerland maſsloser als je,
muſsten sie doch nach der letzten Entscheidung als vollkommen

---

[1] Urteil Berns in der Sache Zebedaeus und Konsorten 3. April; der
Rat von Bern an seine Geistlichen 3. April; Calvin an den Rat von Bern,
3. April; Haller an Bullinger 15. April 1555, Opp. XV S. 542 ff., 547 ff.,
550 f., 564 ff.; *Roset* V c. 64. Ratsprot. 11. April 1555, Ann. S. 601.;
Trechsel I, 201 ff.; *Hundeshagen* S. 290 ff.

[2] Haller an Bullinger 15. April 1555, Opp. XV S. 567: »*Also stat diſ
sack übel, und ist Calvinus je usabutzt, so ist er hie usagfüget. Metuo ego
peiora nunc sequutura*«. [Vgl. Calvin an Bullinger, 20. April 1555, ebd.
S. 572.]

[3] *Bonnet*, Lettres franç. II, 55.

berechtigt erscheinen[1]. Alle weitern Versuche, von Bern Genugthuung zu erlangen, blieben erfolglos. Vergeblich liefsen Reformator, Syndiks und Räte von Genf neue eindringliche Schreiben,
Vorstellungen und selbst noch Gesandtschaften an die »teuren
Mitbürger« abgehen: das grollende Bern blieb unerbittlich. »Ich
sehe,« schrieb Calvin selbst einem seiner treu gebliebenen Freunde,
»die Gegner sind in einem solchen Hafs gegen mich entbrannt,
dafs nur mein vollständiger Sturz sie zufrieden stellen kann.
Vielleicht werde ich ihrer Wut weichen müssen[2].«

Allein so sprach er doch nur in Augenblicken des gröfsten
Unmuts. In Wirklichkeit hegte er jene Besorgnis damals nicht
mehr, noch war dieselbe überhaupt begründet.

Denn wie viele und wie herbe Anfechtungen er auch erfuhr,
wie manche sich auch von ihm abwandten, es fehlte doch auch
nicht an Beweisen warmer Teilnahme und an wirksamer Unterstützung. Treu und unwandelbar standen seine alten Freunde, die
Viret, Farel, Bullinger ihm zur Seite — Farel und Viret fanden
sich sogar mit ihm persönlich zu seiner Verteidigung in Bern
ein — und zu den alten erhielt er um diese Zeit noch einen
neuen Freund, der an Eifer, Entschlossenheit und Gelehrsamkeit
jene noch übertraf, und eben in jenen Kämpfen Calvin die ersten
wichtigen Dienste leistete. Es war sein jüngerer Landsmann
Theodor Beza, seit 1549 Lehrer des Griechischen an der theologischen Schule zu Lausanne, der damals durch eine energische
Streitschrift gegen jenen pseudonymen Martin Bellius sich den
ersten Anspruch auf den Dank des Reformators verdiente und als
ebenso strenger wie gewandter Jünger der calvinischen Richtung
zu den bedeutendsten Hoffnungen für die Zukunft berechtigte[3].

---

[1] Calvin an Farel 15. Mai 1555, Opp. XV S. 617: »*Tota vicinia in nos
accensa est, et nova quotidie fomenta igni augendo ingeruntur: Quasi improbi
in me lacerando parum insaniant, eorum petulantia acuitur, dum se potentibus
gratificari vident*«.

[2] Ratsprot. 23., 26. April, 2., 9. Mai 1555; Ann. S. 603 f. Calvin an
den Rat von Bern 4. Mai; an die Geistlichen von Bern 4. Mai. Der Rat von
Genf an den Rat von Bern 6. Mai; Antwort Berns 3. Juni; Calvin an Bullinger
6. Juni 1555; Opp. XV S. 600 ff., 605 ff., 608 ff., 630 f., 640 ff. [Vgl.
Roget IV S. 219 ff.; *Buisson*, Castellion II, 67 f.]

[3] *De haereticis a civili magistratu puniendis adversus Martini Bellii farra-
ginem.* 1554. Abgedr. in *Th. Beza*, Tractat. theol. I, S. 85 ff., vgl. Bulletin
XVII, 7 ff. [Vgl. *Buisson*, Castellion II S. 18 ff.] Ratsprot. 17. Juli 1554. Selbst

Keiner unter den Freunden sprach ihm mit kräftigern Worten zu und beteuerte ihm herzlicher seine Liebe als der alte ehrliche Farel. »Ich müfste von Holz oder Stein sein,« schrieb er ihm in jenen Tagen, als die demütigenden Verhandlungen mit Bern geführt wurden, »wenn ich nicht mit der zärtlichsten Liebe an Dir hinge. Christus hat bisher über alle Hoffnung gewirkt und wird noch gröfseres wirken. Unerschrocken wollen wir stehn. Der Herr verläfst seine Sache nicht. Mächtig stand er dem Moses bei gegen die Zauberer und richtete Pharao mit seinem Heere zu Grunde. Da er nun den Diener des Gesetzes verherrlichte, kannst Du da besorgen, er werde Dir seine Hilfe gegen diese Gaukler entziehen? Der Antichrist und die Seinen müssen ganz von ihrem Throne gestürzt und vernichtet werden, und das Dir von Christus anvertraute evangelische Amt soll hell leuchten[1].« Solche Worte, solche Beweise treuer Anhänglichkeit verfehlten auf Calvin ihren Eindruck nicht und stärkten in ihm die Zuversicht auf einen nicht mehr fernen vollständigen Sieg.

Wichtiger aber als der Zuspruch und die Unterstützung der Freunde in der Ferne war es, dafs um diese Zeit in Genf selbst Calvins Macht sich mehr und mehr befestigte und hier die Dinge eine Entwicklung nahmen, die die Lage der Gegner immer mehr als hoffnungslos erscheinen liefs.

IV.

ZUNAHME UND STEIGENDE BEDEUTUNG DER REFUGIÉS.

Während Calvin von aufsen die schwersten Kränkungen und Anfeindungen erfuhr, stieg in Genf selbst mit jedem Tage sein Ansehen und die Zahl seiner Anhänger. Die Freude, welche

---

der später von Calvin abfallende Balduin stand damals und in der Frage der Ketzerbestrafung noch wesentlich auf Calvins Seite. Vgl. Fr. Balduini Constantinus Magnus, sive de Constantini imperatoris legibus eccles. et civilibus. Basel 1556. Abgedr. in Jurisprudentia Romana et Attica, Lugduni Bat. 1738 I, 574 ff. Auch der Italiener Zanchi schrieb 1554 eine Schrift für ihn De coercendis haereticis. *Henry* III S. 239.

[1] Vgl. *Kirchhofer*, W. Farel II, 122, 123. [Opp. XV S. 522, 368, 421].

die perrinistische Opposition über die Berner Vorgänge an den Tag legte, rief bei der grofsen Mehrzahl der Einwohner Verachtung und Unwillen hervor. Es entsprach durchaus der vorherrschenden Stimmung, wenn Syndiks und Rat die Ehre ihres Reformators gegen die Machthaber in Bern mit Energie und Nachdruck in Schutz nahmen. Seit den beiden verhängnisvollen Prozessen des Jahres 1553 hatte die antiklerikale Partei mehr und mehr an Boden verloren. Mehr als ein alter Streitgenosse Perrins wandte in der nächsten Zeit dem erbleichenden Gestirn des Generalkapitäns den Rücken, um mit dem künftigen Gebieter Genfs seinen Frieden zu machen.

Doch nicht dieser Zuwachs aus dem altgenferischen Lager war es, worauf Calvins neue Machtstellung beruhte. Seine Hauptstütze bildete das »neue Genf« der Emigranten und religiösen Flüchtlinge, das eben um diese Zeit einen gewaltigen Aufschwung nahm und wichtigen Einfluß auf die Leitung der öffentlichen Angelegenheiten gewann.

Trotz der Ungunst der Verhältnisse, die sie in Genf seit dem Macht- und Systemwechsel im Jahre 1548 vorfanden, hatte die Einwanderung evangelischer Flüchtlinge nie vollständig aufgehört, und auch die Abnahme derselben, die infolge der nationalen Reaktion des altgenferischen Geistes eintrat, war nicht von sehr langer Dauer gewesen. Calvins Stadt übte schon bald wieder ihre gewohnte Anziehungskraft aus. Jedes Jahr, ja fast jeder Monat führte neue Scharen glaubenseifriger Jünger des Reformators nach Genf, die sich hier häuslich niederließen und das fremde Element verstärkten. Sogar in protestantischen Kreisen wurde auswärts bereits der Spott laut über diese neuen calvinischen Pilgrime, die keinen für einen rechtschaffenen Christen hielten, der nicht nach Genf laufe und Calvins Predigt höre[1]. Wir lesen von Männern, die Familie, Hab und Gut verließen, um in der Nähe des grofsen Reformators zu leben, von Frauen, die auf dem Wege nach Genf von ihren andersdenkenden Verwandten eingeholt nur auf neue Fluchtversuche sinnen. Mit sichtlicher Befriedigung meldet Calvin selbst im Sommer 1551 dem treuen Freunde in Neuenburg den

---

[1] »C'est bien à propos, disent-ils, qu'on ne soit point Chrestien, si on ne trotte à Genève pour avoir les oreilles confictes de sermons et user des ceremonies qu'on observe là«. Vgl. Quatre sermons de J. Calvin. Opp. VIII S. 412.

aufs neue zunehmenden Fremdenandrang: Farel werde, wenn er wieder nach Genf komme, die Einwohnerschaft infolge der neuen Ansiedelung erheblich vergrößert finden. »Ein angenehmes Schauspiel für mich,« fügt er hinzu, »nur macht mir dieser Andrang gewaltig viel Arbeit[1].« Auch in einem Briefe an Melanchthon aus dieser Zeit weist er; wohl auch um die schwächliche Haltung der deutschen Protestanten gegenüber den Forderungen Karls V. in ein um so grelleres Licht zu stellen, mit Wohlgefallen auf die zahlreich in Genf anwesenden Landsleute hin, die ein freiwilliges Exil vorgezogen, um sich mit dem Götzendienst nicht zu beflecken[2]. Doch waren die Neuankommenden nicht alle Franzosen. Immer zahlreicher wurden neben den engeren Landsleuten Calvins seit dem Beginne der fünziger Jahre die italienischen Emigranten. Die Lemanstadt bot sich ihnen als nächste Zufluchtsstätte dar, und der »ausgezeichnete Bischof von Genf,« wie sie Calvin in ihren Zuschriften wohl nannten, der so scharf und schneidend gegen den römischen Papst zu schreiben verstand, scheint auch für sie in jener frühen Zeit einen besonderen Reiz gehabt zu haben[3]. Schon im Jahre 1551 wurde eine selbständige italienische Gemeinde mit einem eigenen Geistlichen gegründet und ihr zur Abhaltung des Gottesdienstes der Mitgebrauch der Kirche S. Madeleine von dem Magistrat eingeräumt[4]. Und schon fanden sich auch aus anderen Nationen einzelne Flüchtlinge ein.

Was aber dieser neuen Genfer Bevölkerung insbesondere ihre Bedeutung verlieh, war nicht sowohl ihre große Menge als vielmehr der Charakter und der gesellschaftliche Rang der meisten Emigranten. Es waren durchgehends Männer aus den gebildeten und höheren Ständen, da nur diese die Mittel zur Auswanderung besaßen und der Reformator selbst vorzugsweise solche an sich zog. Gerade für jene Jahre weisen die uns erhaltenen Nachrichten über die Neuaufgenommenen eine verhältnismäßig große Anzahl von hervorragenden und bedeutenden Namen auf. Wir finden unter

---

[1] Calvin an Farel 15. Juni 1551, Opp. XIV S. 134. [Vgl. *Roget* III S. 218 ff.]

[2] Calvin an Melanchthon, c. Sommer 1550, Opp. XIII S. 596.

[3] Socinus an Calvin 1. Febr. 1550, Opp. XIII S. 518.

[4] Ratsprot. 26. Nov. 1551. *Roset* V c. 39. Ein Verzeichnis der Mitglieder der ital. Gemeinde seit 1550 giebt *Gaberel* I, Pièces justif. S. 206 ff. [*Roget* III S. 220.]

ihnen gebildete Edelleute, wie die Herrn von Candolle und
Trembley, namhafte Gelehrte wie die Budés und Colladons, einen
Robert Stephanus, hochgestellte Beamte wie den königlichen
Lieutenant und Maire von Noyon. Laurent de Normendie, der
sich bereits 1549 in Genf niederliefs und von Calvin durch die
Widmung der Schrift »über die Ärgernisse« ausgezeichnet worden
ist, Männer, die den höchsten Kreisen der Gesellschaft angehörten [1]. Wohl der bedeutendste unter ihnen war jener neapoli-
tanische Marquis de Vico, Galeazzo Caracciolo, Spröfsling einer
altangesehenen italienischen Familie und durch seine Mutter ein
Grofsneffe des nachmaligen Papstes Paul IV., der aller Bitten und
Gegenvorstellungen der Seinigen ungeachtet im Jahre 1551 mit
Zurücklassung von Weib und Kind sich nach Genf begab, um
sich an Calvins Seite niederzulassen, dessen vertrautester Freund
und Helfer er seitdem war [2]. Calvin fand in ihm gleichsam einen
Ersatz für den Herrn von Falais, der eben um diese Zeit das in
ihn gesetzte Vertrauen so vollständig täuschte. Ihm, dem durch
Tugenden und Geburt gleich erlauchten Manne widmete er auch
einige Jahre später die zweite Auflage seines Kommentars zum
ersten Korintherbriefe, dessen erste Auflage den Namen jenes abgefallenen Freundes an der Spitze trug [3]. Es gab vielleicht in der
protestantischen Welt keine zweite Gemeinde, die so viele adelige,
vornehme, aristokratische Namen aufzuweisen hatte, wie Calvins
Flüchtlingsgemeinde in Genf [4].

Dieser äufsere Glanz, welchen die Emigration um sich verbreitete, und der mehr als gewöhnliche Wohlstand der meisten
Neuangesiedelten machte doch auch auf die alte Bürgerschaft
allmählich Eindruck und stimmte manche zu einem günstigem

---

[1] Mém. et doc. XVI, 399 ff., Opp. VIII, 5 ff. Vgl. *Galiffe* Not. généal.
II, 407, 286, 566, III, 83. 198 ff. Einmal kommen an einem Tag 8 franz.
Edelleute um die Erlaubnis ein, in Genf wohnen zu dürfen. Ratsprot. 3. Mai
1549, Ann. S. 451.

[2] Ratsprot. 15. Juni 1551, Ann. S. 483 [Ausführlicher bei *Roget* III
S. 220.] *Roset* V c. 35. Man nannte ihn gewöhnlich einfach Monsieur le
Marquis; vgl. Opp. VIII S. 185; Bulletin XVIII, 173 ff.

[3] Das Widmungsschreiben vom 24. Jan. 1556, Opp. XVI S. 11 ff.

[4] Ihre Wohnung nahmen die Herren gern in der Nähe der Wohnung
Calvins in der Rue des Chanoines. Da wohnten z. B. die Brüder Budé,
Charles de Jonvillers, Guil. de Trie, der Sᵣ. de S. Laurent; auch Caracciolo
wohnte in dieser Gegend. Mém. et doc. XVI, 406.

Urteil über die anfangs bekämpfte Einwanderung. Die Stadt
empfing durch die Menge vornehmer Refugiés einen erhöhten
Glanz, das öffentliche Leben eine gewisse Mannigfaltigkeit, die
man lange nicht mehr in Genf gekannt hatte. Die Fremden
brachten Geld, Verdienst, gesteigerten Verkehr; man konnte die
Wohnungen, die Jahrelang leer gestanden, gegen guten Zins an
sie vermieten [1]. Mehr als ein alter Genfer ließ in Anbetracht
dieser äußeren Vorteile seinen patriotischen Groll fahren und fing
an, sich mit Calvins »Franzosen« auszusöhnen. Dies war namentlich auch bei nicht wenigen Mitgliedern des Rates der Fall. Die
Stadt hatte sich von den Schlägen, welche der Unabhängigkeitskampf und die Religionswirren dem öffentlichen Wohlstande geschlagen, noch immer nicht erholt. Basel machte aus jener Zeit
her noch eine bedeutende Schuldforderung geltend, die neuen
Festungswerke, welche Genf bei den fortwährend drohenden
äußern Angriffen doch nicht entbehren konnte, waren noch nicht
vollendet, die öffentliche Kasse in der Regel leer. Da kamen die
reichen, vornehmen Emigrantenfamilien eben recht. Sie halfen
dem heruntergekommenen öffentlichen Wohlstande wieder auf.
Die nicht unbeträchtliche Summe, um die manche von ihnen —
im Jahre 1553 nicht weniger als 26 — das städtische Bürgerrecht
erkauften, bildete eine der wesentlichen Einnahmen des städtischen
Ärars. »Laßt sie herein,« ertönte es einmal aus der Menge, als
wieder ein neuer Fremdenzug ankam, »da kommt Geld und Bau-
material für unsre Festungswerke [2].«

Die echten altgenferischen Kreise, in denen die Perrin, Vandel
und Berthelier den Ton angaben, ließen sich freilich dadurch
nicht bestechen. Mit wachsendem Ingrimme sahen sie die Zahl
der verhaßten Fremdlinge sich mehren, und aus den grimmigen
Blicken, die ihnen oft schon beim Eintritt in die Stadt begegneten,
konnten die Neuankommenden abnehmen, daß es ihnen auch in
der neuen Heimat nicht an Gegnern fehlen werde. Das Lob,
welches Calvin fortwährend seinen Schützlingen spendete, machte
sie jenen nur noch verhaßter. Die übertriebene Art, wie sie ihre
Verehrung für den Reformator an den Tag legten, ihre gesuchte

[1] Vgl. *A. Froment*, Deux Epistres preparatives. Genève 1554. Anc.
et nouv. pol. S. 73.
[2] *Gaberel* I, 426.

äuſere Frömmigkeit, das Herumgehen mit der Bibel unter dem
Arm und der sittenrichterliche fromme Ton, den sie im Verkehr
mit den Einheimischen anzuschlagen liebten, war dem Genfer vom
alten Schlage widerwärtig und er verbarg auch seinerseits seine
Gefühle nicht, wie die Rats- und Consistorialprotokolle bezeugen[1].
Die alten Vexationen und Chikanen im alltäglichen Leben dauerten
fort und selbst an Miſshandlungen fehlte es nicht. Man sprach in
verächtlichem Tone von Calvins Pensionären und unterwürfigen
Dienern, die ihrem Meister einen Eid ablegen mủſsten, von den
frommen Brüdern und heiligen Märtyrern, die, um des Evangeliums
willen dem Feuer entlaufen, nun in Genf dem armen Bürger das
Leben verteuerten und ehrliche Menschen denunzierten[2]. Die
Hauptsache aber war, daſs sie in den Fremdlingen eine fortwährend Gefahr für ihre Stadt erblickten und geradezu den Verrat Genfs an Frankreich durch »diese französische Cavallerie«
fürchteten. Mit jedem neuen Zuzug sahen sie die Gefahr sich
vergröſsern. Von Bern, das den Einwanderern ebenfalls nicht
hold war, empfing man wiederholt und neuerdings wieder im
Sommer 1554 Nachrichten über französische Anschläge gegen
Genf und über geheime Verbindungen der neuen Einwohner mit
den Feinden der Stadt[3]. »Armes Genf,« rief eines Tages der
jüngere Berthelier aus, »wie Dich verteidigen, wenn es dem französischen Könige gefällt, sich dieser Garnison seiner Unterthanen
gegen uns zu bedienen. Es wird am Ende nichts übrig bleiben,
als ihn selbst zum Bürger zu machen und unsern heimischen Herd
diesen Eindringlingen zu überlassen[4].«

Indes verlor diese Partei der unversöhnlichen Patrioten in
der öffentlichen Meinung mehr und mehr an Boden. Der natürliche Gang der Dinge, wie er in Genf selbst schon vor zwölf

---

[1] Ratsprot. 31. Okt. 1552. Consistorialprot. 24. März, 29. Okt. 1551;
12. Mai 1552; 24. Jan., 26. April, 7., 22. Juni, 12., 19. Juli, 22. Nov. 1554.
Roset V c. 58; *Gaberel* I, 427.
[2] Den Klagen über das Denunziationswesen der Refugiés begegnen wir
schon früh. »*Après qu'ils ont mangé leur Dieu, ils nous viennent ici contrôler*«
klagt Bandière 1550; Not. généal. III, 527. In dem Bolsecschen Prozeſs bestanden Calvins Zeugen überwiegend aus Refugiés. »Monsieur le marquis« an
der Spitze. Opp. VIII, 185.
[3] Ratsprot. 24., 26. Juli 1554. *Roset* V c. 57, 58.
[4] Nach Armorial historique Genevois par *Galiffe* et *Mandrot* I S. 27.
Not. généal. III, 546 f.

Jahren vorhergesehen worden, war gegen sie: die extremen Mittel, die sie anwandten, waren nicht die rechten, sie schadeten nur der eigenen Partei und verschafften dem Gegner Sympathie, wo er sie früher nicht besafs. Calvin, der seine ganze Hoffnung für die Zukunft auf seine fremden Schützlinge setzte und, wie er selbst sagt, ihre Leiden sich mehr zu Herzen nahm als die eigenen [1], unterliefs nichts, ihr Los zu verbessern und durch Wort und Schrift in immer weiteren Kreisen die gegen sie noch vorhandenen Vorurteile zu zerstören. Eine Sammlung von Predigten, die er im Jahre 1552 veröffentlichte, hatte recht eigentlich diesen Zweck [2]. Indem er nochmals nachdrücklich die den evangelischen Gläubigen in papistischen Ländern in vielen Fällen durch das Evangelium vorgeschriebene Pflicht der Auswanderung betont und das Glück derer preist, die in ihrer Heimat Gott frei verehren dürfen, legt er es seinen Mitbürgern nahe, die armen, geflüchteten Glaubensgenossen mit christlicher Liebe und wohlwollend aufzunehmen. Deutlicher noch drückt er sich darüber aus in jenem Widmungsschreiben, womit er zu Anfang des Jahres 1553 dem Genfer Magistrat seinen Kommentar zum Johannesevangelium überreichte [3]. »Euch hat der Herr,« ruft er Syndiks und Ratsherrn zu, »in diesen stürmischen und schweren Zeiten als diejenigen hingestellt, in deren Schutz und Schirm sich alle die Schuldlosen und Frommen begeben sollen, welche die grausame und gottlose Tyrannei des Antichrists aus ihren heimatlichen Sitzen vertrieben hat. Bei Euch hat der Herr seinem Namen ein Haus geweiht, auf dafs er in demselben rein verehrt werde.« Es sei Genfs heiligste und vornehmste Pflicht, diesen doppelten Vorzug und Ruhm zu bewahren. Möge auch die Schar der Gottlosen über diese den zerstreuten Gliedern Christi erwiesenen Liebesdienste ihr höllisches Geschrei erheben, die Engel im Himmel und alle Frommen dieser Erde würden mit Segenssprüchen antworten. Gottes Hilfe und Beistand würde der Stadt nicht fehlen, wenn sie treu ihre Aufgabe erfülle.

Solche Vorstellungen blieben nicht ohne Eindruck. Das materielle Interesse kam dem religiösen Motive zu Hilfe. Es

---

[1] Calvin an Sulzer 7. Aug. 1554, Opp. XV. S. 209. [Vgl. o. S. 183, 228.]

[2] Quatre sermons de M. J. Calvin traictans des matieres fort utiles pour nostre temps. Opp. VIII S. 369 ff.

[3] Ratsprot. 5. Jan. 1553, Ann. S. 532, Opp. XLVII S. IV f.

schmeichelte überdies der Eitelkeit des Magistrates, zu einer so
hervorragenden Rolle berufen zu sein. Dazu kam, daſs die bedeutenden Erfolge, welche Calvin im Laufe des Jahres 1553 über
seine einheimischen Widersacher erfocht, auch seinen Schützlingen
zu gute kamen: hatten sie doch auch redlich zum Siege beigetragen.
So besserte sich ihre Lage mehr und mehr und in gleichem Grade
wuchs ihre Zahl. Calvin fuhr fort, auswärtige Freunde und
Gesinnungsgenossen zur Übersiedelung zu ermahnen [1], mochten
auch seine Gegner darüber spotten und ihm vorwerfen, daſs er
die ganze Welt nach Genf zu ziehen suche [2]. Bereits bildeten die
Refugiés um diese Zeit einen bedeutenden Bruchteil der Bevölkerung.
Nach einem Verzeichnis, das nicht einmal auf Vollständigkeit Anspruch machen darf, wurde blofs während der Jahre 1549—1554
an nicht weniger als 1376 Fremde das Aufenthaltsrecht verliehen —
eine Zahl, welche die Anzahl der gewöhnlich in einem Generalrat
anwesenden Bürger um das Vierfache überstieg [3] — ungerechnet
die zahlreichen, alltäglich ankommenden Pilger und Durchreisenden,
die nur kurze Zeit in der Stadt sich aufhielten [4]. Die neugewählten Syndiks des Jahres 1554, »auserlesene und heiligmäſsige
Männer [5],« wie ein Geistlicher sie nennt, standen ganz auf Calvins
Seite: von ihnen hatten die neuen Einwohner nichts zu befürchten.
Als der Generalkapitän auf Grund der von Bern eingelaufenen,
besorgniserregenden Nachrichten eine Verschärfung der das Jahr
zuvor gegen die Fremden getroffenen Maſsregeln beantragte und
verlangte, daſs ihnen auch der Degen genommen werde, traf der
Rat zwar alle nötigen Vorkehrungen, um einer etwaigen Gefahr

---

[1] Vgl. z. B. die eindringliche Einladung an einen Ungenannten 25. Juli
1553, Opp. XIV S. 579.

[2] Opp. XV S. 443.

[3] *Gaberel* I. 426; *Galiffe*, Quelques pages S. 77, 78; *Bonivard*, Anc. et
nouv. pol. S. 99 meint, daſs schon um die Mitte der 50er Jahre die Zahl der
Fremden gröſser gewesen als die der Eingeborenen. Vgl. a. a. O. S. 86.

[4] »*Interea*«, schreibt Calvin schon 1551, »*hospitibus, qui multi quotidie hac
transeunt vel qui ad nos habitandi causa demigrant, me impendo*«. Opp. XIV
S. 134.

[5] »*Viri lectissimi et sanctissimi*«. Sulzer an Blaurer 9. März 1554;
Opp. XV S. 75. Daſs sie das Lob verdienten, zeigt schon die Thatsache,
daſs sie eine ihnen zugegangene anonyme Flugschrift gegen Calvin sofort diesem
selbst übergaben. Calvin an Sulzer 7. Aug. 1554, Opp. XV S. 209.

zu begegnen, ging aber auf den gestellten Antrag nicht ein [1]. Man
hielt die Gefahr für übertrieben. Die Zeit war vorüber, wo eine
einfache Anzeige Berns genügte, Syndiks und Rat gegen die
»Franzosen« in Bewegung zu setzen. Das Osterfest von 1554 war
durch die grofse Masse der Fremden das glänzendste, das in
Genf noch gefeiert worden. »Unsere Lage ist ziemlich ruhig,«
schrieb Calvin in jenen Tagen seinem Freunde Bullinger, »der
Herr hat endlich gnädig herabgesehen auf seine Herde, die er
sich hier aus verschiedenen Gegenden gesammelt hat [2].«

Schon sah Froment, der alte Molardprediger, der damals
mit der Aufzeichnung seiner Erlebnisse beschäftigt war, in Genf
ein neues Jerusalem entstehen, wohin »aus allen Nationen der
Christenheit« die wahren Gläubigen zusammenströmten, um Gott
im Geist und in der Wahrheit anzubeten. In einer höchst merkwürdigen Ansprache an das »ganze Volk von Genf,« die er im
Herbst 1554 veröffentlichte, lieh er dieser Stimmung einen beredten Ausdruck und suchte zugleich die Vorurteile, die den
Fremden noch bei einem Teile der Bürgerschaft entgegenstanden,
zu beseitigen [3]. Mit warmen Worten schildert er die Vorteile, die
Genf seinen neuen Einwohnern verdanke, wie sie Wohlstand und
Verdienst, Rechtschaffenheit und Gewerbthätigkeit in die Stadt
gebracht hätten, in der früher Pfaffen und Mönche ein träges und
ausgelassenes Leben geführt hätten, wie selbst die alte Plage Genfs,
die Pest, aufgehört habe, seitdem man den verfolgten Gläubigen
eine Zufluchtsstätte gewährt. Aber nicht blofs der äufsere Vorteil,
mehr noch als dieser fordere eine religiöse Pflicht, die Pflicht
des Dankes für die von Gott empfangene höhere Gnade Genf
auf, die um des Evangeliums willen Geflüchteten liebevoll aufzunehmen, die »wie verirrte Schäflein« zur Herde kämen! Denn

---

[1] Ratsprot. 24., 26. Juli 1554. *Roset*, V c. 57 (freilich mit Übertreibungen).

[2] Calvin an Bullinger 28. März 1554, Opp. XV 8. 94.

[3] Deux Epistres preparatives aux histoires et Actes de Genève, com-
posées par A. Froment. A Genève 1554. Das erste Schreiben ist an den
Rat, das zweite wichtigere, welches die oben angeführten Gedanken entwickelt,
»au tout le peuple de Genève tant Citoyens Bourgeois qu'habitans« gerichtet.
Der Druck des gröfseren Werks, auf welches die Epistres vorbereiten sollten,
wurde übrigens durch den Rat untersagt; vgl. Ratsprot. 17. Dez. 1554. Aus
der wohlwollenden Art, wie Perrin und Vandel erwähnt werden, ersieht man,
dafs er auch noch diese für den neuen Zustand zu gewinnen hoffte.

Genfs Bekehrung sei allein Gottes That. Ohne eigenes Verdienst, ja gegen den offenbaren Willen der Mehrzahl seiner Bürger habe Gott Genf zu einem Sitze der reinen evangelischen Lehre gemacht und noch jetzt, wo der Glaube Christi rings umher verfolgt werde, dürfe er hier frei und offen bekannt werden. Man müsse mit Blindheit geschlagen sein, um die Absicht der göttlichen Vorsehung hier zu verkennen: Genf sei unter allen Städten von dem Herrn zu seinem besonderen Eigentum erkoren, es solle in dieser Zeit der Drangsal eine Zufluchtsstätte sein für alle Bedrängten und um ihres Glaubens willen verfolgte Christen, der Hort des wahren Glaubens, das Jerusalem des neuen Bundes, ein neues Sion. Selbst in der Lage Genfs, »in der Mitte der Länder der Christenheit, in der Nähe eines Berges, den man Sion nenne,« findet der Verfasser die providentielle Bestimmung Genfs angedeutet.

Es war das erste Mal und ein bedeutsames Zeichen, daſs solche Worte aus einem andern Munde als dem Calvins kamen. Zwar hatte Froments Stimme nicht mehr das Gewicht wie ehedem; durch ein unstätes und wenig erbauliches Leben war er tief von seiner ehemaligen Höhe herabgesunken, aber es muſste doch immer einen mächtigen Eindruck machen, daſs der Mann, welcher vor 22 Jahren zuerst öffentlich in Genf das reine Evangelium gepredigt, nun so entschieden und mit einer wirklichen Begeisterung, wie man sie seit jenen Tagen bei ihm nicht mehr gefunden, sich zum Verteidiger der »Fremden« aufwarf.

So erschienen die eingewanderten Neugenfer schon nicht mehr als die armen geduldeten Flüchtlinge, sondern als vollberechtigte, von Gott selbst hergesandte Einwohner der Stadt, die vor allem die Pflicht hatte, ihnen eine wohnliche Stätte zu bereiten. Ihre äuſsere Haltung lieſs die Wirkung solcher Kundgebungen bald erkennen.

In demselben Grade aber, in welchem die Refugiés an Zahl, Geltung und Ansehen stiegen, wuchs die Macht ihres Schutzherrn und Oberhauptes. Gestützt auf das tagtäglich wachsende, ihm treu ergebene neue Genf der Emigranten konnte Calvin dem noch widerstrebenden Teile des alten kühn die Stirn bieten und seinem Willen Geltung verschaffen. Schon jene energische Haltung Genfs gegen Bern in den waadtländischen Streitigkeiten war zum guten Teil dem steigenden Einfluſs der Emigrantenkreise zuzuschreiben. Unmöglich konnte der Magistrat sich auf die Dauer dem Einfluſs

von Männern entziehen, die ihm an Bildung wie an äufserem
Rang weit überlegen waren, und der Gegensatz, in dem er seit
dem Anfang 1554 gegen die streng altgenferische Partei stand,
brachte ihn von selbst dahin, in den neuen Genfern eine Stütze
zu suchen. So wurde Calvin mehr und mehr Herr der Lage.
Von Calvin selbst wurden die Instruktionen und Beschwerden abgefafst, die nach Bern gingen. Mochten auch die Freunde des
Generalkapitäns mit den Zähnen knirschen und von Zeit zu
Zeit in tumultuarischen Auftritten noch ihrem Unwillen Luft
machen [1], den Gang der Ereignisse schienen sie nicht mehr aufhalten zu können. Das Consistorium schritt gegen Unordnungen
mit zunehmender Strenge ein und wenn die Autorität der Ältesten
nicht ausreichte, kam in den meisten Fällen der weltliche Arm
des Magistrats zu Hilfe. Es begann sich ein engeres und freundschaftliches Verhältnis zwischen Rat und Consistorium zu bilden.

Wie sehr Calvins Macht bereits zu Anfang des Jahres 1555
gestiegen war, zeigt mehr als alles andere der Umstand, dafs es
ihm damals gelang, die förmliche Anerkennung eines Rechtes
durchzusetzen, um das er so manches Jahr vergeblich gestritten:
die Anerkennung des geistlichen Exkommunikationsrechts.

Durch die das Jahr zuvor darüber gefafsten Beschlüsse war
der Streit mehr beigelegt als entschieden worden. Berthelier hatte
sich bei den Anordnungen des Kleinen und Grofsen Rates nicht
beruhigt, sondern seine Opposition fortgesetzt. Er weigerte sich
nach wie vor, dem Consistorium Gehorsam zu leisten, und fuhr
fort, das höhere Recht des Rates zu behaupten. Als der Rat infolge davon auf Bericht des Consistoriums zu wiederholten Malen
sogar mit Gefängnisstrafen gegen ihn einschritt und ihn zuletzt in
Gegenwart der gleichfalls vorgeladenen Ältesten feierlich zur Rede
stellte, warf der halsstarrige Mann den Herren der Stadt offen
Vernachlässigung ihrer eigenen Rechte vor: unter dem Vorwande
der Exkommunikation suche das Consistorium nur seine Gegner
aus dem Wege zu räumen und die Herrschaft an sich zu reifsen;
der Rat möge auf seiner Hut sein und sich das Schwert, das ihm
gebühre, nicht aus den Händen winden lassen [2]. Calvin fand die

[1] Ratsprot. 10. Jan. 1555. *Roset* V c. 58, 60. Vgl. *Henry* III, 370.
[*Roget* IV S. 194.]
[2] Ratsprot. 30. April, 6. Juli, 6., 13. Sept. 1554. Consistorialprot.
22. Febr., 9. Aug. 1554. *Roset* V c. 58. [Vgl. *Roget* IV S. 162 ff.]

Fortdauer eines solchen Zustandes unerträglich; er war es müde, sein gutes Recht, das auch von zwei der um ihre Ansicht befragten Kirchen gebilligt worden wàr, noch länger in Frage gestellt zu sehen, und drang darauf, dafs nunmehr eine klare und bündige Entscheidung getroffen werde. So wurde endlich im Oktober 1554 eine Kommission niedergesetzt, um die Frage nochmals ernstlich zu prüfen und endlich zum Austrage zu bringen [1].

Längere Zeit kamen die gewählten Vertrauensmänner mit ihren Beratungen nicht recht von der Stelle. Es zeigte sich, dafs selbst in calvinischen Kreisen noch Bedenken gegen das unbedingte Exkommunikationsrecht des Consistoriums herrschten. Zwei Ansichten, erzählt der Chronist, standen einander gegenüber. Die Einen meinten, es sei doch bedenklich, dafs es in der Republik einen Gerichtshof gebe, dessen Beschlüsse der Rat nicht prüfen dürfe; es sei nötig, dafs der Staat überall die höchste Gewalt und Aufsicht behalte, um die so teuer erkaufte Freiheit bewahren zu können. Sie erinnerten an das Beispiel des Papsttums, welches unter dem Vorwande der geistlichen Gerichtsbarkeit alle Freiheit unterdrückt habe. Die Andern dagegen wiesen auf den Befehl des Heilandes hin, der den Aposteln die Gewalt gegeben habe, zu binden und zu lösen, das Wort Gottes und die Sakramente zu verwalten. Die bürgerliche Obrigkeit dürfe so wenig in dieses Gebiet eingreifen, wie die Diener der Kirche in die weltliche Verwaltung und Gerichtsbarkeit. Wie die Geistlichkeit selbst der bürgerlichen Gewalt unterworfen sei, so hätten auch die Grofsen der Welt unter das Wort und die Herrschaft Jesu Christi sich zu beugen. Der Unterschied der beiden Ämter sei von jeher in der Kirche festgehalten worden; so habe im alten Bunde Aaron geopfert, nicht David, und diejenigen, welche diese Ordnung umzustofsen gesucht hätten, seien mit schweren Strafen von dem Herrn gezüchtigt worden. Gegen Mifsbrauch sei man durch die städtische Gesetzgebung hinlänglich geschützt: jede Freiheit aufserhalb Christus sei nur Sklaverei [2].

---

[1] *»Quum nobis molestum esset«*, sagt er selbst, *»assidue fluctuari, tandem ausi sumus eos lacessere, ut certi aliquid decernerent«.* Calvin an Bullinger 15. Juni 1555; Opp. XV S. 678. Ratsprot. 25. Okt. 1554, Ann. S. 588. [*Roget* IV S. 186 ff.]

[2] *Roset* V c. 61. Dafs übrigens bei diesen Ausführungen, die offenbar von Calvin selbst herrühren, der Gedanke der Trennung und Selbständigkeit

Den Sieg trug letztere Ansicht davon. Nachdem beide Meinungen noch einmal öffentlich gehört worden, entschieden Kleiner und Grofser Rat im Januar 1555 mit Stimmenmehrheit, dafs die Ordonnanzen, wie sie bisher gehandhabt worden, ihre Giltigkeit behalten und alle Angriffe auf dieselben in Zukunft aufhören sollten [1]. Ein bedeutender Erfolg lag in dieser Entscheidung. »Endlich,« schrieb der Sieger frohlockend nach Zürich, »nach langen Kämpfen ist uns das Exkommunikationsrecht bestätigt worden [2].« Er hatte endlich das Ziel erreicht, auf das er so lange losgesteuert, in dem allein er eine sichere Bürgschaft erblickte für die vollständige Durchführung und den Bestand der von ihm in Genf hergestellten neuen Ordnung. Die Autorität seines Lieblingsinstituts war fest gegründet.

Und einen noch glänzenderen Triumph feierte Calvin einige Tage später bei den allgemeinen Wahlen. Vier entschiedene Calvinisten wurden zu Syndiks gewählt: Jean Lambert, einer der Vertrauten des Reformators und als eifriger Beschützer der Refugiés längst bekannt, erhielt den Vorsitz [3]. In gleichem Sinne wurde dann auch der Rat umgebildet: gerade das von Berthelier vor zwei Jahren vorgeschlagene Gesetz über das Ausscheiden eines Teiles seiner Mitglieder kam jetzt der calvinischen Partei trefflich zu statten. Sogar auch auf den Grofsen Rat wurde dieses Läuterungsverfahren ausgedehnt. Mehr als dreifsig Mitglieder, die zu Perrins Partei zählten, wurden ausgestofsen und durch Anhänger

---

beider Gewalten scharf betont wird, die weder in dem thatsächlichen Zustande, noch auch in dem eigentlichen System Calvins, nach dem vielmehr der Staat ganz die Ideen der Kirche in sich aufnehmen soll, eine Rechtfertigung fand, wird durch den hier zu erreichenden praktischen Zweck erklärlich.

[1] Ratsprot. 22., 24. Jan. 1555, Ann. S. 593. *Roset* V c. 61   Opp. XV S. 678: »*Suffragiis fuimus superiores*«. [*Roget* IV S. 187 ff.]

[2] »*Tandem post longa certamina ius excommunicationis nobis confirmatum*«. Calvin an Bullinger 24. Febr. 1555, Opp. XV S. 449.

[3] Ratsprot. 3. Febr. 1555. Die Neugewählten waren J. Lambert, H. Aubert, P. Bonna, P. J. Jesse. »*Syndici ex voto nostro*« nennt sie Calvin in dem Schreiben an Bullinger vom 24. Febr. 1555, Opp. XV S. 449. Wenn er in einem andern Schreiben (ebd. S. 678) das Resultat auf eine inopinata conversio zurückführt, so scheint doch, dafs die Bemühungen seiner Partei darauf nicht ohne Einflufs gewesen sind und dafs die Wahl nicht ganz in den gehörigen Formen vor sich ging. Vgl. Quelques pages S. 103. Über die ungünstigen Gerüchte, die über die Motive Lamberts in Umlauf waren, vgl. *Bolsec* S. 90. Not. généal. III, 546.

der Gegenpartei, »rechtschaffene und gottesfürchtige Männer«, ersetzt. Man habe, erzählt der calvinische Chronist, vornehmlich junge Männer gewählt, die aber den Mangel des Alters durch Reife des Verstandes ersetzt hätten, nämlich solche, die nicht mehr in der gottlosen alten Zeit geboren und erzogen seien, sondern kurz vor der Ankunft des Evangeliums das Licht der Welt erblickt und von Jugend auf eine gute Bildung empfangen hätten [1]. Calvin und seine Freunde hatten sich längst überzeugt, dafs die »Alten«, deren Jugendzeit dem Kampfe für Genfs Unabhängigkeit angehörte, nie eine sichere Stütze für das neue calvinische Staatswesen abgeben würden. Die Niederlage der altgenferisch - perrinistischen Partei war so vollständig, dafs der Generalkapitän es ablehnte, in den Ratsversammlungen, in denen er keinen seiner alten Freunde mehr fand, noch fernerhin zu erscheinen. Die Summe der Gewalt lag seitdem in Calvins Händen [2].

Die Folgen dieses Wechsels machten sich schon in der nächsten Zeit fühlbar. Die neuen Machthaber entfalteten einen ungewöhnlichen Eifer und machten einen rücksichtslosen Gebrauch von der Macht, die sie in Händen hatten. Unzuverlässige Unterbeamte wurden aus ihren Stellen entfernt, gegen die Ausschweifungen und Widersetzlichkeiten der Gesinnungsgenossen Bertheliers, die der neuen Ordnung trotzen zu können meinten, mit unerbittlicher Strenge, mit Gefängnis und öffentlicher Kirchenbufse eingeschritten, dagegen die Emigranten mit noch gröfserem Nachdruck in Schutz genommen, Beleidigungen derselben sogar mit der Exkommunikation gestraft und selbst Handlungen, für die durch die vorigjährige Amnestie Vergessenheit angekündigt worden, jetzt vielfach hervorgesucht und geahndet [3]. Es war bald offenbar, dafs die Partei mit allen Mitteln darauf hinarbeitete, dieses Mal ihre Herrschaft dauernd und fest zu begründen.

---

[1] *Bonivard*, Anc. et nouv. pol. S. 97, 98. Es geschah also nicht mit Recht, wenn Calvin in dem erwähnten Schreiben an Bullinger (Opp. XV S. 678) dem früheren Rat vorwirft, er habe aus *clamosi iuvenes* bestanden. Er selbst zog im allgemeinen ältere Männer vor, »*qui experientii et gravitate plus valent*«, hielt aber auch unter Umständen die Wahl von jüngeren für gerechtfertigt. Vgl. Conciones in librum Jobi Opp. XXXV S. 20 f.

[2] *Bonivard*, Anc. et nouv. pol. S. 98. *Folsec* S. 90, 91.

[3] Ratsprot. 12., 14., 18., 19. Febr., 3., 6. Mai 1555. Consistorialprot. 21. März, 11. April 1555. *Kosel* V c. 66. Quelques pages S. 104.

Kampschulte, J. Calvin II.   17

Um dieses Ziel aber zu erreichen, mußte sie noch weiter gehen; und sie entschloß sich dazu.   Die Zeit schien gekommen, auch das Größte zu wagen.

V.

VERNICHTUNG DER OPPOSITIONSPARTEI.

Es lag in der Natur der Sache selbst, daß die siegreiche Partei sich bei den letzten Erfolgen nicht beruhigen konnte.

Befanden sich Calvin und seine Freunde nach den letzten Erfolgen auch vollständig im Besitze der öffentlichen Gewalt, so fehlte es doch an jeder Bürgschaft dafür, daß ihnen dieselbe für die Zukunft verbleiben würde.   Schon die nächsten öffentlichen Wahlen konnten die Majorität in eine Minorität umwandeln und die gestürzten Gegner in die Ratskollegien zurückführen, wie die jetzt herrschende Partei dies bereits im Laufe der vierziger Jahre erfahren.   Der Sinn der alten Genfer war leicht und wandelbar. Zwar im Augenblicke hatten sie in der Mehrzahl für Calvin Partei ergriffen, aber niemand wußte besser als dieser selbst, wie wenig er auf ihre dauernde Zuneigung rechnen durfte.   »Sie sind mir und ich bin ihnen unerträglich,« hatte er 1540 einem Freunde geschrieben, der ihn dringend zur Rückkehr nach Genf ermahnte[1]; die Erfahrungen der seitdem verflossenen 15 Jahre hatte ihn in dieser Überzeugung noch befestigt.   In dem »alten Genf« fand das calvinische System niemals eine feste zuverlässige Stütze[2].

Eine solche konnte nur das »neue Genf«, die französische Emigration bieten, und die Machthaber entschlossen sich, um ihrem Siege Dauer und Bestand für die Zukunft zu geben, den Schwerpunkt des öffentlichen Lebens nunmehr dauernd in diese zu verlegen.

Schon bildeten die »Fremden« um diese Zeit beinahe die Hälfte der Bevölkerung von Genf, aber in der Bürgerschaft waren sie

---

[1] Calvin an Farel 21. Okt. 1540, Opp. XI S. 91.

[2] Es ist bezeichnend, daß die aufrichtigen Anhänger, die Calvin in der Bürgerschaft besaß, durchweg in der Zeit der Freiheitskämpfe gar nicht hervorgetreten waren oder gar der mameluckischen Partei angehört hatten. Vgl. Quelque pages S. 114.

bis dahin nur in verhältnismäfsig geringer Zahl vertreten. Weitaus
die meisten begnügten sich, wie Calvin selbst, mit der Stellung
eines einfachen Einwohners (Habitant): sie genossen keine politischen Rechte, waren von dem Generalrat und der Teilnahme
an den öffentlichen Wahlen ausgeschlossen und sogar gesetzlich
des Rechtes, Waffen zu tragen, beraubt, obschon die 1553 erlassene
Verordnung in der letzten Zeit nicht mehr mit dem früheren Nachdruck gehandhabt wurde. Die Zeiten des vorwaltenden Einflusses
Perrins waren der Aufnahme neuer Bürger nicht günstig gewesen,
und ihrerseits scheinen die Emigranten selbst auf den Besitz des
Genfer Bürgerrechts, dessen Erwerbung überdies mit Kosten verknüpft war, kein so grofses Gewicht gelegt zu haben. Nur etwa
fünfhundert mögen seit dem Siege der Reformation in Genf als
Bürger aufgenommen sein [1], eine im Verhältnis zur Gröfse der
Stadt freilich nicht unerhebliche Anzahl, aber nicht hinreichend,
um auch im Verein mit den zuverlässigen Elementen aus der
alten Bürgerschaft eine feste calvinische Majorität herzustellen.
Ihre Zahl mufste also vermehrt werden, und die gegenwärtigen
Machthaber trugen kein Bedenken, ihre Freunde und Schützlinge
von der Emigration selbst zu veranlassen, bei dem Rate um Verleihung des Bürgerrechtes einzukommen. Bald liefen zahlreiche
Gesuche ein, und schon im Laufe des April empfing Genf einen
stattlichen Zuwachs an stimmberechtigten neuen Bürgern [2].

Der Plan war so fein angelegt und wurde so geschickt zur
Ausführung gebracht, dafs selbst Perrin und Vandel ihn nicht
sofort durchschauten. Sie erklärten sich mit den ersten Bürger-
rechtsverleihungen einverstanden und meinten, man gewinne dadurch Geld zur Abtragung der städtischen Schulden [3]. Erst als
die Gesuche und Bewilligungen sich auffallend häuften, ging ihnen

---

[1] Quelq. pages S. 78.

[2] Dafs das Ganze von dem Rat selbst ausgegangen und lediglich den
Zweck hatte, gegen die altgenferische Partei eine bleibende Stimmenmehrheit
zu gewinnen, sagen nicht nur Calvin (»*Senatus optimum remedium eorum libidini opponere statuit. Ex hospitibus Gallis ... quosdam adoptavit*«. Opp. XV
S. 678, 679) und *Bonivard* S. 98, 99, sondern auch der Rat selbst gesteht es zu im offiziellen Bericht an Zürich und Basel. Vgl. *Gaberel* I Pièces
just. S. 136.

[3] Ratsprot. 2. Mai 1555. Man wollte das Geld zusammenlegen »*pour
se debasler*,« d. h. um die Basler Schulden abzutragen. Anc. et nouv. pol.
S. 99.

ein Licht auf. Sie erkannten, sagt der Chronist, dafs es auf die
feste Begründung des Reiches Gottes und die Vernichtung des
ihrigen abgesehen war, und suchten nun den Plan des Rates zu
durchkreuzen, indem sie den Antrag stellten, die neuen Bürger
von dem Rechte, Waffen zu tragen, auszuschliefsen und sie erst
nach zehn Jahren zur Teilnahme am Generalrat zuzulassen[1].
Doch umsonst: in gewandter Rede nahm der erste Syndik,
Lambert, das Recht der neuen Bürger in Schutz und wies mit
scharfen, nicht ganz grundlosen Bemerkungen über die eigene
Vergangenheit der Bittsteller — auch des Hochverratsprozesses von
1547 wurde wieder gedacht — den Antrag zurück[2]. Die Gesuche um Aufnahme in das Bürgerrecht dauerten fort und wurden
fast ausnahmslos — einige sogar unentgeltlich — bewilligt. Fast
jede Ratssitzung vermehrte das Verzeichnis der Bürger um einige
neue Namen[3]. Innerhalb weniger Wochen erhielt Genf mehr als
fünfzig neue stimmberechtigte Bürger, alle ohne Ausnahme von
französischer Abkunft und feurige Anhänger des Reformators.

Das ungewöhnliche und rücksichtslose Verfahren des Rates
erregte indes bald auch in weiteren Kreisen Anstofs. Während
Perrin und Vandel schon von offenbarem Verrat der Stadt an die
Franzosen sprachen, fanden Männer von ruhigerem und un-
befangenerem Urteil den Weg, welchen die Behörde wandelte,
wenigstens bedenklich, und insbesondere rief der Umstand, dafs
die Neuaufgenommenen alle Unterthanen der Krone Frankreich
waren, Besorgnis hervor. Sogar im Kleinen Rat selbst liefsen sich
am 6. Mai Stimmen vernehmen, welche die weitern Gesuche auch
dem Grofsen Rat vorgelegt wissen wollten, zumal da noch ein
früherer Beschlufs desselben existierte, wonach der weitern Aufnahme neuer Bürger vorläufig Einhalt gethan wurde. Je deutlicher
die Absicht des Rates hervortrat, um so gröfser wurde die Aufregung. Der greise Justizlieutenant Hudriot du Molard, einer der
geflüchteten Patrioten des Jahres 1526, die das Burgrecht mit
Bern und Freiburg zustande gebracht, ein Mann, der nicht den
extremen Parteien angehörte, machte sich endlich zum Organ der

---

[1] *Bonivard*, Anc. et nouv. pol. S. 99, 100; *Roset* V c. 67.

[2] Anc. et nouv. pol. S. 100 f., wo die Rede mitgeteilt wird.

[3] Am 19. April wurden 3, 8 am 21, 13 am 25, 7 am 2. Mai, 15 am
9. Mai aufgenommen. [*Roget* IV S. 231, 233.]

Unzufriedenen. Am 13. Mai erschien er in Begleitung seiner Assistenten vor dem Rat, um demselben Vorstellungen zu machen. Eine bedenkliche Gärung und Unruhe, erklärte er, herrsche in einem grofsen Teile der Stadt, man klage, dafs so viele Fremde von einer und derselben Nation zu Bürgern gemacht würden; der Rat möge Rücksicht darauf nehmen und die Angelegenheit vor den Grofsen Rat bringen, — wo nicht, so werde nötigenfalls der Generalrat zusammentreten. Die Vorstellung machte keinen Eindruck. Man werde trotzdem fortfahren, neue Bürger zu machen, lautete die Antwort der Fünfundzwanzig, und die gleichzeitig beschlossenen Rüstungen zeigten, dafs es mit dieser Drohung Ernst war. Am andern Tage suchte der Lieutenant, dieses Mal von zahlreichen Bürgern vor das Rathaus geleitet, eine zweite Audienz nach und bat noch eindringlicher, man möge von weiteren Aufnahmen französischer Emigranten in die Bürgerschaft ohne Einwilligung des Grofsen Rates abstehen. Eine neue Ablehnung in scharfen Worten war die Antwort. Auch eine dritte Vorstellung, welche Hudriot du Molard zwei Tage später versuchte, blieb fruchtlos; man sprach von Empörern und Aufwieglern und drohte mit Untersuchung; nur die Einberufung des Grofsen Rates wurde jetzt beschlossen, aber offenbar mehr in der Absicht, ihn gegen die empörerischen Bittsteller einschreiten zu lassen, als um ihre Bitte zu erfüllen [1].

Das war mehr, als sich das »alte Genf« bieten liefs! Wie schwere Verluste und Niederlagen die Partei in der letzten Zeit auch erlitten haben mochte, so tief glaubten die Söhne der Levrier, Berthelier, Bezanson doch noch nicht gesunken zu sein, dafs sie eine Sprache und Behandlung wie diese widerspruchslos hinzunehmen hätten. Der republikanische Stolz war auf das tiefste verletzt. Schon nach dem ersten abschlägigen trotzigen Bescheid machte sich der Unwille in lauten Zornesausbrüchen Luft. Die nächsten Tage steigerten die Aufregung und Erbitterung. Man hörte überdies von bedeutenden Waffenvorräten, welche die Machthaber von aufsen hätten kommen lassen, um sie an die Fremden zu verteilen. Es erfolgten Zusammenrottungen und lärmende Kundgebungen. Die Brüder Berthelier mischten sich unter die

---

[1] Ratsprot. 13., 14., 16. Mai 1555; *Roset* V c. 67. Anc. et nouv. pol. S. 102, 103. Quelques pages S. 102, 103. [*Roget* IV S. 238 ff.]

Menge nnd regten sie durch hitzige Reden auf. Der Generalkapitän und sein Freund Vandel sprachen von der Notwendigkeit,
die alte Freiheit und die göttliche Ehre gegen die fremden Eindringlinge und deren Gönner zu verteidigen. Sogar in der alten
Schützengesellschaft, die in den letzten Zeiten kaum noch ein
Lebenszeichen von sich gegeben, regte sich ein unruhiger Geist.
Es wäre ein Wunder gewesen, wenn es bei dieser heftigen Bewegung der Gemüter nicht noch einmal zu einem Zusammenstofs
der beiden Parteien gekommen wäre. Nicht ohne bange Besorgnis sah Calvin dem bevorstehenden neuen Kampfe entgegen, er
traute dem Rate doch nicht die ganze Entschiedenheit zu, die er
für nötig hielt. Dringend bat er am 15. Mai seinen Freund Farel,
seiner im Gebete in diesen Tagen zu gedenken[1]. Allein des Ge-
betes bedurfte es dieses Mal nicht. Der Rat, fest und entschieden,
hatte in voller Würdigung des Ernstes der Lage nichts unterlassen,
um für alle Fälle gerüstet zu sein. Er gebot über Waffen und
zuverlässige Mannschaften. Er verdoppelte die Wachtposten. So
harrte er ruhig, ja, wie es scheint, fast sehnsüchtig der Dinge, die
da kommen sollten, überzeugt, dafs sie den Gegnern selbst verderblich werden würden.

Schon am andern Tage stiefsen die Parteien feindlich zusammen. Durch die nochmalige stolze Zurückweisung, welche der
Lieutenant an diesem Tage von dem versammelten Rate erfuhr,
hatte die Aufregung den höchsten Grad erreicht. Ein Streit,
welcher zwischen zwei eifrig patriotischen Bürgern, zwei Brüdern
mit Namen Comparet, und einigen bewaffneten Franzosen nach
eingetretener Dunkelheit auf der Strafse ausbrach, wurde das
Signal. Beide Teile erhielten alsbald Verstärkungen. Die Strafsen
füllten sich mit wildem Lärm. Man sah gezückte Schwerter,
Steine flogen hinüber und herüber. Mit dem Rufe »Verrat«, »die
Franzosen wollen die Stadt plündern«, eilten die Patrioten, als sie
der umfassenden Gegenvorkehrungen des Rates inne wurden, zu
den Wohnungen der ihrigen, um weitere Hilfe zu holen. Einige
setzten sich gegen das Stadthaus in Bewegung, wo bereits der

---

[1] Calvin an Farel 15. Mai 1555, Opp. XV S. 617. Ratsprot. 13.,
16. Mai 1555. Anc. et nouv. pol. S. 103. *Roset* V c. 68; *Bolsec* S. 91, 92
Quelques pages S. 105. Nur aus der Vergleichung der einander wider-
sprechenden Berichte läfst sich ein annähernd richtiges Bild jener Vorgänge
gewinnen. [*Roget* IV S. 234 ff., 245 ff.]

Rat zu einer nächtlichen Sitzung versammelt war[1]. Andere zogen
unter dem Rufe »Für Gott und Genf«, »Tod den Franzosen« vor
die Wohnung des verhaßtesten Emigrantenfreundes, des jüngeren
Baudichon, bei dem einige fünfzig bewaffnete Franzosen versammelt
waren[2]. Allein die Vorkehrungen des Rates erwiesen sich als
genügend. Es war ein trostloses Beginnen, ohne Plan und Ziel,
ohne Vorbereitung und Überlegung, sogar ohne Führer, blofs von
der augenblicklichen Erregung eingegeben. Nicht einmal bei der
eigenen Partei fand man allgemeine Unterstützung. Den Führern
selbst, wie sehr sie auch durch bedachtlose, hitzige Reden die
Aufregung gefördert zu haben scheinen, kam das Ereignis offenbar in diesem Augenblick unerwartet, ja ungelegen. Perrin leistete
sogar dem zur Herstellung der Ordnung mit dem Stabe herbei-
eilenden Syndik Aubert wirksame Hilfe, ohne freilich die tiefe
Abneigung und Verachtung, welche er selbst gegen den Friedensstifter empfand, ganz unterdrücken zu können, und auch Vandel,
der Bezirksvorsteher des oberen Stadtteiles war, erfüllte in dieser
Eigenschaft in loyaler Weise seine Pflicht und gab sich Mühe, die
Gemüter zu beruhigen[3]. So nahm der Tumult ein rasches Ende;
zwei Verwundungen, je eine auf jeder Seite, bildeten den ganzen
Schaden, der angerichtet worden[4]. Die beiden Comparet, die
ersten Unruhstifter, wurden eingekerkert — es waren sogar zwei
Parteigenossen Perrins, die ihre Verhaftung vornahmen — und
nach wenigen Stunden gewährte Genf wieder das Bild einer vollkommen friedlichen Stadt. Beide Teile begaben sich zur Ruhe:
niemand ahnte, dafs in dieser Nacht in den Geschicken Genfs
eine entscheidende Wendung eingetreten sei[5]. Und dennoch war
dies der Fall.

---

[1] [Vgl. *Roget* IV S. 255.]
[2] [Vgl. *Roget* IV S. 259.]
[3] [Vgl. *Roget* IV S. 256.]
[4] [Vgl. *Roget* IV S. 249 n. 1.]
[5] Die Darstellungen dieser Vorfälle von *Roset* V c. 68, 69 (vgl. über ihn
Quelq. pages S. 111), *Bonivard* l. c. S. 105 ff. und Calvin in den drei Briefen
an Bullinger vom 5. Juni, 15. Juli und Mitte Oktober (Opp. XV S. 640 f.,
676 ff., 829 ff.), sowie auch die spätere offizielle Darstellung des Rates (*Gaberel* I,
Pièces just. S. 135 ff.), die alle in dem Tumult eine lange vorbereitete Verschwörung Perrins und Vandels sehen, lassen sich, wie schon *Galiffe*, Quelques
pages S. 104 ff. nachgewiesen hat, mit der einzigen zuverlässigen Quelle, den
Ratsprotokollen, nicht in Einklang bringen. Nicht einmal das Datum wird

Für die Machthaber hätte nichts Erwünschteres eintreten können, als es durch den Vorgang des 16. Mai geschah. Die Opposition hatte sich zu offenbar ungesetzlichen Handlungen fortreifsen lassen, sie hatte auf gewaltsame Weise die öffentliche Ordnung gestört: es war ein Vorwand gegeben, mit aller Strenge gegen sie einzuschreiten. Eine Untersuchung wurde sofort angeordnet und nahm sogleich am andern Tage ihren Anfang. Doch überstürzte man sich nicht. Vielmehr lassen die ersten Mafsnahmen noch ein Schwanken und Zögern, eine gewisse Unschlüssigkeit und Scheu erkennen: man war sichtlich noch nicht im klaren darüber, wie weit man gehen dürfe, und scheute die Verantwortung. Der Tumult war doch an sich unerheblich und ohne jegliche Folgen geblieben [1]: ähnliche Vorgänge hatte man in Genf zu häufig erlebt und bald wieder vergessen. So beschränkte man sich zunächst darauf, umfassende Zeugenverhöre vorzunehmen und drei Tage später ein Verbot aller öffentlichen Versammlungen zu erlassen, und endlich am 23. Mai zwei weitere Verhaftungen vorzunehmen. Die Führer der Opposition, Perrin und Vandel, blieben unbehelligt in ihren Ämtern, und so wenig glaubten ihre Freunde in den ersten Tagen an eine ernste Gefahr für sich, dafs

---

von Bonivard richtig angegeben! Wäre es richtig, was jene über die Offenheit, womit die Vorbereitungen zum Aufstand betrieben worden seien, über das Auftreten und die Reden Perrins und Vandels mitteilen, so wäre das Benehmen des Rats, der notorische Hochverräter Wochen lang frei umhergehen liefs und später, um für ihre Schuld Beweise zu erhalten, zu peinlichem Verhör seine]Zuflucht nahm, völlig unbegreiflich, noch unbegreiflicher als dafs die Schuldigen nicht sofort nach dem Mifslingen der Bewegung sich flüchteten. Dagegen kann ich mich auch der Ansicht *Galiffes* (S. 104), der in dem Ganzen einen Coup d'état der calvinischen Partei erblickt — ähnlich äufsert sich schon *Bolsec* S. 91 — nicht anschliefsen. Der Tumult war, wenn auch vom Magistrat vorgesehen, doch von der Oppositionspartei ausgegangen; wie schon die widerspruchslose Verhaftung der beiden Comparets zeigt. Die horrenda coniuratio, die *Beza*, Opp. Calv. XXI S. 150 (vgl. *Colladon* S. 79) aus dem Vorgang macht, oder gar der ungeheuerliche Plan, alle Refugiés und ihre Gönner zu ermorden, den spätere entdeckt haben (vgl. *Ruchat-Vulliemin* VI, 137) gehören allerdings in den Bereich der calvinischen Dichtung. [Vgl. *Roget* IV S. 245, 247, 263 ff.; *Choisy* S. 174 ff., bes. S. 183.]

[1] Calvin und Roset erklären den leichten Verlauf und die völlige Erfolglosigkeit der nach ihnen so gefährlichen und so lange vorbereiteten Verschwörung durch Annahme eines göttlichen Wunders.

sie bei dem Rate sogar mit Beschuldigungen gegen die gegnerische Partei auftraten und die Verhafteten ihre Freilassung verlangten[1].

Erst nachdem acht Tage verstrichen, gab der Rat diese zögernde Haltung auf und ging zum offenen Angriff über. Die Unentschlossenheit war geschwunden, die Bedenken überwunden, die Vorbereitungen getroffen, die Anklage hatte eine bestimmte Gestalt angenommen. Der Gegner sollte vernichtet und dadurch in Genf für immer Ruhe hergestellt werden. Nicht um die Bestrafung eines nächtlichen Tumultes handelte es sich: aus den Vorgängen des 16. Mai war in jenen acht Tagen ein hochverräterisches Komplott geworden, eine schon seit längerer Zeit von den Häuptern der Partei selbst angezettelte »schreckliche Verschwörung«, die nur mit besonderer Hilfe der göttlichen Gnade durch den wachsamen Rat vereitelt worden war[2].

Nachdem bereits am 23. Mai gegen zwei namhafte Mitglieder der perinistischen Partei, Sept und Ferna, ein Haftbefehl erlassen worden war, richtete sich am folgenden Tage in einer Sitzung des Kleinen Rates der Angriff gegen den Generalkapitän selbst. Man warf ihm vor, er habe in jener verhängnisvollen Nacht bei seinen angeblichen Friedensbemühungen den Stab des Syndiks Aubert unehrerbietig angetastet, ja sich dieses Zeichens der höchsten Würde geradezu zu bemächtigen gesucht, also eine unzweifelhaft hochverräterische Absicht an den Tag gelegt[3]. Perrin, der noch selbst im Rat anwesend war, widersprach mit Lebhaftigkeit und nannte die Ankläger falsche, gewissenlose, verräterische Leute. In der Sitzung des Grofsen Rates, welcher noch an demselben Tage zusammentrat, um in der Sache zu erkennen, suchte er vielmehr die Aufmerksamkeit auf den Grund und die Ursache aller Unzufriedenheit in den letzten Tagen auf die Emigrantenfrage zurückzulenken. Perrin verstand zu sprechen. Die ernsten Worte, mit denen er den Rat auf das Gefährliche und Bedenkliche seiner Handlungsweise in der Emigrantenfrage hinwies und ihn im Namen Gottes und des Vaterlandes beschwor, die Verfolgung von Männern

---

[1] Ratsprot. 16., 17., 19., 21. Mai 1555. Anc. et nouv. pol. S. 109. Calvin an Bullinger 15. Juli 1555, Opp. XV S. 682. Quelq. pag. S. 106.

[2] Vgl. *Beza* S. 150.

[3] Über die Thatsache vgl. *Bonivard* l. c. S. 107, 108. Quelq. pages S. 106. Calvin (Opp. XV S. 641) macht daraus eine solche Gewaltthat, »*ut ab ultima memoria tale editum exemplum non fuerit*«.

aufzugeben, die sich um das Vaterland verdient gemacht und bei
ihrer Opposition gegen die Aufnahme so vieler neuen Bürger von
»einer Nation« nur die Aufrechthaltung früher erlassener Verordnungen im Auge gehabt hätten, machte auf einzelne noch Eindruck.
Allein die Mehrzahl war für seine Vorstellungen taub. Nachdem
er geendet, erhob sich der erste Syndik und trug eine seltsamer-
weise niedergeschriebene lange und citatenreiche Rede vor —
schwerlich war sie aus seiner Feder geflossen — welche den förmlichen Klageantrag enthielt. Perrin, der nun plötzlich die Gefahr
erkannte, entfernte sich, ohne den Schluß der Beratungen, während
welcher er abtreten mußte, abzuwarten, die dann wirklich damit
endete, daß er in den Anklagestand versetzt und seine Verhaftung
beschlossen wurde. Noch an demselben Tage verließ er die Stadt
und das Genfer Gebiet. Vier seiner Parteigenossen, die sein
Schicksal teilen sollten, folgten seinem Beispiel und flüchteten sich
gleichfalls auf das benachbarte bernische Gebiet[1].

Damit aber erhielt die Partei des Rates vollkommen ge-
wonnenes Spiel. Perrins und der übrigen Angeklagten Flucht
schien ihre Schuld zu beweisen und schlug ihre ganze Partei zu
Boden. Die Zweihundert traten jetzt vollständig auf die Seite der
Fünfundzwanzig: sie sprachen ihnen in einer neuen Sitzung das
Recht zu, »Bürger zu machen nach eigenem Ermessen«, und erklärten sich mit großer Entschiedenheit für ein strenges Verfahren[2].
Nach außen, nach Lausanne, Bern, Zürich wurden gleichzeitig
durch Calvin und seine Freunde die übertriebensten Nachrichten
über den Vorgang des 16. Mai und die schreckliche Verschwörung,
die man entdeckt habe, verbreitet. »Wenig fehlte,« heißt es in
einem Schreiben Calvins nach Zürich, »so hätte eine einzige Nacht
uns alle und die ganze Stadt dem Verderben überliefert. Aber
durch Gottes wunderbaren Ratschluß geschah es, daß die Rettung
eher erschien als die äußerste Gefahr, in der wir uns, ohne daß
wir es wußten, befanden.« Der Plan der Gottlosen sei gewesen,
die Syndiks, die angesehensten Mitglieder des Rates und alle

[1] Ratsprot. 24., 25. Mai. Anc. et nouv. pol. S. 110. Calvin an Bullinger 5. Juni, Opp. XV S. 641. Haller an Bullinger 31. Mai 1555, eb.
S. 627; Quelques pages S. 108. [Roget IV S. 269 ff.]
[2] Ratsprot. 27. Mai 1555. Calvin an Bullinger 15. Juli 1555, Opp. XV
S. 682 f.

Franzosen, die man antreffen würde, niederzumetzeln[1]! Die Untersuchung nahm mit jedem Tage eine gröfsere Ausdehnung an; neue Verhaftungen wurden angeordnet, neue Zeugenverhöre vorgenommen. Perrins Parteigenossen waren keine Muster von Bürgertugend. Leichtsinnig und unbesonnen hatten sie im Laufe der Jahre manches gesagt und gethan, was sich mit der Strenge der Gesetze nicht in Einklang bringen liefs, sie hatten in der Hitze des Parteikampfes bedachtlos Drohungen ausgestofsen, die der Anklage einen Schein von Berechtigung gaben. Die Zeit war gekommen, wo die Patrioten für die Sünden früherer Jahre büfsen sollten.

Zunächst aber wandte sich die Hauptaufmerksamkeit den Geflüchteten zu. Am 28. Mai wurden sie beim Schall der Trompeten auf allen öffentlichen Plätzen vorgeladen, wie einst die Mamelucken, sagt der Chronist, um sich zu verantworten. Vergebens baten sie um sicheres Geleit, um ohne persönliche Gefahr sich verteidigen zu können. Vergebens schlofs sich Bern dieser Bitte an. Wozu auch Rücksicht auf Bern nehmen, das sich in der letzten Zeit so unempfindlich für Genfs und seiner Geistlichen Bitten gezeigt. Ehrenmänner, lautete die Antwort, könnten jederzeit in Genf frei ein- und ausgehen: seien die Flüchtlinge solche, so möchten sie nur bedingungslos sich einfinden, man werde sie nach Recht und Billigkeit behandeln. Kein Wunder, wenn die Vorgeladenen dieser Billigkeit nicht trauten[2]. Bereits am 3. Juni wurde, nachdem die Vorladung in rascher Folge dreimal ergangen, das Urteil gesprochen. Es lautete für Perrin auf Tod durch Henkerbeil, verschärft durch vorausgegangenen Verlust der rechten Hand, »mit der er sich an dem Syndiksstabe vergriffen«, für die übrigen Flüchtlinge auf ein-

---

[1] Calvin an Bullinger 5. Juni 1555, Opp. XV S. 641. Ähnlich schreibt er um dieselbe Zeit an Volmar, ebd. S. 645: *»Interea urbem hanc intestina seditio propemodum exitio dedit«.* Haller an Bullinger 31. Mai, ebd. S. 627; Viret an Calvin 5. Juni, ebd. S. 645 f.; Sechelles an Bullinger 5. Juni, ebd. S. 647 f.

[2] *»Mais je vous demande«* schrieb J. B. Sept. am 1. Aug. 1555 aus dem Exil an den Syndik Bonna, *»qui seroit si hardi de se presenter devant vous, dautant quil est sorti de la bouche d'un syndic, que lon feroit tant de femmes veuves et orphelins de Genève que les gibets et chemins en pueroient. Qu'est une chose fort cruelle et rage plus qu'inhumaine a gens qui se veulent estimer chrestiens et estre tenus pour tels«.* Quelques pages S. 114.

fache Enthauptung und Verlust ihrer Güter. Selten ist in Genf so rasche Justiz geübt worden[1].

Dieser hastige und grausame Spruch liefs keinen Zweifel daran übrig, dafs der Rat zu dem Äufsersten entschlossen war und der Gegenpartei in der That das Schicksal der »Mamelucken und Peneysaner« zu bereiten gedachte. Nach der Verurteilung der Flüchtlinge wurde der Prozefs gegen die Eingekerkerten mit erneutem Eifer aufgenommen. Man behandelte sie als überwiesene Verbrecher mit umbarmherziger Härte. Man schlug ihre Bitte um Gewährung eines Rechtsbeistandes ab, weil derselbe, wie die französischen Advokaten erklärten, für Majestätsverbrechen nicht zulässig sei[2]. Man unterwarf die Unglücklichen, um Geständnisse von ihnen zu erpressen, wiederholt peinlichen Verhören; man quälte sie so lange, liefs sie vermittelst eines Strickes an beiden Armen aufgehangen so lange in der Luft schweben[3] — die gewöhnliche Art der Folter —, bis sie, vom Schmerz überwältigt, gestanden, was man wollte, das Vorhandensein einer »Verschwörung« einräumten und neue Mitschuldige nannten. Die Folter begann wieder ihre traurige Rolle zu spielen, wie in den Tagen der Prozesse gegen die Zauberer und Pestbereiter. »Man foltere den einen, um von ihm Geständnisse gegen die andern zu erpressen,«

---

[1] Ratsprot. 28., 30. Mai, 1., 3. Juni 1555. *Roset* V c. 70. Anc. et nouv. pol. S. 111, 112. Sechelles an Bullinger 5. Juni. Quelques pages S. 109, 112.

[2] Ratsprot. 5. Juni 1555: *»Qu'il ne doit avoir en ce cas point de défense en ce qui concerne le cas de lèse majesté«.* Vgl. Quelques pages S. 109.

[3] Diese Art der Folter wurde gegen die beiden Comparets wiederholt und später auch gegen F. D. Berthelier und Claude de Geneve zur Anwendung gebracht; vgl. Ratsprot. 29. Mai, 5. Juni, 23. Juli. Auch *Bonivard* l. c. S. 112 erwähnt die erfolgreiche Anwendung der Tortur. Trotzdem rühmt Calvin noch in dem Schreiben an Bullinger vom 15. Juli (Opp. XV S. 682) die Milde des Rats, der *»etiam a mediocri castigatione abstinuit, ut ne virgis quidem caesi fuerint«.* Allerdings nicht die virga, aber der funis ist angewandt worden. In dem späteren Schreiben an Bullinger, Okt. 1555, räumt er dann zwar die Anwendung der Folter vermittelst des Stricks ein, sucht sie aber als möglichst harmlos darzustellen, nur etwas habe man sie mit dem Strick in die Höhe gezogen; und in dem mindestens nicht ohne seine Mitwirkung abgefafsten Bericht des Rates an Zürich und Basel vom November 1555 (*Gaberel* I, Pièces just. S. 139) wird dann nichtsdestominder jene Phrase von der Milde des Rats gegen die Verschworenen, *»qu'ils n'ont pas heu seulement le fouet«,* wiederholt.

lautete der gewöhnliche Ausspruch des französischen Juristen
Colladon, der unter den eingewanderten französischen Advokaten
damals den gröfsten Einflufs ausübte, »und erkläre, dafs man nicht
eher aufhören werde, sie zu quälen, als bis sie gestanden ¹.« Jedes
Mittel, Geständnisse zu erpressen, war willkommen. Wo Gewalt
nicht ausreichte, wurde List, wo Drohungen ihren Zweck verfehlten,
wurden Versprechungen zu Hilfe genommen. Man versprach den
Angeklagten für Enthüllungen, die sie machen würden, Straflosigkeit, und selbst die Diener des Wortes, die den Prozefs gleichsam
als ihre persönliche Angelegenheit betrachteten, scheinen dieses
Mittel nicht verschmäht zu haben ². Calvin nahm an dem Gange
der Verhandlungen den lebhaftesten Anteil, er besuchte wiederholt
die Angeklagten im Kerker, um sich von ihnen die auf der Folter
abgelegten Geständnisse wiederholen zu lassen, und war mit dem
grausamen Verfahren der Gerichte, insbesondere mit der Anwendung
der Tortur völlig einverstanden ³. Treulich zur Seite standen ihm
seine alten Freunde, Farel und Viret, die, wie in allen schweren
Krisen, so auch dieses Mal wieder in Genf sich einfanden und
durch ihre Anwesenheit und entschiedene Parteinahme gegen die

---

¹ Quelques pages S. 109. *Bolsec* S. 98. Selbst der Calvin wohlwollende
Haller in Bern, der anfangs durch die Darstellung seines Freundes gewonnen
war, macht bald aus seiner völlig veränderten Gesinnung kein Hehl, er schreibt
am 26. Sept. an Bullinger, Opp. XV S. 796: »*De torturis quoque affirmant
viri graves plus quam phalaricis, quibus confessiones a reis exigunt*«.

² Wenigstens machte einer der später Hingerichteten, Claude de Geneve,
noch auf dem Blutgerüst Calvin und Viret diesen Vorwurf. Quelques pages
S. 110. Über die Art, wie Geständnisse erlangt wurden, vgl. auch das angeführte Schreiben Septs, ebd. S. 114 und *Bolsec* S. 99.

³ »*Videbimus tamen ante biduum, ut spero, quid illis quaestio extor-
queat*«, schreibt er am 24. Juli an Farel über Claude de Geneve und Berthelier, die »*puerilibus cavillis fucare omnia*« gesucht hätten, nachdem der Rat
Tags zuvor die Anwendung der Folter gegen sie beschlossen. (Opp. XV
S. 693). Vgl. Ratsprot. 23. Juli 1555. Dafs er die Gefangenen besucht und
sich ihre auf der Folter gemachten Geständnisse habe wiederholen lassen,
gesteht er selbst im dritten Schreiben an Bullinger, Opp. XV S. 830, 831.
Wenn er dabei zugleich beteuert, dafs er im übrigen den Prozessen ganz fern
gestanden habe, so ist darauf gerade so viel zu geben als auf die nicht viel
spätere Behauptung, er sei in Genf ohne alle Macht, während in Wahrheit
nichts ohne ihn geschah! Vom Rat wurde ihm während der Prozesse, weil er
zu sehr beschäftigt sei, ein Hilfsprediger an die Seite gestellt. Vgl. Ratsprot.
24. Juni 1555.

Angeklagten nicht wenig dazu beitrugen, den Rat auf der eingeschlagenen Bahn festzuhalten und seinen Eifer anzuspornen[1].

Wohl liefsen sich von aufsen mehr und mehr Stimmen vernehmen, welche die calvinische Partei zur Schonung und Mäfsigung
aufforderten. Nicht blofs in Bern, das wiederholt und nachdrücklich sich für die auf sein Gebiet Geflüchteten verwandte und Calvin
für alles Unheil verantwortlich machte[2], sondern auch in den
übrigen Städten der Eidgenossenschaft[3], namentlich in Zürich, auf
dessen Beifall sonst das meiste Gewicht gelegt wurde, erfuhr das,
was in Genf geschah, laute und entschiedene Mifsbilligung. Allein
in Genf machte dies wenig Eindruck. Bern schien nach der Ansicht der gegenwärtigen Machthaber seinen Anspruch auf Berücksichtigung verloren zu haben, seine Vorstellungen blieben ohne
jeden Erfolg. Um die öffentliche Meinung in den andern Städten
umzustimmen, richtete Calvin ein zu weiterer Verbreitung bestimmtes
ausführliches Schreiben an Bullinger in Zürich, eine Art von Apologie, welche den Tumult vom 16. Mai als eine ernsthafte und
wirkliche Verschwörung, das Verfahren des Rates — die Anwendung der Folter wird geschickt umgangen — als ein verhältnismäfsig mildes und schonendes, und den gegenwärtig in
Genf herrschenden Zustand als einen ganz vortrefflichen darzustellen sucht[4]. Ihn unterstützte sein junger Freund Beza in
Lausanne, der gleichfalls in einem Schreiben an Bullinger Gottes
Barmherzigkeit pries, der vorsorglich über Israel gewacht habe,
und die »unglaubliche Ruhe« und »Eintracht unter allen Guten«,
die gegenwärtig in Genf herrsche, nicht genug zu rühmen wufste[5].

---

[1] Harte und besorgte Äufserungen darüber in dem Schreiben Hallers an
Bullinger vom 6. Aug. 1555, Opp. XV S. 718 f. Über Virets Anwesenheit
und Thätigkeit vgl. auch Viret an Farel 18. Juli, ebd. S. 688. Auch er besucht die Gefangenen im Kerker. Vgl. auch Quelq. pages S. 110.

[2] Ratsprot. 1., 18., 19., 20. Juni, 30. Juli, 3., 4., 15. Aug. 1555.
Haller an Bullinger 19. Juni, 27. Juli und 6. Aug.; Sulzer an Bullinger
3. Sept., Opp. XV S. 664, 699, 718, 746.

[3] Ratsprot. 7. Juli 1555.

[4] Calvin an Bullinger 15. Juli 1555, Opp. XV S. 676 ff. Vgl. dazu
o. S. 268 A. 3. Die mancherlei Unrichtigkeiten dieses Schreibens machen
einen für Calvin sehr ungünstigen Eindruck. Das Schreiben kam dann in
verschiedenen Exemplaren an Viret, Farel, Blaurer, Sulzer, Beza, Sleidan.
Der letztere legte diesen Bericht seiner Darstellung in den Commentarien (ed.
am Ende III, 504) zu Grunde.

[5] Beza an Bullinger, 21. Juli 1555; Opp. XV S. 692.

Hatten diese Bemühungen auch nicht den gewünschten Erfolg [1]
— die von Calvin versuchte Darstellung stand doch in zu grellem
Widerspruch mit offenkundigen Thatsachen und trug zu sehr den
Charakter eines Parteimanifestes — so hatten jene Kundgebungen
der Unzufriedenheit doch keine weiteren Folgen. Zu einer wirklichen Einmischung in die verwickelten Händel der stets unruhigen
Stadt fühlte aufser Bern niemand Lust. Bei den evangelischen
Orten überwog am Ende doch die Erwägung, dafs ein Sieg der
calvinischen Partei in Genf der evangelischen Sache im allgemeinen
zu gute kommen werde, und von den katholischen war nicht zu
erwarten, dafs sie Anstrengungen machen würden, um Männer zu
retten, die vor 20 Jahren selbst den Sturz des alten Glaubens in
Genf herbeigeführt hatten [2].

So nahm der Prozefs ungestört seinen Fortgang. Mit der Zahl
der Verhöre aber stieg die Zahl der Schuldigen und die Schwere
der Anklage. Unter denjenigen, die durch die Aussagen der
peinlich Verhörten belastet wurden, befand sich endlich auch
Vandel, der in den ersten Wochen völlig unangefochten geblieben,
nächst Perrin der Führer der Opposition [3], zugleich mit mehreren
andern hervorragenden Namen der patriotischen Partei, der
Brüder Berthelier, Sept u. a. Die meisten dieser neuen Schuldigen,
auch Vandel, folgten dem Beispiel Perrins und entzogen sich der
Verhaftung durch rechtzeitige Flucht auf das bernische Gebiet.
Sogar solche, gegen die keine Aussagen vorlagen, ergriffen, sagt
der Chronist, die Flucht, »da sie sahen, dafs die Bösen in Genf
nicht mehr würden geduldet werden [4].« So gab es bald wieder
eine stattliche Anzahl von neuen Flüchtlingen aus den verschiedensten Ständen, hoch und niedrig Gestellte, ehemalige Rats-

---

[1] Bullinger an Calvin 28. Sept. 1555, Opp. XV S. 797 ff. In Bern
scheint der Bericht lebhaften Unwillen hervorgerufen zu haben; vgl. Haller an
Bullinger 27. Juli 1555, ebd. S. 699.

[2] Katholische Schriftsteller erblickten in diesem Ende Perrins eine ge-
rechte Strafe des Himmels für den Anteil, den Perrin an dem Sturz der alten
Kirche und an dem Bildersturm in S. Peter genommen hatten. Vgl. Maim-
bourg, Hist. du Calvinisme I, 77.

[3] Anc. et nouv. pol. S. 112. Wären die hier erwähnten Geständnisse
gegründet oder hätte der Rat selbst wirklich daran geglaubt, so wäre es unbegreiflich, wenn der Rat nicht auf der Stelle den Mann verhaften liefs, statt
ihn noch zwei Wochen frei umhergehn zu lassen. Vgl. Opp. XV S. 684.

[4] Anc. et nouv. pol. S. 113.

herrn, höhere und niedere Beamten, einfache Bürger, im ganzen
gegen dreifsig, gegen die nun das früher eingeschlagene Verfahren
wiederholt wurde [1]. In gleicher Weise wie Perrin wurde Vandel
nebst seinen Schicksalsgefährten durch den öffentlichen Ausrufer
vorgeladen, »damit,« bemerkt Calvin spöttisch in einem Briefe an
Farel, »die Stadt durch die Abwesenheit so vieler Bürger nicht
veröde [2]«. Schon wurde den Geflüchteten nicht blofs die »Verschwörung« vom 16. Mai, sondern auch die Absicht, die Stadt
geradezu an die Feinde zu verraten, zur Last gelegt. Hatten
früher die Patrioten bei jeder Gelegenheit immer wieder von
neuem gegen die calvinische Partei die Beschuldigung erhoben,
sie suche Genf dem Könige von Frankreich in die Hände zu
spielen, so stellte jetzt die Partei Calvins plötzlich die schwere
Anklage auf, es bestehe unter den Gegnern der Plan, die Stadt
Genf und benachbarte Gebiete in den Besitz der habsburgisch-
spanischen Macht zu bringen. Schon sei von dem flüchtigen
Haupt der Partei in diesem Sinne mit dem spanischen Statthalter
Alba in Mailand angeknüpft worden, eine Anklage, die nebenbei
auch ganz dazu angethan und vielleicht gerade darauf berechnet
war, das benachbarte Bern gegen seine bisherigen Schützlinge
einzunehmen. Doch dieser neue Anschlag mifslang gänzlich.
Mochten auch die Habsburger Absichten auf Genf haben, wie
sie Frankreich hatte; diese neue perrinistische »Verschwörung«
zerrann in nichts. Der dafür aufgestellte Zeuge, ein junger Italiener,
Scipio del Castro, wurde in Bern alsbald als Verleumder entlarvt.
Diese neue Anklage zerrann in nichts; sie wirft auf das Treiben
der gegenwärtigen Machthaber in Genf und die Mittel, die sie
anwandten, das allerungünstigste Licht [3]. Aber die Anklage hatte

---

[1] *Roset* V c. 70. Nach dem Schreiben Virets an Farel vom 28. Juli
(Opp. XV S. 700) betrug die Zahl der vorgeladenen profugi 27, nach dem
Ratsprot. vom 22. Juli die Zahl der geflüchteten 24. Ursprünglich waren
mehr geflohen, einige kehrten jedoch zurück.

[2] *»Porro ne urbem tot civium absentia, quod per ludibrium iactabant fugi-
tivi, vastitate deformet, revocatus est a praecone Vendelius cum magna caterva«*
Calvin an Farel 24. Juli 1555, Opp. XV S. 693.

[3] Quelques pages S. 114 ff. *Bolsec* S. 104 ff. Haller an Bullinger
26. Sept. 1555, Opp. XV S. 796. Ich möchte die ganze Intrigue nicht mit
Galiffe auf Calvin zurückführen. Haller drückt sich allgemeiner aus: *»Quod
totum quum appareret ab illis fictum«*. [Vgl. *Roget* IV S. 295 ff.]

doch ihre Dienste gethan und den Angeklagten in der öffentlichen Meinung zu einer Zeit, wo diese allein ihre Verteidigung übernehmen konnte, sehr geschadet. Vandel und seine Gefährten wurden, nachdem die wiederholte Vorladung vergeblich gewesen, am 6. August verurteilt wie zwei Monate früher Perrin und seine Gefährten, »wegen schrecklicher und verabscheuungswürdiger Verschwörung gegen die heilige Institution und christliche Reformation und gegen diese Stadt, ihr öffentliches Wohl und ihre Ruhe.« Gegen Philibert Berthelier, Vandel und J. B. Sept als die angeblichen Hauptschuldigen lautete der Spruch auf Tod durch das Beil des Henkers und Vierteilung. Die übrigen wurden gröfstenteils zu ewiger Verbannung und Verlust ihrer Güter verurteilt, derselben Strafe, zu der einst sie selbst und ihre Väter die geflüchteten Anhänger des Herzogs und Bischofs, »die Mamelucken und Peneysaner«, verurteilt hatten[1].

Zum Teil schon vorher waren die in Haft Genommenen verurteilt worden. Einer nach dem andern, so wie sie durch ihre Geständnisse die wünschenswerten Dienste geleistet, vernahmen sie das strenge Urteil. Straflos ging keiner aus. Auch gegen diejenigen, gegen welche kaum ein Schatten wirklicher Schuld vorlag, wenn nicht schon der blofse Umgang mit Mitgliedern der gestürzten Partei ein Vergehen war, wurde auf Gefängnisstrafe, anhaltende polizeiliche Überwachung, öffentliche Abbitte und Kirchenbufsen erkannt. Andere wurden auf ewige Zeiten ausgewiesen[2]. Gegen vier lautete der Spruch auf Todesstrafe. Es waren aufser den beiden Comparets der auf ihre, durch die Folter erprefsten Aussagen hin verhaftete Claude de Geneve, mit dem Beinamen Bastard, ein naher Freund und Gesinnungsgenosse des Generalkapitäns, der während seiner Haft durch die ihm in Aussicht gestellte Straflosigkeit und die Qualen der Folter bestimmt die am weitesten gehenden Geständnisse machte[3], und Franz

---

[1] Ratsprot. 6. Aug. 1555. Quelques pag. S. 111, 112. Anc. et nouv. pol. S. 113. Das Todesurteil, unter verkehrtem Datum, bei *Henry* III, Beil. S. 122. [Vgl. *Roget* IV S. 299.]

[2] Ratsprot. 21., 27. Juni, 1., 5. Juli 1555. Quelq. pag. S. 112. Auch einige der Geflüchteten, die zurückgekehrt waren, wurden in solcher Weise »gracieusement« bestraft. *Roset* V c. 70.

[3] »*Praecipuum caput aperuit*«, schreibt Calvin an Farel 16. Juli 1555. Opp. XV S. 686, »*consulto motum esse tumultum*«. Und nochmals einige

Daniel Berthelier, der jüngere Bruder des geflüchteten Philibert,
welcher, obschon er an dem verhängnisvollen Tumulte thätigen
Anteil genommen, dennoch merkwürdiger Weise am längsten von
allen in Freiheit blieb und sogar noch in den letzten Tagen des
Monats Juni in seiner Eigenschaft als städtischer Münzmeister
vom Rate mit einer Gesandtschaft nach Salins beauftragt wurde —
vielleicht um auf solche Weise den ältern, viel verhafsteren Bruder
in Sicherheit einzuwiegen und zur Rückkehr zu veranlassen —
dann aber gleich den Übrigen die ganze grausame Strenge des
Genfer Gerichtsverfahrens erfuhr und so lange verhört wurde (wobei man auch auf seine Vergangenheit, insbesondere auf seine
Streitigkeiten mit dem Consistorium, Calvin und Farel zurückgriff)
bis er vollständig gebrochen sich in einer demütigen Supplik an
seine Richter schuldig bekannte [1]. Alle Vorstellungen und Fürbitten
für die vier Unglücklichen, unter welchen insbesondere der letztere
grofse Teilnahme erregt zu haben scheint, blieben fruchtlos, und
selbst das kniefällige Gnadengesuch, welches Bertheliers greise
Mutter, die Gattin des Märtyrers von 1519, für ihren Sohn ein-
reichte, machte keinen Eindruck [2]. Es braucht kaum gesagt zu

---

Tage später (24. Juli, ebd. S. 693): »*Claudius nothus quem scis intimum fuisse
Perrino, scelestam et nefariam conspirationem retexit, quae nondum comperta
fuerat*«. Und dennoch sprachen, schrieben und handelten Calvin und der Rat
schon seit Monaten, als sei die Konspiration eine ausgemachte Sache, und
waren die Brüder Comparet schon wegen derselben hingerichtet!

[1] Seine Verhaftung fand in der ersten Hälfte Juli statt. Ratsprot.
23. Juli, 27. Aug., 9. Sept. 1555. Calvin an Farel 16. Juli, an Viret 9. Sept.
1555, Opp. XV S. 686 f., 754. Nach *Bolsec* S. 98 wäre gegen ihn die Folter
in furchtbarstem Grade angewandt worden: einmal sei er vermittelst Stricke
in die Höhe gezogen und, um die Qual zu vermehren, Steine an seinen
Beinen befestigt worden; Amblard Corne habe ihm, als er dennoch standhaft
geblieben, zugerufen, man werde ihm Arme und Beine abreifsen, wenn er
nicht bekenne. Obgleich *Bolsec* (S. 97) sagt, nur die gröfste Unverschämtheit
würde diese Thatsache leugnen können, und obwohl Calvin gegen die Brüder
Berthelier einen persönlichen Groll hatte, möchte ich doch nicht unbedingt für
diesen Bericht eintreten. Einen sehr ungünstigen Eindruck machte es, dafs
man in dem Prozefs gegen Berthelier auch auf seine Vergangenheit, den Streit
mit dem Consistorium, seine Anklage gegen Farel, seine Opposition gegen die
Prädestinationslehre zurückging. Der Angriff gegen ihn wurde sogar durch
das Consistorium eröffnet mit der Anklage, dafs er nicht an die Prädestination
glaube. Consistorialprot. 23. und 28. Juni 1555. Not. général. III 545 ff.

[2] Ratsprot. 25., 30. Juli, 27. Aug. 1555.

werden, dafs alle angesichts des Todes die ihnen abgezwungenen Geständnisse widerriefen: auf dem Blutgerüste noch wiesen sie wie aus einem Munde die Anklage, Verschwörer und Hochverräter zu sein, mit aller Entschiedenheit zurück[1]. Die beiden zuerst verurteilten Brüder, die von Perrin das Signal zur Empörung empfangen haben sollten, stellten die »Verschwörung« in Abrede und erklärten, ohne Vorbedacht, ohne Verabredung den verhängnisvollen Tumult begonnen zu haben[2]. Claude de Geneve erklärte feierlich und vor Gott auf dem Blutgerüste alle ihm abgedrungenen Geständnisse für falsch und nichtig und erhob gegen die drei Reformatoren Calvin, Viret und Farel die schwere Anklage, nur deshalb ihn im Kerker besucht zu haben, um ihn durch Vorspiegelung eigener Straflosigkeit zu falschem Zeugnis gegen andere zu verleiten[3]. Ebenso widerrief Franz Daniel Berthelier, der angesichts des Todes seinen Mut wiedergewann, alle ihm durch Gewalt und Vorspiegelungen abgelockten Geständnisse und protestierte laut und feierlich gegen den Vorwurf der Verschwörung: er habe sich vielfach und schwer gegen Gott versündigt, aber nichts habe er gegen das Wohl seiner Vaterstadt unternommen[4]. Die Vollstreckung der Todesurteile erfolgte in der barbarischen Weise, die wir bereits kennen. Die beiden Comparets wurden von einem ungeschickten Scharfrichter langsam enthauptet, ihre Körper geviertteilt und die einzelnen Teile an vier Galgen an der Grenze des Genfer Weichbildes aufgehängt[5].

---

[1] »*Hoc simul omnibus propositum erat, proditionis et laesae maiestatis crimen a se depellere*«. Calvin an Bullinger Okt. 1555, Opp. XV S. 832.

[2] So Calvin selbst an Bullinger am 15. Juli (»*Quum ad supplicium traherentur negarunt signo dato se tumultum movisse*«), und an Farel am 16. Juli; Opp. XV S. 680, 686. In der spätern Schilderung an Bullinger im Oktober sucht Calvin das früher Gesagte wieder abzuschwächen: »*nescio quae rabies eos impulit ad quaedam neganda: sic tamen ut in praecipuis capitibus constantes starent*«, ebd. S. 831. Vgl. dazu das offizielle Schreiben des Rats an Zürich: *Gaberel* I Pièces just. S. 135.

[3] Calvin an Bullinger Okt. 1555, Opp. XV S. 831. Quelques pag. S. 110. Nouv. pag. S. 59. Gegen Viret wird diese Anklage wiederholt erhoben; vgl. Beza an Bullinger 20. März 1556, Opp. XV S. 78.

[4] Calvin an Bullinger, Okt. 1555, Opp. XV S. 832; Haller an Bullinger 26. Sept. 1555, ebd. S. 796.

[5] Ratsprot. 27., 28. Juni, 3. Juli 1555. Anc. et nouv. pol. S. 113. Quelq. pag. S. 110. Der Scharfrichter verlängerte durch seine Ungeschicklichkeit die Todesqual des jüngsten der Brüder derart, dafs er abgesetzt wurde. Ratsprot. 4., 5., 26. Juli, 13. Aug. Calvin erblickt darin nur die göttliche

Claude de Geneve und Berthelier wurden einfach enthauptet, ihre Leiber aber an den Galgen geschlagen und Claudes Haupt an einer Stange befestigt, öffentlich auf dem Molardplatze ausgestellt, zur Warnung allen denjenigen, die es wagen würden, den neuen Machthabern in Genf zu widersprechen[1].

So gründlich und so furchtbar wurde dieses Mal mit der besiegten Partei aufgeräumt. Ihre Widerstandskraft sollte vollständig gebrochen, eine Wiederkehr ihrer Herrschaft für immer unmöglich gemacht werden. Ein eisernes Regiment wurde eingeführt, um alle Regungen der Opposition im Keime niederzuhalten. Kein Widerspruch wurde mehr geduldet. Die Verurteilungen dauerten auch während der nächsten Monate noch fort. Jede Kundgebung von Unzufriedenheit, jede Klage über die zu lange Dauer der Prozesse, jede Äußerung von Sympathie für die Verurteilten wurde bestraft. Nicht einmal den Frauen der Hingerichteten war eine Klage gestattet[2]. Wer von der Rückberufung der Verbannten auch nur sprach, hatte nach einer Erklärung des Rates das Leben verwirkt[3]. Die in Genf zurückgebliebenen Freunde der Verurteilten beugten sich in stummer Ergebung unter das neue Regiment und suchten ihre Vergangenheit in Vergessenheit zu bringen, oder sie schlichen sich heimlich aus der Stadt und folgten ihren Parteigenossen ins Exil: auf mehrere Hunderte werden die Familien geschätzt, die in der nächsten Zeit das Los freiwilliger Verbannung wählten[4]. Die Hoffnung auf baldige Rückkehr als Sieger, mit der sie ausgezogen, erwies sich nur zu bald als eitel. Calvins und seiner Freunde Sieg war dieses Mal vollständig. Mochten die Geflüchteten auch sich selbst als die wahren und allein berechtigten Vertreter der Stadt Genf ansehen, für die sie und ihre Väter einst Gut und Blut geopfert, mochten sie auch in Plakaten und zornigen Briefen Calvin als einen Kain, als einen

---

Strafe für ihr hartnäckiges Leugnen: »certe mihi persuasum est, non absque certo Dei iudicio sub manu carnificis praeter iudicum sententiam ambos longum cruciatum pertulisse«. Calvin an Farel 24. Juli, Opp. XV S. 693.

[1] Ratsprot. 27. Aug., 9., 11. Sept. Bonivard, Anc. et nouv. pol. S. 113 f. fügt hinzu: »Et leur fit Dieu plus grande grace que a ceux qui sont après demeurez, car ils sont hors de paine et de soucy et hont passe tout danger«.

[2] Ratsprot. 15., 27. Aug. 1555. Vgl. Quelq. pages S. 112.

[3] Ratsprot. 16., 30. Aug. 1555.

[4] Quelques pages S. 118. Gaberel I S. 435 nimmt 150 an.

Blutmenschen und Wüterich[1], die calvinischen Ratsherrn als
Lügner, Verräter, Räuber und Mörder[2] und alle die gegenwärtigen
Machthaber als Neulinge und Eindringlinge bezeichnen, die einst
in den Tagen harter Not, als es galt, die Stadt gegen die Feinde
ihrer Freiheit mit schweren Opfern zu verteidigen, niemandem in
Genf bekannt oder gar mit seinen Feinden verbündet waren[3], —
diese Neulinge und Eindringlinge waren jetzt die Herren der
Stadt und im festen Besitz der öffentlichen Gewalt, aus dem sie
weder der Zorns Berns, noch die ohnmächtigen Anstrengungen
der Exilierten zu verdrängen vermochten.

Ein auf den 8. September einberufener, mit feierlichem Gebete
eröffneter Generalrat bestätigte und billigte die von dem Kleinen
und Großen Rat getroffenen Anordnungen und Maßregeln und
machte dadurch den neugeschaffenen Zustand in aller Form zu
einem gesetzlichen. Die zu allem willige Versammlung genehmigte
den Erlaß eines neuen Edikts (»Edikt über die Flüchtlinge«),
welches in frommen Worten und unter Hinweisung auf die große
Barmherzigkeit Gottes, der Genf ohne Verdienst aus der leiblichen
und geistigen Sklaverei zu der Freiheit des Evangeliums geführt
und es dadurch sich ewig verpflichtet habe, das Beginnen der
altgenferischen Partei als eine undankbare, gottlose und frevelhafte
Empörung gegen Gott und die rechtmäßige Obrigkeit brand-
markte, die gegen die »Empörer und Flüchtlinge« ergangenen
Strafurteile wiederholte und alle diejenigen mit Todesstrafe bedrohte, welche es wagen würden, durch Wort, That oder Rat für
die Zurückberufung derselben zu wirken und zwar, wie der Erlaß
erklärt, »um der Ansteckung und Gotteslosigkeit vorzubeugen,
welche die Rückkehr jener Verdammten und Aufrührer wieder in

---

[1] Ratsprot. 22. Juli 1555. Ein Plakat gegen Calvin: Quelques pages
S. 113. Andere: Opp. XV S. 790.

[2] Äußerungen Bertheliers bei *Henry* III Beil. S. 121 f.

[3] Vgl. das Schreiben des J. B. Sept in Quelques pages S. 113: »*Lequel
est-ce de vous qui se vantera avoir jamais employé un denier pour Genève ni
jamais avoir sué une goutte d'eau? Ou lequel dira, de vous, mon père a fait
pour moi? Je n'en sais point, car leur dévotion n'y était pas, mais était
plutôt au cœur d'un duc. Et voilà ce qui vous a fait déchasser les gens de
bien et ceux dont les pères et ancêtres ont mis Genève en l'état qu'elle était,
devant que l'eussiez ainsi vilainement usurpée par pratiques et méchancetés en
suivant votre vénérable évêque* (Calvin!) [Vgl. *Roget* IV S. 313 ff.]

diese Stadt bringen würde[1].« Wichtiger noch war ein zweiter
Beschluſs, welcher die Abschaffung des Generalkapitanats in Genf
für ewige Zeiten genehmigte[2]. Damit fiel die letzte selbständige
Gewalt, welche einer ungehinderten Entfaltung des geistlichen
Systems noch im Wege gestanden.

Der Kampf zwischen dem alten und dem neuen Genf war
entschieden. Das alte Genf mit seinen Untugenden und Fehlern,
aber auch mit seinen Vorzügen und rühmlichen Eigenschaften,
das Genf der Berthelier und Favre, der Levrier und Bezanson,
das alte Genf im guten wie im schlimmen Sinne bestand nicht
mehr. Es brach eine neue Zeit an.

---

[1] Ratsprot. 8. Sept. 1555. Édit sur les fugitifs, Opp. XV S. 751 f.
[2] Ratsprot. 8. Sept. 1555: *»Que perpetuellement nul n'ayt a parler ni
avancer de faire capitaine general ni abbé a peine que celuy qui en parlera ou
avancera aura la teste coupée«*. *Roset* VI c. 4: *»Pource que l'expérience leur
avoit desia plusieurs fois monstré que telle autorité n'y estoit convenable«*. Die
Zweihundert hatten den Beschluſs schon am 24. Aug. gefaſst.

SIEBENTES BUCH.

GENF UNTER CALVINS HERRSCHAFT.

BEFESTIGUNG UND VERVOLLSTÄNDIGUNG DES
REFORMATIONSWERKES.

Indem der alte Chronist, dem wir den anschaulichsten Bericht
über die in dem Vorhergehenden geschilderten Parteikämpfe bis
zu ihrer Entscheidung im Jahre 1555 verdanken, am Schlusse
seines Werkes auf den Inhalt seiner Erzählung zurückblickt, kann
er sich nicht verhehlen, dafs das Bild, welches er vor dem Leser
aufgerollt hat, ein stellenweise sehr dunkeles, ja abstofsendes sei
und der Stadt Calvins nicht gerade zum Ruhme gereiche. Allein
ihn tröstet der Gedanke, dafs es mit dem auserwählten Volke des
alten Bundes nicht anders gewesen sei. Auch Israel, meint
Bonivard, habe die Wohlthaten des Herrn mit Undank vergolten,
es habe seine Propheten verfolgt und getödtet und in innerem
Parteihader seine Kräfte verzehrt: die Geschichte des heidnischen
Rom mache einen ernsteren und würdigeren Eindruck als die
jüdische. Dennoch sei Israel das bevorzugte, auserwählte Volk
Gottes gewesen und der Träger der einzig wahren Religion. Und
dies gelte auch von Genf, trotz aller seiner Sünden und Missethaten.
Eins habe aber das neue Israel vor dem alten voraus: während
dieses aller göttlichen Mahnungen ungeachtet in seiner Bosheit
verharrte, habe sich Genf endlich vollkommen zum Herrn bekehrt
und eben jene inneren Kämpfe hätten dazu gedient, es von den
unheiligen Elementen zu reinigen, es in Wahrheit zu einer Stätte
des Herrn, zum ausschliefslichen Eigen seiner Gläubigen zu
machen[1].

---

[1] Vgl. *Bonivard* Anc. et nouv. pol. S. 115 ff. Der Vergleich zwischen
Israel und Genf spielt auch bei den andern Chronisten wie Roset und Froment
eine grofse Rolle.

Am 16. Mai 1555 hatte nach dem Chronisten das »wahre Volk Gottes« über des Herrn Widersacher endgiltig den Sieg davongetragen. Die Zeit des Kampfes und der Prüfung war vorüber; die Auserwählten hatten den Kampfplatz behauptet. Genf gehörte fortan nur den »Guten« und ihrem Führer. Es galt nun, die Herrschaft Gottes dauernd zu befestigen, dem Allerhöchsten an der von ihm gewählten Stätte ein wohnliches Haus zu bereiten, die Grundsätze der einen wahren Religion in unverfälschter Reinheit, entschiedener noch als bisher hatte geschehen können, in Staat und Kirche zur Anerkennung und Geltung zu bringen.

Ungesäumt ward Hand ans Werk gelegt. Während noch der Prozeß gegen die unterlegene Partei schwebte und Perrins Anhänger in dem Kerker schmachteten, begann die ehrwürdige Genossenschaft ihre neue fruchtbare Thätigkeit. Feierliche Lob- und Dankgesänge wurden für Genfs glückliche »Befreiung« angeordnet, und auf die Dankeslieder folgten Predigten, welche allen Bürgern und Einwohnern der Stadt die Notwendigkeit verkündeten, ein neues Leben zu beginnen und so großer Gnaden sich würdig zu erweisen. Die für den Gottesdienst bestimmten Stunden wurden vermehrt. Ganz in derselben Richtung, wie die Geistlichkeit finden wir auch sofort die Staatsgewalt thätig. Auch sie führt dieselbe ernste Sprache. Unter Trompetenschall wird bereits im Juli allem ausgelassenen Wesen der früheren Zeit der Krieg erklärt[1]. Die alten Disziplinargesetze, die Verordnungen gegen Spiel, Wirtshausbesuch, unpassende Kleidertrachten werden erneuert, die Anfertigung von Karten gänzlich untersagt, die auf geschlechtliche Verirrungen gesetzten Strafen verschärft, den Forderungen des Consistoriums Achtung verschafft, überall eine strenge Aufsicht eingeführt[2]. Die geistliche und weltliche Gewalt reichten sich die Hand, um gemeinsam an dem Aufbau des neuen Genf zu arbeiten.

Und den Arbeitern ward ihr Lohn. In der noch unter dem frischen Eindruck der zahlreichen Verhaftungen und blutigen Exekutionen stehenden Bürgerschaft fand die neue reformatorische

---

[1] *Roset* VI c. 1.

[2] Ratsprot. 5., 11. Juli, 5., 30. Sept., 2. Dez. 1555. *Roset* VI c. 4. Heiligung des Sonntags: Ratsprot. 10. Juni 1555; baufällig gewordene Kirchen in Stadt und Land wurden repariert.

Thätigkeit der geistlichen und weltlichen Machthaber einen frucht-
baren Boden. Jeder Widerstand mufste aussichtslos erscheinen,
seit alle namhaften Häupter der Opposition sich im Exil oder im
Kerker befanden. Auch solche, die im Herzen der unterlegenen
Partei angehörten, stimmten mit ein in den von oben angegebenen
Ton, um Unannehmlichkeiten aus dem Wege zu gehen. Andere
waren des langen Kampfes müde und fügten sich der neuen
Ordnung mit einer gewissen Resignation. Der Einflufs, welchen
zu allen Zeiten der äufsere Erfolg auf die grofse Masse ausgeübt
hat, bewährte sich auch in Genf. Nie sei, schreibt Beza bereits
im Juli an den Züricher Reformator, in Genf die Eintracht gröfser
gewesen als gegenwärtig, eine wunderbare Ruhe herrsche in der
Stadt. Voller Freude konnte Farel seinen Freunden melden, wie
sehr sich Genf zu seinem Vorteil geändert. Der Gottesdienst
werde fleifsig besucht, noch nie seien in Genf so viele Predigten
gehalten worden [1]. Schon im Herbst erschien, angelockt durch
den neuen Ruhm Genfs, der Prinz von Condé mit mehreren
andern hohen französischen Herrn in der Stadt Calvins, um, wie
er erklärte, die neuen kirchlichen Zustände in unmittelbarer Nähe
kennen zu lernen [2].

In der That: wer im Herbst 1555 nach Genf kam, fand die
Stadt vollständig verändert. Auf die getümmelvollen Zeiten, die
vorausgegangen waren, war eine Ruhe eingetreten, die fast etwas
Unheimliches hatte. »Alles widmete sich dem Dienste des Herrn
bis herab auf die Heuchler,« meldet der offizielle Chronist, »die
Bösen waren vertrieben [3].« Kein Mifston störte die allgemeine
Eintracht. Kein Widerspruch wurde vernommen. Alle schienen
des stattgehabten Wechsels froh zu sein. In Liedern wurde die
glorreiche Befreiung der Stadt und der Sieg über die Partei der
Gottlosen gefeiert [4]. Es fehlte nicht an solchen, die ihre frühere
Haltung jetzt durch um so gröfseren Eifer für die gegenwärtigen
Machthaber in Vergessenheit zu bringen suchten. Selbst ein Mann
wie Marcourt, der 1538 nach Calvins Vertreibung kein Bedenken

---

[1] Beza an Bullinger 21. Juli; Farel an Blaurer 4. Aug.; Blaurer an
Bullinger 9. Aug. 1555; Opp. XV S. 692, 714.

[2] Ratsprot. 20. Okt. 1555. [*Roget* IV S. 330]. *Roset* VI c. 5. Quelq.
pages S. 117 n. 1.

[3] *Roset* VI c. 1.

[4] Ratsprot. 4. Okt. 1555. Quelques pag. S. 118 n. 2.

getragen, des Vertriebenen Amt zu übernehmen, pries jetzt den
Reformator in überschwänglichen Versen als den Überwinder von
Löwen und Drachen[1]. Der alte Bonivard, der nach so manchen
Wandlungen mit gewohnter Geschmeidigkeit sich auch in diesen
neuen Wechsel rasch fand, bat den Rat um Mitteilung der amtlichen
Akten, um den Sieg der guten Sache in Genf auch in einem
geschichtlichen Werke zu verherrlichen[2].

Calvin täuschte sich indes über den wahren Wert solcher
Kundgebungen keinen Augenblick: er spottete sogar vor seinen
Freunden über die ihm jetzt von alten Gegnern so reichlich gespendeten Huldigungen. Zu oft hatte er die Wandelbarkeit des
Genfer Charakters erfahren, als dafs er jetzt an eine dauernde
Sinnesänderung hätte glauben können. Nicht auf die ihm jetzt
zu Füfsen liegende Menge des Volkes, sondern auf die eingewanderten Fremden setzte er seine ganze Hoffnung für die Zukunft.

In ihnen lag in der That die sichere Bürgschaft für den
dauernden Bestand der neuen Ordnung.

Es verstand sich von selbst, dafs infolge des Sieges vom
16. Mai alle Schranken fielen, welche bis dahin der Aufnahme
der Fremden noch entgegengestanden. Auch die mancherlei Be-
schränkungen, welche von den Behörden der letzten Jahre über die
fremden Habitants verhängt worden waren, wurden nach einiger Zeit
beseitigt. Das gegen sie erlassene Verbot, Waffen zu tragen, wurde
zurückgenommen, und schon im September 1555 erhielt ein Teil
derselben die Waffen durch förmlichen Beschlufs des Grofsen Rates
zurück, um fortan gemeinsam mit den Bürgern den öffentlichen
Sicherheitsdienst zu übernehmen[3]. Die Aufnahme als Bürger
wurde durch besondere Verordnungen erleichtert[4]. So nahm jetzt
die Einwanderung einen gewaltigen Aufschwung. Während der
letzten Monate des Jahres 1555 und der ersten des folgenden

---

[1] Calvin schreibt darüber spottend an Farel 23. Nov. 1555. Unter dem
Löwen und Drachen verstand er Perrin und Servet.

[2] Ratsprot. 27. Juli 1556. Nouv. pag. S. 82 n. 2. Schon vorher scheint
Froment eine Darstellung der Ereignisse von 1555 versucht zu haben; vgl.
Ratsprot. 26. Juni 1556. Der Druck wurde indes nicht gestattet.

[3] Ratsprot. 5., 10., 23. Sept. 1555. *Roset* VI c. 4. Vgl. Quelques
pag. S. 99.

[4] Zum Beispiel in Beziehung auf die Italiener: Ratsprot. 5. Dez. 1555.

Jahres bildete die Verleihung des Bürgerrechts an Eingewanderte in den Ratsversammlungen einen stehenden Artikel: fast keine Sitzung, in der nicht Gesuche um das Bürgerrecht vorlagen und bewilligt wurden [1]. Die Zahl der aufgenommenen neuen Bürger betrug allein im J. 1555 zum mindesten 127; fast eben so viele wurden in jedem der beiden nächsten Jahre aufgenommen [2]. Und in gleichem Verhältnisse stieg die Zahl der einfachen fremden Habitants. Der Rathaussaal konnte die Menge der neuangekommenen Fremden, die bei dem Magistrat das Aufenthaltsrecht nachsuchten, oft nicht fassen. Neben den Franzosen und Italienern wurden um diese Zeit infolge der streng katholischen Politik der Königin Maria auch die englischen Refugiés immer zahlreicher: schon im Sommer 1555 mufste für die englische Flüchtlingsgemeinde ein besonderer Gottesdienst eingeführt werden [3]. Im Oktober 1557 wurden an zwei aufeinander folgenden Tagen zwischen zwei- und dreihundert Fremde als Habitants aufgenommen: Franzosen, Italiener, Engländer, Spanier. Im folgenden Jahre wurde an einem einzigen Tage sogar über 360 die Aufnahme bewilligt [4]. Die Lemanstadt wurde und hiefs schon im Sommer 1555 die »allgemeine Zufluchtsstätte der Exilierten [5]«, und in immer weiteren Kreisen richteten sich die Blicke aller derer, die in der Heimat um ihres Glaubens willen Drangsal und Verfolgung erlitten, nach Genf.

Erst durch diese massenhaften Ansiedelungen von Fremden erhielt der durch die letzten Vorgänge geschaffene Zustand eine feste Grundlage und einen sichern Halt. Die Zahl der Eingewanderten war im J. 1557 bereits erheblich gröfser als die der Eingeborenen. Erhielten die neuen Bürger auch noch nicht so bald Zutritt zu den höheren Ratskollegien, so waren sie es doch, welche der Stadt Charakter und Farbe gaben, welche die öffentliche Meinung bildeten.

---

[1] Ratsprot. 17., 21., 24., 25. Okt., 8., 11., 21., 28. Nov., 6., 10., 19. Dez. 1555, 3., 9., 13., 14., 21., 23., 24., 30. Jan. 1556.

[2] Eine mir vorliegende alte Aufzeichnung giebt 127 neue Bürger für 1555, 108 für 1556 und 110 für 1557. *Galiffe*, Quelq. pag. 78 hat 134 für 1555 und fast ebensoviel für die nächsten Jahre. [Vgl. *Roget* IV S. 326 f., V S. 43.]

[3] Ratsprot. 10. Juni, 24. Okt. 1555. *Roset* V c. 71. [*Roget* IV S. 328.]

[4] Ratspr. 14. Okt. 1557. *Roset* VI c. 29. Quelques pages S. 78.

[5] Blaurer an Bullinger 9. Aug. 1555; Genf, Siml. Bd. 85.

Eine erfolgreiche Auflehnung aus dem Schofse der alten Bürgerschaft war nicht mehr zu befürchten, eine Rückkehr zu dem
früheren Zustande war unmöglich. Die Herrschaft der kirchlichen
Ordonnanzen war in Genf nach fünfzehnjährigem Kampfe dauernd
und fest begründet und gegen jeden Angriff sicher gestellt.

Aber dabei blieb der Sieger jetzt nicht stehen. Es genügte
ihm nicht, dafs das Werk der Genfer Reformation in solcher
Weise sichergestellt war: es sollte nun auch geläutert und vervollkommnet werden.

Denn manche Mängel und Unvollkommenheiten klebten nach
Calvins fester Überzeugung der Genfer Reformation noch an.
Der Zustand, den die Ordonnanzen begründet und für den Calvin
so manches Jahr gekämpft, war weit entfernt, seinem Ideal vollständig zu entsprechen. Manches hatte er bei den Verhandlungen
von 1541 »mit Rücksicht auf die Schwäche der Menschen« zugestehen müssen, was er im Herzen mifsbilligte. Manches hatte
er eingeräumt mit dem stillen Vorbehalte, es zu gelegenerer Zeit
mit den Forderungen des wahren Christentums mehr in Einklang
zu bringen; in andern Punkten waren bisher nicht einmal die Bestimmungen der Ordonnanzen ganz zur Ausführung gekommen,
oder doch in der Praxis in einer Weise gemildert worden, dafs
das ideelle Verhältnis dadurch vollständig verdunkelt wurde. Die
Zeit war gekommen, das Werk seines Lebens von den noch an
demselben haftenden Mängeln zu reinigen und das wahre Christentum, wie er es verstand, nunmehr in reiner, unverfälschter Gestalt
ins Leben treten zu lassen.

Schon die ersten, im Sommer 1556 erlassenen Verordnungen
liefsen erkennen, dafs fortan ein strengerer Geist in Genf herrschen
werde. Die Kirchenzucht wurde alsbald mit gröfserer Energie
und Strenge gehandhabt, jede Übertretung der Ordonnanzen bestraft, die Kontrolle geschärft, der Grundsatz, dafs die Staatsgewalt
mit allen Mitteln für die Befolgung der kirchlichen Gebote einzutreten habe, jetzt mit gröfster Entschiedenheit zur Geltung gebracht. Das Consistorium erlangte ein erhöhtes Ansehen und
entwickelte eine gesteigerte Thätigkeit: es fand jetzt bei der weltlichen Gewalt jederzeit die gewünschte Unterstützung: von dem
jetzt nicht mehr bestrittenen Exkommunikationsrecht wurde der
umfassendste Gebrauch gemacht. Während in den vier Jahren von
Ende 1550 bis Ende 1554 die Strafe der kirchlichen Exkommuni

kation nur in etwa 80 Fällen zur Anwendung gekommen war, stieg die Zahl der Exkommunizierten allein im Jahre 1555 beinahe auf 100, um im folgenden Jahre ungefähr auf die Höhe von 140 zu steigen[1]. Auch solche, die nur für kurze Zeit in Genf ihren Aufenthalt nahmen, wie die zu den Genfer Messen kommenden fremden Kaufleute, hatten sich der strengen Kirchenzucht zu fügen. Im Jahre 1557 liefs der Rat die Edikte gegen das Schwören und Fluchen öffentlich an der Markthalle anschlagen, »damit niemand sich mit Unwissenheit entschuldigen könne[2]«. Um die allgemeine geistliche Überwachung zu erleichtern, sollten, wie die Ältesten, so nun auch die Geistlichen durch die ganze Stadt verteilt wohnen[3]. Die schon im J. 1550 angeordneten allgemeinen jährlichen Hausvisitationen (vgl. Bd. I S. 437) wurden erst jetzt vollkommen zur Wahrheit und mit strenger Gewissenhaftigkeit vorgenommen. Es nahmen an ihnen nicht blofs Geistliche und Älteste, sondern auch Mitglieder des Rates Anteil. Im Ratsprotokoll zum 4. März 1557 lesen wir, dafs zwei Syndiks beauftragt wurden, eine Generalvisitation durch die ganze Stadt vorzunehmen, um Knechte und Mägde zum Besuch der Predigt zu ermahnen, sie über ihren Glauben zu examinieren, Eltern zu ermahnen, ihre Kinder zur Schule zu schicken, Taugenichtse und Müssiggänger aus der Stadt zu entfernen; sogar von dem Verhalten von Ammen und Säuglingen sollten sie Kenntnis nehmen[4].

Während in solcher Weise die alten Gesetze über Sittenzucht mit einer früher nicht gekannten Strenge durchgeführt wurden, kamen zugleich zu den alten noch neue, welche namentlich das Band zwischen Kirche und Staat noch inniger knüpften, und insbesondere die Aufgabe der Staatsgewalt, gegen kirchliche Vergehen auch mit bürgerlichen Strafen einzuschreiten, noch nachdrücklicher zur Geltung brachten. Im Juni 1556 stellte Calvin im Namen der Geistlichkeit und des Consistoriums dem Rate vor, »es sei eine Schmach, dafs man solche, denen das Abendmahl untersagt sei, ohne Strafe lasse, da sie sich um jenes Verbot nicht viel kümmerten und das Sakrament verachteten;« er knüpfte daran den dringenden

---

[1] Vgl. die Liste der Excommuniés im Nachtrag zu *Cramers* Extraits des registres du consistoire.

[2] *Roset* VI c. 32.

[3] Ratsprot. 7. Dez. 1557.

[4] Ratsprot. 4. März 1557; vgl. *Henry* II S. 212.

Antrag, »dafs solche Mitglieder, die sich von der Kirche trennten
und sie befleckten, auch bestraft und für einige Zeit aus der Stadt
gewiesen würden«. Es scheint, dafs viele ein solches Verfahren
anfangs doch zu hart fanden; als aber der Reformator einige Zeit
später auf seinen Vorschlag zurückkam, drang derselbe dennoch
durch. Es wurde ein Edikt erlassen und in die Ordonnanzen aufgenommen, welches jeden Bürger und Einwohner von Genf, der
sich während eines Jahres des Abendmahls enthielt, und jeden Exkommunizierten, der nicht innerhalb Jahresfrist seine Wiederaufnahme
in die Kirche bewirkt hatte, zu einjähriger Verbannung verurteilte;
nur sollten den Schuldigen vor Ablauf jener Frist von dem Consistorium oder Rat eindringliche Vorstellungen gemacht werden[1].
Ein von Calvin lange gehegter Wunsch war damit in Erfüllung
gegangen. Nicht ganz so glücklich war er mit einem Antrage auf
eine Revision und nochmalige Verschärfung der ohnehin schon so
strengen und wiederholt verschärften Edikte über Gotteslästerungen,
Schwören, Fluchen, sittliche Ausschweifungen und Ehebruch. Die
von ihm diktierten und von dem Kleinen und Grofsen Rat bereits
angenommenen neuen Edikte lauteten so streng — auf Ehebruch
war Todesstrafe gesetzt —, dafs, als sie am 15. November 1556
dem Generalrat zur Annahme vorgelegt wurden, selbst aufrichtige
Anhänger des Reformators Bedenken gegen die Zweckmäfsigkeit
und Ausführbarkeit derselben äufserten und trotz der Gegenvorstellungen der Syndiks die Mehrzahl beschlofs, die neuen Gesetze als »zu hart« in der vorliegenden Gestalt nicht anzunehmen,
sondern sie zunächst nochmals »durchsehen und mildern« zu lassen.
Es wurde die Aufserung vernommen, »man stehe doch unter dem
Gesetze der Gnade und nicht mehr unter dem alten Gesetze.«
Andere meinten, die halbe Stadt werde auswandern müssen, wenn
die vorgeschlagenen Gesetze eingeführt würden. Über die Männer,
die ihre Annahme befürworteten, fielen sehr bittere Bemerkungen[2].

---

[1] Ratsprot. 8. Juni 1556, 21. Juni 1557. Ann. S. 639, 667. Ord. eccl.,
Ausg. von 1561, Opp. X, 1 S. 118. Dafs, wenn die Hartnäckigkeit noch
weiter getrieben wurde, auch noch schärfere Strafen eintraten, liegt in der
Natur der Sache und wird von Calvin ausdrücklich bestätigt: »*Si quis etiam
protervius se gerit, senatus causam suscipit et animadvertit*«. Calvin an Olevian 5. Nov. 1560, Opp. XVIII S. 236.

[2] Ratsprot. 12., 13., 15. Nov. 1556; Consistorialprot. 3. Dez. 1556.
Roset VI c. 14. *Roget*, L'Église et l'État S. 69 f. Quelques pag. S. 120.

Ein Zeichen, dafs die Menge der Bevölkerung damals noch nicht
auf der Höhe der calvinischen Ideen stand! Man beschlofs mit
Stimmenmehrheit, die vorgelegten neuen Edikte, »weil einige sie
zu hart fänden, nochmals durchsehen und mildern, dann nochmals
dem Generalrat vorlegen zu lassen.« Allein das waren fruchtlose
Anstrengungen gegen eine Entwickelung, die wohl noch für einen
Augenblick, aber nicht mehr auf die Dauer gehemmt werden
konnte. Thatsächlich erlangten die strengen Grundsätze des
Reformators dennoch in kurzem Geltung. Diejenigen, auf welche
es ankam, die Syndiks, der Rat und selbst die Zweihundert standen
auf seiner Seite und unter seinem Einflufs. Und um den übrigen
Einwohnern mit einem guten Beispiele voranzugehen, traf der Rat,
wohl auf Anregung Calvins, eine Einrichtung, die nicht verfehlen
konnte, auf die Menge einen tiefen Eindruck zu machen. Im
Dezember 1557 wurde von gottesfürchtigen Männern im Rat der
Antrag gestellt, dafs nach dem Vorbild der Mitglieder der ehrwürdigen Kongregation auch die Mitglieder des Rates an bestimmten Tagen des Jahres zu vertraulichen Konferenzen zusammentreten möchten, um einander wechselseitig ihre Fehler
nachzusehen, ihr Verhalten zu prüfen und gegen vorgekommene
Nachlässigkeiten und pflichtwidrige Handlungen Vorstellungen zu
machen. Der Vorschlag wurde angenommen und nur die Bedingung
gemacht, dafs erteilte Ermahnungen und Zurechtweisungen der
Öffentlichkeit vorenthalten würden. Viermal im Jahre, wie die
allgemeine Abendmahlsfeier, sollten auch diese »Censuren des
Kleinen Rates« stattfinden. Zu Anfang des nächsten Jahres (2. März)
trat die neue Einrichtung ins Leben [1]. Fürwahr, wo die Väter
und Führer der Stadt einen solchen Eifer zeigten, das geistliche
Vorbild nachzuahmen, konnte das Volk nicht lange zurückbleiben.

Dafs mit der strengen Durchführung und Verschärfung der
Sittenzucht zugleich eine gröfsere Strenge in der Überwachung
der Reinheit des Glaubens eintrat, bedarf kaum einer ausdrück-
lichen Erwähnung. Kein Widerspruch durfte gegen die bis in den
Sommer 1555 immer noch heimlich und offen angegriffene Prädestinationslehre mehr laut werden. Insbesondere liefs Calvin es
sich angelegen sein, alle noch vorhandenen Reste des Papismus,
für den es selbst in dieser Zeit noch Sympathien gab, gründlich

---

[1] Ratsprot. 7., 15. Dez. 1557, 2. März 1558. *Rosel* VI c. 33.
Kampschulte, J. Calvin II. 19

aus den Gemütern auszurotten. Der Gegensatz gegen den Katholizismus wurde verschärft. Es war nicht mehr gestattet, irgend
ein katholisches Buch zu besitzen. Ein Einwohner, von dem
hinterbracht wurde, dafs er die Legenda aurea besitze, wurde
vorgeladen, zurechtgewiesen und mufste das Buch ausliefern. Nicht
einmal über den Privatcharakter des Papstes und seine weltliche
Regierungsweise durfte der Genfer sich günstig äufsern [1]. Als im
J. 1556 ein Blitzstrahl das grofse Kreuz auf dem Glockenturm
von S. Peter traf, wurde dies als ein Wink des Himmels angesehen
und der Befehl erlassen, alle Kreuze auf Kirchen und andern
öffentlichen Gebäuden in Stadt und Land zu beseitigen [2]. Auf die
ehemaligen Feiertage wurden mit Absicht die geräuschvollsten und
profansten Arbeiten verlegt. Am Weihnachtstage 1556 empfing
ein Verurteilter öffentlich durch Henkershand die Strafe des Staupbesens, und der Geistliche, der an diesem Tage die Predigt hatte,
geriet auf der Kanzel in heftigen Zorn, als er wahrnahm, dafs
dennoch die Andächtigen sich zahlreicher eingefunden hatten als
an gewöhnlichen Wochentagen [3]. Alles sollte in Genf Rom un-
versöhnliche Feindschaft ankündigen.

Und nicht blofs auf die kirchlichen, auch auf die bürgerlichen
Verhältnisse erstreckten sich die Folgen des Sieges. Während der
Wirren und Parteikämpfe der letzten Jahre war manches in der
Verwaltung und Regierung des kleinen Gemeinwesens in Unord-
nung geraten. Calvins ordnungsliebender Geist und sein organi-
satorisches Talent machte sich bald auch hier geltend. Hatte er
auch früher, solange er mit einer mächtigen feindlichen Partei im
Kampfe um die Herrschaft lag, selbst nicht immer den Weg des
strengen Gesetzes inne gehalten, so trat doch jetzt, da er sich im
Besitz der Gewalt, die Gegner gestürzt sah, der ihm angeborene
Sinn für ein streng geordnetes und geregeltes Staatswesen wieder
in seine Rechte. Mehrere Mifsstände wurden unter seiner unmittel-

---

[1] Consistorialprot. 12. Nov. 1556, 15. Juli 1557.
[2] *Roset* VI c. 9.
[3] Vgl. Haller an Bullinger 8. Jan. 1557, Opp. XVI S. 380. Vgl.
Ratsprot. 26. Dez. 1555: »*Hier quelques uns de la ville ont fait la feste de
Noel et mesme quelques pauvres de l'hospital. Arreste que ceulx qui seront
trouves lavoir faicte seront 24 heures en prison, et les pauvres auxquels est
faicte aumosne en l'ospital en seront prives pour un mois sils ont celebre
la feste*«.

baren Mitwirkung beseitigt. Es wurde eine bessere Ordnung in den Staatshaushalt gebracht und ein Gesetz erlassen, welches untersagte, in Zukunft solche, die noch von ihrer früheren Amts-führung her der Stadt Rechenschaft schuldig seien, zu neuen Ämtern zu wählen[1]. Ein anderes Edikt beseitigte die alte weit-läufige bürgerliche Prozefsordnung und führte ein kürzeres und bündigeres Verfahren ein[2]. Es wurde auch im bürgerlichen Leben eine strengere Kontrolle um so mehr eingeführt, als auch die äufsere Sicherheit dies zu erfordern schien: kein Einwohner durfte ohne besondere Erlaubnis sich auf längere Zeit aus der Stadt ent-fernen, und dieses Verbot wurde selbst gegen die angesehensten Refugiés zur Geltung gebracht[3]. Keine Art von Müfsiggang ward mehr geduldet. Junge Leute, die sich ohne Beschäftigung herum-trieben und den Gottesdienst versäumten, wurden, auch wenn sie den angesehensten Familien angehörten, ohne viel Umstände vor-geladen und aufgefordert sich zu bessern, widrigenfalls man sie zu den Erdarbeiten an den Festungswerken verwenden werde[4]. Der Rat entwickelte in allen diesen Richtungen die rührigste Thätigkeit, und war auf jede Weise bemüht, Calvins Lob zu ver-dienen. Um eine Wiederkehr der früheren Zustände unmöglich zu machen, hatte er schon im J. 1555 die über die Flüchtlinge ver-hängten Strafen bis aufs vierte Glied ausgedehnt[5], und im J. 1558 fafste er sogar den Beschlufs, dafs »zum künftigen Andenken an die Befreiung der Stadt« vor drei Jahren eine Gedenktafel an dem Rathause aufgestellt werde[6].

So entwickelten sich jetzt in Genf mehr und mehr Zustände, die dem Ideale Calvins, wenn auch nicht vollkommen entsprachen, doch sich näherten. Die Biographen sind voll des Lobes für diese Zeit. »Die Kirche Gottes,« sagt Colladon, »machte gewaltige Fortschritte. Das Volk wurde dem göttlichen Worte gehorsamer.

---

[1] Übrigens hat diesen Übelständen auch schon die Obrigkeit von 1554 ihre Aufmerksamkeit zugewandt, vgl. *Roset* V c. 55.

[2] Ratsprot. 12., 13., 15. Nov. 1556. *Roset* VI c. 14. Manche der uns erhaltenen handschriftlichen Aufzeichnungen und Entwürfe von Calvins Hand gehören wohl dieser Zeit an; vgl. Bd. I S. 416 ff.

[3] Quelques pag. S. 118 n. 3. Vgl. auch Ratsprot. 1. April 1561.

[4] Vgl. z. B. Ratsprot. 7. Juni 1558.

[5] Ratsprot. 27. Dez. 1555.

[6] Ratsprot. 23. Mai, 13. Sept. 1558.

Die heilige Reformation wurde besser beobachtet, und die Vergehen
nach Gebühr bestraft und unterdrückt. Darüber herrschte Freude
im Herrn unter allen Frommen '.« Congregation und Consistorium,
Visitationen und Konferenzen gingen in schönster, ungestörter
Ordnung vor sich. Die Predigten wurden von Jung und Alt, Hoch
und Niedrig, von Einheimischen und Fremden mit einem früher
nicht gekannten Eifer besucht. Die alten drei Pfarrkirchen reichten
bald nicht mehr aus. Schon im J. 1557 wurde auf Calvins Vorschlag die bei der Einführung der Reformation geschlossene Kirche
von St. Germain »wegen des gesteigerten Kirchenbesuches« wieder
für den Gottesdienst geöffnet und auch die Anzahl der Geistlichen
um zwei vermehrt². Ein religiöser Ernst durchdrang mehr und
mehr auch das bürgerliche Leben. Die öffentlichen Wahlen geschahen nur noch unter Assistenz der, Geistlichen mit Gebet und
Predigt. Bei der Wahl der Syndiks für das Jahr 1558 ermahnte
Calvin in ernsten Worten die Versammelten, Gott die Ehre zu
geben und in Demut zu wählen; »man möge daran denken, in
welcher Gefahr die Republik in den letzten Jahren geschwebt,
weil die regierenden Bürger unwürdig gewesen, und auch die Klein-
heit des Staates bedenken, damit die Seelen nicht stolz würden«³.
Zwischen Rat und Geistlichkeit bestand ungetrübte Eintracht.
Willig ordneten sich die unter geistlichem Einfluſs gewählten weltlichen Machthaber dem Reformator unter, mit dem des Herrn
Hand so sichlich war. Man trat jederzeit für seine Reformvorschläge ein, hörte auch in rein politischen Fragen auf seinen
Rat, übertrug ihm politische Verhandlungen, lieſs wichtige Staatsschreiben durch ihn abfassen. Man erwies ihm Ehre und Aufmerksamkeit, wo sich Gelegenheit dazu bot, stellte ihm mit Rücksicht auf seine gesteigerten Arbeiten einen Hilfsgeistlichen an die
Seite, lieſs ihn auf Reisen durch einen öffentlichen Herold feierlich
geleiten. Ein Fremder wurde unentgeltlich als Bürger aufgenommen,

---

¹ *Colladon*, Opp. XXI S. 79.

² Ratsprot. 12. Juli 1557. *Roset* VI c. 33.

³ Ratsprot. 4. Febr. 1558, Ann. S. 685 [das obige Citat nach
Henry II S. 52]. Vgl. Ratsprot. 17. Nov. 1555, wo von der Wahl des Lieutenants die Rede ist. [Über die Beschränkung der Thätigkeit des Groſsen Rats
vgl. *Stachelin* in der Prot. Realencyklopädie III S. 681.]

weil er acht Predigten Calvins aufgezeichnet und in einem Buche schön zusammengestellt habe[1].

Und an dieser bevorzugten Stellung nahm nun auch die übrige Geistlichkeit teil. Als der Prediger Abel Poupin, der so oft durch sein herausforderndes Reden und seinen geistlichen Hochmut das alte Genf gegen sich aufgebracht hatte, im Herbst 1555 erkrankte, erregte dies in solchem Grade die öffentliche Teilnahme, daſs darüber selbst im Rate verhandelt und dem Diener Gottes zum Troste auf städtische Kosten ein ansehnliches Geschenk gemacht wurde[2]. Viret und Farel, die im nächsten Frühjahr die Stadt wieder besuchten, wurden von dem Magistrat mit einer fast kindischen Zärtlichkeit behandelt und mit den kostbarsten Speisen bewirtet[3]. Es war die ehrwürdige Genossenschaft, die fortan in Genf den Mittelpunkt des öffentlichen Lebens bildete und dasselbe nach allen Richtungen beherrschte. Nach zwanzigjährigem beharrlichem Kampf war es dem Reformator endlich gelungen, dem geistlichen Amt diejenige Stellung zu sichern, ohne die er ein wahrhaft gedeihliches, dem Geiste des Christentums völlig entsprechendes Wirken für unmöglich hielt.

Glaubens- und reformeifrige Fremde, die in jenen Jahren nach Genf kamen, blieben staunend vor dem Schauspiel stehen, das sich ihren Augen darbot, und konnten nicht Worte genug finden, den Gesinnungsgenossen in der Heimat zu schildern, was sie gesehen. Nach Genf müsse man ziehen, meinte John Knox, der derbe schottische Reformator, der 1556 sich längere Zeit in der Stadt Calvins aufhielt, um das wahre Christentum kennen zu lernen. »Seit der Apostel Zeiten,« schrieb er damals von Genf seinem Freunde Locke, »hat es, wie ich ohne Scheu zu behaupten wage, keine vollkommnere Schule Christi gegeben als hier. Auch andern Orts wird wohl Christus wahrhaftig gepredigt, aber noch nirgendwo habe ich gesehen, daſs Sitten und Glauben so gründlich (sincerly) reformiert worden seien wie hier[4].« »Ich habe viele

---

[1] Ratsprot. 24. Juni, 7. Nov. 1555, 17., 21. Jan., 12. Okt. 1556. *Colladon* S. 70. Vgl. Opp. XV S. 706; XVI S. 270 f., 316 ff., 559 ff.

[2] Ratsprot. 5. Sept. 1555. Er starb 1556.

[3] Ratsprot. 28. April 1556: »*On leur faict un present de confitures et des dragées*«. *Grenus*, Extr. S. 23. Vgl. Ratsprot. 31. Aug. 1556, Ann. S. 647 (der in Genf erkrankte Viret wird auf städtische Kosten verpflegt!)

[4] *Thomas M'Crie*, The life of John Knox. Edinb. 1818. I, 197.

Kirchen besucht,‹ schrieb in demselben Jahre Vergerius den
Freunden in der italienischen Heimat, ›die sich reformiert haben,
aber ich habe keine gefunden, die es so weit gebracht wie Genf.‹
Und dann geht er die kirchlichen Einrichtungen Genfs einzeln
durch, Predigt und Katechese, Consistorium, Psalmengesang, gemeinsame Abendmahlsfeier, Hausvisitation, Einsetzung der Geistlichen, Schul- und Armenwesen, um von der kirchlichen Ordnung,
die Calvin hier geschaffen, ein Bild zu entwerfen, das in der
That Genf als die evangelische Musterkirche erscheinen läfst und
noch heute den Stolz der Genfer Reformationshistoriker ausmacht[1].‹
Ganz entzückt von der neuen Ordnung der Dinge in Genf war
der alte Farel, der selbst zu dem glänzenden Erfolge des Meisters
redlich sein Teil beigetragen. Es wurde ihm schwer, sich von
der Stadt zu trennen, als er sie 1557 wieder besuchte. ›Neulich
war ich in Genf,‹ schrieb er im Frühjahr 1557 seinem Freunde
Blaurer, ›und noch nie hat es mir dort so wohl gefallen, so dafs
ich mich kaum losreifsen konnte. Nicht dafs ich wünschte, eine
so grofse, nach dem Worte Gottes begierige Gemeinde zu belehren,
sondern nur zu hören und zu lernen wie der Geringste im Volk. —
In Genf wollte ich lieber der letzte sein als an einem anderen
Orte der erste[2].‹

II.

NEUE IRRUNGEN MIT BERN.   DER EWIGE FRIEDE.

In nicht so günstigem Lichte wie den reformeifrigen Emi-
granten und Freunden Calvins erschien der neue Zustand in
Genf den Glaubensgenossen in der benachbarten deutschen
Schweiz.

---

[1] Vergerius' Schreiben bei *Gaberel* I S. 512—520; auch bei *Stachelin* I,
481 ff. Dafs indes Vergerius die Dinge in allzu günstigem Lichte sieht, ergiebt
sich aus dem auch dem Schulwesen gespendeten Lob, mit dem es 1556
keineswegs schon so günstig stand. Eine ähnliche panegyrische Schilderung in
den Mémoires de Condé (A la Haye 1743) I, 604 ff.

[2] *Kirchhofer*, Farel II, 125. Farel an Blaurer 13. April 1557, Opp. XVI
S. 446. Sulzer an Bullinger 22. Aug. 1556 bezeichnet Genf als ›*insigne
religionis veraeque pietatis domicilium*‹; ebd. S. 266.

Hier war der erste Eindruck, den die Vorgänge des Jahres 1555 machten, vielmehr ein höchst peinlicher. Die massenhaften Verurteilungen, Einkerkerungen, Verbannungen, Gütereinziehungen und insbesondere die wiederholten Hinrichtungen wurden von der öffentlichen Meinung in sehr entschiedener Weise mißbilligt, und die leidenschaftlichen Schilderungen der dem Kerker oder Blutgerüst Entkommenen gaben dieser Stimmung neue Nahrung. Vor allem richtete sich die allgemeine Ungunst gegen Calvin, in dem alle Welt den eigentlichen Urheber der beklagten Vorgänge erblickte. Man fand seine Handlungsweise zu hart und meinte, aus so blutiger Saat könne nimmer Gutes hervorgehen. Die Theologen in den größten schweizerischen Städten blickten mit banger Sorge in die Zukunft. In beweglichen Worten bat Bullinger seinen Genfer Freund, sich doch der Mäßigung zu befleißen und auf das zu sinnen, »was zum Frieden und zur Erbauung diene[1].« Auch an andern, für den Ruf Calvins nachteiligen Gerüchten fehlte es nicht[2]. Zwar brachten die verschiedenen von ihm selbst oder von seinen Freunden verbreiteten Rechtfertigungsschreiben — nach Zürich und Basel ließ der Rat zur Widerlegung der schlimmen Gerüchte sogar einen besonderen Boten mit einer ausführlichen, offenbar von Calvin aufgesetzten offiziellen Denkschrift abgehen[3] — doch einige Wirkung hervor: die Stimmung wurde nach und nach milder; aber es blieb doch unter Geistlichen wie Laien gegen die neue Ordnung in Genf und den alles beherrschenden geistlichen Diktator ein tiefes Mißtrauen zurück, welches dieser selbst sich am wenigsten verbarg und, zu Zeiten wenigstens, sehr bitter empfand. »Ich weiß es,« schreibt er einmal einem seiner Freunde, »fast die ganze Welt ist von Haß gegen mich entbrannt, und viele lassen sich dadurch von dem freundschaftlichen Umgang mit mir abschrecken[4].«

Am gewaltigsten aber zürnte das benachbarte Bern, und von

---

[1] Bullinger an Calvin 28. Sept. 1555, Opp. XV S. 797 ff.

[2] Piperinus an Blaurer 19. Sept. 1555; an Calvin selbst 15. Okt. und Calvins Antwort 18. Okt., Opp. XV S. 770, 820, 825.

[3] Memoire porté par M. Roset 19. Nov. 1555 bei *Gaberel* I Pièces just. S. 135 ff. Vgl. Ratsprot. 4. Nov. 1555.

[4] Calvin an Faber 13. April 1556, Opp. XVI S. 106; vgl. auch seine Briefe an Viret, Farel, Piperinus aus dem Sept. und Okt. 1555, Opp. XV S. 754, 812, 825.

hier drohte dem kaum aufgerichteten Gebäude Calvins ernste Gefahr.

Bern wurde durch die kirchlich-politische Umwälzung in Genf in der unmittelbarsten und empfindlichsten Weise getroffen. Mit Ami Perrin und seinen Freunden fiel zugleich der letzte Rest des Einflusses, den Bern aus den Tagen des genferischen Unabhängigkeitskampfes durch alle Wechselfälle hindurch in diese Zeit hinübergerettet hatte. Die Partei, die am 16. Mai 1555 vollständig ans Ruder gelangte, war dieselbe, die seit Jahren systematisch den bernischen Einfluß bekämpft hatte und offen oder heimlich auf eine Allianz mit Frankreich lossteuerte, während sich unter den Anhängern des Generalkapitäns fast alles befand, was in Genf noch an der Tradition des Jahres 1526 und den damals begründeten innigen Beziehungen zwischen den beiden Städten — aus was für Gründen auch immer — festhielt. Hatte Bern auch in den letzten Jahren schon Einbuße auf Einbuße erlitten, war sein ehemaliger Einfluß in der letzten Zeit nur mehr geringfügig gewesen: die kirchlich-politische Umwälzung von 1555 traf die Berner Nachbarn dennoch sehr hart. Vollständig sollte jetzt die Frucht aller Anstrengungen, Opfer, Bemühungen der letzten dreißig Jahre dahin sein! Man versuchte anfangs die Mittel der Güte, um den drohenden Schlag abzuwenden. Man bat für die Angeklagten um ein freies Geleit, um ein ordentliches Verhör, man sandte Schreiben auf Schreiben, Botschaften auf Botschaften, um die Partei der Freunde und den eigenen Einfluß zu retten[1]. Als alle friedlichen Versuche und Vorstellungen nutzlos blieben, bemächtigte sich der Gemüter eine Erbitterung der leidenschaftlichsten Art. Der Haß gegen die undankbare Bruderstadt und ihr wälsches Oberhaupt — daß Calvin alles angezettelt, galt in Bern als zweifellos — kannte bald keine Grenzen mehr und riß auch die Besonnenen mit sich fort. Vergebens predigten die Geistlichen Mäßigung[2]. Die Berner Regierung machte die Sache der exilierten Perrinisten jetzt vollständig zu der ihrigen; die gegen sie gefällten Urteile wurden, weil sie lediglich von Parteileidenschaft eingegeben

---

[1] [Vgl. *Roget* IV S. 277 ff., 282 ff., 293 ff.]

[2] Vgl. Haller an Bullinger 27. Juli, 6. Aug. 1555; Musculus an Bullinger 15. Okt. 1555, Opp. XV S. 699, 718, 822. *Bolsec* S. 101 legt den Bernern gar die Äußerung in den Mund: »*dignum infelicem hanc urbem esse, quae funditus eversa in lacum Lemanum tota immergeretur*«.

seien, als rechtsgültig nicht anerkannt. Man nahm die Verurteilten mit offenen Armen auf und liefs sie auf Berner Gebiet in Lausanne, wo sie Virets Tage verbitterten[1], und anderswo, namentlich aber in den Grenzorten sich ansiedeln. Sofort wurde eine Art Grenzkrieg organisiert. Bald führten die von den Schützlingen Berns ausgeführten Überfälle und Angriffe gegen Genfer Bürger den calvinischen Machthabern zu Gemüte, was der Zorn von Bern zu bedeuten habe[2].

Aber Bern glaubte noch ein anderes Mittel in Händen zu haben, den neuen Herrn in Genf seinen Zorn fühlbar zu machen und dieselben in der Erkenntnis ihrer Pflichten zu fördern.

Im Februar des nächsten Jahres ging der in der Zeit des vorwaltenden Einflusses der perrinistischen Partei um weitere fünf Jahre verlängerte Burgrechtsvertrag zwischen den beiden Städten zu Ende. Hatte Bern schon vor dem letzten Ereignisse die auf eine Verlängerung des bisherigen Bundesverhältnisses gerichteten Anfragen und Anträge Genfs, welches sogar einen ewigen Bund wollte, sehr kühl aufgenommen und wenig Lust zu einer Fortsetzung des alten Verhältnisses an den Tag gelegt, so war es jetzt noch viel weniger dazu geneigt[3]. Sollte es durch Erneuerung des alten Schutzbündnisses eine Partei in der Herrschaft befestigen helfen, die fortfuhr, Berns Gefühle und Interessen in der kränkendsten Weise zu mifsachten und zu verletzen, die jeden Tag neue Beweise ihrer Undankbarkeit und ihres Hasses gab? Zudem glaubte sich Bern, wie wir wissen, durch mehrere Bestimmungen der früheren Verträge, namentlich über die schiedsrichterlichen Entscheidungen, sowie über die Güter des ehemaligen Domkapitels und der Abtei von S. Victor benachteiligt. Es lag nahe, den gegenwärtigen Moment zu benutzen, sich von der nachteiligen Stipulation loszusagen und auszuführen, was 1539 mifslungen war. Und Berns Staatsmänner entschlossen sich dazu. Auf erneuerte Anträge erklärten sie den bisherigen Verbündeten, dafs Bern zu einer Erneuerung des Bundesvertrages bereit sei, jedoch nur unter der Bedingung einer Revision desselben. Im August 1555 ging eine

---

[1] Viret an Calvin 26. Dez. 1555. Opp. XV S. 899 f. »Vos pulsis vestris immundis spiritibus quiescitis, nos vero ab illis divexamur«.

[2] Ratsprot. 19. Aug., 8. Sept. 1555. *Bonivard*, Anc. et nouv. pol. S. 114. *Roset* VI c. 3. Quelques pag. S. 112 ff.

[3] *Ruchat-Vulliemin* VI, 131. [*Roget* V S. 5 ff.]

Gesandtschaft, an deren Spitze der bekannte Hans Franz Naegeli stand, nach Genf ab, um hier die gewünschten Veränderungen mitzuteilen[1].

Aber wie hätten die gegenwärtigen Machthaber, die Genf ja gerade von dem Einflusse Berns emanzipieren und diesem nur die ehrenvolle Pflicht, Calvins Stadt in der Stunde der Gefahr zu verteidigen, gewahrt wissen wollten, zu einem solchen Beginnen die Hand bieten können? Man war in Genf durch das bisher in den politischen Verwicklungen mit dem deutschen Nachbar erfahrene Glück so sehr verwöhnt, dafs die neuen Forderungen Berns, wie sehr sie auch in der Natur der Verhältnisse begründet waren, hier völlig unerwartet kamen und eine allgemeine Entrüstung hervorriefen. Solle einmal, meinte man, der Vertrag verändert werden, so müfse dies vielmehr zum Vorteil Genfs und nicht des schon mehr, als sich gebühre, bevorzugten Berns geschehen[2]. In der That scheint man in der Stille die Hoffnung genährt zu haben, bei dieser Gelegenheit namentlich jener drückenden Bestimmung ledig zu werden, welche es Genf untersagte, ohne Wissen und Willens Berns mit irgend einer Stadt ein Bündnis zu schliefsen; schon früher war zu verschiedenen Malen der Versuch gemacht worden, Genfs Aufnahme in den allgemeinen Bund der eidgenössischen Städte durchzusetzen, um damit mittelbar auch zu Frankreich in ein näheres Verhältnis zu kommen. Gerade jene Bestimmung aber wurde von Bern in den neuen Vorschlägen mit besonderem Nachdruck betont[3].

An Annahme war da nicht zu denken. Die Gesandten wurden fast mit Verachtung behandelt. Das Volk würdigte sie nicht einmal eines Grusses[4]. Alles war erbittert über die Anmafsung Berns, das Genf entehren wolle! Zwar trat dann bei

---

[1] *Ruchat-Vulliemin* VI, 182. Calvin an Bullinger Okt. 1555, wo auch die von Bern gestellten Bedingungen angegeben werden. Opp. XV S. 833.

[2] Calvin an Zurkinden (Zerkintes) 21. Febr. 1556, Opp. XVI S. 43 f. [*Roget* V S. 7 f.]

[3] Calvin an Bullinger Okt. 1555, Opp. XV S. 833 f. Diese Bestimmung steht bereits in dem Vertrag von 1536, aber allerdings nicht im Burgrechtsvertrag. Ist *Galiffes* Urteil über Berns Haltung (Quelques pag. S. 119) auch zu günstig, so ist es der Stadt doch wahrlich nicht zu verargen, wenn sie den neuen Gebietern in Genf gegenüber auf die Rolle des Edelmütigen verzichtete. Vgl. o. S. 233 ff.

[4] Sulzer an Bullinger 3. Sept. 1555, Opp. XV S. 746.

ruhigerer Erwägung der Sachlage naturgemäfs wieder eine Er-
nüchterung der Gemüter ein. Man liefs sich doch, da man nicht
ohne Bundesgenossen bleiben konnte und wollte, mit dem begehrlichen, mächtigen Nachbar in Unterhandlungen ein. Man brachte
nochmals Genfs Aufnahme in die eidgenössische Allianz in Anregung, für die Bern selbst früher (1549) wirken zu wollen erklärt
hatte. Natürlich, dafs Bern nichts davon wissen wollte[1]. Man
machte dann wirklich Bern nicht unerhebliche Zugeständnisse[2].
Aber Bern fand dieselben ungenügend. Es fafste sein Antwortschreiben jetzt zum erstenmal in deutscher Sprache ab, zum grofsen
Verdrufs der calvinischen französischen Machthaber[3]. Die Gemüter waren zu erregt, die Interessen einander zu sehr entgegengesetzt, als dafs eine wirkliche Ausgleichung möglich gewesen.
Ende Januar 1556 setzte Genf den bisherigen Verbündeten nochmals in einem ausführlichen Schreiben auseinander, dafs es auf
die vorgeschlagenen Bedingungen nicht eingehen könne: man
werde sich, wenn der Bund nicht wieder erneuert werden sollte,
unter den Schutz Gottes stellen. Die Folge war, dafs Bern am
7. Februar 1556, einen Tag vor dem Ablauf des Vertrages, denselben nunmehr für erloschen erklärte und sich von allen früheren
Vereinbarungen und Abmachungen in aller Form lossagte[4].

Zum ersten Mal seit dreifsig Jahren stand Genf ohne Bundesgenossen da.

In den protestantischen Orten der Eidgenossenschaft erregte
dieser Ausgang eine gewisse Bestürzung. Allgemein herrschte hier-
das Gefühl, dafs es ein Unrecht sei, eine Stadt, die für die allgemeinen Interessen des Evangeliums eine Wichtigkeit habe wie
Genf, in dieser Zeit der Gefahr hilflos und ohne Bundesgenossen

---

[1] Ratsprot. 3., 23. Dez. 1555. Vgl. *Spon* II. 204.

[2] Calvin an Bullinger 23. Jan. 1556, Opp. XVI S. 10. [*Roget* V S. 10 f.]

[3] Calvin an Zurkinden 21. Febr. 1556, Opp. XVI S. 44: »*Denique
quum oblatam mitigationem recusastis germanice scribendo, quod antehac nunquam factum fuerat, visi estis quasi data opera apertum prae vobis contemptum
ferre*«. Der Ärger war allerdings um so mehr begründet, als infolge des
steigenden Einflusses der Franzosen die Zahl der das Deutsche Verstehenden
sehr zusammengeschmolzen war. Ratsprot. 23. Dez. 1555. Im Jahre 1560
mufste der Rat sogar vier junge Leute nach Deutschland schicken, um das
Deutsche zu erlernen; Ratsprot. 30. Juli 1560; vgl. 20. Jan. 1559.

[4] *Roset* VI c. 6; *Ruchat-Vulliemin* VI, 183. [Genfs Schreiben war von
Calvin redigiert: *Roget* V S. 11 f.]

zu lassen. Man erinnerte an den Fall von Constanz und fürchtete, dafs, was im Osten geschehen, auch im Westen sich ereignen könne[1]. Man mifsbilligte die Haltung Berns, aber noch schärferer Tadel richtete sich gegen Calvin, der hauptsächlich für das Scheitern der Verhandlungen und den Eigensinn Genfs verantwortlich gemacht wurde. Seine tiefe Abneigung gegen Bern war allbekannt — er selbst hatte nie Hehl daraus gemacht —, nicht minder der grofse Einflufs, den er in diesem Augenblicke in Genf ausübte: der Schlufs lag also nahe, das Auftreten des Genfer Magistrats auf ihn zurückzuführen. Von vielen Seiten vernehme er Klagen über Calvins unversöhnlichen Hafs gegen Bern, schrieb ihm tiefbekümmert sein Freund Bullinger schon im Herbst 1555; man sage, er suche absichtlich das Bündnis mit Bern zu hintertreiben und mit seinen Franzosen allein und nach eigenem Gutdünken zu herrschen. Er möge doch bedenken, dafs Bern vordem um Genf sich grofse Verdienste erworben und dafs das Bündnis mit demselben sowohl Genf als der Sache Christi gute Früchte getragen[2]. Wie allgemein jene Ansicht herrschend war, zeigt auch der Umstand, dafs der einzige Mann in Bern, der bei der allgemeinen Erbitterung sich die nötige Ruhe des Gemütes erhielt und auch nach dem definitiven Bruch an der Wiederherstellung des Bundes zu arbeiten fortfuhr, der Staatssekretär Zurkinden, sich an keinen andern als an Calvin wandte und ihn von der Billigkeit der Berner Forderungen zu überzeugen suchte[3]. Von ihm allein, schrieb derselbe noch zu Anfang des nächsten Jahres an Calvin, hänge es nach dem festen Glauben der Berner ab, dafs der Friede zwischen den beiden Städten wiederhergestellt werde[4].

Calvin trat dieser Ansicht, wo er konnte, entgegen. Er suchte nach aufsen vielmehr die Meinung zu verbreiten, als mische er sich gar nicht in Staatsangelegenheiten, es sei denn — was indes nur selten geschehe — dafs ihn der Rat ausdrücklich darum bitte[5]. Indes ein Blick in die Ratsprotokolle und die in der Berner Angelegenheit ergangenen Staatsschriften, die gröfstenteils Calvin zum Verfasser haben, genügt, um sich zu überzeugen, dafs die öffent-

[1] *Rosst* VI c. 6.
[2] Bullinger an Calvin 28. Sept. 1555, Opp. XV S. 798 f.
[3] Zurkinden an Calvin 14. Febr. 1556, Opp. XVI S. 29 ff.
[4] Zurkinden an Calvin 20. Jan. 1557, Opp. XVI S. 390.
[5] Calvin an Zurkinden 21. Febr. 1556, Opp. XVI S. 43.

liche Meinung sich nicht im Irrtum befand, dafs er auch hier
Genfs bestimmender Genius war. Er machte auch selbst einem
Zurkinden gegenüber kein Hehl daraus, dafs er die Weigerung
seiner Mitbürger, auf Berns Forderungen einzugehen, durchaus
billige, ja Genfs Haltung sogar äufserst mafsvoll finde. Es läfst
sich nicht bezweifeln, dafs er in der That das Bundesverhältnis
zu Bern am liebsten völlig und für immer beseitigt gesehen, wenn
sich nur ein Ersatz dafür hätte beschaffen lassen [1].

Allein dazu war in diesem Augenblicke wenig Aussicht vorhanden und jedenfalls hatte Bern auch dabei ein Wort zu reden.
Ohne Bundesgenossen aber, das war auch Calvins feste Überzeugung, konnte und durfte Genf in dieser Zeit der plötzlichen
Gefahren nicht lange gelassen werden. So blieb nichts übrig, als
sich in das Harte zu finden und neue Verhandlungen mit Bern
zu versuchen.

Genf rief in dieser Lage die Vermittlung der drei deutschen
Orte Zürich, Basel und Schaffhausen an, die ihm schon so oft
gute Dienste geleistet hatten. Es gelang diesen wirklich durch
eindringliche Vorstellungen, Bern insoweit zur Nachgiebigkeit zu
stimmen, dafs es in eine Wiederaufnahme der Verhandlungen
einwilligte und den Genfer Gesandten eine gute Aufnahme versprach. Allein die neuen Verhandlungen blieben völlig erfolglos;
Genf beharrte im wesentlichen auf seinem alten Standpunkte, Bern
aber fügte seinen früheren Forderungen jetzt noch neue hinzu [2].
Die Combourgeoisie schien im Sommer 1556 weiter in die Ferne
gerückt als je. Es wurde von Bern gegen den ehemaligen Verbündeten jetzt sogar eine förmliche Grenzsperre angeordnet [3]. Und

---

[1] Dafs Calvin es geradezu auf eine Auflösung des Bundes der beiden
Städte abgesehen und diese systematisch betrieben, ist eine zu weitgehende
Ansicht *Galiffes* (Quelques pages S. 50, 76). Dafs er aber schon längst
dahin strebte, sich von Bern zu emanzipieren, zeigen in Verbindung mit den
wiederholten Anträgen auf Genfs Aufnahme in die Eidgenossenschaft insbesondere seine Bemühungen, die Eidgenossenschaft und auch Bern in ein
näheres Verhältnis zu Frankreich zu bringen, an dem dann Genf einen festen
Rückhalt gehabt hätte. Vgl. Ratsprot. 20. Mai, 5. Juni 1549. Vgl. Opp. XII
S. 627. [*Roget* V S. 12 nimmt an, dafs Calvin die Notwendigkeit des fortdauernden Bundes mit Bern doch empfunden habe.]

[2] [Ausführlicheres darüber bei *Roget* V S. 15 ff.]

[3] *Roset* VI c. 6, 7, 8. Haller an Bullinger 13. Juni und 24. Juli 1556,
Opp. XVI S. 190 u. 237.

gleichzeitig wurden auch von den Genfer Exilierten die gröfsten
Anstrengungen gemacht. Im Juli 1556 erschienen dieselben unter
Anführung Ami Perrins vor der schweizerischen Tagsatzung in
Baden und schilderten in beweglichen Worten ihre bedrängte Lage,
die überstandenen Leiden, die Grausamkeit der gegenwärtigen
Machthaber in Genf und beteuerten nochmals ihre Unschuld. Ihr
ganzes Verbrechen bestehe darin, dafs sie gegen die massenhafte
Aufnahme der Fremden sich ausgesprochen hätten, hinter denen
sie zurückgesetzt worden seien und in denen sie eine Gefahr für
den Staat und die alten Bürger erblickt hätten. Dadurch hätten
sie den Hafs der Franzosen und »insbesondere Calvins« gegen
sich erregt. Sie hätten sich geflüchtet und seien der Gewalt ge-
wichen, aber sie seien gern bereit, vor einem ordentlichen Gerichte
Rede und Antwort zu stehen, und richteten an die Schweiz, die
seit vielen Jahren für eine Zufluchtsstätte der Verlassenen und die
Herberge der Gerechtigkeit gehalten worden sei, die demütige
Bitte, ihnen dazu ihren Beistand leihen zu wollen. Diese Vorstellung machte auf die eidgenössischen Boten Eindruck. Einige
Zeit später erging in der That von der Eidgenossenschaft ein
Schreiben an Genf, welches bei den dortigen Machthabern für die
Verstofsenen in freundlichen Worten sich verwandte, ihnen ein
freies Geleit zu geben und sie nochmals zu hören bat[1].

Die Lage Genfs wurde mehr und mehr bedenklich[2]. Zwar
gelang es dem Magistrat durch ein geschicktes, von Calvin abgefafstes Schreiben die Herren von der Eidgenossenschaft wieder
umzustimmen, so dafs sie nicht länger auf ihrer Bitte bestanden[3],
aber in der Burgrechtsfrage kam man nicht von der Stelle. Neue
Konferenzen, welche im Herbst 1556 stattfanden, blieben ohne
Resultat[4]. Auch ein nochmaliges Gesuch um Vermittlung, welches
Calvin und ein Teil des Rates im November 1556 nach Zürich
richtete, da man nach der in der letzten Zeit erfahrenen Behand-

---

[1] Bullinger an Calvin 26. Juli, 5. Aug. 1556; Calvin an Bullinger
30. Juli, Opp. XVI S. 238 f., 250 ff., 240 ff. *Roset* VI c. 10.

[2] [Über von auswärts drohende Gefahren und damit zusammenhängende
Alarmgerüchte vgl. *Roget* V S. 24 f.; Opp. XVI S. 190, 200, 266.]

[3] Opp. XVI S. 316 ff.; *Roset* VI c. 10. [*Roget* V S. 29 f. (wo jedoch
Bullingers Schreiben vom 5. Aug. irrtümlich auf 5. Juli gesetzt ist), 34 f.]

[4] *Roset* VI c. 12. Sulzer an Bullinger 26. Sept.; Haller an Bullinger
10. Okt. 1556; Genf, Simler, Bd. 88.

lung unmittelbar mit Bern nicht mehr anknüpfen mochte[1], blieb
einstweilen ohne Wirkung. Vielmehr gestaltete sich die Lage der
Stadt seit dem Beginn des nächsten Jahres 1557 noch mifslicher.
Die Flüchtlinge, aller Hoffnung beraubt, durch eine Wiederaufnahme
ihres Prozesses in Genf zu ihrem Rechte zu gelangen, liefsen jetzt
jede Rücksicht fallen und schritten zu offenem Kampfe gegen ihre
Vaterstadt. Genf konnte sich in die Lage der Löffelritter, Mamelucken und Peneysaner zurückversetzt glauben: wie früher Savoyen,
so war es jetzt der alte Bundesgenosse, der den Feinden einen
Rückhalt lieh. Von ihren sichern Aufenthaltsorten an der Berner
Grenze aus beunruhigten Perrin und seine Gefährten Stadt und
Umgebung in fortwährenden Angriffen und Überfällen, wie einst
die Anhänger Pierre de la Baumes und Karls III., und drangen
von der Arvebrücke aus oft in die unmittelbare Nähe der Thore
vor. Der freie Verkehr wurde völlig gehemmt. Kein Bürger
konnte sich in einige Entfernung von der Stadt wagen ohne Gefahr, von den Perrinisten ergriffen und mifshandelt zu werden.
Vorstellungen und Beschwerden, die man nach Bern richtete,
blieben ohne jeden Erfolg: Rat und Landvögte nahmen das
Treiben der Flüchtlinge in der offenbarsten Weise in Schutz. Man
möge den verstofsenen Bürgern zunächst »Gerechtigkeit« gewähren,
lautete die gewöhnliche Antwort auf Genfer Beschwerden[2]. Man
ging zuletzt so weit, das Urteil über die Schuld der Verstofsenen
von einer neuen, von den Berner Behörden selbst vorzunehmenden
gerichtlichen Prozedur abhängig zu machen. Der Landvogt von
.Ternier leitete in der That auf neue Klagen Genfs in aller Form
ein gerichtliches Verfahren ein, forderte mit Gutheifsung seiner
Vorgesetzten in Bern den Generalprokurator und den Rat von
Genf zur Verantwortung und zur Vorlegung der Akten der geführten Prozesse auf und erliefs am 5. August 1557, aller
Protestationen ungeachtet, eine Sentenz, welche die Flüchtlinge
völlig freisprach und Genf zur Wiedereinsetzung derselben in alle
ihre Rechte und Güter, sowie zur Tragung der auf 1169 Gulden
und 7 Sols berechneten Kosten verurteilte[3].

Aber ein schwerer Irrtum war es, wenn Bern durch solche
Mittel seine Absichten durchzusetzen hoffte. Ähnlich wie vor

---

[1] Opp. XVI S. 328. Vgl. *Hundeshagen* S. 305. [*Roget* V S. 37 f.]
[2] Ratsprot. 12. Juli 1557; *Roset* VI c. 15, 17.
[3] *Roset* VI c. 18, 22, 23, 25. [*Roget* V S. 62 ff.]

zwanzig Jahren, trat auch dieses Mal das gerade Gegenteil von dem ein, was erreicht werden sollte.

In Genf stieg infolge jener Mafsregel die Erbitterung gegen Bern auf das höchste. Jeder Gedanke an Nachgiebigkeit wurde verbannt. Gegen die äufsern Angriffe traf man die nötigen militärischen Mafsregeln. Um gegen geheime Intriguen der Exilierten innerhalb der Stadt sicher zu sein, wurde die strengste Kontrolle eingeführt. Es kam der Durchführung der Ideen Calvins wesentlich zu statten, dafs die strenge Ordnung und Beaufsichtigung des ganzen Lebens, die er für nötig hielt, nun auch durch Gründe der öffentlichen Sicherheit geboten erschien. Den Frauen der Ge flohenen wurde bei Strafe des Staupbesens untersagt, die Stadt zu verlassen[1]. Zwei Bürger, die mit den Perrinisten Umgang ge· pflogen, wurden zum Tode verurteilt[2]. Als ein Verwandter des Generalkapitäns, der in Genf zurückgeblieben, in seinem Testamente für die Flüchtlinge eine kleine Summe zur Deckung der Prozefskosten aussetzte, wurde nicht nur diese Bestimmung für ungültig erklärt, sondern das gesamte Vermögen konfisziert[3]. Jede Kundgebung von Teilnahme für die Schützlinge Berns, jede Äufserung von Nachgiebigkeit gegen dieses selbst war untersagt. Die Stimmung nahm mehr und mehr einen ernst religiösen Charakter an. Man liefs öffentliche Gebete halten und vertraute auf Jehova, der seine Stadt auch aus dieser letzten Prüfung glücklich hervorgehen lassen werde. Als die Nachricht von der Sentenz des Vogtes von Ternier in Genf eintraf, beschlofs der Rat sofort, »ihr nicht zu gehorchen, vertrauend, dafs Hilfe von Gott kommen werde«. Am andern Tage erschien Calvin im Grofsen Rate und führte in ernster Rede aus, dafs Genf für seine Sünden diese Prüfung verdient habe, es möge sie mit Würde, nicht mit Kleinmut ertragen und wie David in ähnlicher Bedrängnis sich vor dem Herrn beugen und seine Hilfe erwarten[4]. Gleichzeitig ging eine Gesandtschaft nach Bern ab mit einem von Calvin aufgesetzten Schreiben, welches mit aller Ehrfurcht, wie es die äufsere Lage erheischte, aber mit ebenso grofser Entschiedenheit gegen das Verfahren des Vogtes von

---

[1] Ratsprot. 3. Juli, 20. Aug. 1557.
[2] Ratsprot. 23. April, 12. Aug. 1557. [Opp. XVI S. 548.]
[3] *Roset* VI c. 11; Opp. XVI S. 400; Quelques pag. S. 121.
[4] *Roset* VI c. 26. Vgl. Haller an Bullinger 13. Juni 1556, Opp. XVI S. 190.

Ternier als einen unerhörten Eingriff in Genfs Rechte und einen
Angriff auf seine staatliche Selbständigkeit protestierte [1]. Und als
Bern darauf mit einem ausweichenden und unbestimmt gehaltenen
Schreiben antwortete, welches einer Vermittlung das Wort zu reden
schien, erging sofort ein zweites Schreiben an Bern, worin eine
klare und bündige Antwort erbeten, jeder Kompromifs mit den
Schützlingen Berns für unzulässig und die einfache Annullierung
der Sentenz von Ternier für die einzig mögliche Lösung erklärt
wurde [2].

Aber auch auf die Eidgenossenschaft machte das form- und
rücksichtslose Verfahren Berns einen ihm nachteiligen Eindruck.
Ohnehin erfreuten sich die begehrlichen Herrn von Bern bei den
übrigen Kantonen keiner besonderen Beliebtheit. So wandten sich
die Sympathien der Schweiz, im Widerspruch mit der anfänglichen
Stimmung, mehr und mehr dem schwächeren Teile in jenem ungleichen Kampfe zu. Es war dies um so mehr der Fall, als Genf
nicht unterliefs, durch mündliche und schriftliche Vorstellungen,
durch Rechtfertigungsschreiben, Denkschriften, wiederholte Gesandtschaften nach Basel, Zürich, Schaffhausen, auf öffentlichem und
privatem Wege, auch durch kleine Dienstleistungen die Gemüter
für sich zu gewinnen [3], und es in Calvin, der fast die ganze politische Korrespondenz führte, einen Diplomaten besafs, dem Bern
keinen ebenbürtigen entgegenzustellen hatte. Seine Berichte und
Denkschriften sind mit einer Umsicht und Formgewandtheit, mit
einer Feinheit der Berechnung und Höflichkeit, und dabei zugleich
mit einer Wärme der Gesinnung abgefafst, die selten ihre Wirkung
verfehlten und die derben Männer Berns um so abstofsender erscheinen liefsen. Gerade die immer deutlicher sich offenbarenden
Sympathien der Schweiz haben viel dazu mitgewirkt, Genf in der
Hoffnung auf den endlichen Sieg seiner Sache zu bestärken, und
in der That haben sie auch zu diesem selbst das Wesentlichste
beigetragen, denn das Mitgefühl äufserte sich bald in Thaten.

---

[1] *Roset* VI c. 27; Ratsprot. 5. u. 6. Aug. 1557: Opp. XVI S. 543;
559 ff.

[2] Opp. XVI S. 569 ff. Auch dies Schreiben ist von Calvin.

[3] Vgl. dafür Opp. XVI S. 270 f., 316 ff. Sulzer an Bullinger 25. Aug.
1556, ebd. S. 268. Haller an Bullinger 9. Juni 1557, Genf, Simler Bd. 89.
Bullinger an Calvin 7., 20. Aug. 1557, Opp. XVI S. 566, 571; vgl. S. 563.
Roset VI c. 27, 28.

Schon seit dem Beginne des Jahres 1557 hatte die Eidgenossenschaft die Beilegung des Streites zwischen den beiden
Städten und die Wiederherstellung des alten Bundesverhältnisses
mit allem Ernste sich angelegen sein lassen. Nachdem Zürich
zugleich im Namen von Basel und Schaffhausen im Februar 1557
Bern nochmals ernste Vorstellungen gemacht hatte[1], wurde die
Angelegenheit im April auf einer Tagsatzung in Baden, wo Abgeordnete beider Parteien sich einfanden, unter den Augen der
ganzen Versammlung verhandelt. Man kam hier indes über gegen-
seitige Beschuldigungen nicht hinaus. Kein Teil wollte schuldig,
jeder durch den andern benachteiligt sein. Die Ermahnungen und
weiteren Diensterbietungen der Versammlung, die freilich ihre
Sympathie für den schwächern Teil sehr deutlich durchblicken
liefs, blieben einstweilen fruchtlos[2]. Ebensowenig hatte eine neue
Konferenz in Bern, welche im Mai stattfand, Erfolg. Und dieses
Mal lag die Schuld nicht mehr an Bern. Durch das in Baden
erfahrene Wohlwollen kühner gemacht, begann hier Genf, im
Widerspruch mit seinen früheren Zusagen, schon an den wesentlichsten Bestimmungen des alten Vertrages zu rütteln: seine Abgeordneten erklärten es für eine Verletzung der Gleichheit, dafs
nur Genf für die ihm gewährte Hilfe zum Kostenersatz verpflichtet
sei, nicht aber im umgekehrten Falle Bern, und verlangten die
Beseitigung dieses Artikels[3]. Bern war über diese Zumutung entrüstet und meinte, man sehe jetzt deutlich, dafs Genf überhaupt
keinen Frieden wolle. Aber auf der nächsten Tagsatzung in Baden
im Monat Juli gelang es den Genfern, die schweizerischen Boten
von der Billigkeit ihrer Forderung zu überzeugen und ihnen ein-
leuchtend zu machen, dafs der Bund der beiden Städte bisher ein un-
billiger und ungleicher gewesen sei. »Man hörte Genf mit Wohlgefallen an,« erzählt der genferische Chronist, »und ermahnte Bern
wie zuvor[4].« Noch entschiedener nahm die folgende Versammlung
der eidgenössischen Boten im September für Genf Partei. Das
Gebahren des bernischen Vogtes in Ternier, worüber Genf sofort
den Kantonen Bericht gegeben[5], hatte alles gegen Bern ein-

---

[1] Bullinger an Calvin 25. Febr. 1557, Opp. XVI S. 418.

[2] *Roset* VI c. 19. [*Roget* V S. 72.]

[3] *Roset* VI c. 20. Vgl. Bd. I. 65.

[4] *Roset* VI c. 24. [*Roget* V S. 75 f.]

[5] *Roset* VI c. 27.

genommen. Man ernannte hier sogar eine Kommission aus den Abgeordneten von Zürich, Luzern, Schwyz und Basel, um die Artikel der Combourgeoisie zu »mäfsigen«, und ermahnte beide Städte, vornehmlich jedoch Bern, auf das eindringlichste zum Frieden[1]. Die katholischen Orte legten für das bedrängte Genf eine nicht geringere Teilnahme an den Tag als die reformierten. Freiburg, in dem die alte Liebe wieder erwacht zu sein schien, und Solothurn leuchteten sogar allen übrigen durch ihren Eifer vor. Mehrfach wurde der Vorschlag gemacht, Genf einfach wie Rottweil und Mühlhausen in den allgemeinen schweizerischen Bund aufzunehmen. Glarus gab am 19. September 1557 den Genfern sogar mit Brief und Siegel die Erklärung, dafs, wenn fünf Orte für ein solches Bündnis sich erklären würden, Glarus selbst der sechste sein werde[2].

Zu spät erkannte Bern, dafs es ein Mifsgriff gewesen, der Erneuerung des alten Bundesverhältnisses Hindernisse zu bereiten: war vordem Genfs Lage mifslich gewesen, so wurde es jetzt seine eigene. Noch von anderer Seite kamen den Leitern der Berner Politik ernste Mahnungen zur Nachgiebigkeit zu.

Eine solche lag zunächst in der Haltung der schweizerischen Theologen, die immer lauter ihre Stimme gegen den fortdauernden Kampf erhoben. Hatten sie auch zu Anfang nicht auf Calvins Seite gestanden, so wurden sie doch durch das theologisch-kirchliche Interesse im Verlaufe des Streites mehr und mehr zu seinen Verbündeten. Sie erblickten in einer Schwächung Genfs eine schwere Schädigung der evangelischen Kirche, und hielten jetzt selbst die neue kirchlich-politische Ordnung und die gegenwärtige Machtstellung Calvins in Genf für notwendig, wenn nicht schweres Ungemach über die Stadt kommen solle[3]. Es geht durch ihre ganze Korrespondenz während dieser Jahre ein Ton der Klage über den bejammernswerten Zwist, dessen Ende von allen sehnlichst herbeigewünscht wurde[4], und wagte man auch nicht, Bern

---

[1] *Roset* VI c. 28. [*Roget* V S. 78 ff.]

[2] *Roset* VI c. 31.

[3] Vgl. die merkwürdige Stelle in dem Schreiben Blaurers an Bullinger vom 8. Febr. 1557, Opp. XVI S. 410.

[4] Vgl. z. B. Bullinger an Calvin 26. Juli 1556, Opp. XVI S. 238 f.; Sulzer an Bullinger 22. und 25. August 1556; ebd. S. 266, 268 f. u. s. w. Nur

offen anzuschuldigen, so waren doch thatsächlich gegen dieses
ihre Klagen gerichtet. Sogar die eigenen Prediger Berns, nicht
blofs in den welschen Gebietsteilen, sondern in der Hauptstadt
selbst, Männer wie Haller, sonst ein guter Patriot, äufserten sich
unglücklich, dafs der Krieg kein Ende nehme, und wollten Frieden
mit Genf[1].

Eine noch nachdrücklichere Mahnung kam von der savoyischen
Seite. Im Herbst 1557 setzte sich der savoyische Herzog Emanuel
Philibert, der Sohn Karls III., der mit Ruhm bedeckte Sieger von
S. Quentin, an der Spitze eines Heeres in Bewegung, um das seit
20 Jahren von den Franzosen besetzte Erbe seines Vaters wieder
einzunehmen. Vor ihm her ging eine Proklamation, welche das
Land zur Abschüttelung des uneiträglichen Joches der Franzosen
aufforderte[2]. Eine ernste Gefahr trat damit auch für Bern ein.
Was lag näher, als dafs der sieggewohnte Feldherr auch die an
Bern verloren gegangenen Provinzen wiederzugewinnen suchen
werde? Und durfte Bern unter diesen Umständen bei seiner bisherigen Politik, die es von allen Freunden mehr und mehr isolierte,
noch länger verharren?

Da gab Bern endlich nach: der Druck, der von so verschiedenen Seiten auf seine Staatsmänner ausgeübt wurde, war zu
stark, als dafs es hätte widerstehen können. Ende Oktober erklärte es Genf seine Bereitwilligkeit, die Unterhandlungen zur Erneuerung des Burgrechts wiederaufzunehmen, und bereits am
25. November konnte Haller dem Züricher Reformator triumphierend
melden, das Bündnis sei gesichert[3]. Die Bedingungen konnten
für Bern nicht anders als ungünstig sein. Hatte es früher die
einfache Verlängerung des alten Bundesverhältnisses als zu wenig
günstig abgelehnt, so wurde es jetzt weit hinter die bereits erreichte
Linie zurückgeworfen, und zwar für immer, denn die neue Allianz
sollte, wie es Genf von Anfang an verlangt, »für ewige Zeiten«

Farel behält stets frohen Mut: »*Ego Genevam*« schreibt er am 13. April
1557, »*prorsus deplorarem, nisi scirem Dominum in ea regnare et huius pro-
tectorem esse, pro qua pugnat*«. Ebd. S. 446.

[1] Vgl. z. B. Haller an Bullinger 27. April, 13. Juni 1556, 28. Jan. 1557,
Opp. XVI S. 120, 190, 395. Zuweilen, wenn Genf es zu arg treibt, macht
sich doch der patriotische Standpunkt wieder geltend, vgl. das Schreiben an
Bullinger vom 8. Jan. 1557, ebd. S. 380.

[2] *Roset* VI c. 29. [*Roget* V S. 81.]

[3] *Roset* VI c. 31. Haller an Bullinger 25. Nov. 1557, Opp. XVI S. 711.

Gültigkeit haben. Der neue Bundesvertrag beseitigte in der That die von Genf beklagte »Ungleichheit« und behandelte die beiden Vertragschließsenden in der Hauptsache als zwei ebenbürtige Mächte, die sich zu gegenseitigem Schutz verpflichten. Jede der beiden Städte soll bei Land und Leuten, Rechten, Freiheiten, Hoheiten, Privilegiern, Schlössern u. s. w. verbleiben; jede wird der andern in Kriegszeiten freien Durchzug gewähren. Streitigkeiten sollen durch Schiedsrichter entschieden werden. Die Artikel des alten Vertrags, welche Genf als den untergeordneten Teil erscheinen ließen, wurden gemildert oder ganz beseitigt. Die Kriegskosten bei Hilfeleistungen sollen fortan von beiden Teilen getragen werden. Die Bestimmung von 1536, daß Genf ohne Erlaubnis Berns mit keiner andern Stadt ein Bündnis schließen dürfe, wurde zwar nicht ausdrücklich zurückgenommen, aber Bern gab jetzt seine Einwilligung dazu, ja es versprach sogar selbst dafür zu wirken — wie es früher schon in Aussicht gestellt —, daß Genf, wie Rottweil und Mühlhausen, in den allgemeinen Bund der Eidgenossenschaft oder »in den Frieden mit der Krone Frankreich« aufgenommen werde [1].

Das gewohnte Glück hatte Genf auch dieses Mal nicht verlassen! Sein Ausharren hatte ihm, wie vor zwanzig Jahren, reichen Lohn eingetragen. — Nachdem im Dezember die letzten Vereinbarungen zwischen den beiden Städten getroffen und der Eidgenossenschaft für ihre wirksame Unterstützung Genfs herzlichster Dank ausgesprochen worden [2], erfolgte am 9. Januar 1558 in Anwesenheit der jetzt mit großen Ehren empfangenen Berner Gesandten in Genf die feierliche Beschwörung der »ewigen Allianz«. Ein endloser Jubel herrschte unter der Bevölkerung. Man feierte den Frieden in geistlichen Lobliedern und Festgedichten, man pflanzte Friedensbäume, Linden, Ulmen, Nußbäume rings um die Stadt herum. Alles schwelgte in Freuden über den vorteilhaften Vertrag, der Genf nach langer Prüfung die Wohlthat des Friedens

---

[1] *Roset* VI c. 35. [*Roget* V S. 84 ff.] Der Vertrag vom 9. Jan. 1558 französisch bei *Spon* II, 194 ff. Das Gesuch um Aufnahme in die Eidgenossenschaft wurde übrigens im Okt. 1558 abgelehnt, weil die Artikel des Burgrechts, wonach Bern und Genf sich namentlich in Sachen der Religion gegen jedermann beistehen wollten, entgegenstanden. *Roset* VI c. 44. Ob Bern das vorausgesehen?

[2] *Roset* VI c. 31. Ratsprot. 17. Dez. 1557.

wiedergab und es im vollen und wahren Sinne. zu einer freien
und unabhängigen Stadt machte[1].

Über Perrin und seine Schicksalsgenossen war durch den
neuen Bund der Stab gebrochen. In der Vertragsurkunde war
mit keinem Worte von ihnen die Rede. Wohl machte Bern vor
wie nach Abschlufs des Friedens noch wiederholt Versuche, seinen
Schützlingen die Rückkehr in die Vaterstadt zu ermöglichen oder
doch ihr Los zu mildern[2]; allein Genf blieb unerbittlich und Bern
mufste auch dies hinnehmen wie so manches andere. Die krampf-
haften Anstrengungen, welche die jetzt von allen Preisgegebenen
selbst noch. machten, ein unabänderliches Geschick abzuwenden,
die verzweifelten Gewaltthaten, durch die sie ihrem Ingrimme Luft
machten[3], verschlimmerten nur noch ihre Lage und beraubten
sie mehr und mehr jedes Rückhaltes in der öffentlichen Meinung[4].
Rettungslos dem Untergange verfallen, wandelten sie den gewöhnlichen Weg unterlegener Parteien, deren Ohnmacht vom Kampf
zum Verbrechen führt. Mehrere endeten als gemeine Wegelagerer.
Keiner von ihnen ist je wieder nach Genf zurückgekehrt. Genf
war und blieb Calvin und seinen Auserwählten, und auch Bern,
wie bitter es dies empfinden mochte, konnte daran nichts mehr
ändern.

III.

DIE GRÜNDUNG DER AKADEMIE.

Durch die Aussöhnung mit Bern, durch die Wiederherstellung
des äufseren Friedens wurde Calvin endlich in den Stand gesetzt,

---

[1] *Roset* VI c. 34—36. Musculus an Blaurer 4. Jan. 1558, Opp. XVII
S. 4. Nur Calvin bewahrte auch jetzt noch seine kühle Haltung: »*Post multas
disceptationes*« schreibt er an Hotoman am 10. Jan., »*heri tandem perpetuum
foedus cum Bernatibus iuratum fuit, quo tamen lites non puto abolitas*«.
Ebd. S. 15. Dafs er freilich nicht so ganz Unrecht hatte, zeigen die späteren
Verwicklungen und Reibungen; es fiel Bern schwer, sich in die neuen Verhältnisse zu finden. Vgl. *Roset* VI c. 50—52, 61, 68. Ratsprot. 4., 5. März
1558; 27. Okt., 30. Nov. 1562, 12. März 1563.

[2] Ratsprot. 6., 8., 31. Jan., 10. Febr., 4., 5. März 1558, 25. Nov. 1560.
Roset VI c. 34, 39, 46.

[3] *Roset* VI c. 40, 45. Ratsprot. 1., 16. Dez. 1558. Consistorialprot.
4. Dez. 1561.

[4] Ratsprot. 18. Aug. 1559; 4. Jan. 1564.

einer Angelegenheit seine volle Aufmerksamkeit zuzuwenden, die ihm schon seit Jahren am Herzen gelegen, und einen Plan zur Ausführung zu bringen, mit dem das Werk von 1555 in Wahrheit erst zum Abschluſs gelangte.

Wir haben früher gesehen, daſs der Zustand des Schul- und Unterrichtswesens die schwächste Seite der von Calvin 1541 in Genf hergestellten neuen Ordnung blieb[1], und seitdem war es eher schlimmer als besser geworden. Die Bestimmungen der kirchlichen Ordonnanzen gelangten in diesem Punkte entweder gar nicht oder nur in höchst unvollkommener Weise zur Ausführung. Von der Gründung einer höheren theologischen Lehranstalt, wie sie in Aussicht genommen, war in der nächsten Zeit gar nicht mehr die Rede. Das Einzige, was für den höheren theologischen Unterricht geschah, waren die gelehrten exegetischen Vorträge Calvins, die zwar, von Einheimischen und Fremden stark besucht, von eifrigen Zuhörern nachgeschrieben und bald auch durch den Druck verbreitet, eine mächtige Anregung gaben[2], doch nach Calvins eigener Ansicht bei weitem nicht das leisteten, was zur Förderung des theologischen Studiums nötig war. Das Rivekolleg fristete ein kümmerliches Dasein und konnte der groſsen Schule gegenüber, welche Genf in der katholischen Zeit gehabt hatte, keineswegs als ein Fortschritt angesehen werden[3]. Das Rektorat war oft längere Zeit unbesetzt. Die Disciplin lag infolge davon darnieder, zwischen dem Rektor und den zwei, später drei Unterlehrern herrschten ärgerliche Streitigkeiten, die wohl gar in Thätlichkeiten ausarteten[4], das Schullokal war ungenügend und ungesund[5], die Behandlung der Schüler eine roh barbarische[6], der Unterricht selbst endlich genügte, obgleich zu Anfang der fünfziger Jahre eine Besserung eintrat und 1554 sogar das Hebräische als Unterrichtsgegenstand eingeführt wurde, nur sehr

---

[1] Vgl. Bd. I S. 467.

[2] Vgl. die Vorrede zu den Vorlesungen über die kleineren Propheten von Joh. Budaeus (Genevae postrid. Id. Febr. 1557) und Joh. Crispinus (Genevae Cal. Febr. 1557); Opp. XLII. *Colladon*, Opp. XXI S. 70.

[3] Vgl. *J. Vuy*, Notes hist. sur le Collège de Versonnex, Genève 1867, S. 15 ff.

[4] *Betant*, Notice sur le Collège de Rive S. 18 ff.; *Galiffe*, Not. généal. IV S. 194 ff. Über die Vakanz des Rektorats vgl. Nouv. pages S. 22 n. 1.

[5] *Betant* S. 22. Ratsprot. 7. Aug. 1544.

[6] Quelques pages S. 59.

mäfsigen Ansprüchen[1]. Wer seinen Kindern die Wohlthat eines
tüchtigen Unterrichts zuwenden wollte, mufste sie an auswärtige
Anstalten schicken, und nicht selten wurden dazu — bei den immer
noch vorhandenen katholischen Sympathien — katholische gewählt[2]. Die Unzufriedenheit über diesen Zustand machte sich
wiederholt in scharfem Tadel gegen den Reformator Luft. Eine
der Hauptbeschuldigungen, die Pierre Ameaux gegen Calvin erhoben hatte, war, »dafs er die Jugend nicht im Lateinischen und
in der Grammatik unterrichten lassen wolle, aus Furcht, seine
falsche Lehre möge dadurch ans Licht gebracht werden.« Diese
Beschuldigung war grundlos und ungerecht. Vielmehr machte er
selbst gerade daraus dem Papsttum den schwersten Vorwurf, dafs
es den Unterricht vernachlässige, das Volk in Unwissenheit lasse,
um es dadurch um so leichter in Abhängigkeit zu erhalten[3], und
ebenso scharf sprach er sich gegen die wissensfeindliche Richtung
der späteren deutschen Lutheraner von der Partei Amsdorfs aus,
die mit besonderer Vorliebe hervorhoben, dafs der Heiland un-
wissende Fischer zu seinen Jüngern gewählt habe[4]. Und mit
diesen Worten standen seine Thaten im Einklang. Mit Ernst und
Eifer liefs er sich alle die Jahre daher unter allen Verhältnissen
die Hebung des Schulwesens angelegen sein. Allein der Eigensinn, womit er nur Männer seiner strengen Richtung zur Leitung
desselben zulassen wollte, und der Antagonismus der Gegner
machten jeden dauernden Erfolg unmöglich. Die Schule, schrieb
er einmal an Viret, bringe ihn fast zur Verzweiflung[5].

Mit dem vollständigen Sturz der Oppositionspartei und der
Befestigung der Herrschaft Calvins im Jahre 1555 schien auch für
das Schulwesen eine bessere Zeit anbrechen zu müssen. Schon
im Herbst desselben Jahres wurde eine strenge Visitation des

---

[1] *Betant* S. 18, 20. Für den Stand der wissenschaftlichen Leistungen
der Anstalt ist es bezeichnend, dafs nach der Reorganisation des Unterrichts
der bisherige Rektor Lehrer der dritten Klasse wurde; l. c. S. 7, 8.

[2] Ratsprot. 13. Dez. 1546.

[3] »*Quia enim Papa et cornuti episcopi populum non sperabant fore
unquam satis morigerum, donec in crassam inscitiam reductus esset: hoc
finxerunt optimum esse fidei compendium, nihil sciendo pendere ex eorum pla-
citis*«. Comment. in Acta apost., Opp. XLVIII S. 364.

[4] Vgl. z. B. Defensio orthodoxae fidei, Opp. VIII, 469.

[5] 13. Okt. 1545, Opp. XII S. 188. [Vgl. auch *Roget* V S. 226.]

Rivekollegs vorgenommen, welche den trostlosen Zustand desselben
vollends offenkundig machte[1]. Es mußte jedermann als ein unwürdiges Verhältnis erscheinen, daß Genf, wie der Ratssekretär
Roset sich ausdrückte, »genötigt sei, seine eigenen Kinder von
Städten und Völkern in den Wissenschaften unterrichten zu lassen,
die ihm selbst die Kenntnis der reinen Religion verdankten«[2].
Calvin selbst konnte sein Werk noch nicht für vollendet halten,
so lange der Stand der »Doktoren«, denen die Ordonnanzen eine
so hervorragende Stellung anwiesen, noch eine so unzulängliche
Vertretung hatte. Zudem mußte auch der eben in diesen Jahren
zunehmende Andrang von Refugiés, von denen viele in der erklärten Absicht kamen, sich in der Schule Calvins zu Streitern
für die evangelische Wahrheit heranzubilden, ein Sporn für ihn
sein, endlich den Plan der Errichtung einer theologischen Akademie in Ausführung zu bringen, um Genf wirklich zu dem zu
machen, was es sein sollte, zu einer Leuchte und Lehrmeisterin
der christlichen Völker[3]. So ergriff er jetzt den Gedanken einer
Reorganisation und Vervollständigung des gesamten Unterrichtswesens im Sinne der Ordonnanzen mit der ganzen Energie seines
Geistes. Allein abermals machten die neuen Irrungen mit Bern
einen Aufschub notwendig und brachten die ganze Angelegenheit
ins Stocken. So lange der Zwist mit Bern die Gemüter in Anspruch nahm, dachten die Bürger nicht an Kollegien und Akademie.

Erst als jener Kampf sein Ende erreichte, war die Zeit der
Verwirklichung auch dieses Wunsches Calvins gekommen, und nun

---

[1] Ratsprot. 5. Sept. 1555 (»l'école est malpropre«). *Galiffe*, Not. généal.
IV S. 195.

[2] Vgl. die Vorrede *Rosets* zu den 1559 erschienenen, 1859 wieder neu
aufgelegten Leges academiae Genevensis. [Jetzt sind die Leges von neuem
gedruckt in den Opp. X, 1 S. 65 ff. Die Vorrede ist hier allerdings unvoll-
ständig, nämlich ohne die Eröffnungsrede Bezas; vollständig dann Opp. XVII
S. 542 ff.]

[3] Gerade diesen Gesichtspunkt bezeichnet die offizielle Chronik als maßs-
gebend, vgl. *Roset* VI c. 42: »car le conseil . . . . trouva fort nécessaire ceste
instauration d'escolle, principalement au regard de la théologie, veu que de tous
costes arrivoient gens désirans aprendre, et aussi plusieurs ça et là parmy le
royaulme de France attiroient désia gens pour instruire leurs enfans, les autres
pour instruire quelques assemblées qu'ils faisoient a cachettes«. Auch in der
Vorrede zu den Leges hebt derselbe die universelle Bedeutung der neuen
Schule hervor. Von einer patriotisch-genferischen Auffassung, wie sie neue
Genfer Historiker zu entdecken geneigt sind, zeigt sich bei Calvin keine Spur.

hatten seine Bemühungen raschen Erfolg. Der Rat kam seinen
Wünschen und Vorschlägen mit aller Bereitwilligkeit entgegen.
Es wurde der Bau eines würdigen und grofsartigen Schulgebäudes
für das Kollegium in einer bessern und gesunden Lage beschlossen [1]
und bald in Angriff genommen. Um die Mittel aufzubringen
nahmen die Behörden bei der Erschöpfung der öffentlichen Kassen
ihre Zuflucht zu dem Patriotismus und der Privatwohlthätigkeit
der Bürger und Einwohner. An alle öffentlichen Notare erging
die Aufforderung, bei Aufnahme von Testamenten dafür zu
wirken, dafs auch die Schule bedacht werde [2]. Einer der ersten,
die dem Winke folgten, war der alte Bonivard, welcher, nachdem
er früher schon seine Bibliothek der Stadt vermacht hatte, jetzt
das Collége zu seinem Erben einsetzte [3]. Calvin selbst unterzog
sich der Mühe, Beiträge zu sammeln, und brachte innerhalb sechs
Monaten die sehr erhebliche Summe von 10024 Gulden zusammen,
wozu sein Freund Caraccioli, ›der Marquis‹, allein 2954 Gulden
beigesteuert hatte [4]. So war das Unternehmen gesichert. Der
Bau wurde mit Eifer betrieben unter fortwährender Teilnahme
Calvins, der, obwohl damals leidend und krank, alles beaufsichtigte
und prüfte und sich wohl gar auf den Bauplatz tragen liefs, um
sich von dem Fortschritte der Arbeiten zu überzeugen und die
Bauleute aufzumuntern [5]. Zum Hörsaal für die Vorlesungen der
neuen Akademie wurde von dem Rat der Saal im Domkloster
bestimmt [6].

Inzwischen wurde von Calvin im Auftrage des Rates auch
der Unterrichtsplan ausgearbeitet. Bereits im Herbst 1558 stand

---

[1] Ratsprot. 29. Dez. 1557, 10. Jan. 1558. Vorher war Calvin mit der
Vergröfserung des alten Kollegs zufrieden gewesen: Ratsprot. 17. März 1556,
Ann. S. 631. [*Roget* V S. 227.]

[2] Ratsprot. 9. Sept. 1558. Früher hatte Calvin die Legate als einen
papistischen Mifsbrauch mifsbilligt: Ratsprot. 22. März 1555, Ann. S. 599.

[3] *Senebier*, Hist. lit. de Genève I S. 48, 49, 137. Allerdings ein Ver-
mächtnis von zweifelhaftem Wert: aus dem Ratsprot. vom 31. Okt. 1558 ersieht man, dafs Bonivard dem Rate für das Kolleg 400 fl. vermachen wollte
unter der Bedingung, dafs man ihm seine Schulden bezahle, wovon indes der
Rat nichts wissen wollte.

[4] *Gaberel* I, 500. [*Roget* V S. 232.]

[5] *Gaberel* I, 500. Es ging übrigens bei dem Bau ziemlich hastig zu,
vgl. *Henry* III, 389. [*Roget* V S 227.]

[6] *Gaberel* I, 507.

derselbe in seinen Grundzügen fest. Das neue Kollegium sollte aus sieben Klassen bestehen und sieben Lehrer oder Regenten erhalten; für die Akademie wurde, abgesehen von dem Lehramte der Theologie, die Errichtung von drei Professuren der alten Sprachen vorgeschlagen. Der Rat ging auf alles ein. Die Vorschläge wurden genehmigt, die Gehälter für Professoren und Lehrer festgesetzt und Calvin selbst beauftragt, zur Besetzung der neuen Lehrstühle mit auswärtigen Gelehrten in Verbindung zu treten [1].

Aber hier stiefs er auf ernste Schwierigkeiten. Es galt, nicht nur für die Akademie, sondern auch für die oberen Klassen des Kollegiums neue Lehrkräfte zu gewinnen, da die vorhandenen sich nur für die mittleren und unteren als brauchbar erwiesen. Woher aber solche nehmen? Die ersten Versuche, welche Calvin bei namhaften Gelehrten des Auslandes machte, mifslangen vollständig. Weder der französische Gelehrte Mercier noch Tremellius in Heidelberg, die er nacheinander für das Hebräische zu gewinnen suchte, leisteten seiner Einladung Folge [2]. Genf hatte für Männer von gelehrtem Ruf und wissenschaftlichen Neigungen keinen Reiz, sei es, dafs sie vor Calvins Nähe eine Scheu empfanden, sei es, dafs sie das Lehramt daselbst überhaupt nicht für lohnend genug hielten. Calvin würde wohl noch für längere Zeit auf die Verwirklichung seines Lieblingsplanes haben verzichten müssen, wenn ihm nicht durch eine besondere Gnade Gottes, wie der Chronist meint [3], in dieser Lage die Ereignisse in dem benachbarten Waadtland zu Hilfe gekommen wären.

Hier führte der Gegensatz der bernisch-deutschen und der calvinisch-romanischen Richtung in den Jahren 1558 und 1559 endlich zu einer gewaltsamen Katastrophe, in die auch die Lausanner Akademie verwickelt wurde. Die äufsere Wiederherstellung des Friedens zwischen den beiden Städten hatte die kirchlichen Gegensätze in keiner Weise gemildert. Schon im Jahre 1557 waren vier bernische Prediger, die gegen das Verbot über die Prädestinationslehre gepredigt, ausgewiesen und das Jahr

---

[1] Ratsprot. 10., 24., 27. Okt. 1558, Ann. S. 706 f. Opp. XVII S. 310.
[2] Opp. XVII S. 94, 98, 116, 135, 163, 210, 213, 310, 477; XIX S. 561; XX S. 4, 170 f., 176, 463, 558. Merkwürdig ist, dafs aufser Beza alle nur kurze Zeit in Genf aushielten.
[3] Anc. et nouv. pol. S. 120.

darauf von Genf als Bekenner des wahren Glaubens aufgenommen worden[1]. Zum eigentlichen Kampfe aber kam es über das Bannrecht und die Prüfung der im Glauben unwissenden oder der Heterodoxie verdächtigen Kommunikanten, welche Viret nach dem Vorbilde Genfs im Jahre 1558 nach manchen früheren ähnlichen Versuchen abermals in Anspruch nahm. Der Streit würde vielleicht auch dieses Mal eine glimpflichere Wendung genommen und auf gütliche Weise beigelegt sein, da Viret, eine mehr friedliche Natur, zögernd und unentschlossen, das Äufserste zu vermeiden suchte und auch Bern selbst den hochangesehenen Geistlichen nur ungern verlor[2], wenn nicht Genf das Feuer geschürt und insbesondere Calvin selbst den zaghaften Lausanner Freund in einem kräftigen Schreiben gedrängt und zu entschlossenem Auftreten und männlicher Festigkeit gegen die trunkenen ›Cyklopen‹ in Bern aufgefordert hätte, selbst auf die Gefahr hin, dafs er seine Stelle verliere. Müsse er weichen, beruhigt er ihn, so möge er mit seinen Freunden nach Genf kommen, seiner alten Heimat: Genf werde sie aufnehmen und seien ihrer auch so viele, dafs man die Stadtmauer erweitern müsse[3]. So erfolgte, was erfolgen mufste. Am Weihnachtsfeste 1558 erlebte Lausanne ähnliche Scenen wie Genf am Osterfeste 1538. Die allgemeine Weihnachtskommunion fand an dem festgesetzten Tage nicht statt, da Viret die Gemeinde noch nicht für würdig und hinlänglich vorbereitet erklärte. Jetzt endlich liefs Bern jede Rücksicht fahren. Viret wurde im Anfang des nächsten Jahres wegen Ungehorsams und ungebührlichen Neuerungen seines Amtes entsetzt und ausgewiesen. Genf nahm ihn, wie Calvin versprochen, sofort wieder als

---

[1] *Hundeshagen*, Conflikte S. 340 [vgl. Opp. XVII S. 119]. *Rosct* VI c. 38. Calvin selbst wurde im Frühjahr 1558 noch von einem Berner Geistlichen in Nyon schimpflich behandelt: Opp. XVII S. 155.

[2] *Hundeshagen* a. a. O. S. 344. Bern zeigte wirklich eine gröfsere Nachgiebigkeit, als sich unter den Umständen erwarten liefs.

[3] *»Urbs tantum numerum non capiet: potius, ut confido, dilatabitur circuitus murorum, quam ut filii Dei excludantur«.* Calvin an Viret 16. März 1558, Opp. XVII S. 93. [Über die ganze Angelegenheit vgl. *Hundeshagen* S. 341 ff., *Roget* V S. 207 ff.] Schon *Ruchat* VI S. 280, 281 hat auf den auffallenden Unterschied hingewiesen, der sich in dem Verhalten Calvins gegenüber Bern und Zürich wahrnehmen läfst: beide Kirchen hatten die Exkommunikation nicht, und doch stand er zu Zürich in freundlichstem Verhältnis.

Prediger an [1], und in seinen Fall wurde die ganze Partei der wälsch gesinnten Prediger verwickelt. Die einen wurden wie Viret durch förmlichen Spruch ihrer Stelle verlustig erklärt und exiliert, die andern nahmen selbst ihre Entlassung, indem sie sich mit Viret einverstanden erklärten. Das eine oder das andere Schicksal teilten auch fast alle Lehrer der Lausanner Akademie, die, von Viret abgesehen, alle geborene Franzosen waren und die stets für die streng calvinischen Bestrebungen einen Mittelpunkt abgegeben hatten. Es mochten etwa vierzig Geistliche sein, die das Land verliefsen [2]. Sie alle lenkten ihre Schritte zunächst nach Genf. Hier wurden sie mit offenen Armen aufgenommen, wie vordem die Genfer Flüchtlinge in Bern. Genf aber empfing von den Gefährten Virets bessere Dienste als Bern von den Schicksalsgenossen des Generalkapitäns.

Calvins Verlegenheit war mit einem Mal beseitigt. In den waadtländischen Flüchtlingen erhielt er, was er suchte: Männer, denen er die neuen Lehranstalten anvertrauen konnte — und vielleicht ist dieser Gedanke auf die Stellung, die er zu dem Streite nahm, und jenes schroffe Schreiben an Viret, das den Bruch unvermeidlich machte, nicht ohne Einflufs gewesen [3]. Es befanden sich unter den Neuangekommenen namhafte Gelehrte, erprobte Schulmänner, welche der bisher von ihnen geleiteten Lausanner Akademie mit Auszeichnung und bestem Erfolg vorgestanden. Was noch wichtiger war: es befand sich unter ihnen ein Mann, den ebenso sehr seine Gesinnungstüchtigkeit und strenge Rechtgläubigkeit, wie seine umfassende klassische Bildung und sein gelehrter Ruf als das geeignetste Oberhaupt der neuen Lehranstalt erscheinen liefsen: Theodor Beza, dem in dem neuen Genf nächst Calvin die hervorragendste Rolle vorbehalten war.

Unter den jüngeren Freunden und Anhängern des Genfer

---

[1] Ratsprot. 28. Jan., 2., 3. März 1559; *Colladon*, Opp. XXI S. 88.

[2] So hoch nimmt *Hundeshagen* S. 361 die Zahl der Ausgewanderten an; *Roset* VI c. 47 spricht von einigen zwanzig: natürlich, dafs alle Fremden auswanderten. Schon vorher hatte der alte Cordier, ohne Zusammenhang mit diesen Ereignissen, seine Entlassung genommen; vgl. Beza an Bullinger 16. Febr. 1558, Opp. XVII S. 38. Auch er wandte sich bald nach Genf.

[3] Haller an Bullinger 10. April 1559, Opp. XVII S. 496, behauptet dies geradezu: *»Quis non videt haec prius fuisse composita?«*

Reformators war Theodor Beza unstreitig der tüchtigste und geistig hervorragendste. Im Jahre 1519 zu Vegelay im alten Herzogtum Burgund als vornehmer Eltern Kind geboren, hatte er an den berühmtesten Schulen Frankreichs in Orleans, Bourges, Paris — zum Teil unter denselben Lehrern wie Calvin — seine Studien gemacht und sich schon früh als kenntnisreicher Humanist und formgewandter, witziger Epigrammatiker in den humanistisch reformatorischen Kreisen, denen er sich angeschlossen — auch sein einflußreichster Lehrer war jener Melchior Volmar gewesen — einen gewissen Namen erworben; er hatte, reich mit Glücksgütern gesegnet, von feinen, eleganten Formen, sich mit Glück in der höheren Gesellschaft der französischen Hauptstadt bewegt, ein ziemlich freies und nicht fleckenloses Leben geführt und auch in seinen Gedichten einen Ton angeschlagen, der keineswegs sittlichen Rigorismus atmete[1], bis er im neunundzwanzigsten Jahre seines Lebens in sich ging, mit seiner Vergangenheit brach und, wie es bei Naturen dieser Art nicht ungewöhnlich ist, nun sich der strengsten reformatorischen Richtung ergab. Im Herbst 1548 begab er sich nach Genf zu Calvin, der ihn ehrenvoll aufnahm und durch dessen Bemühungen er im Laufe des nächsten Jahres die Professur des Griechischen zu Lausanne erhielt[2]. Hier finden wir ihn seitdem in ununterbrochenem Verkehr mit dem Genfer Reformator, in derselben ernsten, strengen Richtung thätig, als das eigentliche geistliche Haupt jener romanisch calvinischen Partei, die Bern im Waadtlande so viel Ungelegenheiten bereitete. Sein dichterisches Talent war fortan ausschließlich der religiösen Poesie[3], seine Gelehrsamkeit der Bekämpfung der Feinde der Reformation gewidmet. Sein Verhältnis zu Calvin wurde mit jedem Jahre inniger, der Verkehr lebhafter: der ältere Viret sank in des Meisters Gunst, seit ihm ein solcher Rivale den Vorrang streitig machte. Calvin erkannte, ein wie wichtiger Bundesgenosse und Gehilfe ihm in diesem mit reichem Wissen ausgestatteten, scharfblickenden und entschlossenen Manne, bei dem er wie bei keinem andern einen klaren Überblick über die Weltlage und die all-

[1] Vgl. *Baum*, Theodor Beza I S. 60 ff., 72 ff.
[2] Calvin an Viret 6. Sept. 1549, Opp. XIII S. 376. *Baum* I, 132.
[3] *Baum* I, 139 ff., 182 ff.

gemeinen Aufgaben der evangelischen Bewegung wahrnahm [1], erstanden war, und schenkte ihm das gröfste Vertrauen. Beza fand in Calvin alles, was er gesucht: er nennt ihn, obgleich nur zehn Jahre jünger, fast nicht anders als seinen Vater. Eine mehr zur Aufnahme und Verarbeitung der Gedanken anderer geeignete, als selbst an Ideen reiche Natur, erblickt er in dem Systeme Calvins den Inbegriff aller christlichen Weisheit und Wahrheit, seine Regel und Richtschnur: er hat es sich noch in späterer Zeit zum Ruhme angerechnet, nie in seinem Leben auch nur im geringsten von Calvin, »als dem zuverlässigen Ausleger der prophetischen und apostolischen Lehre«, abgewichen zu sein [2]. Und wohl keiner unter den Schülern hat des Meisters System schärfer aufgefafst, seine Gedanken richtiger verstanden. Beza bebte nicht, wie andere schwächliche Naturen, vor den bedenklichen Konsequenzen und schroffen Seiten des Systems zurück. Vielmehr hat es fast den Anschein, als hätten diese für ihn einen besonderen Reiz gehabt. Es war in dem Prädestinationsstreite gegen Bolsec, dafs er Calvin die ersten bedeutenden Dienste leistete [3]. In dem Kampfe gegen Castellio über die Notwendigkeit der Todesstrafe gegen Ketzer trat er zum erstenmal mit einer öffentlichen Streitschrift für den Meister in die Schranken. Während der blutigen Vorgänge des Jahres 1555 war es Beza, der, unbeirrt durch die umlaufenden Gerüchte, keinen Augenblick wankte, der unter allen Freunden Calvins dem System des Siegers am entschiedensten das Wort redete, das Vorgefallene auswärts als eine That Gottes pries, der über »Israel« gewacht habe, und den Reformator in kräftigen Worten zur Ausdauer ermahnte [4]. So hatte Beza auch in den jüngsten waadtländischen Streitigkeiten die entschlossene und unnachgiebige Opposition vertreten. Er war der erste, der dem bernischen »Epikuräismus« den Rücken wandte. Während noch der friedlichere Viret von Unterhandlungen mit Bern Erfolg erwartete, gab Beza, nicht im Einvernehmen mit jenem, aber im

---

[1] Charakteristisch ist der von ihm schon 1552 gemachte Vorschlag eines allgemeinen europäischen Bündnisses gegen das Papsttum; *Baum* I, 164 ff.

[2] Ad T. Claudii de Saintes resp. Apologia altera. Tract. theol. II, 358.

[3] *Baum* I, 160 ff.

[4] »*Mi pater*«, schreibt er am 24. Sept. 1555 an Calvin, »*vide ut valeas, ut diabolus ringatur et ipsius emissarii omnes crepent*«. Opp. XV S. 793.

vollen Einverständnis mit Calvin, dessen Geist er besser erfaßt
hatte, seine Stelle in Lausanne auf und ließ sich bereits im
Herbst 1558 in Genf nieder [1].

In die Hände dieses Mannes legte Calvin zunächst die oberste
Leitung der neuen Anstalt. Beza wurde erster Rektor, Mitglied
der ehrwürdigen Genossenschaft und neben Calvin Professor der
Theologie. Der anfängliche Plan, ihm die Professur des Griechischen
zu übertragen [2], wurde aufgegeben und diese einem andern der
waadtländischen Flüchtlinge, Béraud, anvertraut. Ebenso empfing
die Professur der Philosophie oder der freien Künste, welche nach
dem neuen Plane an die Stelle des ›Lateinischen‹ trat, einer der Neuangekommenen, J. Tagaut, der dieses Lehramt schon in Lausanne bekleidet hatte. Auch der für den Lehrstuhl des Hebräischen
ernannte Chevalier war durch jene Lausanner Wirren nach Genf
geführt worden [3]. Mit der Ernennung dieser Männer waren die
neuen akademischen Lehrstühle sämtlich besetzt, und auch für das
Kollegium, wo man in den mittleren und unteren Klassen die vorhandenen älteren Lehrer verwenden konnte, waren jetzt bald die
erforderlichen Lehrkräfte gefunden: die besten lieferte auch hier
Lausanne [4]. So waren alle Schwierigkeiten aus dem Wege geräumt. Am 22. Mai legte Calvin im Namen der Geistlichkeit dem
Rate die von ihm inzwischen aufgestellten ›akademischen Gesetze‹
vor, welche die Unterrichtsmethode, den Studiengang und die
ganze Schulordnung im einzelnen festsetzten. Der Rat fand,
nachdem er den in der lateinischen Sprache abgefaßten Entwurf
in die Landessprache hatte übersetzen lassen, daß alles ›gut sei‹.
Am 5. Juni 1559 wurde die neue Anstalt eröffnet [5].

----

[1] Vgl. *Hundeshagen*, Conflikte S. 352, 398.   Haller an Bullinger
16. Dez. 1558, Opp. XVII S. 407.

[2] Ratsprot. 24. Okt., 24. Nov. 1558, Ann. S. 707, 708.

[3] Wenigstens finden wir seinen Namen in den Lausanner Wirren genannt bei *Hundeshagen* S. 356. [Vgl. den weiteren Beleg dafür: Opp. XVII
S. 477.] Vgl. Le livre du Recteur, Genève 1860.

[4] Die Namen sämtlicher Lehrer in der Vorrede zu den Leges Acad.
Genev., Opp. X, 1 S. 68.

[5] Ratsprot. 22., 29. Mai, 5. Juni 1559, Ann. S. 716, 717. Es verdient
bemerkt zu werden, daß hier als das festordnende Komitee, als die wirkliche
Inhaberin der neuen Anstalt durchaus die Vénérable Compagnie erscheint,
welche den Rat einladet, ›de sy vouloir trouver pour plusieurs causes quilz ont
icy recitees‹.

Die Eröffnungsceremonie[1] fand in S. Peter statt, in einfacher
ernster, aber dennoch feierlicher Weise, wie sie die hohe Bedeutung
des Tages, der, wie der Festbericht sagt, längst von allen Frommen
und Gelehrten ersehnt worden, erheischte. Syndiks, Ratsherrn,
Geistliche, Professoren, Lehrer, etwa 600 Schüler — viele Lausanner
Zöglinge waren ihren Lehrern gefolgt — zahlreiche Bürger und
Einwohner der Stadt hatten sich in den Hallen des alten Domes
eingefunden, um der denkwürdigen Feier beizuwohnen. Mit feierlichem Ernste und nicht ohne innere Bewegung erhob sich Calvin,
um die Versammlung vor allem zur Erflehung des göttlichen Segens
aufzufordern. Nachdem dies geschehen, trat der Ratssekretär
Roset hervor und verlas mit lauter, vernehmlicher Stimme die
»akademischen Gesetze«, die Eides- und Glaubensformeln, welche
Lehrer und Studierende zu beschwören und zu unterschreiben
hatten, und die Namen des Rektors und der übrigen Lehrer. Dann
bestieg der neue Rektor die Kanzel und hielt in lateinischer Sprache
die feierliche Eröffnungsrede. Er sprach über Ursprung und
Würde, Notwendigkeit und Zweck der Schule. Es waren nicht
gerade neue Gedanken, die der Redner in seinem klar durch-
dachten, wohlgesetzten Vortrage entwickelte, aber vielleicht nie ist
in gleichartigen Fällen der streng theologisch-kirchliche Standpunkt mit solcher Schärfe und mit solchem Nachdruck
geltend gemacht worden. Das Schulwesen, erklärt Beza, ist
so alt wie die Menschheit, es ist eine der göttlichen Wohlthaten, die auch nach dem Sündenfall dem Menschen ver-
blieben sind, um das göttliche Ebenbild mehr und mehr wiederherzustellen. Darum hat auch vor allem das auserwählte Volk
Gottes, das jüdische, durch sorgsame Pflege des Unterrichtswesens
sich hervorgethan. Beza erkennt, indem er einen kurzen Überblick über die Entwicklung des Schulwesens versucht, schon in
den Familien der alttestamentlichen Patriarchen wahre und wirkliche Schulen, er preiset Moses, Salomon, Daniel als leuchtende
Vorbilder wahrhafter Gelehrsamkeit. Auch die Prophetenkollegien
sind ihm ebenso viele Schulen, in denen neben der heiligen Weisheit auch die andern Wissenschaften und Künste gelehrt wurden.
Nur kurz wird des Unterrichtswesens bei den Griechen und übrigen

---

[1] Die Beschreibung in der Vorrede zu den Leges Acad. Genev., Opp.
XVII S. 542 ff.

heidnischen Völkern gedacht, die ebenfalls, wenn auch nur in verkümmerter Gestalt, an dieser göttlichen Wohlthat Teil gehabt und durch ihre Schulen bis zur Erscheinung des Christentums nützlich gewirkt haben. Als dann aber »jene nordische Barbaren den ganzen Occident überflutet«, habe Gott wieder gewaltige Männer erweckt, wie Karl den Grofsen und einige andere Kaiser, die die Gründer der neuen Akademien geworden seien. Ihrem glorreichen Beispiele sei nun auch, noch dazu durch besondere Gründe bewogen, der hochweise Rat von Genf gefolgt, indem er zu den übrigen zahlreichen und grofsen Zierden der Stadt diese neue, die Akademie, hinzufüge. Nach diesen Ausführungen wandte sich der Redner in einer kräftigen Ansprache an die anwesenden Studierenden. »Ich beschwöre euch im Namen Gottes,« ruft er ihnen zu, »lasset es nur an euch nicht fehlen. Bekannt ist jenes auch von Cicero wiederholte Wort: Wissenschaft ohne Rechtschaffenheit und Tugend ist nicht Weisheit, sondern Schalkheit zu nennen. Schon jene blinden Philosophen haben also erkannt, dafs aller guten Künste Ziel und Endzweck ist, zu einem guten Wandel anzuleiten. Welche Schande würde es deshalb für uns sein, dies nicht einzusehen und thatsächlich zu beweisen. Dafs jene das Ziel verfehlt haben, darf uns nicht wundern, da sie statt der wahren Gerechtigkeit, die Gott giebt, was Gottes ist, nur einen abergläubischen Wahn, statt der wahren Tugend nur die Trugbilder derselben kannten. Welche Entschuldigung aber werdet Ihr haben, die Ihr Euch nun von Kindheit an mit der wahren Frömmigkeit und der wahren Gelehrsamkeit nähren könnt, wenn Ihr Eure Studien nur nach den gehörten Gesetzen und Normen einrichten wollt. Die Hilfe des Allmächtigen, welcher Ihr dazu bedürft, wird Euch nicht fehlen: die Weisheit, Grofsmut und Bereitwilligkeit des hohen Rates, die Gelehrsamkeit, Emsigkeit und Berufstreue der Lehrer werden Euch, wie Ihr schon heute seht, zur Seite stehen. An Euch allein also liegt es, dafs Ihr Euch durch treuen Fleifs so hoher Gnaden würdig zeigt. Ihr seid hier zusammengekommen, nicht wie ehemals die Griechen zu gymnastischen Spielen und eiteln Kämpfen, sondern um einzudringen in die Erkenntnis der wahren Religion und aller guten Künste, damit Ihr dereinst den Ruhm des göttlichen Namens befördern und vermehren, Eurem Vaterlande und den Eurigen eine Zierde und Stütze sein könnt. Vergesset es nie, dafs Ihr von diesem heiligen

Kriegsdienst vor dem höchsten Kriegsherrn dereinst werdet Rechenschaft ablegen müssen. Wahrlich, ewige Schande würde Euch treffen, wenn — was indes, wie ich vertraue, Gott verhüten wird — bei diesen Euch so reichlich von allen Seiten dargebotenen Mitteln Ihr allein Eure Schuldigkeit unterliefset zu Eurem eigenen Verderben.« — Nachdem Beza seine Rede beendet, nahm nochmals Calvin das Wort, forderte zum Danke gegen den Allmächtigen auf, richtete auch von seiner Seite eindringliche Ermahnungen an die Studierenden sowie an die anwesenden Lehrer, dankte den Syndiks und Ratsherrn für ihren Eifer, den übrigen Bürgern für ihre Teilnahme und schlofs die Versammlung mit nochmaligem Gebet.

Einfach und ernst, getragen und beherrscht von dem religiösen Gedanken wie die Eröffnungsfeier vom 5. Juni, war die neue Anstalt selbst, ihre Einrichtung, ihre Ordnung, ihre Aufgabe, ihr Studienplan. Was Bezas Rede in allgemeinen Umrissen angedeutet, brachte sie zur Ausführung. Fassen wir die neuen »akademischen Gesetze«, von denen der Festredner verkündete, dafs »heiligere, bessere, geeignetere« nicht hätten aufgestellt werden können, an dieser Stelle etwas näher ins Auge [1].

Es sind zwei Anstalten, die durch den calvinischen Lehrplan gleichsam zu einer einzigen verbunden werden: das Kollegium und die Akademie [2]. Jenes hat die allgemeine wissenschaftliche humanistische, diese die höhere theologische Bildung als Aufgabe. Jenes ist die Vorschule zu dieser, diese bringt jenes zum Abschlufs: obwohl nicht alle, ja nicht einmal die Mehrzahl der Zöglinge des Kollegiums zu den theologischen Studien übergehen, ist doch die Vorbereitung zu diesen für das Kollegium der vornehmste Gesichtspunkt. Beide Anstalten stehen unter einer einheitlichen

---

[1] Das Folgende ist wesentlich ein Auszug aus den Schulgesetzen (Opp. X, 1 S. 69 ff.); nur hinsichtlich der Reihenfolge habe ich mir im Interesse der sachlichen Ordnung hier und da kleine Abweichungen erlaubt. Die französische Übersetzung (L'Ordre du Collège de Genève) drückt einzelnes deutlicher aus als das lateinische Original und enthält auch kleine Zusätze, z. B. die ausdrückliche Wahrung des Rechts des Rats bei bürgerlichen Vergehen von Seiten der Angehörigen der Schule, wogegen anderes ausgefallen ist, z. B. das Datum der Rektorwahl.

[2] Das Kollegium heifst Schola privata, die Akademie Schola publica, die Studierenden der Akademie sind scholastici publici, die Professoren Professores publici.

Leitung. Der Rektor der Akademie ist auch für das Kollegium
die höchste Behörde; der besondere Vorgesetzte des letzteren ist
jenem untergeordnet. Was am 5. Juni 1559 ins Leben trat, war
die genaue Ausführung dessen, was dem Reformator schon im
Jahre 1541 bei der Abfassung der Ordonnanzen vorgeschwebt
hatte.

Die Anzahl der Lehrer oder Regenten des Kollegiums
(Praeceptores, Regens du Collège), mit deren Stellung und Pflichten
sich die Statuten zunächst beschäftigen, beträgt sieben, die eben
so vielen Klassen vorstehen[1]. Sie werden von der ehrwürdigen
Genossenschaft nach bestem Wissen und Gewissen gewählt, dem
Rate vorgeschlagen und von diesem ernannt. Durch einen feier-
lichen Eid verpflichten sie sich zu gewissenhafter Erfüllung ihrer
Pflichten. Mit Pünktlichkeit, Ordnungsliebe und Fleifs sollen sie
ihr Lehramt wahrnehmen, sich stets zur festgesetzten Zeit in dem
Schullokal einfinden, um es nicht vor dem Glockenschlag zu ver-
lassen. Bei dem Unterricht selbst sollen sie einen gemäfsigten
Ernst zeigen, sich unnützer Ausfälle gegen den gelesenen Autor
enthalten, vielmehr seinen Sinn getreu erklären und auf etwaige
Schwierigkeiten und Mängel des Textes die Schüler in bescheidener
Weise aufmerksam machen. Sie haben ihre Zöglinge stets in
Ruhe und Ordnung zu halten, die schuldigen und nachlässigen zu
strafen, vor allem aber ihnen Liebe zu Gott und Hafs gegen das
Laster einzuflöfsen. Untereinander sollen die Lehrer sich einer
brüderlichen, wahrhaft christlichen Eintracht befleifsigen. Kommen
Streitigkeiten vor, so ist der Rektor in Kenntnis zu setzen. Ge-
lingt diesem die Beilegung derselben nicht, so wird die ehrwürdige
Genossenschaft Abhilfe schaffen.

Der nächste Vorgesetzte der Lehrer ist der Obere (Ludi-
magister, Principal du Collège), der zugleich Lehrer in einer der
höheren Klassen ist. Er wird gewählt und vereidet wie die
übrigen Lehrer und soll ein Mann von bewährter Frömmigkeit
und wenigstens mittelmäfsiger Gelehrsamkeit sein, friedfertig, nicht
aufbrausend und rauh, so dafs er den Schülern ein Vorbild sein
kann. Seine Aufgabe ist, die Sitten und den Fleifs seiner Amtsbrüder zu überwachen, die Säumigen zu mahnen, alle an ihre

---

[1] Wenn *Besa*, Opp. XXI S. 157, acht nennt, so wird der Gesanglehrer
mitgezählt.

Pflicht zu erinnern, bei öffentlichen Bestrafungen der Schüler anwesend zu sein, überhaupt für Ordnung und äußeren Anstand zu sorgen. Die Unterlehrer dürfen ohne ihn keine Neuerung einführen, er selbst aber soll über alles dem Rektor Bericht erstatten.

Die Schüler stehen unter dem Gesetz einer streng militärischen Ordnung. Nach der Lage ihrer Wohnungen in den verschiedenen Stadtquartieren zerfallen sie in Rotten (bandes), deren jede einen Klassenlehrer zum Aufseher hat. Dieser führt ein genaues Verzeichnis der ihm Untergebenen und hat namentlich dafür zu sorgen, daß sie zur festgesetzten Zeit in der Kirche ihres Quartiers zum Gottesdienst sich einfinden, wo ihnen bestimmte Plätze angewiesen sind. Jede Klasse wird in Dekurien eingeteilt (Dizaine, Decuria), innerhalb welcher jeder einzelne seinen Platz nach den Fortschritten in der Wissenschaft erhält, ohne Rücksicht auf Alter und Abkunft. Den ersten Platz nimmt jedesmal der Decurio oder Dizenier ein, der die übrigen zu beaufsichtigen und zu überwachen hat. Verspätetes Erscheinen in Kirche oder Schule ohne hinreichende Entschuldigung zieht öffentliche Strafe nach sich; noch schärfer aber wird bestraft, wer zu seiner Entschuldigung Lügen vorbringt.

Der Unterricht beginnt an den vier gewöhnlichen Unterrichtstagen (Montag, Dienstag, Donnerstag und Freitag) im Sommer um sechs, im Winter um sieben Uhr morgens. Der Anfang wird gemacht mit dem Schulgebet, welches jeder, wenn die Reihe ihn trifft, herzusagen hat, und mit der Verlesung der Namen. Es folgt dann ein anderthalbstündiger Unterricht, hierauf im Sommer eine kleine Pause, während welcher das Frühstück genommen wird, »still und mit Gebet«, — im Winter jedoch wird dasselbe während des Unterrichts selbst genommen, ohne daß dieser unterbrochen wird. Um neun Uhr werden die Lektionen für den Morgen mit Gebet und frommen Ermahnungen geschlossen und hierauf die Zöglinge durch zwei Lehrer der unteren Klassen in angewiesener Ordnung in ihre Wohnungen zurückgeleitet.

Um elf Uhr haben sie sich wieder einzufinden. Die erste Stunde ist der Übung im Psalmengesang gewidmet, wofür ein besonderer Lehrer angestellt ist; von zwölf bis ein Uhr findet in den verschiedenen Klassen Unterricht statt. Hierauf folgt eine Stunde zum Essen und zu freier Beschäftigung, an die sich von

zwei Uhr ab zwei weitere Unterrichtsstunden anschliefsen. Sobald
die Glocke vier geschlagen, begeben sich sämtliche Schüler und
Klassen in den gemeinsamen Versammlungssaal (Aula). Hier
werden in Gegenwart des Oberen, der sämtlichen Lehrer und
Schüler die öffentlichen Strafen vollzogen, welche im Laufe des
Tages verhängt worden sind, »mit mafsvoller Strenge und ge-
bührenden Ermahnungen.« Drei Schüler sprechen mit lauter
Stimme das Vaterunser, das Glaubensbekenntnis und die zehn
Gebote Gottes. Hierauf erteilt der Obere den Versammelten den
kirchlichen Segen und entläfst sie.

Am Mittwoch ruht der eigentliche Unterricht. Die ersten
Stunden werden durch Predigt und Gottesdienst in Anspruch ge-
nommen. Später folgt eine Stunde zur Besprechung der von den
Schülern »decurienweise« an die Lehrer zu richtenden Fragen.
Nachmittags finden während einer Stunde Deklamationen von
Schülern der oberen Klassen in der Aula statt, oder es werden in
der Klasse unter der Aufsicht der Lehrer schriftliche Arbeiten an-
gefertigt, die am nächsten Tage besprochen und censiert werden.

Der Samstag ist der Tag der Repetition, Disputation und der
Vorbereitung auf den Sonntag. Vormittags wird wiederholt, was
die Woche über vorgekommen ist. Der Nachmittag ist der Disputation und dem Katechismus gewidmet: von letzterem wird das
Stück vorgenommen, das am Sonntag in der Katechese behandelt
werden wird. In den beiden oberen Klassen tritt an die Stelle
des Katechismus die Erklärung des griechischen Textes des Evangeliums Lucae oder eines der apostolischen Briefe. Findet am
nächsten Sonntage die allgemeine Abendmahlsfeier statt, so wird
in der Aula für sämtliche Schüler durch einen Geistlichen eine
besondere Vorbereitung gehalten.

Der Sonntag ist ganz der Tag des Herrn. Jeder Schüler hat
zwei Predigten und überdies der Katechese beizuwohnen, und
zwar jeder »an seinem Platze mit Aufmerksamkeit und in ehr-
erbietiger Haltung«. Wer dagegen fehlt, wird bestraft. Der
übrige Teil des Tags soll dazu benutzt werden, über die gehörten
Predigten nachzudenken und sich ihren Inhalt anzueignen.

Die Dauer der allgemeinen Ferien, welche in die Zeit der
Weinlese fallen, ist auf drei Wochen festgesetzt.

So verkündet alles den Geist einer strengen Ordnung, einer

militärischen Zucht und Disziplin[1]. Genau sind die Pflichten und Obliegenheiten jedes Einzelnen festgesetzt. Alle stehen unter dem gleichen Gesetz ohne Rücksicht auf Alter und Abkunft. Die Beaufsichtigung ist eine fast ununterbrochene. Sollten körperliche Züchtigungen auch nur in schweren Fällen zur Anwendung kommen, so läfst sich doch aus manchem entnehmen, dafs das Strafverfahren ein strenges, die ganze Behandlung der Zöglinge eine nichts weniger als zarte, vielmehr von spartanischen Grundsätzen geleitet war. Die Schulräume selbst waren auf das einfachste eingerichtet, ohne Rücksicht auf Bequemlichkeit, ja selbst auf Gesundheit[2]. Von Spiel war nicht viel die Rede. Dramatische Aufführungen, die in fast allen höheren Bildungsanstalten des 16. Jahrhunderts und auch in dem alten Rivekolleg üblich waren[3], fielen hier weg. Es sollte ein an strenge Ordnung und Pflichterfüllung gewöhntes, ein ernstes, abgehärtetes, kirchlichfrommes und streitbares Geschlecht herangebildet werden.

Mit derselben Genauigkeit und ins einzelne gehenden Schärfe wie über die äufsere Ordnung und Zucht verbreiten sich die Statuten über den Lehr- und Unterrichtsplan. Jeder Klasse sind ihre Aufgaben genau vorgeschrieben[4].

Der Unterricht beginnt mit den ersten Anfangsgründen. Lesen und Schreiben, dazu die Aussprache des Lateinischen bilden den Unterrichtsgegenstand der untersten Klasse.

In der nächsten folgen die ersten Elemente der lateinischen Formenlehre und Syntax, Deklination, Konjugation, die Anfänge des Satzbaues, so dafs mit dem Lateinischen immer das Französische verglichen wird.

Die fünfte Klasse setzt den grammatischen Unterricht fort. Die Lehre von der Satzbildung wird ausführlicher behandelt. Virgils Hirtengedichte dienen als Muster. Es beginnen stilistische Übungen.

Die vierte Klasse beschäftigt sich eingehender mit der lateinischen Syntax und der Bildung des Stils; es werden Ciceros

---

[1] Bezeichnend dafür sind auch die in den Statuten vorkommenden Ausdrücke Bande, Troupe, Dizaine, Decurio, Militia.

[2] Vgl. *Henry* II, 73; *Gaberel* I, 505, 506.

[3] *Betant* S. 20, 21.

[4] [Vgl. hierzu die Ausführungen von *Heis*, Calvins Thätigkeit für die Schule, Zeitschr. f. prakt. Theol. XI S. 23 f.]

Briefe gelesen und kleinere Aufsätze angefertigt, wofür jene als
Muster dienen. Aufserdem wird die Lehre von der Quantität der
Silben unter Zugrundelegung der Elegien Ovids behandelt und mit
dem Griechischen ein Anfang gemacht.

Vorzugsweise dem Unterricht in der griechischen Grammatik
und ihrer Vergleichung mit der lateinischen ist die folgende, die
dritte Abteilung gewidmet. Zur Lektüre sind bestimmt Ciceros
Briefe, seine Bücher über die Freundschaft, über das Alter,
Virgils Aeneide, Caesars Kommentare und die Reden des Isocrates,
»je nach den Umständen«, so dafs die lateinischen Schriftsteller
teilweise ins Griechische zu übersetzen sind.

In der zweiten Klasse werden zur Beförderung geschichtlicher
Kenntnisse die alten griechischen und römischen Historiker ge-
lesen: Livius, Xenophon, Polybius, Herodian, daneben die
homerischen Gedichte. Zugleich werden die Anfangsgründe der
Dialektik gelehrt mit besonderer Berücksichtigung der Paradoxen
Ciceros.

In der obersten Klasse endlich kommen zu der Dialektik, für
die ein Handbuch zu Grunde gelegt werden soll, die Elemente der
Rhetorik. Die Schüler sollen zu einer wohlgesetzten, zierlichen
Redeweise angeleitet und die allgemeinen Vorschriften durch Bei-
spiele aus den alten Schriftstellern erläutert werden, damit die
Regeln sich besser einprägen. Als Vorbilder sind anzusehen und
insbesondere zu benutzen die kunstvolleren Reden von Cicero und
Demosthenes, sodann auch Homer und Virgil. Schriftliche Stil-
übungen und öffentliche Deklamationen stehen den theoretischen
Anleitungen ergänzend zur Seite [1].

Nur wer sich den vollen Grad der Reife erworben, rückt in
eine höhere Klasse auf. Das Aufrücken selbst aber war mit einer
besonderen Feierlichkeit verknüpft, welche den jugendlichen Ehrgeiz anspornte.

Drei Wochen nämlich vor dem 1. Mai werden sämtliche
Schüler des Kollegiums in der grofsen Aula versammelt. In ihrer
Mitte erscheint einer der Professoren der Akademie und giebt

---

[1] Das von *Gaberel* II, Pièces just. S. 156 ff. im Auszug mitgeteilte Tage-
buch des Predigers Jacques Merlin zeigt, dafs dieser Studienplan in den 70er
und 80er Jahren in seinen wesentlichen Bestimmungen noch durchaus befolgt
wurde; nur hinsichtlich der in den oberen Klassen gelesenen Autoren zeigen
sich Abweichungen.

ihnen ein Thema auf, welches sie sofort unter seinen Augen nach Klassen geordnet, jeder nach seiner Fassungsgabe zu bearbeiten haben. Ist dies geschehen, so haben sich dieselben in ihre Klassenzimmer zu verfügen, wo sie — mit Ausnahme jedoch der beiden untern Abteilungen, die in anderer Weise beschäftigt werden [1] — ohne jede Beihilfe und unter strenger Kontrolle — keinem Lehrer wird die Aufsicht über seine eigene Klasse anvertraut — innerhalb fünf Stunden eine lateinische Abhandlung über denselben Gegenstand anzufertigen haben. Die Abhandlungen werden decurienweise eingesammelt, von den Lehrern dem Prinzipal, von diesem den Rektor eingeliefert. Der Rektor hat dieselben im Laufe der nächsten drei Wochen mit Hinzuziehung der übrigen akademischen Lehrer durchzusehen. Auch zu einem mündlichen Examen müssen sich die Schüler decurienweise im Beisein ihrer Lehrer vor dem Rektor und seinen Beisitzern während dieser Zeit einfinden. Nach dem Ausfall beider Prüfungen wird über den »Grad« entschieden.

Am 1. Mai oder an einem der nächsten Tage findet in St. Peter, wo sich das ganze Kollegium zu versammeln hat, die öffentliche Verkündigung des Resultates statt. Geistlichkeit, Syndiks, Ratsherren, Professoren werden zu der Feier eingeladen. Der Rektor verliest die akademischen Gesetze und schärft ihre Beobachtung ein. Die beiden tüchtigsten Schüler aus jeder Klasse werden aufgerufen, um aus den Händen der Syndiks oder der anwesenden Ratsherrn einen Preis zu empfangen. Der Rektor spendet ihnen öffentliches Lob. Auch Vorträge in gebundener und ungebundener Rede werden da von Zöglingen der höheren Klassen gehalten. Mit Gebet und Danksagung wird der feierliche Akt geschlossen [2].

Das war der »Tag der Promotionen«, ein Feiertag nicht blofs für das Kollegium, sondern in kurzem für die ganze Stadt.

Weniger eingehend verbreiten die akademischen Gesetze sich über die mit dem Kollegium enge verbundene Akademie. Der

---

[1] Dies wird zwar an der betreffenden Stelle der Statuten nicht ausdrücklich gesagt, ergiebt sich aber aus einer andern Stelle, wo von der schriftlichen Komposition die Rede ist, vgl. Leges, Opp. X, 1 S. 76; *Gaberel* I, 503.

[2] Aufserordentliche »Promotionen« fanden aufserdem noch statt, wenn ein Bedürfnis vorhanden war, namentlich am 1. Okt. Leges l. c. S. 86.

äufsere Repräsentant der engen Verbindung zwischen beiden Anstalten ist der Rektor.

Der Rektor soll ebensosehr durch Frömmigkeit als Gelehrsamkeit ausgezeichnet sein. Er wird gewählt aus dem Kollegium der
Geistlichen und Professoren durch einstimmiges Votum der Mitglieder desselben und durch einen besonderen Eid verpflichtet.
Die regelmäfsige Amtsdauer beträgt zwei Jahre; doch ist auch
Wiederwahl gestattet. Des Rektors Aufgabe ist, die gesamte
Schule, Akademie und Kollegium, zu überwachen, die Verwaltung
zu leiten, die säumigen Professoren und Lehrer, auch den Prinzipal
mit eingeschlossen, zu ermahnen, Streitigkeiten beizulegen. Er
nimmt die Anmeldungen der Studierenden an, trägt sie, nachdem
ihnen der Rat das Aufenthaltsrecht verliehen, in das Album ein
und läfst sie die eingeführte Glaubensformel unterschreiben. Er
hat das Recht, Zeugnisse auszustellen.

Die Professoren, fünf an der Zahl, werden in gleicher Weise
wie die Lehrer am Kolleg von der Geistlichkeit gewählt und legen
bei ihrem Amtsantritt denselben Eid ab. Sie haben zu der festgesetzten Zeit die ihnen obliegenden Vorlesungen zu halten. Am
Samstag finden indes Vorträge nicht statt und auch am Freitag
Nachmittag fallen dieselben von Zeit zu Zeit aus, damit die
Dozenten an der Kongregation der ehrwürdigen Genossenschaft teil
nehmen können, der sie als Mitglieder angehören.

Die Vorlesungen werden eröffnet durch den Professor des
Hebräischen, welcher in der ersten Morgenstunde »unmittelbar
nach der Predigt« ein alttestamentliches Buch unter Hinzuziehung
der alten Kommentare erklärt. In einer späteren Stunde wird von
demselben hebräische Grammatik gelehrt.

Dem Hebräer folgt der Grieche, welcher irgend ein moral-
philosophisches Stück des Aristoteles, Plato, Plutarch oder von
einem christlichen Philosophen interpretiert. Nachmittags liest
derselbe in einer zweiten Stunde über einen der besseren griechischen
Dichter, Redner oder Historiker.

Der Professor der freien Künste liest vormittags eine halbe
Stunde über »Etwas aus der Physik«; nachmittags erklärt er
während einer Stunde Aristoteles' Rhetorik oder einige der aus-
gezeichneteren Reden Ciceros oder seine Bücher »über den Redner«.

Rein theologische Vorlesungen endlich über einzelne Bücher
der hl. Schrift werden an den drei ersten Wochentagen von den

beiden Professoren der Theologie abwechselnd gehalten. Die Gesamtzahl der in jeder Woche stattfindenden Vorlesungen beträgt siebenundzwanzig.

Die Thätigkeit der Akademie beschränkt sich indes nicht auf die Vorlesungen. Eine Art theologisches Seminar vereinigt diejenigen unter den Studierenden, welche sich in den heiligen Wissenschaften üben wollen, jeden Samstag Nachmittag unter dem Vorsitze eines Geistlichen zu exegetischen Vorträgen über irgend eine Bibelstelle, die dann von dem Vorsitzenden censiert werden. Auch die Studierenden dürfen Aufstellungen und Einwendungen machen, doch muß dies »bescheiden und in der Furcht des Herrn« geschehen. Ebenso findet allmonatlich unter dem Vorsitze eines der Professoren der Theologie eine öffentliche Disputation statt über Thesen, welche die Studierenden selbst aufzustellen haben. Doch sollen dieselben nicht von »Neugierde eingegeben, nicht sophistisch, nicht heterodox« sein und vorher dem Vorsitzenden vorgelegt werden. Jeder darf das Wort ergreifen. »Aber,« fügt das Statut vorsichtig hinzu, »es soll alle Spitzfindigkeit, alle unnütze Neugierde, jede dem Wort Gottes gefährliche Vermessenheit, jede Leidenschaft und Halsstarrigkeit vermieden, vielmehr alles mit heiligem Ernst erörtert werden. Der vorsitzende Theologe hat nach seiner Weisheit den Gang der Disputation stets in dem richtigen Geleise zu erhalten und auftauchende Schwierigkeiten zu lösen nach dem Worte Gottes.«

Den Schluß »der Gesetze« bilden die verschiedenen Eidesformeln für Lehrer und Schüler: der Eid, welchen der Rektor bei der Übernahme seiner Würde zu leisten hat, der Amtseid der Professoren und Lehrer und die Formel des Glaubensbekenntnisses, welches die Studierenden bei ihrer Aufnahme vor dem Rektor abzulegen und zu unterschreiben haben — unter allen das merkwürdigste Dokument und gleichsam die geistige Grundlage, auf der das ganze Institut aufgebaut war[1]. Die calvinische Bekenntnisformel für Studierende füllt einen ganzen Bogen, sie ist gleichsam eine kleine Dogmatik, ein Auszug aus der christlichen Institution, deren Ideengange sie im wesentlichen folgt. Sie beginnt mit der allgemeinen Erklärung des sich Verpflichtenden, die Glaubenslehre,

---

[1] Leges l. c. S. 87 ff. und Opp. IX S. 721 ff. — *Gaberel* I, 275, Pièces just. S. 120.

wie sie in dem Genfer Katechismus enthalten ist, annehmen, der
Kirchenzucht, wie sie in Genf festgesetzt worden, sich unterwerfen und keiner Sekte sich anschliefsen zu wollen. »Aber damit die Sache deutlicher ausgedrückt und zu Ausflüchten kein
Raum gelassen werde,« folgt dann eine genau ins einzelne
gehende Aufzählung der Lehren des calvinischen Systems in
strenger Fassung, zu deren rückhaltloser Annahme der Schwörende
sich versteht unter Verfluchung aller entgegengesetzten Irrtümer
der Papisten und der Ketzer alter und neuer Zeit, von Marcion
bis herab auf die Wiedertäufer und Servet, über welchen sogar
ein zweimaliger Fluch ergeht. Die Konfession verbreitet sich zunächst über die Einheit und Dreipersönlichkeit Gottes, die Erschaffung der Welt, den Fall der bösen und das Ausharren der
guten Engel, welche der freiwilligen, göttlichen Gnadenwahl zu-
geschrieben wird, die unbegreifliche und geheimnisvolle, aber an-
betungswürdige Regierung der menschlichen Geschicke durch
Gottes Hand, über den Urzustand des Menschen, Erbsünde, Un-
freiheit des Willens und völlige Verderbtheit des Menschen infolge
der Sünde, ferner über Erlösung und Rechtfertigung und Heiligung,
über die Bedeutung des Glaubens für die Rechtfertigung, das
Mittleramt Christi, die Verwerflichkeit des papistischen Heiligen-
kultus und Ceremonienwesens und die dadurch herbeigeführte
Tyrannisierung der Gewissen, über die Regierung der Kirche und
das Amt des Geistlichen im Gegensatz zu der papistischen
Hierarchie, die als eine »teuflische Konfusion«, als ein Hohn auf
das Christentum gebrandmarkt wird, über die Sakramente, Taufe
und Abendmahl — hier auch im scharfen Gegensatz gegen das
Luthertum — die Notwendigkeit der Kindertaufe, die verab-
scheuungswürdigen Gräuel der Messe, und endlich über das Ansehen und die Bedeutung der bürgerlichen Obrigkeit, um hier,
ganz wie die christliche Institution, mit der Bemerkung zu
schliefsen, dafs der Gläubige der Obrigkeit Gehorsam schuldet,
aber unter der Bedingung, »dafs dadurch Gottes, des höchsten
Königs Herrscherrecht nicht angetastet und verkümmert werde.«

Wohl nur selten ist dem jungen Manne bei dem Beginne
seiner wissenschaftlichen Laufbahn ein solches Bekenntnis abver-
langt worden [1].

---

[1] Zwölf Jahre nach Calvins Tod, 1576, wurde dieser Eid abgeschafft, um
nicht Papisten und Lutheraner von dem Besuch der Akademie auszuschliefsen.

Calvins Schulordnung nimmt in der Geschichte des Unterrichtswesens unstreitig eine bedeutende Stelle ein. Nicht als wenn
die in ihr entwickelten und ihr zu Grunde liegenden Gedanken
alle neu oder Calvin eigentümlich wären: manches erinnert an
Valentin Trotzendorfs, manches noch mehr an des verdienten
Strafsburgers Johannes Sturms Schulordnung[1], mit der Calvin in
Strafsburg genau bekannt geworden war. Doch der Grundzug in
dem Charakter des Genfer Reformators verleugnet sich auch hier
nicht und verleiht seinen Schuleinrichtungen ein eigentümliches
Gepräge und eine selbständige Bedeutung. Es tritt uns aus ihnen
überall ein klar durchdachter, wohlüberlegter Plan entgegen, dessen
einzelne Teile ineinander greifen, sich gegenseitig ergänzen, der
das gesamte Unterrichtswesen nach bestimmten, klar erkannten
Gesichtspunkten ordnet und regelt. Die calvinische Schule soll
den ganzen Menschen bilden, nicht blofs seinen Verstand, sondern
auch seinen Charakter, seinen Willen, sie soll ihm für das ganze
Leben einen sichern Halt geben: neben der didaktischen betont
sie entschiedener als irgend eine andere die pädagogische Aufgabe der Schule. Sie ist, wie schon Bezas Eröffnungrede ankündigte, nicht blofs Unterrichts-, sie ist auch Erziehungsanstalt,
ja sie ist vorzugsweise dieses und sucht, dem Charakter ihres
Stifters gemäfs, mit spartanischer Strenge dieser ihrer Aufgabe
gerecht zu werden. Der eigentliche Studienplan zeigt dieselbe
vorherrschende Richtung auf das Studium der klassischen Sprachen,
die wir in den meisten höheren Bildungsanstalten jener Zeit und
namentlich auch in dem Sturmschen Lehrplane wiederfinden;
doch ist dieselbe kaum irgendwo mit solcher Ausschliefslichkeit
geltend gemacht worden wie in Genf. Calvin war von der Notwendigkeit und Nützlichkeit des Studiums der alten Sprachen auf
das lebhafteste durchdrungen, er nahm dasselbe mit kräftigen
Worten gegen alle Widersacher in Schutz und pries es, ähnlich
wie Luther, als eine besondere Gnade Gottes, dafs die Kenntnis
der alten Sprachen gerade in diesen Zeiten wieder erweckt worden

---

Vgl. *Cellerier*, L'Académie de Genève. Bull. de la Soc. de l'hist. du prot. franç.
IV, 22. Doch wurde in anderer Richtung damals die Kontrolle noch verschärft. So erging 1578 an die Buchhändler ein Verbot, an Studierende Bücher
zu verkaufen, es sei denn, dafs sie eine schriftliche Erlaubnis ihrer Eltern oder
eines Professors vorzeigten; *Gaberel* II, 176.

[1] Vgl. *K. v. Raumer*, Gesch. der Pädagogik I, 216 ff., 234 ff.

sei[1]. Es wird von ihm erzählt, er habe jährlich einmal die sämtlichen Werke Ciceros durchgelesen[2]. So gründete er auch sein
ganzes System der Studien auf den »Felsen des griechisch-
römischen Altertums[3].« Der Unterricht in dem Kollegium beschränkte sich auf das Lateinische und Griechische; nur in den
höheren Klassen kamen einige Stunden Dialektik und Rhetorik
hinzu — auch diese nach der Anleitung der Alten — und
wesentlich dieselbe Richtung lag den Vorträgen an der Akademie
zu Grunde. Die alten Sprachen waren durchaus die Hauptsache
und wurden mit einer Beharrlichkeit und einem Eifer betrieben,
die ihres Erfolges nicht verfehlen konnten[4]. Von einer selbständigen Behandlung der Geschichte, Astronomie, Mathematik,
Naturwissenschaften u. s. w. ist in dem Kollegium gar nicht die
Rede: nur an der Akademie wird von einem Lehrer während
einer halben Stunde »Etwas aus der Physik«, d. i. des Aristoteles
gelehrt! Es ist wahr, diese Disciplinen nahmen in keiner der
damaligen Schulen die Stelle ein, die ihnen eine spätere Zeit angewiesen hat, aber die calvinische Studienordnung ist in ihrer
Ausschliefsung strenger als irgend eine andere[5], obgleich gerade
unter den westeuropäischen Völkern damals der Sinn für die
Naturwissenschaften zu erwachen begann und selbst unter den
Freunden des Reformators Stimmen für eine Berücksichtigung derselben laut geworden sind[6]. Calvin hatte eine ausgesprochene

---

[1] Vgl. z. B. Com. in I. epist. ad Corinth. c. XIV, 5. »*Hodie quum plus
quam necessaria sit linguarum cognitio et Deus hoc tempore mirabili beneficio eas
ex tenebris in lucem eruerit: sunt nunc magni theologi, qui furiose adversus
eas declamitent. Quum certum sit spiritum sanctum aeterno elogio hic ornasse
linguas etc.«* Opp. XLIX, 518.

[2] Papirius Masson bei *Drelincourt* (d. Ausg.) S. 281.

[3] *Amiel*, L'Acad. de Genève S. 21.

[4] Contra libellum Calv. D 7 b: »*Itaque ad docendi aut concionandi munus
neminem admittunt nisi scientiarum et linguarum peritum et praesertim latinae.
Ipse Christus si veniret, nisi latine loqueretur, ab istis non admitteretur.«* Ähnliche Stellen ebd. E 5 b, E 6 a.

[5] So finden diese Disziplinen z. B. in der Sturmschen Anstalt, wie auch
das von *Raumer* I, 255 ff. mitgeteilte »Examen« zeigt, eine gröfsere Berücksichtigung.

[6] So z. B. befürwortet Farel in seinem Sommaire S. 110 die naturwissenschaftlichen Studien, auch Länder- und Völkerkunde sei notwendig. Von der
Verbreitung und Bedeutung der naturwissenschaftlichen Studien legen auch
manche Schriften Virets Zeugnis ab.

Abneigung gegen die Naturwissenschaften und insbesondere gegen die Naturphilosophie: er erklärt sie für eine gottlose und diabolische Wissenschaft, da sie Gott glaube von der Natur trennen zu müssen und den Menschen, indem sie seinen Blick in der Betrachtung der Natur festhalte, Gott entfremde[1]. Daher natürlich, dafs er sie von seinem Studienplan ausschlofs.

Aber auch sein Eifer für das Studium der klassischen Sprachen ging nicht aus wirklicher Vorliebe für dieselben hervor, wie das bei dem Strafsburger Sturm der Fall war. An sich ist ihm das ganze klassische Altertum höchst gleichgültig. Er spottet über das kleinliche Treiben der Philologen, die über Ajax und Achilles und die Söhne des Priamus nachgrübeln[2], er spricht in wegwerfenden Ausdrücken von Cicero und Cato, von dem römischen Senat, den er eine Räuberbande nennt, und dem ganzen römischen Reich[3]. Das Studium der alten Sprachen ist Calvin lediglich Mittel und zwar das Mittel, die Bücher der hl. Schrift in ihrer Ursprache lesen und verstehen zu lernen und somit die Wissenschaft der Religion zu begründen.

Denn auf diese ist der ganze Unterrichtsplan berechnet. Darum heifst die Schule »ein heiliger Kriegsdienst vor dem höchsten Kriegsherrn.« Sie soll ihre Angehörigen in der wahren Gotteserkenntnis fördern und zur gröfseren Ehre Gottes dienen, sie soll Streiter für den Herrn heranbilden und vor allem eine Pflanzschule von Dienern und Verkündern des göttlichen Wortes sein[4]. Gerade dieser ausgesprochen kirchliche Charakter des Genfer Schulwesens war es, der später der Duldung der Calvinisten in Frankreich vielfach hindernd im Wege stand, indem von katholischer Seite in der Einführung des calvinischen Schulwesens die gröfste Gefahr für den alten Glauben und die Ursache fortwährender Reibungen erblickt ward[5]. Calvins Schule gipfelt in dem Lehramt der

[1] »*Diabolica autem haec scientia est, quae in naturae contemplatione nos retinens a Deo avertit.*« Com. in Psalm. Opp. XXXI S. 289; Praelect. in Jeremiam Opp. XXXVIII S. 77 f., 699. Man kann Calvin wegen seiner Vernachlässigung der Naturwissenschaften nicht einzig mit der Zeit entschuldigen, wie z. B. *Gaberel* I, 505 thut.

[2] Vgl. Com. in ep. Pauli ad Timotheum I, Opp. LII S. 252.

[3] Die stärksten Ausdrücke Calvins hat *Balduin* zusammengestellt in seiner Biga resp. S. 33, 34.

[4] *Amiel* S. 14 sagt, der Staat, die Kirche, die Wissenschaft hätten bei Gründung der Schule zusammengewirkt; aber das lag Calvin ganz fern.

[5] So erklärten sich die burgundischen Stände 1563 besonders deshalb

Theologie und diese ist es, die dem ganzen Bau Charakter, Farbe
und Halt giebt, die mit ihren Strahlen alles durchdringt, in deren
Dienste alle übrigen Disziplinen stehen. Ihr hat sich jede andere,
insbesondere die philosophische Wissenschaft, völlig unterzuordnen,
da sie aus sich selbst nichts zur Erkenntnis der göttlichen Wahrheit beizutragen vermag, sondern von der göttlichen Offenbarung
verlassen notwendig irre gehen muſs, und darum nur im An-
schluſs an die Theologie ihre Aufgabe erfüllen kann[1]. Daher
auch die Besetzung sämtlicher Lehrstellen durch die ehrwürdige
Genossenschaft. Die Professur der christlichen Dogmatik ist die
höchste, die wichtigste, das Ziel des Ehrgeizes aller strebsamen
Kräfte an der Schule[2].

Und diesem Charakter der calvinischen Schulordnung entspricht es auch, daſs die neugegründete Akademie der juristischen
und medizinischen Fakultät entbehrte, obgleich auch hierfür zumal
von dem Standpunkte Calvins, der jeden Besuch einer auswärtigen und insbesondere papistischen Schule für höchst gefährlich hielt[3], ein Bedürfnis vorlag. Zwar nahm der schwunghafte
Festbericht über die Eröffnungsfeier auch die Gründung eines
juristischen und medizinischen Studiums in Aussicht[4] und in der
That sind schon in den nächsten Jahren von einzelnen Gelehrten
über Arzneikunde und Rechtsgelehrsamkeit Vorträge gehalten
worden. Aber in den Organismus der Anstalten paſste eine
selbständige Stellung dieser beiden Wissenschaften nicht; und so
lange der Gedanke, aus dem ihre Gründung hervorgegangen, in Kraft

---

gegen das Pazifikationsedikt, weil im Fall der Annahme desselben die Calvinisten
in allen Städten würden Schulen haben wollen »à la mode de Genève, dont
l'escole n'est que le catéchisme de leur doctrine.« Mém. de Condé (1743)
IV, 389.

[1] In den verschiedensten Wendungen kehrt dieser Gedanke in den Schriften
Calvins wieder. »Verum quidem est, philosophos prorsus desipere quum disputant
vel de essentia vel cultu Dei. Nam quia sequuntur proprium sensum, necesse
est ipsos evanescere. Deus enim non potest apprehendi humano sensu« etc.
Prael. in Daniel, Opp. XXXX S. 621 f. — Sermons sur le livre de Job. Opp.
XXXIII S. 528 ff. Com. in Evang. Joann. Opp. XLVII S. 6. Es ist be-
zeichnend, wenn die Vignette auf dem Titelblatt der Leges die Inschrift hat:
»Noli altum sapere.«

[2] Amiel S. 17.

[3] Com. in epist. Johannis, Opp. LV S. 369.

[4] Vorrede zu den Leges. — Cellerier (Bullet. IV, 16) und Amiel S. 12
legen die Stelle mit Unrecht Calvin in den Mund.

blieb, konnte das juristische und medizinische Studium als ein selbständiges und ebenbürtiges nicht anerkannt werden und ist es auch als solches nicht anerkannt worden.

Merkwürdig, wie gerade die Gesellschaft, welche der »ehrwürdigen Compagnie« in Genf am feindlichsten gegenüberstand, sich ihr in der Auffassung und Behandlung des Unterrichtswesens am meisten genähert, ja hier im wesentlichen sich zu denselben Grundsätzen bekannt hat. Unter den Schulordnungen des sechzehnten Jahrhunderts giebt es keine, die mit der calvinischen eine so grofse äufserliche Ähnlichkeit und innere Verwandtschaft zeigt, als der einige Jahrzehnte jüngere, unter dem Ordensgeneral Aquaviva entworfene Studienplan der Gesellschaft Jesu.

Wohl ist der »Plan und die Einrichtung der Studien der Gesellschaft Jesu'« bei weitem ausführlicher als die »akademischen Gesetze« Calvins. Manches, was in diesen erst im Keime vorhanden ist, zeigt jene ausgebildet und entwickelt[2], manches ist reicher gegliedert und in grofsartigerem Stile angelegt und mit einem gewissen Glanz umgeben. Einiges ist auch neu hinzugekommen, da die inzwischen gemachten Erfahrungen benutzt worden sind; die rauhe, republikanische Strenge des calvinischen Plans ist hier und da gemildert[3], ganz abgesehen von jenen Abweichungen, welche die Verschiedenheit des Kultus notwendig mit sich führen mufste. Aber in dem Wesentlichen der Organisation und in der Grundrichtung stimmen beide Institutionen völlig überein, so dafs sie zu einander in dem Verhältnis von Grundrifs und Ausführung stehen. Hier wie da finden wir die Vereinigung von Kollegium und Akademie, von niederem und höherem theologisch-philosophischen Unterricht unter einheitlicher Leitung, unter einem geistlichen Rektor. Hier wie da tritt uns die gleiche Vereinigung und Durchdringung des pädagogischen und didaktischen

---

[1] Ratio atque institutio studiorum societatis Jesu. Die erste Ausgabe ist nach *Zirngiebl*, Studien über das Institut der Gesellschaft Jesu, Leipz. 1870, S. 110 im Jahr 1591 zu Rom erschienen. Ich benutzte die Antwerpener Ausgabe von 1635.

[2] So die seminaristischen Übungen (Ratio S. 24, 28 ff., 161 ff.), die Disputation (S. 30 ff., 33, 40, 41); auch das Prämienwesen ist weiter ausgebildet.

[3] Während die calvinischen Leges die Decurien und Sitze der Zöglinge ohne Rücksicht auf Alter und Abkunft ordnen, weist die Ratio S. 93 den Vornehmen bequemere Sitze an. Auch das jesuitische Strafverfahren ist milder, S. 116.

Gesichtspunktes entgegen: auch die jesuitische Schule ist vor
allem Erziehungsanstalt, sie will nicht blofs den Verstand, sondern
den ganzen Menschen bilden, sie will — obgleich in ihrem Lehrplane, ganz ähnlich wie in dem calvinischen, von eigentlichem
Religionsunterricht wenig die Rede ist — ein religiöses, der Kirche
treu ergebenes Geschlecht erziehen und dadurch zur Vermehrung
des göttlichen Ruhmes, zur gröfseren Ehre Gottes beitragen[1].
Und auch hinsichtlich der Zucht- und Lehrmittel besteht zwischen
beiden Anstalten völlige Übereinstimmung: wir finden in beiden
dieselbe strenge, fast militärische Ordnung, die genaue Festsetzung
der Pflichten und Obliegenheiten des einzelnen Zöglings, die gleiche,
sorgfältige Beaufsichtigung der Schüler durch aus ihnen selbst ge-
nommene »Decurionen« (Klassenaufseher)[2], die wiederholten öffentlichen Ermahnungen, wir finden in beiden freie Befragungen der
Schüler neben den regelmäfsigen Lehrstunden[3], Disputationen, die
aber mit Vorsicht zu leiten sind[4], öffentliche Deklamationen[5],
Kompositionen und Prüfungen, feierliche Promotionen, öffentliche
Belobung und Auszeichnung der vorzüglicheren Schüler zur Weckung
des Wetteifers[6]; nur dafs dies alles von dem Jesuitenorden in
einen gewissen, kunstreichen Mechanismus gebracht und mit grofsem
äufseren Glanz umgeben worden ist. Die Übereinstimmung er-
streckt sich bis auf Äufserlichkeiten. So bestimmt z. B. der
Studienplan des Ordens in derselben Weise und fast mit den
nämlichen Worten wie der calvinische den Samstag für die allgemeine Repetition des in der Woche Vorgetragenen und für den
Unterricht im Katechismus[7]. Und auch der Studiengang und die
Unterrichtsgegenstände selbst sind die nämlichen. Wir finden die-

---

[1] Ratio S. 5, 37, 74, 82, 104. Fast jeder Abschnitt der Ratio beginnt
mit der Hervorhebung dieser Aufgabe.

[2] Ratio S. 95, 108, 115.

[3] Ratio S. 27, 40.

[4] Vgl. Ratio S. 30 ff. mit Leges l. c. S. 76.

[5] Vgl. Ratio S. 93 mit Leges S. 84.

[6] Vgl. Ratio S. 92 mit Leges S. 84.

[7] Vgl. Ratio S. 110, 120, 131, 137, 142, 147. »*Die Sabbathi mane
prima hora publice recitentur memoriter totius hebdomadae praelectiones, secunda
hora recolantur, ultima hora concertetur. Idem fiat a prandio, nisi quod prima
hora simul cum grammatica recitatur etiam Catechismus. Ultima semihora in
explicatione Catechismi vel pia exhortatione ponetur.*« — »*Diebus Sabbatis*, sagen
die Leges, l. c. S. 76, »*mane totius hebdomadis praelectiones repetunto.* A

selbe ausschliefsliche Betonung der sprachlich-klassischen Studien mit Hintansetzung aller übrigen. Die fünf Klassen des jesuitischen Kollegs entsprechen im wesentlichen durchaus den fünf obern Klassen des calvinischen: die drei grammatischen der fünften, vierten und dritten, die Humanität und Rhetorik der zweiten und ersten Abteilung Calvins. Die gelesenen Autoren sind zum gröfsten Teil dieselben. Mit der Rhetorik, mit der Kunst des lateinischen Stils und der lateinischen Beredsamkeit schliefsen beide Kollegien ab[1]. Dafs in den »höheren Fakultäten«, welche gleich der calvinischen Akademie das philosophisch-theologische Studium umfassen, trotz der gemeinsamen Verehrung des Aristoteles die Abweichungen stärker hervortreten, dafs hier der Gegensatz zwischen jesuitischer und calvinischer Anschauungsweise in höherem Grade sich geltend macht, liegt in der Natur der Sache, und überdies ist gerade hier der Plan des Ordens viel entwickelter und reicher gegliedert. Vollkommene Übereinstimmung herrscht aber in der hervorragenden, alles beherrschenden Stellung, welche beide Studienordnungen der Theologie überhaupt anweisen. Wie der ehrwürdigen Gesellschaft in Genf, so ist auch der Gesellschaft Jesu die Theologie die Wissenschaft der geoffenbarten göttlichen Religion, die höchste, die wichtigste und erste Wissenschaft, der alle übrigen dienen sollen, und nicht blofs dies: sie ist die einzig sichere und zuverlässige, die allen übrigen Norm und Richtschnur ist, von der diese Ziel und Aufgabe empfangen. Das eine wie das andere System steht vollständig unter dem Einflusse der Theologie. In dieser findet die jesuitische wie die calvinische Schule Abschlufs und Ziel, und vorzugsweise auf sie soll der Unterricht in dem Kollegium vorbereiten. Die weltlichen Wissenschaften, Rechtskunde und Medizin haben in dem jesuitischen Studienplane so wenig wie in dem calvinischen eine Stelle gefunden[2].

---

prandio, ab undecima ad duodecimam, ut dictum est, disputanto . . . . A tertia ad quartam pueri . . . . quae postridie ex Catechismo explicabuntur, recitant, et familiariter pro captus ratione docentor«.

[1] Eine Abweichung von dem Calvinischen so wie auch von dem Sturmschen Studienplan zeigt die Ratio darin, dafs sie S. 119 die Logik von den oberen Klassen ferngehalten wissen will und diese den »höheren Studien« reserviert.

[2] Vgl. *Zirngiebl* S. 137. »Jurisprudenz und Medicin wurden auf den Universitäten der Gesellschaft entweder gar nicht oder doch aufserhalb des Kreises ihrer Fürsorge gelehrt« — ganz wie in Genf.

Diese Billigung und Anerkennung, welche dem Studienplane des Genfer Reformators selbst bei seinen erklärten Gegnern geworden, ist zugleich das beste Zeugnis für seine Zweckmäfsigkeit und Zeitgemäfsheit.

Und auch durch den Erfolg wird dieses bestätigt. Wie es vorzugsweise das Schulwesen war, wodurch die Jünger Loyolas ihren Einflufs begründeten, so hat dasselbe nicht minder auch zu der Machtstellung Genfs in den nächsten Jahrzehnten beigetragen. Calvins Schöpfung blühte rasch auf, und Bern, das sie anfangs mit geringschätzigen Augen ansah und ihr keine glänzende Zukunft prophezeite [1], sah sich auch dieses Mal wieder in seinen Voraussetzungen getäuscht. Nicht nur das Kollegium, dessen unterste Klasse im Sommer 1559 bereits 280 Schüler zählte [2], sondern auch die Akademie übte in kurzem eine ungewöhnliche Anziehungskraft aus, so dafs der Hörsaal im Domkloster sich als zu klein erwies und gegen einen gröfseren vertauscht werden mufste [3]. Während das Kollegium in der ersten Zeit seine Zöglinge aus der Stadt selbst empfing, während es jene ernste, gestählte, strenge, fest im Glauben gegründete Einwohnerschaft heranbildete, die mit freudigem Gehorsam sich dem Joch der Kirchenzucht unterwarf, in der, wie der Chronist sagt, jedes Kind von seinem Glauben Rechenschaft zu geben wufste ›wie ein Doktor der Sorbonne‹ [4], und Genf in solcher Weise zu einer festen Burg des neuen Glaubens machte, lockte die theologische Akademie aus nah und fern an und erzog jene Schar von glaubensstarken, opferwilligen, von glühendem Eifer beseelten Jünger und Streiter für das neue Gotteswort, die den offenen Kampf um die Weltherrschaft mit dem Papsttum aufzunehmen in sich die Kraft fühlten und während der nächsten Jahrzehnte der westeuropäischen Geschichte ihr eigentümliches Gepräge verliehen. Das erste Verzeichnis der Immatrikulierten, welches bis zum Jahre 1562 reicht, weiset 162 Namen auf, zu denen im folgenden Jahre 97 neue kamen. Man findet schon

---

[1] Vgl. Haller an Bullinger 8. Okt. 1559, Opp. XVII S. 659.

[2] Ratsprot. 31. Juli 1559. Für den eigentlichen Elementarunterricht wurden später noch weitere Klassen errichtet; vgl. *Gaberel* II, 115.

[3] Die Vorlesungen wurden in die Kapelle Notre Dame la Neuve verlegt, welche seitdem das Auditorium hiefs: *Gaberel* I, 508.

[4] Anc. et nouv. pol. S. 121; vgl. *von der Goltz*, Die reform. Kirche Genfs im 19. Jahrh. S. 21.

unter den Eingeschriebenen der ersten Zeit die verschiedensten Nationen vertreten: Franzosen, Italiener, Deutsche — insbesondere vom Niederrhein —, Engländer, Spanier, selbst Russen [1], doch giebt das Matrikelbuch auch nicht annähernd ein Bild von der wirklichen Frequenz der Anstalt, denn bei weitem zahlreicher als die regelmäfsig eingeschriebenen Studierenden waren die Hospitanten, die von allen Seiten zusammenströmten, zum Teil Männer von angesehenen Lebensstellungen und vorgerücktem Alter, älteren Geistlichen, Juristen, die um Calvins Lehrstuhl sich sammelten, um sich durch ihn tiefer in den Geist der neuen Lehre, in die heilige Wissenschaft einführen zu lassen, um dann als gestählte Streiter unter seiner Fahne in der Heimat an dem Kampfe für die Ausbreitung des Gotteswortes Teil zu nehmen. Von einem Zeitgenossen wird die regelmäfsige Zahl der wirklichen Zuhörer Calvins auf ungefähr 1000 geschätzt [2]. So wurde Calvins Akademie in der That, was sie nach der Absicht ihres Gründers werden sollte, ein geistliches Seminar, eine Pflanzschule von Predigern und Streitern vor dem Herrn, nicht blofs für das enge Weichbild der Stadt, sondern für alle umliegenden Länder und Völker, eine wahrhaft internationale Institution, das grofse Missionshaus für Westeuropa [3]. Es war deshalb nur die Abtragung eines schuldigen Tributes, dafs in den Tagen schwerer Not und Bedrängnis, als Genf selbst die Lasten für die Unterhaltung seiner Schule nicht mehr aufbringen konnte, die protestantischen Staaten England und Holland öffentliche Sammlungen veranstalteten und der in ihrer

---

[1] Vgl. Le livre du Recteur. Catalogue des Etudiants de l'Académie de Genève 1559—1859. Genève 1860. Vgl. auch *Gaberel* II, 120. Dafs übrigens in der nächsten bewegten Zeit mit dem Matrikelbuch ziemlich nachlässig und zwar in einer Weise umgegangen worden ist, die Zweifel an seiner Vollständigkeit aufkommen läfst, zeigt das Schreiben Bezas an Calvin vom 22. Dez. 1561, Opp. XIX S. 188.

[2] *Sayous* I, 96; vgl. *Gaberel* I, 508, der 800 annimmt. [Beaulieu an Farel 3. Okt. 1561, Opp. XIX S. 10.]

[3] *»Certe schola nostra hodie seminarium est eorum pastorum qui se in solidum ac ingenue Deo consecrant. Quanti aestimas discipulos formare qui mox in totam Galliam spargantur?* Calvin an Mercier 17. Okt. 1563, Opp. XX S. 170. Vgl. auch *Gaberel* II, 131. Die 1562 gegründete Akademie der Jesuiten in Douay hatte hauptsächlich den Zweck, der Genfer entgegenzuwirken und die Schüler von ihr abzuhalten; vgl. *Nicolai Burgundi* Historia Belgica (Ingolst. 1629) I, 59.

Existenz bedrohten Anstalt zu Hilfe kamen. Die Genfer Akademie
blieb auch nach des Meisters Tode der Mittel- und Ausgangspunkt
der evangelischen Propaganda im westlichen Europa, sie blieb die
»Mutter« aller neu gegründeten evangelischen Schulen in den
Nachbarlanden. Höher als die von »den berühmtesten Universitäten Europas« erworbenen Grade wurden die von ihr verliehenen
Auszeichnungen in den Kreisen der Gläubigen geschätzt. »Denn
sie,« heifst es in einem Schreiben der holländischen Universitäten
aus dem Jahre 1594, »hat die christliche Welt erleuchtet, sie ist
die feste Stütze des Glaubens, die Säule der Kirche, die Zuflucht
und Pflegstätte der Wissenschaften und Künste [1].«

IV.

ABSCHLUSS DER KIRCHLICHEN GESETZGEBUNG.

Es versteht sich von selbst, dafs die gröfsere Machtfülle,
welche die Entwicklung der letzten Jahre Calvin in die Hände
gab, der weiteren Ausbildung und strengeren Durchführung der
»kirchlichen Ordonnanzen« vor allem zu gute kam.

Mit der Reorganisation des Unterrichtswesens und der Gründung
der geistlichen Akademie war die am schmerzlichsten empfundene
Lücke, welche die kirchliche Gesetzgebung von 1541 gelassen,
beseitigt: andern Unvollkommenheiten und Mängeln derselben
war durch eine Reihe nachträglicher Verordnungen und Zusätze
abgeholfen worden. Aber immer noch liefs der Zustand in den
Augen Calvins viel zu wünschen übrig. Der Wortlaut der Ordonnanzen war nicht überall so klar und unzweideutig, dafs er nicht
verschiedenen Auffassungen Raum gelassen, und Calvin hatte in
der Wirklichkeit manches hingehen lassen, das mit der Strenge
seines Systems in Widerspruch stand. Insbesondere fand er den
Einflufs, welchen die Vertreter der Staatsgewalt immer noch in
rein kirchlichen Angelegenheiten ausübten, mit einer wahrhaft
evangelischen Ordnung unvereinbar. Dem mufste anders werden.
Die Zeit der Nachgiebigkeit war vorüber: ein ernstlicher Widerstand war nicht mehr zu besorgen, sobald die geistliche Gewalt
einmal entschlossen ihren Willen kundgab.

----

[1] *Gaberel* II, 136 ff. und Pièces just. S. 131.

Am 30. Januar 1560 erschienen Calvin und Viret namens der ehrwürdigen Genossenschaft vor dem Rate, um denselben verschiedene Vorschläge zu machen, welche, wie sie sagten, dazu dienen sollten, »dafs in Zukunft die Kirchenpolizei von der bürgerlichen Gerichtsbarkeit besser getrennt sei wie zur Zeit der alten Kirche«. Der Rat hörte sie mit gewohnter Ehrerbietung, beschlofs sofort die geistliche Vorlage in Beratung zu nehmen und erklärte sich schon am 1. Februar in allem wesentlichen mit ihrem Inhalt einverstanden. Acht Tage später gab auch der Grofse Rat seine Zustimmung [1].

So erfolgte im Februar 1560 im Namen »der Syndiks, des Kleinen und Grofsen Rates der Stadt Genf« eine Reihe von Verordnungen, welche unter dem Scheine einer »Erklärung« der alten Bestimmungen über die Wahl der Ältesten und der Exkommunikation dem geistlichen Prinzip neue, wichtige Zugeständnisse machten.

Die erste beseitigte jenen alten, von Calvin selbst bisher geduldeten Brauch, demzufolge der in das Consistorium gewählte Syndik bei den Verhandlungen desselben mit dem Syndikusstabe erschien und den Vorsitz führte, und setzte fest, dafs fortan der Syndik, wenn überhaupt ein solcher gewählt werde, an den Sitzungen des Kollegiums nur in seiner Eigenschaft als Ältester und ohne ein äufseres Zeichen seiner Würde Teil zu nehmen habe.

Die zweite rügt in scharfen Worten, dafs im Widerspruch mit dem Wortlaut der kirchlichen Edikte bei der Wahl der Ältesten »durch eine tadelnswerte Anmafsung« (vicieuse usurpation) — es ist der Rat selbst, der in solchen Ausdrücken von sich redet — die Geistlichen ausgeschlossen und nicht gehört worden seien, was zur Folge gehabt, dafs das Ansehen des Consistoriums durch ungeschickte Wahlen zuweilen in Mifsachtung geraten. Es wird darum angeordnet, »dafs in Zukunft die Diener des Wortes eingeladen werden sollen, um ihren Rat und ihre Ansicht darüber zu vernehmen, welche Männer zu wählen gut sein möge [2].«

---

[1] Ratsprot. 30. Jan., 1. Febr. 1560, Opp. X, 1 S. 120; 9. Febr. 1560. *Roget* V S. 286 ff. Nicht genehmigt wurde Calvins Vorschlag, zu besserer Kontrolle an die zur Kommunion Berechtigten Marken auszuteilen.

[2] Dieselbe Zusicherung war schon früher vom Rate gegeben, aber wohl nicht ausgeführt worden; Ratsprot. 12. Febr. 1546.

Der dritte Artikel beschäftigt sich mit dem Unterschiede der Alt- und Neubürger und findet es tadelnswert, dafs man bisher »aus Ehrgeiz oder aus andern Gründen« sich bei den Wahlen für das Consistorium auf den Kreis der Altbürger (citoyens) beschränkt habe, da es doch vielmehr darauf ankomme, dafs »die Besten aus der ganzen Gemeinde« gewählt würden. Es soll deshalb in Zukunft auf den Unterschied von Alt- und Neubürgern keinerlei Rücksicht mehr genommen werden [1].

Eine weitere Verordnung führt unter Berufung auf die heilige Schrift und insbesondere den Apostel Paulus, der verbiete, mit den Verstockten Umgang zu haben, sondern wolle, dafs sie beschämt würden, die öffentliche und namentliche Exkommunikation ein. Schon früher, läfst sich der fromme Rat vernehmen, habe man in dieser Frage Edikte erlassen, welche man für die zur Erbauung der Kirche förderlichsten gehalten habe und welche auch von den ehrwürdigen Geistlichen gelobt und gepriesen seien, »aber,« heifst es weiter, »um uns noch mehr der wahren Regel des Wortes Gottes anzunähern und uns ihr so viel als möglich anzuschliefsen, haben wir nun verordnet, dafs diejenigen, welche von nun an von dem Consistorium exkommunziert werden, wenn sie, gehörig ermahnt, sich nicht fügen, sondern in ihrer Widersetzlichkeit verharren, in ihren Kirchen als ausgeschlossen von der Herde verkündet werden sollen [2]«.

Auch sollen diejenigen, welche, um ihr Leben zu retten, den reinen Glauben des Evangeliums verleugnet oder gar sich wieder förmlich zu den Gräueln des Papsttums bekannt haben, bei ihrer Rückkehr zur Wahrheit fortan nicht mehr wie früher blofs mit einer Geldstrafe belegt werden, sondern »zur Genugthuung und Warnung der ganzen Gemeinde« sollen sie öffentlich in der Kirche

---

[1] Es ist der Unterschied zwischen Citoyen und Bourgeois. Dazu kommt noch der Habitant, der aber überhaupt nicht wahlfähig ist.   Calvin an Olevian 7. Nov. 1560, Opp. XVIII S. 236: »*Deliguntur quotannis duodecim seniores, nempe ex minore senatu duo, reliqui ex Ducentis, sive sint indigenae, sive ascriptitii cives*«.

[2] Eine sehr scharf lautende, lange Zeit in Genf und Frankreich übliche Exkommunikationsformel teilt *Audin* II, 31 f. mit; ob sie indes schon auf Calvin zurückzuführen ist, erscheint zweifelhaft. Wie Calvin über den Umgang mit Exkommunizierten dachte s. Opp. XIX S. 369.

ihr Vergehen erkennen und bekennen und Gott und seine Gemeinde um Verzeihung bitten [1].

Endlich wird in einem besondern Artikel auch das Bestätigungsrecht wieder in Erinnerung gebracht, welches nach dem ursprünglichen Wortlaute der Ordonnanzen dem gesamten Volk in Bezug auf die Wahl der Geistlichen zustand. Es soll fortan die blofse Bestätigung durch den Rat nicht mehr genügen, sondern vor der förmlichen Einführung der Gewählten durch öffentliche Bekanntmachung jedem Mitgliede der Gemeinde Gelegenheit gegeben werden, etwaige Einwendungen gegen die getroffene Wahl zu machen [2].

Wohl nicht oft mögen Vertreter der Staatsgewalt den geistlichen Machthabern Konzessionen von solchem Umfange mit gleicher Willfährigkeit gemacht haben.

Nachdem in solcher Weise allen Wünschen Calvins entsprochen worden war, trat ein anderer Übelstand der kirchlichen Gesetzgebung um so mehr in den Vordergrund. Durch die Masse nachträglicher Verordnungen und Ergänzungen waren die Ordonnanzen zu einer weitschichtigen, jeder Ordnung entbehrenden Sammlung kirchlicher Gesetze geworden, in welchen das ursprüngliche Edikt von 1541 fast verschwand und die, sollte sie überhaupt ihren Zweck erfüllen, eine neue Ordnung, Durchsicht und Publikation zur Notwendigkeit machte. Was diese Angelegenheit noch dringender machte, war, dafs selbst die Rechtsgültigkeit der späteren Verordnungen, wie die Dinge bis jetzt noch lagen, mehr als zweifelhaft war, da dieselben nicht wie die ersten Ordonnanzen von dem Generalrat, sondern blofs von dem Kleinen und Grofsen Rate bestätigt worden waren.

---

[1] Ord. eccl. 1561, Opp. X, 1 S. 123. *Richter* l. c. I, 352 f. Vgl. übrigens Consistorialprot. 20. Nov. 1561, Ann. S. 767.

[2] Ord. eccl., Opp. X, 1 S. 94. *Richter* S. 343. Bei dieser scheinbar sehr demokratischen Bestimmung war es vielleicht auf Begünstigung der Eingewanderten abgesehen, die in den Ratskollegien noch lange Zeit nur äufserst spärlich vertreten waren und nun ein Recht erhielten, ihr Gewicht in die Wagschale zu werfen. [Es sei an dieser Stelle eingefügt, dafs gegen die K.'sche Auffassung von der demokratischen Grundlage der Calvinischen Kirchenverfassung (vgl. bes. Bd. I S. 268 f.) jüngst *Rieker*, Grundsätze reformierter Kirchenverfassung (Leipzig 1899) S. 137 ff. Einspruch erhoben hat: die Ältesten seien nach Calvins Meinung nicht Vertreter des Willens der Gemeinde, sondern »Träger eines selbständigen, von Gott geordneten Amtes, Funktionäre Christi«.]

Der Rat säumte nicht lange, auch in diesem Punkte Calvins Wunsch zu erfüllen. Offenbar auf seine Anregung faßte er im Herbst 1561 den Beschluß, die Ordonnanzen durchsehen und neu ordnen zu lassen und sodann die revidierte Sammlung als Ganzes nicht bloß dem Großen, sondern auch dem Allgemeinen Rat zur Bestätigung vorzulegen. Es verstand sich von selbst, daß die Revision Calvin überlassen wurde. In wenigen Tagen war die Arbeit vollendet. Alle die kleineren Zusätze und Ergänzungen, die verschiedenen Eidesformeln, ferner die im Laufe der Zeit nachträglich erlassenen Edikte über die Beaufsichtigung und Visitation der Geistlichen, die verbotenen Taufnamen, die jährliche Hausvisitation, über Exkommunikation und Consistorium, sowie endlich auch die schon 1545 von Calvin entworfenen, sehr weitläufigen Ehegesetze[1] wurden in den Text der ursprünglichen Ordonnanzen eingefügt, so daß der äußere Umfang auf mehr als das Doppelte stieg. Hie und da erfuhr auch der ursprüngliche Text, wie es bei dem Ineinanderfügen so mannigfaltiger Bestimmungen nicht anders sein konnte, kleinere Veränderungen, Interpolationen, Auslassungen, Umstellungen der Abschnitte, sachliche und rein formelle Korrekturen. Doch könnte man nicht sagen, daß Calvin in formeller Hinsicht auf seine Arbeit großen Fleiß verwandt habe, vielmehr zeigt sie an mehr als einer Stelle nicht undeutliche Spuren der Eile, mit der sie vorgenommen worden[2]. Wohl die bedeutsamste und für den Geist der Revision am meisten charakteristische Änderung ist die, welche Calvin in dem Schlußpassus der ursprünglichen Ordonnanzen vornahm, wo das Recht der bürgerlichen Obrigkeit mit besonderem Nachdruck gewahrt war: in der neuen Ausgabe ist jener bedeutsame Zusatz, welcher die Geistlichen ausdrücklich »auf das geistliche Schwert des Wortes Gottes, wie ihnen der heilige Paulus vorschreibt«, beschränkt, verschwunden[3].

Gleichwohl fand Calvins Arbeit allgemeinen Beifall. Am

---

[1] Vgl. Opp. X, 1 S. 33 n. 1.

[2] In dieser Hinsicht zeigt die Redaktion von 1576 einen bedeutenden Fortschritt.

[3] Vgl. Opp. X, 1 S. 30 Anm. 1 mit S. 119. Bezeichnend ist übrigens auch manche scheinbar formelle Redaktionsverbesserung, wie z. B. S. 117 an die Stelle von »quon le denonce au Magistrat« gesetzt ist »en le faisant savoir au magistrat«.

11. November erteilte der Rat der Fünfundzwanzig der revidierten Gesetzsammlung ohne Widerspruch seine Genehmigung und beschloſs, dieselbe drucken zu lassen, damit sie auch fremden Völkern zugänglich werde. Gleich am nächsten Tage erfolgte die Zustimmung der Zweihundert. Auf den 13. November war der Generalrat einberufen. Vor der versammelten Menge wurden hier noch einmal sämtliche Edikte, »die alten wie die neuen«, verlesen und dann nach einer Ansprache Calvins einstimmig angenommen, und zwar, wie es in dem Protokoll heiſst, »auf daſs sie nicht bloſs uns dienen, sondern allen reformierten Kirchen eine Leuchte seien, nach der sie sich richteten.« Um aber das Ansehen des nunmehr allseitig approbierten, revidierten kirchlichen Gesetzbuches auch dauernd für die Zukunft zu begründen, wurde in Übereinstimmung mit dem Kleinen Rate beschlossen, daſs dasselbe fortan alle drei Jahre den ersten Sonntag im Juni in S. Peter öffentlich vorgelesen und vor dem versammelten Volke in Gegenwart der Syndiks aufs neue beschworen werden solle, und diese Bestimmung dann selbst in den Text der Ordonnanzen aufgenommen [1].

Das Werk der kirchlichen Gesetzgebung war damit abgeschlossen. Calvin selbst hat demselben nichts mehr hinzuzusetzen gefunden. Die Aufgabe und der Wirkungskreis der einzelnen kirchlichen Institutionen war genau festgesetzt, dem geistlichen Amte diejenige Stellung gesetzlich gesichert, die Calvin für notwendig erachtete, die Befolgung und gewissenhafte Beobachtung der Lehren und Vorschriften der Reformation durch das Staatsgesetz gewährleistet und jedem Staatsbürger zur Pflicht gemacht. Die Ordonnanzen bildeten das kirchliche Staatsgrundgesetz der Republik: wer gegen sie sich auflehnte, griff die Grundlage des Staates an. Calvins Ideal war nach zwanzigjährigem Kampfe erreicht.

Indes beschränkte sich Calvins legislatorische Thätigkeit während dieser Jahre nicht auf das Gebiet der kirchlichen Gesetzgebung im engeren Sinne. Ordnung und Verfassung der Kirche waren leere Worte, wenn sie nicht durch den reinen Glauben und

---

[1] Ratsprot. 7., 11., 12., 13. Nov. 1561; vgl. Opp. X, 1 S. 92 n. 1. Vgl. ferner den Schluſspassus der Ordonnanzen selbst: »De l'observation de cette police«; ebd. S. 124.

reine Sitten den rechten Inhalt erhielten. Die Sittenzucht insbesondere machte nach Calvin das eigentliche Wesen der »geistlichen Politik« aus (Bd. I, 267), ihr diente die vornehmste unter
den von ihm neugeschaffenen kirchlichen Institutionen und ihr
wandte er deshalb mit verdoppeltem Eifer seine Sorge zu, nachdem er durch das Unterliegen der feindlichen Elemente und den
eingetretenen ruhigeren Zustand auch nach dieser Seite hin freiere
Hand erhielt. Wir haben gesehen, wie durch eine Reihe von
disziplinarischen Verordnungen, die zu verschiedenen Zeiten erlassen
waren, gegen Spielen, Tanzen, Singen unanständiger Lieder, Hurerei,
gegen Schwören, Fluchen und Gotteslästerungen, und diese Vergehen
mit bürgerlichen Strafen belegten, die Sittengesetzgebung einen an-
sehnlichen Umfang erreicht hatte. Aber in einem Punkte, auf
den der strenge Censor gerade das gröfste Gewicht legte [1], waren
alle seine früheren Vorstellungen bei dem Magistrate fruchtlos geblieben. Er betraf den altgenferischen Hang zum Luxus in der
Kleidung, wie in der ganzen Lebenseinrichtung [2]. Wohl waren
einzelne Trachten verboten worden, aber als eigentliche sitten-
polizeiliche Verordnungen konnten solche Verbote kaum angesehen werden, da die angefeindeten Trachten vornehmlich um
ihres bernerischen Ursprungs willen — es handelte sich um die
Chausses chapelées — und als politische Demonstration verurteilt
wurden. Ein Antrag auf Erlafs einer »allgemeinen Ordonnanz«
gegen die überhandnehmende Mode und Vergnügungssucht, den
das Consistorium schon im Jahre 1550 an den Rat richtete, war
ohne Erfolg geblieben [3]. Das Übel blieb, ja es nahm infolge der
französischen Einwanderungen noch zu. Die vornehmen französischen Emigranten setzten den Luxus, an den sie daheim gewöhnt waren, in Genf fort und entwickelten in Trachten, bei
Gastmählern und Familienfesten einen Aufwand, der auf die
Einwohnerschaft den schlimmsten Einflufs ausübte. Wie grofs
Calvins Vorliebe für den vornehmen Stand auch war und wie

---

[1] In der Genfer Bibl. 145 f. 125 findet sich der von Calvins Hand geschriebene Entwurf einer Abhandlung »De Luxu«, die unter Berufung auf die
Alten den Luxus als die allgemeine Weltplage darstellt und schonungslos verdammt; in welche Zeit das Schriftstück gehört, ist schwer zu sagen. [Jetzt
gedruckt Opp. X, 1 S. 203 ff.]

[2] Vgl. über die damaligen Trachten *Galiffe*, Genève hist. et arch. S. 281.

[3] Consistorialprot. 21. Aug. 1550.

ungern er auch seinen eingewanderten Landsleuten wehe thun mochte: dieser Übelstand durfte nicht länger fortdauern. Die Wendung der Dinge, die in der zweiten Hälfte der fünfziger Jahre eingetreten war, brachte auch hier Hilfe.

Am 27. September 1558 begab sich der Prediger Nicolas Gallasius, der Vertraute und treue Schüler Calvins, vor den Rat und schilderte diesem im Namen des Consistoriums in düstern Farben den alles Mafs überschreitenden Luxus, der in Genf, namentlich in den Kreisen der französischen Emigranten, zumal der Frauen, eingerissen sei. Selbst bei den Heiden, erklärte er, würden solche Ausschweifungen nicht geduldet worden sein, um wieviel weniger dürfe da eine christliche Gemeinde schweigen. Nur eines solchen entschiedenen Auftretens bedurfte es. Der Rat erkannte die Berechtigung der Klage in seiner Antwort vollkommen an: er fand überdies, dafs der Luxus die Lebensmittel verteuere und den Ruin vieler Familien herbeiführe: aber das Hauptgewicht legte er auch von seiner Seite auf die grobe Beleidigung Gottes und das schlechte Beispiel, das gegeben werde[1]. Schon in der nächsten Zeit finden wir ihn mit Verhandlungen über eine zu erlassende neue Verordnung beschäftigt, welche in Übereinstimmung mit der Vorstellung des Consistoriums sich vornehmlich gegen den Luxus »in Kleidern und bei Gastmählern« richtete[2]. Am 13. Oktober wurde der fertige Entwurf im Kleinen Rate verlesen und genehmigt und am nächsten Morgen das neue Luxusgesetz öffentlich auf den Strafsen von Genf unter dem Schall der Trompete ausgerufen[3]

Wohl nicht häufig mögen Gesetze erlassen sein, so scharf und einschneidend, so tief selbst in das Privat- und Familienleben eingreifend wie diese Luxusgesetze.

---

[1] Ratsprot. 27. Sept. 1558, Ann. S. 705.

[2] Ratsprot. 11. Okt. 1558, Ann. S. 706.

[3] Ratsprot. 13. Okt. 1558: »*Suyvant l'arrest de mardy dernier a esté icy faicte lecture des cries cochées tochant ccz deux points (habitz et banquetz) lesquelles sont trovées bonnes et arresté qu'elles soient criées demain et affin que chascun en ayt meilleur notice, soyent imprimées et que le secretaire de la bauche alle avec la crie*«. Von den in Aussicht genommenen Drucken ist mir keiner zu Gesicht gekommen. *Gaberel* giebt einen Abdruck I, 339 ff., ohne sich über seine Quelle auszusprechen, was um so mehr zu wünschen gewesen wäre, als das vorliegende Gesetz nicht ganz den Andeutungen des Ratsprotokolls entspricht, indem es die *vertugales* (sic!) nicht verbietet.

Sie beginnen mit der Festsetzung der Kleiderordnung. Verboten ist allen Bürgern, Einwohnern und Unterthanen der Stadt Genf Kleider mit goldener oder silberner Stickerei, Borten, Tressen, Besätzen und Verzierungen zu tragen. Verboten sind alle goldenen Ketten, Armbänder, Halsketten, Knöpfe und Gehänge, Gürtel und Schnüre von Gold oder Silber gewirkt, überhaupt jeder Gebrauch von Gold, Perlen, Edelsteinen zum Schmucke der Kleider.

Verboten ist insbesondere den Personen, die dem Handwerkerstande oder überhaupt den unteren Klassen angehören, das Tragen von seidenen Kleidern, Sammetbesätzen und Stickereien, sowie jeder unnötige Aufwand von Kragen, Wämmsern, Hüten, Mützen, Hosen und Mänteln.

Verboten ist den Männern, langes, gescheiteltes Haar und Ohrringe zu tragen, den Frauen jede Frisur, jedes Aufkämmen und Kräuseln der Haare, jede Verwendung von Edelsteinen zum Kopfputz.

Verboten sind überhaupt alle überschwänglichen, exzentrischen Moden, zumal wenn sie anstöfsig sind, wie ausgeschnittene Kleider, verboten ist jeder Luxus in Spitzen, Kragen, Halskrausen, Handschuhen, Rüschen, verboten jeder übertriebene überflüssige Aufwand in der Verzierung und Einfassung der Kleider — nur den Damen von Stand wird hier ein bestimmtes Mafs erlaubt. Nur diesen ist es auch gestattet, goldene Fingerringe zu tragen, deren Zahl jedoch vier nicht übersteigen soll, nicht aber den Frauen von Handwerkern, auch nicht den noch nicht verlobten jungen Mädchen, »bei Strafe von 60 Sols und Konfiskation der Ringe.«

Handwerker, die von ihrer Hände Arbeit leben, ihre Frauen, Kinder, Gehilfen dürfen keine kostbaren, feinen, ausländischen Stoffe, kein Pelzwerk, keine Besätze von Sammet oder Seide an ihren Kleidern tragen; die Hauben der Frauen und Jungfrauen sollen einen bestimmten Preis nicht übersteigen, und ebenso sind den Männern Hüte und Kragen von Sammet und Seide untersagt.

Die Dienstboten insbesondere sollen sich mit einer Kleidung begnügen, wie sie der alten Gewohnheit entspricht; der Stoff ihrer Kleider sei einfach und billig, die Farbe bescheiden, vor allem nicht rot; ihre Hauben dürfen höchstens 18 Sols kosten; Spitzen, gefältelte Kragen und dergleichen sind ihnen unbedingt untersagt.

»Überhaupt,« fügt das Edikt nach diesen Bestimmungen hinzu, »hat ein jeder sich anständig und einfach zu halten nach seinem Stande und Range und seinen Mitmenschen ein Beispiel christlicher Bescheidenheit zu geben und insbesondere sollen auch die Eltern ihre Kinder streng nach vorstehenden Vorschriften kleiden. Wer zuwiderhandelt, zahlt das erstemal 5, im Wiederholungsfalle 10, das drittemal 25 Gulden, aufserdem werden die verbotenen Kleider und Schmucksachen konfisziert und weitere Strafe vorbehalten.«

Und um die Beobachtung dieser Verbote noch mehr zu sichern, wird dann unter Androhung noch schwererer Strafen den Schneidern untersagt, irgend eine neue Kleidertracht ohne Erlaubnis der Obrigkeit einzuführen oder für irgend einen Bürger, Einwohner und Unterthanen der Stadt Genf einen Anzug oder ein Kleidungsstück anzufertigen, welches mit gegenwärtigen Ordonnanzen im Widerspruche stehe.

Eben so scharfe Grenzen zieht der zweite Teil der Verordnung dem Luxus bei Gastmählern und Familienfesten. Genau wird da die Zahl der Gänge festgesetzt, welche bei einer Hochzeit oder sonst bei einem Bankett gestattet ist, die Haupt- und Nebengerichte, die Schüsseln für den Nachtisch, wobei insbesondere die Delikatessen aufgeführt werden, die in Zukunft verboten sind, wie z. B. eingemachte Früchte, endlich auch die Anzahl der Personen, die bei der Bedienung zur Verwendung kommen dürfen. Übertretungen dieser Gesetze sollen mit 60 Sols Strafe von dem Gastgeber gesühnt werden. Die Zahl der Geladenen soll nicht grofs sein und in gewöhnlichen Fällen, z. B. bei Tauf- und Verlobungsessen, die indes nur Familien von Rang gestattet und in geräuschloser Stille zu begehen sind, zehn nicht übersteigen. Bei Hochzeiten sind indes nur die Ärmeren an diese Zahl gebunden, Wohlhabende dürfen zwanzig, Vornehme bis zu dreifsig Personen einladen; doch nie darf das Fest länger als einen Tag dauern. Zutrinken ist in keinem Fall gestattet. Überdies ist bei den Gastmählern der weniger bemittelten Klassen jede Art von Wildbret, Geflügel, alles Backwerk und dergl. untersagt bei Strafe von 25 Gulden. Derselben Strafe verfällt auch der Koch, der ein der gegenwärtigen Bestimmung widersprechendes Mahl herrichtet. Es werden ferner die üblichen Hochzeitsgeschenke beschränkt. Braut und Bräutigam dürfen nur sich gegenseitig beschenken und auch dies nur in bescheidenem Mafse und ohne übertriebenen Kosten-

aufwand bei Strafe von 25 Gulden für jeden Teil. Auch das bei
Hochzeiten, Verlobungs- und Tauffesten übliche Zusenden und Über-
reichen von kostbaren Blumensträufsen mit Goldfäden und
Perlen ist verboten. Selbst über das Verhalten der Wöchnerinnen
enthält das neue Gesetz Vorschriften. Bei einer Strafe von
60 Sols wird es verboten, dieselben namentlich am Tauftage
selbst zu besuchen: nur die Gevatterin und die allernächsten
Verwandten erhalten Zutritt. Sie selbst soll sich im Bett nicht
ungebührlich aufputzen, nicht die neuerfundenen Überwürfe und
Mäntel tragen, sondern sich durchaus bescheiden und eingezogen
halten — alles bei Strafe von 60 Sols.

»Und damit,« schliefst das merkwürdige Dokument, »diese
Verordnung um so besser beobachtet und befolgt werde, haben
wir beschlossen, dafs dieselbe alle fünf Jahre in einer General-
versammlung sämtlicher Bürger, welche auf den ersten Sonntag
im Juni einzuberufen ist, publiziert und verlesen werde, ohne dafs
es jemand gestattet wäre, ihr entgegenzuhandeln oder etwas daran
zu ändern, es sei denn, dafs der Kleine, Grofse und Allgemeine
Rat dieser Stadt es beschlossen [1].«

So war denn auch in dieser Beziehung Calvins Wille endlich
durchgedrungen. Der städtische Chronist erzählt nicht ohne Befriedigung, die ersten, welche von dem neuen Gesetz getroffen,
seien die Herren von der Justiz gewesen, indem dieselben bei einem
Mahle, welches sie einige Tage später dem Kleinen Rate gegeben,
die gesetzlichen Bestimmungen um »eine Schüssel« übertreten

---

[1] Diese Edikte gedr. bei *Gaberel* I, 339—342; *Roset* VI c. 43. Der
Schlufssatz findet sich wörtlich wieder am Schlufs der revidierten kirchlichen
Ordonnanzen von 1576 und gehört wohl auch späterer Zeit an, da die Ordonnanzen von 1561 noch eine dreijährige Publikation festsetzen. Selbst der
Text scheint, obgleich er sich in der Hauptsache an das Ratsprotokoll vom
11. Okt. 1558 durchaus anschliefst, doch einzelne Änderungen erfahren zu
haben, wie z. B. was die Zahl der Schüsseln und Vertugales angeht. Doch
betreffen die Abweichungen kleine Äufserlichkeiten, nicht den Geist des Gesetzes. — In formeller Hinsicht ist auch diese Verordnung wie fast alle Ordonnanzen der calvinischen Behörden kein Muster: es fehlt nicht an Un-
genauigkeiten, Wiederholungen, selbst nicht an kleinen Widersprüchen. Es
scheint, dafs Calvin zufrieden war, wenn die Sache durchgedrungen war, ohne
um die Form sich viel zu kümmern.

hätten und zwei dafür streng nach dem Wortlaute des Ediktes, »andern zum Beispiel«, bestraft worden seien [1].

Nachdem dergestalt die kirchliche Gesetzgebung vervollständigt und zum Abschluſs gebracht war, blieb als letzte Aufgabe übrig, auch das bürgerliche Gesetzbuch, welches sich seit 1543 in einem ähnlichen Zustande befand wie das kirchliche, in gleicher Weise zu revidieren und abzuschliefsen. Und auch dies sollte geschehen. Einer der ergebensten Anhänger Calvins, Germain Colladon, ein Jurist von Namen, wurde nebst einem anderen Rechtsgelehrten Dorsières von dem Rate dazu ausersehen und schon im Jahre 1560 beauftragt, zunächst das Kriminalverfahren, das noch immer der nötigen Klarheit und Ordnung entbehrte, neu zu ordnen und zu revidieren [2]. Calvin nahm an dieser Arbeit, wie seine eigenhändigen Aufzeichnungen beweisen [3], den lebhaftesten Anteil: er begab sich wohl in eigener Person vor den Rat, um diesem die Angelegenheit zu empfehlen [4]. Allein wie vor zwanzig Jahren rückte auch dieses Mal die Revision und Ordnung der bürgerlichen Gesetze nur langsam von der Stelle. Calvin hat den Abschluſs nicht mehr erlebt. Erst vier Jahre nach seinem Tode war Colladons Arbeit vollendet, erst im Januar 1568 traten den revidierten kirchlichen Edikten die revidierten bürgerlichen zur Seite [5]. Doch durfte sich Calvin beruhigen. Colladons Name

[1] *Roset* VI c. 43. Vgl. übrigens die von *Galiffe*, Nouv. pages S. 46 ff. mitgeteilten Speisezettel, die ergeben, daſs überhaupt der Rat zu opulenten Diners neigte!

[2] Ratsprot. 13. Juni 1561. Colladon war, obgleich Fremder aus Chatre en Berry und erst seit 1557 in Genf, schon 1559 im Rat der Sechzig. Es wird in seinem Revisionswerk eine Ähnlichkeit mit den Coutumes de Berry gefunden. Vgl. Ratsprot. 7. Febr. 1559. *Senebier* I, 343.

[3] So gehören, wie mir scheint, die Aufzeichnungen Calvins Opp. X, 1 S. 145, 146 dieser Zeit an. Bemerkenswert ist, daſs er hier offen das peinliche Verhör empfiehlt.

[4] Ratsprot. 9. Nov. 1562.

[5] Vgl. *Spon-Gautier* I, 319; *Senebier* I, 343. Gleichsam einen Bestandteil dieser abschlieſsenden Arbeiten bildet auch die Chronik *Rosets*, welche derselbe am 2. Juni 1562 dem Rat vorlegte. Sie sollte, wie der Verfasser selbst erklärte, »Gott den Dank bezeugen für so viele Gnade, die er unserer Stadt erwiesen hat«, und zugleich im Gegensatz zu den vielfachen Irrtümern Bonivards und Froments den Nachkommen ein richtiges Bild der Genfer Geschichte übermitteln. Der Rat lieſs das Buch während mehrerer Sitzungen

bürgte dafür, dafs das Revisionswerk in seinem Geiste ausfallen werde.

V.

GESTALTUNG DES ÖFFENTLICHEN LEBENS NACH DEM VOLLSTÄNDIGEN SIEGE CALVINS.

Die organisatorische und legislatorische Thätigkeit Calvins
war mit den Edikten der Jahre 1558—1561 abgeschlossen. In
Verfassung und Gesetz war ein Reformationsideal durchgedrungen.
Wie erscheint nun dieses Ideal in der thatsächlichen Ausführung?
Wie gestaltete sich das öffentliche Leben in Kirche und Staat
nach dem vollständigen Siege der neuen Ordnung, während der
letzten Lebensjahre des Reformators?

Wir würden unsre Aufgabe nur unvollkommen zu lösen
glauben, wenn wir nicht wenigstens versuchten, auch diese Frage
zu beantworten.

Wenn Calvin bei den verschiedensten Gelegenheiten und selbst
noch in der letzten Ausgabe der Ordonnanzen es als ein Hauptziel seines Strebens bezeichnet, zwischen der geistlichen und weltlichen Gewalt die richtige Scheidelinie zu ziehen und eine jede
auf das ihr zustehende Gebiet zu beschränken, so mufsten wir
demgegenüber schon früher bemerken, dafs seine »Scheidung«
mehr eine scheinbare als eine wirkliche ist, dafs vielmehr der
theokratische Grundgedanke des calvinischen Systems eine wahrhafte Selbständigkeit der Staatsgewalt und der bürgerlichen Gesellschaft nicht erträgt — trotz des Scheines einer äufseren Oberherrschaft, womit die Kirchenverfassung den Magistrat umgab
(Bd. I, 471 ff.). Je freier und vollständiger das calvinische System
zur Entfaltung gelangte, um so kräftiger und durchgreifender mufste
naturgemäfs auch jener theokratische Grundgedanke ins Leben
treten, um zuletzt mit Beseitigung des Scheines die Träger der
weltlichen Gewalt als Werkzeuge, die berufenen Verkünder des
göttlichen Willens als die wahrhaft Herrschenden erscheinen zu
lassen.

---

vorlesen und genehmigte es, indem er dem Verfasser ein ansehnliches Geldgeschenk zuerkannte. Ratsprot. 2., 8. Juni, 8. Juli 1562. Damit war auch
die offizielle Auffassung der Genfer Geschichte festgesetzt.

Und so zeigt sich uns denn als erste und wahrnehmbarste
Folge des calvinischen Sieges eine unaufhaltsame fortschreitende
Steigerung des priesterlichen Einflusses in allen Richtungen des
Staatslebens, eine von Jahr zu Jahr wachsende Klerokratie in des
Wortes vollster Bedeutung. Der Staat gerät in vollständige Abhängigkeit von der Kirche. Es ist die ehrwürdige Genossenschaft,
welche die öffentliche Meinung beherrscht, welche zu allem wichtigen, was geschieht, den Impuls giebt, welche die eigentliche
Regierung in Händen hat. Es ist der geistliche Gesichtspunkt,
das religiöse Interesse, die allgemeine evangelische Propaganda,
was für die Politik des Staates mafsgebend wirkt. Die Kanzel ist
die Tribüne, wo alle wichtigen Fragen, mögen sie nun staatliche
oder kirchliche Verhältnisse betreffen, abgehandelt werden, Wahlen
und Steuern, Unterricht, Finanzen, Krieg und Frieden. Recht
eigentlich wird der Schwerpunkt des öffentlichen Lebens aus dem
Rathaussaal auf die Kanzel von S. Peter verlegt! Mehr und mehr
sehen wir den Magistrat seit dem Siege von 1555 sich auch
äufserlich den geistlichen Machthabern unterordnen. Jenes Selbstgefühl, von dem die Ordonnanzen von 1541 doch noch an mehr
als einer Stelle Zeugnis ablegen[1], ist verschwunden. Kaum konnte
eine bürgerliche Obrigkeit weiter gehen, als der Genfer Magistrat
in den Konzessionen, die er 1560 dem geistlichen Prinzip machte;
und fast noch bedeutsamer als ihr Inhalt ist die Form, in der sie
gemacht wurden. Von dem Reformator läfst sich der Magistrat
Worte in den Mund legen, durch die er selbst seine bisherige
Handlungsweise als »tadelnswerte Usurpation« bezeichnet, und
nimmt dann diese Selbstanklage sogar in das in seinem Namen
publizierte Gesetz auf! Einen noch gröfseren Beweis von seiner
Demut und Bescheidenheit gab der Rat 1562, als er durch einen
förmlichen Beschlufs auf die übliche Anrede »Sehr gestrenge
Herren« verzichtete, um sich mit dem einfachen »Sehr geehrt«
zu begnügen[2]. Die ganze Verwaltung und Regierung, die öffentlichen Ratsverhandlungen und Wahlen nahmen allmählich eine
geistliche Form an. Drohen äufsere Gefahren, so werden nach
Anhörung der Geistlichen von Syndiks und Rat öffentliche Gebete

---

[1] In den Veränderungen nämlich, die der Rat an dem Entwurfe der
ehrw. Genossenschaft vornahm; vgl. Opp. X, 1 S. 15 ff.

[2] Ratsprot. 13. Juli 1562. (Grenus.)

ausgeschrieben und die Einwohner unter Trompetenschall zur Besserung, zum fleifsigen Besuch der Predigt, Einkehr in sich selbst und Demut vor Gott aufgefordert [1]. Das Ratsprotokoll zum 3. Februar 1559 beginnt mit einem inbrünstigen Gebet: Gott möge die Stadt Genf gegen die boshaften Anschläge des Teufels und seiner Mitverschworenen gnädig beschützen und behüten und die Träger der Staatsgewalt dergestalt durch seinen heiligen Geist leiten und lenken, dafs sie sich aufführen, wie es wahren Dienern und Sachwaltern der göttlichen Majestät anstehe [2]. Man glaubt beim Durchlesen der amtlichen Aufzeichnungen zuweilen, die Akten einer geistlichen Behörde vor sich zu haben. In der That ist das weltliche Amt des Magistrats in gewissem Sinne zu einem geist- lichen geworden: Vermehrung des Ruhmes der göttlichen Majestät nach Anleitung der berufenen Verkünder des göttlichen Willens ist überall und in allem seine erste Aufgabe. Geradezu wird des- halb der Genfer Rat von Auswärtigen als eine geistliche Behörde betrachtet und in geistlichen Fragen um seine Ansicht gebeten [3].

Am meisten aber tritt naturgemäfs der geistliche Einflufs her- vor bei der wichtigsten Staatshandlung — bei den öffentlichen Wahlen. In einem republikanischen Gemeinwesen wie Genf kam alles darauf an, ja die ganze Herrschaft des geistlichen Systems hing davon ab, wie die Wahlen ausfielen. Schon im Herbst 1559 hatte der Rat den Einflufs der Geistlichen gleichsam als einen gesetzlichen begründet und verordnet, dafs in Zukunft vor allen öffentlichen Wahlen einer der Geistlichen das Volk in einer Rede belehre und ermahne, dafs »sie in heiliger Gesinnung zur Wahl schreiten, damit wir, wie in den übrigen, so auch in diesem Punkte uns von dem göttlichen Geiste leiten lassen und unsere Handlungen dem göttlichen Worte gemäfs sind [4].« Seitdem wurden die öffent- lichen Wahlen, die schon immer ein Hauptobjekt der klerikalen Fürsorge gebildet hatten, fast geradezu zu einer geistlichen Hand- lung. Gewöhnlich war es Calvin selbst, der in der Wahlversamm-

---

[1] Vgl. *Colladon*, Opp. XXI S. 93; *Roset* VI c. 26, 29.

[2] Ratsprot. 3. Febr. 1559 *(Grenus)*.

[3] So legte ihm schon 1554 ein gewisser Joh. de Leonard eine Reihe von Fragen über kirchliche Disziplin vor in einem Schreiben mit der Anrede: *»Princes du peuple de Dieu et nostre Seigneur Jesus Christ en la noble cité de Genève«*. Opp. XV S. 6.

[4] Ratsprot. 7. Nov. 1559. *Roset* VI c. 53. [*Roget* V S. 283.]

lung erschien und unter Hinweisung bald auf die grofsen Ereignisse der Zeit, bald auf die Bibel mit dem Ernste eines alttestament- lichen Propheten den Wählern ihre Pflichten ans Herz legte. Er ermahnt sie, die Wahl so vorzunehmen, dafs »Gott der Vorsitzende und Leiter derselben sei, zu wählen mit reinem Gewissen und auf nichts Rücksicht zu nehmen, als auf die Ehre und den Ruhm Gottes, zum Wohle und zur Sicherheit dieser Stadt«, oder (wie er sich ein anderes Mal ausdrückt) »zu bedenken, dafs Gott ihr einziger Hort und Rückhalt sei und dafs er über sie alle die höchste souveräne Gewalt habe: darum sei es Pflicht, ihm auch seine volle ungeschmälerte Autorität zu lassen — geschehe dies, so würde die Fülle der himmlischen Segnungen der Lohn sein[1].« Kein Wunder, wenn aus so geleiteten Wahlversammlungen Magistrate hervorgingen, die an Fügsamkeit nichts zu wünschen übrig liefsen. Gewählt durch den Einflufs des Klerus, blieben sie von diesem abhängig. Es war nur eine naturgemäfse Ausbildung dieses Ver- hältnisses, wenn mifsvergnügte Bürger bald anfingen, ihre Be- schwerden gegen die Verwaltung bei den jährlichen geistlichen Visitationen den Predigern vorzutragen, und diese dann durch Deputationen auf dem Stadthause den Vätern der Stadt ernste Vorhaltungen machen liefsen[2].

Indem so das gesamte Staatsleben ganz und gar eine geist- liche Richtung nahm, war es natürlich, dafs das Consistorium immer mehr in den Vordergrund trat. Umfafste doch seine Thätig- keit genau das, was nach der Auffassung Calvins die vornehmste Aufgabe des Staates bildete: »die Überwachung der Gemeinde des Herrn, auf dafs Gott rein verehrt werde«. Was der Älteste in dem Eide bei seinem Amtsantritt feierlich gelobte, hatte im Grunde jeder Staatsbeamte als seine vornehmste Aufgabe anzusehen. So gestaltete sich seit dem Jahre 1555 das Consistorium mehr und mehr zu der Centralinstitution, von der das Staatsleben gleich- sam seine Direktion empfing, und auch auf den Fremden, der nach Genf kam, machte nichts einen tiefern Eindruck als dieser

---

[1] Ratsprot. 12. Nov. 1559; 4. Febr. 1560; 15. Nov. 1562; 9. Nov. 1563; 6. Febr. 1564. *Roget.* L'Église et l'État S. 76 ff. Als einmal bei der Herbst- wahl ein wenig geistlich Gesinnter auf die Kandidatenliste gesetzt war, erhob die Geistlichkeit förmlichen Protest und drohte mit der Kanzel, worauf der Name gestrichen wurde. *Roget* a. a. O. S. 79.

[2] *Gaberel* II, 44.

allgewaltige Rat der Alten. Das Consistorium erhielt, was sehr
wichtig war, das Recht, die vorgeladenen Zeugen eidlich zu vernehmen[1], es erhielt infolge der fortwährenden Zunahme der Geistlichen auch in seinem Personalbestand bedeutenden Zuwachs: im
Jahre 1557 zählte es zwölf geistliche Beisitzer, also ebensoviel
geistliche als weltliche[2]; seine Sprache wurde selbstbewufster und
gebieterischer, seine Kompetenz schien sich mit jedem Jahre zu
erweitern, seine Thätigkeit hielt sich keineswegs innerhalb der
Schranken, die durch das Gesetz von 1541 gezogen waren. Wir
begegnen in den Consistorialprotokollen Verhandlungen über den
Eintritt in auswärtige Kriegsdienste[3], über Führung eines falschen
Namens[4], über Betrug und Wucher[5], man beschäftigt sich mit
der Dienstbotenfrage, mit den Taxüberschreitungen der Leichen-
träger, mit der ungleichen Verteilung der Schulsteuer auf dem
Lande, mit Buckdruckerprivilegien[6]. Es dauerte nicht lange und
man begann die Anordnungen des Rates und die Entscheidungen
des Justizlieutenants einer Kritik zu unterziehen[7]. So rückte das
Consistorium immer mehr in den Mittelpunkt des öffentlichen
Lebens, und kaum gab es eine strafbare Handlung, hinsichtlich
welcher es nicht wenigstens das Recht der Voruntersuchung für
sich in Anspruch nahm[8].

Aber allerdings blieb die Hauptsorge der Ältesten auf strenge
Beobachtung der kirchlichen Ordnung sowohl in Ansehung der
Sittenzucht als der Lehre gerichtet. Und hier war der Erfolg
am entschiedensten. Mit dem Sturz der Partei des Generalkapitäns
im Jahre 1555 war das Haupthindernis, welches der Durchführung
der kirchlichen Gesetzgebung noch entgegenstand, aus dem Wege
geräumt. Die Zeit, wo die Unsicherheit des öffentlichen Zustandes

---

[1] Vgl. Anc. et nouv. pol. S. 120.

[2] Consistorialprot. 18. Febr. 1557.

[3] Consistorialprot. 7. Okt. 1557, 10., 17. März 1558.

[4] Consistorialprot. 16. Dez. 1557.

[5] Consistorialprot. 25. Jan. 1560.

[6] Consistorialprot. 11. Juli 1560, 20. März 1561, 14. Mai, 8. Juni,
9. Juli 1562.

[7] Consistorialprot. 11. März 1557, 12., 19. März 1562. Der Lieutenant
hat blofs die um Geld spielenden Spieler verurteilt; das Consistorium protestiert und verlangt die Bestrafung aller.

[8] Auch *Saintes* (Defensio S. 39 b) betrachtet das Consistorium als das
Hauptmittel, wodurch Calvin die Genfer Verfassung umgestürzt habe.

Nachsicht gebot, war vorüber: die Bestimmungen der Ordonnanzen und der später erlassenen Edikte gegen Fluchen, Unmäfsigkeit u. s. w. konnten jetzt in vollstem Umfange zur Geltung gebracht werden. Und keine Übertretung derselben blieb ungeahndet. Da wird ein Bauer bestraft, der hinter seinem Ochsengespann geflucht, ein Lustwandler, der in der Unterhaltung sich einer Schwurformel bedient hatte [1]. Jede Äufserung, in der auch nur mittelbar eine Geringschätzung des göttlichen Namens gefunden werden konnte, zieht Strafe nach sich. Bestraft wird jedes Vergehen gegen die gottesdienstliche Ordnung, Versäumnis der Predigt, des Abendmahls, unehrerbietige Haltung während des Gottesdienstes. Mehrere Bürger, welche während einer Predigt gelacht, werden zu dreitägigem Gefängnis und öffentlicher Abbitte verurteilt. Die gleiche Gefängnisstrafe »bei Wasser und Brot« erhalten einige Lohgerber, weil sie sich einmal zum Frühstück Pasteten zugelegt. Eine Vorladung und strenge Verwarnung ist die Folge, als zwei junge Leute eine Wette darüber eingingen, welche Frau in Genf die schönste sei [2]. Selbst unerwachsene Kinder werden, wenn sie sich pflichtwidriger Handlungen schuldig gemacht, vorgeladen und erfahren die ganze Strenge des Gesetzes. Im Jahre 1563 wird ein Mädchen, das auf seine Mutter geschimpft, zu dreitägiger Einsperrung bei Wasser und Brot und öffentlicher Abbitte verurteilt [3].

Und mit gleicher Strenge wie die Reinheit der Sitten wird die Reinheit des Glaubens überwacht. Keine Abweichung von dem öffentlich angenommenen Bekenntnis auch in den geringfügigsten Fragen, keine Verschiedenheit der theologischen Meinungen, aus deren Gestaltung Calvin dem Papsttum sehr scharfe Vorwürfe einmal macht [4], wird geduldet, jeder Irrtum soll im Keime erstickt, alle »Neugier«, alle Spitzfindigkeit in theologischen Fragen unterdrückt werden. Darum sind auch alle Bücher, die dem Glauben Gefahr bringen können, selbst katholische Bibeln und Kalender

---

[1] Consistorialprot. 17. Juni 1563. Notices généal. III S. XXV, XXVI.

[2] Consistorialprot. 19. Aug. 1557. Ratsprot. 13. Febr. 1559. *Henry* II, 217.

[3] Consistorialprot. 14. Mai 1562. Vgl. *Henry* II, 72 ff., wo mehrere grausame Bestrafungen unmündiger Kinder, unter anderen sogar eine Hinrichtung, mitgeteilt werden; doch gehören diese Vorfälle nicht mehr der Zeit Calvins an. [Beispiele auch bei *Roget* V S. 290 ff.].

[4] De scandalis, Opp. VIII, 57.

streng untersagt, und ebenso theologische Disputationen, die einst
den Sieg der neuen Lehre entschieden, nicht mehr gestattet[1].
Widerspruch gar gegen das Prädestinationsdogma zieht die strengsten
Strafen (Verbannung!) nach sich[2]. Mit besonderem Nachdruck
werden natürlich auch alle jene Handlungen oder Äuserungen
geahndet, die wie Hinneigung zum Katholizismus gedeutet werden
konnten. Ein sonst gut evangelischer Bürger, der in einem un-
bewachten Augenblick die heilige Maria als »Unsere Frau« angerufen, wird wegen dieser »fluchwürdigen und in dieser Stadt
unerträglichen Blasphemie« mit der Exkommunikation belegt[3]. Ein
deutscher Lutheraner, der auf der Rückreise aus Frankreich sich
einige Tage in Genf aufhielt, sah sich plötzlich vor das Consistorium
geladen, weil man in Erfahrung gebracht, er sei heimlich im Besitze eines kunstreich gearbeiteten Kruzifixes. Vergeblich stellte
der über die Allwissenheit der Genfer Behörde erstaunte Fremde
vor, dafs er den Gegenstand in dem benachbarten S. Claude ge-
kauft, nicht aus abergläubischer Verehrung, sondern um seines
Kunstwertes willen, und dafs auch Luther und Melanchthon solche
Bilder hochhielten — er empfing, indem man ihn als Fremden
glimpflicher behandelte, eine scharfe öffentliche Rüge und die
Weisung, in Zukunft besser die Bibel zu studieren, um sich von
der Verwerflichkeit seiner Handlungsweise zu überzeugen[4].

Der Kenntnis des Consistoriums entging nichts. Seine Mitglieder wufsten und kannten alles, was im kirchlichen und bürgerlichen Leben vorging. Was sie nicht selber wahrnahmen, erfuhren
sie durch zahlreiche Zwischenträger und Spione, ein Dienst, der
namentlich von den französischen Refugiés versehen wurde. Man
führte gleichsam Buch über jeden einzelnen Bürger. Man erfährt
jede häretisch klingende Äuserung, auch wenn sie in einer Privat-
unterhaltung gefallen, jede tadelnde Bemerkung über die Franzosen,

---

[1] So bat 1560 der bekannte Villegagnon vergeblich um eine solche.
Ratsprot. 29. Juli 1560, Ann. S. 734. Ähnlich wurden auch die späteren Er-
bietungen des Franz von Sales zu einer Disputation von den Genfern zurückgewiesen, weil »leur religion navoit point besoing de dispute«. Vgl. Hist. du
bienheureux Franç. de Sales par son neveu Ch. A. de Sales (Paris 1857) I,
359, 386.

[2] Ratsprot. 21. Juli 1558; Consistorialprot. 20. Nov. 1561, Ann. S. 767.
[3] Consistorialprot. 27. April 1559, Ann. S. 714.
[4] Ebd. 19. Nov. 1562, Ann. S. 793.

man weifs, wie oft jemand zur Predigt geht, welcher Lektüre er
sich ergiebt, ob er mehr ausgiebt, als seine Mittel gestatten, wie
teuer der Wein ist, den er trinkt, man kennt jedes fröhliche Gelage,
man hat Kunde davon, wenn ein Genfer auswärts, sei es in Lyon,
Strafsburg oder Bordeaux, lose ordonnanzwidrige Reden geführt
oder geflucht, oder wenn ein Genfer Kaufmann auf fremden
Märkten Waren zum Verkauf ausgesetzt hat, deren Vertrieb das
einheimische Gesetz untersagt [1]. Wenn der Rat einmal die Namen
sämtlicher Faulenzer und Schlemmer der Stadt Genf kennen lernen
will, so wendet er sich an das Consistorium und erhält von ihm
die gewünschte Liste in tadelloser Vollständigkeit [2]. Nicht ohne
eine gewisse Selbstgefälligkeit und nicht ganz mit Unrecht macht
Beza einmal den Papisten den Mangel einer wahren ordentlichen
Inquisition und Sittenkontrolle zum Vorwurf [3]: eine Aufsichts-
behörde, wie die calvinische Kirche in Genf, besafs die katholische
nicht, trotz ihrer Inquisition. Eine bessere, mehr ins einzelne ein-
dringende Kontrolle ist kaum je geführt worden. »Da fällt«, heifst
es in dem Berichte eines französischen Grofsen an die Königin
Mutter aus dem Jahre 1560 von Genf, »kein Schwur, keine Gotteslästerung, keine Unsittlichkeit oder Ausgelassenheit, kein Streit
oder Zank, überhaupt nichts derart vor, was nicht auf der Stelle
gestraft und gesühnt wird [4].«

Die gewöhnlichste Strafe war die Exkommunikation, deren
Anwendung so häufig wurde, dafs die Anzahl der jährlichen Exkommunizierten seit dem Ende der 50er Jahre sich auf einige
Hundert, im Jahre 1559 sogar auf mehr als 300 belief [5]. Selbst
bei geringfügigen Vergehen wird auf diese Strafe erkannt und den

---

[1] Consistorialprot. 30. Aug. 1558, 12., 19. Okt. 1560, 27. Febr. 1561,
16. April, 7., 12., 14., 21. Mai 1562, 25. Febr. 1563 u. s. w.

[2] Consistorialprot. 17. Okt. 1560, Ann. S. 736.

[3] Ad Cl. de Saintes Altera Apologia in den Tractat. theol. II S. 350.
An einer andern Stelle, S. 342, macht er ihnen zum Vorwurf, dafs sie den
Servet so lang geduldet. Ähnliche Anklagen von Calvin in der Schrift De
scandalis, Opp. VIII, 62.

[4] Mémoires de Condé (à la Haye 1743) I, 605.

[5] Nach der in *Cramers* Extraits mitgeteilten »Liste des excommuniés«
wurden exkommuniziert: vom 18. Febr. 1557 bis 17. Febr. 1558 279; vom
17. Febr. 1558 bis 16. Febr. 1559 274; vom 23. Febr. 1559 bis 28. Febr.
1560 304; vom 28. Febr. 1560 bis 27. Febr. 1561 235; vom 1. März 1561
bis 25. Febr. 1562 94. Bei dieser Ausdehnung des Exkommunikationswesens

Gläubigen der Verkehr mit dem Ausgeschlossenen untersagt. In allen wichtigeren Fällen erfolgt die Verweisung vor die »Herren«, um mit dem Schuldigen »nach Erfordernis des Falles zu verfahren«. Die Herren verstanden die Bedeutung dieser Formel und entsprachen der von ihnen gehegten Erwartung. Zuweilen entwickelte der Rat sogar gröfseren Eifer und strengere Grundsätze als selbst das Consistorium [1]. Die von ihm verhängte Strafe war regelmäfsig sehr streng, und ein der Bibelübersetzung Castellios gespendetes Lob genügte zur Verbannung [2]. Und diese Strenge steigerte sich unter dem Einflusse Colladons von Jahr zu Jahr. Im Jahre 1558 schien Widerspruch gegen die Prädestinationslehre noch mit öffentlicher Abbitte und Verbannung hinlänglich bestraft: fünf Jahre später wird dasselbe Vergehen mit öffentlicher Geifselung »bis aufs Blut«, Brandmarkung und ewiger Verbannung geahndet [3]. Der Buchdrucker Antoine Narbert wird »aus Gnade« (1561) auf ewige Zeiten verbannt, nachdem ihm zuvor die Zunge durchstochen, weil er im Zustande der Trunkenheit seine Kameraden im Gebete gestört, sie, als sie ihm mit Anzeige drohten, Heuchler genannt und auf Calvin gescholten hatte; der Spötter Villard, der über ein Gewitter gespottet und auch durch seinen sittlichen Wandel Anstofs gegeben, wird öffentlich von dem Henker gestäupt — eigentlich habe er, meinte Colladon, den Tod verdient [4]. Eine Frau, welche des Ehebruches beschuldigt war, wurde 1561 verurteilt, gefesselt, mit schimpflicher Kopfbedeckung, unter Rutenhieben bis zum Blutvergiefsen »nach gewohnter Weise« durch alle Strafsen der Stadt und um die Stadt geführt zu werden, dann binnen 24 Stunden Genf und sein Gebiet zu verlassen unter Androhung der Strafe des Ersäufens »nach gewohnter Weise« für den Fall der Rückkehr, und dabei hebt die Strafsentenz ausdrücklich hervor, dafs man statt der Strenge habe Barmherzigkeit obwalten lassen [5].

---

erklärt sich der freilich von dem Rat abgelehnte Vorschlag Calvins zur besseren Kontrolle für die Nicht-Exkommunizierten Marken einzuführen; vgl. Ratsprot. 30. Jan., 1. Febr. 1560. [*Roget* V S. 288 f.]

[1] Z. B. hinsichtlich der Bestrafung der Kindsmörderin: Consistorialprot. 8. März 1561.

[2] Notices généal. IV, 206.

[3] Vgl. Ratsprot. 21. Juli 1558; Not. généal. IV, 206.

[4] Vgl. *Henry* III S. 568; Not. généal. IV, 207.

[5] Die Sentenz mitgeteilt Nouv. pag. S. 19. Übrigens stand unter Calvin

Es war ein strenges Regiment, zu dem Staat und Kirche sich
hier die Hand reichten. Nicht wenige, namentlich solche, deren
Orthodoxie anrüchig war, standen unter einer andauernden besonderen polizeilichen Kontrolle und mufsten jeden Augenblick
gewärtig sein, von Consistorium oder Rat vorgefordert zu werden.
Eines Tages, als Calvin in gewohnter Weise seine Vorlesung hielt,
trat in das Auditorium plötzlich ein Gerichtsdiener. Einer der
Zuhörer, der sich in einer theologischen Frage mit Calvin nicht
in Übereinstimmung wufste, erblafste und entfernte sich unter
irgend einem Vorwande schleunigst aus dem Saal und aus der
Stadt. Der Mann hatte sich getäuscht: dieses Mal war es nicht
auf ihn abgesehen, aber die Szene ist doch bezeichnend für die
Lage der Dinge, für den Geist der Furcht, der alle beherrschte [1].
Und dabei durfte kein Wort des Tadels, keine Äufserung der Unzufriedenheit laut werden. Wer eine, sei es in bürgerlichen oder
kirchlichen Fragen ergangene Sentenz zu kritisieren wagte, verfiel
schweren Strafen. Das erfuhr die Frau des jüngeren Favre, welche,
weil sie sich der Ehre ihres verurteilten Gatten angenommen und
seine Richter getadelt, zu kniefälliger öffentlicher Abbitte vor dem
Rat und schwerer Geldbufse verurteilt wurde [2]. Die gleiche Strafe
der kniefälligen öffentlichen Abbitte und die Suspension vom Amte
trifft den Ratsherrn Chautemps, weil er eine ihn selbst betreffende
Sentenz getadelt [3]. Der Schlofsherr von Peney, ein um das Gemeinwesen verdienter Mann, wird abgesetzt und bestraft, weil er
sich über das Exkommunikationswesen mifsbilligend geäufsert [4].
Selbst wohlgemeinte, keineswegs aus Oppositionssucht hervor-
gegangene Vorstellungen in kirchlichen Fragen waren nicht gestattet und zogen Vorladung vor den Rat und strenge Verweise
nach sich, wie dies der sonst hochangesehene Antoine de Lautrec
erfuhr, als er einmal gegen eine der von Calvin entworfenen Ge-

---

auf einfachen Ehebruch keine Todesstrafe — erst mit Beza kam dieselbe
auch für den einfachen Ehebruch auf. Wie übrigens die Vén. Compagnie
über diese Gesetze dachte, zeigt *Colladon*, Opp. XXI S. 116.
[1] *Colladon* S. 87; *Henry* III, 281 sucht die Sache ins Lächerliche zu
ziehen. [Vgl. Opp. IX S. XXXIII.]
[2] Ratsprot. 4. Jan. 1558.
[3] Ratsprot. 28. Sept. 1562.
[4] Ratsprot. 19. Mai 1558.

betsformeln Bedenken äufserte[1]. Als Jean Morelli 1563 gar die
Einrichtung des Consistoriums in einer kleinen Schrift anzutasten
wagte und dasselbe auf demokratischere Grundlagen gestellt wissen
wollte, gerieten Rat und Consistorium in Aufregung. Der sofort
exkommunizierte Verfasser mufste flüchten, das Buch wurde verbrannt und allen Bürgern und Einwohnern der Stadt das Lesen
und der Besitz desselben bei der strengsten Strafe untersagt[2]!
Unbedingter, widerspruchsloser Gehorsam gegen die Anordnungen
der Obrigkeit ist überall und in allem die Losung. Schon galt es
als Auflehnung, ja als eine Art von Konspiration, wenn Bürger
bei den öffentlichen Wahlen den Mut hatten, gegen die offizielle,
von dem Klerus entworfene Kandidatenliste zu stimmen. Wurde
doch sogar im Jahre 1560 allen Bürgern und Einwohnern unter
Trompetenschall verboten, anders als in Gegenwart des Rates über
öffentliche Angelegenheiten zu reden, da das viele Reden falsche
Gerüchte erzeuge und für die bedrohte äufsere Sicherheit der Stadt
gefahrbringend sei[3].

Die anhaltende, sich auf das kleinste und unbedeutendste
erstreckende Überwachung des öffentlichen Lebens, die unerbitt-
liche Strenge des Strafverfahrens auch bei geringfügigen Vergehen trugen ihre Früchte. Mehr und mehr durchdrang der
Geist, welcher ehrwürdige Genossenschaft, Consistorium und Rat
beherrschte, auch die Masse. Das alte Genf starb aus, die neue
Generation, in der die Nachkommen der alten Familien überdies
nur eine Minderheit bildeten, wurde eifrig calvinisch. Jener
ernste, streng puritanische Geist, der schon in den vierziger
Jahren einmal sein Haupt erhoben, dann aber durch die siegreiche
Reaktion des »alten Genf« zurückgedrängt worden war, gewinnt
jetzt dauernd die Herrschaft und erstarkt von Jahr zu Jahr. Man
ordnet sich willig, ja mit einem gewissen, auch äufserlich zur
Schau getragenen Eifer den Forderungen des neuen kirchlich-
politischen Systems unter. Man söhnt sich mit Consistorialpolizei
und Exkommunikation, selbst mit den Härten des Strafsystems

---

[1] Ratsprot. 17. Mai 1558; vgl. Consistorialprot. 10. u. 19. Mai 1558.
Ann. S. 692 ff.

[2] Vgl. L'extrait des procedures faits et tenus contre Jean Morelli.
Genève 1563. Vgl. Consistorialprot. 31. Aug. 1563, Ann. S. 807. [Vgl.
Opp. XIX S. 652.]

[3] *Roset* VI c. 64.

aus. Als 1560 ein Bürger, der wegen Ehebruchs zur öffentlichen Auspeitschung verurteilt worden war, an den Rat der Zweihundert appellierte, um Nachlafs der Strafe zu erlangen, verurteilten ihn diese, weil er sich im Rückfalle befand, zum Tode, indem man erwog, fügt der Chronist hinzu, dafs Gerechtigkeit vor Gott ein angenehmes Opfer sei. Ein anderer, der ebenfalls wegen Ehebruch zum Tode verurteilt worden, war sogar selbst von der Gerechtigkeit dieser Strafe so durchdrungen, dafs er, zum Tode geführt, laut Gott und die ihm widerfahrene Gerechtigkeit pries und mit dem Zeichen der gröfsten Reue starb[1]. Auch gegen die calvinische Dogmatik verstummt der Widerspruch aus dem Schofse der Gemeinde mehr und mehr, und trat noch ein solcher vor, so ist es regelmäfsig in den Kreisen der jüngst Eingewanderten, insbesondere der Italiener. Auch die widerstrebenden Elemente durchdringen sich mit den calvinischen Überzeugungen. Die Prädestinationslehre erlangte in Genf sogar eine gewisse Popularität[2]: man war stolz darauf, dem Volke Gottes anzugehören, und freute sich in dem unwandelbaren Ratschlusse eine Bürgschaft des ewigen Heils zu besitzen. Selbst in Versen wird das Geheimnis der göttlichen Gnadenwahl gefeiert[3]. Der Kirchenbesuch nahm mit jedem Jahre zu. Neue Gotteshäuser mufsten eröffnet werden, da die vorhandenen nicht mehr genügten. Ungeheuer war der Andrang namentlich zu den Predigten Calvins und Virets[4]. Calvins theologische Vorlesungen wurden auch von

---

[1] *Roset* VI c. 60; *Spon-Gautier* I, 305. Beispiele, dafs zum Tode Verurteilte Calvin auf ihrem letzten Gange gepriesen hätten, erwähnt auch *Colladon*, Opp. XXI S. 116. Einen Gnadenspruch der Zweihundert erwähnt *Henry* II, 70: »Jean Roset (der sich auf der Tortur des Ehebruchs angeklagt) *a mérité la mort, la corde au col, les CC lui fait grace: il sera fouetté par la ville, enchainé au pied à une chaine de fer, en prison par dix ans, après arrêts perpétuels de la ville sous peine de 200 fl. ou écus d'amande, dont il donnera caution«.*

[2] *Roset* V c. 41; *Beza*, Opp. XXI S. 144. Es fehlte Calvin zwar nicht an theologischen Kämpfen, doch gingen diese, wie wir später sehen werden, hauptsächlich nur von den eingewanderten Italienern aus und diese wurden allmählig zur Ruhe gebracht.

[3] Ein Epigramma de Praedestinatione a quodam pio viro conscriptum in recht zierlichen Versen findet sich Goth. Bibl. Cod. 104 f., 605 o. Bei welcher Gelegenheit die Articuli de Praedestinatione, Opp. IX S. 713, veröffentlicht worden sind, ist mir nicht klar.

[4] Ratsprot. 19. Juni, 7. Aug. 1559; Ann. S. 718, 719.

Bürgern, von Syndiks und Ratsherrn besucht[1]. Immer mehr findet das öffentliche Leben seinen Mittelpunkt in der theologischen Frage. Eine zündende Predigt war das Ereignis des Tages. Durch die gehäuften Katechesen, Predigten, Congregationen, sowie auch wohl durch die wiederholten Ketzerprozesse, war die theologische Bildung eine so allgemeine und tiefe geworden, dafs nicht nur, wie der ruhmredige Chronist sagt, jeder von seinem Glauben Rechenschaft geben konnte wie ein Doktor der Sorbonne, sondern dafs selbst für die subtilsten theologischen Fragen Interesse und Verständnis vorhanden war — ein Umstand, der auf der andern Seite die Aufgabe der Prediger wieder erschwerte, indem, wie Beza sagt, jeder Verstofs, den er sich zu Schulden kommen liefs, jede nicht ganz korrekte Äufserung sofort von jedermann bemerkt wurde[2]. Aus dem trotzigen, freiheitsstolzen alten Genf war eine Stadt der Theologen geworden, in der alles die Herrschaft des Geistes der »christlichen Institution« verkündete. In der Theologie, in der Dogmatik fand der unruhige altgenferische Geist seine Befriedigung, die Kanzel vertrat gewissermafsen die Presse, der Ausfall der Predigt bildete den Inhalt des Tagesgespräches. Geistliche waren die Helden des Tages. Man verehrte sie, man trug sie auf Händen. Als der alte Farel um diese Zeit nach Genf kam, wurde er festlich aufgenommen und bewirtet, man wollte ihn nicht ziehen lassen: ernstlich wurde im Rate die Frage erörtert, ob man nicht auch ihn noch fest anstellen und ihm eine Pension aussetzen solle[3].

Da ist es nicht zu verwundern, wenn Geistliche, die durch die Ereignisse für längere Zeit aus Genf entfernt wurden, mit Wehmut der verlassenen Gemeinde gedachten und sich zu ihr zurücksehnten. »Glaube mir,« schreibt Beza 1561 von S. Germain aus seinem Meister, »hier wird mir alles zum Ekel, wenn ich einen Vergleich mit meinem lieben Genf anstelle: die Erinnerung an dieses ist meine einzige Erquickung[4].« Nie habe es eine

---

[1] *Colladon,* Opp. XXI S. 87.

[2] Vgl. *Sayous,* Études lit. I, 297.

[3] Ratsprot. 20. Mai 1560. Ein Festessen, welches der Rat Viret zu Ehren veranstaltete — allerdings vor dem Erlafs der Lois somptuaires — hätte nach dem von *Galiffe,* Nouv. pag. S. 46 ff., mitgeteilten Menu die für die damalige Zeit aufserordentliche Summe von 398 fl. 6 sols gekostet!

[4] Beza an Calvin 27. Sept. 1561, Opp. XVIII S. 746. Ähnlich auch Viret in seiner von Lyon aus datierten (7. Dez. 1563) Dedikation seiner In-

besser reformierte Kirche gegeben als die von Genf, meint Bonivard[1], und auch sein Jünger Froment stimmt mit ein in dieses Lob, indem er Genf preist als die glückliche Stadt, die allein unsern Herrn und Erlöser Jesum Christum zu ihrem wahren und eigentlichen Kapitän habe[2].

Es lag in diesen Worten genau das ausgesprochen, was Calvin als Ideal vorschwebte. Hatte er 1553 dem Rate verkündigt, es gezieme sich, dafs Genf, von wo die wahre christliche Lehre sich in alle Welt verbreite, dieselbe auch vor allem im Leben wirksam zeige, so konnte diese Forderung nunmehr erfüllt scheinen.

Indes weiset das Bild der calvinischen Gemeinde auch manche dunkle Stellen auf, die wir nicht übergehen dürfen. Zunächst sind auch in Genf jene Überschwänglichkeiten und Verirrungen nicht ausgeblieben, welche zu allen Zeiten eine Überspannung des religiösen Gefühles in ihrem Gefolge gehabt haben. Religiöse Schwärmerei, Visionen und Offenbarungen waren keine Seltenheit. Schon zu Anfang der fünfziger Jahre begegnen wir einem piemontesischen Emigranten, der den Reformator mit der vom Herrn erhaltenen Offenbarung belästigte. Calvin sei Aaron, er selbst aber Moses[3]. Besonders häufig und früh kamen dergleichen Verirrungen bei dem weiblichen Geschlechte vor. Eine Frau kündigt den bevorstehenden Untergang Genfs an, eine andere behauptet Calvins Gattin zu sein, einer dritten ist die hl. Jungfrau in männlicher Gestalt erschienen, wieder eine andere hat eine Erscheinung des Teufels gehabt[4]. Teufelserscheinungen spielten

---

struction Chrestienne en la doctrine de la loy et de l'evangile, Genève 1564: »*Notament en la ville de Genève laquelle je ne puis nommer qu'en grand honneur et reverence et sans me ressentir tousjours du fruict de la joie et consolation que j'ay dès longtemps receu de cette eglise tant du costé de tous les honorables et bons Seigneurs lesquels Dieu y a constituez en gouvernement de la chose publique que de mes frères et compagnons Ministres en mesme ministère avec moy et generalement tout le peuple lequel s'est tousjours monstré fort bien affectionné envers moy comme je l'ay aussi esté envers luy de la premiere connaissance* etc.

[1] Anc. et nouv. pol. S. 122.

[2] Actes et Gestes S. 225. Diese Äufserung bezieht sich offenbar wie so manche andere auf die spätere Zeit.

[3] Calvin an Farel 6. Jan. 1551, Opp. XIV S. 8.

[4] Vgl. Nouv. pag. S. 19 n. 2. Consistorialprot. 13. Aug. 1550; 19. Nov. 1553 u. s. w.

in der neuen religiösen Vorstellungsweise überhaupt eine bedeutende
Rolle. Calvin selbst macht aus seinem Glauben an die Möglich-
keit eines unmittelbaren Eingreifens des Teufels in die Kreise des
irdischen Lebens kein Hehl. Im Jahre 1546 berichtete er in
eigener Person dem Rate über den Fall, dafs ein Mann, welcher
einen schlechten Lebenswandel geführt, während einer Krankheit
von Satan bei lebendigem Leibe durch die Luft entführt worden
und verschwunden sei, und er sprach laut seine Entrüstung darüber
aus, dafs einige Ratsherrn, die meinten, der Kranke habe sich im
Fieberwahne in die Rhone gestürzt, »in einer so klaren Sache«
zweifelten[1]. In jedem Hindernis, das sich der Ausbreitung seiner
Lehre entgegenstellt, sieht er ein Werk des Satans, in jedem ungünstigen Gerüchte über die Geistlichkeit insbesondere eine teuflische Versuchung[2]. Diese seine scharf betonte Grundanschauung
und der häufige Gebrauch des gefürchteten Namens auf den
Kanzeln[3] konnten nicht verfehlen, die Vorstellung der Gewalt und
Nähe des Teufels den Gemütern geläufiger zu machen, und schufen
im weitern Verlaufe jene zahlreichen Fälle von Hexerei, Teufels-
bündnissen, Besessenheit von bösen Geistern, die schon unter
Calvin, mehr aber noch unter seinem Nachfolger Beza die Gerichte beschäftigten und auf die Genfer Geschichte der nächsten
Jahrzehnte bis in die Mitte des 17. Jahrhunderts hinein ihre
dunkeln Schatten warfen.

Bedenklicher noch als die religiösen sind die sittlichen Verirrungen, die wir daneben wahrnehmen. Es ist die harte Äufserung
gefallen, Calvins System habe entweder Rigoristen und Fanatiker
oder Heuchler geschaffen, und es liegt etwas Wahres in diesen
Worten. Nicht jeder, der die Bibel in prächtigem Einband und
mit Goldschnitt unter dem Arme regelmäfsig zur Predigt und Bet-
stunde ging und die Geistlichen im langen Talar ehrfürchtig

---

[1] Ratsprot. 15. Okt. 1546; Calvin an Viret, 14. Nov. 1546, Opp. XII
S. 413 ff. [Vgl. *Cornelius*, Hist. Arbeiten S. 478.]

[2] Vgl. namentlich die charakteristische Stelle in dem Schreiben an die
Herzogin von Ferrara vom 8. Jan. 1564, Opp. XX S. 232: »*Mesmes il est bon
que vous soiez advertie dune chose, cest que de tout temps le Diable sest efforce
de rendre par rappors sinistres et detractions les ministres de levangile con-
temptibles*«.

[3] Consistorialprot. 12. Aug. 1557, Ann. S. 672: Bertholet wird verhört,
weil er gesagt, Calvin predige nur vom Teufel.

grüfste, war darum vom Geiste des Stifters der Genfer Kirche durchdrungen. Das Denunziationswesen insbesondere, das ofiziell begünstigt wurde, mufste auf die Dauer demoralisierend wirken und einem heuchlerischen Treiben den weitesten Vorschub leisten. Überdies hatte die calvinische Gemeinde trotz der wiederholten Proskriptionen aus dem alten Genf manche zweifelhafte Persönlichkeiten mit herübergenommen. Man darf vielleicht sagen, dafs es die besten Elemente gewesen, die man ausgestofsen: nur wer hinlängliche Biegsamkeit des Charakters und der Grundsätze besafs, um alle die neuen Wandlungen mit durchzumachen, war geblieben. In manchem seiner genferischen Parteigänger fand sich Calvin bitter getäuscht. Der eigentliche Repräsentant dieser Leute war der alte Bonivard, der nicht müde wurde, mit seiner Feder in Prosa und Versen das Werk Calvins, das neue Genf zu preisen, aber in seinen Sitten dem calvinischen System geradezu Hohn sprach. Es giebt nichts widerlicheres als das Privatleben dieses Mannes, der bis in sein hohes Greisenalter das Consistorium durch seine schmutzigen Liebeshändel und rohen Ehestandsszenen beschäftigte und sofort nach Calvins Tode durch Schmähverse das Andenken des Mannes befleckte, den er bei Lebzeiten gepriesen [1]. In ähnlichem Lichte erscheint uns sein Amanuensis Antoine Froment, zwar nicht seiner Abkunft, wohl aber seiner Wirksamkeit nach gleichfalls dem vorcalvinischen Genf angehörig, den wir 1559 als Mitglied des Grofsen Rats, drei Jahre später wegen Hurerei im Gefängnis finden, der dann auf zehn Jahre in die Verbannung wanderte und viele Jahre nach Calvins Tode die Erlaubnis zur Rückkehr nach Genf erhielt, um hier als Notar in unrühmlicher Zurückgezogenheit seine wechselvolle Laufbahn zu beschliefsen [2]. Selbst die Männer, die sich aus dem Kreise der alten Bürger zu den vornehmsten Wortführern der Sache Calvins aufwarfen und seine Hauptstützen bildeten, die Amblard Corne, Jean Lambert, J. A. Curtet, P. J. Jesse waren,

---

[1] Vgl. Consistorialprot. 2. Juni 1547, 16. Aug. 1548, 30. März 1553, 27. Aug. 1562, 15. April, 25. Mai 1563, 30. März, 6. April, 29. Aug., 21. Sept. 1564. Not. généal. III, 67, 68.

[2] Ratsprot. 1. April 1561; 12. Febr. 1562, 14. April 1572, 3. Dez. 1574. *L. J. H. Dupont*, Antoine Froment S. 38 ff. [Vgl. *A. Roget*, Antoine Froment. Etrennes genevoises IV (1880).]

Kampschulte, J. Calvin II.   24

wie die öffentlichen Register aufweisen, in sittlicher Hinsicht keineswegs tadellos.

Kaum besser stand es um die von dem Reformator mit so vieler Liebe und Aufmerksamkeit behandelten Fremden. Nicht nur, dafs sich unter ihnen von vornherein manche unheimliche Gestalten befanden, Mönche, an deren Vergangenheit ein dunkler Flecken haftete, Menschen, die sich daheim der strafenden Gerechtigkeit entzogen hatten, gemeine Schwindler, wie jener Engländer, der in seinem Vaterlande zum Tode verurteilt, in den evangelischen französischen Kreisen als eifriger Förderer der evangelischen Sache auftrat, grofse Summen zusammenbrachte, die er dann mit schlechten Dirnen vergeudete[1]: auch diejenigen, die aus wirklich religiösem Eifer Vaterland und Familie verlassen hatten, entsprachen nicht immer den Erwartungen, die man nach einem solchen Entschlusse hegen durfte. Es zeigte sich auch hier wieder, dafs Exaltation, Heroismus in grofsen Momenten oft leichter sind als das bewufste Ablegen kleinerer Gewohnheitssünden und ein bescheidener christlicher Wandel. Wohl gab es unter den Refugiés manche — und sie werden gewifs einen sehr beträchtlichen Bruchteil gebildet haben — welche es mit dem Beginne des neuen Lebens wirklich ernst nahmen, die durch ihren Wandel alle erbauten und den Glanz ihres adeligen Namens nicht zu verdunkeln glaubten, wenn sie wie Laurent de Normandie ein bürgerliches Gewerbe ergriffen. Daneben aber war die Anzahl jener nicht gering, welche, wie Calvin selbst klagt[2], schon durch ihre Übersiedelung nach Genf Gott sich zum Schuldner gemacht zu haben glaubten und ein Leben führten, wie es religiösen Flüchtlingen wenig anstand. Dafs es eben der übermäfsige Aufwand und Luxus der französischen Emigranten war, der die — übrigens gegen sie immer noch nachsichtigen — Luxusgesetze veranlafste, haben wir bereits gesehen. Doch war dies nicht das schlimmste. Die Leichtfertigkeit der damaligen höheren französischen Gesellschaft, der ja die meisten Refugiés angehörten, blieb auch den Genfer Emigrantenkreisen nicht fremd, wenn sie auch hier mehr in geistlichem Gewande auftrat. Sittliche Ausschweifungen, unzüchtige, ehebrecherische Handlungen waren durchaus keine

---

[1] Consistorialprot. 3. Nov. 1552, Ann. S. 524. Ein ähnlicher Fall: Opp. XX S. 554 ff.

[2] Vgl. Quatre Sermons de M. Jehan Calvin. Opp. VIII S. 422.

Seltenheit[1]. Mufste doch Calvin sogar den Schmerz erleben, dafs in seinem eigenen Hause seine Schwägerin, die Frau seines Bruders Anton, wiederholten ehebrecherischen Verkehrs angeklagt und überführt wurde[2]. Fälle von Ehebruch, Bigamie und Konkubinat kamen sehr häufig vor. Mancher Neuankommende liefs sich die Frau eines andern antrauen; machten die Ordonnanzen auch sowohl für Eheschliefsungen als für Scheidungen die Beobachtung gewisser Bedingungen zur Pflicht, so scheint doch hier die Praxis im Interesse des evangelischen Teils eine gewisse Milde entwickelt zu haben[3]. Sogar Männer, die Jahrelang im Rufe hervorragender Frömmigkeit gestanden und als Muster gegolten, wurden schliefslich als Heuchler und Verbrecher erkannt. Einer der angesehensten Männer in Genf war lange Zeit Jacques Paul Spifame, Herr von Passy. Abstammend aus einer vornehmen französischen Familie, früher Mitglied des Pariser Parlaments, Staatsrat, dann Kanonikus, Bischof von Nevers, kam er 1559 mit einem Frauenzimmer, das er für seine Frau ausgab, nach Genf, nahm ein geistliches Amt an, wurde Mitglied des Rates der Sechzig, erlangte Calvins volle Gunst, dessen Predigten er nachschrieb[4], wurde während der französischen Wirren von den evangelischen Häuptern mit wichtigen Missionen betraut und galt für eine Hauptstütze des calvinischen Genf, ja für unentbehrlich, bis er nicht lange nach dem Tode des Reformators als

------

[1] Einmal, am 22. Okt. 1555, werden acht Fälle dieser Art in einer Sitzung erwähnt; Quelq. pag. S. 115. Ein merkwürdiges Beispiel der Vereinigung von Heroismus und sittlicher Verkommenheit ist Simon Moreau, der den Mut hatte ins Pesthospital zu gehen und bald darauf wegen Hurerei in Untersuchung kam: Ratsprot. 6. Juni 1543; ferner 6., 7., 11. April 1545, Ann. S. 350. Vgl. Nouv. pag. S. 70 n. 1; Quelq. pag. S. 114 n. 1.

[2] Consistorialprot. 27. Sept., 18. Okt. 1548, 7. Jan. 1557. Ratsprot. 15. u. 16. Febr. 1557. [Ann. S. 435, 441, 658, 661.] »*Plura non sinit animi aegritudo*« schreibt darüber Calvin selbst am 7. Jan. 1557 an Viret. »*Nam quum domi meae habitaret lupa illa, quae tunc fratris erat uxor, deprehendimus cum Petro gibboso scortatam esse*«.

[3] Vgl. die Vorstellung der burgundischen Stände in dem Pazifikationsedikt, Mem. de Condé IV, 408, 409. Schon der Verfasser der Schrift Contra libellum Calvini II 26 meint, Calvin solle sich vielmehr gegen die »*adulteri quorum magnum habet numerum Genevaa*« wenden als gegen die Häretiker. Die Schilderungen *Galiffes* (vgl. insbes. Quelq. pag. S. 96 ff., 115 n.; Nouv. pag. S. 84 ff) sind doch zu grell und treffen überdies nicht blofs die Refugiés.

[4] *Senebier* I, 259.

ehrgeiziger Ränkeschmied, Urkundenfälscher und Ehebrecher entlarvt wurde und zu Anfang 1566 auf dem Schaffot endete [1].

Und wenn schon auf dem kirchlichen Gebiete solche Erscheinungen zu Tage traten, wie hätte da auf dem bürgerlichen alles gut sein können? Es ist gewifs die Übertreibung eines verbitterten Mönches, dafs in Genf Übertretungen der kirchlichen Ordonnanzen auch in dem geringfügigsten Punkte strenger bestraft worden seien als grobe Vergehen gegen die bürgerliche Ordnung, wie z. B. Diebstahl [2], aber richtig ist allerdings, dafs ein System, welches die Kanzel in den Mittelpunkt des gesamten Lebens rückte und überall den geistlichen Gesichtspunkt als mafsgebend annahm, den Bedürfnissen der bürgerlichen Gesellschaft nicht genügen, ihnen nicht jene Aufmerksamkeit und Pflege angedeihen lassen konnte, die notwendig war. Eine Hintansetzung und Vernachlässigung der Fragen der bürgerlichen Wohlfahrt und Ordnung ist da die unvermeidliche Folge und läfst sich auch in Genf nicht verkennen.

Wohl gewann die Stadt in natürlicher Folge ihrer reformatorischen Bedeutung zugleich mit ihrer Weltstellung wieder einen gewissen Wohlstand, den sie in den letzten Jahrzehnten nicht mehr gekannt. Die zahlreichen Fremden brachten, wie Froment rühmt [3], viel Geld, lebhafteren Verkehr und eine gewisse Steigerung der Industrie. Ein Zweig der Industrie gelangte in Genf sogar zu gröfserer Blüte als in irgend einer anderen Stadt von gleichem Umfang. Es war dies die Buchdruckerkunst, die gleichsam einen Bestandteil der grofsen evangelischen Propaganda bildete. Schon in der Mitte der fünfziger Jahre werden 6 Buchdruckereien erwähnt [4]. Ein Jahr vor Calvins Tode ist ihre Zahl auf 23 gestiegen, und an ihrer Spitze finden wir Namen wie Jean Crespin, Henry Estienne [5]. Auch legte der Rat, vorübergehend wenigstens, guten

---

[1] Ratsprot. 17. April, 27. Juli, 31. Okt. 1559, 31. Jan., 1. u. 3. Febr. 1564 [Annales S. 714, 718, 722, 811]: 9. Febr. 1563; 19. Juni 1564 *(Grenus)*; *Spon-Gautier* I, 314 ff. [Opp. XIX S. 268, 556, 599, 602; XX S. 249].

[2] Vgl. Passevent Parisien respondant a Pasquin Romain. De la vie de ceux qui sont allez demourer a Genève. Paris 1556, S. 41 a.

[3] Deux epistres C 46 ff.

[4] Passevent Parisien S. 12 a.

[5] Ratsprot. 25. Juni 1563. Mem. et doc. XVI S. 411. Eigentlich betrug die Zahl der Drucker 25, doch wurde zweien die Konzession genommen. Gegen Ende des Jahrhunderts hatte Genf 32 Drucker; *Gaberel* II, 138.

Willen an den Tag, diese Industrie zu fördern, namentlich in Ansehung der äufsern Ausstattung und Korrektheit der Drucke, die
allerdings viel zu wünschen übrig liefsen [1]. Wiederholt finden wir
den Rat mit Entwürfen zu einer Buchdruckerordnung beschäftigt,
wiederholt wird eine solche angenommen und selbst über das
Druckpapier eine »Ordonnanz« erlassen [2]. Allein der Druck des
herrschenden Systems traf selbst diesen Industriezweig und hemmte
seine volle Entwicklung. Vielleicht kam keine Zunft mehr mit
dem Consistorium in Konflikt als die Drucker! Calvin selbst
fühlte sich inmitten der zahlreichen Druckerzunft, die allerdings
sich nicht gerade durch Eifer für die kirchlichen Ordonnanzen
auszeichnete [3], nicht heimisch, er liebte sie nicht, er fand, dafs
die Zahl der Pressen schon zu grofs sei, und verlangte gröfsere
Strenge bei Erteilung von Konzessionen [4]. Die Censur wurde mit
unnachsichtiger Strenge gehandhabt. Nicht blofs für Erzeugnisse
der theologischen Litteratur, auch für Werke rein profanen Inhaltes,
selbst für Autoren des klassischen Altertums wird die geistliche
Approbation verlangt. Was diese nicht hatte, war verbotene Ware,
durfte nicht verkauft und gelesen werden [5]. Bücherkonfiskationen
waren keine Seltenheit. Der Rat erfüllte jeden darauf gerichteten
Antrag der Geistlichkeit mit gröfstem Eifer. Als 1559 bei einigen
Bürgern Teile des Ritterromans Amadis entdeckt wurden, erliefs
er auf den Bericht des Consistoriums, dafs jenes Werk ein gefährliches sei, Lügen enthalte und nicht geduldet werden dürfe, sofort
die Verordnung, dafs es »vernichtet und zerrissen« werden sollte,
indem er zugleich in scharfen Ausdrücken überhaupt das Lesen
von so »ausgelassenen und schlechten« Büchern verurteilte [6]. Es
ist ganz bezeichnend, wenn ein Genfer Prediger einmal den

[1] Vgl. *Baum*, Beza II, 143. Ratsprot. 17. Mai 1563 [Ann. S. 802.]

[2] Ratsprot. 28. Aug. 1559, 12., 27. Dez. 1560, 17. Mai 1563 [Ann.
S. 720, 793 f., 802], 25., 28. Mai 1563.

[3] Vgl. Consistorialprot. 25. Mai 1559, 12., 14. Mai 1562 [Ann. S. 716,
779] u. s. w. Quelq. pag. S. 78.

[4] Ratsprot. 12. Jan. 1562, 17. Mai 1563 [Ann. S. 772, 802].

[5] Consistorialprot. 13. Mai 1567, 6. Febr. 1570. *Gaberel* II, 92;
Henry II, 259. Kalender ohne Erlaubnis zu drucken, war schon in den 40er
Jahren verboten: Consistorialprot. 6. Jan. 1547; Ratsprot. 17. Jan. 1547.

[6] Consistorialprot. 9. März 1559 [Ann. S. 712]; Ratsprot. 13. März 1559,
bei *Henry* II, 260. Unter Beza wurde ein gewisser Copin exkommuniziert, weil
er Rabelais und Catull gelesen: Consistorialprot. 6. Juni 1570.

Katholiken eine zu grofse Toleranz gegenüber den schlechten Er-
zeugnissen der Presse zum Vorwurfe macht [1]. Der rechte, echte
calvinische Staatsbürger soll sich mit frommer, christlicher Lektüre,
mit Bibel, Katechismus und Erbauungsbüchern begnügen. Dieser
geistige Druck, der auf allen Lebensverhältnissen lastete, liefs
nirgend ein frisches fröhliches Schaffen aufkommen und hemmte
auf allen Punkten die Freiheit der Bewegung und somit auch die
materielle Entwicklung. Manche Eingewanderte, insbesondere
Italiener, die in der Hoffnung, in Genf ein Asyl der Freiheit zu
finden, sich dorthin aufgemacht hatten, wandten deshalb, bitter ent-
täuscht, der Stadt sehr bald wieder den Rücken. Daher auch die
Erscheinung, dafs die Einwohnerzahl Genfs trotz der vielen Einwanderungen nie wesentlich stieg. Über die Zahl von 13 000 Einwohnern, die Genf 1543 zählte, ist sie nie erheblich hinausgegangen;
die Einwanderungen wurden eben durch die Auswanderungen wieder
aufgewogen [2].

Während so die Verwaltung überall, wo geistliche Gesichts-
punkte in Betracht kamen, einen löblichen Eifer und konsequente
Strenge offenbart, ist dies in den rein bürgerlichen Fragen keineswegs der Fall. Herrschte dort der Geist einer alles erdrückenden
Strenge, so hier vielfach Fahrlässigkeit. Die Männer, die in dem
Rathaussaale regelmäfsige Sitzungen zur würdigen Vorbereitung
auf die Kommunion hielten [3], die alle geistlichen Vorlagen mit
Eifer sich aneigneten und mit Energie ins Werk richteten, zeigten
nicht den gleichen Eifer, dieselbe Energie, wenn es sich um Fragen
rein bürgerlicher Natur, um Abstellung administrativer Mifsstände
handelte. Die städtische Verwaltung liefs viel zu wünschen übrig
und ging vielfach von völlig verkehrten Grundsätzen aus. Wird
es doch von dem Chronisten als ein grofses Verdienst der »Guten«,
d. i. der herrschenden Calvinisten gepriesen, dafs sie die Käuf-
lichkeit der Ämter durchgesetzt haben [4]. Während man auf der

---

[1] Vgl. *Viret*, De origine veteris et novae idolatriae. Genevae 1552,
S. 127: »*Vos scilicet praeclari doctores, sacras literas plebi et mulieribus com-
municari non sustinetis: permittitis tamen, ut alios omnis generis libros etiam
impurissimos impune quisque fro arbitrio legat.*«

[2] So auch *E. Mallet*, Recherches hist. et statistiques sur la population de
Genève. Paris 1837 S. 8, 9.

[3] Vgl. Ratsprot. 2. März 1558, 5. Juni 1560, 20. Mai 1562 u. s. w.

[4] Vgl. Anc. et nouv. pol. S. 94, 95.

einen Seite durch einen Machtspruch den Lohn für eine Reihe
von Handwerkern festzustellen unternimmt [1], herrscht in andern
Richtungen die gröfste Fahrlässigkeit und ein völliger Mangel an
Kontrolle.   Die zur Zeit des liberalen Regiments eingeführten
Civilstandsregister werden höchst nachlässig und unordentlich geführt: die Totenlisten z. B. fehlen für die Jahre 1556, 1557, 1559,
1564 gänzlich, bei andern zeigen sie bedeutende Lücken [2].   Der
Rechtspflege fehlte es zwar nicht an Strenge, wohl aber an Raschheit, Bündigkeit und, was das schlimmste war, wegen des fortwährend Hineinspielens theologischer Fragen, auch an Unbefangen-
heit und Unparteilichkeit.   Wenn sonst Seltenheit der Prozesse
nicht mit Unrecht als ein Beweis für den geordneten und glücklichen Zustand eines Gemeinwesens angesehen wird, so erscheint
uns Genf auch in dieser Hinsicht nicht in einem beneidenswerten
Lichte: 1559 betrug die Zahl der geführten Prozesse 205, im
folgenden Jahre 209 [3].   Und in allen diesen Übelständen tritt auch
während der letzten Lebensjahre Calvins keine Besserung ein,
eher das Gegenteil, indem seit dem Ausgange der fünfziger Jahre
die Tendenzen der grofsen evangelischen Propaganda mehr und
mehr in den Vordergrund des gesamten öffentlichen Lebens treten
und dem Magistrate vollends die Wahrnehmung seiner bürgerlichen
Obliegenheiten und Pflichten erschweren.

So bestätigt, dürfen wir vielleicht sagen, auch Calvins Schöpfung
in Genf, dafs das theokratische System, mag es nun im mittel-
alterlichen oder modernen Gewand auftreten, etwas Unerreichbares
erstrebt und in Wahrheit weder der Kirche noch dem Staate
frommt.

VI.

CALVINS PERSÖNLICHE STELLUNG.

Noch erübrigt es uns, die Stellung schärfer ins Auge zu fassen,
welche Calvin persönlich innerhalb der neuen Ordnung einnahm.
Von Zeitgenossen wie von der spätern Geschichtsschreibung

---

[1] Ratsprot. 13. März 1559.
[2] *Mallet* a. a. O. S. 29. Bis zum Jahre 1555 sind sie ganz vollständig.
[3] Not. généal. III, 543.

ist dieselbe vielfach falsch aufgefafst worden. Man hat Calvin ohne weiteres zum Diktator, zum unumschränkten Herrn von Genf gemacht und ihn auch äufserlich als solchen auftreten lassen. Als Papst, König, Chalif von Genf ist er von Zeitgenossen und spätern, von Katholiken und Protestanten bezeichnet worden: sogar die Thorschlüssel der Stadt soll er in Verwahrung gehabt haben[1]. In Wirklichkeit zeigt sich uns sein Bild nicht so glänzend. Wie die aristokratisch-republikanische Genfer Kirchen- und Staatsverfassung eine monarchische Spitze nicht kannte, so hat auch Calvin nach errungenem Siege wie vorher jeden Schein einer äufseren Oberherrschaft konsequent, ja mit einer gewissen Ängstlichkeit gemieden. Er liebte es möglichst einfach und prunklos aufzutreten, er hatte es äufserst ungern, ja er zeigte sich verletzt, wenn jemand sich auf seinen Einflufs berief.

Es ist deshalb sogar jüngst die Ansicht durchzuführen versucht worden, Calvins Macht sei wirklich nur eine geringe, er selbst thatsächlich immer von den Organen der bürgerlichen Gewalt abhängig gewesen[2].

Allein auch diese Ansicht widerspricht offenbaren Thatsachen, mehr noch als jene erste. Fast auf jedem Blatt der Ratsprotokolle findet sie ihre Widerlegung und schon die bisherige Darstellung lieferte uns zahlreiche Beweise des Gegenteils.

Es ist freilich wahr: seiner äufsern Stellung nach war Calvin der einfache, schlichte Geistliche, den er bei jeder Gelegenheit hervorzukehren liebte. Darin brachten auch die grofsen Erfolge der letzten Zeit keine Änderung hervor. Calvin blieb auch nach den grofsen Erfolgen durchaus, was er früher gewesen: Prediger von S. Peter und Lehrer der Theologie und entwickelte in beiden Eigenschaften trotz der zunehmenden Last der Jahre und der körperlichen Leiden eine Thätigkeit, die zeigt, wie ernst er es mit seinem geistlichen Berufe nahm. Erstaunlich ist die Menge der von ihm gehaltenen öffentlichen Vorträge. Auf Kanzel und Katheder fühlte er sich jederzeit am meisten heimisch! Beza giebt die Zahl seiner regelmäfsigen jährlichen Predigten auf 286, die der Vorlesungen auf 186 an[3]. Seine Predigten waren stets die besuchtesten.

---

[1] So der Engländer Stapleton, vgl. *Drelincourt* S. 72.
[2] *A. Roget*, L'Église et l'État à Genève du vivant de Calvin. Genève 1867.
[3] Ad Claudii de Saintes responsionem altera apologia, Tract. theol. II, 353.

Fehlte es seiner Rede auch an Volkstümlichkeit und Feuer, besafs er auch nicht die schlagende, treffende Art Luthers und anderer Reformatoren, so wirkte er doch durch seine Persönlichkeit, den Ernst seiner Überzeugung, die Schärfe seiner Argumente und die Fülle der Gedanken. Er sprach langsam und mit Nachdruck, einfach und mit Vermeidung alles überflüssigen Redeschmucks[1]. Zur Vorbereitung hatte er nicht viel Zeit: fast nie schrieb er eine Rede auf und nur wenige hat er veröffentlicht. Die Art seines Vortrags machte es indes möglich, seine Predigten in der Kirche selbst ohne Mühe nachzuschreiben, was im Kreise der Emigranten schon früh geschah; mehrere Tausende derselben sind uns auf solche Weise erhalten worden[2]. Ein Mann, meldet ein gleichzeitiger Bericht, habe blofs durch Nachschreiben calvinischer Predigten seinen Lebensunterhalt gewonnen. Ähnlich war es mit seinen Vorlesungen, denen er mit solchem Eifer oblag, dafs er in den letzten Lebensjahren bei Abnahme seiner Kräfte sich lieber in das Auditorium führen oder tragen liefs, als dafs er sie aussetzte oder sich auch nur entschlofs, sie in seiner Wohnung zu halten[3]. Zu langen Vorbereitungen blieb ihm auch hier nicht die Zeit. Nie habe er, erzählen Zuhörer und Freunde, etwas anderes

---

[1] *Fateor*, sagt David Claudus über Calvins Stil in der Widmung der Homiliae in primum librum Samuelis an den Landgrafen Moriz von Hessen 1604, *ipsum neque docentem neque scribentem in ornatu verborum et humana eloquentia quae inanibus figmentis et flosculis magis quam rebus ipsis delectatur, eximium, sed in rerum ac sententiarum numero et pondere admirandum fuisse.* Opp. XXIX S. 238. Vgl. *Beza*, Vita Calvini, ebd. XXI S. 132, 169.

[2] Aus den Jahren 1549—1560 mehr als 2000 (2025), welche die Genfer Bibliothek aufbewahrt; vgl. *Senebier*, Hist. lit. I, 257 ff., wo dieselben aufgezählt werden. [Jetzt gedruckt in den Opp. XXIII ff.] Der eifrigste Nachschreiber war Denys Raguenier, der 1556 zur Anerkennung seiner Dienste vom Rate sogar gratis das Bürgerrecht erhielt; Ratsprot. 21. Jan. 1556. Auf ihn bezieht sich die oben nach *Henry* II, 197 aus der Scaligerana secunda mitgeteilte Thatsache und die beiden Stellen bei *Colladon*, Opp. XXI S. 70, wonach die Franzosen einen geschickten Mann für das Nachschreiben in Sold genommen. [Die Predigten wurden gedruckt und zum Besten der *Bourse des pauvres estrangers* verkauft; vgl. Bull. de la Soc. de l'hist. du Prot. franç. 1891 S. 497.]

[3] Vgl. die Vorrede des Charles de Jonvilliers zu den Vorlesungen über Ezechiel, Opp. XXXX, Prolegomena. *Colladon* S. 87, 88. *Colladon* widmet den Homilien und Vorlesungen Calvins eine besondere Aufmerksamkeit und notiert zu den einzelnen Jahren die biblischen Bücher, die Calvin interpretiert hat.

auf das Katheder mitgebracht als den einfachen Text der heiligen
Schrift, nicht einmal für den Daniel habe er sich Notizen gemacht,
niemals habe er diktiert »wie die meisten«, sondern stets frei gesprochen nach den Eingebungen und Bedürfnissen des Augenblicks;
dennoch sei sein Vortrag stets klar und wohlgeordnet gewesen[1],
so dafs der Stil des Redenden sich nicht viel unterschieden habe
von dem des Schriftstellers[2].   Schon zu Anfang der fünfziger
Jahre fingen eifrige Zuhörer an, die Vorträge wortgetreu nachzuschreiben: den ersten Versuch machten J. Budé und Charles
de Jonvilliers bei den Vorlesungen über die Psalmen (1552). Ihr
Beispiel fand bald Nachahmung[3]. Calvin war über die Genauigkeit dieser Aufzeichnungen höchst erstaunt, fast betroffen und
willigte, wenn auch nicht ohne einiges Widerstreben, im allgemeinen
Interesse und um den Eifer der Abschreiber, »die diese Arbeit
für die Kirche unternommen,« nicht unbelohnt zu lassen, in ihre
Veröffentlichung, ein Umstand, dem wir eine Reihe von biblischen
Kommentaren verdanken, zu deren Herausgabe er sich sonst
schwerlich entschlossen haben würde[4].

Aber schon ein etwas aufmerksamer Blick auf diese Predigten,
Homilien, Vorlesungen dürfte genügen, um sich zu überzeugen, dafs
der Redner, welcher hier spricht, doch nicht der einfache, ein-
flufslose Geistliche war, als welcher er öffentlich angesehen werden
wollte. Wir begegnen da Stellen, die ebensowohl politischen Reden
angehören könnten, in denen Zeitgenossen sogar etwas Perikleisches
haben entdecken wollen[5], Ausführungen über die Stellung von
Obrigkeit und Unterthanen, über öffentliche Wahlen und dgl., die
erkennen lassen, wie sehr, wie innig er mit dem gesamten öffentlichen Leben verwachsen, wie wenig er dem Staate fremd war.
Und je weiter wir diesen Spuren nachgehen, um so mehr bestärkt

[1] Vgl. die Vorrede von J. Budé und J. Crespin zu den Praelectiones in
XII Prophetas minores, Opp. XXXXII Prolegomena. *Colladon* S. 108 ff.

[2] Vgl. Beza in der an den Admiral Coligny gerichteten Dedikation der
Vorlesungen über Ezechiel, Opp. XXXX Proleg.

[3] Näheres darüber in der Vorrede *Bezas* zum Ezechiel (l. c.) und in der
Vorrede Budés und Crespins zu den kleinen Propheten (l. c.) *Colladon* S. 70
nennt aufser den Angeführten noch Nicolas de Gallars, Fr. Bourgoing,
J. Cousin; *Senebier* I, 259 auch Spifame.

[4] Vgl. Calvins Vorrede zum Hoseas d. d. Genevae Idibus Febr. 1557,
Opp. XXXXII, Proleg.

[5] Biga responsionum S. 244.

uns alles in der Überzeugung, dafs der kleine unscheinbare Mann in der Rue des Chanoines, der sich so empfindsam zeigte, wenn von seiner Macht die Rede, im Grunde dennoch der Meister und Gebieter der Geschicke Genfs war.

War die Herrschaft, welche Calvin dem Staate über die Kirche zuwies, mehr eine scheinbare als wirkliche, so war es mit ihm selbst gerade umgekehrt. Unter dem bescheidenen Titel eines Dieners des göttlichen Wortes und bis Ende 1559 nicht einmal Bürger von Genf übte er und zwar er allein dennoch die wahre und volle Herrschaft über Kirche und Staat aus.

Unbedingt herrschte sein Wille in allen kirchlichen Fragen. Die ehrwürdige Genossenschaft, deren Mitglieder ohne Ausnahme ihm ihre Stellung verdankten, war von seinem Winke abhängig. Die Anreden, förmliche Allokutionen, welche er in allen wichtigen Momenten in der Kongregation hielt, wurden wie Orakelsprüche verehrt. In den Sitzungen des Consistoriums führte er die entscheidende Stimme: er erteilte jederzeit die vom Gericht erkannten Rügen, Zurechtweisungen, Verwarnungen [1]. Nicht selten lud er auch Schuldige oder solche, welche er dafür hielt, ohne viele Umstände zu sich zum Privatverhör. In seinen Händen ruhte fast ausschliefslich das kirchliche Almosenwesen, was allerdings unter seinen Feinden zu manchen ungünstigen Gerüchten über ihn Anlafs gab [2], aber jedenfalls, da oft sehr bedeutende Summen insbesondere zur Unterstützung »gottesfürchtiger Flüchtlinge« bei ihm niedergelegt wurden, ein wichtiges Beförderungsmittel seiner Macht und seines Einflusses bildete. Mit einem Worte: Calvin war es, der das gesamte kirchliche Leben beherrschte, der es mit seinem Lebensatem durchdrang, ihm Charakter und Richtung gab, ohne den die kirchliche Verfassung selbst ein toter Buchstabe geblieben wäre.

Nicht geringer war seine Bedeutung in den Angelegenheiten des Staates. Calvins bescheidenes Studierzimmer war der Schauplatz der wichtigsten politischen Beratungen. Keine städtische

---

[1] *Colladon* S. 66.

[2] Vgl. Piperinus an Blaurer 19. Sept. 1555 und an Calvin selbst 15. Okt. 1555 und Calvins Antwort vom 18. Okt. 1555; Opp. XV S. 770, 821, 825. *Bolsec* S. 49 ff. Charakteristisch ist die Bemerkung eines kath. Mönchs, Calvin habe für schweres Geld die Leute von Messe, Beichte, Fasten dispensiert! Vgl. Passevent Parisien S. 14 a.

Angelegenheit, keine irgendwie wichtige Frage des bürgerlichen
Lebens, die nicht ihm vorgelegt und in seinem Sinne erledigt
ward. Er organisierte und leitete die öffentlichen Wahlen. In
Justiz- und Verwaltungssachen, selbst in finanziellen Fragen wendet
man sich an ihn. Den Prätor und Quästor von Genf nennt ihn
einer seiner Zeitgenossen[1]. Wie sehr hier sein Einfluß ins einzelne ging, zeigt allein hinlänglich die Thatsache, daß der Rat
ihn 1557 bat, die Prüfung eines neuen, von einem Deutschen er-
fundenen, »um die Hälfte billigeren« Heizungssystems vorzunehmen[2]. Der Rat, in welchem der staatsmännische Geist der
alten Zeit völlig erloschen schien, befand sich in vollständiger
Abhängigkeit von ihm[3]. Zuweilen wurde Calvin selbst, der nichts
mehr haßte, als das Lächerliche, die fast kindische Art und Weise,
wie die Väter der Stadt ihm ihre Ergebenheit bezeigten, lästig
und mehr als eine Auszeichnung, die man ihm zugedacht, hat er
zurückgewiesen.

Am wichtigsten und folgenreichsten aber war sein Einfluß
in den Fragen der auswärtigen Politik, die gerade in den letzten
Jahren eine so bedeutende Rolle spielten. Sie ruhten durchaus in
seinen Händen: der Rat wagte aus sich selbst hier keinen wichtigen Schritt zu thun. Calvin führte fast die gesamte politische
Korrespondenz und gab stets den Ausschlag. Er weist die Ansprüche Berns zurück, beantwortet das Drohschreiben des französischen Königs nach der Verschwörung von Amboise, er ent-
scheidet, ob man eine schweizerische Tagsatzung beschicken, wie
man sich savoyischen Anerbietungen gegenüber verhalten, ob man
die Glaubensgenossen in Frankreich materiell unterstützen, ob man
eine französische Garnison in Genf aufnehmen soll[4]. Calvin verband wie der große kirchliche Reformator des 11. Jahrhunderts
mit dem Eifer und der Überzeugungsfestigkeit eines alttestamentlichen Propheten den scharfen Blick und den berechnenden Geist
des Staatsmannes, der, wenn die Umstände es erheischen, für den

---

[1] Vgl. F. Balduini Biga responsionum S. 324.
[2] Ratsprot. 7. Jan. 1557. Vgl. *Roget*, L'Église et l'État S. 89.
[3] Balduin meint, Syndik und Rat seien eigentlich nur dazu vorhanden
gewesen, um, wenn Calvin wegen seiner Handlungen auswärts getadelt würde,
die Verantwortung auf sich zu nehmen. Vgl. Biga S. 320.
[4] Vgl. Ratsprot. 8. Jan. 1561 [Ann. S. 741], Opp. XVIII S. 343.
Ratsprot. 5., 6. Juli 1562, 17., 18. Juni, 4. Juli, 11. Nov. 1563, 3. Jan. 1564.

Augenblick auch Nachgiebigkeit zu üben und seine Ansprüche ein-
zuschränken weifs. Seine Staatsschreiben — natürlich von »Syn-
dyks und Rat« unterzeichnet — sind stets mit umsichtiger
Erwägung der jedesmaligen Verhältnisse abgefafst und auch durch
den feinen Ton, der in ihnen herrscht, teilweise wirkliche Muster-
arbeiten[1]. Mit allen kirchlichen und politischen Parteihäuptern
des europäischen Protestantismus stand er persönlich in Verbindung und Korrespondenz. Den auswärtigen Mächten ist diese
seine Bedeutung nicht lange verborgen geblieben. Wie die Berner
schon früh, so haben dann auch die savoyischen, spanischen,
römischen und französischen Diplomaten in dem Reformator die
eigentliche Seele und Triebfeder der Genfer Politik erkannt. Man
nannte ihn den »Protektor« oder einfach »den Mann von Genf«.
»So lange,« meint der Bischof Alardet von Mondovi, einer der
thätigsten savoyischen Agenten, »so lange dieser Calvin das Regiment in der Republik führt, ist jeder Versuch, sie zu über-
raschen, vergeblich, denn er besitzt teuflische Mittel, um unsere
Pläne scheitern zu machen[2].«

»Ich weifs nicht,« sagt Calvins Biograph, »ob irgend ein
Mensch zu unserer Zeit mehr zu hören, zu beantworten und zu
schreiben hatte, und zwar in den allerwichtigsten Angelegenheiten[3].«
Man begreift es in der That kaum, wie ein Mann, der fortwährend mit empfindlichen körperlichen Leiden zu kämpfen hatte,
eine so vielgestaltige und anstrengende Thätigkeit entfalten konnte.
Zeitgenossen verglichen ihn wohl, nicht unpassend, mit einem
immer angespannten Bogen. Er entzog die Zeit dem Schlafe, um
sie der Arbeit zu widmen, und ermüdete durch unaufhörliches
Diktieren selbst seine Abschreiber. Hilfe und Rat Suchenden war
seine Wohnung jederzeit geöffnet[4]. Sehr kam ihm bei dem allem
sein wunderbares Gedächtnis zu statten. Bis herab auf die
kleinsten Kleinigkeiten, sagt Colladon, seien seinem Geiste alle
Angelegenheiten in Kirche und Staat jeden Augenblick gegenwärtig gewesen. Obgleich er mit der Aufsenwelt wenig verkehrte,

---

[1] Vgl. z. B. Opp. XVI S. 316, 399, 559, 569; XVIII S. 251, 343.
[2] *Gaberel* I, 527, 528. Über die Verhandlungen Alardets vgl. Ratsprot.
26. Dez. 1559.
[3] *Colladon*, Opp. XXI S. 107.
[4] Ad Cl. de Saintes resp. Apologia altera l. c. II, 353. *Colladon*
S. 71, 107, 109.

kannte er fast jeden einzelnen Bürger. Oft setzte er das ganze
Consistorium in Erstaunen, indem er einen Vorgeladenen als
Rückfälligen bezeichnete, während niemand sich einer früheren
Bestrafung erinnerte, bis beim Nachschlagen der Protokollbücher
sich ergab, dafs der Erschienene vor zehn oder zwölf Jahren
wirklich einmal eine Rüge erhalten hatte[1].

Man sieht: Beza hat nicht ganz Unrecht, wenn er einem
katholischen Polemiker gegenüber die Herrschaft und den Vorrang Calvins als lediglich in seiner gröfseren Arbeit bestehend
darzustellen sucht[2]. Aber war denn Calvin wirklich, wie sein
Freund behauptet, so ganz ohne allen Ehrgeiz, dafs er sich mit
dem wenig beneidenswerten Prinzipat der Arbeit begnügte? In
einem Punkte war dies nicht der Fall, da, wo es sich um seine
geistliche Autorität handelte.

Wohl nahm Calvin niemals irgend eine Art von äufserm
Vorrang ausdrücklich für sich in Anspruch; er behandelte seine
Kollegen, beinahe möchte man sagen, in gesuchter Weise als
gleichberechtigt; er liebte es, wenn er dem Rate Vorschläge
machte, einen von ihnen zur Seite zu haben[3]; er erwies ihnen die
Aufmerksamkeit, sie bei seinen Vorlesungen zu Rate zu ziehen[4];
er beantragte im Jahre 1558 sogar völlige Gleichstellung der
geistlichen Gehälter, um aller Eifersucht ein Ende zu machen[5]:
nicht auf solche äufsere Auszeichnungen und Vorteile war sein
Ehrgeiz gerichtet. Indem er aber so sich seinen Amtsbrüdern gleichzustellen schien und eine demokratische Gleichheit
verkündete, machte er stets stillschweigend eine Bedingung: die
Anerkennung seines höheren geistigen Ranges und seiner besondern
Bedeutung für das heilige Werk der Reformation. Wohl nur
selten ist ein Mensch so von der Bedeutung seiner Person durchdrungen gewesen wie Calvin, und schon die Zeitgenossen haben
Anstofs genommen an der Art und Weise, wie er sich öfter mit

---

[1] *Colladon* S. 108.

[2] Ad Cl. de Saintes Apologia altera l. c. II, 358.

[3] Ratsprot. 3. Jan. 1558, 30. Jan. 1560 [Ann. S. 683, 726]. Einmal
liefs er Des Gallars für sich eintreten: 27. Sept. 1558 [Ann. S. 705].

[4] *Colladon* S. 112.

[5] Ratsprot. 3. Jan. 1558 [Ann. S. 683]. Das endliche Ergebnis war
indes, dafs die Prediger und Professoren 400, Calvin 600 fl. erhielt; Ratsprot.
23. April, 21. Mai 1562 [Ann. S. 778, 780].

David zusammenstellte¹. Es ist bezeichnend, wenn er in dem Dankschreiben an einen Arzt, der ihn von einer Krankheit geheilt, ausdrücklich hervorhebt, derselbe habe sich wohl nicht so sehr aus persönlichem Interesse als mit Rücksicht auf das allgemeine Wohl der Kirche so sehr für ihn bemüht². Die Vorstellung, daſs er das auserwählte Werkzeug des Herrn sei, verläſst ihn keinen Augenblick; jede ihm angethane Beschimpfung trifft Gott selbst, an seinem Namen darf kein Makel haften bleiben, da er das Evangelium schädigen würde³. Der Gedanke, daſs auch seine Gegner von einer ehrlichen Überzeugung geleitet sein könnten, oder gar, daſs er selbst Unrecht haben könne, lag ihm vollständig fern⁴: ihm sind alle diejenigen, welche ihm widersprechen, welche sich gegen seine Autorität auflehnen, einfach Bösewichter, gegen die er unversöhnlich bleibt, die er mit herben, lieblosen Worten verdammt, die er verfolgt, auch wenn er zu Umwegen seine Zuflucht nehmen muſs⁵.

Dieser Forderung einer unbedingten Unterwerfung hatten sich auch seine Amtsbrüder in Genf trotz aller scheinbaren Gleichberechtigung zu fügen und zwar mehr als die übrigen, schon »des Beispiels« wegen. Calvin duldete keinen Widerspruch, überhaupt keinen wahrhaft selbständigen Kollegen. Selbst Beza, der wohl den meisten Einfluſs besaſs, war doch nur sein erster Diener, gleichsam sein erster Minister: der Einfluſsreichste war er nur deshalb, weil er der Gehorsamste war. Nur in der Weise wie Caesar den Bibulus habe auch Calvin, meint Balduin, einen Kollegen ertragen⁶. Die Initiative muſs immer und überall von ihm aus-

---

¹ Vgl. *Beza*, Ad Cl. de Saintes Apol. alt. l. c. II, 352.

² Calvin an Textor 1. Juli 1550, Opp. XIII S. 598.

³ Vgl. Opp. XII S. 68; XV S. 600 ff. Vgl. auch o. S. 30.

⁴ Vgl. die trefflichen Bemerkungen Balduins, Biga resp. 259, 296 und die Schrift Contra libellum Calvini M 56: »*Qui eum offendit is impius, is atheus, is Epicurëus appellatur*«.

⁵ Vgl. Calvin an Viret 5. Id. Aug. 1551, Opp. XIV S. 162: »*Cur enim* heiſst es da über einen derartigen Gegner, »*scarabaeum in sua palude fremitem secure contemnere non liceat. Sed me exemplum movet*«. Darum soll er verfolgt werden. *Colladon* weiſs diesen Zug in dem Charakter seines Helden nicht anders zu entschuldigen als mit der Bemerkung, daſs Satan keinem Menschen so viele Nachstellungen bereitet habe als Calvin. Opp. XXI S. 115.

⁶ Vgl. Biga resp. S. 340. Die Nichtrückberufung des etwas eigenmäch-

gehen: kein Vorschlag eines andern findet Gnade. Als 1558 einer seiner Freunde, Antoine de Lautrec, die Einführung der öffentlichen Exkommunikation in Anregung brachte, liefs er denselben sofort vor den Rat zitieren und zeigte sich im höchsten Grade aufgebracht[1]; und dennoch stand der Vorschlag mit seinen eigenen Ideen so wenig in Widerspruch, dafs er ihn zwei Jahre später selbst gemacht hat! Aber es sollte jeder Angriff auf sein Privilegium oder das, was er dafür hielt, zurückgewiesen werden. Und auch sonst noch mufste seine Umgebung manches von ihm hinnehmen. Hatte auch das Ungestüm der frühern Zeit sich gemildert, so hatte doch die Empfindsamkeit und Reizbarkeit seines Gemütes unter dem Druck der körperlichen Leiden und der fortdauernden Angriffe mit den Jahren noch zugenommen[2]. Der Verkehr mit ihm selbst hatte etwas peinliches und beengendes. Manche fühlten sich deshalb trotz der scheinbaren Gleichstellung und trotz des Zeugnisses, das Calvin selbst wohl seiner Mäfsigung und Anspruchslosigkeit ausstellte[3], in seiner Nähe doch gedrückt und machten in vertraulichen Mitteilungen ihren Gefühlen Luft[4]. Mehr als einer hat Genf wieder den Rücken gewandt, weil er sich nicht entschliefsen konnte, »Calvin den Pantoffel zu küssen[5]«, und sich nicht dem Unwillen eines Mannes aussetzen mochte, den, wie seine Feinde sagten, zu beleidigen viel gefährlicher sei als eine Beleidigung des Königs von Frankreich in seiner Königsburg[6].

Indes mit jener thatsächlichen Anerkennung seines höheren Ranges war Calvin zufrieden. Im übrigen war sein Leben das einfachste, wie es das thätigste war. Er trug ein Gewand von

tigen Farel wurde von den Zeitgenossen vielfach mit diesem Umstande in Verbindung gebracht; vgl. Responsio Cl. de Saintes ad Apol. Bezae S. 160 a.

[1] Ratsprot. 17. Mai 1558, Ann. S. 692. Vgl. dazu *Roget*, L'Église S. 68.

[2] *Colladon*, Opp. XXI S. 117.

[3] Responsio ad Balduini convicia, Opp. IX S. 579, 580; Praef. in Psalmos, Opp. XXXI S. 25, 31, 33.

[4] Biga resp. S. 341.

[5] Der Ausdruck kommt häufiger vor zur Bezeichnung des Abhängigkeitsverhältnisses, vgl. Opp. XV S. 442; Consistorialprot. 26. Nov. 1562, 27. Mai, 3. Juni 1563 [Ann. S. 794, 803].

[6] *»Sic dominatur Genevae Calvinus ut eum offendere sit longe periculosius quam regem Galliae in ipsa regia. Sciunt haec innumerabiles ab eo eiecti et vexati«.* Contra lib. Calv. A 5 a.

geringem Stoff, als einfach und wenig, während der letzten sechs Jahre nahm er regelmäfsig täglich nur eine Mahlzeit[1]. Seine häusliche Einrichtung war bescheiden, ja fast ärmlich zu nennen[2]. Es wird erzählt, dafs der Kardinal Sadolet, als er einmal den berühmten Reformator besuchte, erstaunt darüber gewesen sei, denselben in so bescheidenen Verhältnissen zu finden[3]. Calvin war arm trotz seines bedeutenden Einkommens: nicht ohne Bitterkeit bemerkt er einmal seinen Gegnern, die sich den Glauben nicht nehmen liefsen, dafs er grofse Reichtümer besitze: sein Tod werde sie dereinst wohl ans Licht bringen[4]. Seine reichen Einkünfte verwandte er, wie es scheint, meistens für kirchliche Zwecke, insbesondere für die kirchliche Emigration. Geschenke oder besondere Zulagen, durch welche der Rat ihn persönlich auszeichnen und belohnen wollte, lehnte er in vielen Fällen ab und selbst von seinem Gehalte bewilligte er wohl einen Abzug[5]. In der Öffentlichkeit zeigte er sich selten und fast nur, wenn seine Berufsarbeiten, Kanzel oder Katheder, eine Ratssitzung oder Volksversammlung ihn riefen. Im gewöhnlichen Umgang war er wenig gesprächig, ja wortkarg und einsilbig; lange Reden liebte er auch bei andern nicht und verhafst war ihm jede offenkundige Schmeichelei[6]. Einen nähern Verkehr unterhielt er nur mit wenigen. Der Masse des Volkes blieb er schon durch sein äufserlich wenig gewinnendes, ernstes, schweigsames Wesen, sowie auch durch seine aristokratische Denkart fremd: nur unter den vornehmeren, namentlich eingewanderten Familien erfreuten sich einige seines vertrauten Umgangs[7]. Aber auch diesen gegenüber scheint er

---

[1] Vgl. Praef. in Psalmos, Opp. XXXI S. 31. *Beza*, Opp. XXI S. 160, 169. Ad. Cl. de Saintes Apol. alt. l. c. II, 353.

[2] *Colladon* l. c. S. 113.

[3] Vgl. *Drelincourt* S. 159.

[4] Praef. in Psalmos, Opp. XXXI S. 31.

[5] Letzteres sagt er selbst in der Responsio ad Balduinum, Opp. IX S. 579: »*De stipendio aliquid remisi*«. Über abgelehnte Geschenke vgl. Ratsprot. 4. März 1546, 5. Juni 1553, 28. Dez. 1556, 13. März 1564 [Ann. 8. 371, 542, 656, 813]; 19. Mai 1559.

[6] *Beza*, Ad Cl. de Saintes Apol. alt. l. c. II, 350; Vita Calvini, Opp. XXI S. 170.

[7] Wie sehr dies gegen ihn ausgebeutet wurde, ersieht man nicht nur aus *Bolsec* l. c. S. 68 ff., der von den feinen Gastmählern, welche ihm die Reichen gegeben, zu erzählen weifs, sondern auch bei dem im ganzen ehrlichen Ver-

später zurückhaltender geworden zu sein. Calvin hatte während
seines Lebens, in Genf und auswärts, mit den Menschen üble
Erfahrungen gemacht. Männer, denen er Jahre lang sein Wohlwollen bewiesen, die er in sein Vertrauen gezogen, die er auf besondere Empfehlungen hin in sein Haus aufgenommen, hatten ihn
verlassen, sein Vertrauen mifsbraucht, ihn getäuscht. Seine Beurteilung der Menschen hatte etwas von Menschenverachtung angenommen; er war scheu und mifstrauisch geworden. Inmitten
des beschäftigten Lebens, inmitten der täglichen Reden und Kon-
sultationen führte Calvin, darf man vielleicht sagen, dennoch ein
etwas vereinsamtes Dasein. Die einzigen, mit denen er einen wirklich
vertraulichen Verkehr unterhielt, waren die ihm unbedingt ergebenen Geistlichen Beza, Viret, H. Colladon, N. des Gallars und
andere, die aber während der letzten Zeit durch die Ereignisse
gröfstenteils von Genf abwesend waren, und einige Auserwählte aus
den Kreisen des Magistrates und der Emigration. In dem engen
Kreise dieser Männer atmete er zuweilen von seinen Arbeiten auf,
da führte er eine zwanglose Unterhaltung und sprach das Herz
zum Herzen, da gestattete er sich auch wohl ein kleines Spiel,
doch immer nur ein solches, fügt der Biograph vorsichtig hinzu,
das durch die Gesetze nicht verboten war[1].

So herrschte dieser aufserordentliche Mensch von seinem
Studierzimmer aus ohne einen obrigkeitlichen Titel, ja eigentlich
im Widerspruch mit dem geschriebenen Recht, das er selbst geschaffen, über Kirche und Staat. Der Fremde, der den kleinen,
kränklichen Mann mit dem blassen, krankhaften Gesicht schweig-
sam über die Strafse einhergehen sah, ahnte nicht, eine wie gewaltige Stellung er einnahm, wenn nicht vielleicht die ehrfürch-
tigen Begrüfsungen der demselben Begegnenden ihn aufmerksam
machten. Die Verehrung für Calvin innerhalb der Bürgerschaft
war während der letzten Zeit eine fast ungeteilte: nur selten noch
wurde sie durch einen Mifston gestört. Freilich war dem Gefühl
der Verehrung immer etwas wie Furcht beigemischt. Als einst
eine Frau ihren Nachbarn während der Predigt schlafen sah, hielt
sie es für genügend, ihm blofs den Namen des Reformators zu-

fasser der Schrift Contra libellum Calv., der ihm M 56 diesen Umgang mit
den Reichen und Vornehmen in scharfen Worten zum Vorwurf macht und bei-
fügt: *cum pauperibus non multum ei est negotii*.

[1] Vgl. *Colladon* S. 113, 117.

zuflüstern[1]. Allein erfreute er sich auch nicht einer eigentlichen Popularität in dem Sinne, wie sie dem deutschen und schweizerischen Reformator in so reichem Mafse zu teil geworden, so hatte doch jedermann ein lebhaftes Gefühl von dem, was er für Staat und Kirche, für ganz Genf war, und an Beweisen von Anhänglichkeit und Liebe, selbst aus der Menge, fehlte es auch ihm nicht. Unter den Katholiken fielen spöttische Bemerkungen darüber, dafs Genf, welches die kirchliche Bilderverehrung abgeschafft, nun mit den Bildern Calvins einen Kult treibe[2]. Als einst, wird erzählt, ein einfacher Fremder sich in Genf nach dem »Bruder Calvin« erkundigte, wurde er rauh angefahren und ihm bedeutet, dafs der Gesuchte nicht »Bruder«, sondern »Herr« anzureden sei[3].

Und so war es in der That. Der unscheinbare, ernste Geistliche in der dunkeln Rue des Chanoines war »der Herr« und seine Herrschaft erstreckte sich nicht blofs über Genf und sein Gebiet.

---

[1] Consistorialprot. 21. März 1566.

[2] Vgl. *Cl. de Saintes*, Responsio ad Apol. Bezae S. 46; *Bolsec* l. c. S. 54.

[3] Contra libellum A 5 a.

REGISTER

ZU

BAND I UND II.

Die Kaiser stehen unter ihrem Namen, die Fürsten unter ihren Ländern, die
Bischöfe unter ihren Diöcesen.

Alba, Herzog, span. Statthalter in
Mailand II 272.

Alciati, Andreas, franz. Jurist I 226.
229.

Allobroger I 3.

Amboise, Verschwörung von II 380.

Ambrosius, der hl., Bischof von Mailand I 272. 404; II 212.

Ameaux, Pierre, Genfer Ratsherr II
20 ff. 35. 42. 44. 52 71. 125. 146. 312.
— seine Frau Benoîte II 19. 21.

Amsdorf, Nik. von, Mitarbeiter Luthers
II 312.

Anabaptisten s. Wiedertäufer.

Anselm, Valerius I 97. 191. 195.
Als Quelle noch oft zitiert I

Antitrinitarier II 168. 169.

Aosta, Bischof (Petrus Gazone 1528
bis 1556) I 100.

Aquaviva, General der Jesuiten II 337.

Aquila, Bischof (Alvarus della Quadra)
I 338.

Arius, Gegner der Trinität I 295.

Arneys, Antoine, Lyoner Katholik II
179. 180.

Artichauds (Articulanten), Genfer
Parteiname I 360 ff.; II 5. 9. 45.

Athanasius II 171.

Aubert, H., Genfer Ratsherr (Syndik)
II 256. 263. 265.

Aubeterre, Herr von I 276. 476.

Aubigné, Theodor Agrippa d'A., französischer Dichter I, XIV.

Augustinus, der heilige I 260. 264.
265; II 128.

Badolet, Chronist I 119.

Balard, Jean, Genfer Syndik u. Chronist I 18. 60. 69. 73. 80. 81. 84.
85. 101. 102. 181. 209. 210. 213.
216. 300. 356 f. 392. 394. 415. 440;
II 18.

Balayson, savoyischer Beamter I 63.

Balduin (Baudouin) Franc., zeitweise
Sekretär Calvins I 225. 237. 403;
II 39. 77. 78. 82. 226. 229. 244. 335.
380. 383. 384.

Balduin, Jean, Genfer Geistlicher II 29.

Balthesard, Michel, Genfer Ratsherr I
191.

Bandiere, Ami, Genfer Bürger I 61.
191. 348; II 249.

Basel, Stadt I 190. 195. 283. 364.
372. 377. 381. 490; II 9. 162. 172.
224. 225. 227. 248. 259. 268. 295.
301. 305. 306 f.
— der Rat II 220. 226.
— Geistlichkeit (Theologen) II 134.
138. 139. 141. 143. 144. 147. 148 f.
186. 192—194. 197 f. 202. 218—220.
225.
— Universität II 225—227.

Baud, Claude, Genfer Patriot I 79.
141.

Baudichon s. Maison neuve.

Beaulieu, evang. Geistlicher II 341.

Bedrotus, Strafsburger Professor I 325.
341.

Beguin, Genfer Ratsherr (Syndik) II
66.

Bellay, du, Kardinal II 78. 86. 88.

Bellegarde, savoyischer Gesandter I 84.

Bellius, Martinus, Pseudonym II 229.
243.

Benoit, André, Wiedertäufer I 294.

Béraud, waadtländischer Geistlicher, dann Professor an der Genfer Akademie II 320.

Bern I 32. 46. 47. 66. 89. 94. 97. 105. 114. 115. 116. 117. 153 f. 155. 190. 205. 282. 296. 300. 307. 343. 344. 348. 350. 351. 353. 372. 387. 426. 463. 465. 490; II 46. 107. 109. 116. 124. 126. 132. 144. 149. 162. 232 ff. 266. 305. 340. 315 ff. Vgl. auch unter Genf, Calvin, Waadtland.

— der Kleine Rat I 64. 68. 76. 81. 212. 283. 295. 298. 303. 315. 316. 375. 376; II 142. 143. 146. 197 f. 234. 235. 237—243. 296. 303.

— der Grofse Rat I 64. 68. 76. 97. 297.

— Geistlichkeit (Consistorium) I 191. 298. 305. 316. 322; II 30. 114. 134. 138. 139. 141. 142 f. 144. 147. 148. 186. 192—194. 197 f. 202. 218— 220. 234. 237—239. 241. 242. 243. 296. 308.

— Staat und Kirche I 211 f. 215. 471; II 85. 112. 235.

— Buchdruckereien I 18.

Bernard, Claude, Genfer Patriot I 101. 117. 135. 158. 159. 163.

— Jacques, Guardian des Genfer Franziskanerklosters, Bruder des vorigen I 151. 161. 162. 163. 175. 207. 320. 344. 345. 350. 351. 353. 357. 361. 367. 368. 372. 374. 378. 389. 390. 392. 394. 411. 448; II 204.

— Louis, Genfer Domherr I 151.

Bertault, Augustinermönch I 243.

Berthelier, Philibert d. ä. I 37 ff. 40—46. 51. 52. 59. 67. 79. 292; II 5. 12. 47. 49. 203. 207. 261. 274. 278.

— François Daniel, Sohn des vorigen II 91. 99. 102. 207. 261. 268. 269. 271. 274—276. 277.

— Philibert d. j. Bruder des vorigen II 91. 99. 102. 103. 106. 111. 121. 122. 124. 151. 152. 157. 159. 160. 161. 184. 185. 186. 191. 192. 195. 203. 207—217. 248. 249. 254. 256. 257. 261. 271. 273 f. 277.

— Mutter der beiden vorigen II 274.

Bertholet, ein Genfer II 368.

Beza, Theodor I 221 f. 223. 224. 225. 226. 227. 228. 229. 230. 231. 232. 233. 235 240. 243. 244. 245. 247. 248. 249. 250. 257. 279. 280. 281. 285. 292. 295. 321. 325. 338. 344.

381. 389. 394. 422. 434. 455. 458. 473. 474. 485; II 13. 39. 50. 53. 54. 62. 75. 88. 93. 124. 126. 129. 185. 199. 211. 224. 226. 230. 238. 243. 264. 270. 275. 283. 313. 317ff. 321 ff. 324. 333. 341. 361. 363. 366. 368. 373. 376. 378. 382. 383. 386. (Als Quelle noch öfters zitiert!) Vgl. auch unter Calvin.

Bezanson s. Hugues.

Bigottier, Cl., Vorsteher der Genfer Schule I 105. 109. 208.

Blaisine, Nonne im Genfer Clarissenkloster I 177 f. 179. 180.

Blanchet, Genfer Bürger I 42. 44.

— Pierre, Genfer Geistlicher I 411. 484—486.

Blaurer, Ambrosius, Reformator II 159. 172. 199. 200. 202. 223. 251. 270. 283. 294. 295. 307. 310. 379.

Bolsec, Hieronymus I 224. 291. 292. 308. 310. 311. 312. 313. 465; II 19. 22. 75. 88. 106. 124. 125—150. 151. 152. 153. 154. 159. 164. 180. 192. 195. 201. 224—226. 236. 237. 239. 242. 245. 249. 256. 264. 274. 296. 319. 385.

Bonivard, François de I 37. 39 f. 41. 43. 49. 51. 53. 55. 76. 80. 99. 197. 202. 204. 206. 291. 305. 364. 403. 434. 467; II 13. 18. 39. 49. 53. 69. 71. 72. 73. 75. 76. 80. 88. 91. 103. 106. 110. 119. 120. 121. 122. 129. 133. 143. 146. 160. 161—163. 185. 192. 204. 208. 257. 260. 263. 264. 268. 271. 281. 284. 314. 315. 340. 353. 367. 369. 374. Als Quelle noch oft zitiert!

Bonna, Pierre, Genfer Ratsherr II 92. 159. 256. 267.

— Philibert II 163. 206.

Bossuet I 275.

Boucquet, Christoph, Franziskaner in Genf I 123. 124.

Bourgoing, Fr., Refugié II 378.

Braun, Dr. Conrad I 335.

Brenz, Joh., prot. Theolog II 116. 132.

Briçonnet, Bischof von Meaux I 110. 112.

Bucer, Martin I 116. 135. 230. 231. 242. 277. 305. 318. 320—323. 326. 327. 328. 337. 341. 373—375. 380 f. 391. 459; II 115. 172. 173.

Budé, französ. Emigrantenfamilie II 38. 124. 247.

— François II 38.

— Jean II 311. 378.

Bullinger, Züricher Reformator I 151.

207. 250. 293. 294. 307. 316. 317.
318. 323. 324. 326. 346. 427. 465;
II 8. 9. 115. 118. 124. 132. 139.
142. 146. 161. 164. 192. 193. 196.
197. 198. 202. 203. 208. 209. 212.
214. 215. 219. 220. 221. 222. 223.
225. 227. 228. 230. 232. 233. 234.
235. 240. 242. 243. 252. 255. 256.
257. 263. 265. 266. 267. 268. 269.
270. 271. 275. 283. 290. 295. 296.
298. 300. 301. 302. 304—308. 317.
320. 340.
Burgund, Königtum I 4. 22.
Buren, Idelette von, s. unter Calvin.

Calvin, Johann I XII ff. 13. 19. 30.
52. 68. 99. 110. 161. 162. 163. 152.
203. 205. 206. 207. 218. 221; II 3 ff.
— Abstammung und Jugend I 221 ff.
— Übergang zum Protestantismus I
229 ff.
— Reise nach Italien 1536 I 279.
— erster Aufenthalt in Genf 1536—38
I 278—319. 343. 410.
— in Straßburg 1538—1541 I 322 ff.
370. 375. 380 f. 386. 455. 460. 465.
II 29. 333.
Rückkehr nach Genf 1541 I 342—381.
432. 480. 481; II 7. 204.
— in Genf seit 1541 I 385 ff.; II 3 ff.
— Heirat mit Idelette von Buren I
321.
— seine Frau und Familie I 381; II
114 (Tod Idelettes).
— Charakter und Persönlichkeit I 236.
276. 290. 302. 313. 319. 338. 355.
370. 386. 389 f. 418. 421. 427. 448.
482. 484—485. 486. 489. 490. 493;
II 10. 20. 29. 32. 93. 94. 95. 139.
182. 231. 232. 241. 268. 269. 270.
272. 275. 276. 295. 333. 375—387.
— zu Ameaux II 20 ff.
— zu Beza II 243. 318 f.
— zu Bolsec II 125—150. 151. 224.
— zu Bullinger II 9. 115. 132. 142.
193. 196. 219. 220. 228. 243. 252.
270 f. 295. 300. 307.
— zu Caroli I 295 ff. 479.
— zu Falais II 39. 101. 103 f. 137.
154. 247.
— zu Farel I 281 ff. 292. 311. 320 ff.
329 ff. 336 ff.; II 104. 105. 121.
122. 155. 157 f. 215. 218. 243 f.
269. 384.
— zu Gruet II 56 ff.
— zu Luther I 257—261. 266. 268.
326 f. 355; II 105. 332.

Calvin zu Maigret II 9. 46. 87. 91.
92. 99.
— zu Margarethe, Königin von Navarra I 331 f.; II 18.
— zu Melanchthon I 327. 329. 332.
333. 337. 338. 339. 391. 481; II
105. 132. 149. 156. 202. 246.
— zu Perrin II 35. 52. 70—100. 160.
— zu Renata, Herzogin von Ferrara
I 279.
— zu Sadolet I 352 ff.
— zu Servet II 167—203. 226—228.
332.
— zu Sleidan I 331. 332. 335; II 181.
— zu Viret I 292; II 104. 121. 122.
156. 157 f. 235. 243. 269. 318.
— zu Zwingli I 326 f.; II 139. 241.
— zu Bern I 298. 303 ff. 314 ff. 375.
387. 420; II 8 f. 46. 51. 85 f. 114.
118. 142. 229. 233—244. 270. 295 ff.
300. 301. 316. 380 381.
— zu Frankreich I 331. 490; II 38.
45. 87. 99.
— zu Genf (persönliches Verhältnis)
II 6 f. 45. 258. 259. 313. 386 f.
— zu den Refugiés in Genf II 37 ff.
119. 120. 163. 245 ff. 258 ff. 300.
348 f. 370.
— zur Gewissensfreiheit I 473 ff.
— zum Humanismus I 225. 229. 234.
235. 237 ff. 242. 468; II 327 ff.
333 ff.
— zum Katholizismus I. XIV. 255.
258. 278. 282. 287. 289. 290. 333.
335. 355. 398. 399. 403. 404. 407.
424. 430. 441. 453. 455. 456. 460.
462. 464. 480; II 10. 118. 226.
289 f. 312. 314. 332. 336. 359. 361.
— zur Kunst I 463. 464.
— zu den Libertinern II 13 ff.
— zu den Naturwissenschaften II 334 f.
— zum Schulwesen I 468 f.; II 310 ff.
— zu den Wiedertäufern I 248. 294 f.
298. 325. 478; II 332.
— Abendmahlslehre I 260. 263. 287.
310 ff. 324. 326. 337. 460 f. 478.
— Anschauung vom geistlichen Amt
I 396 ff. 473. 476; II 293.
— Gemeinde und Kirche I 399. 475.
476; II 345.
— Gottesdienstordnung I 453 ff.
— Lehre von der Kirche I 265 ff. 396.
— Kirchenverfassung I 259. 268 f.
287. 391. 392. 419. 431. 470.
— politische Anschauungen I 416 ff.
430. 434 f.
— politischer Einfluß in Genf I 412 ff.

428. 478 f.; II 8. 269. 290 ff. 299.
300. 302. 304. 305. 356. 378. 379 ff.
Calvin, Prädestinationslehre I, XIV.
261 ff. 266. 268. 275. 276. 386.
430; II 10. 16 f. 125—150. 153.
154. 155. 224 f. 236 ff. 274. 289.
332. 360. 362. 365.
— Teufelsglaube II 368.
— Staat und Kirche (Theokratie) I
270 ff. 289. 316. 391 ff. 400. 401.
420. 428. 434. 470 ff. 482. 487;
II 20. 54. 55. 107. 110. 111. 125.
150. 161. 188. 201. 203. 254 ff.
342—347. 354 ff. 372. 375. Vgl.
Genf, Staat und Kirche.
— Sittenzucht (einschl. Exkommunikation) I 266 f. 269. 285. 287. 288.
289. 290. 302. 307. 324. 339. 377.
391 ff. 424 f. 431 ff. 439 ff; II 9.
11. 125. 192. 203—223. 254 ff.
286 ff. 342 ff. 358 f.
— volkswirtschaftliche Anschauungen
I 429 f. 489.
— Vorlesungen I 293. 324 f. 421; II
311. 363. 365. 376. 377. 382.
— Einkünfte I 388. 402; II 40. 44.
161. 382. 385.
— Gesundheit II 114. 314.
— Institutio religionis christianae I,
XIV. 247. 251 ff. 280. 284. 285.
286. 289. 327. 386. 397. 399.
418. 419. 420. 423. 447. 455. 458.
464. 470; II 10. 38. 153. 155. 156.
158. 168. 176. 180. 241. 331. 332.
366.
— Katechismus von 1538 I 205. 286
bis 290. 325. 458; II 10.
— Katechismus von 1541 I 395. 398.
458. 459; II 10. 332.
— Schrift gegen das Interim II 112.
Calvin d. ä., Vater des Reformators
I 221—226. 228. 230. 235. 237.
240.
— Carl, älterer Bruder des Refor-
mators I 237. 240.
— Anton, jüngerer Bruder des Refor-
mators I 235. 237. 280. 299; II
106. 184. 186. 171.
— dessen Frau II 106. 371.
Camerarius, prot. Theolog II 149.
Candolle, Herr von, Refugié II 247.
Cany, Frau de, Anhängerin Calvins
II 147.
Capito, Wolfg. Fabritius I 116. 231.
248. 249. 295. 321. 324. 431.
Caracciolo, Galeazzo, Marquis von
Vico, ital. Protestant II 247. 249.
314.

Caroli, Pierre, Gegner Calvins I 162.
286. 295 ff. 303. 305. 314. 479;
II 171.
Cartelier, Führer der savoyischen Partei
in Genf I 49. 69. 71. 76.
Castellio, Seb., Humanist I 401. 468.
469. 483—485. 490; II 225—229.
319. 362.
Castro, Scipio del, Italiener II 272.
Catabaptisten s. Anabaptisten.
Chamot, Genfer Bürger I 130.
Champereau, Genfer Geistlicher I 411.
464; II 30. 51.
Chapeaurouge, Ami de, Genfer Rats-
herr (Syndik) I 306. 359 f.
Chapuis, Jean, Dominikaner I 162.
163.
Chautemps, Jean, Genfer Ratsherr I
105. 117. 122. 125. 126. 135. 311;
II 363.
Chauvet, Raymund, Genfer Geistlicher
II 33. 124. 163.
Chevalier, Prof. an der Genfer Aka-
demie II 320.
Chiliasten II 168.
Claudius s. Monier.
Claudus, David II 377.
Clemens (VII), Gegenpapst I 24. 27.
Clemens VII., Papst I 100. 107.
Cleve, Herzog Wilhelm I 329.
Cochlaeus, kath. Theolog I 333; II
112. 170.
Cogneus, Genfer Geistlicher I 411.
Coligny, Admiral II 378.
Colladon, Nicolas, Refugié, Biograph
Calvins I 222. 223. 226. 227. 229. 230.
231. 232. 233. 235. 240. 243. 244.
245. 247. 248. 249. 250. 279. 280.
281. 285. 289. 291. 295. 325. 326.
333. 381. 455. 458; II 88. 122.
126. 129. 134. 143. 146. 211. 247.
264. 291. 377. 381. 383. 386. (Als
Quelle noch öfter zitiert.)
— Germain, Rechtsgelehrter, Refugié
II 185. 247. 269. 353. 362.
Comparet, die Brüder, junge Genfer
II 262—264. 268. 273 ff.
Condé, Prinz von II 283.
Connan, Fr. de, Jugendfreund Calvins
I 228.
Constantin der Große II 189.
Constanz, Stadt I 190. 195; II 300.
— Konzil (1414—1418) I, XIII.
Contarini, Cardinal-Legat I 334. 335.
336. 338. 341.
Cop, Guill., Leibarzt Franz' I. I 236.
— Nikolaus, Sohn des vorigen I 236.
244 f. 250.

Cop, Michel, Genfer Geistlicher II 33.

Copin, Genfer Einwohner II 373.

Cordier, Mathurin, Lehrer Calvins I 223. 225. 292. 299. 349. 377. 468. 469; II 317.

Corne, Amblard, Genfer Ratsherr (Justizlieutnant) I 491; II 31. 89. 91. 96. 106. 274. 369.

Courault, Elie, Augustinermönch, dann Predikant in Genf I 243. 250. 292. 296. 299. 303. 308. 310. 311. 315. 318. 319. 320. 387.

Cousin, J., Refugié II 378.

Coutelier, Genfer Franziskaner I 146. 150.

Crespin (Crispinus) Jean, Genfer Buchdrucker II 311. 372. 378.

Cruciger, Caspar, Theolog I 331.

Curtet, Jean, Genfer Ratsherr I 311. 358. 369.

Dada, Genfer Bürger I 122. 130. 135.

Damont, Charles, 1544 Schulrektor in Genf I 469.

Danès, franz. Humanist I 235.

Daniel, François, Freund Calvins I 227. 228. 234. 235. 236. 237. 239. 244. 246. 247. 248. 281. 299.

— Schwester des vorigen I 236.

Desplans, Pierre II 237.

Deutschland
— protestantische Fürsten I 252. 329; II 86. 168.
— Protestanten I 328 ff.; II 246.

Diaz, ein Spanier I 30.

Diesbach, Berner Ratsherr I 190. 191. 312.

Divonne, Genfer Domherr I 91.

Dorsières, Genfer Rechtsgelehrter II 353.

Douay, Jesuitenakademie II 341.

Dryander (Franc. de Enzinas), aus Spanien gebürtiger Protestant II 159.

Dubois, Michael, Genfer Buchhändler I 371.

— Guillaume, Genfer Buchdrucker II 36.

— Lichterzieher in Genf II 36.

Duchemin, Nic., Jugendfreund Calvins I 228. 229. 230. 234. 237. 248 279; II 38.

Dufour, Louis, Genfer Bürger I 372.

Dumoulin, Alexander (Canus), französ. Protestant I 134. 137. 138.

Durand, Genfer Geistlicher II 114.

Ecclesia, Philipp de, Genfer Geistlicher I 411; II 113. 114. 145. 153. 154. 159.

Eck, Johann, kath. Theolog I 332. 333. 338.

Egmont, Graf I 38.

Eidgenossenschaft, Schweizer I 62. 66. 68. 70. 77. 84. 85. 86. 153. 154. 183—187. 190. 195. 196. 201; II 79. 87. 90. 98. 270. 299. 302. 305. 306 f. 309. Vgl. Genf.

Eidgenossen, Name einer Genfer Partei I 48 f. 50. 51. 52. 55. 58. 60. 97. 130. 158.

St. Eloy, Abt von I 222. 237. 238.

England, König Heinrich VIII. I 271.
— König Eduard VI. I 338; II 227.
— Königin Maria II 285.

Erasmus, Desiderius I 39. 113. 114. 234. 235. 248.

Erlach, Berner Ratsherr I 191.

Espeville, Charles d', Pseudonym für Calvin.

Estienne, Henry, Genfer Buchdrucker II 372.

Etoile, Pierre de l', französ. Jurist I 226. 229.

Faber, Peter II 295.

Fabri (Libertet), Christoph, Geistlicher I 143. 217. 218. 281. 305. 322. 478; II 114. 224. 235.

Fabricius (?) II 39.

Falais, Herr de, Refugié II 26. 28. 39. 55. 61. 67. 73. 75. 77. 81. 83. 87. 101. 104. 126. 137. 143. 146. 154. 247.

Farel, Wilhelm I 99. 102. 105. 107. 110 ff. 123. 124. 125. 126. 127. 135. 136. 137. 138. 139. 141. 142. 143. 145. 148. 150. 151. 152. 154. 156—168. 173. 175. 176. 184. 185. 203. 205. 206. 208. 209. 211. 212. 214. 215. 216. 217. 230. 231. 232. 250. 252. 274. 281—283. 285. 287. 289. 291—296. 298. 299—319. 320. 321—325. 327. 329—334. 336—340. 343—350. 353. 354. 356. 360. 366. 367. 369—380. 386—389. 401. 403. 431. 445. 447. 455. 460. 464. 468. 469. 474. 479. 483. 490. 492. 493; II 5. 6. 9. 11. 14. 17. 22. 26. 28. 31. 32. 34. 55. 57. 61. 66. 68. 69. 70. 71. 74. 75. 76. 91. 95. 96. 97. 104—108. 111. 112. 115. 118. 121. 122. 123. 124. 127. 130. 141. 142. 143. 144. 146. 149. 155. 156. 157 ff. 160. 176. 181. 182. 186. 190. 198.

201. 215. 217 f. 220. 222. 223.
225. 229. 234. 235. 243 f. 245 f.
258. 262. 269. 270. 272—276. 283.
284. 293. 294. 295. 308. 334. 341.
366. 367. 384.

Farel, Wilhelm.
— seine Brüder I 299. 306.
Farnese, päpstlicher Legat I 335.
Favre, Genfer Familie II 31. 35. 63.
— François I 130. 211; II 31. 32.
47—49. 51—55. 58. 69. 70. 74.
76. 77. 205. 278.
— Gaspard, Sohn des vorigen I 35.
36; II 363.
— dessen Frau II 363.
Felix V., Papst I 35.
Ferna, Genfer Bürger II 265.
Fernex, de, Genfer Familie I 48.
— Pierre de I 73.
Ferrara, Herzogin Renata I 279. 454;
II 126. 368. Vgl. auch unter
Calvin.
Ferron, Genfer Geistlicher I 404. 412;
II 113. 114.
Foncelet, Sebastian, Gegner Calvins
II 238 ff.
Fontaine, Nicolaus de la, Famulus
Calvins II 183. 184. 185. 186. 187.
Forge, de la, Kaufmann in Paris I
235. 241. 250.
Fournerat, François, Genfer Patriot
I 73.
Frankfurt, prot. Prediger II 186.
— Reichstag von 1539 I 328 ff. 340.
Frankreich.
— König Ludwig XI. I 29.
— — Ludwig XII. I 279.
— — Franz I. I XII. 62. 84. 192 ff.
198. 199. 243. 252. 253. 254. 309.
331. 332. 335. 358; II 14.
— — Heinrich II. II 69. 75. 77. 81.
82. 84. 87. 98. 100. 260.
— — Franz II. II 380.
— Katharina, Witwe Franz' II. II
361.
— Protestantismus, Protestanten I 116.
229 ff. 252 ff. 277. 282. 283. 329.
341. 479. 490; II 4. 17. 37. 45.
61. 68. 223. 225. 227. 335. 344.
380.
— Parlament I 245; II 174. 371.
— Vgl. auch unter Genf.
Freiburg i. Schw. I 33. 34. 42. 43. 44.
45 ff. 51. 52. 153 f. 195. 198. 200;
II 307. Vgl. auch unter Genf.
Frellon, Buchdrucker in Lyon II
176.

Fresneville, Herr von, Genfer Bürger
I 380.
Friedrich Barbarossa, Kaiser I 5.
Friedrich III., Kaiser I 12.
Froment, Antoine, Genfer Geschichtsschreiber I 90. 107. 108. 117. 119.
120 ff. 124. 126. 128. 129. 131.
134. 135. 136. 137. 138. 139. 141.
144. 145. 148. 149. 150. 151. 152.
154. 155. 156. 159. 160. 162. 163.
164. 165. 171. 176. 177. 178. 179.
185. 186. 189. 191. 193. 195. 196.
197. 198. 202. 205. 206. 207. 208.
209. 214. 215. 217. 299. 346. 367.
422. 489; II 71. 252 f. 281. 353.
367. 369. 372. Als Quelle noch
öfters zitiert!
Furbity, Guy, Dominikaner I 136 ff.
144. 145. 148. 162. 171; II 82.

Gadius, ital. prot. Geistlicher II 228.
Galéot, Noël, Freund Farels I 111.
Gallars, Nicolaus des (Gallasius) I 326.
411; II 18. 378. 382.
Geneston, M. de, Genfer Geistlicher
I 411. 412. 486. 487.
Geneve, Claude de (Bastard), Genfer
Bürger II 268. 269. 273—276.
Genf, Bistum I 4. 25. 28. 29. 36.
201.
— Domkapitel I 8. 9. 13. 14. 19.
26. 27. 28. 30. 36. 37. 66. 69. 71.
79. 91. 102. 141. 154. 157. 159.
171. 172. 205. 359; II 297.
— Bischof Ardutius (1135—1185) I 5.
— Bf. Wilhelm de Conflans (1287 bis
1295) I 6. 22.
— Bf. Ademar Fabry (1385—1387)
I 8. 93.
— Bf. Jean des Bertrands (1408—1419)
I 26.
— Bf. Jean de Pierre Cise (1418—1422)
I 25.
— Bf. Amadeus von Savoyen (1444
bis 1451) I 27.
— Bf. Peter von Savoyen (1451—1459)
I 27.
— Bf. Johann Ludwig von Savoyen
(1460—1483) I 27. 29.
— Bf. Franz von Savoyen (1484—1490)
I 28.
— Bf. Anton Champion (1491—1495)
I 28. 90. 92.
— Bf. Philipp von Savoyen (1495—
1510) I 28. 35; II 48.
— Bf. Charles I. de Seifsel (1510—
1513) I 35 f.; II 48.

Genf, Bistum.
— Bf. Johann Franz (Bastard) von Savoyen (1513—1522) I 36. 40 ff. 45.
51. 52. 54. 55. 56. 57. 58. 69.
90. 425; II 48.
— Bf. Pierre de la Baume (1523—1544), I
54. 55—60. 62 f. 65—76. 78. 79.
81. 82. 84. 86. 89. 90. 99. 105.
106. 108 f. 118. 126. 132—136.
141. 145. 153—158. 159. 162. 164.
168. 170. 183 f. 186. 191. 199. 200.
201. 209. 351 ff. 357; II 4. 48. 273.
303.
Genf, Grafen von I 4. 5. 6. 7. 24.
Genf, Stadt.
— der Kleine Rat I 11. 33. 37. 43.
44. 47. 52. 59. 60. 62. 67. 68. 72.
94. 95. 100. 101. 102. 104. 105.
106. 107. 108. 109. 113. 118. 121 ff.
126. 127. 128. 130—141. 143. 145
bis 148. 150. 152. 154. 157—165.
167. 168. 171. 172. 173. 177. 178.
180. 185. 188. 192. 194. 202. 203.
204. 206. 209. 212. 213. 214. 215.
216. 282. 285—295. 300—303. 308.
310—313. 317. 318. 343. 346—354.
356—358. 360—368. 371—374. 376.
377. 378. 380. 385. 388. 389. 392
bis 394. 399—401. 403. 408. 409.
411. 412. 414—416. 421. 425—429.
432—435. 437—439. 443—449. 451.
456. 459. 467. 468. 469. 470. 472.
477—479. 483—489. 491—493; II
9. 20—27. 33. 35. 36. 41. 43. 46.
50. 52—54. 56. 59. 65—68. 70.
76. 79. 81—92. 94—100. 101. 103.
106—121. 123. 124. 126 131—138.
141. 142. 144. 145—149. 151—163.
181. 183—186. 189. 191. 192—196.
198. 205. 206. 208—223. 225. 229.
237—240. 243. 244. 246. 248. 250.
251. 252. 253. 257. 259—266. 268
bis 271. 274—277. 282. 284—289.
291—293. 295. 299. 300. 302—304.
314. 320. 321. 322. 323. 324. 329.
330. 343—349. 352—358. 361—368.
372. 373. 375. 380—382. 384 bis
386.
— Rat der Sechzig I 11. 165. 414.
421. 433. 434. 487; II 5. 24. 81.
205. 353. 371.
— der Grofse Rat (Rat der 200) I 47.
68. 102. 105. 109. 122. 138. 140.
141. 142. 148. 161. 165. 167. 188.
199. 210. 289. 290. 294. 302. 313.
317. 349. 357. 361. 362. 372. 392.
393. 394. 414. 421. 433. 434. 435.
449. 470; II 20. 21. 23—25. 43.

76. 80. 81. 89. 92. 98. 137. 152.
160. 162. 194. 198. 214. 216. 222.
254. 256. 260. 261. 265. 266. 277.
278. 284. 288. 289. 292. 304. 343.
345—347. 352. 365. 369.
Genf, Stadt.
— Conseil général (Generalrat) I 10.
11. 13. 28. 35. 53. 61. 66. 68.
132. 148. 189. 203. 212. 301. 313.
317. 346. 361. 362. 365. 372.
377. 392. 393. 394. 414. 415. 420 f.
446. 449. 478; II 9. 59. 83. 90.
120. 217. 251. 259. 260. 261. 277.
288. 289. 345—347. 352.
— Consistorium I 289. 377. 391. 394.
395. 406. 431 ff. 449—452. 459.
401. 465. 466. 471. 477. 487. 493;
II 5. 12. 24. 25. 31. 34. 35. 36.
42. 44. 47. 48. 52—56. 60. 67. 69.
75. 102. 110. 123. 157. 159. 163.
203—223. 254 ff. 274. 282. 286 bis
288. 292. 294. 343. 344. 346. 348.
349. 357 ff. 369. 373. 379. 382.
— Geistlichkeit (Vénérable Compagnie
= Gesamtheit der Genfer Geistlichen)
I 205. 207. 210. 211. 212. 213.
214. 396 ff. 402. 408. 409. 410.
412. 433. 435. 444. 445. 449. 457.
467. 478. 483—487. 489. 492; II
25. 27. 30. 34. 58. 93. 94. 96.
108. 109. 112. 113. 114. 116. 118.
127. 129. 130. 133. 134. 136—138.
141. 145. 146. 147. 149. 150. 156.
160—163. 193. 194. 197. 199. 204.
213. 216. 217. 229. 237—240. 242.
282. 287—289. 292. 293. 320. 324.
329. 330. 336. 337. 339. 341. 355 ff.
363. 364. 379.
— Congregation (= regelmäfsige Versammlung der Genfer Geistlichkeit)
I 409 ff. 483. 492; II 102. 112.
113. 127. 130. 131. 137. 145. 146.
147. 235. 366. 379.
— Staat und Kirche (Theokratie) I
104. 211. 214 f. 306. 316. 345. 385.
391 ff. 400. 401. 420 f. 432 ff. 470 ff.;
II 4 f. 10. 53 ff. 101. 102. 107. 110.
111. 115. 118. 122. 125. 138. 150.
161. 188. 192. 193. 201. 203—223.
254 ff. 282. 286. 287. 292. 342 bis
347. 354 ff. 372. 375. Vgl. Calvin,
Staat und Kirche.
— Geschichte vor der Reformation I
3 ff.
— Verfall des Katholizismus vor der
Reformation I 90 ff. 170; II 4.
— Einführung der Reformation I 39.

89 ff. 299. 343; II 4. 5. 11. 70. 72. 233. 253.

Genf, Stadt.
— Bildersturm von 1535 I 166 ff. 177. 192. 202. 206. 208. 209; II 70. 271.
— Reste des Katholizismus nach Einführung der Reformation I 205. 208 ff. 212. 216. 284. 290. 291. 299. 300. 314. 350 f. 352. 353. 356 f. 367. 440. 447. 448. 451. 480; II 11. 117. 118. 289 f. 312. 344. 360.
— eingewanderte Refugiés I 192. 345. 366. 389. 435. 480. 482. 490. 493; II 4. 8. 22. 37—56. 67. 80. 81. 85. 86. 103. 114. 119—121. 124. 126. 129. 135. 149. 152. 155. 162. 163. 164. 185. 205. 217. 232. 244—257. 258—267. 277. 284 f. 291. 294. 302. 313. 344. 348 f. 360. 370. 372. 377. 385. 386.
— englische Protestanten I 293; II 44. 285.
— italienische Protestanten I 481; II 36. 40. 44. 119. 195. 227. 246 f. 284 f. 365. 367. 374.
— spanische Protestanten II 285.
— Libertiner II 16.
— zu Bern I 29. 45. 46. 47. 61. 62. 64. 65. 67. 68. 69. 70. 72. 75. 76 ff. 79. 81—86. 89. 97—99. 101—104. 109. 118. 125. 126 ff. 129. 131. 133. 134. 137—142. 144—149. 152. 154. 156. 157. 158. 165. 167. 168. 170. 173. 178. 179. 180. 182. 183—204. 211. 299. 303 ff. 308 ff. 314 ff. 343. 346. 351. 355. 358 ff. 361—368. 372. 379. 414. 420; II 3—5. 8—10. 12. 28. 45. 46. 50. 51. 55. 71. 77—100. 101 f. 103. 109. 112. 147. 163. 232—243. 244. 249. 251 f. 253. 254. 260. 267. 270. 271. 272. 277. 294—310. 313. 315. 348. 380.
— zum Bischof I 5 ff. 25. 26. 35. 40. 64. 71. 93. 99. 108 f. 132. 133. 146. 148. 194. 199. 215. 343. 385. 414. 448; II 183.
— zur Eidgenossenschaft I 29. 41. 45. 47. 50. 52. 63; II 233. 298 f. 301. 302. 305. 306 f. 309. 380.
— zu Frankreich I 144. 299. 308 f. 343. 358. 366. 378 f.; II 12. 44 bis 47. 50. 55. 69. 75. 77—100. 162. 233. 249. 272. 296. 298. 301. 309. 380.
— zu Freiburg I 29. 34. 37. 45 ff. 49. 50. 51. 61. 63. 64. 65. 67. 69.

70. 72. 75. 76. 79. 81—86. 99. 101. 102. 104. 105. 106. 108. 109. 123. 124. 128. 130. 131. 132. 133. 134. 140. 144. 145. 148 f. 150. 151. 183. 186. 195. 343; II 260. 307.

Genf, Stadt.
— zu Italien (in religiöser Beziehung) I 378 f.
— zum Reiche I 201. 364.
— zu Savoyen I 5 ff. 18. 21 ff. 32 bis 86. 90. 96. 98. 100 ff. 105. 107. 117. 127. 134. 158. 183. 194. 207. 299. 343. 359. 364. 385; II 3. 12. 37. 41. 47. 86. 303. 380.
— zu Solothurn I 45. 47. 61. 64. 65. 83; II 307.
— Freiheitsbrief von 1387 I 8. 34. 93.
— Stadtverfassung I 68. 414 ff.; II 161. 358.
— Theokratie s. Staat und Kirche.
— Generalkapitanat I 11. 55. 66; II 73. 80. 99. 278.
— Kirchenordnung (Ordonnanzen) u. dergl. I 205. 390. 391 ff. 397 ff. 400. 401. 402. 406. 409. 411. 415 bis 417. 421. 429. 431. 433. 435. 436. 439. 443. 444. 447. 449 ff. 454. 456—462. 464—469. 470. 471. 483. 487. 492; II 9. 11. 30. 32 f. 40. 42. 43. 48. 51—54. 69. 72. 73. 101. 103. 111. 116 f. 121. 125. 129. 157. 163. 169. 204. 205. 210. 213. 214. 217. 255. 256. 282. 286—289. 311. 313. 324. 342 ff. 352. 353 bis 355. 358. 359. 371. 372. 373.
— Ordonnanzen (kirchliche) s. Kirchenordnung.
— Ordonnanzen (bürgerliche) I 415 ff.; II 182. 183. 255. 353.
— Luxusgesetze von 1558 II 349 ff. 370.
— Gerichtsbarkeit, Gerichtswesen I 67. 71. 79. 101. 104. 133. 157. 414. 416. 417. 422 ff. 432. 437 ff. 472. 478. 479. 489; II 62 ff. 182 ff. 268 ff. 274. 291. 375.
— Armenpflege I 465 f.; II 294.
— Finanzen I 479. 491; II 162. 248. 291. 314.
— Münzwesen II 99.
— Schulwesen (einschl. Kollegium und Akademie) I 18. 20. 105. 176. 208. 213 f. 292. 293. 348. 349. 366. 377. 380. 395. 436. 465—469. 490; II 21. 294. 310 ff.
— Brüderschaften I 66 f. 80.
— Collegium der Maccabäer I 13. 94. 171.

Genf, Stadt.
— Klöster I 14. 41. 73. 83. 92. 95.
171; II 314.
— Nonnenkloster S. Clara I 94. 103.
104. 159. 160. 169 ff. 202.
— Abtei S. Victor I 14. 38. 39. 171.
359; II 296.
— Pfarrbezirke I 387.
— Buchdruckereien I 18. 125. 358.
453; II 21. 358. 372 f.
— Buchhändler II 333.
— Feste I 17. 443. 444 f.; II 32.
34. 73.
— Handel I 15. 203. 429. 430. 443;
II 41. 87. 361.
— Handwerkerstand I 15. 443; II 375.
— Industrie I 15. 203. 429. 430; II
41. 372 f.
— Messen I 16. 29 f. 35. 309; II
287.
— Einwohnerzahl II 374.
Genod, Thomas, Geistlicher I 178.
Gentilis, Val., theol. Gegner Calvins
II 121.
Gesner, Conrad, Humanist I 250.
Gewissensfreiheit II 226 ff.
Gingins, Aymon (Aimé) de, General-
vikar des Genfer Bistums I 79. 102.
109. 118. 119. 122. 169. 171.
Girard, Ami, Genfer Bürger I 18. 60.
70. 76. 79. 80. 81. 100. 101.
Giron, Pierre, Berner Staatssekretär I
114. 116.
Glarus II 307.
Goulaz, Jean, Syndik I 101. 130. 132.
150. 166. 204. 207. 309. 392.
Graffenried, Berner Ratsherr I 191.
Grandson, de, Genfer Adelsfamilie
I 14.
Gregor VII., Papst (Hildebrand) II
101. 272. 380.
Gropper, Joh., kathol. Theolog I 337.
338.
Grossi, bischöflicher Beamter in Genf
I 42.
Gruet, Jacques, Genfer Bürger II 49.
51. 55. 56 ff. 68. 69. 76. 83. 86.
116. 125. 131. 146.
Grynaeus, Simon, Baseler Geistlicher
I 251. 295. 297. 307. 320. 326. 341;
II 172.
Gualtherus s. Walter, Rud.
Guerin, Muête, Genfer Strumpfwirker,
Freund Farels I 117. 120. 124.
Guillermins, Genfer Parteiname für die
Anhänger Farels und Calvins I 345.
347. 349. 351. 354. 355. 356. 358.

360—365. 367. 368. 369. 371. 389.
392; II 5. 6. 21.

Hagenau, Religionsgespräch von 1540
I 330 ff.
Haller, Berthold, Berner Reformator
I 97. 151. 191.
— Johann, Berner Geistlicher I 294.
298; II 116. 118. 139. 142. 196.
198. 202. 212. 227. 233. 234. 235.
238. 239. 242. 266. 267. 269. 270.
272. 275. 290. 296. 301. 302. 304.
305. 308. 317. 320. 340.
Harwey, Entdecker des Blutumlaufs
II 174.
Heinrich IV., deutscher Kaiser I 272.
Held, Reichsvizekanzler I 328. 335.
Helena, Kaiserin I 111.
Helvetier I 3.
Heremite, Hudriot, Genfer Bürger
I 25.
Hessen, Landgraf Philipp I 338. 340.
— Landgraf Moriz II 377.
Hildebrand s. Gregor VII.
Hofen, Thomas von, Berner Gesandter
I 97 f.
Hoffischer, Genfer Bürger I 211.
Hofman, Melchior, Wiedertäufer I
325.
Hoperus, englischer Protestant und
Märtyrer II 115.
Hotoman, franzö. Rechtsgelehrter und
Protestant II 225. 227. 228. 310.
Hugues, Bezansou I 18. 37. 38 f. 42.
45 ff. 48. 49. 50. 51. 53. 54 f. 56.
60. 63. 64. 65. 68—72. 75. 76. 78.
79. 80. 82. 96. 97. 101. 103. 106.
123. 204. 343; II 5. 39. 72. 73.
261. 278.
— Conrad, Sohn des vorigen I 106.
Hus, Johann I XI ff.
Hutten, Ulrich von I 335.

Ignatius, Kirchenvater II 171.
Innocenz VIII., Papst I 28.
Interim von 1548 I 256; II 112. 115.
Irenaeus, Kirchenvater II 171.
Italien, Protestanten II 227. 228. 240.
294.
— Vgl. auch unter Genf.

Jesse, P. J., Genfer Ratsherr II 256.
369.
Jesuiten I 480.
— Unterrichtswesen II 337—340.
— Akademie in Douay II 341.
Joinvilles, de, Genfer Adelsfamilie I 14.

Jonvilliers, Charles de, Refugié II 247.
377. 378.
Jussie, Johanna von, Genfer Chronistin,
I 18. 69. 81. 83. 91. 93. 103. 105.
108. 109. 117. 119. 121. 122. 124.
128—133. 135. 136. 137. 138. 139.
144. 146. 150. 151. 156. 157. 158.
159. 160. 162—166. 172 ff.
Justinian, Kaiser II 191.

Karl der Grofse I 4; II 322.
Karl IV., Kaiser I 12. 23.
Karl V., Kaiser I 12. 57. 62. 66. 77.
82. 84. 100. 103. 189. 190. 192.
195. 269. 276. 329. 331. 333—336.
340. 341. 364 f. 398; II 39. 46. 50.
84—87. 97. 98. 115. 170. 246.
Klein, Katharina, Quartiergeberin
Calvins in Basel I 250.
Klotilde, Frankenfürstin I 14.
Knox, John, schottischer Reformator
II 293.
Konrad III., deutscher König I 4.
Kunz, Peter, Berner Geistlicher I 316.

Lambert von Avignon, französ. Mönch
I 96.
Lambert, Jean, Genfer Ratsherr (Ge-
neralprokurator, Syndik) I 392; II
26. 76. 82. 83. 89. 92. 99. 256.
260. 266. 369.
Landrinus, Professor in Orleans I 239.
Lange (Angelus), Freund Farels I 112.
— Johann, Prediger im Waadlande
II 237—242.
Laurent de Normendie, Refugié II
247. 370.
Lausanne, Rat von.
— Geistlichkeit I 469; II 316 f.
— theologische Schule (Akademie) II
243. 315 ff. 318. 321.
Lautrec, Antoine de, Genfer Bürger
II 363. 383.
Lecoq, Jacques (Jacobus Gallus), Refugié
I 121.
Lefèvre, französ. Humanist I 110. 234.
235. 240. 248.
Leman, sagenhafter Gründer von Genf
I 3.
Leo X., Papst I 54.
Leonard, Joh. de II 356.
Levet, Genfer Protestant I 150.
Levrier, Pierre, Genfer Patriot I 33;
II 261. 278.
— Ami I 54. 59. 60. 74. 96; II 261.
278.
Libertet s. Fabri.
Libertiner II 13 ff. 60.

Liser, Caspar, Pfarrer in Nürtingen
I 270.
Locke, Freund von John Knox II 293.
Löffelritter, Gesellschaft savoyischer
Adliger I 70. 71. 73. 80—83. 86.
184; II 303.
Loyola, Ignaz von I 223; II 340.
Lucanius, Martinus, Pseudonym für
Calvin.
Lüneburg, Herzog (Ernst) von I 332.
Lullin, Jean, Genfer Bürger I 59. 60.
306. 359 f.
— Pierre, Genfer Bürger I 209. 210.
Luther, Martin I xi ff. 89. 96. 97.
100. 101. 102. 103. 113. 114. 130.
221. 222. 229. 235. 239. 257—261.
266. 268. 277. 326. 355. 422. 454-
463. 464; II 105. 107. 108. 172.
175. 178. 333. 360. 387. Vgl. auch
unter Calvin.
Lüttich, Hermann von, Wiedertäufer
I 294. 325.
Luzern II 307
Lyon, prot. Gemeinde in I 401; II 81.
Le Macon, (Genfer?) Sekretär I 314.

Maigret, Laurent, gen. Le Magnifique
I 166. 192 f. 309; II 9. 45 f. 48.
50. 58. 78—100. 120.
Maison neuve, Baudichon de la, Genfer
Bürger, 1535 Generalkapitän I 76.
78. 79. 80. 98. 99. 101. 103. 106.
107. 117. 118. 120. 123. 124. 126 f.
128. 130. 132. 135. 137. 139. 146.
150. 166. 168. 172. 177. 180. 181.
185. 191. 204. 207. 343; II 70.
— Jean de la, Genfer Polizeilieute-
nant II 106. 128. 129. 130. 263.
Malbuison, Petremand de, Genfer
Patriot I 33. 79. 96. 209.
— Jacques, Genfer Bürger I 164.
Mallet, François, Genfer Priester I 94.
Mamelucken, Name einer Genfer Partei
I 48 f. 51—55. 58. 60. 65. 66. 68—
73. 75. 76. 80. 101. 130. 155. 158.
184. II 258. 267. 268. 273. 303.
Mar, de la, Genfer Bürger I 46. 79.
Marcion, altchristliche Irrlehrer II 332.
Marcourt, Genfer Prediger I 344. 345.
348. 350. 351. 353. 357. 361. 367.
368. 378. 389. 392. 394; II 204.
283.
Mare, Henri de la, Genfer Geistlicher,
später in Jussy I 311. 313. 344.
350. 351. 353. 357. 361. 367. 368.
389. 390. 392. 394. 411; II 28. 29.
42. 51. 204.

Marolles, Herr von, franz. Edelmann II 164.

Marot, Clement, französ. Dichter I 455. 456.

Martellus, päpstlicher Nuntius I 105. 108 f.

Martin V., Papst I 25.

Masson, Papirius, franz. Schriftsteller I 240. 245. 325; II 334.

Maximilian I., Kaiser I 31.

Meaux s. Briçonnet.

Megander, Berner Geistlicher I 298.

Megret, Aimé (Edmund) Genfer Geistlicher I 411; II 27. 51.

Melanchthon, Reformator I 252. 274. 326. 331. 332. 333. 337. 338. 339. 355. 391. 399. 431. 481. 484; II 105. 132. 149. 156. 160. 202. 246. 360.

Mercier, französ. Humanist II 315 341.

Merlin, Jacques, Genfer Prediger II 328.

Messiez I 18.

Michael, Genfer Ratsherr II 52.

Michaux, Ägidius, Geistlicher in Albon (Dauphiné) II 18.

Michel, ein Genfer I 178.

Moine, Thomas, Genfer Bürger I 127.

Molard, Hudriot du, Genfer Justizlieutenant II 260—262.

Monathon, Gabriel, Genfer Ratsherr I 359 f. 491.

Mondovi, Bischof Alardet von II 381.

Monet, Raoul, Genfer Bürger II 111.

Monier, Claudius, evang. Geistlicher in Lyon II 81.

Montchenu, Herr von, franz. Hauptmann I 309. 359; II 44.

Montfalcon, Jehan de, Genfer Patriot I 73.

Montluel, Pernette de, stellvertretende Oberin des Genfer Clarissenklosters I 174 f. 176. 179. 181.

Montrevel, Grafen von I 56.

Montyon, Genfer Familie I 48.

— Louis de, Genfer Patriot I 33.

Morand, Genfer Prediger I 344. 348. 350. 351. 353. 357. 361. 367. 368. 389. 390. 392. 394; II 204.

Moreau, Simon, Genfer Geistlicher II 371.

Morelli, Jean, französ. Gelehrter I 435; II 364.

Morone, päpstl. Legat I 334. 341.

Mühlhausen, Stadt I 195.

Musculus, prot. Theolog II 197. 202. 296. 310.

Myconius, Oswald, Geistlicher in Basel I 325. 388. 390. 394. 395. 427. 432. 442; II 5. 149.

Nägeli, Hans Franz, Berner Ratsherr I 190. 191. 195—197; II 78 f. 81. 298.

Narbert Antoine, Genfer Buchdrucker II 362.

Nausea, kath. Theolog I 333.

Navarra, Königin Margaretha von I 243. 245. 248. 276. 331. 332; II 18. 30.

Navis, Genfer Bürger I 42. 44.

Nettesheim, Agrippa von I 96.

Neuenburg (Neuchatel), Kirche von I 319. 411; II 141. 144.

Nicaea, Konzil von II 171. 175. 185.

Nicolaus V., Papst I 27.

Normendie s. Laurent.

Nynandt, Pierre, Genfer Geistlicher I 411; II 114.

Ochino, Bernardino II 40. 203.

Odilo von Cluny, Gründer der Genfer Abtei von S. Victor I 14.

Oecolampadius, Reformator von Basel I 114. 116. 431; II 172.

Olevian, Caspar, prot. Theolog I 399; II 288. 344.

Olivetan, Robert, Vetter Calvins I 110. 118. 124. 125. 230. 231. 240. 247. 251. 299.

Orsières, Pierre d', Genfer Patriot I 33. 160; II 39.

— Hugonin, Sohn des vorigen I 160.

Pagninus, Santes, Bibelübersetzer II 175.

Pamphilus, Eusebius, Pseudonym für Calvin I 335.

Pantheismus II 175. 186.

Parens, Freund Calvins I 376.

Pascal I 275.

Passau, Decan von I 333.

Passelius, Carolus, Pseudonym für Calvin.

Paste, Cl., Genfer Bürger I 135.

Paul III., Papst I 256. 334. 335. 341. 352. 357; II 33.

Paul IV., Papst II 247.

Pecolat, Etienne, Genfer Bürger I 181.

— Jean, Genfer Patriot I 42. 44. 73. 75.

Pelargus, kath. Theolog I 333.

Pellican, Züricher Professor (Hebraist) I 307.

Pellison, Präsident von Chambery II
78 ff. 85. 87.
Peney, der Schlofsherr von II 363.
Pernette s. Montluel.
Perrin, Ami, Generalkapitän I 101.
117. 130. 132. 146. 150. 166. 192.
204. 318. 348. 371. 372. 392; II
· 9. 31. 35. 49. 50. 52—56. 58. 69.
70—100. 101. 102. 103. 106. 107.
110. 111. 115. 118. 120. 121. 122.
160. 161. 162. 164. 186. 191. 192.
195. 198 - 200. 203. 205. 207 bis
210. 212—216. 218. 221. 222. 245.
248. 251. 252. 254. 256. 257. 259.
260. 262—267. 271—275. 282. 284.
296 f. 302—303. 310. 317. 358.
— seine Frau Françoise gen. Franche-
quine, Tochter des François Favre
II 31. 56. 58. 69. 70. 74. 76.
Perrot, Emil, Schüler Farels I 116.
119.
Pertemps, Claude, Genfer Ratsherr I
348. 350. 358. 392.
Pesmes, de, Genfer Familie I 48.
Petit, Genfer Geistlicher I 412.
Peucer, C., Arzt, Schwiegersohn Me-
lanchthons II 149.
Pflug, Bischof Julius, von Naumburg
I 338.
Philippe, Jean, Generalkapitän I 60.
63. 106. 133. 191. 211. 306. 310.
354. 361—365. 367.
Pierrechon, Gegner Calvins II 242.
Pighius, Albertus, kath. Schriftsteller
des 16. Jahrhunderts I 275. 276.
277; II 150.
Pignaeus, Ant. I 349.
Piperinus, Pfarrer in Büren II 295.
379.
Pius II., Papst I 27.
Pocquet, Antoine, Libertiner II 14.
16. 18. 19. 60.
Poitiers, prot. Gemeinde II 232.
Polen, König Sigmund I 398.
Pontverre, Herr von Ternier, Haupt
der »Löffelritter« I 80.
Porral, Ami, Genfer Syndik I 63. 185.
204. 211. 289. 290. 301. 309. 348.
350. 368. 392. 415. 488; II 72.
Poupin, Abel, Genfer Geistlicher I
411; II 33. 34. 53. 56. 58. 59. 96.
176. 177. 293.

Quintana, Beichtvater Karls V. II
170.
Quintin, Führer der Libertiner I 249;
II 14. 18. 60.

Raemond, Florimond de, Verfasser
der Histoire de le naissance et des
progrès de l'hérésie I 224. 227. 229.
230. 231. 232. 234. 246. 247. 248.
278. 322 324. 326.
Raguenier, Denys, Refugié II 377.
Ramel, Genfer Bürger I 209.
Ramus, Petrus, Humanist I 250.
Refugiés s. Genf.
— im Waadtlande II 240.
Regalis, Genfer Geistlicher I 411.
Regensburg, Reichstag und Religions-
gespräch zu, 1541, I 328. 333 ff.
373. 374. 391.
Renata s. Ferrara.
Renatus, Camillus II 231.
Reuchlin, Humanist I 235.
Reves s. Servet.
Richardet, Claude, Genfer Ratsherr
und Syndik I 67. 209. 210. 306.
314. 362. 363. 441.
Rigot, Claude, Genfer Generalprokurator
II 187—189.
Rive, Girardin de la, Genfer Bürger
I 152. 209. 213.
Rom, Herrschaft über Genf im Alter-
tum I 3.
Roset, Claude, Genfer Ratsherr I 392.
492.
— Jean, Genfer Bürger II 365.
— Michel, Genfer Ratssekretär und
Chronist I 206. 210. 364. 415. 437.
485; II 13. 18. 40. 52. 53. 54. 56.
109. 124. 138. 152. 154. 188. 192.
201. 218. 222. 252. 255. 263. 264.
281. 282. 283. 295. 306. 313. 317.
321. 352. 353. 365. (Als Quelle
noch oft zitiert!)
Roussel, Gerard, Freund Calvins I 243.
279.
Ruth, Genfer Staatssekretär II 34. 134.
Rytter, Erasmus, Berner Gesandter I
317.

Sachsen, Kurfürst Johann Friedrich
der Grofsmütige I 329.
— Herzog, später Kurfürst Moritz, I
329; II 202.
— Herzog Georg I 329.
— Herzog Heinrich I 329.
Sadolet, Cardinal I 240. 352—355.
357. 385.
Sainte-André, Genfer Geistlicher II 28.
Saint Joire, de, Genfer Adelsfamilie
I 14.
Sainte-Marthe, Charles de, französ.
Rechtsgelehrter I 277.
Saintes (Xaintes), Claude de, kath. Ge-

lehrter I 434; II 39. 171. 191. 238. 319. 358. 361. 376. 382. 383. 384.
Saleneuve, savoyischer Beamter I 63.
Sales, Franz von I 170; II 11. 360.
Salomon, Claude, Genfer Bürger I 126 f. 130. 204.
Saunier, Antoine, Schulrektor I 110. 117. 118. 125. 213. 214. 282. 292. 293. 299. 348. 349. 366. 377. 410. 468.
Savoye, Claude, Genfer Ratsherr und Syndik I 212. 309. 311. 314. 354.
Savoyen, Grafen, später Herzöge von I 5. 7. 14. 21 ff. 32. 74. 90. 201; II 37. 57. 235. Vgl. auch unter Genf, Bischöfe.
— Graf Peter II., I 6.
— Graf Amadeus V., I, 6. 22.
— Graf Amadeus VI., I 23.
— Herzog Amadeus VIII., I 24 f. 27. 28. 31.
— Hg. Ludwig I 27. 29.
— — seine Gemahlin Anna von Lusignan, Königin von Cypern I 27. 29.
— Herzogin Blanca I 28.
— Hg. Amadeus IX., I 30.
— Hg. Karl II., I 30.
— Hg. Philipp II., I 30.
— Hg. Philibert II., I 31. 32.
— — seine Gemahlin Margaretha I 31.
— Hg. Karl III., I 32 ff. 41. 42. 43. 45. 47. 49 f. 51. 52. 57 ff. 66. 69 bis 72. 74. 76. 77. 79. 80. 81. 82. 84. 85. 86. 96. 97. 100. 101. 116. 154. 155. 183—191. 193. 195. 197 bis 201; II 86. 273. 303. 308.
— — seine Gemahlin Beatrix von Portugal I 57 f.
— Hg. Emanuel Philibert, Sohn des vorigen I 58. 59; II 308.
— Bastard René I 31.
Schaffhausen II 138. 186. 192—194. 197 f. 202. 218—220. 301. 305. 306.
Schmalkaldischer Bund I 328. 329. 330; II 115.
Schwyz II 307.
Sechelles, französ. Protestant II 267. 268.
Seluzanus, P., Genfer Geistlicher I 412.
Sept, Michel, Genfer Patriot I 60. 144. 211.
— J. B., Sohn des vorigen I 309. 348; II 159. 265. 267. 269. 271. 273. 277.
Servet, Michael (Reves, Villeneuve) I 249. 474; II 146. 167—203. 208.

209. 212. 214. 219. 226—228. 231. 232. 237. 245. 284. 332. 361.
Servet, Michael.
— sein Vater II 169.
Sigismund, deutscher Kaiser I 24.
Simon Magus II 193.
Sixtus IV., Papst I 27.
Sleidan, Joh. I 331. 332. 335; II 181. 202. 270. Vgl. auch unter Calvin.
Socinus Laelius I 462; II 246.
Solothurn II 307. Vgl. auch unter Genf.
Somerset, Herzog von I 261. 286. 424. 459.
Sorbonne in Paris I 114. 136. 162. 243. 244 f.; II 193. 340. 366.
Sorell, Jac., Genfer Geistlicher I 411.
Spifame, Jacques Paul, Herr von Passy, Refugié II 371. 378.
Spiritualen s. Libertiner.
Stapleton, englischer Schriftsteller II 376.
Stephanus, Robert, Refugié II 247.
Strafsburg I 283. 322. 332. 333. 372. 373. 377. 379.
— Rat I 321. 323. 325. 374. 375. 380.
— Geistlichkeit I 320. 371. 373. 374. 375. 381; II 172.
— französ. Gemeinde I 322 ff.
— Schule I 324. 325.
Stürler, Berner Ratsherr I 191.
Sturm, Joh., Rektor in Strafsburg I 325. 332. 333; II 333. 334. 339.
Sultzer, Geistlicher in Basel, Bern und wieder in Basel II 173. 181. 193. 220. 223. 225. 250. 251. 270. 294. 298. 302. 305. 307.

Tagaut, J., Professor an der Genfer Akademie II 320.
Tertullian, Kirchenvater II 171.
Textor, Arzt II 383.
Theodosius, Kaiser I 272.
Thorens, Genfer Protestant I 145.
Tillet, Louis du, Freund Calvins I 246. 247. 250. 279. 280. 302. 318.
Tissot, Genfer Justizlieutenant II 183. 184. 190. 200.
Tossanus, Petrus, prot. Theolog, Freund Calvins I 468; II 232.
Trembley, Herr von, Refugié II 247.
Tremellius, Hebraist in Heidelberg II 315.
Treppereau, Louis, Genfer Geistlicher I 411; II 34. 63.
Treviso, Protestanten in I 481.
Triboulet, Berner Ratsherr I 157. 191.

Trie, Wilhelm, Refugié II 179. 180.
247.
Troillet, ehemaliger Mönch, Gegner
Calvins I 401: II 43. 149. 154.
155. 156. 157. 159. 161. 164. 224.
Trolliet, savoyischer Vicedom in Genf
I 34.
Trotzendorf, Valentin, Schulmann des
16. Jahrhunderts II 333.

Valentinian, Kaiser I 404.
Valla, Laurentius II 128.
Vandel, Claude I 40.
— Hugues I 78. 102. 304. 305.
— Peter I 166. 177. 299. 305. 317;
II 79. 83. 87. 89. 91. 99. 100. 102.
103. 120. 121. 159. 161. 162. 205.
207. 214. 222. 248. 252. 259. 260.
262—264. 271—273.
— Robert I 70. 72. 75. 78. 79. 80.
82. 101. 102. 106. 132. 204. 305.
343; II 70.
— Thomas I 61. 151.
Vatel, Matth., Geistlicher in Mömpel-
gard I 401.
Vau, de la, französ. Refugié II 232.
Vax, Antonia, angebliche Giftmischerin
I 159 f. 164.
Veltwick, Gerhard, kais. Rat I 337.
Venedig II 59.
— Protestanten in I 480—481.
Verey, Herr von, französ. Hauptmann
I 192 f. 194.
Vergerius, Peter Paul, ital. Protestant
II 197. 202. 294.
Versonay, Genfer Familie I 48; II 39.
— François, Stifter der »Grofsen
Schule« zu Genf I 18. 20. 214.
Vicenza, Protestanten in I 481.
Vienne, Erzbischof (Alexander de Saint
Severin) I 43. 73. 101.
— Ebf. Palmier (1528—1554) II 174.
Villard, ein Genfer II 362.
Villegagnon, theol. Gegner Calvins II
360.
Villeneuve s. Servet.
Vingle, Pierre, Genfer Buchdrucker I
125. 127.
Viret, Pierre I 89. 139. 141. 143. 145.
152. 158. 159. 160. 162. 175. 179.
217. 292. 295. 296. 317. 318. 319.
369. 373. 374. 376. 377. 378. 387.
401. 403. 404. 407. 411. 422. 432.
442. 464. 469. 477. 479. 484. 485.
488. 490. 493; II 8. 9. 14. 19. 22.

26. 30. 31. 43. 45. 46. 51. 52. 54.
55. 56. 60. 62. 66. 67. 71. 74. 75.
76. 83. 92. 93. 94. 95. 96. 97. 98.
100. 104—107. 111. 114. 121. 122.
124. 144. 156. 157 ff. 160. 176.
205. 206. 208. 209. 212. 222. 223.
225. 234. 235—237. 243. 267. 269.
270. 272. 274. 275. 293. 295. 297.
312. 316 f. 319. 334. 341. 365. 366.
368. 371. 383. 386. Vgl. auch unter
Calvin.
Viry, Genfer Adelsfamilie I 14.
Volmar, Melchior, Humanist, Lehrer
Calvins I 229. 230. 231. 232. 235.
240; II 267. 318.

Waadtland, das bernische II 235 ff.
— Geistliche II 235 ff. 315 ff. 320.
Waldenser I 322.
Walter, Rud., Professor in Zürich II
14. 227.
Werly, Pierre, Genfer Domherr I 131 ff.;
II 59.
Wiedertäufer (Anabaptisten, Catabap-
tisten) I 248. 294 f. 299. 325. 353.
478; II 14. 60. 117. 168. 175. 332.
Wildermuth, Bürger von Neuenburg
I 186.
Worms, Religionsgespräch von 1540
I 332 f. 334. 337. 342. 432.
Württemberg, Herzog Christoph I 340;
II 230.

Xaintes s. Saintes.

Zanchi, ital. Protestant II 244.
Zebedaeus, Andreas, Prediger zu Nyon
I 378; II 237—242.
Zerkintes s. Zurkinden.
Zürich I 184. 195. 377. 465. 490; II
134. 138. 139. 141. 259. 266. 268.
270. 275. 295. 301. 302. 305. 306 f.
— Rat II 141. 218. 219. 220.
— Geistlichkeit I 322. 346. 374. 376.
379; II 134. 138. 139. 141 f. 143.
144. 147. 148. 163. 186. 192—194.
197 f. 202. 209. 215. 216. 218—220.
234. 316.
Zwick, Joh., Constanzer Geistlicher I
323. 324.
Zurkinden, Nik., Berner Stadtschreiber
I 359; II 229. 298. 299. 300.
Zwingli, Ulrich I 98. 105. 109. 111.
112. 113. 235. 252. 257. 274. 326;
II 139. 142. 167. 168. 172. 387.

Pierer'sche Hofbuchdruckerei Stephan Geibel & Co. in Altenburg.